转型社會的法律监督

理念、制度与方法

雪惠旺题

（下）

徐汉明 著

内容提要

本书是作者从事人民检察工作30余年中对检察制度的若干理论与实务问题的学习、思考和实践的结晶。全书分为六个部分：检察理论篇、检察改革篇、反腐倡廉篇、刑事法律监督篇、民事行政诉讼监督篇、比较借鉴篇，可谓共和国检察制度产生、发展的缩影。这对于丰富我国检察理论宝库、促进检察工作的开展和检察制度的完善，都将发挥积极的作用。

读者对象：法学领域学习者、研究者、司法实务工作者。

责任编辑：刘　睿　　**责任校对**：董志英
特约编辑：刘永红　　**责任出版**：卢运霞

图书在版编目（CIP）数据

转型社会的法律监督理念、制度与方法/徐汉明著.—北京：
知识产权出版社，2011.3
ISBN 978—7—5130—0373—5

Ⅰ.①转…　Ⅱ.①徐…　Ⅲ.①法律监督—中国—文集
Ⅳ.①D926.34—53

中国版本图书馆CIP数据核字（2011）第013980号

转型社会的法律监督理念、制度与方法（下）
徐汉明　著

出版发行：知识产权出版社
社　　址：北京市海淀区马甸南村1号　　邮　　编：100088
网　　址：http://www.ipph.cn　　邮　　箱：bjb@cnipr.com
发行电话：010－82000860转8101/8102　　传　　真：010－82005070/82000893
责编电话：010－82000860转8113　　责编邮箱：liurui@cnipr.com
印　　刷：北京富生印刷厂　　经　　销：新华书店及相关销售网点
开　　本：787mm×1092mm　1/16　　总印张：80
版　　次：2011年3月第一版　　印　　次：2011年8月第二次印刷
总字数：1500千字　　定　　价：200.00元（上、中、下）

ISBN 978－7－5130－0373－5/D·1159（3291）

总　目　录

（上）

一、检察理论篇 …………………………………………………………（ 1 ）
二、检察改革篇 …………………………………………………………（245）

（中）

三、刑事法律监督篇 ……………………………………………………（409）

（下）

四、反腐倡廉篇 …………………………………………………………（809）
五、民事行政诉讼监督篇 ………………………………………………（995）
六、比较借鉴篇…………………………………………………………（1147）

目　　录

（下）

四、反腐倡廉篇

62. 制度创新与惩防腐败问题研究 …………………………………… (811)
63. 惩防结合　遏制腐败　保障市场经济体制改革健康发展 …………… (856)
64. 治理商业贿赂要把握法律政策尺度 ………………………………… (889)
65. 国际商业贿赂立法及其借鉴 ………………………………………… (892)
66. 关于创新职务犯罪侦查的思考 …………………………………… (901)
67. 关于加大职务犯罪侦查工作力度的建议 ………………………… (913)
68. 职务犯罪刑事政策若干问题探讨 ………………………………… (924)
69. 关于加强新世纪初期职务犯罪侦查工作的思考 ………………… (942)
70. 加入 WTO“过渡期”职务犯罪的发展趋势及其对策 …………… (960)
71. 渎职罪主体浅议 …………………………………………………… (972)
72. 当前渎职侵权犯罪的特点、原因及防治 ………………………… (980)
73. 贯彻十五大精神　推进反腐败斗争 ……………………………… (987)
74. 略谈检察机关自侦案件管辖范围 ………………………………… (990)

五、民事行政诉讼监督篇

75. 民事诉讼法律监督与相关诉讼原则的协调性 ……………………… (997)
76. 对民事诉讼法律监督程序的思考 ………………………………… (1000)
77. 民富国强的法律基石 ……………………………………………… (1004)
——贯彻实施《物权法》若干问题的讨论
78. 民事检察是司法公正的必要环节和有力保障 …………………… (1034)
79. 对开展民事行政检察监督调查工作的思考 ……………………… (1037)
80. 经济全球化对我国民事行政检察制度的影响及对策 …………… (1044)

81. 民行检察应规范办案程序 …………………………………………… (1057)
82. 关于如何加强民事行政检察工作的思考 ……………………………… (1059)
83. 论我国现代物权制度的构建 ………………………………………… (1065)
84. 诉讼检察监督效力研究 ……………………………………………… (1074)
85. 合同解除制度研究 …………………………………………………… (1109)
——兼评我国统一合同法的立法建构
86. 民事行政检察监督的现状分析与立法完善 …………………………… (1133)
87. 信息高速公路知识产权的法律保护 ………………………………… (1140)

六、比较借鉴篇

88. 马来西亚检察制度探微 ……………………………………………… (1149)
89. 经济全球化背景下的中国国际商事仲裁 ……………………………… (1160)
90. 第二届中国——拉丁美洲法律合作论坛综述 ………………………… (1165)
91. 新加坡贪污调查局考察报告 ………………………………………… (1174)
92. 新加坡社区警务制度及其启示 ……………………………………… (1179)
93. 新加坡检察制度引介 ………………………………………………… (1184)
94. 加强东西方法律文化交流共同推进人权事业发展 …………………… (1191)
95. 加拿大公众投诉警察独立监督机制探析 ……………………………… (1194)
96. 向统一检察体系迈进 ………………………………………………… (1200)
——泛欧总检察长会议综述
97. 把握第三次法律变革机遇加快中国法治化进程 ……………………… (1204)
98. 意大利检察制度介评 ………………………………………………… (1214)
99. 法国里昂监狱管理与社会资源有机配置的启示 ……………………… (1217)
100. 略论社会主义法的批判性继承问题 ………………………………… (1221)
本书缩略语 ………………………………………………………………… (1227)
后　记 ……………………………………………………………………… (1236)

四、反腐倡廉篇

62. 制度创新与惩防腐败问题研究[*][**]

本文主要立足于制度创新的视角，从放长眼量、把握特点、切实履职、提高水平四个层面，就惩防腐败问题同大家交流。

一、放长眼量

放长眼量要求我们深刻把握腐败的内涵，把握经济全球化条件下国际社会反腐败的主要路径，把握中国反腐败的深刻历史背景、历史进程及主要经验。

（一）深刻把握腐败的内涵

不同国家、不同时期、不同学者对腐败有着不同的理解。政治学认为，腐败的实质是滥用权力，以权谋私；经济学认为，腐败是政府官员对经济人角色的一种有意识的活动，只有当腐败收益超过成本时，当事人才会选择腐败，通俗地讲就是“权力寻租”，规范语言称为“委托—代理”现象❶；社会学认为，腐败是公民社会和政治国家力量失衡的一种状态；刑法学认为，凡是国家工作人员利用职权，实施的贪污、受贿、挪用、渎职、洗钱等行为都可视为腐败。尽管人们对腐败的认识有多种视角，但腐败现象都是滥用公共权力并以此牟取私利，这一点是相通的。

（二）深刻把握国际社会腐败盛行的本质特征及其一般对策措施

21 世纪，是人类社会发展充满希望与活力的世纪。同时，人类社会也面临着人口增长过快、自然资源短缺、环境恶化、恐怖事件频发、金融危机、腐

---

* 本文系作者作客华中科技大厅第 36 期“法学讲堂”时所作学术报告一书面整理稿。

** 本文发表于《职务犯罪预防研究》，中国检察出版社 2010 年版。

❶ ［美］R.S. 平狄克、D.L. 鲁宾弗尔德著：《微观经济学》，张军等译，中国人民大学出版社 1997 年版，第 497 页。

败风潮等六大挑战。这些是同经济全球化的发展相伴而生的。经济全球化指的是各国经济在生产、分配、消费中的一体化趋势，其内容包括生产、金融、科技三个方面的一体化趋势。据联合国统计，全球4万多个跨国公司总的产值占世界生产的1/3，占世界投资的70%，占世界贸易的2/3，跨国公司使贸易全球化转化为生产全球化。经济全球化的实质是“二战”后以发达国家为主导、以跨国公司为动力的世界范围内的新一轮产业结构大调整，其动因来自四个方面：(1) 经济自由化在全球范围扩展；(2) 布雷顿森林体系以后的金融创新；(3) 跨国公司在全球范围内资本、商品、技术套利活动推动；(4) 信息技术革命的兴起。经济全球化经历的漫长的历史过程，按资源配置、经济形态和生产工具演进三条标准划分，人类开发利用资源、推动经济发展、创造经济、政治、社会、文化、生态五大文明，大体经历的三个历史阶段（见图1、图2、图3）❶：前375万年至公元1769年，利用自然资源、制造人力工具，实现由生存经济、采集经济、狩猎经济、原始农业经济向传统农业经济的跨越，创造农业文明的阶段；1769年瓦特发明第一台单制蒸汽机至1946年，利用能量资源、制造能量工具，实现由传统农业向传统工业的跨越，创造工业文明的阶段；1946年至今，在利用自然资源、能量资源的基础上，开始探索利用信息资源制造信息工具，实现由传统工业向现代信息社会跨越，创造信息文明的阶段，在不到64年的时间内，形成了以核能技术、空间物理技术、生物工程技术、微处理技术、IT技术、新型材料技术为代表的6次生产力高潮，使世界变成“地球村”，使商品变成“万国牌”，全球经济一体化加快发展。经济全球化的功效在于，使各国货物、服务、贸易、知识产权、投资等经济活动的合作互动日益密切，而其负面效应在于：(1) 过剩效应。经济全球化使越来越多低成本国家进入传统产业中来，其供给大量增加，但对劳动次成品需求减少，弹性小，从而造成经济全球化生产“过剩效应”。(2) 集权效应。使世界经济特别是发展中国家被发达国家所控制，利润被榨取，造成社会分配不公，南北差距拉大，南南矛盾、区域矛盾加剧。从20世纪50年代到2008年，全球财富从5万亿美元扩大到92.4万亿美元，财富量增加了18倍。❷ 2002～2008年世界经济总量如图4所示。

---

❶ 白乐天主编：《世界通史》，光明日报出版社2001年版。
郭沫若主编：《中国史稿》，人民出版社1976年版。
周一良、吴于廑主篇：《世界通史（上古、中古、近代部分）》，人民出版社1962年版。
范文澜：《中国通史简编》，人民出版社1965年版。
德尼兹·加亚尔、贝尔纳代特·德尚著：《欧洲史》，蔡鸿斌等译，海南出版社2000年版。
宋健等主编：《现代科学技术基本知识》，科学出版社1994年版。

❷ 数据来源于波士顿咨询公司2002～2009年《全球财富报告》。

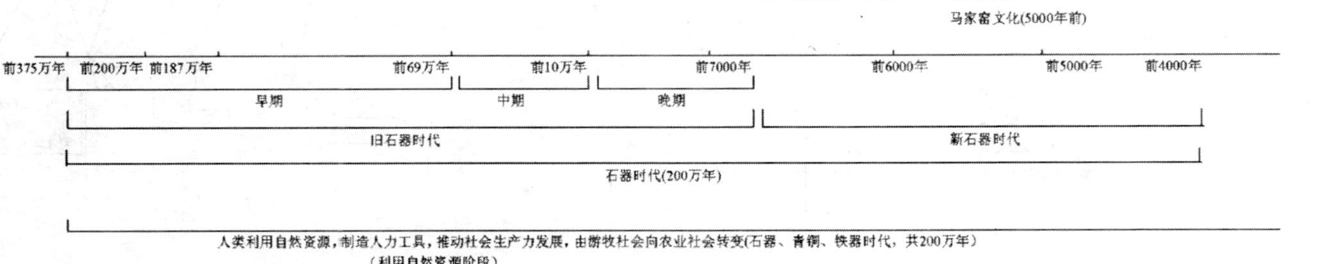

图1　前375万年~前4000年人类社会生产力发展示意图

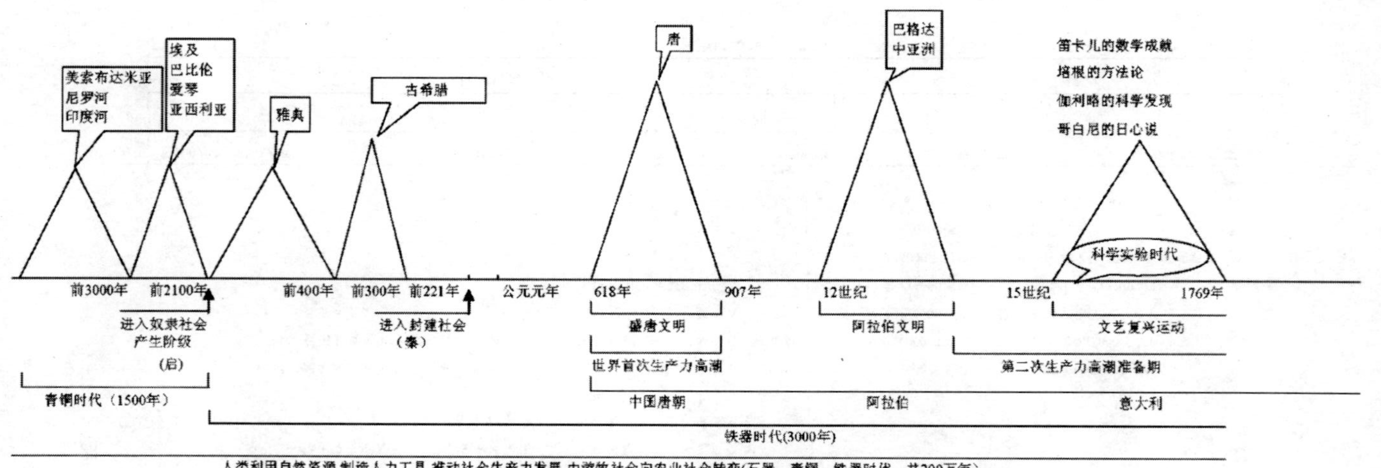

图2 前3000年~1769年人类社会生产力发展示意图

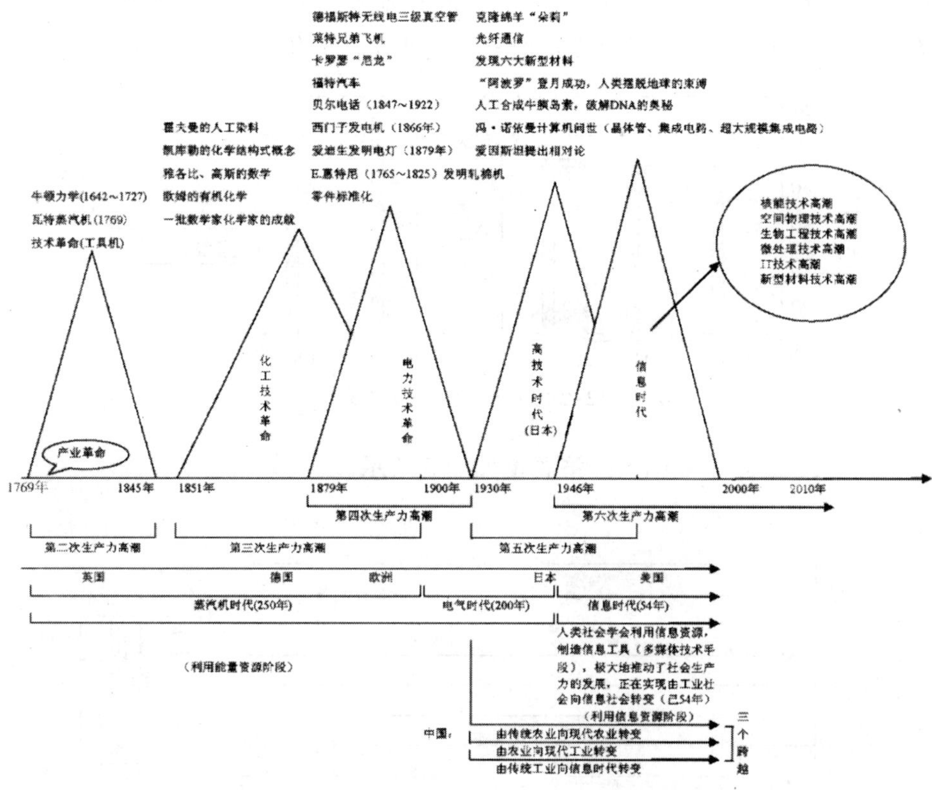

图3　1769～2010年人类社会生产力发展示意图

但世界贫富差距拉大，20世纪60年代最富的20%人口与最穷的20%人口的财物比例为30∶1，到20世纪末则扩大到74∶1。不少发展中国家视经济全球化为“毒蛇猛兽”。三是经济的虚拟效应。与实物资产相比，金融资产在全球流动套利成本低，加速超越实体经济，产生经济虚拟化，形成了新的金融霸权。四是国际新型霸权。其中包括知识霸权，表现为信息的优势、科技的强势转化为国防、军事、外交的强势；品牌霸权，如美国可口可乐高达870亿美元，MDM的资产高达470亿美元，微软达450亿美元，发展中国家由于在改革开放期保护品牌意识不强导致许多民族品牌被吞并、抢注；金融霸权，发达国家操纵国际金融组织、放纵索罗斯套利，造成金融风波；文化霸权，发达国家把经济同文化联系在一起，想移植文化，培育崇拜者，并在各项贸易中搞文化捆绑，发展中国家不得不每年从发达国家进口充斥着一些暴力、色情、洋文化、洋生活的大片；制度霸权，他们按照自己价值观、制度模式，在发展经济过程中向发展中国家推销其制度安排，“苏东剧变”就是其中的典型，而以美国为首的西方国家从来就没有放松对我实施西化、分化的战略。

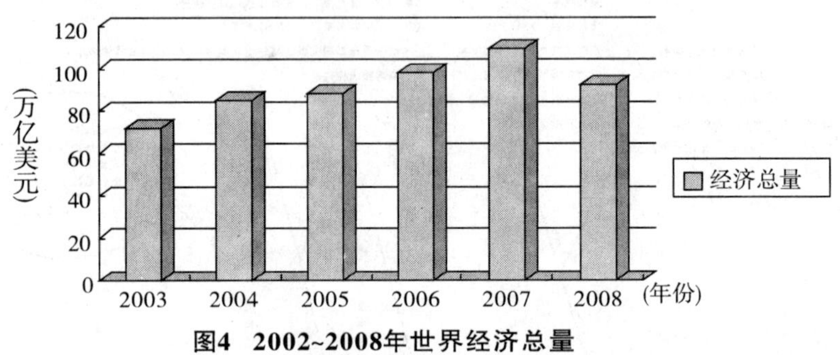

图4 2002~2008年世界经济总量

2000～2009 年主要国家经济总量如图 5 所示。

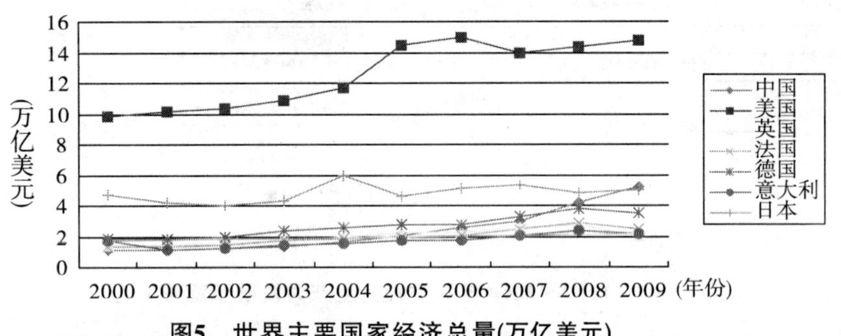

图5 世界主要国家经济总量(万亿美元)

“二战”后，面对世界经济凋敝、全球贸易量几乎为零的状态，以美国为首的发达国家，在向第三世界转移传统技术、陈旧设备，争夺世界资源，抢占全球市场过程中，率先大力推行国际商业贿赂。比如美国对本国跨国公司在从事货物、服务、贸易、知识产权、投资等一切经济活动中，把对发展中国家政府官员、监管人员、企业高管人员的一切回扣、佣金、手续费摊入生产成本，这就意味着美国支持海外公司企业公开行贿的费用由联邦财政部“埋单”，是“二战”后搞国际腐败的鼻祖。他们利用这种方式抢占发展中国家资源、劳动力、市场，输出资本、制度、文化，获得国际超额垄断利润，同时利用国际货币金融组织等，把“新自由经济”推广到极致，以华尔街五大投行为标志的金融机构，通过金融衍生工具和产品，不断攫取别国财富、刺激居民投资消费需求。2008 年 9 月 15 日，有 158 年历史的美国第四大投行雷曼兄弟控股公司宣布破产，9 月 21 日，高盛和摩根斯丹利转为银行控股公司，一夜之间华尔街五大投行全部消失，进而引发全球范围的金融危机。据有关专家研究，美国的股市、债券、贷款、金融衍生产品高达 500 万亿元美元，其金融机构倒闭，清偿资产只剩 40%❶，虚拟资产与实物资产比为 34.9∶1。这场危机与“二战”前资本主义经济危机最大的不同在于，它不是“生产相对过剩”导致的周期性资本主义经济危机，而是以美国为主导的资本主义“虚拟资本”引发的一场 80 年来的深刻危机。正如有的专家指出的：在新全球化时代，资本主义的生产过剩从物质产品过剩转变成金融产品过剩，相应地，资本主义经济危机的形态就从生产过剩危机转变成资产泡沫（虚拟资本）破裂所带来的金融危机。❷这场危机给世界带来的灾难性后果就是全球财富减少 16 万亿美元，这也是资本主义基本矛盾在经济全球化条件下的一个折射表现。它再次表明，在经济全球化过程中，马克思的基本论断没有过时，他所揭示的资本主义贪婪性、寄生性、腐朽性的本质没有改变。国际货物、贸易、知识产权、服务、投资等五大经济活动领域的腐败问题，正是这一机制在世界范围内渗透、演变、发展的结果。所以说，腐败问题是经济全球化的“副产品”之一。

腐败在人类社会进入文明社会时期就产生了，在生存经济、简单商品经济条件下，其危害不具有跨国性、关联性和强大的冲击波破坏效应；而在全球化条件下，则就具有了国际性、关联性、渗透性和强大的冲击波破坏效应。对于这种与日俱增的腐败问题，“二战”后，代表人类社会进步力量、反映社会进步方向的组织、首脑都着力研究如何有效惩治和预防腐败。经过近 60 年的努力，初步找到了惩防腐败的基本途径、方式方法及为人类社会共同拥有的有效经验。正如《联合国反腐败公约》所指出的，腐败危害在于其对社会稳定与安全造成的严重威胁，对于民主法制带来的严重破坏，对于价值观、道德观、公平正义带来的严重冲击，对于社会可持续发展带来的严重阻碍，并且确信腐败是一个影响所有国家社会和经济的跨国现象。❸ 因此，腐败问题引起了各国政府、地区组织的高度关注，均采取了不同措施，予以积极惩治和预防。

从全球性国际组织情况看。自 20 世纪 70 年代末以来，各类全球性国际组

---

❶ 王健：“次债危机前景与中国的国家利益”，转引自中共湖北省委讲师团：《信息与辅导》，2009 年第 1 期，第 14 页。

❷ 同上。

❸ 《联合国反腐败公约》序言第 1 页，摘自联合国毒品犯罪问题办事处网站。

织把打击和预防腐败摆到了重要议事日程。如联合国（UN）自 1979 年起，就先后制定了一系列反腐败制度规则（具体内容见表 4❶），特别是 2003 年第 58 届联大通过的《联合国反腐败公约》，为各国预防、惩治腐败，加强国际合作，完善技术援助，提高公众参与度，增强全球社会拒腐风气，提供了有力的法律武器。《公约》具有四个方面的鲜明特点：（1）高度重视预防腐败，特别是对私人部门和公共部门一同提出了预防要求。（2）对腐败犯罪及处罚规定明确并且严格，比如在罪名方面《公约》明确规定了 10 种腐败犯罪其中还包括影响力交易等新型腐败，在受贿犯罪构成上不以"为他人谋取利益"为条件，将贿赂犯罪界定为"不正当好处"，等等。（3）司法程序完备，从专职机构、司法管辖、执法合作、保护证人等 12 个方面构建了完整程序。（4）突出强调反腐败国际合作，对引渡、司法协助、侦查合作、资产追回等均提出了明确要求。

表 4　联合国制定系列反腐败制度规则

年　份	联合国通过的规则、条约名称
1979	《执法人员行为守则》
1990	《反腐败的实际措施》《禁毒公约》
1996	《公职人员国际行为守则》 《反对国际商业交易中的贪污贿赂行为宣言》
2000	《联合国打击跨国有组织犯罪公约》
2003	《联合国反腐败公约》

作为金融联合国的世界银行（WB）也一直将惩防腐败作为一项重要任务，采取了相关措施。据统计，世界银行 60 年来为各国发展和扶贫项目提供贷款 5 250 亿美元，其中有 5%～30%被腐败侵吞，❷ 为此"出手"的措施有：（1）组建操守部。人员 50 人，其中调查人员 30 名，从世行外部聘请。（2）独立查案件。共调查腐败案件 345 件，制裁公司、个人 215 起，将 25 宗渎职案件交有关国家司法当局处理，查处世行职员参与诈欺 38 人，解职 28 人。（3）对腐败高发国家实行贷款限制。由 1999～2000 年发放贷款 148 亿美元，占 62%，下降为 2001～2003 年发放 118 亿美元，占 27%，下降幅度很大。（4）对

❶ 赵秉志等主编：《联合国反腐败公约暨相关重要文献资料》，中国人民公安大学出版社 2004 年版。

❷ 林华："世界银行深陷腐败泥潭"，载《金融科技》2007 年第 6 期。

典型国家进行特别调查。如：对苏拉威西岛耗资 1.55 亿美元的城建项目进行调查，决定禁止 53 个公司、63 人参与世行项目，该国政府赔偿 50 万美元，世行对其贷款额度由 10 亿美元削减到 3 亿美元。

国际经合组织 1997 年在巴黎订立的《禁止在国际商业交易中贿赂外国公职人员公约》，注重预防各个领域日益突出的腐败问题，呼吁各国立即采取协调有效的方式对这种行贿行为进行定罪，欢迎各公司、商业组织、工会组织以及其他非政府组织作出努力，参与打击行贿行为。❶

从区域性国际组织情况看。无论欧盟、美洲、非洲还是亚太地区，都把反腐败与积极预防腐败，加强国际合作，提高效率摆到了更加突出的位置。如欧盟（EU）在推进欧洲各国一体化进程中，在预防和惩治腐败等方面进行了一系列立法，包括：1997 年通过的《打击涉及欧洲共同体官员或欧洲联盟成员国官员的腐败行为公约》《打击贪污腐败二十项指导原则》，1999 年制定的《反腐败刑法公约》《反腐败国家集团规约》，等等。再如美洲国家组织（OAS）1996 年通过《美洲反腐败公约》，旨在推动和强化各缔约国预防、发现、惩罚和根除腐败所需的机制，规范缔约国间的合作，提高预防与惩治腐败的效率。1998 年通过的《非法获利和跨国贿赂示范立法》，旨在进一步从技术层面为预防与打击腐败提供支持。非洲国家组织援助非洲全球联盟在打击和预防腐败的立法中也不甘示弱。该组织于 1999 年通过《非洲国家反腐败原则》，使非洲国家在国际反腐败舞台起到了重要作用。亚洲开发银行与经济合作开发组织亚太地区反腐行动组新千年反腐败宣言——《亚太地区反腐败行动计划》，吹响亚太地区反腐败的号角。❷

从典型国家情况看。20 世纪 70 年代中东石油战争之后，美国成为事实上的单极霸权国家，其在掌握国际资源、现代技术、超强军事实力和全球战略要地的基础上，又率先研究惩防腐败问题，1977 年颁布了《反海外腐败法》。美国还运用国会的弹劾权、派驻政府的监察权、对行政人员财产申报监管权、审计监督权等多种权利侦查和预防腐败案件。“9·11”事件后，美国又通过“爱国者法案”，在强化打击恐怖犯罪、洗钱犯罪、腐败犯罪的同时，运用刑事诉讼、民事诉讼等多种手段，综合控制腐败犯罪。日本凡能满足人的需要或欲望的一切利益都可以算做贿赂，包括：（1）利用职务之便在经济活动中要求他人

---

❶ 赵秉志等主编：《联合国反腐败公约暨相关重要文献资料》，中国人民公安大学出版社 2004 年版。

❷ 同上。

给予金钱、物品或提供好处；（2）接受或约定接受利益或好处；（3）提供性服务；（4）高规格的宴请和接待。行贿与受贿承担相同责任。德国 1997 年制定了《反不正当竞争法》，1997 年 8 月修订《反腐败法》，旨在加大惩治腐败的力度。其主要特点：（1）通过司法手段而不是行政手段制止贿赂行为；（2）法律、舆论、行业自律三管齐下；（3）由医学、药物生产、药房、大学等协会、院校、12 个相关机构于 2001 年制定《企业同医疗机构及其责任间合作的刑事评估要点》，列举医药行业从业人员须了解的法律，规范企业与医疗机构的合作形式、原则及注意问题，对宴请和送礼作出规定，禁止企业员工以私人名义宴请医生，邀请医生参加活动或工作餐要记录备案，超过一定金额或某种条件下的礼品视做受贿，一旦发现即开除。韩国在推行一系列反腐措施的基础上，2005 年 3 月由政府、政界与经济界签署《透明社会协约》《透明社会实践市民参与宪章》，其目标是建设先进型透明社会，包括：（1）分工协作机制；（2）公众监督和纳税人诉讼机制；（3）票务管理机制；（4）伦理道德教育机制，政界防止金元选举，经济界防止商业贿赂；（5）企业内部举报制度。[1] 在社会转型的国家，如俄罗斯实行“新自由经济 ＋ 三权分立”的模式，2007 年对腐败案件起诉 1.05 万起，腐败资金为 10.1 亿卢布；俄行贿市场的资本规模高达2 400 亿美元。其社会舆论研究中心公布民众调查：30％人认为“腐败现象很严重”；40％的人认为“腐败现象严重”。俄总统梅德韦杰夫多次就反腐败问题接连发表讲话，承认“腐败已成为俄罗斯面临的严重问题，是我们社会最尖锐、最现实的问题之一”。据有关人士分析，俄出现腐败高发始于苏联解体，其根源是实行私有化过程中，很多官员将手中权力私有化。俄反腐倡廉采取如下措施：（1）从叶利钦、普京到梅德杰韦夫都把反腐败作为头等大事来抓，但由于其推行私有化及其相关政策，没有系统的制度作保障，其收效甚微。（2）2004 年 9 月，俄成立由政府总理领导的反腐败委员会。2008 年改为总统直接领导。（3）2007 年9 月，俄由政府提出通过反腐败法；2008 年 4 月国家杜马讨论否认了这个法案。（4）2008 年 12 月 25 日，梅德韦杰夫批准议会上下两院通过的《反腐败法》。对腐败的定义、预防和打击腐败的主要原则、公务员财产申报、官员接受礼物限额（3 000 卢布以下）、官员辞职经商限制、简化追诉腐败司法程序等作出了规定。（5）签署反腐败五年计划。从透明国际（TI）公布的数据来看，2009 年俄罗斯清廉指数为 2.2，在被评估的 180 个国家中列第 146 位。在乌克兰，由于其实行极端的经济自由化，腐败问题严重，对此乌克

[1] 郭永远主编：《国际反腐败法律文献大典》，中国检察出版社 2006 年版。

兰一是加快反腐败立法，如 2009 年 2～7 月，乌议会第四次会议审议反腐反贪及税收法律文件 200 多个；二是实行严格的财产申报制度，如其规定：强制申报的有国家领导人和 1～4 级公务员，如不申报将被制裁等等。❶

（三）深刻把握中国反腐败的历史背景、主要进程和时代意义

“二战”后世界上一个最重大的历史事件就是中国这一社会主义新生政权屹立在世界东方。中国共产党在领导中国革命、建设、改革及发展过程中，始终把惩治和预防腐败作为一个重要战略任务，持续不断地开展，大体可划分为四个阶段（见表 5）。

第一阶段：运动式反腐阶段（新中国成立初期到 70 年代末）。这一阶段，经济上实行了国民经济恢复计划、三大改造、合作化运动等取得了一定成绩；政治上建立了人民民主专政国体和人民代表大会制度政体，为我们 60 年来始终抵御西方国家西化、分化图谋，并形成有中国特色社会主义制度体系，展示了社会主义强大而不可战胜的生命力。但这一阶段由于受传统计划经济模式制约，生产力发展较缓慢。反腐问题上则采取以阶级斗争为纲的运动式反腐模式。这一时期政治上比较清廉，社会风气较好，但经济发展停滞不前，社会主义优越性没有充分体现出来。

第二阶段：探索健康发展阶段（1978～1989 年）。这一阶段，以邓小平同志为核心的第二代党中央领导集体，提出了反腐八论，初步探索了在不搞群众政治运动的情况下健康有序开展反腐倡廉的新途径。

第三阶段：探索反腐格局阶段（1990～2002 年）。这一阶段，以江泽民同志为核心的党中央第三代领导集体，在应对国际政治风波、国内经济转轨期、社会转型期、WTO 过渡期转换的条件下，提出了反腐九论，初步找到了建立自律、查案、纠风三项格局，推进反腐倡廉前行深入的新格局。

第四阶段：制度反腐阶段（2003 年至今）。这一阶段，以胡锦涛同志为总书记的中央领导集体，提出了反腐十论，制定了惩防腐败的“十六字方针”，下发实施了建立健全惩治和预防腐败体系实施纲要及工作规划，初步找到了加大惩治腐败力度，更加注重治本、更加注重预防、更加注重制度建设，靠法制推进反腐倡廉的新路子。

---

❶ 赵阳、朱冬传等：“国外官员财产公示制度调查”，载《法制日报》2009 年 3 月 27 日。

表5 中央领导同志关于反腐倡廉的论述

人 物	反腐倡廉主要观点
邓小平	反腐八论：(1) 强调要紧紧围绕经济建设这个中心，坚持"两手抓"的方针，即："一手抓改革开放，一手抓打击各种经济犯罪活动"，"没有打击经济犯罪这一手，不但对外开放政策肯定要失败，对内搞活经济的政策也肯定要失败，有了打击经济犯罪活动这一手，对外开放、对内搞活经济就可以沿着正确的方向走"；"打击经济犯罪要伴随我们整个社会主义现代化建设的进程"，"这是一个长期的经常的工作"；(2)"执政党的党风是关系到执政党的生死存亡的问题"；(3)"反对腐败要靠制度、靠法制搞，法制靠得住些"；(4)"反对腐败不搞群众运动，但必须紧紧依靠人民群众；(5) 为了促进社会风气的好转，首先必须搞好党风，要从党内抓起，从高级干部抓起，从具体事抓起；(6) 要加强思想教育，保持艰苦奋斗的传统，坚持这个传统，才能抗住腐败现象；(7) 党要接受监督，要加强党内监督，要有专门机构进行铁面无私的监督检查；(8) 要严格党的纪律，对违纪违法案件不管牵涉到谁，都要按照党纪国法查处"
江泽民	反腐九论：(1) 治国必先治党，治党务必从严；把提高拒腐防变和抵御风险能力作为党必须解决好的两大历史性课题之一；(2) 把党风廉政建设放在全党全国工作大局中把握，更好地为推进改革发展服务；(3) 认真贯彻"八个坚持、八个反对"的要求，进一步加强和改进党的作风建设，保持同人民群众的血肉联系；(4) 坚持对党员干部进行思想教育和法制教育，坚决查处违纪违法行为，牢固建立思想道德和党纪国法两道防线；(5) 要形成有效的监督和管理制度，监督关口要前移，变被动的事后监督为积极的事前防范；(6) 把防治腐败作为系统工程来抓，坚持标本兼治、综合治理，逐步加大治本力度；(7) 加强教育，发展民主，健全法制，强化监督，创新体制，把反腐败寓于各项改革和重要政策措施之中，从源头上预防和解决腐败问题；(8) 反腐败斗争是一项长期的战略任务，既要树立持久作战思想，又要抓紧当前工作，不断积小胜为大胜；(9) 坚持和完善反腐败领导体制和工作机制，认真落实党风廉政建设责任制，形成党风廉政建设和反腐败斗争的整体合力
胡锦涛	反腐十论：(1) 在和平建设时期，如果说有什么东西能够对党造成致命伤害的话，腐败就是很突出的一个；(2) 坚决惩治腐败是我们党执政能力的重要体现，有效预防腐败更是我们执政能力的重要标志；(3) 充分认识反腐败斗争的长期性、复杂性、艰巨性，把反腐倡廉建设放在更加突出的位置；(4) 坚持反腐倡廉常抓不懈，坚持拒腐防变警钟长鸣，把反腐倡廉建设贯穿于社会主义经济建设、政治建设、文化建设、社会主义建设各个领域，体现在党的思想建设、组织建设、作风建设、制度建设各个方面；(5) 坚持标本兼治、综合治理、惩防并举、注重预防的方针，扎实推进惩治和预防腐败体系建设，在坚决惩治腐败的同时，更加注重治本，更加注重预防，更加注重制度建设，

续表

人　物	反腐倡廉主要观点
	拓展从源头上防治腐败工作领域；(6) 坚持加强思想道德建设与加强制度建设相结合，坚持严肃查办大案要案与切实解决损害群众切身利益的问题相结合，坚持廉政建设与勤政建设相结合，坚持加强对干部的监督与发挥干部主观能动性相结合；(7) 领导干部要牢记"两个务必"，坚持权为民所用、情为民所系、利为民所谋，讲党性、重品行、作表率，常修为政之德、常思贪欲之害、常怀律己之心；(8) 强调牢固树立和全面落实科学发展观，切实抓好发展这个执政兴国的第一要务；(9) 坚持民主集中制，充分发扬党内民主，充分发挥集体领导作用，坚持走群众路线，广泛集中全党全国人民的智慧，调动各方面的积极性和创造性；(10) 提出了在全社会倡导爱国守法、明理诚信、团结友爱、勤俭自强、敬业奉献的道德规范，开展以"八荣八耻"为主要内容的社会主义荣辱观教育

注：表中内容据邓小平、江泽民、胡锦涛等中央领导同志历次重要讲话整理。

回顾新中国成立60年，特别是改革开放30年来反腐历程，我们是在特定历史条件下展开的，具有特定的历史意义和时代特征。30年中，我国在政治上必须始终抵御西方国家西化、分化的战略图谋，探索中国特色社会主义制度体系，努力完成推进现代化建设、完成祖国统一、维护世界和平与促进共同发展"三大历史任务"。在经济上，必须始终坚持以经济建设为中心，推进"三步走"战略任务；体制上必须由计划经济体制向市场经济体制转轨、由城乡二元结构向城乡一体化转型，中国作为政治、经济、金融"三大联合国"的发起者之一，必须迅速完成加入WTO的过渡期。所以，我们面临改革、发展、稳定同时还要清廉的四大任务，要实现政治、经济、文化、社会、生态五大文明。这就是我们反腐败工作的特定历史背景。

总结30年反腐败历程，集中到一点，就是通过制度、体制、机制创新来渐进式地推动。我国在推进工业化、信息化、城镇化、市场化、国际化"五化"建设以及建设富强、民主、文明、和谐的社会主义现代化国家过程中，工业化是基础。"工业化是一系列生产技术和制度方面的连续由低级到高级的变化过程；农业国的工业化不仅仅是一个经济结构不断发生变化的过程，而且是一个技术和制度不断更新的过程"。[1] 我国著名经济学家张培刚先生指出，工业进化的过程有5个基本要素：一是人口，二是资源或物力，三是社会制度，

[1] 张培刚：《农业与工业化（中下合卷）——农业国工业化问题再论》，华中科技大学出版社2002年版，第68页。

四是生产技术，五是企业创新管理才能。这五种要素根据其性质和影响不同，可划分为两大类：一类是发动因素，包括企业创新管理才能及生产技术；一类是限制因素，包括资源及人口；社会制度既是发动因素，又是限制因素。[1] 对中国这样一个人口众多、经济不发达国家而言，构成发展中国家发展的能动要素是代表先进生产力的生产技术和企业家才能，这对中国一直是稀缺资源；而土地等资源或物力和人口，这一直是中国现阶段发展的限制因素；而制度具有双重功能，能实现保障、促进经济发展的能动作用，反之也能阻碍经济发展。实践表明，传统计划经济体制不能促进现阶段经济发展，我们面临缺资源、缺企业家，同时受土地、人口严重制约，以及传统的经济、行政、管理体制机制制度创新的多重压力。新制度经济学派鼻祖熊彼特指出，制度创新的主体是企业家，企业家能够把各种生产要素有机整合起来，从而制造产品、创造财富。[2] 实现创新关键在观念创新，必要条件包括经济、金融等制度，而制度在法制度经济学中被表达为一种“公共产品”。简言之，就是人们制造的一系列规则，如政治、经济、法律及其形成的一种等级结构，它具有以下五种功能：协调与信任的功能，使复杂的人际交往过程变得更易理解和更可预见，避免“超负荷识别”，减少“远期无知”；保护与控制功能，其主要保护产权主体的自主领域，使其不受外部干预；防止冲突功能，即有效防范、化解、调整相关规范冲突；权势和选择功能，恰当制度的一个中心作用，就是在不同集团之间建立权势平衡，并确保下层集团拥有“杠杆”；同时具有降低交易成本的功能，有效的制度能降低市场中的不确定性，抑制人的机会主义行为倾向，从而降低交易成本。[3]

惩防腐败体系的一个突出特点就是贯穿了改革创新精神，通过体制、机制、制度三大创新从源头上减少腐败发生。我们将以国有企业、行政管理体制、土地领域、教育领域为例对此进行分析。

国有企业改革。改革前的国有企业全面亏损、包袱很重，不能创造更多的社会财富、满足人民群众日益增长的消费需求与投资需求，进而改善民生、增强国力。对此，中央采取了渐进式改革措施，1978～1992 年的放权让利、1992～1998 年的转机建制、1998～2002 年的国进民退、2002 年的资产管理改

---

[1] 张培刚：《农业与工业化（上卷）——农业国工业化问题初探》，华中工学院出版社 1988 年版，第 85 页。

[2] 熊彼特：《资本主义、社会主义与民主》，商务印书馆 1979 年版，第 90～91 页。

[3] 徐汉明：《中国农民持有产权制度新论》，社会科学文献出版社 2009 年版，第 31 页。

革，都是一个渐进深入的过程。这一过程的核心是简政放权，明晰产权，构建现代企业制度，使国企真正成为独立市场主体参与市场竞争，利用好国际国内两个市场，有效配置资源、降低成本、提高收益、减少风险，使国企个数减少、个头增大、总量增加，从而确保国有资产保值增值新的实现形式，实现了社会主义公有制经济对国民经济中总量总控制。1990～2008 年，全国规模以上国有工业企业个数从 74 775 个减少到 21 313 个，减少了 71.5%；资产规模从 12 088 亿元增加到 188 811 亿元，增加了 14.6 倍；工业总产值从 12 570 亿元增加到 143 950 亿元，增加了 10 倍以上；利润总额从 338.1 亿元增加到 9 063.6亿元，增加了 25.8 倍。❶ 如表 6 所示。

表 6　2008 年与 1990 年国有工业企业发展比较

	1990 年	2008 年	
国有工业企业（个）	74 775	21 313	↓71.5%
资产规模（亿元）	12 088	188 811	↑14.6 倍
工业总产值（亿元）	12 570	143 950	↑10 倍以上
利润总额（亿元）	338.1	9 063.6	↑25.8 倍

国有企业的发展壮大为中国特色社会主义公有制经济奠定了坚强基础。当然，改革过程中也出现了一些问题，腐败就是其中之一，比如贪污、受贿、私分国有资产、渎职尤其是民营化改革中出现的国企人员与行政主管部门相互勾结、低价出让国有资产的问题比较突出。但总体看，伴随着国企改革的逐步深化规范以及《国有企业领导人员廉洁从业若干规定》等制度的出台，发案总量呈逐年下降趋势（立案情况见图 6）❷，腐败现象逐步得到了有效遏制。

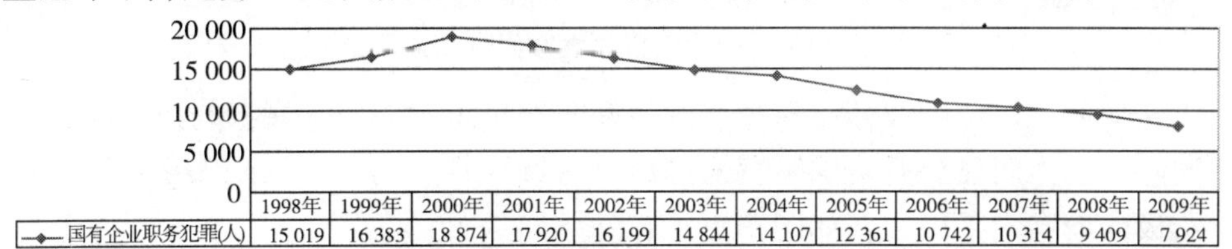

图6　1998~2009年全国检察机关立案侦查国有企业职务犯罪情况

行政管理体制改革。计划经济的一个特点就是行政审批（许可）壁垒、贸易壁垒、关税壁垒、非关税壁垒，企业与政府的关系就像“儿子”与“老子”

❶ 数据由湖北省国有资产管理委员会提供。

❷ 数据由最高人民检察院提供。

的关系，企业运行成本高，腐败也易发多发。加入 WTO 以后，我国推行阳光政务，转变政府职能，建立服务型、法治型、责任型、效能型、廉洁型等“五型政府”，大幅度减少行政审批。在第一轮行政审批改革中，国务院取消和调整行政审批 1 806 项，占全部审批项目的 50.1%；省市取消调整 22 220 项，占 45.5%；废止和修订规范性文件 11 073 件，不少省制定行政审批责任追究制，有的还设立行政投诉中心。❶ 2007 年进行第二轮清理，2008 年宣布废止和失效行政法规 92 件❷；2009 年，各省（区）共取消行政审批事项 1 925 项，下放行政审批等管理事项 2 116 项。❸ 行政审批改革为国企、民企作为独立市场主体平等进入市场竞争，参与国际竞争，为市场主体尤其是企业家有效配置资源，降低成本，提高效率，增强活力，化解市场风险，创造社会财富，发挥了根本性的作用，从源头上减少了腐败滋生蔓延的趋势。以海关为例，加入 WTO 以后，我国在世界贸易组织规则方面，对国民待遇、贸易制度统一实施、透明度、司法审查、政府采购等 19 个方面作出承诺；在关税减让方面，关税总水平从 2000 年的 15.6%逐年下降到 2009 年的 9.8%；同时逐年取消对成品油、天然橡胶、照相机、手表等 15 类产品配额限制，398 种等非关税措施被取消。随着关税壁垒以及非关税贸易壁垒的减少，海关等监管领域腐败犯罪呈逐年下降趋势。（海关人员犯罪情况见图 7❹）

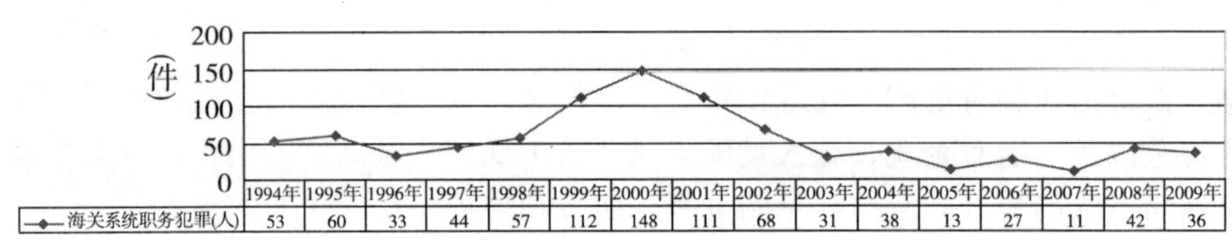

图7 1994~2009年全国检察机关立案侦查海关系统职务犯罪情况

其他审批环节的权钱交易犯罪及关联犯罪也得到有效控制。与此同时，我国国际竞争力明显提升，国际贸易进出口总额连年走高。关税收入逐年大幅上升，极大地增强了国力。如图 8 所示。

---

❶ 新华网：http：//news.xinhuanet.com/politics/2007－07/24/content_6423235.htm。

❷ 《国务院关于废止部分行政法规的决定》，2008 年 1 月 25 日。

❸ “贺国强同志在十七届中央纪委五次全会上的讲话”，载《人民日报》2010 年 2 月 10 日。

❹ 数据由最高人民检察院提供。

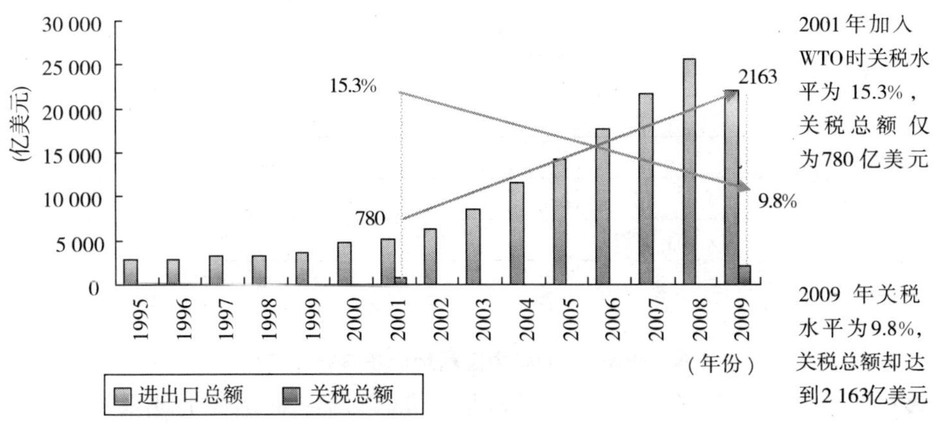

图 8　1995～2009 年进出口及关税总额

资料来源：进出口总额数据来源于 1995～2010 年《中华人民共和国国民经济和社会发展统计公报》；关税总额数据来源于 2002 年和 2010 年《政府工作报告》。

土地领域改革。马克思曾指出：土地是“一切生产和一切存在的源泉”❶，是人类“不能出让的生存条件和再生产条件”。❷ 威廉·配弟指出：“劳动是财富之父，土地是财富之母。”❸ 围绕土地产权、土地产品、土地开发利用过程中形成的公共品、商品和其他非物质品的初次分配与再分配，是 30 年来我国改革发展与保持清廉、统筹城乡二元经济深刻矛盾的一个棘手问题。从当前我国土地征收制度运行情况看，人地矛盾、违法用地、稽查不力、犯罪多发等四个突出问题亟待研究解决。❹

❶ 《马克思恩格斯选集第 2 卷》，人民出版社 1995 年版，第 24 页。
❷ 《马克思恩格斯选集第 25 卷》，人民出版社 1995 年版，第 916 页。
❸ 转引自《马克思恩格斯选集第 23 卷》，人民出版社 1972 年版，第 57 页。
❹ 徐汉明：《中国农民持有产权制度新论》，社会科学文献出版社 2009 年版，第 169～184 页。

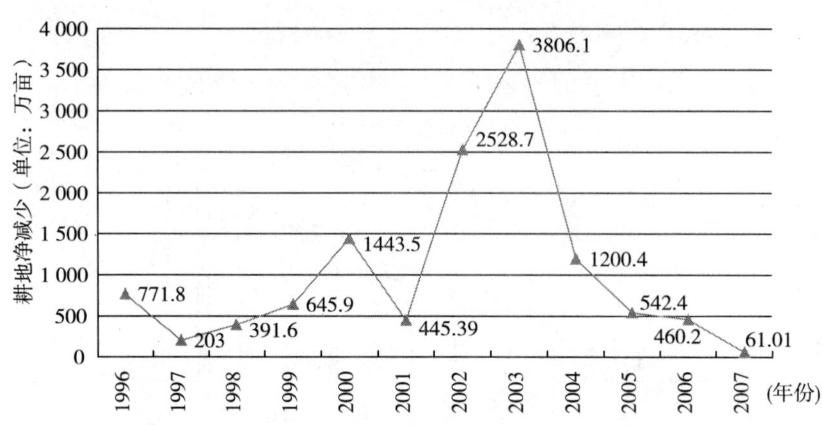

图9 1996~2007年中国耕地面积净减少情况

（1）人地矛盾突出。中国人口占世界的22%，而拥有土地仅占世界的7%、耕地面积不到世界的10%。据统计，1996年至2007年，全国耕地由19.51亿亩减少到18.26亿亩，12年间净减少1.25亿亩，平均每年净减少1 041.67万亩，1949年人均2.7亩，2008年人均1.35亩。如图9所示：

根据《全国土地利用总体规划纲要（2006～2020年）》，中国耕地保有量到2010年不得少于18.18亿亩，到2020年不得少于18.05亿亩。那么，包括2008～2010年的3年间，我国允许的耕地净减少量最多为800万亩，平均到每年不足270万亩；2011～2020年的10年间，我国允许的耕地减少量为1 300万亩，平均到每年仅为130万亩。实现目标难度很大，形势十分严峻。

（2）违法用地突出。违法用地案件主要集中在未经批准占地、买卖或非法转让土地、破坏耕地等三个方面，三项立案数之和超过全部违法用地案件的90%、涉及面积将近占地总数的75%。如表7所示。2007年开展的全国土地执法“百日行动”清查结果显示，全国“以租代征”涉及用地2.20万公顷（33万亩），违规新设和扩大各类开发区涉及用地6.07万公顷（91万亩），未批先用涉及土地面积15万公顷（225万亩）。截至2008年，供应给开发商的土地还有14.5万亩闲置，约占当年完成开发面积的37.13%；2009年国家土地例行督察发现土地违法违规问题8 514件，涉及土地面积38 603公顷（57.9万亩），其中耕地面积12 990公顷（19.5万亩）。

（3）土地稽查不力。在每年发现的数十万件土地违法案件中，虽然大都立案查处，但绝大部分只作罚没款处理，收回土地不足涉及面积的15%，受到党政纪处分的每年只有几百人，移送司法机关的不过一两百人，受到刑事处分的就更少了。如表8所示。

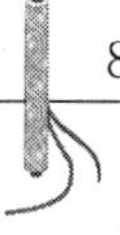

表 7　2000 年全国发生违法用地案件立案情况

违法类型	立案（件）		实际占地（公顷）			
	件数	占总数(%)	涉及面积	占总数(%)	其中耕地	占总数(%)
本年发生案件立案	1 002	—	21 898.2	—	5 751.28	—
买卖或非法转让	1 152	11.50	1 729.65	7.90	402.42	7.00
破坏耕地	3 293	3.29	732.25	3.34	648.07	11.27
未经批准占地	7 550	75.35	13 691.2	62.52	4 152.76	72.21
非法批地	972	0.97	2271.32	10.37	156.26	2.71
低价出让土地	107	0.10	207.40	0.95	0.41	0.01
其他	8 806	8.79	3 266.35	14.92	391.36	6.80

资料来源：数据由高检院渎检厅提供。

表 8　全国国土资源 1999～2001 年稽查土地违法案件查处情况

			1999 年	2000 年	2001 年	合　计
发现违法案件	小计（件）		168 309	184 961	125 198	478 468
	涉及面积	合计（公顷）	28 731.84	31 667.14	24 988.92	85 387.13
		耕地（公顷）	10 983.	9 491.24	9 912.05	30 296.71
立案查处	小计（件）		150 241	171 518	110 541	432 300
	涉及面积	小计（公顷）	26 764.13	30 252.40	22 017.22	79 033.75
		隐案（件）	59 553	71 309	36 245	167 107
收回土地（公顷）			6 059.92	3 047.63	3 449.18	12 556.73
罚没款（万元）			55 087.50	85 284.30	68 252.92	208 624.72
行政处分（人）			385	348	458	1 191
党纪处分（人）			245	274	500	1 019
移送司法机关（人）			75	107	242	424
刑事处分（人）			39	49	107	195

资料来源：数据由高检院渎检厅提供。

（4）涉地犯罪突出。主要发生在用地审批、土地流转、征地拆迁安置补偿、土地利用、土地执法监察等五个环节。如图 10 所示。

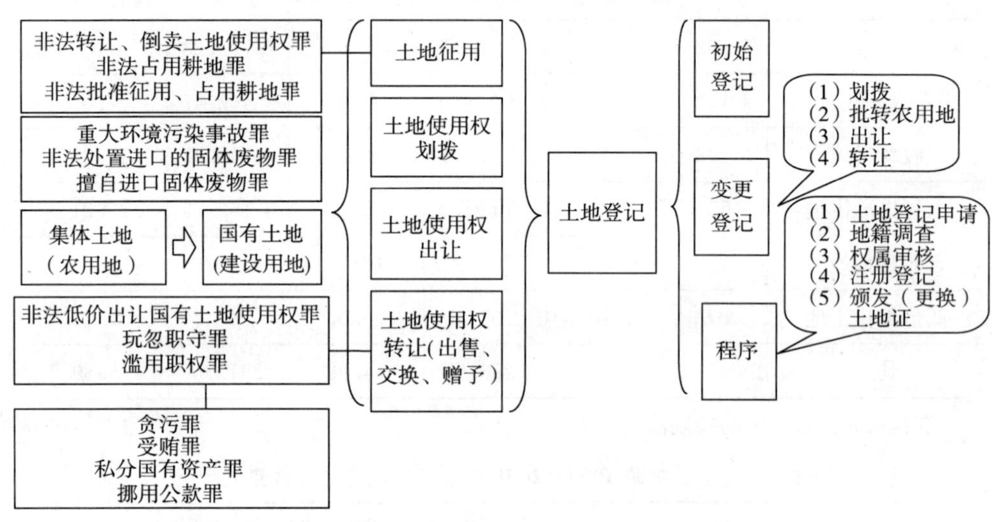

图 10　土地流转流程及土地违法案件涉嫌罪名

上述问题危害主要体现在：（1）破坏土地资源。当前荒漠化正以每年 2 460平方公里的速度推进。中国已经存在的荒漠化土地面积为 83.7 万平方公里，具有潜在荒漠化危险的土地有 141 万平方公里，两项合计 224.7 万平方公里，约占 23.4%。（2）危及国家粮食安全。由于耕地面积连年减少，粮食播种面积不断下降，粮食总产量和人均粮食占有量减少。（3）国家收益流失。2004～2007 年全国招标拍卖挂牌出让土地 436.65 万亩，仅占出让土地总面积的 36.3%，但出让价款高达 20 177.21 亿元，占出让总价款的 75.4%，亩均价为 47.4 万元；2008 年拍卖价 9 900 亿元，亩均价为 55 万元。减去补偿农民征地费就是政府的土地收益。2004～2008 年，政府土地收益最低为 3 万亿元，年均 6 000 亿元，加上农民教育投资、农业生产资料涨价部分，其构成农民可支配收入的扣减，这是“二元经济结构”失衡、“产权收入—分配制度”、教育投资保障制度缺陷的突出表现之一。

表 9 2004 年以来全国出让土地情况

年份	出让土地总面积（万亩）	出让土地总价款（亿元）	招拍挂土地面积（万亩）	比例（%）	招拍挂土地价款（亿元）	比例（%）
2004	268.05	5 894.14	78.15	29.2	3 253.68	55.2
2005	244.80	5 505.15	85.80	35.0	3 920.09	71.2
2006	248.75	7 676.89	99.75	28.6	5 492.09	71.5
2007	339.75	7 670.21	172.95	50.9	7 511.35	97.9
合计	1 201.35	26 746.39	436.65	36.3	20 177.21	75.4

资料来源：国土资源部 2008 年 9 月统计数据。

如表 9 所示，仅 1999～2001 年的 3 年间，国土资源管理部门立案查处但未收回的违法用地多达 99 万亩，损失达到 4 653 亿元。（4）农民利益受损。农民丧失土地使用权，无地可种，无田可耕；其作为产业工人，则因为技术劣势而难以竞争进入相关产业的岗位；其作为居民，又一时难以转入城镇非农业户籍；如果土地征收本身是违法的，则补偿与补助费更是难以到位。

我国这种土地征收制度的缺陷主要是：（1）土地征收权“强制对象”的性质不明确。（2）土地主管部门、被征收土地的集体经济组织、承包经营农户（农民）、用地单位四者之间的产权关系不明晰。（3）土地划拨范围的宽泛（12 类 137 种）给国家、集体与农民的相关产权权益带来损失。（4）地价补偿、地上附着物和青苗补偿、劳力安置补偿等费用标准低、期限短、补偿方式不当，使得农民集体经济组织及农民的产权权益随年限的延长而增大。（5）土地产权交易市场的缺陷给其营运带来诸多障碍。

关于土地制度改革，我们建议：（1）完善公有产权的结构体系，明确农民土地持有产权的法律地位。（2）明确土地征购制度的性质与目标模式。（3）从产权制度安排方面理顺经济社会分配关系，建立合理的土地产权权益分配体系。（4）明确土地征购的补偿标准，规范土地产权交易市场体系。（5）重新划定“公益划拨地”范围。（6）以持有产权为纽带，渐进性地推进农业中的现代企业制度建立。（7）培育以土地持有产权为纽带的农村区域市场、专业市场体系。（8）政府要解决土地初次分配、再分配的关系，还利于产权主体，让利于民，有序调整土地、房产市场，推动房价按市场规律下降。

教育改革。近年来，教育系统贯彻“巩固成果，深化改革，提高质量，持续发展”的方针，大力实施教育振兴行动计划，教育行业的改革和发展上了一个新台阶。中国高等院校30年累计为社会培养专科、本科、研究生合计4 250余万人❶，为提高中华民族的整体素质，促进经济、政治、文化与社会发展培养了一大批人才，成为中国快速发展的持久发动力量。教育问题与城乡二元结构紧密相关，教育给农民造成的负担进一步加速了经济结构二元化。按平均值一位大学生的学费4 000元、住宿费1 000元计算，合计5 000元/年，平均在校4年，即2万元。2006年1月1日免征农业税以来，农民受益1 200亿元，平均每年受益300亿元；农业补贴2004～2009年4 196亿元，年均699亿元，两项相加收益年均999.3亿元。1997高校收费改革以来，农民为接受高等教育支付了4 500亿元，年均支付346亿元；加上土地产权分配每年政府领走6 000亿元，收支相抵是5 346亿元。因此，我国经济发展仍然存在以“挖农补城”的计划经济传统制度运行惯性，改革的任务仍然艰巨。教育领域的腐败问题主要表现在四个方面：教材教学仪器采购、基建建设、招生考试、课题费监管等方面。2003～2009年全国检察机关立案侦查教育系统职务情况见图11。❷

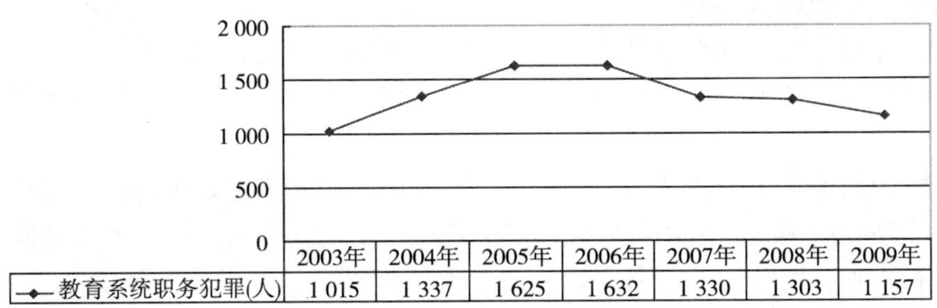

图11 2003～2009年全国检察机关立案侦查教育系统职务犯罪情况

高等教育领域腐败成因主要有“四个三”：（1）法制教育上的“三个误区”。一是管人者自居的误区。二是拿回扣是“正常的”，不属于犯罪的误区。三是“法不责众”的误区。（2）管理上的“三个混乱”。一是教材、设备管理混乱；二是采购管理混乱；三是财务管理混乱。（3）监察机制上的“三个不够”。一是对基建工程、图书、器材、设备采购与招投标监督不够。二是对领导干部监督不够。三是对采购人员监督不够。（4）打防措施上的“三个疲软”。

---

❶ 数据来源于《中华人民共和国国民经济和社会发展统计公报》和教育部网站。

❷ 数据由最高人民检察院提供。

一是有的职务犯罪预防措施疲软。二是有的廉政建设责任制疲软。三是司法惩治预防阶段性疲软。但最根本的原因是教育行政审批改革不到位，出路在于按照《国家中长期教育改革和发展规划纲要（2010～2020 年）》的要求，逐步实行去行政化改革。

我国在推进政治、经济、社会、文化、生态文明进程中，探索出了一条有中国特色社会主义道路，被世界称为“中国模式”，其经验被称为“中国经验”。我国惩防腐败的模式、经验也是“中国模式”“中国经验”的有机组成部分，主要表现在：（1）坚持把反腐倡廉作为一项重大战略任务，充分认识反腐败斗争的长期性、复杂性、艰巨性，始终将反腐倡廉摆在更加突出的位置。（2）坚持把反腐倡廉建设贯穿于社会主义经济建设、政治建设、文化建设、社会主义建设各个领域，体现在党的思想建设、组织建设、作风建设、制度建设各个方面。（3）坚持标本兼治、综合治理、惩防并举、注重预防的方针，扎实推进教育、制度、监督并重的惩治预防腐败体系建设，在坚决惩治腐败的同时，更加注重治本，更加注重预防，更加注重制度建设，拓展从源头上防治腐败工作领域。（4）坚持综合运用教育、制度、监督、改革、纠风、惩治等多种手段，多措并举、全面推进党风廉政建设和反腐败工作。

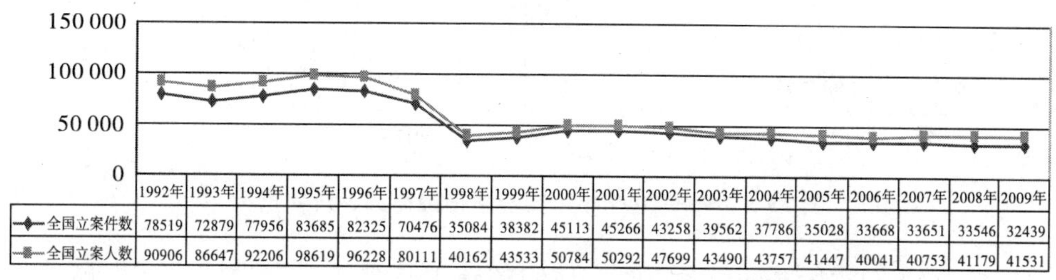

	1992年	1993年	1994年	1995年	1996年	1997年	1998年	1999年	2000年	2001年	2002年	2003年	2004年	2005年	2006年	2007年	2008年	2009年
全国立案件数	78519	72879	77956	83685	82325	70476	35084	38382	45113	45266	43258	39562	37786	35028	33668	33651	33546	32439
全国立案人数	90906	86647	92206	98619	96228	80111	40162	43533	50784	50292	47699	43490	43757	41447	40041	40753	41179	41531

图 12　1992～2009 年全国检察机关立案侦查职务犯罪情况

如何看待我国的反腐败工作？笔者认为，我党是有能力解决改革开放过程中出现的腐败问题的，广大党员干部和各级领导干部主流是好的。我们党有 7 300多万党员，每年因违纪受到纪律处分的仅占 1.8‰左右，向司法机关移送涉嫌犯罪的党员干部，仅占受党纪政纪处分的 2.7%，不到全国党员总数的十万分之七。从检察机关查办职务犯罪情况来看，近十年也一直保持在 4 万人左右。[1] 人民群众对反腐倡廉工作的满意度和认可度在逐年提高，国家统计局

[1] 数据来源于 1993～2010 年《最高人民检察院工作报告》。

调查队对几个主要指标进行调查，均达到历史最好状况，80%的群众对党的“十六大”以来反腐败工作成效表示认可，70%的群众认为党的“十六大”以来腐败现象在一定范围内得到遏制。据湖北调查，人民群众对反腐倡廉的信心度为71.9%，同比上升6.74个百分点。2009年11月透明国际发布了最新“全球腐败指数”排名表，新西兰为最廉洁国家，指数为9.4，接下来是丹麦、新加坡、瑞典和瑞士。排名最后五位的是索马里、阿富汗、缅甸、苏丹和伊拉克，腐败问题最严重的索马里指数仅为1.1。美国指数从7.3上升至7.5，排名下跌一位至第19位，中国清廉指数从1995年2.16上升到了2009年的3.60（1995～2009年中国清廉指数得分、排名情况见图13[1]）。我国开展反腐败斗争，在国际上产生了积极反响。

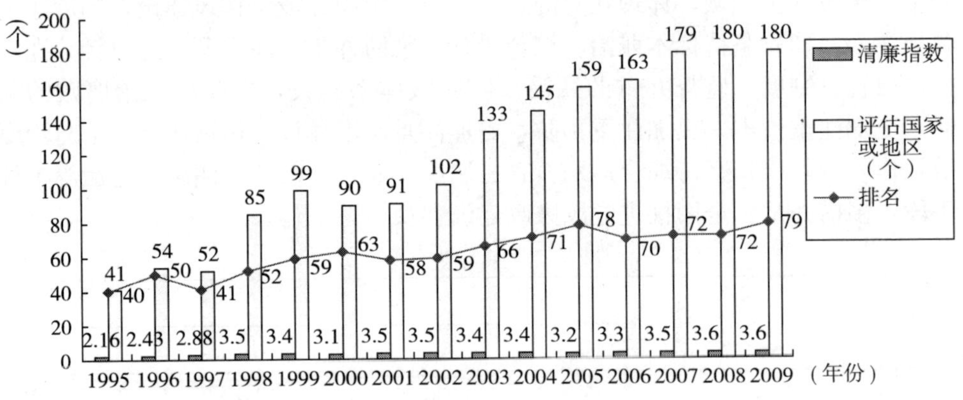

图13 1995～2009年中国清廉指数得分、排名情况

中央领导同志访问菲律宾时，他们的众议长多次讲，中国经济发展这么快，建设这么好，主要是中国共产党领导有力，惩治腐败效果显著，得到了人民群众的拥护。

二、把握特点

分析近年来查办案件的情况，可以看出当前腐败案件有以下几个特点。[2]

---

[1] 数据来源于“透明国际”。

[2] 本部分有关数据由最高人民检察院提供。

（一）从犯罪主体看，领导干部职务犯罪时有发生，高级领导干部职务犯罪案件影响恶劣

2003～2009 年全国检察机关共立案侦查县处级以上领导干部职务犯罪 19 286人，占职务犯罪总人数的 6.6%。其中，县处级 17 924 人，厅局级 1 316人，省部级 46 人。省部级大案要案中典型的有刘方仁、田凤山、韩桂芝、麦崇楷、王怀忠、徐国健、吴振汉、丁鑫发、陈东海等，影响十分恶劣。2003～2009 年查处县处级以上领导干部职务犯罪案件情况如图 14 所示。其中，县处级下降 3.9%，厅局级上升 22.2%，省部级上升 100%。

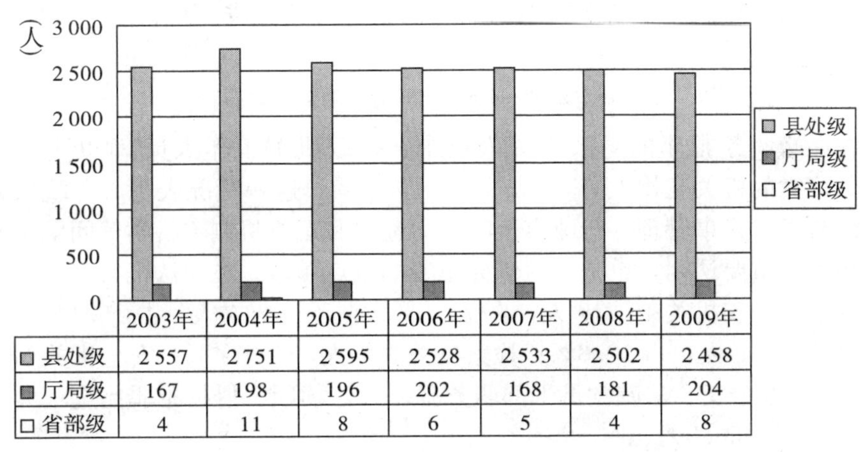

	2003年	2004年	2005年	2006年	2007年	2008年	2009年
县处级	2 557	2 751	2 595	2 528	2 533	2 502	2 458
厅局级	167	198	196	202	168	181	204
省部级	4	11	8	6	5	4	8

图 14　2003～2009 年查处县处级以上领导干部职务犯罪

（二）从权力运行看，利用行政审批权、人事权、行政执法权、司法权谋取非法利益的职务犯罪比较突出

2003～2009 年全国检察机关查处的职务犯罪案件中，党政机关（含行政执法机关）和司法机关人员占 37.8%。一些党政机关干部利用人事管理权、行政审批权、行政执法权，司法人员利用司法权实施职务犯罪的较为突出。其中，党政机关干部 87 626 人，占 30%；司法人员 22 651 人，占 7.8%。王雪冰、朱小华、胡楚寿、于大路、黄松有等一批高级领导干部职务犯罪就是利用行政审批权、人事权、行政执法权、司法权谋取非法利益。2003～2009 年职务犯罪部门分布情况如图 15 所示。

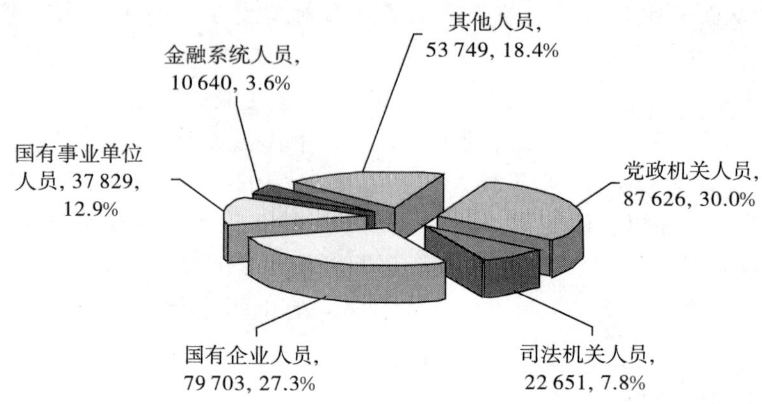

图 15 2003～2009 年职务犯罪部门分布

在涉嫌职务犯罪的党政机关人员中，行政机关工作人员 81 951 人，占 93.5%；党的机关工作人员 3 663 人，占 4.2%。这一情况表明，行政权力缺乏有效监督，人事管理、行政审批等权力配置和运行机制不科学等问题是职务犯罪高发的重要诱因，也是治理职务犯罪的重点领域。在司法机关工作人员职务犯罪中，公安机关 16 219 人，占 71.6%；法院 3 714 人，占 16.4%；司法行政机关 2 333 人，占 10.3%；检察机关 317 人，占 1.4%；安全机关 68 人，占 0.3%。在公安、法院党员干部职务犯罪中，渎职、侵权犯罪比重较大，分别为 81.6%、56.8%。

（三）从犯罪类型看，贪利型犯罪比较突出，渎职类犯罪危害严重，侵权类犯罪虽有减少但影响恶劣

2003～2009 年检察机关立案侦查涉嫌贪污贿赂犯罪 231 894 人，占职务犯罪人数 79.4%；渎职侵权犯罪 60 304 人，占职务犯罪人数 20.6%。在贪利型犯罪中，一些案件涉案金额特别巨大，百万元以上案件比较突出，2003 年 1 215件，2004 年 1 275 件，2005 年 1 345 件，2006 件 1 339 件，2007 年 1 290 件，2008 年 1 300 件，2009 年 1 479 件；千万元案件时有发生，近七年分别为 123 件、116 件、149 件、113 件、111 件、106 件、88 件；甚至上亿元的案件也有发生。如：原苏州市副市长姜人杰利用职务之便收受贿赂达 1.0867 亿元；被称为“全国住房公积金第一案”的原郴州市住房公积金管理中心主任李树彪贪污 6 038.37 万元，挪用 5 854.7 万元，主要用于豪赌与挥霍，案发后有 7 747.5万元未退还，一审被判死刑；原中国银行副董事长、中国银行香港有限公司总裁刘金宝共同贪污 1 428 万元、受贿 143 万元、巨额财产来源不明 1 451万元，被判死刑缓期 2 年执行。2003～2009 年查处贪污贿赂百万元以上

案件情况如图 16 所示。

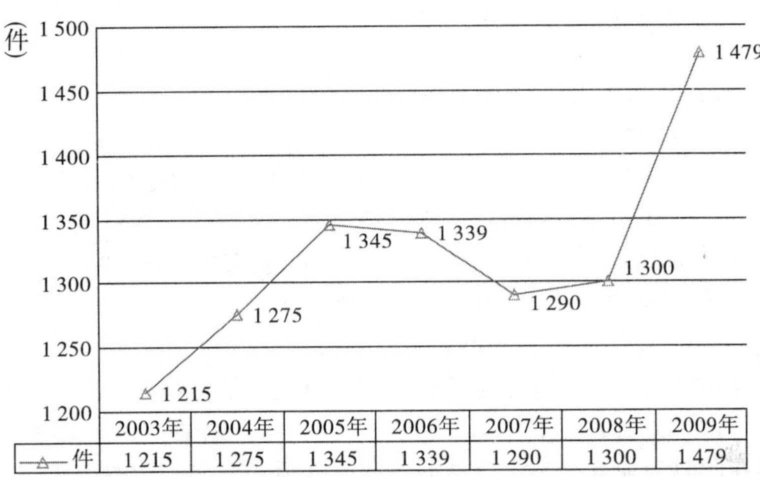

图 16 2003～2009 年查处贪污贿赂百万元以上案件情况

在涉嫌渎职犯罪中，有的犯罪危害十分严重，给国家和人民生命财产造成巨大损失。2003～2009 年，全国检察机关查处的渎职侵权犯罪案件，共造成 26 853 人死亡，3 781 人重伤，经济损失 835 亿元。作为渎职犯罪主要形式的滥用职权、玩忽职守案件增长趋势比较明显，2003 年滥用职权犯罪为 2 208 人，2009 年为 2 853 人；2003 年玩忽职守犯罪为 2 743 人，2009 年为 4 020 人。如图 17 所示。

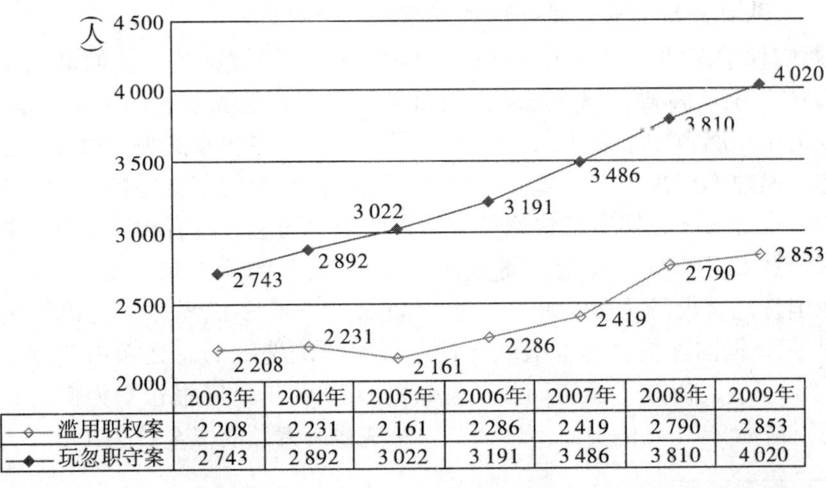

图 17 2003～2009 年涉嫌渎职犯罪案件情况

在侵犯公民权利犯罪中，有的案件影响相当恶劣。特别是非法拘禁、刑讯逼供等侵犯人权犯罪，容易引发群体性事件，成为社会不安定的重要因素之一。

（四）从作案形式看，“窝案”“串案”比较突出

一些职务犯罪案件涉案人员较多。有的亲友勾结作案。以家庭成员为基础，以“亲、情、友”为纽带，形成紧密的犯罪关系。有的上下勾结作案。一些行业性、系统性比较强的单位，往往容易发生下级向上级行贿，上级为下级谋利的腐败串案。2005 年全国查办教育系统的贪污贿赂案件中，“窝案”“串案”占 22.7%。有的“窝案”“串案”涉及上百人。

（五）从犯罪手段看，隐蔽性强，智能化犯罪增多

一是利用合法形式掩盖非法活动，如签订假投资协议，以分红的形式掩盖受贿；以“借”为名收受贿赂等。二是规避法律、逃避制裁，谋利和受贿分离。有的在职时为他人办事，退休后再收受钱财；有的利用本人职权为他人办事，亲属子女在另一场合收钱；有的不直接收受现金，而接受出国旅游等财产性利益或性服务等。如黑龙江省轰动一时的马德受贿案，其妻田雅芝共同受贿 370 万元被判处无期徒刑，有人概括“贪内助”有六大敛财方式。三是作案手段智能化。特别是在金融、证券、税务、海关、电信等行业，往往利用专业知识和技能作案，如利用电子汇兑贪污公款、利用计算机操作空存空取办法进行贪污、挪用公款等等。四是作案的同时留好后路。携款潜逃特别是潜逃境外成为犯罪分子逃避惩罚的重要渠道。

（六）从犯罪演变看，腐败犯罪与洗钱犯罪相互交织

“腐败保护洗钱，洗钱滋养腐败，形成一个金融螺旋体，从而助长了经济犯罪”。[❶] 当前，腐败者越来越多地通过洗钱的方式隐瞒或者掩饰其非法所得，洗钱成为维护腐败的重要手段，腐败犯罪与洗钱犯罪相互交织，形成非法利益共同体。腐败不仅是洗钱的重要来源，也是洗钱行为的重要保护伞，而洗钱掩饰腐败，也是腐败犯罪所得快速便捷转移的重要通道，两者相互勾结，共同危害国家经济安全和政治安全。商务部 2004 年发布的调查报告显示，近 30 年来，我国外逃官员约为 4 000 人，携走资金约 500 多亿元，平均每人卷走约 1 250万元。据国际货币基金组织估计，每年非法洗钱的总数额占全球生产总值的 2%～5%。以波士顿咨询公司发布的《2008 年财富报告》为例，2008 年全球总财富为 92.4 万亿美元，那么，去年洗钱所聚敛的黑金约为 1.848 万亿～

❶ 徐汉明、贾济东、赵慧：《中国反洗钱立法研究》，法律出版社 2005 年版。

4.62万亿美元。

（七）从发案行业看，资源稀缺、资金密集、竞争激烈、垄断性强的行业，职务犯罪易发多发

当前，腐败犯罪已渗透到各个领域，带有明显的行业特点，尤其是一些掌管人财物大权的部门和带有垄断性的行业，如金融、教育、医疗、土地、建筑、交通、电力、水利、经济监管等腐败案件频发。有的以贷谋私，有的以招生谋私，有的以药谋私，有的以批地谋私，有的以工程谋私，有的以审批权谋私。一些过去称为“清水衙门”的教育、科研、医疗、文化等部门，也成为腐败犯罪的热点部位之一。

2003～2009年检察机关立案侦查的行政执法部门职务犯罪案件39 274件44 991人。其中，土地、林业等稀缺资源的管理部门，城市建设等竞争激烈的行业，财税、金融等资金比较密集的系统，以及工商、药监、检疫、环保等行政监管部门职务犯罪的比率较高，共占行政执法部门职务犯罪数的73.1%，其明细比例如图18所示。

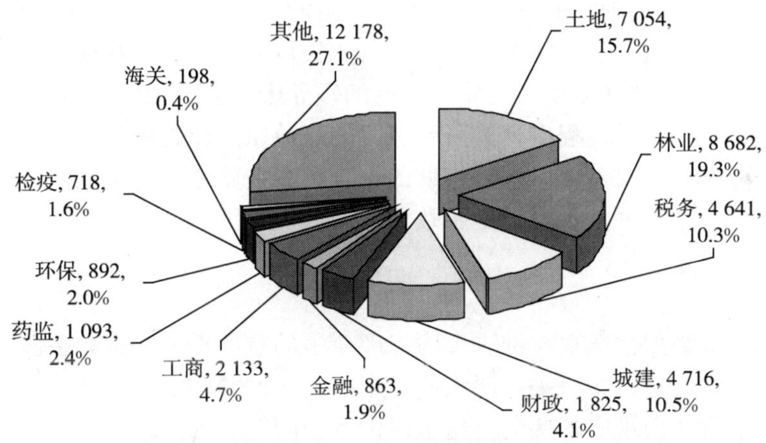

图18　2003～2009年检察机关立案侦查的行政执法部门职务犯罪案件情况

（八）从发展趋势看，腐败呈现国内犯罪国际化、国际犯罪国内化

腐败犯罪与国际有组织犯罪、恐怖主义等犯罪联系日益密切，打击腐败犯罪早已跨越一国边界，成为全球共同面对的一大课题。据波士顿咨询公司发布的《2009年财富报告》，全球财富总量从2007年的108.7万亿美元减至2008年底的92.4万亿美元，全球百万富翁家庭的数量从1 100万个缩至900万个左右，减少17.8%。专家研究表明，全球洗钱、诈欺等腐败资金占到了财富总量的3%～5%，达到了3万亿～5.2万亿美元。“次贷”危机发生后，流入

中国的境外“热钱”达到500亿美元。2008年，人民银行对5 504家金融机构进行了反洗钱现场检查，对其中304家违反反洗钱规定的金融机构处以罚款，罚款总额约人民币1 874万元；对发现和接收的大量可疑交易线索进行分析筛选，发现1 392个具备高度洗钱嫌疑的重点可疑交易线索，并对这些可疑交易线索开展反洗钱调查4 113次；共协助侦查机关调查涉嫌洗钱案件899起，涉及金额折合人民币2 513亿元，[1] 洗钱资金占GDP的0.83%，低于国际腐败资金的流动状况。

现阶段腐败现象在一些地方和部门仍然比较严重，其原因是多方面的，情况是复杂的。(1) 极少数干部放松学习和道德修养，放松世界观改造、理想信念动摇，个人主义、拜金主义、享乐主义滋长，在改革开放过程中，经不起执政的考验，是产生腐败的根本原因。如刘方仁案。(2) 我国正处在“二元经济”转型期、体制转轨期、入世过渡期的重要时期，一些领域的制度、机制不完善，使形形色色的腐败行为有可乘之机。如麦崇楷案。(3) 监督制约机制不健全，尤其是对“一把手”监督制约不到位。如马德案、王怀忠案。(4) 对“两手抓，两手都要硬”的方针执行不力，不能正确处理物质文明、政治文明、精神文明与社会文明建设的关系，存在顾此失彼的现象；一些地方、单位治党不严、治政不严，“好人主义”盛行，有的领导干部甚至包庇、纵容腐败行为。(5) 在推进改革发展过程中，对可能引发的腐败风险缺乏研判、评估机制，事前预防、事中控制与监督、事后查处的综合配套措施还没有跟上。(6) 法律不完善，执法不严，惩治不力，是腐败滋生的客观原因。

三、切实履职

查办案件是惩治腐败、推进反腐倡廉斗争的重要任务和有力手段。无论是纪检监察机关还是检察机关，深入研究当前存在的一些实际问题，提高履职水平，是一个重大而现实的课题。这里讨论八个问题。

（一）关于案件线索问题

案件线索是查办案件的前提和基础。据统计，全省检察机关2005年受理线索3 125件，2006年2 716件，2007年2 431件，2008年2 227件，2009年2 081件。2005～2009年五年总共受理举报线索12 580件，比上五年（2000～2004年）下降58%（见图19）。当前案件线索的受理、管理、利用工作中存在以下特点：一是受理举报线索总体呈下降趋势。二是线索质量总体不高。三

[1] 数据由中国人民银行提供。

是线索发现机制不完善；四是线索管理、利用机制不科学。上述线索方面的问题，已经成为制约办案工作的瓶颈问题，需要采取有效措施加以解决。

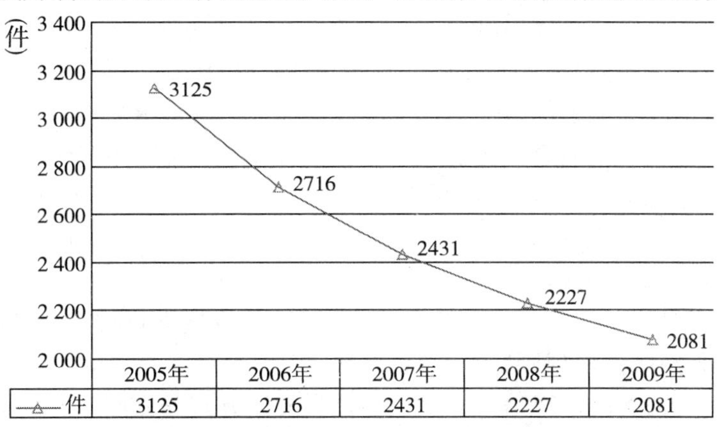

	2005年	2006年	2007年	2008年	2009年
件	3125	2716	2431	2227	2081

图 19　2005～2009 年案件线索情况

资料来源：湖北省人民检察院。

1. 完善线索发现机制

牢固树立主动出击意识，依靠“走出去”的方法主动去发现、挖掘线索，广辟案源。具体方法上，一是要系统分析，即全面掌握某一领域、行业的运作规律，运用系统思维，有针对性地开展线索摸排。二是要密切关注国家重大决策部署、人民群众反映强烈的热点问题、新闻媒体曝光的重大事件，善于从中发现线索。三要提高调查、侦查、谈话、审讯水平，拓展新线索。四是注重在办案过程进行“滚动深挖”，发现新线索。五要探索建立情报信息员队伍。六要健全举报制度，畅通举报渠道，拓宽举报平台，完善犯罪信息共享制度，多角度、多方位、多层面开拓案源。

2. 完善线索管理机制

案件线索集中管理能起到防止压案不报、瞒案不查，防止相互封锁、搞部门和地方保护主义，防止多头查办、造成资源浪费等“五大功效”。2006 年起，我省检察机关在全省统一设立职务犯罪大要案侦查指挥中心办公室，并制定《职务犯罪案件线索管理办法（试行）》，明确规定所有收到、受理和发现的职务犯罪案件线索，应当及时批交或者移送指挥中心办公室统一归口管理，分类建立线索数据库，实行编号管理；对于线索的处理，则根据不同情况提出转办、交办、指定异地管辖等处理意见，报检察长决定，并负责对案件进行跟踪督办。

3. 完善线索研判、评估、利用机制

（1）建立线索信息库以及与之相关的犯罪嫌疑人、行贿人等特定人员相关资料库、人员身份信息库、社会公共信息库等。（2）加强不同行业、不同区域、不同时期、不同犯罪类型线索的综合研判，形成分析研判报告，为侦查提供决策建议。（3）加强线索评估，成立线索评估小组，根据举报人、被举报人的具体情况以及举报内容，分析判断举报线索的可靠性。根据线索评估结果，可将案件线索细分为即查型、缓查型、待查型，分别采取不同的策略予以应对。

（二）关于初查问题

初查是指检察机关在立案前对职务犯罪案件线索进行的审查和必要调查。《人民检察院刑事诉讼规则》127～132条对初查进行了专门规定，以司法解释的形式明确了初查的法律地位。从内容、目的、方式等方面来看，初查与纪检监察机关在办案中采取“两规”“两指”前所进行的必要调查地位相当，强化初查对保证立案准确性、确保办案工作顺利进行、保障无罪人员不受追究等具有重要意义。

初查的重要性及其手段的局限性决定了在初查工作中必须讲究谋略，注重方法和技巧。从实践来看，初查方法和技巧主要有：（1）迂回佯攻法。即暂时隐蔽初查的主要目的，以其他名义调查被查对象周围的各种关系，曲线迂回进行深入调查，逐步缩小迂回圈，最后直击主要问题，最后锁定被查对象或其特定关系人。（2）层层剥皮法。即对可能涉及多项相互关联犯罪的线索，选准其中一个罪名为突破口开展调查，由此及彼，层层深入，深挖犯罪。如我们在查办“4·16”系列案件中，先查非法经营行为，再查走私犯罪，再查放纵走私的渎职犯罪，最后深挖出相关人员的受贿犯罪行为，取得了良好效果。（3）敲山震虎法。即对某些被查对象给予一定的触动，迫使其主动交代问题或采取一些串动、转赃、毁证逃避追究措施，据此予以锁定突破。这一方法在查办“一对一”受贿犯罪案件中使用较多，效果较好。（4）掏心法。即适应当前各行业系统专业性较强、公开性不够、封闭性较强的特点，先深入行业系统内部，摸清相关制度规范、管理模式、运行流程等方面具体情况，并固定相关证据，再进行立案侦查的方法。（5）调虎离山法。即对一些因其职务、地位影响难以开展初查的对象，通过其上级主管机关适时安排其外出公干或学习等方式，扫清初查障碍。

（三）关于风险决策问题

风险决策本是经济领域重要术语，指在多种不定因素作用下，对两个以上的行动方案进行选择的最终抉择。职务犯罪的风险决策则是办理职务犯罪案件过程中，在犯罪嫌疑人未到案或未供述犯罪事实，但有其他证据证明其有犯罪嫌疑的情况下，为进一步查清案情而及时决定立案并采取有关强制措施的办案模式。风险决策对于确保案件顺利侦破、防止案件流产和出现错案具有十分重要的意义。当前风险决策还存在一些困难和问题：一是法律规定更加严格。在“12小时”限制、《律师法》修改、职务犯罪审查逮捕权上提一级等背景和条件下，风险决策显得更为重要，同时难度和要求也更高。二是有些办案人员对实施风险决策的必要性、可行性及时机把握不准。三是对决策的不利后果估计不够充分，防范对策措施准备不足。

在风险决策的实施上：一要把握适用范围。从实践来看，风险决策的适用范围一般有：虽然受贿犯罪嫌疑人不交代，但行贿人已经交代犯罪事实的；虽然行贿人不交代并且暂时无其他证据证明，但受贿犯罪嫌疑人已经交代犯罪事实的；已有证据证明犯罪事实，但相关人员拒不交代的；窝、串案中，一个或两个同案犯已经交代犯罪事实的；具有涉案人员准备携款潜逃或毁灭罪证、畏罪自杀等紧急情况的，等等。二要夯实决策基础。风险决策必须以信息为基础，应尽量在初查阶段全面广泛收集一切与案件相关信息，综合考虑权衡，对案件将来发展趋势的可能性作出全面预测，而不能靠“想当然”“拍脑袋”。主要要求是：(1) 至少有一笔以上违法犯罪事实触犯了刑事法律规范；(2) 关键证人、书证、物证或技术性证据能够证明该笔犯罪事实存在；(3) 案件侦结后不会引发赔偿的后果。三要选准决策时机。实践中，可以选择犯罪嫌疑人趋利避害、急于逃避法律制裁心理加剧的时刻，如其频繁和相关证人接触，银行、股票资金不正常进出等，也可以选择犯罪嫌疑人心理认识存在偏颇，嫌疑人之间攻守同盟尚未形成的时刻。四要严格决策程序。建立完备的风险决策启动、评估、决定、备案及风险防范机制，减少个人主观认识的差异，尽量减少决策的风险性。

(四) 关于侦(调)查取证问题

检察机关承担55种职务犯罪的侦查，主要有三种侦查模式。(1)“由人到事”型侦查模式，涉及贪污贿赂犯罪12种。(2)“由事到人”型侦查模式，涉及渎职类犯罪10种。(3)“人事结合”型侦查模式，涉及滥用职权，侵犯人权犯罪33种。调查取证是侦查的基本任务与途径。当前办案取证中存在的问题主要有：一是证据收集不及时，给犯罪嫌疑人以隐匿、毁损之机；二是证据收集不到位、不全面，造成了一些孤证、关键证据缺乏问题；三是证据收集不准确、不规范，甚至使用非法手段收集证据，造成一些证据无效或效力不足；四是取证方法缺乏，办法不多，无法获得有力证据，等等。

总体来讲，职务犯罪调查取证要把握好五个方面：（1）注意方向的针对性，要紧紧围绕案件事实和犯罪主体、客体、主观方面、客观方面的构成要件，确定收集证据的范围和重点，把握取证方向，有针对性地把关键证据收集到位、固定到位。（2）注意内容的全面性，既注重获取当事人口供又要注意获取书证、物证、证人证言、视听资料证据，既要收集直接证据、原始证据，又要收集间接证据、传来证据，既要收集有罪证据，又要收集无罪证据，从而形成完整证据锁链。一般包括：①嫌疑人身份及履职证据；②职能机构的职能职责证据；③职能运行相关层级人员提供的书证、物证及言词证据；④案件相对人提供的书证、物证及言词证据；⑤嫌疑人与相对人与认定违法犯罪事实相关联的证据；⑥审计、鉴定结论；⑦特定关系人提供的书证、物证及言词证据；⑧ 构成违法犯罪所涉及主客观要件的证据；⑨相关视听资料等再生证据；⑩其他能够佐证违法犯罪的相关证据，等等。（3）注意取证的及时性，对一些随案件动态发展或证据自身特性容易丧失、毁损的证据，必须采取果断措施及时收集固定。（4）注意收集的合法性。《刑事诉讼法》规定："严禁刑讯逼供和以威胁、引诱、欺骗以及其他非法的方法收集证据。"最高人民法院《关于执行〈中华人民共和国刑事诉讼法〉若干问题的解释》规定："严禁以非法的方法收集证据。凡查证确实属于采用刑讯逼供或者威胁、引诱、欺骗等非法方法取得的证人证言、被害人陈述、犯罪嫌疑人或被告人供述，不能作为定案的根据。"《人民检察院刑事诉讼规则》规定："严禁非法取证，对于以刑讯逼供或者威胁、引诱、欺骗等非法方法收集的犯罪嫌疑人供述、被害人陈述以及证人证言，不能作为指控犯罪的证据。"可见，我国对于非法取证行为持否定态度。（5）正确适用非法证据排除规则。这里介绍一下非法证据排除。最近中央深化司法改革方案再次强调要对非法证据进行排除，并将出台相关制度，纪检监察和检察机关都必须树立依法取证的意识。

（五）关于行贿行为打击问题

当前对行贿行为打击不力的现象较为普遍。据调查统计，2007 年以来，全省反贪部门办理贿赂案件中涉案行贿人 1 669 人，立案 343 人，立案人数占涉案人数的 21%，未立案 1 326 人，占 79%；未立案人中，未达立案标准 406 人，认罪态度较好、追诉前主动交代行贿行为 412 人，未牟取不正当利益和牟取不正当利益证据不足的 351 人，公安、纪委等部门查办及检察院另案处理的 16 人，待处理 8 人，该立案未立案的 133 人，具体情况见图 20。

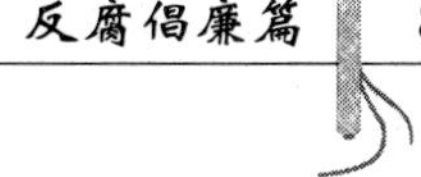

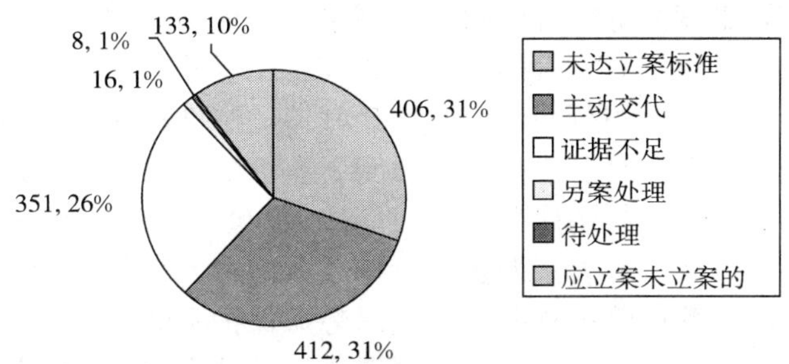

图 20　涉案行贿人处理情况

资料来源：湖北省人民检察院。

涉案行贿单位的直接负责人和直接责任人共 640 人，立案 69 人，立案人数占涉案人数的 11%，未立案 571 人，其中未达立案标准 505 人，认罪态度较好，追诉前主动交代行贿行为 13 人，未谋取不正当利益和谋取不正当利益证据不足的 24 人，公安、纪委等部门查办及检察院另案处理的 13 人，待处理 4 人，已故 1 人，该立案未立案的 11 人，具体情况见图 21。

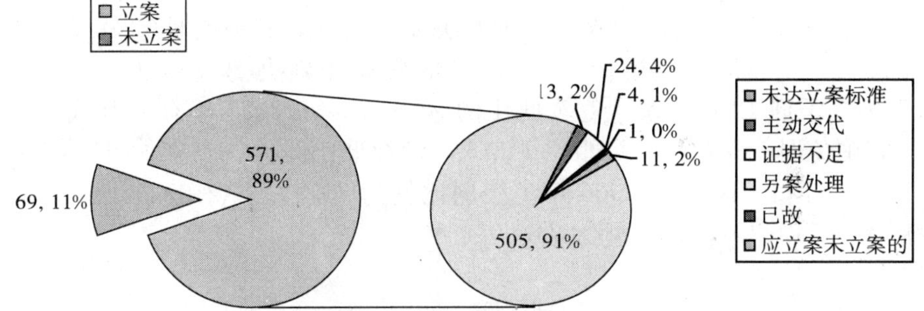

图 21　涉案行贿单位处理情况

资料来源：湖北省人民检察院。

对涉案行贿人未追究刑事责任的主要情形有：（1）行贿数额较小，不够立案标准；（2）被追诉前主动交代行贿行为，态度较好，依照《刑法》规定“可以减轻或免除处罚”；（3）对“牟取不正当利益”的界定存在认识上分歧的案件，往往采取不予追究的方式；（4）办案中为获取行贿人口供，达到追究受贿犯罪的目的，对行贿人往往将其作为污点证人对待，只取证，不追究；（5）行贿人向多人行贿的，没有以累计数计算行贿金额，而以单笔不够立案标准为由而不予立案。可见，对行贿犯罪的打击追究不力既有受利益驱动、对法律规定理解运用不准确以及与行贿人搞“辩诉交易”等主观原因，也有法律规定不完善、查找行贿人难度大等客观因素，应当采取有针对性的措施予以解决。

一是要统一思想。对于行贿案件的办理，纪检监察、检察机关、法院要统一思想，对于构成犯罪的行贿人，不能让其逍遥法外；对于牟取了不正当利益的行贿人，不能让其在经济上占便宜；对于有行贿记录的行贿人，不能让其继续危害社会，要实行“行贿黑名单制度”，建立健全行贿人档案查询系统。二是明确行贿查处重点。严肃查办多次行贿或者向多人行贿的行为；严肃查办涉及黄、赌、毒的行贿；严肃查办充当黑恶势力保护伞的行贿；严肃查办向党政干部和司法工作人员的行贿；严肃查办严重损害国家利益、公共利益和人民群众切身利益，社会反映强烈的行贿。三是严格依法办案。在我国刑法中，相对于受贿犯罪而言，对于行贿犯罪的处罚已经充分体现了宽大政策，司法实践中，不宜再进一步放宽行贿罪的处理标准，应严格按照法律规定办理。

（六）关于职务犯罪轻刑化问题

近年来，职务犯罪轻刑化或者说是对腐败官员的从轻处罚的现象比较突出。据统计，2001～2005 年职务犯罪案件被判处有罪但免予刑事处罚或适用缓刑的比率，已由 2001 年的 51.38%增至 2005 年的 66.48%。2006 年全国法院对职务犯罪作出有罪判决 25 654 人，其中免刑 5 033 人，缓刑 13 171 人，免缓刑比例达 70.96%；2007 年有罪判决 26 496 人，其中免刑 6 239 人，缓刑 12 507 人，免缓刑比例达 70.75%；2008 年有罪判决 29 836 人，其中免刑 7 978人，缓刑 12 687 人，免缓刑比例达 69.26%；2009 年有罪判决 30 146 人，其中免刑 7 889 人，缓刑 12 146 人，免缓刑比例达 66.46%（具体情况见图 22）。从湖北情况看，2006 年免缓刑比例为 75.31%，2007 年为 69.69%，2008 年为 71.93%，2009 年为 71.99%。[1]

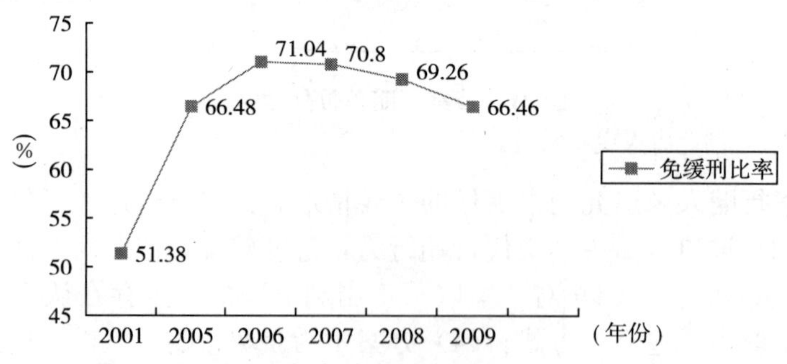

图 22　2001～2009 年全国职务犯罪案件免缓刑比率

资料来源：最高人民检察院。

[1] 数据来源于湖北省人民检察院。

职务犯罪轻刑化的原因主要有：（1）受官民不平等的传统观念和“轻刑化”思潮的影响；（2）检法两家审查、认定“立功”“自首”“积极退赃”“认罪态度好”等从轻、减轻处罚的认定标准过于宽泛；（3）刑法关于贪污贿赂犯罪金额的规定过于原则、缺乏科学性；（4）部分机关和部门、单位追求局部利益或出于特殊考虑，受案外干扰因素太多等等。有效解决这一问题的依据和措施是：（1）正确运用两高《关于办理职务犯罪案件认定自首、立功等量刑情节若干问题的意见》的司法解释，准确认定自首、立功，严格依法施刑。（2）完善检察机关职务犯罪案件的量刑建议权。应以量刑规范化改革试点为契机，将对职务犯罪量刑纳入检察机关量刑建议范围，由检察机关对刑种、刑期等方面提出尽量具体的意见，促使审判人员认真考虑检察机关的意见，督促法院作出公正判决、裁定。（3）加大检察机关对审判活动的监督力度。对适用法律明显不当，判决畸轻的，由检察机关依法提起抗诉；对涉嫌徇私舞弊、贪赃枉法、滥用职权犯罪的，依法严厉查处。（4）加强检法两家协作配合，完善检察长列席审判委员会会议制度，建立对职务犯罪案件的判决评价机制，对某段时间内量刑较轻的，或适用缓刑、免刑较多的现象，与法院共同分析原因，研究相应对策。

（七）关于职务犯罪法律适用的若干疑难问题

从检察机关办案情况看，贪污贿赂和渎职侵权犯罪在定罪、量刑方面存在一系列难点问题。新刑法颁布以来，全国人大先后作出 7 个刑法修正案、1 个单行刑法和 9 个刑法立法解释，两高也先后就受贿、商业贿赂、职务犯罪立功自首量刑情况等作出司法解释，对正确适用法律发挥了积极作用，如表 10 所示。但仍存在不少认识上的分歧，这里介绍一些司法实践中较突出的问题。

表 10　职务犯罪相关法律的制定修订情况

名称	发布时间	内　　容
《刑法修正案》	1999 年 12 月 25 日发布	在《刑法》第 162 条妨碍清算罪后增加一条隐匿、故意销毁会计凭证、会计账簿、财务会计报告罪；对第 168 条国有公司、企业、事业单位人员失职罪、国有公司、企业、事业单位人员滥用职权罪，第 174 条擅自设立金融机构罪，第 180 条内幕交易、泄露内幕信息罪，第 181 条篇造并传播证券、期货交易虚假信息罪，诱骗投资者买卖证券、期货合约罪；第 182 条操纵证券期货市场罪，第 185 条挪用资金罪，第 225 条非法经营罪进行了修改
《刑法修正案（二）》	2001 年 8 月 31 日发布	对《刑法》第 342 条非法占用农用地罪进行了修改

续表

名称	发布时间	内　　容
《刑法修正案（三）》	2001年12月29日发布	在《刑法》第120条组织、领导、参加恐怖组织罪后增加一条资助恐怖活动罪；在第291条聚众扰乱公共场所秩序、交通秩序罪后增加一条投放虚假危险物质罪，编造、故意传播虚假恐怖信息罪；对第114条、第115条放火罪、决水罪、爆炸罪、投放危险物质罪、以危险方法危害公共安全罪，第120条组织、领导、参加恐怖组织罪，第125条非法制造、买卖、运输、邮寄、储存枪支、弹药、爆炸物罪，第127条盗窃抢夺枪支、弹药、爆炸物、危险物质罪，第191条洗钱罪作了修改
《刑法修正案（四）》	2002年12月28日发布	在第152条走私淫秽物品罪后增加一款走私废物罪，在第244条强迫职工劳动罪后增加一条雇佣童工从事危重劳动罪。对《刑法》第145条生产销售不符合标准的医用器材罪，第155条间接走私以走私罪论处的情形，第339条非法处置进口的固体废物罪、擅自进口固体废物罪，第344条非法采伐、毁坏国家重点保护植物罪，非法收购、运输、加工、出售国家重点保护植物、国家重点保护植物制品罪，第345条盗伐林木罪，第399条徇私枉法罪、民事行政枉法裁判罪作了修改
《刑法修正案（五）》	2005年2月28日发布	在《刑法》第177条伪造、变造金融票证罪后增加一条妨害信用卡管理罪；在第369条破坏武器装备、军事设施、军事通信罪中增加一条过失损害武器装备、军事设施、军事通信罪；对《刑法》第196条信用卡诈骗罪作了修改
《刑法修正案（六）》	2006年6月29日发布	在《刑法》第135条重大劳动安全事故罪后增加一条大型群众性活动重大安全事故罪；在第139条消防责任事故罪后增加一条不报、谎报安全事故；在《刑法》第162条妨害清算罪之一后增加一条虚假破产罪；在《刑法》第169条徇私舞弊低价折股、出售国有资产罪后增加一条背信损害上市公司利益罪；在《刑法》第175条高利转贷罪后增加一条骗取贷款、票据承兑、金融票证罪；在《刑法》第185条挪用公款罪后增加一条背信运用受托财产罪、违法运用资金罪；在第262条拐骗儿童罪后增加一条组织残疾人、儿童乞讨罪；在《刑法》第399条徇私枉法罪、民事行政枉法裁判罪、执行判决裁定失职罪、执行判决裁定滥用职权罪后增加一条，枉法仲裁罪。对《刑法》第134条重大责任事故罪、强令违章冒险作业罪，第135条重大劳动安全事故罪，第161条违法披露、不披露重要信息罪，第163条非国家工作人员受贿罪，第164条对非国家工作人员行贿罪，第182条操纵证券、期货市场罪，第186条违法发放贷款罪，第187条吸收客户资金不入账罪，第188条违规出具金融票证罪，第191条洗钱罪，第303条赌博罪、开设赌场罪，第312条掩饰、隐瞒犯罪所得，犯罪所得收益罪作了修改

续表

名称	发布时间	内　　容
《刑法修正案（七）》	2009年 2月28日发布	在《刑法》第180条内部交易、泄露内部信息罪增加一条利用未公开信息交易罪；第224条合同诈骗罪后增加一条组织、领导传销活动罪；第253条私自开拆、隐匿、毁弃邮件、电报罪后增加一条出售、非法提供公民个人信息罪、非法获取公民个人信息罪；第262条拐骗儿童罪、组织残疾人、儿童乞讨罪后增加一条组织未成年人进行违反治安管理活动罪；第285条非法侵入计算机信息系统罪后增加两条非法获取计算机信息系统数据、非法控制计算机信息系统罪，提供侵入、非法控制计算机信息系统程序、工具罪；在第375条非法生产、买卖武装部队制式服装罪（取消非法生产、买卖军用标志罪罪名）增加一条伪造、盗窃、买卖、非法提供、非法使用武装部队专用标志罪；在388条受贿罪后增加一条利用影响力受贿罪。对《刑法》第151条走私国家禁止进出口的货物、物品罪（取消走私珍稀植物、珍稀植物制品罪罪名），第180条内部交易、泄露内部信息罪，第201条逃税罪（取消偷税罪罪名），第225条非法经营罪，第239条绑架罪，第312条掩饰、隐瞒犯罪所得、犯罪所得收益罪，第337条妨害动植物防疫、检疫罪（取消逃避动植物检疫罪罪名），第375条非法生产、买卖武装部队制式服装罪（取消非法生产、买卖军用标志罪罪名），第395条巨额财产来源不明罪作了修改
单行刑法 1部	1998年 12月29日颁布	《全国人民代表大会常务委员会关于惩治骗购外汇、逃汇和非法买卖外汇犯罪的决定》
立法解释 9个	2000年 4月29日发布	全国人民代表大会常务委员会关于《中华人民共和国刑法》第93条第2款的解释
	2001年 8月31日发布	全国人民代表大会常务委员会关于《中华人民共和国刑法》第228条、第342条、第410条的解释
	2002年 4月28日发布	全国人民代表大会常务委员会关于《中华人民共和国刑法》第384条第1款的解释
	2002年 4月28日发布	全国人民代表大会常务委员会关于《中华人民共和国刑法》第294条第1款的解释
	2002年 8月29日发布	全国人民代表大会常务委员会关于《中华人民共和国刑法》第313条的解释
	2002年 12月28发布	全国人民代表大会常务委员会关于《中华人民共和国刑法》第九章渎职罪主体适用问题的解释
	2004年 12月29日发布	全国人民代表大会常务委员会关于《中华人民共和国刑法》有关信用卡规定的解释

续表

名称	发布时间	内　容
立法解释9个	2005年12月29日发布	全国人民代表大会常务委员会关于《中华人民共和国刑法》有关文物的规定适用于具有科学价值的古脊椎动物化石、古人类化石的解释
	2005年12月29日发布	全国人民代表大会常务委员会关于《中华人民共和国刑法》有关出口退税、抵扣税款的其他发票规定的解释

1. 关于贪污贿赂犯罪的法律适用问题

(1) 主体方面问题。一是国企改制情形的复杂导致有关主体难认定。如，有的行为人受国有单位委派到改制后的国有资产控股或参股企业担任职务，但依据公司法该职务又由股东大会选举任命，其贪污、受贿行为能否认定贪污、受贿罪；又如行为人受委派担任混合型经济单位某职务，又经该单位聘任担任其他职务，其同时利用两项职务进行侵占单位财物或收受其他人财物的行为如何认定，等等。(2) 挪用公款罪在定罪方面存在的问题。刑法规定挪用的对象为公款，而现实中财产性质复杂，很多情况不能辨明其公款性质，认识不一致。"归个人使用问题"，如国有公司经理利用职务便利，擅自决定以单位名义挪用公款10万元给他人开办的一人有限公司使用，其未谋取个人利益，一人公司刑法定位是"单位"还是"个人"，直接影响上述行为是否符合挪用公款"归个人使用"。(3) 受贿罪定罪方面存在的问题。贿赂的范围仅限于财物，致使收受财物以外的利益无法认定受贿，如利用职务之便获得的升学、晋升、就业等非物质性利益等等，都难以认定受贿。同时，"为他人谋取利益"的构成要件难以认定，如节日期间接受的超过正常交往限度的财物，很多情况下，收受财物行为与为他人谋取利益难以构成关联，实践中几乎都难以认定。

2. 关于渎职侵权犯罪的法律适用问题

(1) 徇私舞弊的认定问题。现行刑法共有16个条款规定了"徇私舞弊"或"徇私"要件（涉及17个罪名），成立这些犯罪既要求徇私且舞弊，还要求具备其他渎职行为，同时"徇私"是否包括徇单位、集体和小团体之私规定不明确，导致有些徇小团体之私的行为难认定。(2) 渎职罪的损失认定问题。渎职犯罪36个罪名中，有18个是结果犯罪，这些犯罪以发生重大损失的后果为构成要件。目前，对于非物质性损失能否作为渎职罪的损失后果、什么样的恶劣社会影响才构成非物质性损失存在较大争议，同时对于经济损失的起算时间也有不同看法。(3) 渎职罪的责任划分问题。在目前体制下，国家对某一领域的监管往往分别有多个部门分段监管，各部门上下级机关之间往往对某一事项实行多层审批，对安全生产、土地出让、重大动物疾病防控等事项，国家规定各级政府负有重要的监管责任，同一个机关内部，还存在承办人承办、内设机构负责人初审、局领导或局领导班子批准的问题。责任分散往往成为开脱渎职罪责的理由，也成为司法实践中非常难以把握的问题。

（八）关于纪检监察机关与检察机关联系、协作、配合问题

"党委统一领导、党政齐抓共管、纪委组织协调、部门各负其责、依靠群众的支持和参与"的反腐败领导体制和工作机制，贯彻了党的领导、综合治理、群众路线等基本原则，是符合人民民主专政特点、符合国家机关工作规律、符合我国反腐败工作实际需要的。为深入推进这一体制和工作机制的落实，《中共湖北省委反腐败案件协调小组关于加强反腐败案件线索移交、情况通报和移送处理协调的意见》对此作了一些规定，需要各地在贯彻落实。实践中总结出几条原则，供大家讨论。(1) 及时移送原则。一方面，检察机关在受理举报和调查处理案件过程中，发现有关组织或人员仅涉嫌违反党纪政纪而不涉嫌犯罪的，应及时将相关线索移交纪检监察机关。另一方面，纪检监察机关在受理举报和调查处理案件过程中，发现有关组织或人员涉嫌职务犯罪的，应及时移交检察机关。(2) 及时介入的原则。纪检监察机关在办案中发现可能涉嫌犯罪，认为需要检察机关介入的，可以要求检察机关介入，经检察机关同意后，可以派员介入。(3) 主办负责的原则。坚持立案机关全权、具体负责案件的办理；案件处于什么环节，由该环节的办案单位全权、具体负责办理。(4) 程序并行、分工负责的原则。对重特大、疑难案件或者主要领导批示由纪委、检察机关两家负责的案件，可先行明确案件的性质，属于党政纪案件的，由纪检监察机关为主办理，检察机关予以协助；属于职务犯罪案件的，由检察机关为主办理，纪检监察机关予以协助。(5) 同级联系的原则。一是"先横后纵"，即纪检监察机关与检察机关之间的案件移送、办案协作，需要同对应机关的下级机关予以协作配合时，应当由负责案件办理的机关向对应的同级机关提出协作要求，再由对应的同级机关向其所各属下级机关作出具体指示。二是受贿、行贿统一办理模式。

四、提高水平

在刚刚召开的十七届中央纪委五次全会上，胡锦涛总书记从党和国家事业发展全局和战略高度，全面科学分析了当前反腐倡廉形势，强调要坚持标本兼治、综合治理、惩防并举、注重预防的方针，加强以保持党同人民群众血肉联系为重点的作风建设，加强以完善惩治和预防腐败体系为重点的反腐倡廉建

设，抓紧解决反腐倡廉建设中人民群众反映强烈的突出问题，着力推进反腐倡廉制度建设，不断取得党风廉政建设和反腐败斗争新成效。

去年底，胡锦涛总书记主持召开中央政治局常委会，审议并原则同意了《关于深入推进社会矛盾化解、社会管理创新、公正廉洁执法的意见》。紧紧围绕社会矛盾化解、社会管理创新、公正廉洁执法三项重点工作，全面履行打击刑事犯罪、查办和预防职务犯罪、加强诉讼监督等各项职能，是当前和今后一个时期检察机关的主要任务。

纪检监察和检察机关都应当进一步围绕中心、服务大局，紧贴党和国家工作大局来思考、谋划和推进反腐倡廉工作。我们认为，深入开展反腐败斗争与深入推进三项重点工作是紧密联系、相互促进的。严肃查办和有效防止腐败问题，能够回应人民群众对腐败问题深恶痛绝、铲除腐败的需求，减少社会对抗、化解社会矛盾；能够督促社会管理部门依法依规切实履行管理职责，促进社会管理创新和构建社会管理新格局；能够监督、教育、引导执法、司法人员依法履职，促进公正廉洁执法。抓好三项重点工作，则有利于从教育、制度、监督三个方面推进惩防腐败体系建设，特别是有助于减少、遏制社会管理、行政执法、司法等领域的腐败问题。因此，建议在以下六个方面着力。

（一）着力加强反腐倡廉教育，筑牢拒腐防变的思想道德防线

推进反腐倡廉，教育是基础。当前，反腐倡廉教育要不断加强、深化和改进，主要是：（1）突出教育主题。要贯彻为民、务实、清廉的要求，不断深化理想信念教育，深化廉洁从政、廉洁执法、廉洁司法教育，引导广大党员特别是领导干部牢固树立马克思主义的世界观、人生观、价值观，坚持正确的权力观、地位观、利益观，牢固树立“立党为公，执政为民”的执政理念。（2）创新教育方式。要把反腐倡廉思想教育融入领导干部的选拔、管理、使用、培训等各个环节，坚持自律与他律、教育与管理相结合，增强教育的针对性、有效性。（3）扩大覆盖范围。要面向全党全社会，扩大反腐倡廉教育的覆盖面，加强勤政廉政先进典型的宣传，正确引导社会舆论，增强干部群众反腐败的信心。要倡导廉政文化，促进全社会树立“以廉为荣，以贪为耻”的良好风气。

（二）着力查办和预防违纪违法案件，加大惩治腐败工作力度

中纪委、最高人民检察院每年都确定了阶段性的查案重点，有力指导了查办违纪违法案件工作。从近期发案特点来看，建议突出以下五个重点：（1）以查办发生在领导机关、领导干部中滥用权力、牟取非法利益的违纪违法案件为重点，严肃查办发生在领导机关和领导干部中滥用职权、贪污贿赂、腐化堕落、失职渎职案件，严厉惩处利用人事权、司法权、行政执法权、行政审批权

谋取非法利益的行为，严厉惩处腐败分子。（2）以发生在重点领域、重点行业的违纪违法案件为重点，严肃查处工程建设、房地产开发、土地管理和矿产资源开发等腐败现象易发多发领域的案件，企业重组改制、产权交易和经营管理活动中国有资产严重流失的案件，社会管理、行政管理中失职、渎职等违法违纪案件，执法不严、司法不公背后的违法违纪案件，切实加大对为黑恶势力和“黄赌毒”充当“保护伞”的违纪违法犯罪行为的打击力度。（3）以维护人民权益为重点，严肃查办严重侵害群众利益案件、群体性事件和重大责任事故背后的腐败案件，积极开展民生、涉农等领域的专项治理，依法依纪及时介入重大安全生产责任事故、重大食品安全事件调查，坚决纠正损害群众利益的不正之风；纠正拖欠农民工工资问题；治理教育乱收费；纠正医药购销和医务服务中的不正之风，健全防治不正之风的长效机制。（4）以整顿规范市场秩序为重点，深入开展商业贿赂治理，特别是加大对行贿犯罪的打击力度。（5）以源头治理为重点，发挥查办违纪违法案件在治本方面的作用，积极预防腐败。主要是：针对发案单位管理制度上的漏洞，提出整改意见建议，督促其堵塞漏洞、健全制度、加强管理；在重点行业、重点企业及重大工程项目中联合开展行业预防、重点预防与工程专项预防，增强预防的实效。

（三）着力加强对权力的制约和监督，保证权力正确行使

这是中国反腐模式的要义之一。（1）在监督重点上，以领导干部特别是主要领导干部为重点对象，以决策和执行为重点环节，以人、财、物管理为重点领域，通过科学配置权力，健全权力运行程序，完善监督措施，逐步建立健全决策权、执行权和监督权既相互制约又相互协调的权力结构和运行机制，防止权力失控、决策失误、行为失范。（2）在监督方式上，应全面落实集体领导与分工负责、重要情况通报和报告、述职述廉、民主生活会、信访处理、巡视、谈话和诫勉、舆论监督、询问和质询、罢免处理等党内监督10项制度，建立健全“及时发现问题和纠正错误”“防止小错酿成大错”的监督机制。同时，党的委员会及委员、纪检委员会及委员、党委、党的代表大会等监督主体要充分行使监督权利，履行监督职责，承担起监督的责任。（3）在监督渠道上，应充分发挥人大、政府专门机关、人民政协、司法机关的监督作用，加强社会监督与舆论监督，提高监督的整体效能。重点解决好监督渠道不通畅、监督权力不到位、监督条件难保障、监督合力难形成、社会监督作用难发挥等问题。要注重发扬社会主义民主，调动党员群众支持和参与反腐倡廉的积极性，主要是发展党内民主，健全民主集中制，贯彻党员权利保障制度，认真开展批评与自我批评，提高及时发现和纠正错误的能力。扩大基层民主，包括民主选举、民

主决策、民主管理、民主监督四个环节，决策民主化是关键。坚持和完善党务公开、政务公开、厂务公开、村务公开、校务公开等制度，凡是同群众利益密切相关的重大事项，都要广泛听取群众意见，发挥群众的参与和监督作用，防范可能发生的腐败问题和各种不良倾向。同时充分运用、发挥好新闻舆论监督宣传法制、警示教育、表达呼声、弘扬正气、鼓舞斗志、正确引导等作用，健全网络举报和受理机制，注重对反腐倡廉网络舆情的收集、分析和研判，积极探索利用互联网等传播手段开展反腐倡廉宣传的新途径，努力营造良好社会舆论氛围。

（四）着力深化体制机制制度改革，提高反腐倡廉的制度化、法制化水平

要总结改革开放以来的成功经验，在坚决惩治腐败的同时，更加注重治本，更加注重预防，更加注重制度建设，继续坚持“制度反腐”，继续深化体制机制制度改革。要进一步加大治本的力度，紧密结合推进干部人事制度、司法体制、行政审批制度和财政金融体制、财税体制、金融企业制度、国有资产监管、现代市场机制和政务公开制度等八大改革，建立健全有利于防范腐败的体制、机制，逐步铲除腐败现象滋生蔓延的土壤。

根据中央部署，反腐倡廉的制度化、法制化将在以下四个方面着力：(1) 完善党内民主和党内监督制度。完善党的地方各级全委会、常委会工作机制，修订《中国共产党地方委员会工作条例（试行）》。制定《中国共产党党组工作条例》。推行地方党委讨论决定重大问题和任用重要干部票决制。改进候选人提名制度和选举方式，修订《中国共产党基层组织选举工作暂行条例》，推广基层党组织领导班子成员由党员和群众公开推荐与上级党组织推荐相结合的办法，逐步扩大基层党组织领导班子直接选举范围。(2) 完善违纪行为惩处制度。制定《中国共产党纪律处分条例》和《行政机关公务员处分条例》的配套规定。健全对党的机关、人大机关、政协机关、民主党派机关公务员的纪律处分规定，制定对事业单位工作人员和国有企业人员的纪律处分规定。(3) 完善反腐败领导体制和工作机制的具体制度。修订《关于实行党风廉政建设责任制的规定》。制定《国有企业纪律检查工作条例》和关于实行农村基层党风廉政建设责任制的规定。(4) 加强反腐倡廉国家立法工作。适时将经过实践检验的反腐倡廉具体制度和有效做法上升为国家法律法规，建立健全防治腐败法律法规，提高反腐倡廉法制化水平。

（五）着力加强党风廉政建设责任制建设，提升反腐倡廉整体合力

2008年，在我国实行党风廉政建设责任制10周年之际，胡锦涛总书记强调指出：“党风廉政建设责任制是深入推进党风廉政建设和反腐败斗争的一项

基础性制度。10 年来，各级党委、政府认真贯彻落实党风廉政建设责任制，推动党风廉政建设和反腐败斗争取得明显成效。”这就深刻揭示了落实党风廉政建设责任制对促进反腐倡廉建设的重要意义。我们认为，党风廉政建设责任制，关系到反腐倡廉建设各项工作的全面展开，关系到反腐倡廉领导体制和工作机制的全面建立，关系到各级党组织和领导干部反腐倡廉职责的全面落实，是推进党风廉政建设和反腐败工作的重要举措。当前和今后一个时期要继续贯彻好、落实好这一制度。(1) 要坚持和完善党委统一领导、党政齐抓共管、纪委组织协调、部门各负其责、依靠群众支持和参与的反腐败领导体制和工作机制。(2) 党委、政府、纪委与有关部门要切实履行责任制，紧密结合业务工作，及时掌握和全面分析管辖范围内的党风廉政建设责任制落实情况，切实解决存在的突出问题，抓好所承担的反腐倡廉任务的落实，抓好本部门本系统的党风廉政建设和反腐败工作。(3) 要严格责任追究，维护责任制的严肃性。

(六) 着力强化反腐败国际合作，严厉打击腐败犯罪行为

要通过有效的国际合作，坚决打击和遏制腐败犯罪携款外逃的局面，推动我国反腐工作向纵深发展。(1) 在执法合作方面，我国要加大开展政府层面、政府部门以及反腐败部门层面的反腐败执法合作方面的国际合作。这种合作方式可以是双边的、区域的和国际性的，合作的内容广泛，主要包括以下内容：与外国政府、机构建立联系渠道，以促进安全、迅速地开展反腐败信息情报的交流；与外国政府、机构合作，对于腐败犯罪进行包括犯罪嫌疑人的身份、行踪和活动、所在地点、犯罪收益或财产的转移情况等方的调查；与外国政府、机构建立联合小组进行执法活动；开展反腐败的培训和技术合作；必要时可以接受并派驻地联络员。(2) 在司法协助方面，要建立包括以下内容的反腐败司法协助制度：文书送达；调查取证；冻结、扣押和没收财物；被判刑人移管；刑事诉讼移管等。目前需要建立完善的法律制度主要有：一是建立承认和执行外国刑事裁决机制；二是建立独立民事没收制度，最大限度追缴腐败犯罪收益；三是完善我国开展反腐败合作的相关程序性规定等。(3) 在人员遣返方面，着重从以下方面着手：废除贪污贿赂的死刑条款，避免因死刑犯而造成贪官遣返困难；积极与其他国家特别是西方发达国家达成包含遣返腐败犯罪的双边或多边条约，为遣返腐败犯罪分子提供法律依据；尽量避免将腐败犯罪与政治犯罪挂钩，为引渡腐败犯罪营造良好法律条件；积极开展外交等方面的努力，推动遣返问题个别化解决。(4) 在腐败资金返回方面，我国要破除避免国有财产损失的观念，从实际出发，建立起与腐败资产流入国共同分享腐败资产的机制，最大限度地追回腐败犯罪资产，维护国家利益。

63. 惩防结合　遏制腐败　保障市场经济体制改革健康发展*

一、反腐败是21世纪国际社会共同的任务

21世纪，是人类社会发展充满希望与活力的世纪，也是富有挑战性的世纪。人口增长过快，自然资源短缺，环境恶化，恐怖事件频发，金融危机，腐败风潮，是当今全球发展面临的六大挑战。

腐败，是21世纪人类社会经济和政治生活所面临的重大而急迫的共同问题，已成为一大公害。各国政府、地区组织与国际社会采取了不同措施，予以积极预防、从重惩治。

第一，从国际社会看。据《法制日报》环球版披露，2008年以来国际社会腐败连连。2008年9月15日，有158年历史的美国第四大投行雷曼兄弟控股公司宣布破产，9月21日，高盛和摩根斯丹利转为银行控股公司，从而宣布五大投行全部消失，进而引发全球范围的金融危机。专家分析，引发美国次贷危机的原因有5个层次：（1）技术创新的衰减；（2）过度消费的经济增长模式；（3）过度宽松的货币政策，主要是减税的财政刺激政策与降息的货币扩张政策，导致房地产市场的泡沫膨胀；（4）金融衍生工具使房地产次级贷款的资金链条及风险无限扩大；（5）金融监管的缺失。据联合国开发投资署统计，2005年，世界财富总量为84.5万亿美元，其中美国为14.33万亿美元、日本4.844万亿美元、德国3.818万亿美元。2007年美、德、日人均GDP分别为4.5725万美元、4.04万美元、3.4296万美元。据有关专家研究，美国的股

---

* 本文发表于《反腐倡廉研究》2009年第3期。文章收录时部分内容有所调整。

市、债券、贷款、金融衍生产品高达500万亿美元，其金融机构倒闭，清偿资产只剩40%，虚拟资产与实物资产比为34.9∶1；美国两次救市的1.6万亿美元可谓“杯水车薪”。次贷危机演变为世界性金融危机的原因：(1) 世界能源、粮食危机导致结构性通胀；(2) 经济全球化使各国经济紧密联系；(3) 全球流动性过剩，大量资金流向美国；(4) 美国的超级经济金融大国地位。这场危机的最大特点不是生产过剩的危机，而是全球范围内资本主义虚拟资本的危机，其深层原因之一就是腐败盛行。

2008年爆炒的十大案件是：(1) 华尔街纳斯达克股票市场公司前董事会主席伯纳德·麦道夫涉嫌欺诈被美国联邦调查局拘捕，投资者损失可能高达500亿美元。(2) 美国伊利诺伊州州长罗德·布拉戈耶维奇因涉嫌“卖官”遭弹劾下台。(3) 孟加拉前总理谢赫·哈西娜·瓦吉德因收受一家电力公司40万美元被起诉。(4) 印尼前任央行行长阿卜杜拉因贪心误国被推上被告席。(5) 泰国前总理他信因非法购地被判刑2年。(6) 泰国新总理颂猜因选举舞弊被宪法法院裁定其人民党解散，执行委员会成员禁止参政5年，颂猜被迫辞职。(7) 日本发生千人受贿事件（1 402名公务员下夜班打的士拿回扣），151人被处以停职、减薪、严重警告。(8) 韩国首尔28名议员在议长选举中受贿，有1/4的议员被检方起诉；军界百名军人伪造“工伤文件”骗保，认定骗保金额70亿韩元，有31名现役军人、70名退伍军人被立案调查。(9) 韩国三星集团前董事长因逃税罪被判处有期徒刑3年、缓刑5年，并处罚金1 100亿韩元。(10) 美国艾伦·斯坦福公司涉嫌金融诈欺80亿美元被调查。这10宗大案，只是国际社会腐败犯罪的冰山一角。

自20世纪70年代末以来，国际社会把打击和预防腐败摆到了重要议事日程。联合国在总结各国预防和惩治腐败工作经验教训的基础上，先后制定一系列国际反腐败公约。如：联合国早在1979年就颁行了《执法人员行为守则》，优先规范执法人员的职业操守与职务廉洁行为。1990年制定了《反腐败的实际措施》，从滥用职权、隐瞒不报的惩罚等刑法问题、预防腐败行为和滥用职权的行政和管理机制，侦查、调查和判决贪污官员的程序，没收腐败行为所获资金和财产的法律规定，对卷入腐败行为的企业的经济制裁，培训和交流国际经验等作出了明确的规范。1996年，先后制定了《公职人员国际行为守则》，开宗明义地规定公职人员对本国公共利益及其体制要忠诚，秉公办事，全心全意、公正无私地履行其职责。为了取缔和防止商业贿赂，保障稳定透明的国际商业交易环境，1996年12月16日第51届联合国大会通过了《反对国际商业交易中的贪污贿赂行为宣言》。2000年11月15日第55届联大通过《联合国打击跨国有组织犯罪公约》，在规定对洗钱、恐怖、毒品等严重犯罪的刑事定罪的同时，对腐败行为的定罪、反腐败措施、法人责任、起诉、判决和制裁、没收和扣押、没收国际合作、没收犯罪所得或财产的处置、管辖权、引渡、司法协助、预防等作了全面规定。鉴于腐败严重破坏民主法制，侵蚀价值观、道德观，破坏社会公平与正义，阻碍社会的可持续发展，严重破坏法治，2003年10月31日第58届联大又通过了《联合国反腐败公约》，为各国预防、惩治腐败，加强国际合作，完善技术援助，提高公众参与度，增强全球社会拒腐风气，提供了有力的法律武器。

从世行反腐败行动看。世界银行现有184个成员国，其60年来为支持各国的发展和扶贫项目，发放贷款5 250亿美元。据估计，其中有5%～30%被腐败侵吞，其主要手段：（1）地方政府官员在分发资金、授予合同时利用职权渔利；（2）业主贿赂官员赢得合同；（3）夸大项目开支，将差价装入腰包；（4）银行官员寻找机会赚取不义之财。为了反腐败，世行采取如下措施：（1）组建操守部。2000年组建机构操守部，人员50人，其中调查人员30名，从世行外部聘请，由荷兰人马尔滕·德容负责。（2）独立查案件。共调查腐败案件345件，将25宗渎职案件交有关国家司法当局定罪处理，查处世行职员参与诈欺38人，解职28人。（3）对腐败高发国家实行贷款限制。由1999～2000年发放贷款148亿美元，占62%，下降为2001～2003年发放118亿美元，下降幅度很大。（4）对典型国家进行特别调查。如：对苏拉威西岛耗资1.55亿美元的城建项目进行调查，成立了12人的反腐委员会，最后该国政府赔偿50万美元，世行对其贷款额度由10亿美元削减到3亿美元。

第二，从地区组织情况看。无论欧盟、美洲、非洲、亚太地区，还是国际经合组织，都把本地区、本领域的反腐败与积极预防腐败，加强国际合作，提高效率摆到了更加突出的位置。

欧洲理事会在推进欧洲各国经济、政治、外交、国防、货币、司法、检察、警察、社会咨询一体化进程中，在预防和惩治腐败、打击跨国洗钱、贩毒、非法移民、恐怖犯罪等方面进行了一系列立法，取得了明显成效。这包括：1997年通过的《打击涉及欧洲共同体官员或欧洲联盟成员国官员的腐败行为公约》，旨在加强打击腐败的司法合作，推进打击腐败司法合作的共同利益。1997年通过了《打击贪污腐败二十项指导原则》，指出腐败威胁社会公平正义，削弱公民对民主的信心，破坏法治，否定人权，阻碍社会和经济发展，强调要坚决打击腐败，采取有效措施预防腐败。1999年制定的《反腐败刑法公约》，对公职人员主动受贿、被动受贿，外国公职人员受贿，私人部门主动和被动受贿，国际议会成员受贿，国际法庭法官及官员受贿，权钱交易，腐败罪行收益的洗钱行为，财务犯罪、参与行为等作出明确规定，增强了惩治腐败的针对性和可操作性。1999 年通过了《反腐败国家集团规约》，旨在规范欧盟国家的反腐立法技术。

美洲地区国家在打击和预防腐败方面，也注重了立法与司法合作。1996 年美洲国家组织（OAS）通过了《美洲反腐败公约》，旨在推动和强化各缔约国预防、发现、惩罚和根除腐败所需的机制，规范缔约国间的合作，提高预防与惩治腐败的效率。1998 年通过的《非法获利和跨国贿赂示范立法》，旨在进一步从技术层面为预防与打击腐败提供支持。

援助非洲全球联盟在打击和预防腐败的立法中也不甘示弱，该组织于 1999 年通过了《非洲国家反腐败原则》，使非洲国家在国际反腐败舞台上发挥了重要作用。

亚洲开发银行与经济合作开发组织亚太地区反腐行动组新千年反腐败宣言——《亚太地区反腐败行动计划》，吹响亚太地区反腐败的号角。

一些国际与地区经济组织在货物、服务、知识产权贸易与投资中，开始结成反腐败同盟，制定了相关公约。如经合组织 1997 年在巴黎订立的《禁止在国际商业交易中贿赂外国公职人员公约》，呼吁各国立即采取协调有效的方式对这种行贿行为进行定罪，欢迎各公司、商业组织、工会组织以及其他非政府组织作出努力，参与打击行贿行为。

第三，从典型国家情况看。在英国，为了有效地预防和惩治腐败，提高诉讼效率，政府自 20 世纪 70～80 年代中期进行了一系列司法体制改革，完善法律制度，缜密预防和惩治腐败的法网。主要措施有 5 条：(1) 国会通过修订刑事起诉法，集中行使起诉权；(2) 重新在刑法中设定贿赂罪罪名；(3) 设立自成体系的检察机构；(4) 颁行“严重诈欺局法”，对 500 万英镑以上的重大、复杂欺诈案件，由总检察长指挥严重诈欺局侦查；(5) 设立严重诈欺局，专门侦查白领腐败案件。500 万英镑以下腐败案件由英格兰和威尔士检察院的欺诈案侦查起诉处立案侦查。这一惩治腐败的法律制度模式，被英联邦国家所仿效，新西兰、挪威、乌干达、南非等相继成立了检察长领导下的反贪局。

在美国，政治丑闻、贿选、白领受贿、商业贿赂、洗钱等，是公开的腐败热点，如 20 世纪 70 年代的“水门事件”、90 年代的“拉链门事件”等。其采取的措施：(1) 运用国会的弹劾权，对总统、副总统及合众国一切文官进行处理；(2) 运用派驻政府的监察权，发现、报告、移送、预防白领腐败案件；(3) 运用对行政人员财产申报监管权，接受申报、审查、评估及调查财产来源合法性，发现与监督腐败；(4) 运用审计监督权，对公共资金的收支、使用进行跟踪调查，提出报告，建议整改，移交联邦检察机关处理；(5) 运用联邦调查权，侦查腐败案件。美国在“9·11”事件后，通过“爱国者法案”，在强化打击恐怖犯罪、洗钱犯罪、腐败犯罪的同时，运用刑事诉讼、民事诉讼等多种手段，综合控制腐败犯罪。

在大陆法系国家意大利，20 世纪 80～90 年代，政治丑闻交迭，曾经发生政府总理缺位，形成看守内阁达数月之久，根源就在于腐败盛行。为此，意大利通过扩充检察官的职权等司法改革，力图达到预防和控制白领犯罪。

在法国，主要运用三大监督：(1) 政府内部监督。政府内部设有专门的监察机构，对机关及公务员进行监督。其预防腐败的主要措施有三条：①制度防范。首先看各部委是否按财政部的预算办事。查账主要看看开发票的人是否按制度规定办，即使是部长也不能违反规定指示开假发票。监察人员发现有问题时有权拒付，部长不能干预。②角色控制。对于公共财政支出中的问题的处理，谁说情也不行，严重问题依法处理。③公众舆论监督。(2) 外部监督。包括议会监督、选民监督、对政府通过信任案或否决的议案，直至迫使其辞职。执政不履行诺言，或有损选民利益的行为，选民可向法院投诉，并进入法律程序解决。(3) 司法监督。设立行政法院，接受公民对政府的投诉，通过起诉、开庭审理等，对政府进行监督。发现贪污、受贿，由检察机关或警察来调查。

日本的反腐败措施。日本刑法界定贿赂范围广，凡能满足人的需要或欲望的一切利益都可以算做贿赂，包括：(1) 利用职务之便在经济活动中要求他人给予金钱、物品或提供好处；(2) 接受或约定接受利益或好处；(3) 提供性服务；(4) 高规格的宴请和接待。行贿与受贿承担相同责任。

德国 1997 年制定了《反不正当竞争法》，1997 年 8 月修订《反腐败法》，旨在加大惩治腐败的力度。其主要特点：(1) 通过司法手段而不是行政手段制止贿赂行为；(2) 法律、舆论、行业自律三管齐下；(3) 由医学、药物生产、药房、大学等协会、院校、12 个相关机构于 2001 年制定《企业同医疗机构及其员工间合作的刑事评估要点》，列举医药行业从业人员须了解的法律，规范企业与医疗机构的合作形式、原则及注意问题，对宴请和送礼作出规定，禁止企业员工以私人名义宴请医生，邀请医生参加活动或工作餐要记录备案，超过一定金额或某种条件下的礼品视做受贿，一旦发现即开除。

韩国的反腐败行动。1963 年，采取了 2 项措施：(1) 组成监察院，职责兼有审计、监察、纪检三项；(2) 组建行政改革调查委员会，通过改革消除商业贿赂。1964 年，制定《关于特殊犯罪的特别法》，规定对受贿公务员、不正

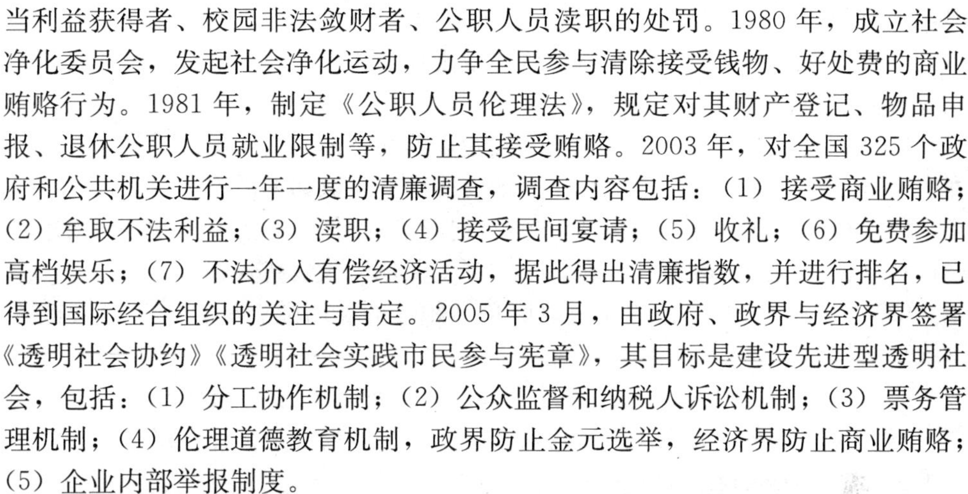

当利益获得者、校园非法敛财者、公职人员渎职的处罚。1980 年，成立社会净化委员会，发起社会净化运动，力争全民参与清除接受钱物、好处费的商业贿赂行为。1981 年，制定《公职人员伦理法》，规定对其财产登记、物品申报、退休公职人员就业限制等，防止其接受贿赂。2003 年，对全国 325 个政府和公共机关进行一年一度的清廉调查，调查内容包括：（1）接受商业贿赂；（2）牟取不法利益；（3）渎职；（4）接受民间宴请；（5）收礼；（6）免费参加高档娱乐；（7）不法介入有偿经济活动，据此得出清廉指数，并进行排名，已得到国际经合组织的关注与肯定。2005 年 3 月，由政府、政界与经济界签署《透明社会协约》《透明社会实践市民参与宪章》，其目标是建设先进型透明社会，包括：（1）分工协作机制；（2）公众监督和纳税人诉讼机制；（3）票务管理机制；（4）伦理道德教育机制，政界防止金元选举，经济界防止商业贿赂；（5）企业内部举报制度。

新加坡自 1965 年 8 月 9 日建国以来，采取清廉政府的措施，取得了明显成效：（1）树立科学的反腐倡廉理念。针对黑金政治的一度盛行，提出“为了生存，必须廉政；为了发展，必须反贪”。（2）建立惩防并举的强有力机构。1962 年成立贪污调查局，在总检察长的指挥下，承担公众人士对公共部门和非官方部门的投诉与调查，查处舞弊和腐败行为。（3）1960 年通过的《防止贪污法令》，经 6 次修改补充，融刑法、刑诉法和部门组织法于一体。近 5 年来，查办案件 500 余起。1989 年又通过《不明财物充公法令》，许可政府冻结和没收贪污疑犯来源不明的财物和财产，阻止其转移赃物、赃款给第三人。（4）对公众实施经常性的及成长早期的正直廉洁教育，使选拔的公务员有较高的素质。（5）健全严密的监督制约机制。（6）建立合理的分配制度。新加坡总理年薪 194 万元（人民币 970 万元），部长 127 万元，新录员工年薪 2.64 万新元，35 岁可升为超级公务员，年薪 37 万～39 万新元。另有一笔公积金储蓄，一旦贪污受贿，即被取消。（7）动员社会广泛参与。主要是方便投诉，提供信息资源，增强透明度。

俄罗斯官方资料显示，2007 年对腐败案件起诉 1.05 万起，腐败资金为 10.1 亿卢布。俄罗斯总检察院第一副总检察长克斯曼透露，俄行贿市场的资本规模高达 2 400 亿美元。其社会舆论研究中心公布民众调查结果：30%人认为“腐败现象很严重”；40%的人认为“腐败现象严重”，19%的人认为“腐败现象一般”，只有 1%的人认为“腐败现象不严重”。俄总统梅德韦杰夫上台就反腐败问题接连发表讲话：2008 年 7 月，梅德韦杰夫在接受媒体采访时首次承认：“腐败已成为俄罗斯面临的严重问题。”今年 3 月 10 日，梅德韦杰夫指出，“腐败问题是我们社会最尖锐、最现实的问题之一。” 3 月 15 日，梅德韦杰夫在接受俄第一电视台采访时承认，俄现在最迫切的问题是官员腐败；俄投入大量精力反腐，但收效甚微。

据有关人士分析，俄出现腐败高发始于苏联解体，其根源是实行私有化过程中，很多官员将手中权力私有化。俄反腐倡廉采取如下措施：

(1) 从叶利钦、普京到梅德韦杰夫都把反腐败作头等大事来抓，但由于其推行私有化及其相关政策，没有系统的制度保障，收效甚微。

(2) 2004 年 9 月，俄成立由政府总理领导的反腐败委员会。2008 年改为总统直接领导。

(3) 2007 年 9 月，俄通过反腐败法；2008 年 4 月国家杜马讨论否认了这个法案。其中要求官员公开亲属收入和财产信息等的规定，许多议员认为其违反了公民的宪法权利。

(4) 2008 年 12 月 25 日，梅德韦杰夫批准议会上下两院通过的《反腐败法》。其内容：①明确腐败的定义；②确立预防和打击腐败的主要原则；③公务员应公开申报本人及其配偶、子女的收入，房产、资产和收入情况；④官员只能接受 3 000 卢布以下礼物，超过视为非法；⑤官员辞职经商或其他机构任职，须提前两年提出申请；⑥简化司法程序，以易追诉腐败官员；⑦增设了外国人、无国籍人因腐败定罪的规定。

(5) 签署反腐败五年计划。

由于俄国内腐败问题盘根错节，反腐面临诸多障碍。俄总统梅德韦杰夫曾说：腐败是俄罗斯面临的严峻挑战，反腐将是一项长期复杂任务。

乌克兰反腐败措施。乌在苏解体后，其经历了重大的政治经济体制的变化。在反腐败方面主要措施有：

(1) 制定反腐败法。继 1994 年公布《公务员法》后，1995 年通过《反腐败法》；2001 年 5 月提出《公务员收入开支申报及国家监督法草案》；2005 年 11 月颁令禁止部长夫人经商；2009 年 2～7 月，乌议会第四次会议将审议反腐反贪及税收法律文件 200 多个。其内容：①腐败的含义及腐败行为的界定；②腐败行为的主体包括公务员、议员、地方议员；③公务员、官员收入，开支透明和公开；④对开支加强监督；⑤税务监督是否如实、完全、及时申报纳税。

(2) 财产申报。每年 4 月 1 日前向工作单位提交申报上一年度的收入、开支、财产及金融事务。强制申报主体有国家领导人和 1～4 级公务员。国家领导人包括总统、议长、副议长，议员；总理，部长及内阁成员；宪法法院院长及法官、州级长官；申报在开支后 15 天，如不申报将被制裁；国家领导人及

1～3 级的公务员离职 10 年仍需申报；对收入与开支监督包括：①审计纳税；②核查申报表的资料和审计资料；③调查纳税人和其他成员的情况，搜集所有纳税和开支信息；④开支包括不动产、车辆、贵重物品、古董和艺术品，外汇及有价证券等。

中国是国际社会的重要一员，经过近 30 年的快速发展，取得了令人瞩目的成就。2002 年以来，中国的 GDP 始终保持 9%以上的高增长率，2007 年增长 11.4%，达到 24.66 万亿元，比 2002 年翻了一番；2008 年增长 9%，达到 30.07 万亿元，居世界第 3 位。人均 GDP1978 年为 190 美元，2003 年突破 1 000美元，2008 年为 3 266 美元，人均从 1 000 美元到 3 000 美元，德国用了 15 年，日本 11 年，我国只用了 5 年。预计 2010～2011 年，我国 GDP 超过日本，上升至第 2 位，2020～2030 年超过美国。经济增长的强劲动力是出口快速增长。进出口总额连续 5 年保持 20%以上的高增长率，2007 年达到 2.17 万亿美元，是 2001 年的 4.3 倍；2008 年增长 18%，达到 2.56 万亿美元。出口占全球总量的 8%，达 4 285 亿美元。2007 年出口超过美国，居世界第 2 位。外汇储备高速增长。1978 年为 1.61 亿美元，2004 年首次突破 5 000 亿美元，2006 年突破 1 万亿美元大关，2007 年达到 15 282 亿美元，2008 年第四季度以来虽受到国际金融危机的冲击，外汇储备仍高达 1.95 亿美元，居世界第一位。经济增长由政府政策主导型向政府政策和市场机制相向推动型转变，出现了国家多得、企业多盈、居民多收的“三多”局面：一是国家多得。财政收入 2003 年突破 2 万亿元大关，2005 年突破 3 万亿元大关，2007 年突破 5 万亿元大关，达到 5.13 万亿元，2008 年增长 19.5%，达到 6.13 万亿元。二是企业多盈。工业企业实现利润继 2004 年突破 1 万亿元大关后，连续 3 年保持 30%左右的增长率，2007 年突破 2 万亿元大关，达到 2.3 万亿元，2008 年达到 2.4 万亿元。三是居民多收。城镇居民人均可支配收入 2005 年突破 1 万元大关，2007 年达到了 13 786 元，2008 年达 15 781 元；农村居民人均纯收入持续较快增长，2007 年达到 4 140 元，2008 年为 4 761 元。中国经济和进出口快速增长，带动全球经济。有专家指出，中国以不到世界 7%的经济规模，创造了全球经济增长量的 20%。随着全球 500 强企业中 480 多家在华投资，中国连续 10 余年稳居发展中国家和地区吸收外资的首位，已取代美国成为世界上最富有吸引力的直接投资目的地。至 2008 年，中国累计实际利用外资达近万亿美元，批准外商投资 50 多万家，外商直接投资（FDI）为发展中国家之首，居第 2 位。中国正在成为世界工厂和地区性的研发中心、营运中心。经济迅速增长的原因：（1）制度创新的贡献（改革开放、引入市场经济体制）；（2）生产要素大量投入的贡献（资本、劳动力、资源）；（3）技术进步的贡献（以引进吸收为主）。其最根本原因是我们坚持以邓小平理论、“三个代表”重要思想、科学发展观为指导，坚持“一个中心、两个基本点”的基本路线，坚持中国特色社会主义道路发展模式，也是广大党员干部带领亿万群众开拓创新取得的成果。这是主流，对此必须充分肯定。另一方面，中国作为一个发展中大国，在改革、开放、发展的过程中，同样遇到腐败问题。坚持中国特色的社会主义发展模式，也是广大干部群众最为关心、议论最多的社会热点问题之一。这个问题不解决好，其后果不堪设想。小平同志早在 1982 年就向全党郑重指出，“这股风（指贪污贿赂等经济犯罪）来得很猛，如果我们党不严重注意，不坚决刹住这股风，那么，我们党和国家确实要面对会不会‘改变面貌’的问题。”这不是危言耸听。党中央早就认识到贪污贿赂等腐败犯罪的严重性、危害性，以及从重从严惩治的必要性和紧迫性，相继作出一系列关于加强反腐败工作的重要指示，并逐步形成了党委统一领导，党政齐抓共管，纪委组织协调，部门各负其责，依靠群众支持和参与的反腐败领导体制和工作机制，初步建立起了教育、制度、监督并重的惩治和预防腐败体系。检察机关作为国家法律监督机关，作为查处贪污贿赂等职务犯罪的职能部门，多年来，坚决贯彻执行党的指示精神，充分发挥职能作用，查办了一批贪污贿赂职务犯罪案件，在一定程度上抑制了腐败现象的发展蔓延之势，保障了改革开放和经济建设的健康顺利发展。

二、我国反腐败斗争取得了阶段性成果

反对腐败，深得民心党心。清除腐败现象，是党和国家的一项重要政治任务，也是人民群众的强烈愿望。回顾党的十一届三中全会以来党和国家反腐倡廉、惩治腐败的历程，大体经历了三个阶段，形成了时代特色。

第一阶段（1979～1989 年）。这一阶段，党和国家审查及依法审判林彪、江青两个“反革命集团”案件；平反了大量冤假错案；认真纠正群众反映强烈的不正之风；开展以打击走私、套汇、投机倒把、贪污受贿等严重经济犯罪活动为重点的专项斗争；提出了“依法从重从严”惩治贪污贿赂、渎职等职务犯罪的方针。邓小平同志早就指出过，“刹这股风，一定要从快从严从重……对有一些情节特别严重的犯罪分子，必须给予最严厉的法律制裁……不能松松垮垮，不能处理太轻了”，“惩治腐败，要真抓几件事，用事实体现出来，取信于民”；“两高”适时提出腐败分子投案自首的《通告》，初步探索了在不搞群众政治运动的情况下健康有序开展反腐倡廉的新途径。

第二阶段（1990～2002年）。这一阶段，党和国家开展了集中县级以上党政领导班子、领导干部“三讲”教育活动；在农村开展了“三个代表”重要思想学习教育活动；党的纪检与行政监督合署办公，派驻纪检机构恢复建立；确立了领导干部廉洁自律、查办违纪违法案件、纠正部门和行业不正之风三项工作格局；作出军队、武警部队和政法机关一律不再从事经商活动的重大决策；推行行政审批、财政管理、干部人事制度等体制机制改革，反腐倡廉呈现鲜明时代特色，腐败现象在一定领域、一定范围内得到有效遏制，初步找到了通过建立自律、查看、纠风三项格局来推进反腐倡廉前行深入的新形式。

第三阶段（2003年至今）。这一阶段，我们党及时作出了《加强党的执政能力建设的决定》；在全党开展保持党员先进性教育活动和深入学习实践科学发展观活动；颁布了《建立健全惩治和预防腐败体系实施纲要及2008～2012年工作规划》；成立了国家预防腐败局，高检院更名了反腐败国际司法合作局；深入推进行政审批制度、干部人事制度、司法体制和工作机制、财政管理体制、投资体制、金融体制等改革和制度创新，进一步加大从源头上防治腐败工作力度；建立和完善巡视机构，对纪检监察派驻机构实行统一管理，进一步加强了对领导班子和领导干部特别是主要领导干部的监督；创造性地提出了反腐倡廉建设的理念，明确反腐倡廉建设与党的思想建设、组织建设、作风建设、制度建设作为党的建设的基本任务，初步找到了加大惩治腐败力度，注重治本、注重预防、注重制度建设，靠法制推进反腐倡廉的新路子。

改革开放30年以来，党和国家一向十分重视反腐败工作，采取了一个又一个具体措施，反腐败斗争步步深入。其成效集中表现在五个方面。

第一，把党风廉政建设和反腐败摆到战略的高度。

党的十一届三中全会决定把党和国家的工作中心转移到经济上来以后，针对党内不正之风滋生、消极腐败现象来势很猛的新挑战，邓小平等老一辈无产阶级革命家一再告诫全党，要十分重视执政党的党风问题。(1) 强调要紧紧围绕经济建设这个中心，坚持“两手抓”的方针，即“一手抓改革开放，一手抓打击各种经济犯罪活动”“没有打击经济犯罪这一手，不但对外开放政策肯定要失败，对内搞活经济的政策也肯定要失败，有了打击经济犯罪活动这一手，对外开放、对内搞活经济就可以沿着正确的方向走”；“打击经济犯罪要伴随我们整个社会主义现代化建设的进程”“这是一个长期的经常的工作”；(2)“执政党的党风是关系到执政党的生死存亡的问题”；(3)“反对腐败要靠制度、靠法制搞，法制靠得住些”；(4)“反对腐败不搞群众运动，但必须紧紧依靠人民群众；(5) 为了促进社会风气的好转，首先必须搞好党风，要从党内抓起，从高级干部抓起，从具体事抓起；（6）要加强思想教育，保持艰苦奋斗的传统，坚持这个传统，才能抗住腐败现象；（7）党要接受监督，要加强党内监督，要有专门机构进行铁面无私的监督检查；（8）要严格党的纪律，对违纪违法案件不管牵涉到谁，都要按照党纪国法查处”，等等。邓小平等第二代中央领导集体的这些重要论述，科学地回答了在坚持走中国特色社会主义道路、抓住经济建设这个中心不放的同时，要不要旗帜鲜明地反对腐败，加强党风廉政建设，如何旗帜鲜明地反对腐败、推进党风廉政建设和反腐败斗争，从而丰富和发展了党建理论和反腐倡廉理论，成为邓小平理论的一大特色，成为中国特色社会主义理论的重要组成部分。

面对国际局势风云变幻、国内一度出现的严重政治风波及消极腐败现象在一些领域滋生蔓延的严峻形势，以江泽民同志为核心的第三代领导集体坚持以经济建设为中心，始终把党风廉政建设和反腐败斗争作为一项重大的政治任务来抓，作出了一系列重大决策和部署，初步探索出一条适合我国现阶段基本国情的有效开展反腐倡廉的路子。第三代中央领导集体始终围绕要不要在建立社会主义市场经济体制、推进改革开放与社会主义现代化建设过程中深入推进反腐败斗争，如何建立社会主义市场经济体制，推进改革开放与社会主义现代化建设，深入推进反腐败斗争作了一系列深刻论述。比如：（1）治国必先治党，治党务必从严；把提高拒腐防变和抵御风险能力作为党必须解决好的两大历史性课题之一；（2）把党风廉政建设放在全党全国工作大局中把握，更好地为推进改革发展服务；（3）认真贯彻“八个坚持、八个反对”[1] 的要求，进一步加强和改进党的作风建设，保持同人民群众的血肉联系；（4）全体党员要始终保持共产党人蓬勃朝气、昂扬锐气、浩然正气，永远同人民群众同呼吸、共命运、心连心；（5）坚持对党员干部进行思想教育和法制教育，坚决查处违纪违法行为，牢固建立思想道德和党纪国法两道防线；（6）要形成有效的监督和管理制度，监督关口要前移，变被动的事后监督为积极的事前防范；（7）把防治腐败作为系统工程来抓，坚持标本兼治、综合治理，逐步加大治本力度；（8）

[1] 2001年9月，中国共产党十五届六中全会，审议并通过《中共中央关于加强和改进党的作风建设的决定》。《决定》针对目前党的作风建设中存在的比较突出和严重的问题，提出了“八个坚持，八个反对”的纠正措施。其基本内容是：“坚持解放思想、实事求是，反对因循守旧、不思进取”；“坚持理论联系实际，反对照搬照抄、本本主义”；“坚持密切联系群众，反对形式主义、官僚主义”；“坚持民主集中制，反对独断专行、软弱涣散”；“坚持党的纪律，反对自由主义”；“坚持艰苦奋斗，反对享乐主义”；“坚持清正廉洁，反对以权谋私”；“坚持艰苦奋斗，反对享乐主义”；“坚持任人唯贤，反对用人上的不正之风”。

加强教育，发展民主，健全法制，强化监督，创新体制，把反腐败寓于各项改革和重要政策措施之中，从源头上预防和解决腐败问题；（9）反腐败斗争是一项长期的战略任务，既要树立持久作战思想，又要抓紧当前工作，不断积小胜为大胜；（10）坚持和完善反腐败领导体制和工作机制，认真落实党风廉政建设责任制，形成党风廉政建设和反腐败斗争的整体合力，等等。从而丰富和发展了反腐败斗争的理论与实践。

党的“十六大”以来，以胡锦涛同志为总书记的中央领导集体，领导全党全国各族人民深入贯彻落实科学发展观、推进社会主义和谐社会建设、推动经济社会又好又快发展，把加强党的先进性建设，作为推进党建新的伟大工程和提高党的执政能力、巩固党的执政地位的一项重要任务来落实，明确提出了一系列关于反腐倡廉的重要战略思想。比如：（1）在和平建设时期，如果说有什么东西能够对党造成致命伤害的话，腐败就是很突出的一个；（2）坚决惩治腐败是我们党执政能力的重要体现，有效预防腐败更是我们执政能力的重要标志；（3）充分认识反腐败斗争的长期性、复杂性、艰巨性，把反腐倡廉建设放在更加突出的位置；（4）坚持反腐倡廉常抓不懈，坚持拒腐防变警钟长鸣，把反腐倡廉建设贯穿于社会主义经济建设、政治建设、文化建设、社会主义建设各个领域，体现在党的思想建设、组织建设、作风建设、制度建设各个方面；（5）坚持标本兼治、综合治理、惩防并举、注重预防的方针，扎实推进惩治和预防腐败体系建设，在坚决惩治腐败的同时，更加注重治本，更加注重预防，更加注重制度建设，拓展从源头上防治腐败工作领域；（6）坚持加强思想道德建设与加强制度建设相结合，坚持严肃查办大案要案与切实解决损害群众切身利益的问题相结合，坚持廉政建设与勤政建设相结合，坚持加强对干部的监督与发挥干部主观能动性相结合；（7）领导干部要牢记“两个务必”，坚持权为民所用、情为民所系、利为民所谋，讲党性、重品行、作表率，常修为政之德、常思贪欲之害、常怀律己之心；（8）强调牢固树立和全面落实科学发展观，切实抓好发展这个执政兴国的第一要务；（9）坚持民主集中制，充分发扬党内民主，充分发挥集体领导作用，坚持走群众路线，广泛集中全党全国人民的智慧，调动各方面的积极性和创造性；（10）提出了在全社会倡导爱国守法、明理诚信、团结友爱、勤俭自强、敬业奉献的道德规范，开展以“八荣八耻”为主要内容的社会主义荣辱观教育，等等。这些重要论述体现了贯彻落实科学发展观、构建社会主义和谐社会、加强党的执政能力建设和先进性建设的时代要求，是党的反腐倡廉理论与实践的继承、发展和深化。

特别是十六届三中全会以来，胡锦涛同志多次就建立健全惩治和预防腐败体系发表重要讲话，提出了明确要求。

（1）在十六届三中全会闭幕时，他指出：要标本兼治、综合治理，进一步推进体制、机制、制度改革，逐步建立惩治和预防腐败体系，注意从源头上防止和克服腐败现象。

（2）在2003年11月的经济工作会议上，他强调要坚定不移地加强党风建设，坚决查处各种违纪违法案件，切实纠正损害群众利益的不正之风，建立健全惩治和预防腐败体系。

（3）在纪念毛泽东诞辰110周年座谈会上，他指出要进一步加大反腐倡廉工作力度，坚持标本兼治、综合治理，建立健全惩治和预防腐败体系。

（4）在2004年中纪委第三次全会上指出，建立健全惩治和预防腐败体系，是我们党对社会主义市场经济条件下深入开展党风廉政建设和反腐败斗争提出的新要求，是加大从源头上防治腐败的根本措施。要求全党共同努力，推动惩治和预防腐败体系更好地建立健全起来。

（5）在纪念邓小平同志诞辰100周年大会讲话中明确要求：建立健全惩治和预防腐败体系，旗帜鲜明、毫不动摇地把反腐败斗争深入进行下去。

（6）在十六届四中全会开幕讲话时指出，要坚持标本兼治、综合治理、惩防并重、注重预防的思路，推动建立健全惩治和预防腐败体系。

（7）在2004年中央政治局听取中纪委工作汇报，研究部署党风廉政建设和反腐败工作时，他强调建立健全惩治和预防腐败体系，必须紧紧围绕加强党的执政能力建设的战略任务，落实为民、务实、清廉的要求，坚持与完善社会主义市场经济体制，发展社会主义民主政治，建设社会主义先进文化，构建社会主义和谐社会相适应，坚持教育、制度、监督并重，坚持系统性、科学性、可行性相统一，坚持继承与创新相结合，用发展的思路和改革的办法防治腐败，不断提高预防腐败的能力和水平，逐步铲除腐败现象滋生蔓延的土壤和条件。

（8）在2004年全国经济工作会上，他强调，要继续按照标本兼治、综合治理、惩防并举、注重预防的要求，抓紧建立健全与社会主义市场经济体制相适应的教育、制度、监督并重的惩治和预防腐败体系，坚持不懈地开展党风廉政建设和反腐败斗争，维护党纪政纪，促进领导干部廉洁从政。

（9）在2005年2月省部级干部研讨班上，他强调把党风廉政建设作为加强和改善党对构建社会主义和谐社会的领导的重要措施与实际步骤，重申了

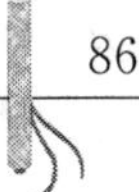

“为民、务实、清廉”、树立“六观”[1]、自觉做到坚持“新三民主义”“三常”，抵御拜金主义、享乐主义、极端个人主义等侵蚀，以优良作风和良好形象带动群众做好工作。

（10）在2005年6月纪念陈云同志诞辰100周年大会上，他要求要扎实推进党建新的伟大工程，坚持立党为公、执政为民的本质要求，大力加强党的执政能力建设和党的先进性建设，进一步加强党风廉政建设和反腐败斗争，牢记“两个务必”，切实做到为民、务实、清廉，不断提高党的创造力、凝聚力、战斗力，使党始终成为团结带领全国各族人民进行改革开放和社会主义现代化建设的坚强领导核心。

（11）2005年7月27日，他对治理商业贿赂作出重要批示，同年12月主持召开政治局常委会，专题研究治理商业贿赂问题。

（12）2006年1月7日中纪委全体会议上，他提出深入学习党章、遵守党章、贯彻党章、维护党章，深入开展党风廉政建设和反腐败工作，努力促进党的执政能力建设和反腐败工作，努力促进党的执政能力和先进性建设，不断解决好提高党的领导水平和执政水平，提高拒腐防变和抵御风险能力两大历史性课题，更好带领人民全面建设小康社会。

（13）2006年3月14日，他在看望出席全国政协十届四次会议的委员时指出，要坚持以“八荣八耻”为主要内容的社会主义荣辱观，体现出了很强的时代性、民族性、针对性和实践性。

（14）2007年1月9日在中纪委第七次全体会议上，他强调要从党和人民事业兴衰成败的高度，从全面建设小康社会、构建社会主义和谐社会的全局出发，充分认识加强领导干部作风建设的极端重要性和紧迫性，全面加强新形势下的领导干部作风建设，下决心抓紧、抓实、抓出成效，把党风廉政建设和反腐败斗争引向深入。

（15）2007年10月15日在党的“十七大”报告中，他强调坚决惩治和有效预防腐败关系人心向背和党的生死存亡，是党必须始终抓好的重大政治任务，要求全党同志充分认识反腐败斗争的长期性、复杂性、艰巨性，把反腐倡廉建设放在更加突出的位置，旗帜鲜明地反对腐败，坚持标本兼治、综合治理、惩防并举、注重预防的方针，扎实推进惩治和预防腐败体系建设，在坚决惩治腐败的同时，更加注重治本，更加注重预防，更加注重制度建设，拓展从源头上防治腐败工作领域。

---

[1] 即宗旨观、政绩观、利益观、权力观、纪律观和发展观等“六观”。

(16) 2008 年 1 月 15 日在十七届中纪委二次全会上，他强调要准确把握党风廉政建设和反腐败斗争面临的形势和任务，充分认识反腐败斗争的长期性、复杂性、艰巨性，坚持反腐倡廉常抓不懈，坚持拒腐防变警钟长鸣，把反腐倡廉建设贯穿于社会主义经济建设、政治建设、文化建设、社会建设各个领域，体现在党的思想建设、组织建设、作风建设、制度建设各个方面，不断把党风廉政建设和反腐败斗争引向深入。

(17) 2008 年 4 月 29 日，胡锦涛总书记主持政治局会议，审议通过《建立健全惩治和预防腐败体系 2008～2012 年工作规划》，强调指出要把惩治与预防、教育与监督、深化改革与完善法律制度有机结合起来，在坚决惩治腐败的同时，更加注重治本，更加注重预防，更加注重制度建设，做到惩治和预防两手抓、两手都要硬，形成有利于反腐倡廉建设的思想观念、文化氛围、体制条件、法制保证。

(18) 2008 年 12 月 18 日，胡锦涛同志在纪念党的十一届三中全会召开 30 周年大会上讲话指出：改革开放以来我们取得一切成绩和进步的根本原因，归结起来就是开辟了中国特色社会主义道路，形成了有中国特色社会主义理论体系，并概括阐明了“十个结合”的宝贵经验。胡锦涛同志强调，必须把推进中国特色社会主义伟大事业同推进党的建设新的伟大工程结合起来，加强党的执政能力建设和先进性建设，提高党的领导水平和执政水平、拒腐防变和抵御风险能力……以理想信念为重点加强思想建设，以造就高素质党员、干部队伍为重点加强组织建设，以保持党同人民群众的血肉联系为重点加强作风建设，以健全民主集中制为重点加强制度建设，以完善惩治和预防腐败为重点加强反腐败建设，使党始终成为立党为公、执政为民、求真务实、改革创新、艰苦奋斗、清正廉洁、富有活力、团结和谐的马克思主义政党。强调要深入开展党风廉政建设和反腐败斗争，坚持标本兼治、综合治理、惩防并举、注重预防的方针，继续旗帜鲜明地反对腐败，切实改进作风，始终保持共产党人的蓬勃朝气、昂扬锐气、浩然正气。

(19) 2008 年 12 月 27 日，胡锦涛总书记主持中央政治局会议，研究部署党风廉政建设和反腐败工作。

(20) 2009 年 1 月 14 日，胡锦涛同志在中纪委十七届三次全会上指出，要充分认识反腐败斗争的长期性、复杂性、艰巨性，毫不动摇地加强党风廉政建设和反腐败斗争，坚持标本兼治、综合治理、惩防并举、注重预防的方针；要认真履行监督检查职责，推动科学发展重大决策部署的贯彻落实；要加强对领导干部的教育和监督，保证权力正确行使；要加大查办案件工作力度，着力解决重点领域的腐败问题；要切实解决群众反映强烈的突出问题，坚决维护群众切身利益；要树立和弘扬良好作风，加强党性修养，做到六个着力：着力增强宗旨观念，切实做到立党为公、执政为民；着力提高实践能力，切实用党的科学理论指导工作实践；着力增强责任意识，切实履行党和人民赋予的职责；着力树立正确政绩观，切实按照客观规律谋划发展；着力树立正确利益观，切实把人民利益放在首位；着力增强党的纪律观念，切实维护党的团结统一。

湖北省委九届一次会议以来，以罗清泉、李鸿忠同志为带头人的湖北省委高度重视党风廉政建设，带领党员群众狠抓反腐倡廉，取得了明显成效。罗清泉书记多次强调：在指导思想上，强调坚持以“三个代表”重要思想和科学发展观统揽全局，按照标本兼治、综合治理、惩防并举、注重预防的总体要求，坚持不懈地开展党风廉政建设和反腐败斗争，建立健全与社会主义市场经济体制相适应的教育、制度、监督并重的惩治和预防腐败体系；在工作部署上，强调紧紧围绕加强党的执政能力建设的战略任务，紧紧围绕完善社会主义市场经济体制、发展社会主义民主政治、建设社会主义先进文化的客观需要，大力加强反腐廉政建设和反腐败斗争，紧密联系湖北实际，着力解决粗暴执法、损害群众利益、涉法涉诉、民生重要政策落实不力等突出问题，使之抓出特点、形成亮点；在具体要求上，强调把党风廉政建设责任制融入反腐倡廉各个领域中，各级领导班子、党员领导干部在重视反腐倡廉建设上发挥导向作用，在落实责任制上发挥带头作用，在廉政自律上发挥表率作用，自觉遵守党的政治纪律，认真贯彻执行“六个不允许”的要求，认真践行“十不”承诺，管好配偶、子女、亲友及身边工作人员；在检查督导上，狠抓践行立党为公、执政为民的本质要求，大力加强党的执政能力建设和党的先进性建设，突出抓好“两个务必”，切实做到为民、务实、清廉，不断提高党的创造力、凝聚力、战斗力，继承和发扬党的优良作风，努力形成风清气正的局面。李鸿忠同志强调要坚持根本宗旨，建设服务政府；坚持依法行政，建设法治政府；加强党风建设，建设责任政府；推进管理创新，建设效能政府；坚持从严治政，建设廉洁政府。近几年来，省委常委会每年都要专门听取检察工作汇报，给予明确指示，加强领导；省委领导同志还对检察工作和队伍建设的一些重大问题及时给予指示和支持，强调对职务犯罪要依法侦查、依法处理，采取更加有力的措施，查办一批有影响有震动的大案要案，为湖北的改革发展稳定创造良好法制环境，要求各级党委支持检察机关依法独立行使检察权，发现有搞地方保护主义或部门保护主义的，要严肃追究纪律责任。

第二，颁布实施了一批重要法规，使反腐败斗争有章可循、有法可依。在党规方面，制定了《关于党内政治生活的若干准则》，颁布实施了《党内监督条例（试行）》《党员纪律处分条例》《党员权利保障条例》《关于党员领导干部述职述廉的暂行规定》《建立健全教育、制度、监督并重的惩治和预防腐败体系实施纲要》《建立健全惩治和预防腐败体系2008～2012年工作规划》《巡视工作的暂行规定》。在行政法制方面，围绕规范、监督公务与行政行为颁行了《公务员法》《行政监督法》及其实施条例；围绕民生应急突发事件处置，制定了《突发事件应对法》及应急预案；《汶川地震灾后恢复重建条例》《乳制品质量安全监督管理条例》，废止食品免检制度，制定《国务院工作规则》，推行政务公开，加强廉政建设，推行行政问责制。围绕科学发展方面，制定了《证券公司监督管理条例》及风险处置条例、价格违法行为行政处罚规定等；围绕依法行政方面，制定《实施纲要》，发布加强市县政府依法行政的《决定》，制定实施《政府信息公开条例》；完善行政复议体制、机制，发挥化解争议、维护权益、加强监督的作用，等等。2008年，全国主要行政执法部门共追究行政执法责任8万人次。在刑事法律方面，我国修订了“两法”，刑法增设贪污贿赂罪与渎职罪两个专章，设立罪名有54种之多，使惩治贪污贿赂、渎职犯罪法律化、规范化与现代化。

在整治商业贿赂的法律规定方面，主要有：

（1）1993年12月1日起施行的《反不正当竞争法》第一次在法律上明确提出商业贿赂问题。该法第8条规定：“经营者不得采用财物或者其他手段进行贿赂以销售或者购买商品。”“在账外暗中给予对方单位或者个人回扣的，以行贿论处；对方单位或者个人在账外暗中收受回扣的，以受贿论处。”

（2）1996年11月15日国家工商行政管理局发布的《关于禁止商业贿赂行为的暂行规定》第一次从法规层面对商业贿赂的内涵和外延作出规定。其中第2条第3款规定：“商业贿赂是指经营者为销售或者购买商品而采用财物或者其他手段贿赂对方单位或者个人的行为。”

（3）《药品管理法》《土地管理法》《公司法》《国家工作人员贪污贿赂行为处分暂行规定》《国家行政机关及其工作人员在国内公务活动中不得馈送和接受礼品的规定》《关于禁止串通招标投标行为的暂行规定》等一系列经济、行政法规，以及党的纪检机关、国务院各职能部门制定的廉政纪律规定，对商业贿赂行为的处罚都作了规定。

（4）《刑法》第163～164条等分别规定了公司、企业人员受贿罪和对公司、企业人员行贿罪的罪状和刑事责任；第385条、第387条、第389条、第391～393条分别规定了受贿罪、单位受贿罪、行贿罪、对单位行贿罪、介绍贿赂罪和单位行贿罪的罪状和刑事责任。

按照刑法和刑事诉讼法的有关规定，《刑法》第 163 条、第 164 条规定的贿赂犯罪由公安机关管辖；而第 385 条、第 387 条、第 389 条、第 391～393 条规定的贿赂罪则由检察机关管辖。检察机关在治理商业贿赂专项工作中管辖的商业贿赂罪，是指国家工作人员或者国有单位在商业活动领域中利用职权实施的受贿犯罪以及相关的行贿、介绍贿赂犯罪。

(5) 惩治新型权钱交易的司法解释。2007 年 7 月 8 日，最高人民法院、最高人民检察院《关于办理受贿刑事案件适用法律若干问题的意见》就惩治受贿犯罪活动、办理受贿刑事案件适用法律 12 个难点问题，作出司法解释。

——关于以交易形式收受贿赂问题。国家工作人员利用职务上的便利为请托人谋取利益，以下列交易形式收受请托人财物的，以受贿论处：①以明显低于市场的价格向请托人购买房屋、汽车等物品的；②以明显高于市场的价格向请托人出售房屋、汽车等物品的；③以其他交易形式非法收受请托人财物的。受贿数额按照交易时当地市场价格与实际支付价格的差额计算。前款所列市场价格包括商品经营者事先设定的不针对特定人的最低优惠价格。根据商品经营者事先设定的各种优惠交易条件，以优惠价格购买商品的，不属于受贿。

——关于收受干股问题。干股是指未出资而获得的股份。国家工作人员利用职务上的便利为请托人谋取利益，收受请托人提供的干股的，以受贿论处。进行了股权转让登记，或者相关证据证明股份发生了实际转让的，受贿数额按转让行为时股份价值计算，所分红利按受贿孳息处理。股份未实际转让，以股份分红名义获取利益的，实际获利数额应当认定为受贿数额。

——关于以开办公司等合作投资名义收受贿赂问题。国家工作人员利用职务上的便利为请托人谋取利益，由请托人出资，“合作”开办公司或者进行其他“合作”投资的，以受贿论处。受贿数额为请托人给国家工作人员的出资额。国家工作人员利用职务上的便利为请托人谋取利益，以合作开办公司或者其他合作投资的名义获取“利润”，没有实际出资和参与管理、经营的，以受贿论处。

——关于以委托请托人投资证券、期货或者其他委托理财的名义收受贿赂问题。国家工作人员利用职务上的便利为请托人谋取利益，以委托请托人投资证券、期货或者其他委托理财的名义，未实际出资而获取“收益”，或者虽然实际出资，但获取“收益”明显高于出资应得收益的，以受贿论处。受贿数额，前一情形，以“收益”额计算；后一情形，以“收益”额与出资应得收益额的差额计算。

——关于以赌博形式收受贿赂的认定问题。根据《最高人民法院、最高人民检察院关于办理赌博刑事案件具体应用法律若干问题的解释》第七条规定，国家工作人员利用职务上的便利为请托人谋取利益，通过赌博方式收受请托人财物的，构成受贿。实践中应注意区分贿赂与赌博活动、娱乐活动的界限。具体认定时，主要应当结合以下因素进行判断：①赌博的背景、场合、时间、次数；②赌资来源；③其他赌博参与者有无事先通谋；④输赢钱物的具体情况和金额大小。

——关于特定关系人“挂名”领取薪酬问题。国家工作人员利用职务上的便利为请托人谋取利益，要求或者接受请托人以给特定关系人安排工作为名，使特定关系人不实际工作却获取所谓薪酬的，以受贿论处。

——关于由特定关系人收受贿赂问题。国家工作人员利用职务上的便利为请托人谋取利益，授意请托人以本意见所列形式，将有关财物给予特定关系人的，以受贿论处。特定关系人与国家工作人员通谋，共同实施前款行为的，对特定关系人以受贿罪的共犯论处。特定关系人以外的其他人与国家工作人员通谋，由国家工作人员利用职务上的便利为请托人谋取利益，收受请托人财物后双方共同占有的，以受贿罪的共犯论处。

——关于收受贿赂物品未办理权属变更问题。国家工作人员利用职务上的便利为请托人谋取利益，收受请托人房屋、汽车等物品，未变更权属登记或者借用他人名义办理权属变更登记的，不影响受贿的认定。认定以房屋、汽车等物品为对象的受贿，应注意与借用的区分。具体认定时，除双方交代或者书面协议之外，主要应当结合以下因素进行判断：①有无借用的合理事由；②是否实际使用；③借用时间的长短；④有无归还的条件；⑤有无归还的意思表示及行为。

——关于收受财物后退还或者上交问题。国家工作人员收受请托人财物后及时退还或者上交的，不是受贿。国家工作人员受贿后，因自身或者与其受贿有关联的人、事被查处，为掩饰犯罪而退还或者上交的，不影响认定受贿罪。

——关于在职时为请托人谋利，离职后收受财物问题。国家工作人员利用职务上的便利为请托人谋取利益之前或者之后，约定在其离职后收受请托人财物，并在离职后收受的，以受贿论处。国家工作人员利用职务上的便利为请托人谋取利益，离职前后连续收受请托人财物的，离职前后收受部分均应计入受贿数额。

——关于“特定关系人”的范围。本意见所称“特定关系人”，是指与国家工作人员有近亲属、情妇（夫）以及其他共同利益关系的人。

——关于正确贯彻宽严相济刑事政策的问题。依照本意见办理受贿刑事案件，要根据刑法关于受贿罪的有关规定和受贿罪权钱交易的本质特征，准确区分罪与非罪、此罪与彼罪的界限，惩处少数，教育多数。在从严惩处受贿犯罪的同时，对于具有自首、立功等情节的，依法从轻、减轻或者免除处罚。

（6）在国际司法合作方面。从中美就广东开平案长达7年司法合作实践看，我国国际反腐合作取得了长足进步。2008年8月29日，美国内华达州拉斯维加斯联邦法院裁定许超凡、许国俊及其二人的妻子涉案4.83亿美元构成合谋诈骗、洗钱及转运盗窃钱款罪名。同年英国就“卡斯特行动案”中巨额增值税欺诈、洗钱等请求中国海关总署、深圳海关调查取证。截至2008年10月，我国与61个国家签订司法协助条约102项（民事协助42项，引渡22项，被判刑人移管4项，刑事司法协助46个）。1997年，我国首次将两名乌克兰籍被判刑人交移其执行，2000年6月29日，全国人大首次批准中西关于移管被判处人的条约。我国目前每年办理司法协助3 000余件。

第三，在党的机关恢复纪律检查委员会，在政府设置了监察局；在检察机关设置了反贪污贿赂局、反渎职侵权局，专门行使职务犯罪检察权；在公安机关设置了经济犯罪侦查局，反腐败专门工作机构健全。

第四，反腐败斗争步步深入，成效明显。近来，一些学者研究发现，社会对反腐倡廉形成了不少热词与口头语，概括起来有20条：十六字方针、惩防体系、拓展领域、纠正损害群众利益的不正之风、领导干部作风建设、巡视、治理商业贿赂、清理官煤勾结、问责制、信息公开、党内监督、党内民主、廉政文化、防止带病提拔、述职述廉、惩治新型权钱交易、联合国反腐败公约、国家预防腐败局、反渎职侵权局、行贿黑名单，等等。

《检察日报·廉政周刊》评出2008年十大腐败典型案件：（1）陈良宇案。检察机关侦查并指控，天津市第二中级法院一审认定，陈良宇于1988～2006年利用职务之便，受贿239万元，滥用职权致国家损失3亿余元，帮助社保局融资，使10亿元置于巨大风险之中，被判处有期徒刑18年。（2）刘志华通过情妇受贿案。检察机关指控，河北衡水中院认定，北京市原副市长刘志华于1999～2006年为他人谋取资产置换、土地开发、职务晋升、银行借贷等利益，受贿696.59万元，被判处死刑缓期二年执行。（3）庞家钰“裸体做官案”。检察机关指控，兰州中级法院认定，陕西省政协原副主席庞家钰1997～1999年间，利用任宝鸡市长、书记职务之便，受贿48万元，玩忽职守致国家重大损失，被判处有期徒刑12年。（4）晏大彬之妻“洗钱”案。检察机关指控，重庆巫山交通局原局长晏大彬利用掌管工程之机受贿2 226万元，交其妻付尚芳理财保管 2 165 万元，付将 943 万元用于购房、投资和金融理财。重庆第二中级法院判处晏大彬死刑，付尚芳以洗钱罪判处有期徒刑三年、缓刑五年。(5) 姜人杰新型受贿案。苏州市原副市长姜人杰利用职务之便，委托其子姜英管理单笔受贿资金 8 250 万元，用于合伙办公司。经检察机关指控，南京中院认定其共受贿人民币 1.0867 亿元、港币 5 万元、美元 4 000 元，一审判处姜人杰死刑。(6) 谢明中曾为“百年一遇好县官”堕落为海南第一贪案。检察机关指控，海南中院认定，原文昌市委书记谢明中于 1992～2007 年利用职权，索贿受贿人民币 1 363.8 万元、港币 439.8 万元、美元 7.2 万元、新币 0.3 万元，不能说明来源的人民币 544.7 万元、港币 187.4 万元、美元 9.36 万元、新币 1.2 万元，一审被判处死刑缓期二年执行。(7) 仲方维斡旋受贿案被判刑。农行北京分行银卡行部职员仲方维受托为鑫博信科技公司张某与农行崇文支行许某斡旋办理贷款业务，索取好处费 82 万元及 1 台数码相机。检察机关指控，崇文区法院一审判处其有期徒刑 13 年。(8) 熊国贤滥用职权案。检察机关指控，武汉市中级法院一审认定，湖北省交通厅原副厅长（正厅级）熊国贤于 1998～2001 年在武黄高速公路转让项目中，违反规定，滥用职权，致使国家损失 3.14 亿元。(9) 郭京毅利用立法权谋私案。商务部条法司原巡视员郭京毅在任职 22 年中，利用参与制定有关外资并购的法律法规与司法解释之机，收受思峰律师事务所律师张玉栋、刘阳贿赂，检察机关已对郭依法立案侦查。(10) 徐经武利用“委托”理财受贿案。检察机关指控，徐经武于 1995～2006 年在担任安徽省能源集团、发改委及经委副主任期间，为其妻的堂弟罗林承揽工程打通关节，受贿 180 万元并拟定假的炒股委托书，企图逃避法律制裁。法院一审以受贿罪判处其有期徒刑 13 年。

在 2008 年判处的窝案中有 6 个典型：(1) 湖南郴州市委李大伦同其妻陈立华受贿 1 404.3 万余元，巨额财产来源不明 1 797 万元，李大伦一审被判处死刑；该市副书记兼纪委书记曾锦春受贿 3 151.84 万元，巨额财产来源不明 952.72 万元，一审被判死刑缓期二年执行；原市长周政坤伙同其弟及弟媳受贿 1 200 万元，一审被判无期徒刑。(2) 安徽淮南市委原书记陈世礼利用职权，构成一个由其家人、房地产界朋友组成的腐败圈子，共索贿、受贿人民币 511 万元、美元 1 万元、其他财产 103 万元，陈世礼一审被判死刑缓期二年执行。(3) 北京海淀区原区长周良洛及其妻鲁小丹受贿 1 672 万元，两人被分别判处死刑缓期二年执行和无期徒刑。(4) 青岛原市委书记杜世成以“经营城市”为由，先后受贿 626 万元，一审被判处无期徒刑。(5) 安徽古井集团原董事长兼总裁王效金等 11 名高管人员有 8 人因受贿罪被判刑。(6) 重庆九龙坡区原区长黄云、国土房地局原局长王斌利用职权受贿，黄云、王斌等 6 人被判刑。

上述案件的突出特点：(1) 腐败类型新颖，有的填补了另类“空白”；(2) 腐败方式更加隐蔽；(3) 腐败犯罪更加贪婪；(4) 腐败部位更加集中，即主要多发领导班子或部门负责人、“一把手”岗位，易发于建筑、规划、土地、交通、干事人事、执法等领域。因此，严惩腐败、注重预防仍是反腐败斗争的双管措施。

2008 年十项有影响力的倡廉法纪规范：(1) 2 月 27 日，十七届二中全会通过了《关于深化行政管理体制改革的意见》，强调遵守宪法和法律，严格依法行政，用制度管权管事、管人，健全监督机制，强化责任追究，切实做到有权必有责，用权受监督，违法要追究。(2) 5 月 13 日，中共中央印发《建立健全惩治和预防腐败体系 2008～2012 年工作规划》作出了教育、制度、监督、改革、纠风、惩处六项工作部署。(3) 3 月 21 日，国务院发布《国务院工作规则》，提出要努力建设服务政府、责任政府、法治政府和廉洁政府。(4) 6 月 30 日，国家四部局印发《关于违反信访工作纪律处分暂行规定》，中纪委 7 月 4 日印发若干问题解释，第一次就信访工作责任党政纪追究作出规定。(5) 7 月15 日，中纪委发布国企领导人员违反“七项要求”适用党纪解释。(6) 7 月16 日，中央印发党代表任期制暂行条例。(7) 8 月 5 日，三部一署一局制发因公出国管理规定，强调对弄虚作假、挪用资金、摊派转嫁费用的要追究责任。(8) 10 月 28 日，人大五次会议审议通过《企业国有资产法》，使数十万亿国有资产监管有法可依。(9) 10 月下旬，中组部、中纪委印发深入整治用人上不正之风的《意见》，强调对行贿买官、受贿卖官的，按照组织程序，一律先免职，再依纪依法追究责任。(10) 11 月，“两高”联合发布办理商业贿赂适用法律若干问题的意见，明确了商业贿赂犯罪涵盖刑法规定的全部八种贿赂犯罪。

此外，中纪委、监察部作出抗震救灾款物管理使用违法违纪行为处分规定；四部委就违反土地管理行为发布处分《办法》；中央治理商业贿赂领导小组下发在治理商业贿赂中推进市场诚信体系建设意见；中组部、人事部就公务奖励、调任、申诉、培训等规定不得封官许愿、徇私舞弊、打击报复。人大四次会议审议通过《刑法修正案（七）草案》，将《刑法》第 388 条受贿罪扩大为：(1) 国家工作人员的近亲属或者其他与该国家工作人员关系密切的人；(2) 离职的国家工作人员或者其近亲属以及其他与其关系密切的人；将巨额财产来源不明罪的法定刑最高 5 年提高到 10 年。

2008 年倡廉法纪规范建设的特点：(1) 强化倡廉法纪规范建设的系统性、前瞻性和法治化。(2) 以执政党的制度建设推进从源头治理腐败。(3) 探索深化党内民主推进政治体制改革的路径，使党代表由议政转为参政，通过行使选举权、决策权和监督权，党内民主发生质的飞跃。(4) 以科学发展观引领倡廉法纪规范建设。

2008 年廉政文化建设有十大事件：(1) 上海市市长韩正率新任领导班子举行廉政宣誓。(2) 湖南株洲发布全国首个网络反腐文件——《关于建立网络反腐倡廉工作机制的暂行办法》。(3) 中纪委、监察部会同文化部举办全国廉政文化大型绘画书法展。(4) 海南省举办首次反腐倡廉警示教育展。(5) 广州设立校园廉洁文化研究基地。(6) 新中国反腐败第一大案展在天津揭幕。(7) 全国首个惩防腐败联合研究中心在杭州成立，19 所高校与杭州市交换了合作意向书。(8) 全国首个廉政注册商标“廉石”经国家工商总局审定，于 10 月在苏州市注册成功。其来源于东汉末年郁林太守陆绩，是文化的瑰宝，由著名书法家谭以文书写并被注册商标。(9) 浙江象山组织全国廉政剪纸大赛。(10) 山东临沂《百廉图》赠送奥组委。廉政文化建设的特点是：将反腐败延伸到文化建设的新领域；用创新的方式教育引导党员干部、社会公民构筑思想道德防线；实现由简单说教、生硬灌输转变为潜移默化、人文关怀、情理交融、教化引导；将发挥推进反腐败斗争的基础性工程作用。

回顾党的“十七大”以来，反腐败斗争的阶段性成果主要表现在如下几个方面。

其一，领导干部廉洁自律工作稳步推进。党的“十七大”以来，严格执行廉洁从政各项规定，重点治理党风方面的五个问题，取得了显著效果。(1) 切实解决领导干部违反廉洁自律规定的突出问题。共有 24 864 名领导干部上交现金、有价证券和支付凭证 1.6 亿元，查处违纪兼职、任职人员 2 177 人，有 185 940名领导干部申报登记了配偶、子女从业情况，纠正违规问题人员 493 名，受到查处 82 人；查处滥发补贴 1 107 个，查处领导干部 543 人。(2) 坚决制止各种奢侈浪费行为。共查处违规修建楼堂馆所案 97 件，查处面积 9.43 万平方米，查处领导干部 14 名。清理领导干部以权谋房 1 018 套，纠正违规面积 13.2 万平方米。压缩出国团组 5 189 个，减少出访 18 416 人，查处违纪案件 121 件 346 人；清理纠正超标使用小汽车 3 620 台，查处领导干部 139 人；清理小灵通公费捆绑使用 89 339 部、挽回损失 2 830.36 万元，查处领导干部 107 人。(3) 查处跑官要官问题，一批人受到批评教育、诫勉和纪律处分；对 2006 年以来 31 起违反换届纪律的案件作了通报。(4) 查处参加赌博的党员干部。(5) 清偿党政领导干部拖欠或利用职权批借给亲友的公款，清退党政机关违反规定用公款为干部职工购买商业保险。

其二，查办违法违纪案件工作深入开展。2002～2007 年 6 月，全国纪检监察机关立案 677 924 件，结案 679 846 件（含十六大前未结的），给予党纪处分 518 484 人。2003～2007 年，全国检察机关立案查处贪污贿赂、渎职侵权职务犯罪 179 695 人，其中大案 93 201 件，要案 13 929 人，内含厅局级 931 人、省部级 34 人，大案、要案分别比 1993～1997 年上升 24.4%、68.6%，比 1998～2002 年上升 16.7%、8.6%。通过办案，挽回经济损失 269 亿元。被查处人员的身份包括部长、省长、副省长、组织部长、宣传部长、检察院检察长、高级法院院长、政协主席、国有重点金融机构监事会主席等。在治理贿赂犯罪方面，据统计，2005 年 8 月～2008 年，全国共查处商业贿赂案件 48 625 件，涉案金额 101.49 亿元。在惩治新型贿赂方面，根据中纪委关于对党员干部提出的八项禁令，按照两高于 2007 年 7 月 8 日公布的受贿案件适用法律的十二条意见，对以交易形式收受财物、收受干股、合作投资、以委托理财名义获取“收益”、以赌博形式收受贿赂、由特定关系人收受贿赂等新型腐败犯罪进行查处。比较典型的有：郑筱萸（国家医药管理局局长、药监局长）、曹文庄（国家医药管理局药品注册司司长）分别被判处死刑、死缓案，赵詹奇特定关系人受贿案（浙江省湖州市法院判处、江苏省交通厅厅长），浙江省龙游县雷金富以权力入股分红案，马平超低价购房受贿案，杜世成伙同情妇受贿案，段义和玩弄女色玩火自焚案，山西省洪洞县黑砖窑案，湖南省凤凰桥坍塌事故案，浙江省丽水市城建发展有限公司副总温某嫖娼及受贿案，胡星（云南省昆明市中级法院判处，云南省交通厅副厅长，无期徒刑）被跨国追逃到案。

其三，纠正损害群众利益的不正之风取得成效。按照十七大源头治腐的部署，中纪委三次全会在总结自律、查案、纠风三项工作格局经验的基础上，将纠风变为纠正损害群众利益的不正之风，体现了“新三民主义”的要求和“群众利益无小事”的政治立场。各地区各部门认真开展专项治理，在征收征用土地、城镇房屋拆迁、企业重组改制和破产中损害群众利益，以及拖欠农民工工资等问题基本得到遏制。按照中央的要求，从 2008 年秋季开始全面免除城乡义务教育学杂费，基本完成义务教育阶段改制学校收费清理规范工作，高校招生全面实施“阳光工程”，违规招生、收费行为明显减少。21 个省约 1.4 万家医疗机构实行网上药品集中采购，总金额达 1 091.4 亿元；继续纠正医药购销和医疗服务中的不正之风，医务人员退还和上交回扣、“红包”；国家管理的 22 种药品降低了最高零售价格，平均降价幅度在 40%左右，降价金额约 40 亿元。纠正涉农乱收费、乱罚款和各种集资摊派，减轻农民负担 301.86 亿元，2008 年查处违纪违规使用扶贫救灾资金的问题 1 315 起，涉及金额 2.03 亿元。严肃查处了一批重大食品安全事故。民主评议政风行风全面开展，很多地方建立了政风行风热线电话和网站。

其四，源头治理工作向纵深发展。

——四项改革得到了深化。(1) 行政审批改革力度大。在第一轮行政审批改革中，国务院取消和调整行政审批 1 806 项，占全部审批项目的 50.1%，在保留的 1 799 个项目中分许可与非许可；省市取消调整 22 220 项，占 45.5%，建立审批大厅 3 314 个，实行窗口统一办理的省级部门 738 个，占 95.1%；废止和修订规范性文件 11 073 件，不少省制定行政审批责任追究制，有的还设立行政投诉中心。2007 年进行第二轮清理，2008 年宣布废止和失效行政法规 92 件；各省、自治区、直辖市、较大的市及国务院各部门列入清理范围的 12 695部规章中，共废止 1 977 部，宣布失效 196 部，修改 395 部。按照全国人大要求，对 202 部法律进行清理，向全国人大提出清理意见和建议 1 529 条。(2) 财政改革向纵深推进。中央实行综合财政预算的 40 个部委，90%行政事业收费纳入预算。中央纳入国库集中收付的部门 147 个。(3) 投资体制改革开局良好，投资主体多元化的格局正在形成。(4) 干部人事制度改革稳步推进。主要是推行公开选拔党政领导干部及经济责任审计，2008 年经济类经审计查处各类违纪违规资金 59.8 亿元。

——四项制度得到进一步落实。这包括：(1) 建设工程招投标制度进一步规范和落实。(2) 经营性土地使用权招标拍卖挂牌出让制度进一步落实。2004～2007 年，全国以招标、拍卖、挂牌出让方式出让土地 1 201.3 万亩，价款 26 753.1 亿元，分别占出让土地面积的 36.3%和总价款的 75.5%，2007 年比 2004 年分别增长 121.3%和 131.2%。(3) 政府采购工作全面推进。政府采购公开招标比例达 65%，节约资金率为 11%。(4) 产权交易市场建设初见成效。省一级普遍建立了产权交易中心，31 个省市区已建立 200 余家产权交易机构。

——“三项公开”继续得到深化。这包括：(1) 政务公开不断规范和提高。包括乡镇和县级政务公开推行“一站式办公”或全程办事代理制，地市级行政机关政务公开推行“一站式审批”“一条龙服务”，有的还发展电子政务、政务公开网页、电子信箱、网上留言栏等，促进政府行政能力的提高。省部级行政机关政务公开逐步深入，机关内部事务、公务员录用、选拔任用领导干部、行政审批等开展政务公开工作。医院、学校等公益事业单位推行办事公开等，推动了部门和行业的作风建设。2007 年 1 月 27 日，国务院 165 次常务会议通过了《政府信息公开条例》，并于 2008 年 5 月 1 日起施行。其主要内容：①政府信息公开的主体；②要求及重点内容；③公开的程序；④监督检查和落实，以及违法的行政责任与法律责任。这标志着政务公开的法制化与规范化。(2) 村务公开进一步推进。(3) 厂务公开继续推进。有 38 万多家企业实行厂务公开制度，其中国有、集体及其控股企业 15.8 万个，推行面为 95.4%，非公有 22.2 万个。

省委抓的襄樊乡镇综合配套改革，首次减人 52.8%、减机构 51.6%。通过节流、开源、转制、联动，解决乡镇人员及其职能运转的管理成本，变“向农民伸手”为“帮农民致富”，变群众跑为干部跑，变“以钱养人”为“以钱养事”，找到基层预防腐败的新体制和新机制。

第五，监督工作迈出新步伐。这包括：(1) 党内监督机制不断完善。2002 年 7 月～2007 年 8 月的五年间，全国乡（科）级以上领导干部进行述职述廉 522.5 万人次，向组织报告个人有关事项 149.8 万人次，仅 2006 年全国各级纪委负责同志同下级党委主要负责同志谈话、任前谈话就达 67 万人次。党的十七大以来，全国乡（科）级以上干部述职述廉 1 783 989 人次，报告个人有关事项 840 829 人次，同下级主要负责人谈话 384 872 人次，实行诫勉谈话 47 627人次，询问咨询 23 678 人次。领导干部经济责任审计制度进一步落实。(2) 巡视工作深入开展。继 2004 年中央对金融及 12 个省进行巡视，31 个省组建 113 个组对 195 个地市进行巡视，2005 年中纪委、中组部又对 10 个省（区、市）、5 家中央管理的银行和 2 家资产管理公司开展巡视，各省（区、市）对 94 个市（地）开展巡视，并延伸到 210 个县（市、区），发现和处理了一些领导干部在廉洁从政等方面存在的问题，提出了改进建议。陈良宇、徐国健、李宝金、柯世成、何闽旭等一批高官腐败案件线索都是在巡视中发现的。(3) 派驻机构职能作用进一步发挥。中央纪委监察部对派驻机构的统一管理逐步完善，各省（区、市）纪检监察机关实行了对双派驻机构的统一管理。

以上情况表明，我们党是有能力解决改革开放过程中出现的腐败问题的，广大党员干部和各级领导干部主流是好的。通过有力惩治与积极预防，腐败犯罪在一定程序上得到遏制，并呈逐年趋缓的态势。1995～1999 年，全国检察机关立案比上一个五年下降 24%；2000～2004 年又比上一个五年下降 29.5%。2005～2008 年比上一个四年下降 12.8%，从湖北省的情况看，违法违纪总量呈下降趋势。据省纪委统计分析，2005～2007 年湖北省纪检监察机关受理信访举报 146 709 件，立案 13 516 人，处分 14 349 人，移送司法机关 763 人，比 2002～2004 年分别下降 22.4%、34.8%、33.0%和 34.8%。目前我们党有 7 300 多万党员，每年因违纪受到纪律处分的仅占 1.8‰左右，向司法机关移送涉嫌犯罪的党员干部，仅占受党纪政纪处分的 2.7%，不到全国党员总数的十万分之七。同时，党和国家的各项事业全面发展，我国物质文明、政治文明、精神文明建设和构建社会主义和谐社会不断推进，为反腐倡廉营造了良好的社会环境和氛围，反腐倡廉的能力和水平得到提高，人民群众对反腐倡廉工作的满意度和认可度在逐年提高。国家统计局调查队对几个主要指标进行调查，均达到历史最高水平，80%的群众对党的“十六大”以来反腐败工作成效表示认可，70%的群众认为党的“十六大”以来腐败现象在一定范围内得到遏制。我们开展的反腐败斗争，在国际上引起了积极反响。中央领导同志访问菲律宾时，他们的众议长多次讲，中国经济发展这么快，建设这么好，主要是中国共产党领导有力，惩治腐败效果显著，得到了人民群众的拥护。

第五，创新党风廉政建设和反腐败斗争的显著作用及其新鲜经验。30 年反腐败斗争显著成效集中概括以下四个方面：（1）形成了符合我国现阶段基本国情的反腐倡廉的指导思想、基本原则、工作方针、工作格局、领导体制和工作机制以及法规制度体系基本框架，初步实现了反腐倡廉有章可循，有法可依。（2）促进了社会主义经济建设、政治建设、文化建设、社会建设，有力地维护了改革发展稳定大局。（3）纯洁了党的组织和队伍，增强了党的创造力、凝聚力、战斗力。（4）赢得党心民心，巩固了党的执政基础，我们党之所以能够在国际风云变幻和各种严峻考验中始终巍然屹立，不断发展壮大，很重要的一条就是我们通过坚持不懈地加强党的自身建设坚定不移地开展党风廉政建设和反腐败斗争，增强了人民群众、社会各界对党的信任和对中国特色社会主义的信心，使我们党的执政有了最牢固的政治基础和最厚深的力量源泉。

30 年来，我们逐步走出了一条有中国特色的反腐倡廉道路。这条道路是中国特色社会主义道路的重要组成部分，是我们党把马克思主义反腐倡廉理论与中国反腐倡廉建设实际相结合的一大创举，是发展中国特色社会主义的重要保证。30 年反腐倡廉和反腐败斗争创造的新鲜经验可概括七个必须：（1）必须坚持以中国特色社会主义理论体系为指导，保证党风廉政建设和反腐败斗争的正确方向。（2）必须坚持党要管党，从严治党，始终把党风廉政建设放在突出位置来抓。实践证明，坚决惩治和有效预防腐败，关系人心向背和党的生死存亡，是党必须始终抓好的重大政治任务。（3）必须坚持党的基本路线，始终把党风廉政建设和反腐败斗争置于党和国家工作大局中来开展。实践证明，只有这样，才能找准突破口和切入点，增强工作针对性和实效性，为推动经济社会又好又快发展提供有力保证。（4）必须坚持以人为本，切实维护人民群众的根本利益和党员干部的合法权益。(5) 必须坚持标本兼治、综合治理、惩防并举、注重预防的方针，以完善惩治和预防腐败体系为重点加强反腐倡廉建设。只有这样，才能明晰思路，突出重点，抓住关键，增强其整体性、协调性、系统性和实效性。(6) 必须坚持解放思想、实事求是、与时俱进，以改革创新精神，推进党风廉政建设和反腐败斗争。只有适应世情、国情、党性的发展变化，坚持改革创新，才能使其不断体现时代性，把握规律性、富于创造性。(7) 必须坚持党的领导，建立和完善反腐败领导体制和工作机制。只有这样，才能切实抓好反腐倡廉各项任务的落实，才能为其提供坚强的领导和组织保证。

2009 年 1 月 12～14 日，十七届中央纪委第 3 次全会对今年反腐倡廉及反腐败斗争作出部署，主要有三大新看点：(1) 将作风建设上升到党性修养高度。这也是五年来胡锦涛总书记第三次在中纪委全会上强调领导干部作风问题。2004 年 1 月 12 日，锦涛同志在十六届中纪委三次全会强调，全党要大力弘扬求真务实精神，大兴求真务实之风，坚持讲实话、出实招、办实事、务实效。2007 年 1 月 9 日，锦涛同志在中纪委十七届一次全会上强调要把作风建设作为党的建设一项战略任务，必须常抓不懈，提出大力倡导八个方面的良好风气。今年元月 13 日，他再次强调各级党委要把加强领导干部党性修养、树立弘扬优良作风作为重大政治任务抓紧抓好。作风的实质是党性问题。联系 2008 年发生的贵州瓮安事件、三聚氰胺事件、山西溃坝事故、华南虎照等，都与领导干部作风飘浮、弄虚作假、漠视群众疾苦有关，其针对性十分明确。(2) 严明党纪、推动科学发展是纪委首要任务，这对于促进扩大内需、保护经济平稳较快发展意义重大。(3) 查办案件力度从“保护”升级到“加大”。强调“加大查办案件工作力度，维护党纪国法的严肃性”，其针对性强，很有深意，表明我们党旗帜鲜明地坚持反对腐败。

三、贯彻战略方针，构建惩防体系

党的十六届四中全会强调了要坚持标本兼治、综合治理、惩防并举、注重预防的方针，抓紧建立健全惩治和预防腐败体系。这是党中央在总结历史经验、科学判断形势的基础上作出的重大战略决策，是我们党对反腐倡廉规律认识的进一步深化，是反腐倡廉工作向纵深发展的必然要求。如何贯彻这一方针，构建惩防体系，加大预防腐败的力度，我的体会有八条。

(一) 发挥反腐倡廉思想教育的基础性作用，筑牢拒腐防变的思想道德防线

从近几年来发生的违法违纪案件可以看到，少数党员领导干部之所以走上了违法违纪的道路，一个重要原因是思想上出了问题，理想信念动摇，纪律法

律意识淡薄。因此，开展党风廉政建设和反腐败斗争，就是要在教育和防范上下工夫，提高党员干部的思想政治素质，增强拒腐防变能力，增强党的凝聚力和战争力。

一是要深入学习“三个代表”重要思想科学发展观，引导广大党员特别是领导干部牢固树立马克思主义的世界观、人生观、价值观，坚持正确的权力观、地位观、利益观，牢记“立党为公，执政为民”的执政理念，常修为政之德，常思贪欲之害，常怀律己之心。

二是要丰富教育内容，创新教育方式，把反腐倡廉思想教育融入领导干部的选拔、管理、使用、培训等各个环节，坚持自律与他律、教育与管理相结合，增强教育的针对性、有效性，打牢反腐倡廉工作的思想根基。

三是要面向全党全社会，扩大反腐倡廉教育的覆盖面，加强勤政廉政先进典型的宣传，正确引导社会舆论，增强干部群众反腐败的信心。要倡导廉政文化，促全社会树立“以廉为荣，以贪为耻”的良好风气。

（二）发扬社会主义民主，调动党员群众支持和参与反腐倡廉的积极性

党的“十六大”报告把“发展民主”作为“从源头上预防和解决腐败问题”的一个重要方面。如何通过发展民主来预防和解决腐败问题？一要发展党内民主，健全民主集中制，贯彻党员权利保障制度，认真开展批评与自我批评，提高及时发现和纠正错误的能力。二要扩大基层民主，包括民主选举、民主决策、民主管理、民主监督四个环节，决策民主化是关键。三要坚持和完善政务公开、厂务公开、村务公开、校务公开等制度，凡是同群众利益密切相关的重大事项，都要广泛听取群众意见，发挥群众的参与和监督作用，防范可能发生的腐败问题和各种不良倾向。四要建立和完善“深入了解民情，充分反映民意，广泛集中民智，珍惜民力”的决策机制。

（三）推行改革和制度创新，提高反腐倡廉的制度化、法制化水平

加强法规制度建设是一项紧迫的战略任务。党的“十五大”提出，反腐败“法制是保证”，十五届五中全会指出，“要健全依法行使权力的制约机制，加强对权力运行的监督，使廉政建设法制化。”党的“十六大”进一步强调，要健全法制，把反腐败融入各项重要政策措施之中，从源头上预防和解决腐败问题。目前的法规制度建设，总体形成了基本的制度框架。存在的问题：一是不完善，二是有的操作性不强，三是执行不严、不力，四是有的效果有待提高。如何做到反腐倡廉的制度化、法制化？

要进一步加大治本的力度，紧密结合推进干部人事制度、司法体制、行政审批制度和财政金融体制、投资体制、国有资产监管等八大改革，建立健全有

利于防范腐败的体制、机制，逐步铲除腐败现象滋生蔓延的土壤。

一是推进干部人事制度改革。主要针对和解决好三方面问题：（1）以建立和完善干部选拔任用和管理监督机制为重点，以科学化、民主化、制度化为目标，逐步建立干部人事制度体系。（2）制定党政领导干部职务任期等制度，完善领导干部交流、任职回避、经济责任审计等制度。（3）严格执行《党政领导干部选拔任用工作条例》，坚决预防和治理选人用人上的不正之风和腐败现象。简称“5＋1”文件，包括公开选拔、竞争上岗、人选表决、辞职经商、企业兼职等，既是干部人事制度改革的难点，又是整体推进的重要举措。

二是逐步推进司法体制改革。改革的目标是从提高党的执政能力，维护改革、发展、稳定，维护人民群众根本利益出发，从群众反映突出、制约司法公正的关键部位入手，完善机构设置、职权划分和管理制度，进一步健全权责明确、相互配合、相互制约、高效运行的司法体制，严格执法，公正执法，充分发挥司法制度和司法机关维护社会公平和正义的重大作用。切实解决执法人员以言代法、以情枉法、以权压法的问题，促进司法公正。

三是推进行政管理和社会体制改革。其重点是：贯彻落实《关于深化行政管理体制改革的意见》，加快推进政企分开、政资分开、政事分开、政府与中介组织分开，着力转变政府职能，理顺关系、规范结构、提高效能，建设服务型、责任型、法治型、廉洁型政府；切实贯彻行政许可法，进一步清理、取消和规范行政审批事项。深化社会体制改革，扩大公共服务，完善社会管理，努力使全体人民学有所用、劳有所得、病有所医、老有所养、住有所居。

四是推进财税体制改革。深化预算管理体制改革，逐步向社会公开预算内容和转移支付情况；健全国库单一账户体系；深化“收支两条线”管理制度改革，建立健全政府对非税收入管理体系。积极稳妥地推进税制改革。完善国库集中收付运行机制。

五是建立健全现代金融企业制度。主要是完善金融监管体制；建立预警、控制、处置的金融依法查处违法违规行为，维护金融稳定；强化客户身份识别、交易记忆保存、大额和可疑交易报告内控机制和依法监管、有效预防和惩治洗钱犯罪；完善证券、期货市场监管法规，预防和惩治违法违规行为。

六是推进国有企业改革。深化国有企业公司制、股份制改革。

七是推进现代市场体系及相关改革。这包括：

（1）完善工程建设项目招标投标制度。实施严格的资格预审、招标公告发布、评标定标及专家管理机制和惩戒办法，实行行业准入与竞业禁止制度，健全工程建设项目招投标行政监管机制；制定电子化招投标办法；逐步建立统一

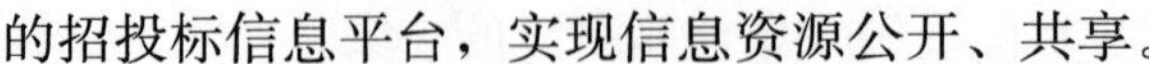

的招投标信息平台，实现信息资源公开、共享。

（2）规范土地征收和土地使用权出让制度。推进征地制度改革，规范征地程序，完善征地补偿办法和安置办法；进一步完善经营性用地招拍挂牌出让制度，规范国有建设用地使用权出让程序；深化土地有偿使用制度和探矿权、采矿权有偿使用制度改革；推进土地市场规范化、法制化建设。

（3）推进产权交易市场建设。主要是建立完善国有产权交易监管法律体系，实行企业国有资产进场交易；建立区域产权交易市场，完善交易规划，建立有形交易平台，配套评估、中介、认证、监管等制度；稽查违规违法市场行为；建立各具特色的产权交易市场体系，形成统一的开放的产权交易市场。

（4）深化政府采购制度。主要是扩大政府采购的规模与范围，实行采购管理机构与执行机构分离；研究建立统一的电子化政府采购系统。完善公开采购的程序，强化监督制约措施。

（5）健全社会信用体系。健全失信惩戒制度和守信激励制度。

八是完善和推行政务公开、厂务公开、村务公开。包括规范公开的内容、形式，加强组织协调，完善督导监督措施。

（四）健全反腐倡廉法规制度，更好地规范权力的运行、约束干部的从政行为

在党规方面，健全民主集中制、党内民主、党内监督制度、完善违纪行为惩处制度。在国法方面，制定相关法律，包括：《编制法》《公职人员个人财产申报法》《从政道德法》《在职人员工资改革法》《惩治腐败法》《公职人员职业禁止法》《职务犯罪预防法》《监督法》，等等。

（五）认真落实反腐倡廉法规制度，为防范和克服腐败现象提供坚实的制度保障

包括：加强宣传教育，增强执行的自觉性；加强监督检查，维护制度的权威性；加强协调配合，保障制度运行的统一性。

（六）坚决查办和预防违纪违法案件，保持惩治腐败工作力度

第一，要以查办发生在领导机关、领导干部中滥用权力、牟取非法利益的违纪违法案件为重点，严厉惩处腐败分子。

第二，要严肃查办发生在重点领域、重点行业的违纪违法案件：重点查处利用人事权、司法权、审批权违纪违法的案件，发生在工程项目中的案件，金融、土地管理等领域以及物资和服务活动中的案件，企业重组改制、产权交易和经营管理活动中国有资产严重流失的案件。

第三，要发挥查办违纪违法案件在治本方面的作用。主要是：运用反面典

型进行警示教育，筑牢党员干部的思想道德防线；对案件进行深入剖析，从中发现体制机制和管理上的漏洞或薄弱环节，促进改革的进程；针对发案单位制度管理上的漏洞，提出整改意见，督促其整改见效；同重点行业、重点企业及重大工程项目开展检企联手、检行联合，开展行业预防、重点预防与工程专项预防，增强预防的实效。

第四，要以解决群众反映的突出问题为重点，坚决纠正损害群众利益的不正之风。深入开展专项治理。重点解决物价、生态环境保护、食品药品质量、安全生产、征地拆迁等方面群众反映强烈的问题。加大纠风工作力度。强化对社保基金、住房公积金和扶贫救灾专项资金的监管，认真治理公共服务行业侵害群众消费权益等问题。纠正征用土地中损害农民利益问题；纠正城镇房屋拆迁中损害居民利益问题；纠正企业违法排污问题；纠正企业改制、重组、破产中损害职工利益问题；纠正拖欠农民工工资问题；治理教育乱收费；纠正医药购销和医务服务中的不正之风，健全防治不正之风的长效机制。

（七）加强对权力的制约和监督，保证权力正确行使

党的“十五大”指出，铲除腐败现象滋生蔓延的土壤，关键是监督。党的“十六大”把强化监督作为源头上预防和治理腐败问题的重要举措。如何强化监督？

第一，在重点内容上，要以决策和执行为重点环节，以人、财、物管理为重点领域，通过科学配置权力，健全权力运行程序，完善监督措施，逐步建立健全制约监督机制，防止权力失控、决策失误、行为失范。这里，关键是四条：一是加强对领导干部特别是主要领导干部为重点监督对象；二是以管人、管钱、管物、执法为重点领域；三是以决策和执行为重点环节；四是权力配置上，要落实“结构合理，配置科学，程序严密，相互制约”的要求，对重要领域、重要行业、重点部门、重要岗位的权力运行与制约，要科学划分，合理配置，程序规范，监督有效，增强监督的针对性和权威性。

第二，在监督方式上，要全面落实集体领导与分工负责、重要情况通报和报告、述职述廉、民主生活会、信访处理、巡视、谈话和诫勉、舆论监督、询问和质询、罢免处理等党内监督10项制度，建立健全“及时发现问题和纠正错误”“防止小错酿成大错”的监督机制。同时，党的委员会及委员、纪检委员会及委员、党委、党的代表大会等监督主体要充分行使监督权利，履行监督职责，承担起监督的责任。

第三，在监督渠道上，要充分发挥人大、政府专门机关、人民政协、司法机关的监督作用，加强社会监督与舆论监督，提高监督的整体效能。重点解决

好监督渠道不通畅、监督权力不到位、监督权力不到位、监督条件难保障、监督合力难形成、社会监督作用难发挥等问题。新闻舆论监督具有宣传法制、警示教育、表达呼声、弘扬正气、鼓舞斗志、正确引导等作用，要充分运用、发挥好。

（八）认真执行党风廉政建设责任制，进一步形成反腐倡廉的整体合力

首先，要坚持和完善党委统一领导、党政齐抓共管、纪委组织协调、部门各负其责、依靠群众支持和参与的反腐败领导体制和工作机制。这一体制与机制是十三届四中全会逐步探索形成、党的十五大予以确认、党的十六大再次确认的。这是新形势下加强党的领导，发挥党的整治优势，形成反腐败斗争整体合力的组织保证。实践证明，它是适合中国国情、有强大生命力的，必须进一步坚持和完善。

其次，党委、政府、班子、部门与纪委要切实履行责任制。1998 年 11 月，中央颁行的《关于实行党风廉政建设责任制的规定》，是从制度上保证党风廉政建设的一项重大举措。如何落实责任制？

一是各级党委、政府要把反腐倡廉工作纳入经济社会发展和党的建设总体工作之中，统一部署，统一实施。绝不能对立起来、割裂开来，更不能搞成“两张皮”，必须高度协调统一。

二是党政领导班子正职要对本地区本部门反腐倡廉工作负总责，对重要工作和重大问题亲自抓，其他成员要分别负起职责范围内的直接领导责任。各级领导干部要从自身做起，带头执行责任制，严于律己，以身作则，自觉接受监督。

三是职能部门要各司其职，按照责任分工，切实抓好本部门本系统的反腐倡廉工作。惩治方面，要进一步加强纪检、检察、法院、审计、监督等重要反腐败职能机关之间的协作；预防方面，要进一步加强人事、财政、金融等政府职能部门和经济部门的合作，努力形成有效的协作形式，更好地形成惩治和预防腐败的整体合力。

四是各级纪委要认真履行组织协调职责，协助党委研究、部署、督促反腐倡廉各项工作，加强与各方的联系和沟通，及时协调解决工作中的矛盾和问题。

其三，要严格责任追究，维护责任制的严肃性。各地区、各部门都要增强政治责任感，齐心协力，不断巩固和发展全党动手反腐败的工作局面。包括落实责任分工，明确工作规范，抓好责任考核，做到功过分明，加大追究力度，严格执行纪律，从而推进反腐败斗争深入发展。

64. 治理商业贿赂要把握法律政策尺度*

在开展治理商业贿赂专项工作中，要充分认识商业贿赂问题的复杂性和办案工作的敏感性，正确把握法律政策界限。这对于保障办案工作稳妥健康发展至关重要。检察机关要认真领会贯彻，关键是从两个方面正确把握法律政策。

一、正确把握法律界限

实际办案中需要斟酌把握以下几条法律界限：

（1）准确区分检察机关立案管辖案件与其他机关立案管辖案件的界限。检察机关管辖的案件主要限于《刑法》第93条规定的“国家工作人员”贿赂案件和以国家工作人员为对象的行贿案件。除主罪属于检察机关管辖则全案可以由其侦查外，其他商业贿赂案件均由公安机关管辖。要规范运用以事立案、并案侦查、指定异地管辖，不能擅自突破高检院规定。

（2）准确区分公司、企业人员受贿犯罪与国家工作人员受贿犯罪的界限。国有公司企业、事业单位、金融机构改制后，受国有单位明示委托、委派的管理人员应认定为国家工作人员，其他人员宜认定为公司、企业人员。

（3）准确区分正常商业回扣与商业贿赂的界限。商业贿赂限于“违反国家规定”，在账外、暗中给予或收受各种名义的回扣、手续费；以明示并如实入账的方式给予和接受折扣、回扣的，属于正常商业行为。

（4）准确区分服务报酬与商业贿赂的界限。兼职为其他单位或个人提供技术咨询、中介服务，提取合理手续费、中介费或劳动报酬的，如果没有利用职务便利，不是受贿；如果违反国家规定从事商业活动并利用职务上的便利收受贿赂、获取个人“报酬”的，属于受贿。

---

* 本文发表于《检察日报》2006年6月2日。

(5) 准确区分一般“红包”与商业贿赂的界限。利用职权收受所谓“红包”，数额较大、情节严重的，要依法查处；但像医务人员在医疗服务过程中收受病人及其家属的“红包”等案件，对方主要是基于专业人员的技术优势而给予的酬谢，一般不宜认定为贿赂犯罪。

(6) 准确区分违法违纪与犯罪的界限。要适度把握涉案数额标准、情节轻重来区分违法违纪与犯罪的界限，对于医生从药品经销商手中收取处方药回扣的行为，情节轻微的一般不以犯罪论处；但对于其中积极组织、串通其他医生通过开具特定药品而收受回扣，情节严重的，或者在负责药品及设备采购中个人收受回扣，数额较大的，要依法查处。

(7) 准确区分不规范经营与单位行贿的界限。企业为融资借贷、沟通产供销渠道等“正当利益”而送礼的，属于不正之风；为谋取“不正当利益”而给予财物的，为单位行贿。

(8) 准确区分单位收受回扣行为与个人受贿犯罪的界限。单位内部的职能部门及其经办人员以部门名义收受回扣的，不是单位受贿，但可以对情节恶劣的个人以受贿罪查处。国有单位收受“明扣”、未如实入账而转入“小金库”的行为，要根据具体情况而定，不轻易作犯罪处理；单位收受回扣后用于集体福利开支的，不宜认定为犯罪；在小范围内以各种名义私分的，区分不同人员的责任，重点追究决策者、直接实施者的刑事责任。个人接受回扣后上交单位，经领导决定以提成奖励方式返还给个人的，应视为个人合法收入；个人为捞取回扣而与卖方勾结定价或购买伪劣商品，损害单位利益的，应认定为个人受贿。

(9) 准确区分单位犯罪与个人犯罪的界限。以单位名义实施的犯罪行为，如果是为单位谋取不正当利益、违法所得归单位所有，应认定为单位犯罪；如果是假借单位名义，违法所得由实施犯罪的个人私分的，应认定为个人犯罪。

(10) 准确区分自查自纠中发现的危害不大的贿赂行为与贿赂犯罪的界限。在自查自纠中主动说清问题并认真整改、积极退赃的，如果情节轻微、危害不大，可不以犯罪追究。

二、正确把握刑事政策

坚持宽严相济、区别对待，从大局出发，依法该严必严、当宽则宽。对于主动讲清问题、投案自首、积极退赃、检举犯罪、有立功表现的，依法从轻、减轻或者免予刑事处罚；对于可追究可不追究刑事责任的，可依法不予立案；对于立案后不妨碍诉讼活动的，可不采取拘留措施；对于可捕可不捕的，依法不捕；对于可诉可不诉的，依法不诉；对于隐瞒犯罪事实、毁灭证据、订立攻守同盟、负案潜逃等妄图对抗侦查、逃避法律追究的，依法从严惩治；对于顶风作案的，坚决严厉打击；对于在行业领域内带有普遍性、人数众多的案件，坚持打击极少数、教育挽救大多数，防止不分轻重主次、打击面过宽。同时，要坚持法治原则，把握好政策尺度，不能擅自突破法律规定，搞“法外施恩”，更不能徇私枉法，有意放纵犯罪。

65. 国际商业贿赂立法及其借鉴*

随着治理商业贿赂专项活动的深入，加强对治理商业贿赂法律和政策问题的研究逐渐凸显。商业贿赂作为国际商务活动中一项“潜规则”，在全球范围内具有相似性和趋同性，是世界各国着力打击的共同对象。胡锦涛总书记在《商业贿赂可能成为制约我国经济发展的瓶颈》中明确指出：“坚决治理商业贿赂是维护市场经济秩序的必然要求，是反对腐败的重要内容。要借鉴国外的有益做法，完善有关法规，加大监管力度，惩治腐败行为。”因此，借鉴国外立法，完善我国法律，是摆在刑法理论界和司法实务界面前的一个重大课题。下面拟在评述国际商业贿赂立法的基础上，就完善我国商业贿赂刑事立法进行探讨。

一、国际惩治商业贿赂的立法述评

据美国商务部调查，有行贿行为的外国公司获得了国际上商务交易的80%。为了遏制国际商业交往中的普遍存在的贿赂行为，国际社会进行了不懈努力，但因政治体制、经济条件、文化传统等多方面的原因，各国关于商业贿赂的刑事立法存在很大差异。

（一）明晰范畴

在各国的刑法理论中，对“商业贿赂”这一范畴存在不同的界定方式，主要有以下两种观点：(1) 狭义概念说。这种观点主要从贿赂产生的领域将贿赂

---

* 本文在杨剑波同志的协作下完成，收录于《反商业贿赂高峰论坛论文交流材料》，今日中国论坛2006年版；收录于《中国刑法学会年会文集（2006年度）和谐社会的刑事法治（下卷：商业贿赂犯罪研究）》，中国人民公安大学出版社2007年版；收录于《国际刑法评论（第3卷）》，中国人民公安大学出版社2009年版。

犯罪区分为商业贿赂和公务贿赂两类。例如，《德国刑法典》就分别规定了两类贿赂犯罪，在第26章“妨碍竞争”第299条规定了“商业活动中的索贿和行贿”，强调商业贿赂犯罪必须发生在“商业交往中”。同时，在第30章“职务犯罪”第331～334条分别规定了接受利益、索贿、给予利益、行贿等罪名，强调公务贿赂犯罪必须是违反其职务（裁判）义务的职务（裁判）行为。（2）广义概念说。这种观点认为商业贿赂不是一种独立的犯罪形式，而是指发生在商业交往过程中各种贿赂形式的总称。《日本刑法典》将所有贿赂犯罪统一规定为行贿罪和受贿罪。无论在商业方面还是其他方面，具有行贿或者受贿行为都必须承担相同的法律责任。实践中最典型的商业贿赂中发生在政府和企业之间，即权钱交易型商业贿赂。因此，这种概念界定和立法安排也是有其道理的。

（二）保护法益

法益就是指受法律所保护的利益和价值。一种行为之所以被法律规定为犯罪，其根本的原因就在于，它对刑法所保护的法益构成了侵害或者有侵害的可能性。❶ 各国刑法立法中关于商业贿赂犯罪侵犯的法益主要有三种观点：（1）信托权益。北美、西欧等地区的一些国家将完备的信托法理论拓展到刑法领域，认为商业贿赂犯罪侵犯的法益是企业对于员工所享有的信托权益。❷ 例如，美国纽约州商业贿赂法规定，凡商谈提供、提供或同意提供给雇员、代理人或受委托人利益，且未得到雇主或委托人同意，意图影响上述人实施涉及雇主或委托人利益的行为为犯罪行为。根据上述规定，商业贿赂行为的刑事可责性在于：受信人接受他人贿赂，严重违反了其对于受益人所应承担的信义义务；行贿人采取不正当手段竞争，扰乱商业秩序，极度偏离市场规律，恶意影响信义义务人的信托行为，侵害受益人合法权利。（2）公平竞争的市场秩序。还有不少国家，之所以将商业贿赂行为归为犯罪，是为了保护公平的竞争秩序，以塑造规范运行的交易市场。因为商业贿赂犯罪侵犯了整个社会的利益，破坏了经济秩序，严重伤害了消费者的合法权益。德国、捷克、瑞士等国家都将商业贿赂犯罪置于破坏竞争秩序罪项下，通过明确规定“不正当利益”的犯罪要素予以具体表现。（3）职务纯洁性或不可收买性。大陆法系关于受贿罪的保护法益，一直存在两种不同立场：起源于罗马法的立场是，贿赂罪的保护法

❶ 赵秉志主编：《外国刑法原理（大陆法系）》，中国人民大学出版社2000年版，第26页。

❷ 谢杰、潘琳琳：“惩治商业贿赂犯罪的全球视野”，载《人民法院报》2006年5月8日，第B1版。

益是职务行为的不可收买性；起源于日耳曼法的立场是，贿赂罪的保护法益是职务行为的纯洁性（或公正性）。[1] 日本刑法理论界的通说认为，受贿罪的法益是职务行为的不可收买性或国民对国家作用公正性的信赖。各国刑法对商业贿赂犯罪保护法益的定位不仅决定着对商业贿赂行为本质的认识，也影响着对具体犯罪构成要素的认定。

（三）异样立法

各国为了打击商业贿赂犯罪，都进行了不同形式的立法，主要有以下几种典型形式：（1）国内立法形式。这主要是指各国通过本国法律规制商业贿赂行为，最著名的是美国《反海外腐败法》。“二战”后，美国成为世界上最重要的资本输出国，国内许多大企业都发展成为子公司和分公司遍布全球的跨国公司。为了规制本国公司的从商活动、建立商业系统的信心和跨国公司的商业道德，美国于1977年颁布了《反海外腐败法》，明确规定本国公司禁止向外国政府公职人员行贿，同时要求母公司及其子公司都要依法行事，企业要建立内部控制系统和会计体系，跨国公司中的母公司对子公司独立实施的商业贿赂行为也要承担监管不力的责任。这是世界上惩治商业贿赂行为最为严厉的法律之一。（2）区域组织条约形式。自20世纪90年代开始，一些区域性组织加紧制定以规制商业、公务贿赂犯罪为主要内容的反腐败公约，规范反腐败统一行动。美洲国家组织于1996年3月29日通过了《美洲国家组织反腐败公约》、欧洲联盟理事会于1997年5月26日通过了《打击欧洲共同体官员或欧洲联盟成员国官员腐败的公约》、欧洲委员会于1999年1月27日和11月4日分别通过了《反腐败刑法公约》和《反腐败民法公约》，非洲联盟国家和政府首脑于2003年7月12日通过了《非洲联盟预防和打击腐败公约》，这些公约将贿赂国内公职人员、贿赂外国公职人员、贿赂国际组织官员等腐败行为及相关犯罪确定为腐败犯罪。（3）国际组织条约形式。在区域性国际行动迅速发展的同时，国际上有组织或自发的、定期或不定期的反腐倡廉会议也频繁召开，如国际反贪污大会、国际廉政道德会议、联合国预防犯罪和罪犯待遇大会，这些活动吸引了更多地区或国际上各类组织加入到了反腐败的行列。比如，为打击国际商业贸易领域内的贿赂外国公职人员的现象，经济合作与发展组织（OECD）于1994年开始着手制定，经过近3年的艰苦谈判，34个国家于1997年12月在巴黎总部签署了《经济合作与发展组织禁止在国际商业交易中贿赂外国公职人员公约》。（4）全球公约形式。在区域性反腐斗争取得重要成

[1] 张明楷：《外国刑法纲要》，清华大学出版社1999年版，第776页。

果、国际上合作行动积累丰富经验后，联合国制定《反腐公约》的条件也日趋成熟。2000年12月联合国大会通过了《联合国打击跨国有组织犯罪公约》。在通过该公约的同时，专门成立了起草《反腐败公约》的特设委员会，要求其在2003年底前将草案提交联大讨论。2003年10月31日，第58届联合国大会审议通过了《联合国反腐败公约》，并决定12月在墨西哥召开高级别政治会议予以开放签署，公约将在第30个国家批准后开始生效。正如有学者所指出的：两年通过一个公约，这在国际公约的制定历史上是十分罕见的现象。❶

从上述分析可以看出，各国在商业贿赂的概念界定、保护法益等方面都存在很大差异，但我们也应注意到，在经济全球化的浪潮中，各国对于惩治商业贿赂也达成了很多共识，《联合国反腐败公约》的签订就是一个很好的例证。从宏观层面上讲，公约的签订过程是各抒己见的过程，也是寻求共识的过程，是针锋相对的过程，也是求同存异的过程。从微观层面来看，公约的内容和用语是全球范围内各种价值观念、文化信仰及法律制度不断斗争、相互妥协和最终融合的产物。

二、我国惩治商业贿赂的现状分析

1993年9月2日，全国人大常委会通过了《中华人民共和国反不正当竞争法》(以下简称《反不正当竞争法》)，其中将商业贿赂作为一种不正当竞争行为明确予以禁止，并且在该法第8条规定：“经营者不得采用财物或者其他手段进行贿赂以销售或者购买商品。在账外暗中给予对方单位或者个人回扣的，以行贿论处；对方单位或者个人在账外暗中收受回扣的，以受贿论处。”第22条规定：“经营者采用财物或者其他手段进行贿赂以销售或者购买商品，构成犯罪的，依法追究刑事责任。”这是首次对商业贿赂行为予以刑事否定评价。1995年2月28日立法机关通过了《关于惩治违反公司法的犯罪的决定》(以下简称《决定》)，并且在第9条规定了公司董事、监事、职工受贿罪，作为商业贿赂内容之一。这是单行刑事法律首次对商业贿赂行为予以规定，但这并不能涵盖所有商业贿赂犯罪。1996年11月，国家工商行政管理总局发布《关于禁止商业贿赂行为的暂行规定》第2条明确规定：“本规定所称商业贿赂，是指经营者为销售或者购买商品而采用财物或者其他手段贿赂对方单位或者个人的行为。”这是我国行政规章中首次出现商业贿赂的用语。

目前，我国刑法理论界一般认为，商业贿赂是在商业流通领域发生的一切

❶ 万霞：“反腐败的国际立法浅析”，载《外交学院学报》2004年第3期，第60页。

行贿、受贿行为的总称，不是一个严格意义上的刑法概念。(1) 从责任体系来看，我国的《反不正当竞争法》中，规定了对于商业贿赂行为的三种法律责任：民事责任、行政责任和刑事责任。①关于民事责任，我国反不正当竞争法规定给被侵害的经营者造成损害的，应当承担损害赔偿责任。②关于行政责任，我国反不正当竞争法规定可以根据情节处以 1 万元以上 20 万元以下的罚款，有违法所得的，予以没收。③关于刑事责任，我国刑法视其主体、行为分别规定为公司、企业、其他单位人员受贿罪、公司、企业、其他单位人员行贿罪以及受贿罪、行贿罪等。(2) 从管辖主体来看，我国的一般商业贿赂行为由工商行政管理机关调查处理，一般商业流通领域的商业贿赂犯罪由公安机关侦查，而国家工作人员的商业贿赂犯罪则由检察机关侦查。这种多头管理的格局往往形成了立法间隙，导致了实际处罚不力。比如，据美国司法部提供的报告称，全球最大的诊断设备生产企业 DPC 在天津的子公司天津德普诊断产品有限公司 1991～2002 年期间，向中国国有医院医生行贿 162.3 万美元的现金，用来换取这些医疗机构购买 DPC 公司的产品，结果赚取了 200 万美元。这家美资企业被美国司法部和美国证券交易委员会以违反本国《反海外腐败法》为由，处以 479 万美元巨额罚金，同时也严厉处罚所有当事人。让人匪夷所思的是，没有任何信息显示受贿的中方人员受到了中国法律处罚。

刑法是打击商业贿赂犯罪的最后一道防线。刑法的完善与否，事关打击商业贿赂犯罪的成效。我们认为，我国刑法惩治商业贿赂的规定具有以下几个鲜明特点。

（一）从罪名设置来看，罪名繁多但仍有欠缺

我国刑法为惩治商业贿赂规定了 9 个罪名，即公司、企业、其他单位人员受贿罪、对公司、企业、其他单位人员行贿罪、受贿罪、行贿罪、单位行贿罪、单位受贿罪、对单位行贿罪、单位行贿罪、介绍贿赂罪等。然而，我国刑法繁多的罪名并不能对司法实践中的行为进行有效惩治。比如，《联合国反腐败公约》第 16 条规定，各缔约国均应采取必要的立法和其他措施，将下列故意实施的行为规定为犯罪：直接或间接向外国公职人员或者国际公共组织官员许诺给予、提议给予或者实际给予该公职人员本人或者其他人员或实体不正当好处，以使该公职人员或者该官员在执行公务时作为或者不作为，以便获得或者保留与进行国际商务有关的商业或者其他不正当好处。也就是说，国际社会普遍认为贿赂外国公职人员或者国际公共组织官员应构成犯罪，我国虽然规定了 9 个罪名之多，但并不能涵盖所有此类行为。

（二）从构成要件来看，限制严格但素有争议

与《联合国反腐败公约》和其他国家刑法相比，我国刑法关于商业贿赂犯罪的构成要件限制严格，但刑法理论界和司法实务界对这些要件如何理解却长期存在争议，主要表现在三个方面：（1）关于贿赂范围。我国 1997 年刑法将商业贿赂的范围规定为“财物”。对“财物”的理解形成了三种学说：狭义说认为，贿赂仅限于“财物”，包括金钱与物品，不能包括财物以外的物质性利益，更不能包括其他非物质性的利益。广义说认为，贿赂是指能满足受贿人各种生活需要和精神欲望的一切物质性利益和非物质性利益；折中说认为，贿赂不仅仅限于财物，还应包括财产、物品以外的可以直接用货币计算的物质性利益，但不能包括提供女色等非物质性利益。折中说因为在“刑法解释”与“实践需要”达到了一种平衡，一直居于通说地位，但对通说的批判一直就没有停止过。（2）关于行为类型。我国刑法对商业行贿犯罪的行为要求都是“给予”。那么，承诺给予、提议给予、准备给予等一系列商业贿赂预备行为是否包含在“给予”的含义之内，也一直存在争论。（3）关于“为谋取不正当利益”“为他人谋取利益（不正当利益）”。我国行贿犯罪一般要求具备“为谋取不正当利益”这一要件，受贿犯罪则一般要求具备“为他人谋取利益”这一要件。比如，关于“为他人谋取利益”的解释，就形成了三种学说：主观要件说认为，为他人谋取利益只是受贿人的一种心理态度，属于主观要件的范畴；客观要件说认为，非法收受他人财物为他人谋取利益，是指行为人违反法律的规定对行贿人交付的财物来之不拒，或消极、被动接受，并利用职务之便为行贿人谋取利益的行为；新客观要件说认为，为他人谋取利益的内容是许诺为他人谋取利益，许诺既可以是明示的也可以暗示的，既可以是真实的也可以是虚假的。这些争论既反映了我国刑事立法的欠缺，又影响了司法实践中对商业贿赂犯罪的认定。

（三）从刑罚制度来看，处刑偏重但厉而不严

我国刑法对商业贿赂犯罪规定了极为严厉的刑罚。比如，公司、企业、其他单位的工作人员利用职务上的便利，索取他人财物或者非法收受他人财物，为他人谋取利益，数额较大的，处 5 年以下有期徒刑或者拘役；数额巨大的，处 5 年以上有期徒刑，可以并处没收财产。对于受贿罪，受贿数额在 10 万元以上，处 10 年以上有期徒刑或者无期徒刑，情节特别严重的，处死刑，并处没收财产。在商业贿赂行为大行其道的社会环境下，我国的这种严刑峻法却设置了较高的“门槛”，使相当多的行为不能得到刑法的制裁。这是一种典型的“厉而不严”的立法现象，即刑罚苛厉但法网不严。目前，刑罚的轻缓化是一

个世界性的发展趋势，对刑事犯罪特别是经济犯罪限制适用死刑甚至逐步废除死刑的呼声很高。我国对商业贿赂刑事制裁的总体方式与世界各国通行的“严而不厉”刑事政策是背道而驰的。

三、我国惩治商业贿赂的立法完善

《联合国反腐败公约》是迄今为止国际社会，特别是国际经济交往中惩治商业贿赂犯罪最完整且具全球性、综合性和创新性的国际法律文件。下面，我们主要对照《联合国反腐败公约》，就完善我国刑法规定，惩治商业贿赂犯罪提几点建议。

（一）完善罪名体系

（1）增设贿赂外国公职人员或者国际公共组织官员罪。《联合国反腐败公约》和《联合国打击跨国有组织犯罪公约》都对贿赂外国公职人员或者国际公共组织官员罪作了规定，我国作为两个公约的缔约国，根据条约必须遵守的原则，应该履行国际义务，将贿赂外国公职人员或者国际公共组织官员的行为规定为犯罪。随着经济全球化的发展，我国企业将进一步融入国际社会，向外国公职人员或国际公共组织官员行贿以及外国公职人员或国际公共组织官员接受贿赂的现象将会越来越多，我国通过立法对这些行为进行规制，有利于表明我国惩治腐败的坚强决心，营造健康透明的商业环境，推动国际交往的不断发展。（2）增设影响力交易罪。《联合国反腐败公约》第18条规定：“直接或间接向公职人员或者其他任何人员许诺给予、提议给予或者实际给予任何不正当好处，以使其滥用本人的实际影响力或者被认为具有的影响力，为该行为的造意人或者其他任何人从缔约国的行政部门或者公共机关获得不正当好处；公职人员或者其他任何人员为其本人或者他人直接或间接索取或者收受任何不正当好处，以作为该公职人员或者该其他人员滥用本人的实际影响力或者被认为具有的影响力，从缔约国的行政部门或者公共机关获得任何不正当好处的条件”。这是公约关于影响力交易罪的规定。影响力包括职务性影响力和非职务性影响力两大类。我国刑法关于受贿罪（包括斡旋受贿）、行贿罪的规定不能涵盖全部影响力交易行为，应考虑增设影响力交易罪，以履行国际义务，有效打击犯罪。

（二）完善构成要件

（1）扩大商业贿赂的适用范围。我国刑法贿赂的范围仅限于“财物”，而《联合国反腐败公约》中的贿赂范围则是指“不正当好处”。从文理上分析，根据《现代汉语词典》的解释，“好处”是指“使人有所得而感到满意的事物”，并不局限于“财物”或“物质性利益”的范围；从学理上分析，“好处”可以包括能够满足人需要与欲望的一切事物，根据马斯洛的“需要层次论”，最低级的需要是生理需要，最高级的需要是自我实现的需要，非物质性利益显然是人类需要的重要组成部分，不能将其排除在贿赂范围之外。正如有学者指出的一样，“不正当好处包括的范围可以无限制，不仅是金钱方面的，也包括提供服务、机会等，这就解决了一些国家刑法中关于贿赂罪只适用经济利益而导致对一些提供诸如性服务之类的贿赂无法认定的问题。”[1] 我国刑法理论和司法实践通说对“财物”的理解明显小于“不正当好处”的范围。我们认为，扩大商业贿赂的适用范围是一个不容回避的现实问题。(2) 扩展商业贿赂的行为类型。我国刑法对商业行贿犯罪的行为要求都是“给予”，而《联合国反腐败公约》第15条、16条、18条和21条规定的行贿行为包括“许诺给予、提议给予或者实际给予”三种类型。从实践上分析，行贿方式呈现出多样化、阶段化的特点，如果立法设定的防线过于靠后，不利于打击行贿犯罪。我们建议将行贿行为直接表述为许诺给予、提议给予或者实际给予，将这些行为直接规定为犯罪的实行行为，进一步扩展行为类型。(3) 取消商业贿赂犯罪“为谋取不正当利益”“为他人谋取利益（不正当利益)”要件。是否谋取了利益及利益的正当与否并不影响商业贿赂犯罪的成立，《联合国反腐败公约》和世界上大多数国家都没有将“为他人谋取利益（不正当利益)”作为贿赂犯罪的构成要件。我们认为，取消这一要件，有利于与国际立法接轨，有利于减少不必要争论，有利于严密刑事法网。

（三）完善刑罚制度

我国的商业贿赂犯罪不仅在罪名体系及构成要件上存在局限，而且在刑罚制度上也明显不足，必须加以完善。(1) 增设资格刑。资格刑是剥夺犯罪人享有或行使一定权利的资格的刑罚。资格刑具有剥夺或限制再犯能力的独特功能。在现实生活中，商业贿赂犯罪一般是犯罪人利用自己的职业或者在生产经营活动中实施的各种犯罪。对这种犯罪人，剥夺其从事特定职业的权利，是进行有效惩罚和防止再犯的一种重要手段。正如有学者指出的一样，对于从事特种职业者，如医师、律师、司机等在职业上之犯罪，剥夺其继续其职业之资格，可以避免职业上再犯同类之犯罪。[2]《联合国反腐败公约》第30条第7款规定：“各缔约国均应当在符合本国法律制度基本原则的范围内，根据犯罪的

---

[1] 杨宇冠：“《联合国反腐败公约》述评”，载《人民检察》2004年第4期，第75页。

[2] 张甘妹：《刑事政策》，台湾三民书局1980年版，第350页。

严重性，考虑建立程序，据以通过法院令或者任何其他适当手段，取消被判定实施了根据本公约确立的犯罪的人在本国法律确定的一段时期内担任下列职务的资格：①公职；②完全国有或者部分国有的企业的职务”。我国刑法也应考虑对商业贿赂犯罪增设资格刑。(2) 调整法定刑。目前公司、企业、其他单位人员受贿罪的法定最高刑是有期徒刑 15 年，受贿罪的法定最高刑是死刑，对经济犯罪设置这么高的法定刑在世界上也是绝无仅有的，应及时作出调整。为了遏制当前商业贿赂泛滥成灾的局面，我国刑法应适当扩大处罚范围，设置较轻的法定刑，以增强立法的科学性，及时有效打击犯罪。按照限制死刑的“三步走”战略[1]，建议：第一阶段为现在至 2020 年，先行取消商业贿赂贪污、金融诈骗等经济犯罪的死刑；第二阶段为 2021～2030 年，保留颠覆国家政权罪、分裂国家罪、侵犯公民生命权利的暴力犯罪、有组织犯罪、恐怖犯罪、毒品犯罪外，其他罪名一律废除死刑；第三阶段为 2031～2050 年，即在新中国成立 100 周年前，中国达到中等发达国家水平时，仅保留分裂国家罪、颠覆国家政权罪、杀人罪、放火罪、爆炸罪、投放危险物质罪、恐怖犯罪、黑社会性质组织犯罪、毒品犯罪等，并控制在 10 个罪名以下，从而为有步骤地限制与废除死刑创造条件。(3) 适用财产刑。商业贿赂犯罪是一种典型的贪利性犯罪，适用财产刑更有助于起到震慑和惩罚作用。我国现行刑法关于商业贿赂犯罪的规定中，财产刑的适用是较为欠缺的。如《刑法》第 163 条所规定的公司、企业、其他单位人员受贿罪中，受贿数额较大时，只处 5 年以下有期徒刑或者拘役，没有设置罚金刑；数额巨大时，虽规定处 5 年以上有期徒刑，可以并处没收财产，但仍没有设置罚金刑。因此，我们建议对商业贿赂行为的惩罚应扩大罚金刑和没收财产刑的适用范围。

---

[1] 徐汉明：“论死刑兴衰演进的动因”，载《中国刑事法杂志》2004 年第 5 期，第 14 页。

66. 关于创新职务犯罪侦查的思考*

查办贪污贿赂、渎职侵权等职务犯罪是宪法和法律赋予检察机关的重要职责，是强化检察机关法律监督职能的必要手段和有力保障，在检察机关各项法律监督工作中处于突出位置。近年来，检察机关认真履行职责，不断加大查办职务犯罪工作的力度，取得明显成效；但是，在新的形势下，检察机关职务犯罪侦查工作面临一系列新情况新问题。因此，认真总结新经验，分析新形势，研究新情况新问题，不断推动职务犯罪侦查的创新，对强化检察机关法律监督职能，提高职务犯罪侦查工作水平，推进反腐败斗争深入发展，都有很重要的现实意义。我们结合对务犯罪侦查实践，就职务犯罪侦查创新进行了积极研究思考。

一、为什么创新？——适应五个形势

在入世过渡、体制变革、社会转型时期，在全球化、信息化浪潮中，在发展社会主义市场经济条件下，职务犯罪侦查所面临的外部条件、法治环境、工作对象、任务要求均发生了显著变化，迫切要求职务犯罪侦查适应这些新变化新形势，实现创新发展。

（一）亟待适应加强党的执政能力建设的新形势

党的十六届四中全会明确提出了加强党的执政能力建设的指导思想、总体目标和主要任务。这既为检察机关开展职务犯罪侦查工作提供了有力指导、创造了有利条件，也提出了更高要求。（1）职务犯罪侦查工作必须适应加强党的执政能力建设的总体要求。检察机关是贯彻执行党的路线方针政策的重要组

* 本文在金鑫、吴旭明同志的协作下完成，发表于《国家检察官学院学报》2005 年第 2 期，2005 年 11 月被中共湖北省委政法委员会评为“全省政法调研优秀论文一等奖”，2006 年 12 月被最高人民检察院评为“第四届全国检察机关精神文明建设金鼎奖三等奖”。

织，是我们党实现科学执政、民主执政、依法执政的重要力量，而职务犯罪侦查工作是检察机关执法工作的重要组成部分；因此，职务犯罪侦查工作必须贯彻执行党的路线方针政策，以加强党的执政能力建设的总体要求为指导。开展职务犯罪侦查工作，必须有利于保持党同人民群众的血肉联系，有利于高素质干部队伍建设，有利于党的领导体制和工作机制的完善，有利于党的基层组织和党员队伍建设的加强，必须有利于提高党的执政能力、巩固党的执政地位。（2）职务犯罪侦查工作必须围绕加强党的执政能力建设的总体目标来开展。职务犯罪侦查工作是检察机关执法能力的重要体现，而加强检察机关执法能力建设是加强党的执政能力建设的必然要求和应有之意，因此，职务犯罪侦查工作必须紧紧围绕落实加强党的执政能力建设的总体目标来开展。一方面，要通过加大职务犯罪侦查力度，清除党内腐败分子、纯洁党的队伍，密切党与人民群众的血肉联系，增强国家工作人员拒腐防变、抵御风险的能力，促进科学执政、民主执政、依法执政；另一方面，要加强检察机关执法能力包括职务犯罪侦查能力建设，提高科学侦查、民主侦查、依法侦查的能力，提高职务犯罪侦查工作把握职务犯罪发案规律、运用现代侦查工作规律、遵循检察执法规律水平，提高深入群众、发动群众、依靠群众开展侦查和按照诉讼民主要求人性化办案水平，提高严格按照法律规定的程序和要求依法公正办案水平。（3）职务犯罪侦查工作必须有利于加强党的执政能力建设的主要任务的实现。适应五大执政能力建设的要求，检察机关职务犯罪侦查工作必须提高服务大局的水平。如在提高驾驭社会主义市场经济能力方面，《中共中央关于完善社会主义市场经济体制若干问题的决定》强调，要“按照依法治国的基本方略，着眼于确立制度、规范权责、保障权益”“加强执法和监督”，这对依法查处破坏市场秩序和经济发展的腐败犯罪提出了明确要求。因此，在职务犯罪侦查工作中，如何讲究方法和策略，维护党和国家工作大局、维护发案单位正常生产经营秩序，取得对检察机关职务犯罪侦查工作的支持和配合；如何熟练掌握和正确利用党和国家反腐败方针政策，教育、感化和挽救犯罪嫌疑人、及时突破犯罪嫌疑人的心理防线，都是提高职务犯罪侦查水平、创新职务犯罪侦查所要解决的新课题。在完善党的领导方式和执政方式、提高建设社会主义民主政治能力中，职务犯罪侦查工作如何既有效加强党委领导，又坚持检察机关依法独立公正地行使职权；如何加强与纪委、法院、公安的协调配合，既依法相互配合，又依法监督制约；如何采取有效形式，发动和依靠群众开展职务犯罪侦查，都需要通过推进侦查创新来解决。（4）职务犯罪侦查工作必须适应反腐败斗争的新形势，促进党员队伍拒腐防变和抵御风险能力的提高。十六届四中全会指出“腐败现象在一些地方、部门和单位还比较严重”，强调“越是长期执政，反腐倡廉的任务越艰巨，越要坚定不移地反对腐败，越要提高拒腐防变的能力”，要求“把党风廉政建设和反腐败斗争作为提高党的执政能力、巩固党的执政地位的一项重大政治任务抓紧抓实”，要“以查处发生在领导机关和领导干部中滥用权力、谋取私利的违法违纪案件为重点，严厉惩处腐败分子”。这既分析了职务犯罪侦查工作面临的严峻形势和艰巨任务，对加大工作力度提出了更高要求；也明确了职务犯罪侦查的重点，为工作进一步开展指明了方向。

（二）亟待适应职务犯罪发展变化的新形势

当前，由于诸多复杂因素的影响，腐败现象易发多发的土壤和条件依然存在，职务犯罪在一些领域仍然呈高发态势，并呈现出一些新的特点，对职务犯罪侦查提出严峻挑战。(1) 职务犯罪大案要案比较突出。近年来，一些较高层次腐败犯罪日益暴露，县处级以上干部包括领导干部贪污受贿、渎职犯罪要案突出，有的涉案金额成百上千万元；而且，这些人员社会阅历和从政经验相当丰富，掌握权势，关系网厚，反侦查能力强，对职务犯罪侦查攻坚碰硬能力和整合社会资源能力提出严峻挑战。(2) 行政执法、司法人员索贿受贿、严重渎职犯罪比较突出。这些人既懂法又懂行，善于钻法律“空子”，敢于对抗侦查；有的与社会丑恶现象相互吸附，甚至与黑社会性质组织等犯罪相交织，反侦查手段相当剧烈。(3) 窝案串案逐渐增多。犯罪人员上下勾结，相互牵连，呈现明显的行业性特点，甚至形成了反侦查的“联盟”，导致案件突破困难。(4) 贿赂犯罪增多。在这种“一对一”的犯罪中，知情人员范围极窄，作案难以被发现，发案后双方串通、拒不承认，即使突破一方，仅凭一面之辞也难以定罪，造成司法实践中查实这种犯罪相当困难。(5) 职务犯罪形式不断翻新，犯罪手段的智能化和隐蔽性增强，造成案件发现难、取证难、认定难、处理难。有的善于伪装，在被立案侦查中能骗得不明真相的单位及群众的同情、庇护，若办案方法稍有不当就会给侦查工作造成被动。犯罪分子逃避处罚能力进一步增强，零口供案、翻供案增多，有准备的携款潜逃增多，侦查取证、追逃追赃工作难度加大。(6) 新领域新罪名、跨行业多罪名案件增多。腐败犯罪渗透到经济、文化和社会生活的多个领域并依附于新生事物滋长蔓延，多发犯罪也从一般的贪污、受贿、挪用公款、滥用职权、玩忽职守发展到单位行贿、单位或集体受贿、行业性职务犯罪、多种形式的徇私舞弊等新型犯罪。对这些新领域新罪名案件由于以往侦查经验少，侦查相对困难。犯罪形式进一步复杂化，不仅各种犯罪交织在一起，而且职务犯罪与走私、偷税、非法经营、提供虚假证明文件、金融诈骗等经济犯罪交织在一起，与黑恶势力犯罪、黑社会组织等严重刑事犯罪相互依附，涉案人员多、范围广，查处困难。

（三）亟待适应法治建设的新形势

法治建设加快推进，法治环境发展变化，对职务犯罪侦查工作创新提出迫切要求：（1）要适应依法治国的基本要求。当前，我国正步入法治“快车道”。对于一个正在走向法治社会的国家来说，国家司法机关侦查行为的法治化和对涉嫌犯罪的公民个人权利的充分尊重与保障，对于树立全社会的法治信念，无疑具有规范与引导作用。因此，职务犯罪侦查法治化建设任务相当急迫。（2）要适应人权保障的新要求。自 1991 年我国政府发表《中国的人权状况》白皮书以来，我国人权保障状况受到更为广泛的关注，人权事业得到长足发展，特别是新的宪法修正案明确规定了“国家尊重和保障人权”“公民的合法的私有财产不受侵犯”等基本准则，更在我国人权史上具有里程碑意义。因此，人权保障问题将在检察机关各项执法活动中越来越凸显，职务犯罪侦查的每一个环节都必须考虑人权保障问题，切实按照尊重和保障人权的宪法精神和要求来规范侦查。（3）要适应日益国内化的国际公约基本准则的新要求。目前我国已经加入的国际公约的许多规定都是与刑事诉讼特别是侦查活动有关。如加入《公民权利和政治权利国际公约》后，我国就必须通过刑事司法改革，在刑事司法活动中确立和遵循无罪推定、逮捕的司法审查、不得强迫自证其罪等系列原则和制度。同时，在刑事司法日益国际化的背景下，即使我国政府没有签署的国际公约中所确立的一些基本的刑事司法国际准则，也日益对我国刑事司法活动产生影响，要求职务犯罪侦查更为严格、更加规范。当然也要看到，有关国际公约如 2003 年 12 月我国正式签署的《联合国反腐败公约》，对在职务犯罪侦查中加强国际司法协助与合作、更加严厉地惩治腐败犯罪创造了有利条件。（4）要适应世贸规则的新要求。虽然我国尚处于入世过渡期，但入世带来的挑战与机遇不仅对我国经济、社会发展产生深刻影响从而对职务犯罪侦查的大环境产生影响，而且，世贸组织所确立的公正、效率、透明、规范、平等保护等原则已在立法、司法等活动中得到贯彻，这对职务犯罪侦查的公正性、公开性、平等性提出了严峻挑战，一些传统的侦查方法将失去继续运行的法治基础。（5）要适应司法改革的新要求。1996 年我国刑事诉讼制度改革对职务犯罪侦查产生了深刻影响，近来，新一轮的诉讼制度改革又已提上重要议事日程，其强化人权保障、有序监督制约司法权力的系列措施必将给职务犯罪侦查带来更为严峻的挑战。从正在进行的人民监督员制度改革实践看，对检察机关职务犯罪侦查权进行有效监督制约也成为司法改革的重要课题。（6）要适应社会法治观念增强的新要求。现代社会中，公平、正义、程序、人权等现代法治观念深入人心，民众对国家行为更多地从法治视野、权利保障角度进行审视，对文明、公正执法表现出更高期望，对“重义务轻权利”“重打击轻保护”“重实体轻程序”的执法行为不再持容忍态度，忽视保障犯罪嫌疑人合法权利的侦查行为将失去民众的支持。因此，法治环境的变化，既为创新职务犯罪侦查提供了有利条件，也对职务犯罪侦查创新提出了迫切的现实要求。

（四）亟待适应树立现代司法理念的新形势

我国 1996 年修改《刑事诉讼法》，这不仅对刑事司法实践产生了深刻影响，也推动了刑事诉讼理论研究的深入发展，促进了现代司法基本理念的逐步建立。（1）控辩平衡对抗观念进一步增强。这一变化反映在侦查程序中，就是律师在侦查阶段介入和起诉对侦查的控制制约加强。（2）诉讼文明观念进一步增强。随着社会进步，人们在要求社会安全同时越来越注重对个人自由的追求，这种追求表现在侦查中就是：侦查控制的范围不断扩大，侦查措施的法制化程度不断提高。如有些法治国家确立了“比例性原则”，要求司法机关采取的诉讼措施必须与犯罪性质及情节轻重相适应；建立了保释制度，使保释成为当事人的一项权利，而不是追诉机关的职权。目前，我国侦查文明及法治化程度都不高，适应诉讼文明要求，加强侦查控制将是必然趋势。（3）程序正义观念进一步增强。程序正义观念对过程公正提出了明确要求，“正义不仅要得到实现，而且要以人们看得见的方式得到实现”。在刑事诉讼中，由程序正义所衍生并充分体现程序独立价值的莫如非法证据排除规则，这一规则对职务犯罪侦查依法进行、依法取证提出了严格要求。（4）程序法定、无罪推定等诉讼法治原则逐步确立。程序法定原则要求职务犯罪侦查中严格遵守法定程序，如讯问时间限制，犯罪嫌疑人权利告知，依照法定程序取证等，违反法定程序的侦查行为将无效。“无罪推定”原则进一步确立，要求加强诉讼特别是侦查活动中的人权保障。特别是我国政府所签署的《公民权利与政治权利公约》第 14 条关于“不得被强制自证其罪或者供认罪行”的规定，引起了人们对沉默权的更大关注，其所蕴含的基本精神对我国以获取口供为主的侦查模式将产生巨大的冲击。

（五）亟待适应职务犯罪侦查工作要求不断提高的新形势

检察机关职务犯罪侦查工作具有多重性质、多种职能，随着形势的变化，各种性质的职能均趋强化，从不同的角度对职务犯罪侦查提出了更高要求。（1）从强化反腐败职能看，要求加大职务犯罪侦查工作力度。职务犯罪侦查是反腐败斗争的重要环节，是依法反腐败的重要保障。深入开展反腐败斗争，必须加大职务犯罪侦查力度。（2）从强化侦查职能看，职务犯罪侦查要为控诉服务，提高侦查质量和效益。裁判中心主义的逐渐发展以及对控辩平衡对抗的强调，导致审判对侦查、起诉程序的制约越来越明显，侦查为控诉服务的功能越来越强化。因此，衡量职务犯罪侦查成效，不仅要看“立案”多少、侦查了多少案件，而要看通过侦查成功起诉了多少腐败分子、最终受到法律制裁的犯罪有多少；侦查必须收集到足够的证据，用全面的证据证实犯罪，而不能仅仅把侦查的重心放在所谓“破案”上。(3) 从强化监督职能看，职务犯罪侦查要为强化检察机关法律监督职能服务。职务犯罪是由国家工作人员利用职权实施的，是对国家法律统一正确实施的破坏，对这类犯罪进行追究，具有维护法制统一的法律监督性质，这是同公安机关侦查权的本质区别。而且，职务犯罪侦查还是检察机关实现法律监督的必要手段，这在查处执法、司法人员职务犯罪上表现得更为明显。因此，强化检察机关法律监督职能，必须加大职务犯罪侦查的力度。(4) 从强化司法监督看，职务犯罪侦查要接受监督制约，提高执法水平。随着错案追究制、人民监督员制度的实施，以及对办案安全的重视，职务犯罪侦查将在内外监督制约越来越强化的条件下进行。如何进一步完善对侦查工作的监督制约机制，增强职务犯罪案件侦查工作制度的民主化建设，是职务犯罪案件侦查工作面临的重大问题。

二、创新什么？——推动五个创新

(一) 推动观念创新，加强执法思想建设

推动职务犯罪侦查创新，必须首先端正执法思想，树立正确的执法观念。(1) 树立牢固的人权观。检察机关必须以开放的视野、发展的眼光认真看待人权保障问题，从促进社会文明发展、推动国家法治建设、促进人的全面发展的高度真正重视人权保障问题，切实按照人权保障要求开展职务犯罪侦查，将人权保障的各项具体措施落实到侦查的每一环节。最重要的是要在侦查中切实贯彻“无罪推定”原则，切实保障其合法权利，本着实事求是的精神开展侦查，不能先入为主，在侦查中不得漠视犯罪嫌疑人的人权、甚至侵犯人权。(2) 树立先进的诉讼观。刑事诉讼的根本目的是惩罚犯罪、保障人权，二者不可偏废。职务犯罪侦查作为诉讼程序的重要一环，要坚决摒弃“重打击轻保护”“重实体轻程序”观念，坚持打击与保护并重、实体公正与程序公正相结合，遵守法定程序，实现程序正义。要遵循程序法定原则，严格按照程序法的要求开展侦查，规范侦查行为；遵循程序正义原则，保障犯罪嫌疑人、证人及其亲属、辩护律师、发案单位的合法权益；认真对待“不得强迫自证其罪”“强制措施的司法审查”等诉讼法治原则，既坚持依法独立侦查，又接受相关部门的依法制约，做到公正执法；遵循诉讼效率原则，提高侦查效率，使犯罪得以及

时惩处、正义得以及时实现。（3）树立正确的侦查观。要具有正确的侦查目的，既通过侦查获得客观真实，以依法惩罚犯罪、保障人权，维护社会公平正义；又按照审判准备性要求开展侦查，讲求侦查的质量和效果，为公诉服务，为实现整个诉讼活动法律真实与客观真实相统一的目的服务。要遵循正确的侦查原则，坚持任意侦查为主强制侦查为辅、回应型侦查为主诱惑型侦查为辅、秘密侦查、必要性侦查等现代侦查法治原则，实现职务犯罪侦查程序的法治化。（4）树立全面的证据观。在职务犯罪侦查中牢固树立“证据是案件的灵魂、查证是查案的核心”的观念，切实依靠确实充分的证据查明事实、证明犯罪、惩罚罪犯。（5）树立科学的立案观。创新职务犯罪侦查，必须澄清对立案的认识。从法律规定看，立案是启动侦查的程序，并无实体意义，立案的目的是将案件纳入诉讼程序，以依法开展侦查查明案件事实；而依法撤销案件是侦查终结案件的正常的程序，是侦查工作坚持实事求是态度的必然结果。因此，立案是检察机关侦查职务犯罪的前提，是依法履行职务犯罪侦查职责的开始；依法立案体现了检察机关履行职责积极主动的态度，是严格依法履行职责的必然要求，而查清案件事实后依法撤案，体现了有罪追究、无罪保护的基本原则。因此，推动职务犯罪侦查创新，必须把握和遵循诉讼规律，树立科学的立案观，为主动性侦查模式的确立扫清了观念上的障碍。目前，由于职务犯罪侦查体制、检察机关经费保障机制不完善，侦查法治化的物质条件尚不具备，在一个较长的时期内，我们仍然要正确认识立案控制对提高办案质量、树立检察机关公正执法形象的重要作用，坚持严把立案关，并积极探索职务犯罪侦查工作过程控制、动态监督的有效方法，以缓解立案控制对侦查工作造成的压力。

（二）推动机制创新，增强职务犯罪侦查活力

（1）尽快形成上下一体、协调高效、反应灵敏、信息共享的侦查指挥协作运行机制，切实加强上级检察机关对下级检察机关职务犯罪侦查的领导，上级检察机关有权统一领导、管理、调配本地职务犯罪侦查部门的人、财、物，有权统一收集、管理案件线索及涉案信息，有权统一指挥辖区内职务犯罪案件的办理以及提办、交办案件，有权指令下级检察机关完成案件协查、取证、强制措施使用等侦查任务，实现侦查资源整合与优化配置。（2）合理配置侦查团队权、责、利，建立起符合职务犯罪侦查工作规律的激励约束机制，设立专业化的侦查检察官办公室，对侦查人力资源实行专业分工、整体配合，打造专业化、专家型侦查检察官团队；实行按行业分工管辖案件或按罪名承办案件，推行既有分工负责又有协作配合的新型团队侦查模式。（3）建立科学的侦查工作评价机制，按照目标管理与过程控制相结合、总量考评与个案考核相结合、激

励机制与约束机制并重的原则，对侦查办案工作实行有效管理、科学考评，尤其要改变注重以立案多少考评办案工作的状况，将考评重心放到案件最终处理上，以增强对侦查全过程的控制。

（三）推动制度创新，通过完善相关法律制度强化职务犯罪侦查职能

没有合理的制度作为支撑，没有足够法律手段作保障，职务犯罪侦查就难以跳出以获取口供为中心的侦查模式。综观部分国家和地区的反腐败工作，其之所以能够取得成效，无不与立法上赋予职务犯罪侦查部门以必要的特殊侦查手段有关。因此，必须完善相关法律制度，赋予职务犯罪侦查以足够的侦查手段。(1) 赋予职务犯罪侦查主体以特别调查权，强化取证手段。职务犯罪侦查人员在向有关单位和个人进行调查取证时，有关单位应给予协助，不得拒绝；对不按照要求如实提供证据材料、不配合侦查的单位和个人，检察机关有权根据情节，对其予以警告、罚款、司法拘留等处罚；情节严重，构成犯罪的，检察机关可以直接立案侦查，而无论其身份。(2) 赋予职务犯罪侦查主体以强制措施的必要执行权，保证侦查措施成为有力侦查手段。在实行司法审查制度的同时，赋予检察机关以必要的强制措施执行权，发挥检察机关司法警察在职务犯罪侦查中的作用；借鉴国外“无证逮捕”“紧急逮捕”的规定，对于企图自杀、逃跑、毁灭、伪造证据或者有串供可能的犯罪嫌疑人，侦查人员可以先行拘留，在 24 小时内办理拘留手续，或有条件地授予无证逮捕权；赋予职务犯罪侦查工作与公安机关同等的甚至更大的拘留决定权和执行权。根据当前贪污贿赂犯罪窝案、串案多，大案、要案突出，多次作案、共同作案猖獗的新情况，建议适当延长职务犯罪侦查中提请审查批准逮捕的时间。(3) 改革侦查启动模式，在严格控制侦查措施情况下，采用任意侦查随时启动模式，并取消立案程序，代之以犯罪登记制度。(4) 规范公、检、法三机关的制约关系，防止不正当的内耗性制约的产生。对负有法定配合义务却不予履行的行为人和机关应规定一定的责任追究措施。应确立刑事先理原则，监察部门、行政执法部门在执法执纪中对于有犯罪嫌疑的案件，应终止行政程序，及时移送检察机关依法立案侦查；确立职务犯罪案件的优先受理原则，数罪中有一罪属贪污贿赂等职务犯罪的、数名共同犯罪嫌疑人中有一人涉嫌职务犯罪的，检察机关可以对全案进行管辖。(5) 完善卧底侦查、技术侦查等侦查措施，赋予省级以上检察机关对技术侦查手段的采用决定权。这也是《联合国反腐败公约》的要求。(6) 保障侦查检察官的特殊职权。鉴于职务犯罪侦查对象的特殊性，为调动社会力量形成反腐败的合力，应赋予检察机关在查办职务犯罪时必要的征用社会资源、调动其他侦查力量的权力，如在抓捕犯罪嫌疑人时可以指挥警察，在调查取证时可以

调动有关部门金融证券、电脑、财务等方面专业人才参与职务犯罪侦查。(7) 修改刑法，根据形势变化和实践要求，及时对有关职务犯罪的构成进行必要的修订，将有关严重腐败问题纳入职务犯罪体系，严密法网。(8) 按照国际公约的规定，完善国内法律，加强职务犯罪侦查的国际司法协助与合作。

（四）推动手段创新，加强技侦手段建设，增强职务犯罪侦查取证工作的技术含量

创新侦查思路，转换侦查模式，必须改变目前基本靠“外调”的侦查方法，加强职务犯罪侦查信息化、科技化、现代化建设。在信息化方面，要积极创造条件，逐步形成以信息网络为平台的侦查指挥协作系统，加强视频通讯设备建设，提高指挥水平和快速反应能力；逐步建立集中管理、统一调度、分级使用、局域共享的职务犯罪案件线索信息管理系统，建立起公务人员基本信息资料库、案件线索管理库、涉案情报信息库等。在科技化方面，省级检察院应设立专门的技侦机构，各级检察技术部门应加强技侦建设，完善技侦手段，逐步加强检察机关自己的技侦装备，组织自己的专业技术侦查人员。在现代化方面，要配备微型摄像机、窃听器、勘察箱、勘察车等侦查实战装备，改进和推广同步录音录像技术、多媒体示证技术，充分运用现代科技成果提升侦查装备水平和实战能力。

（五）推动保障创新，建设高素质的侦查队伍

队伍整体素质不高，是职务犯罪侦查局限于老套路的重要原因。创新职务犯罪侦查工作，必须加强侦查队伍的专业化建设，全面提高队伍法律水平、实战水平、综合知识水平以及运用现代科技侦查装备的水平，大力培养侦查专业人才，为侦查模式的转换打下坚实的基础。要大力开展侦查队伍培训活动，对侦查人员持续开展应知应会基本法律知识和基本侦查技能的培训，增强队伍基本素质；加快组织专业侦查技能的分类培训，培养线索、情报收集、证据调查、审讯、搜查、组织指挥侦查等方面的专门人才；加强对侦查人员财会、金融、电脑知识及科技手段运用能力培训，抓紧培养一批复合型侦查人才。改进培训方式，增强培训内容实战性。加强侦查对策研究，成立专门的侦查对策研究机构和人员。优化队伍结构，既加强现有侦查人员分类整合，又吸收一批侦查、法律、经济、科技等多方面的专业人才，培养、引进一批复合型侦查人才。完善执法保障机制，加强侦查人员经济保障、人身保障和身份保障。加强侦查人才库建设与管理，解决人员调配、管理和福利待遇等现实问题，发挥人才库的作用。

三、怎样创新？——实现五个转变

当前，结合检察机关职务犯罪侦查实践看，推进职务犯罪侦查工作的创新，应着重从以下几个方面实现积极的转变：

（一）侦查模式上，由“关门办案、被动侦查”向“广辟案源、主动出击”转变

改变“守株待兔”式地被动接受线索、坐等案件上门的模式，广泛开拓案源渠道，增强检察机关主动发现犯罪的能力。在实行举报奖励、保密、举报人权利保障制度，发动、依靠广大群众揭露犯罪，进一步巩固现行受理线索途径同时，要大力加强案件线索的发现、收集和管理机制的建设。(1) 积极探索主动获取线索的新途径新手段，如在犯罪多发行业培养信息联络员为检察机关提供有价值的线索材料，建立奖励机制鼓励办案人员主动发现、搜集案件线索，总结深挖窝案串案的经验等。(2) 建立上下一体、部门协作、动态研究的检察机关案件线索及涉案信息收集、管理机制，通过建立统一、协调、高效、共享的案件线索及情报信息库，加快信息传递，提高线索利用率。(3) 自上而下地与有关部门统一建立外部协作机制，进一步畅通信息渠道。

（二）侦查决策上，由“公开立案、无风险决策”向“秘密侦查、风险决策”转变

在传统的职务犯罪侦查工作中，侦查决策基本是无风险决策，大多数案件是经过初查，犯罪嫌疑人已作交代、基本证据已经到位的情况下决定立案侦查的；而且，一旦立案即通知犯罪嫌疑人及其家属、发案单位，立案具有很大的“宣示”意义。并且立案时证据已基本到位、犯罪事实已基本查清，立案在很大程度上等于“定案”。其后果是，许多案件由于没有进入侦查程序，无法采用相应的侦查手段，犯罪未能查实，案件人为地“流失”，而且公开侦查容易触发和增强侦查对抗度，造成被动局面。因此，创新职务犯罪侦查，必须改变这种“公开立案”“无风险决策”的侦查启动模式，向“风险决策”“秘密侦查”模式转变。实现这种新的侦查决策模式，(1) 必须分类启动侦查。侦查有任意侦查与强制侦查之分，不采用强制手段，不对相对人的生活权益强制性地造成损害，而由相对人自愿配合的任意侦查随时启动，而强制侦查只有在符合法律规定的实体要件和程序要件时才能进行。我国法律规定立案程序和立案条件，实际上要求任何案件都必须按照强制侦查来启动，这对于减少诉讼成本、降低侦查风险、提高侦查效益来说不尽科学。因此，要积极探索对“认为有犯罪事实、需要追究刑事责任”的案件及时决定立案、启动任意侦查，与在取得

比较充分证据、符合一定实体和程序条件时转入强制侦查相结合的新型侦查启动立法模式，创新现代侦查方法。要切实通过侦查查明是否构成犯罪，而不宜拔高立案条件，依靠效率低下的初查来查明是否构成犯罪、搞“不破不立”。（2）要积极探索以事立案。以事立案因为缺少对人的指向性，其侦查决策基本上没有风险。因此，在职务犯罪侦查中，特别是在首先表现为一定危害后果的渎职犯罪案件的侦查中，要大胆“以事立案”启动侦查，查明犯罪事实和嫌疑人，突破案件。（3）要贯彻秘密侦查原则。按照侦查的秘密原则，侦查不仅对社会成员保密，而且对嫌疑人保密，如《意大利刑事诉讼法》第329条明确规定了侦查的秘密原则，根据这一原则，嫌疑人不得查阅检察官的犯罪登记簿（相当于我国立案决定书），其也没有权利被告知侦查的开始和进展情况，只有当侦查结束时，他才能知悉侦查情况。除法律规定的情形外，即使检察官或警察已对外公布正在进行侦查的案件，嫌疑人及其律师也无权于侦查时到场，其也没有权利要求被告知侦查行为；而出于对嫌疑人和辩护律师的防备性考虑，英美法系国家对于侦查的秘密性比大陆法系控制得更为严格。秘密侦查也有利于保护嫌疑人、被害人及案件相关人员的名誉，有利于排除外界干扰。因此，随着我国刑事诉讼控辩对抗性的增强和职务犯罪反侦查的加剧，以及考虑到侦查的强烈社会影响，职务犯罪侦查应尽可能采用秘密侦查方式：在采取强制措施之前，职务犯罪侦查应秘密进行，主要运用现在“初查”的策略、方法和技巧，既减少公开立案的对人指向性所带来的负面影响，又可以及时开展侦查活动，依法采取必要的侦查措施包括技侦手段突破案件，保障侦查活动的有效性。而一旦讯问犯罪嫌疑人或采取强制措施，由于律师的介入以及保障犯罪嫌疑人基本权利要求，秘密侦查应转为公开侦查。所以，在职务犯罪侦查中，是否讯问犯罪嫌疑人以及采取强制措施，应根据任意侦查情况作出风险决策。

（三）侦查重心上，由“由供到证”向“由证到供、供证互动”转变

将侦查重心从“依靠口供破案”转换到“依靠证据证实犯罪”上来，把侦查重心放在全面收集有罪或无罪的证据上来，将以审讯获取口供为核心的侦查模式转变为全面收集固定证据，依靠证据证实犯罪突破口供的新格局。严格遵循“先抓主证据——控制犯罪嫌疑人——首次讯问——甄证和再讯问——补充证据”的调查取证方法和思路，通过不断获取证据以最大限度地降低犯罪嫌疑人对抗侦查的几率，提高案件侦破率和质量。要强化取证手段，丰富证据形式，注意收集、固定、运用书证、物证、视听资料等证据。当然，“由证到供”并不是否认口供的重要作用，职务犯罪固有的隐蔽性，决定了讯问工作在职务犯罪侦查中发挥着极其重要的作用，讯问往往是突破案件、扩大战果的关键。

在侦查中既要以证促供、以证定供，通过掌握具有充分证明力的犯罪证据，有效提高讯问的成功率；又要以供促侦、以供固证，用口供证实已掌握的犯罪事实、明确侦查方向、深挖余罪，关键是做到证供结合、供证互动、两相促进。

（四）侦查思路上，由“强攻硬取”向“智慧办案”转变

职务犯罪侦查要以斗“智”为主而不仅以斗“勇”为优势。要提高讯问策略和侦查技巧，巧妙、灵活地运用侦查谋略，施计用策，以智取胜，为侦查增添活力，以取得事半功倍的效果；同时，要遵循依法运用的原则，不能滥用。要积极运用科技手段突破案件，依靠科技手段支持，增强收集、固定、鉴别证据的及时性、可靠性、准确性。要讲究侦查文明，慎重使用强制措施，改进办案的方式、方法，积极探索“人情化”的侦查新方式，体现法治人本精神和检察执法人文关怀。要严肃执法纪律，维护发案单位的合法权益，树立公正执法的良好形象，赢得社会各界对职务犯罪侦查的支持与配合，保障侦查工作顺利进行。

（五）侦查组织上，由“单兵作战、孤立办案”向“整体作战、滚动办案”转变

改变上下级检察机关及与其他机关间协调配合不够而形成的“单兵作战、孤立办案”的被动局面，尽快形成“整体作战、滚动办案”的良性循环。加强各级检察机关在职务犯罪侦查中的协调配合，重点是加强上级检察机关对下级检察机关职务犯罪侦查的领导，形成一个地区职务犯罪侦查“一体化”运行的整体规模。应主要从四个方面加强上级院的主体作用：（1）引领侦查，通过直接侦查案件，对下级院发挥表率作用，并对具体个案决定实行督办、交办、提办；（2）组织侦查，对本地区的重点行业、部门案件，通过分交线索、开展专项活动等形式，统一组织本辖区职务犯罪侦查工作；（3）指挥侦查，对重大复杂或干扰阻力大的具体案件，统一组织本辖区侦查人员、调配资源，直接立案侦查；（4）协调侦查，对本辖区不同院之间职务犯罪侦查中的关系进行协调，组织落实案件协查，加强与本辖区行业主管部门的联系协调，为下级检察机关职务犯罪侦查统一营造良好的外部执法环境。要完善检察机关内部侦查组织形式，按照整分结合的要求，积极探索既能独立负责又加强协调配合、既能独立攻坚又能开展“大兵团”作战的办案组织模式和侦查运行机制，特别是在讯问时间受严格限制，串供、潜逃、隐匿赃款、毁灭证据多发的情况下，更应采用审讯、搜查、取证、协查、技术支持等多种侦查措施同时实施、协调互动的整体作战形式来突破案件。研究职务犯罪发案的行业性特点，增强挖掘余罪侦查意识，注重在办案中发现其他犯罪事实，深入挖掘职务犯罪窝案串案，形成“系统抓、抓系统、行业突破、滚动办案”的良好效果。

67. 关于加大职务犯罪侦查工作力度的建议*

今年以来，我省检察机关在高检院和省委的领导下，大力加强查办职务犯罪工作，1～4 月共立案侦查贪污贿赂、渎职侵权等职务犯罪 580 件 637 人，办案工作平稳发展，呈现出以下特点：（1）查办大要案工作继续保持强劲势头。查办贪污贿赂 5 万元以上、挪用公款 10 万元以上大案 287 件，占立案总数的 49.5％；查办县处级以上干部犯罪要案 73 件（厅局级干部 6 件），占立案总数的 12.6％。依法查办了武汉市原市委常委、政法委书记、公安局局长杨世洪受贿案、华中电业管理局原局长、国家电力公司华中分公司总经理林孔兴受贿案、长江水利委员会原副主任沈泰涉嫌受贿案等一批有影响的案件。（2）查办“三机关”等重点部位贪污贿赂案件上升。共查处 96 人，同比上升 18.5％。（3）查办贿赂案件上升。立查贿赂案 236 件 248 人，同比上升 10.3％。（4）查办了一批国家机关工作人员利用职权侵犯人权犯罪案件，取得较好法律效果和社会效果。依法查办了黄石市西塞山区公安分局治安大队负责人缪定海等人滥用职权、徇私枉法、导致 1 名无辜青年死亡案，中央电视台《焦点访谈》节目曝光的孝感市大悟县法院副院长吴纯田、宣化店法庭庭长彭建斌滥用职权、制造假案、非法关押无辜经营者案，宣恩县农机监理站监理员龙守勋滥用职权导致 17 人伤亡案等典型案件，社会反响较好，受到省委肯定。（5）办案质量进一步提高。已侦结 230 件 250 人，其中，撤案 5 人，撤案率为 2％，同比下降 1.4％；决定起诉 258 人，起诉率为 83.5％，同比上升 1.1％；不诉 51 人，不诉率为 16.5％，同比下降 1.1％。

---

* 本文刊载于最高人民检察院《领导参阅件》2004 年第 18 期。

一、主要做法

第一，加强领导，营造良好执法环境。坚持依靠党委领导、人大监督和政府、社会各界的支持做好查办和预防职务犯罪工作。(1) 主动汇报有关查处职务犯罪工作的重要部署、重大举措和重要情况，争取领导和支持。中央政治局委员、省委书记俞正声要求各级党委都要支持检察机关依法独立行使检察权，发现有搞地方保护主义或部门保护主义的，要严肃追究纪律责任。省委副书记、省长罗清泉、省委副书记黄远志、省委常委、政法委书记郑少三等领导先后视察省检察院，都强调对职务犯罪要依法侦查、依法处理，绝不手软，要采取更加有力的措施，查办一批有影响有震动的大案要案。5月，高检院召开严肃查办国家机关工作人员侵犯人权犯罪案件专项活动电视电话会议后，我们及时向省委、省人大汇报会议精神及我们的贯彻意见，省委副书记、省长罗清泉、省委副书记黄远志、省委常委、政法委书记郑少三先后作出了批示，支持检察机关开展专项行动。(2) 积极争取人大、政协的监督支持。省委副书记、省人大常委会主任杨永良同志要求各级党委、人大要创造外部条件，支持检察机关依法独立行使检察权。全省“两会”期间，省院组织处级以上干部旁听分组讨论，虚心听取人大代表、政协委员对检察工作特别是查办职务犯罪工作的建议和意见，对反映的问题和案件，逐一进行督办。5月，省人大常委会主任会议和内务司法委员会专题听取了省检察院关于查办省审计厅移送职务犯罪案件线索查处情况的汇报，充分肯定检察工作，并大力支持检察机关依法查办职务犯罪。(3) 主动争取省委对重大案件的具体指示，推动办案工作。在查处黄石市公安局法制办主任徐海深充当卫浩黑社会性质组织“保护伞”案，西塞山区公安分局治安大队负责人缪定海等人滥用职权案，丹江口市公安局两名派出所所长在查处卖淫嫖娼案件中以罚代刑、滥用职权案，大悟县法院副院长吴纯田、宣化店法庭庭长彭建斌滥用职权案等典型案件时，我们及时向省委汇报案件查办情况，引起了省委领导的高度重视，俞正声、黄远志、郑少三等领导同志均作出重要批示，支持检察机关依法查办。同时，各地检察机关把积极争取领导，优化执法环境作为一件大事来抓，许多地方党委、人大、政府、政协领导对检察机关查办和预防职务犯罪工作提出具体要求，提供有力支持。

第二，深化认识，狠抓统一执法思想。坚持把统一执法思想作为推动查办职务犯罪工作深入开展的“牛鼻子”，年初召开的全省检察长会议和4月召开的全省检察长座谈会，都对统一执法思想和查办职务犯罪工作作出部署。要求全省检察机关进一步深化对查办职务犯罪、推进反腐败斗争重要性、紧迫性和艰巨性的认识，把思想统一到中央和省委关于加强反腐败斗争的总体部署上来，坚持把查办职务犯罪工作放在突出位置，以坚定不移的态度，坚决有力的措施和坚持不懈的工作，排除干扰阻力，加大查办职务犯罪力度，做到有案必查、有案必办。进一步深化对查办职务犯罪工作要求的认识，结合深化“强化法律监督、维护公平正义”教育活动和“立检为公、执法为民”大讨论活动，切实转变和纠正“重惩治犯罪轻人权保障”“重部门利益轻大局利益”“重执法权行使的过程轻执法权行使的目的”“重就案办案轻司法服务”“重实体轻程序”“重追赃轻处理”“重监督别人轻接受监督制约”“重司法秘密轻检务公开”等一些错误的观念和做法，着力加强业务规范化建设，不断提高工作水平，在政策指导上，做到“五个坚持”：坚持既依法查办在经济发展过程中挖国家、毁企业、坑职工的“蛀虫”，又依法保护合法的企业家和改革者；坚持既依法及时办理侵犯企业下岗职工、低保失业人员等弱势群体利益的犯罪案件，又注意维护社会稳定，促进企业发展，防止可能引发的群体性、突发性事件；坚持既有案必查、有案必办，又对确实受到错告、诬告的生产经营管理者依法给予保护，查明事实后及时澄清是非；坚持既依法追缴赃款赃物，又及时依法返还合法财产；坚持既严格执行法律政策，依法惩治破坏企业生产经营的犯罪案件，又立足检察职责，开展执法监督和犯罪预防，拓展服务渠道。在适用法律上，做到“五个区分”：严格区分和正确处理经济纠纷与经济犯罪的界限，改革探索中出现失误与违法犯罪的界限，执行政策中出现偏差与钻改革空子实施犯罪的界限，合法的劳动、非劳动收入与贪污受贿、私分国有资产的界限，经济活动中的不正之风与经济犯罪的界限，依法惩治犯罪者，保护无辜者，支持改革者，挽救失足者，教育失误者。在办案方法上，做到“五个慎重”：慎重使用强制措施，特别是对企业管理者或关键岗位工作人员采取强制措施时要及时通报情况，做好衔接工作，确保生产经营活动不受影响；慎重查封、冻结企业账目和银行账户；慎重扣押企业涉案财物；慎重着检（警）服、开警车到企业办案；慎重宣传企业职务犯罪案件，尽量避免给企业形象和产品声誉造成负面影响。在执法纪律上，做到“五个严禁”：严禁越权办案，插手经济纠纷；严禁到发案单位吃拿卡要；严禁接受赞助与拉赞助；严禁借口办案和预防干预发案单位的正常工作、生产经营活动；严禁干预市场主体合法自主的经济行为。

第三，创新机制，强化指挥中心作用。今年以来，省院和部分市院积极总结运用去年侦查指挥的有效经验做法，进一步加强职务犯罪侦查指挥中心建设，加快完善查办重大复杂案件统一指挥、上下联动、左右协调、整体突破的侦查一体化机制和以市州分院为主体查办重大疑难案件的侦查运行机制，合理配置侦查资源，提高上下级检察院在查办职务犯罪中的整体突破能力、快速反应能力和抗干扰能力。(1) 强化指挥中心的组织指挥侦查作用。上级院侦查指挥中心对下级院办理的有阻力、干扰大的线索和跨多个地区的线索，由侦查指挥中心统一管理，统一调配使用侦查人才和技术装备，统一组织指挥案件查办，统一营造执法环境，形成整体作战格局。在年初的检察长会议上明确要求各级院侦查指挥中心必须组织指挥办理 3～4 起重大案件，增强侦查指挥中心的实战功能。如在办理武汉市委原常委、政法委书记杨世洪涉嫌受贿案时，省院侦查指挥中心直接组织查办，并对其中牵扯出的系列行贿案、受贿案进行指定管辖、分级办理、统一指挥，保证了案件的顺利查办。(2) 开展系统抓、抓系统，实行行业突破。针对当前职务犯罪内外勾结、上下串通、数罪交织、窝案串案比重较大的行业性特点，加大上级检察院交办、参办、督办、提办案件力度，强化上下级检察院一体化运行，集中优势兵力进行行业突破。如将司法人员犯罪作为渎职侵权犯罪侦查工作的重点，在司法系统开展行业性犯罪突破，共查办司法人员渎职侵权犯罪案件 21 人，同比上升 40%。继续将安全生产领域执法监管人员失职渎职犯罪作为重点，取得新的战果，查处了巴东县工业行办原副主任邢文清玩忽职守导致绿葱坡镇窑坡煤矿发生特大矿难死亡 15 人案、郧西县夹河镇综治办主任黎延奇玩忽职守导致沉船 3 人死亡案等重大案件。(3) 发挥市州分院在查办案件中的主体作用。坚持对重大案件线索由市州分院统一管理，对重大复杂案件由市州分院提上一级办理，不断加强市州分院在查办职务犯罪案件中的主体作用。目前，14 个市州分院已查办案件 80 件，占全省立案总数的 13.8%，在全省职务犯罪侦查工作中的龙头作用进一步凸显。

第四，智慧办案，有效提升侦查水平。针对当前职务犯罪作案隐蔽、手段狡诈、反侦查能力强的特点，在全省检察机关积极总结推广和组织开展“智慧办案”，把握侦查规律，改进侦查方法，运用侦查谋略和科技手段，增强发现犯罪、突破案件能力。(1) 灵活运用侦查谋略和技巧查办案件。高度重视在全面分析线索来源、证据材料及犯罪嫌疑人、证人的家庭背景、社会关系、性情爱好和心理弱点的前提下，制定侦查方案，确定侦查方向、侦查重点和侦查技巧，实现以谋制胜。(2) 开展集中培训，提高队伍“智慧办案”能力。去年底和今年初，省院分别举办了全省渎职侵权犯罪侦查骨干培训班和全省反贪局长培训班，邀请专家学者、办案能手以及有关行业部门主管人员讲解相关法学理论、行业知识和侦查实战技能，交流侦查经验。通过集中培训，增强侦查骨干运用“智慧办案”的自觉性，促进侦查思路的转变，提高“智慧办案”的水平，带动全省职务犯罪侦查技战术水平的提高。（3）加强信息交流，总结推广“智慧办案”经验。积极总结推广去年来全省各级院“智慧办案”的经验，共总结推广各类典型侦查案例40多件，对职务犯罪侦查中线索收集、管理、初查、审讯、搜查、证据收集与固定、追逃等多方面的侦查谋略与技巧进行系统总结推广。

第五，规范管理，着力提高办案质量。（1）加强规范化建设，增强办案激励约束机制。今年起在全省检察机关启动规范化建设活动，结合查办职务犯罪工作实际，建立起各种办案工作管理制度。重点对办案力度、办案质量和办案安全等主要工作目标进行量化，明确落实措施，细化岗位责任，将目标责任的完成情况与评先创优、津贴补助、提拔重用等直接挂钩，激发干警的工作积极性和主动性，促进依法办案、积极办案。（2）坚持以质量为核心的侦查工作考核评价体系。根据高检院关于查办职务犯罪案件工作考评办法，结合我省实际，制定了市州分院和基层院办案工作考核评比办法。继续严格落实省院《职务犯罪侦查部门办案质量考评实施细则》和办案质量预警机制，督促全省各级院按照规定规范侦查活动，建立以质量为核心的侦查工作考核评价标准。规定自侦案件起诉率达不到85%的院在创优评先时“一票否决”，引导侦查工作向办案规模与办案质量并重的方向发展。（3）健全办案管理制度，规范侦查行为。在推行检务公开、备案审查制度同时，加强了对侦查工作全过程的跟踪管理，对侦查工作的每一个环节都进行规范管理，建立起受案登记制、案件交办制、强制措施使用审批制、办案进程督办制、结案集体讨论制、赃款赃物管理审核制、案后回访考察制等办案制度，规范执法行为，保证办案质量。（4）加强对自侦工作的监督制约。坚持“一要坚决，二要慎重，务必搞准”的原则，加强案件管理，完善监督制约，在主动接受人大代表、政协委员和人民群众监督，加强与公安、法院相互依法制约的同时，大力加强公诉、侦查监督、纪检监察等部门对自侦部门的内部监督制约，加强上级院对下级院撤案、不起诉案件的监督，认真开展人民监督员制度试点，切实加强对查办职务犯罪案件的监督工作。

二、问题与困难

当前，职务犯罪侦查工作存在的问题和困难主要如下。

第一，面临的形势严峻。

（1）犯罪手段越来越狡猾、越来越隐蔽。1～4月我省检察机关共初查各类职务犯罪案件1 237件，立案580件，初查成案率仅为46.7%，同比下降2%。（2）窝案串案、大案要案增多，案件突破更加困难。如去年查办职务犯罪大要案 978 件，比上年上升 10.8%，占立案总数的 58%；查办职务犯罪窝案串案 788 人，占立案总人数的 43%。（3）犯罪线索急剧下降，特别是基层检察院受理案件急剧下降。如随着国有企业改革改制的深入，我省近年来查办的国有企业工作人员职务犯罪案件逐年下降，去年比 2000 年下降 25%；随着金融系统职务犯罪预防工作的加强，查办的金融系统职务犯罪案件也逐年下降，去年比 2000 年下降 53%。（4）法治建设对职务犯罪侦查工作要求越来越高，但是侦查水平还没有跟上。如“12 小时”限制、人民监督员监督、错案责任追究、律师介入、犯罪嫌疑人人权保障等，安全办案也摆到了重要位置。如此严的要求，使得有的地方不知如何办案，不敢办案，有的地方等纪委移送线索，等等。

第二，体制与机制制约。

检察机关职务犯罪侦查制度还不能完全适应新时期反腐败工作需要，检察机关对职务犯罪侦查的优势还没有充分发挥出来。（1）排除阻力的体制不全。在检察权“地方化”“非职业化”和“行政化运行”的体制下，统一的检察权被地方有限的财力保障而分割，人财物等检察资源按照行政区划块状分割，容易受到地方保护主义的干扰，反映到职务犯罪侦查体制之中，主要是专业化和一体化不够，侦查指挥机制、侦查协作机制难以发挥抗干扰作用，当侦查活动涉及当地权势时，检察机关往往难以依法独立行使检察权。一方面，侦查人员在晋职晋级、工资奖金、福利待遇、社会活动等方面与地方有千丝万缕的关系，因“后顾之忧”而在侦查工作中缩手缩脚，侦查工作“瞻前顾后”，很难以硬碰硬；另一方面，办案经费由地方财政拨付，而地方财政部门限于财力，普遍实行赃款上缴返还制度，使办案经费、福利待遇与追缴赃款挂钩，使办案受利益驱动，难免引发一些违法违纪办案问题。另外，检察机关受同级党委的领导，也使得职务犯罪侦查工作的力度在一定程度上取决于该级党委特别是主要领导的法治观念和对检察工作的领导方法与支持程度。（2）整体运行的机制不活。由于检察资源块状分割，不能在区与区、省与省之间合理地流动配置，导致职务犯罪侦查纵向指挥不力，横向联系不紧，协作力度不大，重大疑难案件统一指挥、立体侦查的运行机制难以发挥作用；以案件线索、发展态势、破案经验、侦查对策为基础的信息传导机制不灵敏，导致侦查资源配置无序、侦查效率不高、侦查风险增大、侦查成本偏高等问题较为突出。（3）侦查办案模式效率不高。检察机关职务犯罪侦查的内部运行模式，主要是仿照行政层级化的管理模式，层层报批，导致侦查人员主动性不强，积极性不高；审批办案的运行方式，导致权责利不清，激励约束机制不灵，责任难以追究到位。

第三，人员素质不高。

职务犯罪侦查队伍整体素质仍不能适应新形势新任务的需求，专家型、复合型、精英型的职务犯罪侦查人才紧缺。办案中，仍然有的干警执法观念陈旧，证据意识、程序意识、人权意识不强，习惯于用掏口供的老办法办案；有的知识面窄，综合技能不够，法律知识不专；有的不注重思考，不注重分析，拿着线索就查，结果成案率很低；有的不注重研究犯罪规律、发案特点，不善于具体案件具体分析，查案不讲究技巧，造成有些线索，大的查小、小的查否；有的干警反映没有犯罪嫌疑人快，给犯罪嫌疑人留下了翻供、串供的机会，而制服翻供、串供的水平和能力又不高。

第四，执法条件不足。

执法条件同繁重的职务犯罪侦查工作任务形成反差。职务犯罪侦查部门办案经费拮据，装备落后状况普遍存在。有的因经费无着落不得不压案不查；有的为了解决生存困难，违规插手经济纠纷；有的甚至搞利益驱动，办“人情案”“关系案”“金钱案”。职务犯罪侦查人员的职务薪金、岗位津贴、人身保险、离退休风险责任金等方面的保障机制不健全，导致侦查官权责利不协调，严重制约工作效率的提高。侦查装备落后、手段单一、效率不高、经费不足的状况，难以适应职务犯罪的智能化、科技化、隐蔽化、国际化趋势。

第五，法律手段不够。

我国法律赋予检察机关的侦查手段极其有限，实践中，侦查贪污贿赂等职务犯罪案件不得不主要依靠审讯的方式进行，形成了以获取口供为中心的侦查模式。在犯罪智能化程度提高、反侦查能力增强、法律程序性约束加强的情况下，对付犯罪的法律手段没有相应提高，使得对职务犯罪的侦查工作更加困难。惩治职务犯罪的法律规定相对滞后，不利于反腐败工作的深入开展，如刑法对职务犯罪构成要件的要求过高，造成实践中认定犯罪困难，影响了人民群众支持反腐败的积极性；刑事诉讼法关于启动职务犯罪侦查的条件过高，导致实践中对立案控制过严（把立案作为定案），工作重心前移至初查，而初查又不能有效运用侦查措施和侦查手段，使办案工作畏首畏尾；对测谎器、窃听、卧底等侦查手段问题缺乏具体规定；法律对有些强制措施的规定存在缺陷，执行效果不理想；关于证人作证的权利和义务缺乏具体明确的规定，没有相应的保障措施，侦查工作中证人拒绝作证的现象较普遍，而侦查机关则无能为力，极大地制约了侦查取证工作；对妨碍职务犯罪侦查活动的刑事犯罪无权管辖；无权决定使用技术侦查手段；司法警察在职务犯罪侦查中的作用不够。这已不适应司法实践需要和从严惩治腐败的要求。

三、对策建议

查办贪污贿赂、渎职侵权等职务犯罪是检察机关法律监督职责的重要内容，是强化检察机关法律监督的重要措施，必须放在检察工作的突出位置，切实加强领导，强化措施。要在认真总结发扬以往成功经验的基础上，切实解决当前制约办案工作的现实问题，加强建设，加快改革，实现创新发展。当前，还需要突出加强以下几项工作措施。

（一）开拓案源渠道

（1）建立完善涉案线索移送、提前介入、个案协查三项制度。与审计、纪检监察、组织人事、经济监管、行政执法等部门加强联系，扩大发现线索和加强协作的范围。（2）建立完善金融、证券、保险部门涉案查询、扣押、划拨制度、金融信息情况与检察机关个案查处情况交换通报制度。（3）建立以行政执法情况通报制度、处罚文书备案查询制度、处罚文件定期交叉检查制度、公民投诉制度为主要内容的衔接机制，畅通信息渠道。（4）利用政府“上网工程”，同公安、安全、边防、边贸、外事、规划、建设、金融、证券、海关、工商、质检、商检等部门建立信息数据库情报交换制度，增加对渎职侵权犯罪的预见性和侦查工作的主动性。（5）加强与公安技侦部门的联系，密切配合，简化程序，提高效率，增强动态侦查、布控、守位、设线、制服渎职侵权犯罪的能力。（6）完善检察机关内部涉案情报线索收集管理制度、线索移送制度、举报线索分流管理和初查、侦查时效约束制度，增强主动出击意识，提高发现犯罪的能力。（7）针对国内犯罪国际化、国际犯罪国内化的新趋势，加大国际司法合作力度。

（二）创新侦查机制

（1）加快建立职务犯罪侦查一体化体制。有三个方案可供选择。方案①，改革检察领导体制，省以下检察机关恢复垂直领导，人财物统一由上级院保障和管理，在“检察一体化”中实现职务犯罪侦查一体化。方案②，实行省以下职务犯罪侦查部门垂直领导，在省级院和市州分院成立反贪污贿赂局和执法犯罪调查局，市州分院反贪污贿赂局、执法犯罪调查局统一领导和管理本地职务犯罪侦查部门的人、财、物，统一管理案件线索，统一调配人员，统一指挥辖区内职务犯罪案件的办理。方案③，以省级院和市州分院侦查指挥中心为平台，对重大职务犯罪案件采用上收一级办理的方式，或指定异地检察院管辖、办理。（2）建立侦查检察官办公室团队侦查办案模式。遵循职务犯罪发案特点和侦查工作规律，建立侦查检察官办公室侦查团队机制，加强职务犯罪侦查专业化建设，提高侦查团队的专业化工作水平。通过设立多个侦查检察官办公室，对办案工作实行按行业分工管辖案件或按罪名承办案件；完善侦查团队权、责、利、控运行机制，打造专业化侦查检察官团队；针对不同案件，实行既有分工负责、又有协作配合的新型侦查模式，提升整体侦查水平。这样对侦查人力资源实行专业分工、整体配合，有利于建设专业化、专家型侦查检察官队伍，提高侦查水平和效率。(3) 建立健全侦查指挥、协作机制。尽快形成上下一体、协调高效、反应灵敏、信息共享的侦查指挥协作运行机制。要加强基础建设，明确职责权限，规范运作方式，配备指挥装备，保障运行经费。要加强涉案信息的采集、整理工作，与外汇、金融、证券、财政、审计、工商、税务、改革发展、国土、边防、海关、户籍管理、组织人事等重要的国家经济宏观调控和行政执法部门建立信息调阅、情况通报制度，畅通信息传导。要充分发挥组织、指挥、协调、指导等职能作用，强化实战功能。对有重大影响的大案要案，统一调度办案力量；对可能遇到干扰的大要案，依法指定管辖；统一管理辖区所有案件线索，综合信息情况进行分流交办；对突破遇到困难的案件，组织专家集体会诊，动用人才库参与办案。要加强侦查指导，建立信息网络传导机制。按照类案分配侦查力量和管理案件线索、信息，实现类案的系统突破、行业突破。加强侦查协作，侦查指挥中心负责协调处理下级院在大案要案侦查中争议事项，协调处理紧急线索，处置办案中的重大情况和紧急事项，协调处理对职务犯罪案件潜逃、脱逃人员的通缉、边控手续及备案管理，协调处理跨省、跨地区侦查协作、协查有关事宜；协助办理涉外和涉港澳地区案件个案协查的有关工作。(4) 建立科学的侦查工作评价机制。按照目标管理与过程控制相结合、总量考评与个案考核相结合、激励机制与约束机制并重的原则，对侦查办案工作实行有效管理、科学考评，促进办案力度的加大、质量的提高和效果的增强。尤其要改变注重以立案多少考评办案工作的状况，将考评重心放到案件最终处理上，以增强对侦查全过程的控制。(5) 建立有效的执法责任与监督制约机制。在检察机关内部建立职务犯罪侦查部门与侦查监督、公诉部门相互配合、相互制约的工作机制，加强引导侦查取证，明确各环节责任。(6) 完善外部监督机制。进一步加强与完善主动接受人大代表、政协委员和人民群众监督的制度与机制，严格执行人民监督员制度，依靠群众的监督支持营造良好执法氛围，推动办案工作。(7) 建立科学职务犯罪侦查工作经费保障机制。对办案经费实行省级统筹、检察机关自上而下拨付的管理方式，既解决指挥侦查中的资源调配困难，又保障检察机关依法独立办案。

（三）提高队伍素质

(1) 大力开展侦查队伍培训活动。要对所有职务犯罪侦查人员普遍开展一次应知应会基本法律知识和基本侦查技能的培训，增强队伍基本素质；加快组织专业侦查技能的分类培训，培养证据调查、审讯、搜查、组织指挥侦查等方面的专门人才；抓紧培养一批复合型侦查人才。要大力改进培训方式，通过组织出国考察、委托院校培养、不同区域、不同部门人才交叉培训活动，使培训形式多样化；通过组织开展岗位学练赛、岗位练兵、实战演习等活动，使培训内容实战化；加强培训的考核验收，保证培训效果。(2) 优化队伍结构。既要加强现有侦查人员分类整合，又要吸收一批法律、经济、侦查等多方面的专业人才，还要注意培养、引进一批复合型侦查人才。(3) 加强执法保障，增强队伍凝聚力和战斗力。加强经济保障、人身保障和身份保障，对侦查骨干、侦查部门负责人的调动任免需上管一级。(4) 加强人才库建设与管理。要解决人员调配、管理和福利待遇等现实问题，发挥库人才的作用。(5) 建立队伍素质养成机制。大力实施队伍能绩管理工程，以能力管理为核心，以工作绩效为依托，建立起以能为本、强化能力、突出绩效的职务犯罪侦查人员分类分级管理制度，促进侦查干警加强学习、扎实工作，不断提高自身综合素质。(6) 推进执法规范化建设。对职务犯罪侦查工作建立起科学有效的管理制度，促进执法行为的规范和执法水平的提高。

(四) 加快科技强侦

(1) 积极创造条件，逐步形成以信息网络为平台的侦查指挥协作系统，对跨区域的重特大案件统一组织指挥，提高指挥水平和快速反应能力。(2) 建立线索管理系统。利用现代信息设备，建立公务人员基本信息资料库，进行备案管理；针对当前案件线索少、窝案串案多的特点，建立集中管理、分级使用、统一调度的职务犯罪案件线索管控机制，对全省检察系统案件线索统一管理，上级院还要建立案件线索管理库，对所辖地区所有案件线索集中管理，整理涉案信息，分级指定下级院查办并跟踪监督查办结果。充分利用线索价值。(3) 建立以省、市、州院局域网为载体、案件管理系统为依据的侦查指挥系统，负责重大案件的督办、参办、提办等工作，并加强视频通信设备建设，实现对办案全过程的即时指挥和跟踪监督。(4) 积极推进以侦查检察官办公室为单元的“五机一箱”侦查实战装备建设，切实提升装备水平和实战能力。(5) 加强讯问室等基础设施建设，改进和推广同步录像技术、多媒体示证技术，充分利用视听资料证据证实犯罪、防止翻供。

(五) 完善法律手段

综观世界上有些国家和地区的反腐败斗争之所以能够取得成效，无不与立法上赋予职务犯罪侦查部门以必要的特殊侦查手段有关。加强职务犯罪侦查工作，我们必须研究当前职务犯罪侦查工作中遇到的新情况新问题，系统总结多年来的侦查经验，借鉴国外有益做法，从立法上强化职务犯罪侦查手段。(1)赋予职务犯罪侦查以特别调查权，强化取证手段。职务犯罪侦查人员在向有关单位和个人进行调查取证时，有关单位应给予协助，不得拒绝；对不按照要求如实提供证据材料、不配合侦查的单位和个人，检察机关有权根据情节，对其予以警告、罚款、司法拘留等处罚，情节严重，构成犯罪的，检察机关可以直接立案侦查，而无论其身份。(2)赋予职务犯罪侦查以强制措施的必要执行权，保证侦查措施成为有力侦查手段。针对目前强制措施由公安机关执行的作法并未得到很好贯彻，往往徒增手续的现实状况，建议赋予检察机关以必要的强制措施执行权，发挥检察机关司法警察在侦查工作中的作用；借鉴国外“无证逮捕”“紧急逮捕”的规定，对于企图自杀、逃跑、毁灭、伪造证据或者有串供可能的犯罪嫌疑人，侦查人员可以先行拘留，在 24 小时内办理拘留手续或有条件地授予无证逮捕权。根据当前犯罪情况的变化，应赋予反贪侦查工作与公安机关同等的甚至更大的拘留决定权和执行权。根据当前贪污贿赂犯罪窝案、串案多，大案、要案突出，多次作案、共同作案猖獗的新情况，建议适当延长反贪侦查中提请审查批准逮捕的时间，可参照公安机关特殊情况下延长至 30 日的法律规定。(3)对讯问的时限做软化处理。一次拘传、传唤持续的时间在特殊情况下，经特殊审批手续可以适当延长。(4)规范公、检、法的制约关系，防止不正当的制约成为内耗，法律规定有配合义务的，对不履行配合义务的行为人和机关应规定一定的责任追究措施；应确立刑事先理原则，纪检部门、行政执法部门在执法执纪中对于有犯罪嫌疑的案件，应终止行政程序，主动移送检察机关依法立案侦查；确立贪污贿赂犯罪案件的优先受理原则，在数罪中有一罪属贪污贿赂犯罪、在数名共同犯罪嫌疑人中有一人涉嫌贪污贿赂犯罪的，检察机关可以对全案进行管辖。(5)赋予省级以上检察机关对技术侦查手段采用决定权。(6)保障侦查检察官的特殊职权。鉴于职务犯罪侦查对象的特殊性，为调动社会力量形成反腐败的合力，应赋予检察机关在查办职务犯罪时必要的征用社会资源、调动其他侦查力量的权力，如在抓捕犯罪嫌疑人时可以指挥警察，在调查取证时可以调动有关部门金融证券、电脑、财务等方面专业人才参与职务犯罪侦查。(7)修改刑法，对有关职务犯罪的构成根据形势的变化和实践要求进行必要修订，将有关严重腐败问题纳入职务犯罪体系，严密法网，增强反腐败效果。(8)按照国际公约的规定完善国内反腐败法律，加强国际司法协助与合作。

68. 职务犯罪刑事政策若干问题探讨*

职务犯罪严重侵犯了国家的正常管理活动，损害了国家、社会和人民的利益，伤害了公众对国家工作人员职务行为廉洁性和客观公正性的信赖感情，因此，它一直是包括我国在内的世界各国惩治和防范的重点对象。当前，我国正处于二元经济转轨期和WTO过渡期，政治、经济、文化体制及法治建设等均在不断变革之中，而职务犯罪也在发展变化之中，预防和惩治职务犯罪工作正面临新的挑战。因此，准确定位职务犯罪，总结、发展和完善刑事政策，及时研究立法和执法中的问题及应对措施，以进一步规制职务犯罪，为改革、发展和稳定大局服务，已成为当务之急。

一、职务犯罪的界定

在我国，职务犯罪并非法律概念，而是一个学理概念，是对各种符合职务犯罪本质属性的犯罪行为的统称。由于人们往往在不同的语义上使用“职务犯罪”一词，因此，对其概念的表述，学者们见仁见智。概而言之，主要有以下几种观点。

(1) 从主体和客观行为两个方面对职务犯罪进行界定。如有学者认为，“职务犯罪是指国家工作人员在其职务活动中，利用职务上的便利条件或玩忽职守所形成的各种犯罪的总称。”❶ 也有人认为，“职务犯罪一般是指国家工作人员基于职务之便所从事的犯罪活动。”❷

---

* 本文发表于《检察日报》2003年10月28日；收录于《中国刑法学年会文集（2003年度）第二卷：刑法实务问题研究（下策）》，中国人民公安大学出版社2003年版。

❶ 阴家宝主编：《新中国犯罪学研究综述》，中国民主法制出版社1997年版，第608页。

❷ 顾昂然：“职务犯罪的若干问题”，载《国家行政学院学报》2001年第4期。

（2）从主体、客观行为和违反刑法应受刑罚处罚三个方面对职务犯罪进行界定。如有学者认为：“职务犯罪是指国家工作人员和其他在社会团体、企业、事业单位中依照法律、法规或者组织章程等从事公务的人员在履行职责过程中，利用职务上的便利条件，或者滥用职权，或者不正确履行职权所实施的违背职责要求的依照刑法规定应受刑罚处罚的行为的总称。”❶

（3）从主体、客观行为、客体和应受刑罚处罚四个方面界定职务犯罪。如有的学者认为，“所谓职务犯罪，是指国家工作人员、企业工作人员或者其他工作人员利用职务上的便利进行非法活动，或者对工作严重不负责任，不履行或不正确履行职责，破坏国家对职务行为的管理职能，依照刑法应当受到刑罚处罚的犯罪行为的总称”；❷“在我国所谓职务犯罪，就是我国刑法及全国人大常委会有关的《决定》中规定的有关职务而为的一类犯罪的总称。它是指国家公职人员或视同公职人员利用职务上的便利，或滥用职权、不尽职责，破坏国家对职务活动的管理职能，并依照刑法应当受到刑罚处罚的行为。”❸“职务犯罪是与职务相关的犯罪的总称，是指国家工作人员利用职务之便进行非法活动，或者滥用职权、玩忽职守，破坏国家管理活动，依照《刑法》应当受到刑罚处罚的行为。”❹

（4）从主体、客观行为、客体、主观和应受刑罚处罚五个方面界定职务犯罪。如有的学者认为，“所谓职务犯罪就是在各种机关、企业、事业、团体中具备一定管理、组织、领导、监督职责的人员，出于故意或者过失，违反职责义务或者滥用职权、玩忽职守，或者利用职权徇私舞弊，进行各种非法活动，破坏该单位对职务行为的管理活动，依照刑法应受到刑罚处罚的行为。”❺或者认为“职务犯罪是指国家工作人员和其他在社会团体、企业、事业单位中依照法律法规或者组织章程等从事公务的人员在履行职责的过程中，侵害国家管理职能和声誉，故意或者过失地实施与其他职务之间具有必然联系的触犯刑律应受刑法处罚的行为的总称。”❻

---

❶ 何秉松主编：《职务犯罪的预防与惩治》，中国方正出版社 1999 年版，第 5 页。

❷ 陈兴良主编：《职务犯罪认定与处理实务全书》，中国方正出版社 1996 年版，第 23 页。

❸ 樊凤林、宋涛主编：《职务犯罪的法律对策及治理》，中国人民公安大学出版社 1994 年版，第 111 页。

❹ 莫远航主编：《从政法度——职务犯罪的法律界限》，中国方正出版社 2001 年版，第 19 页。

❺ 周伟、李克非主编：《刑事法研究新视角》，中国政法大学出版社 2000 年版，第 148 页。

❻ 易军、陈晓敏：“论职务犯罪与相关犯罪的区别”，载《河南公安高等专科学校学报》2001 年第 6 期。

（5）从主体、客观行为、客体和结果四个方面界定职务犯罪。认为职务犯罪“是指国家公职人员，利用职务上的便利，滥用职权或放弃职责、玩忽职守而危害国家机关正常活动及其公正、廉洁、高效的信誉，致使国家、集体和人民利益遭受重大损失的行为。”❶

（6）从主体、客观行为、主观、客体和结果五个方面界定职务犯罪。认为职务犯罪是“具有法定职责的公务人员，违反职责义务，故意或过失地侵犯国家管理社会生活和管理公务活动，致使国家和人民利益遭受重大损失的各种犯罪行为的总称。”❷

上述观点，可谓众说纷纭，莫衷一是。若从主体的角度出发，又可以分为以下三类。

（1）广义说。该说认为，职务犯罪不仅仅限于国家工作人员利用职务之便实施的犯罪行为，还包括其他在社会团体、企业、事业单位中为了全体成员的利益代表团体、组织从事活动的人员在履行职责的过程中，利用职务之便实施的犯罪行为。❸

（2）狭义说。该说认为，职务犯罪是国家机关工作人员违背职责要求实施的犯罪行为，仅仅限于刑法第九章规定的渎职罪，而不包括贪污贿赂及其他章节中的职务犯罪。这实际上是将职务犯罪等同于渎职罪。

（3）折中说。认为职务犯罪主体仅限于国家工作人员；国家工作人员实施的任何与职务有关的犯罪行为都属于职务犯罪，包括贪污贿赂犯罪和各种渎职犯罪。

上述观点，广义说失之过宽，狭义说失之太窄，折中说是目前理论界多数学者所持的观点，但在主体范围的界定上存在一个致命的缺陷，就是忽略了单位也可以构成职务犯罪的主体。1997 年修订的刑法，不仅在总则中对单位犯罪作出了规定，而且在分则中也规定了单位受贿罪、对单位行贿罪、单位行贿罪、私分国有资产罪、私分罚没财物罪等可以由单位作为犯罪主体的职务犯罪，折中说无疑没能全面反映立法现实。笔者主张，职务犯罪的主体范围应在折中说的基础上加上单位犯罪的规定，即职务犯罪的主体由国家工作人员和刑法规定的相关单位构成。笔者将职务犯罪的自然人主体限定为国家工作人员，主要理由如下。

---

❶ 王昌学主编：《职务犯罪特论》，中国政法大学出版社 1995 年版，第 49 页。

❷ 钱大群、孙国祥主编：《职务犯罪研究》，南京大学出版社 1996 年版，第 121 页。

❸ 何秉松主编：《职务犯罪的预防与惩治》，中国方正出版社 1999 年版，第 5 页。

（1）从地位和作用来看，国家工作人员作为代表国家依法执行公务的人员，与公司、企业人员相比，往往具有更高的社会地位，在国家管理和社会管理中发挥更加着重要作用，他们的社会接触面更广，其行为对群众的影响也更大。国家工作人员的宗旨是为人民服务，如果他们利用职权进行犯罪活动，引致人民的不满，就会损害国家的威信和形象。因此，将职务犯罪的自然人主体限定为国家工作人员，更能体现职务犯罪的特点。

（2）从危害程度来看，公司、企业人员人员的管理权仅涉及微观经济的范畴；而国家工作人员职权涉及的是国家和社会的宏观管理，如果党政机关、行政执法机关、司法机关和经济管理部门的国家工作人员利用职权进行犯罪活动，就会严重破坏国家的经济、政治和文化秩序，影响国家宏观调控政策的正常运行，从而具有比其他人员更为严重的社会危害性。将职务犯罪的自然人主体限定为国家工作人员，更具有针对性。

（3）从反侦查能力来看，国家工作人员与其他人员相比，往往受过更加良好的教育，具有更高的文化素质。同时，由于他们工作的范围较广，接触的人员较多，工作经验较为丰富，因此，如果他们不加强思想修养，弄权谋私、滥用职权或者对工作严重不负责任，以致犯罪时，其对抗侦查的能力远比其他人强。将职务犯罪的自然人主体限定为国家工作人员，便于突出重点，更好地探索有效的刑事政策和对策。

（4）从案件管辖和司法实践来看，检察机关是我国惩治和预防职务犯罪的专门机构。根据刑诉法的规定，由检察机关直接立案侦查的案件包括贪污贿赂犯罪、渎职犯罪、国家机关工作人员利用职权实施的侵犯公民人身权利和民主权利的犯罪以及经省级检察院决定立案侦查的国家机关工作人员利用职权实施的其他重大的犯罪案件。可见，司法实践中是将职务犯罪的自然人主体理解为国家工作人员的。

综上所述，笔者认为，所谓职务犯罪，是指国家工作人员或者法律规定的相关单位，在履行职责的过程中，利用职务上的便利条件，滥用职权、玩忽职守或者不正确履行职权所实施的违背职责要求的依照刑法规定应受刑罚处罚的行为的总称。结合刑法规定和检察机关的案件管辖来看，可将职务犯罪分为贪贿型职务犯罪、渎职型职务犯罪和侵权型职务犯罪，它们分别分布于《刑法》第八章、第九章和第四章之中。

二、职务犯罪的刑事政策调控

刑事政策一词，最早出现在 18 世纪末 19 世纪初德国法学教授克兰斯洛德与费尔巴哈的著作中。克兰斯洛德认为，刑事政策是立法者根据各个国家的具体情况而采取的预防措施。费尔巴哈则认为，刑事政策是国家据以与犯罪作斗争的惩罚措施的总和，是“立法国家的智慧”。20世纪初，冯·李斯特赋予刑事政策新的更广的内涵，将其定义为“国家和社会据以组织反犯罪斗争的原则的总和”；法国著名刑法学家马克·安赛尔将刑事政策视为“观察的科学”与“组织与犯罪作斗争的艺术或战略”。❶ 在此基础上，学者们又提出了多种学说。如：广义说认为，刑事政策是指国家以预防、镇压犯罪为目的所采取的一切措施与方针。除了刑事制度、保安处分等之外，还包括各种社会政策。狭义说认为，刑事政策是指对犯罪者或对有犯罪的危险者，以预防、镇压犯罪为直接目的的国家强制对策。最狭义说认为，刑事政策是指对各个犯罪者、犯罪的危险者，以特别预防为目的而实行的措置（刑罚、保安处分等）。这种刑事政策，往往叫做“犯罪对策论”。❷ 比较而言，广义的刑事政策定义超出了刑事法制范围，和社会政策等难以区别；最狭义说将刑事政策仅限于刑法领域，按照这种见解，很难完成刑事政策所面临的任务；而狭义说不限于各种刑罚制度，还包括保安处分、假释以至保护观察等制度，较为合理。

关于我国刑事政策的概念，学者之间也存在着不同的认识，我们认为仍应以狭义说为宜。所谓刑事政策，“是指党和国家为了达到抗制犯罪的目的，根据犯罪的总态势和犯罪人的不同状况而制定的各种刑事对策。”❸ 本书所要讨论的刑事政策，包括刑事政策和策略，即：“一个国家在同犯罪作斗争中，根据犯罪的实际状况和趋势，运用刑罚和其他一系列抗制犯罪的制度，为达到有效抑制和预防犯罪的目的，所提出和实行的方针、准则、决策、措施和方法等。”❹ 因此，本书所谓的职务犯罪刑事政策，是指党和国家为了达到抗制职务犯罪的目的，根据职务犯罪的总态势以及职务犯罪主体（包括国家工作人员和刑法规定的相关单位）的不同状况而制定的各种刑事对策。

我国的刑事政策，是党和国家长期历史经验的总结。毛泽东同志早在1948年谈到政策和策略的重要性时就指出：“政策和策略是党的生命”，❺ 这

---

❶ [法] 米海依尔·戴尔玛斯—马蒂著：《刑事政策的主要体系》，卢建平译，法律出版社2000年版，第1～2页。

❷ 马克昌主编：《中国刑事政策学》，武汉大学出版社1992年版，第2～3页。

❸ 李希慧等：“犯罪、社会稳定与刑事政策的关系初探”，载《华侨大学学报（哲学社会科学版）》2003年第1期。

❹ 肖扬主编：《中国刑事政策和策略问题》，法律出版社1996版，第2页。

❺ 《毛泽东选集（第4卷）》，人民出版社1991年版，第1298页。

是对党和国家刑事政策历史作用的最好的概括。近 20 年来，我国在惩治和预防职务犯罪的过程中，根据“两手抓”的战略指导思想、“三个有利于”的判断标准以及“三个代表”重要思想的要求，逐步摸索和总结出了一套行之有效的刑事政策和策略，对于预防和控制职务犯罪起到了积极的作用，为反腐败斗争的深入开展提供了有力的武器。我们应当进行总结，发扬光大，并在实践中使这些刑事政策不断发展完善。

（一）基本的刑事政策：惩办与宽大相结合

惩办与宽大相结合是我们党和国家的基本刑事政策。其主要内容是根据犯罪行为在客观上以及犯罪分子在主观上综合体现的社会危害性不同，分别不同情况，实行区别对待，在认定处理上宽严结合，有宽有严，惩办少数，改造多数。这一刑事政策的精神实质概括起来有以下四条。（1）区别对待。对犯罪分子要根据不同情况，主要是犯罪行为在客观上的社会危害程度和犯罪分子的主观恶性程度，实行区别对待，处罚有轻有重。（2）宽严相济。惩办与宽大不可偏废，既不能“宽大无边”，也不能惩办无边；要宽中有严，严中有宽。讲严时，不能不考虑到应当重罚的犯罪分子可能有从轻处罚的情节，讲宽时，也要考虑到可能轻罚的犯罪分子可能有从重处罚的情节；宽和严要有张有弛，根据整个社会政治经济形势以及同犯罪作斗争的形势变化，在一定时期较强调惩办，在一定时期又较强调宽大，以体现刑事政策的灵活性。（3）分化瓦解。要利用犯罪分子之间存在的差别和矛盾，充分发挥政策的威力，分化瓦解共同犯罪。尤其要按标准兑现宽大政策，以达到争取多数，孤立少数的目的。（4）打击少数，教育改造多数。惩办与宽大相结合，并不是在惩办与宽大的对象上搞数量的均等，也不是惩办的多，宽大的少。它的立足点始终是打击少数，争取、挽救、教育和改造多数。

作为我国基本刑事政策的“惩办与宽大相结合”的政策，在革命战争年代曾有力地配合了我党的政治斗争，起到了瓦解敌对势力的作用；新中国成立后，这一刑事政策对于分化犯罪分子、保卫新生的民主政权和社会主义制度同样起到了不可估量的作用。惩办与宽大相结合政策的历史功绩还在于，它对我国社会主义刑法制度的产生及其基本性质和内容的确定具有一定的决定作用。历史经验已充分证明，惩办与宽大相结合的政策是预防犯罪、打击犯罪、改造罪犯的有效对策。在大力健全社会主义法制的今天，这一政策仍具有全局性指导意义，值得我们继续贯彻推广。

（二）具体的刑事政策：依法从重从严

我国目前对国家工作人员职务犯罪采取的是依法从重从严的刑事政策，即对国家工作人员利用职务便利所进行的犯罪行为，在定罪及量刑等方面较普通公民应当从重从严。在行为相同的情况下，普通人不构成犯罪的，国家工作人员可能构成出；在他们均构成的场合，对国家工作人员应从重从严处罚。[1] 这项政策的依据是：(1) 从国家工作人员的特殊身份来看，他是依照法律从事公务的人员，应当比一般公民具有更高的法律水准和法律意识，因而在适用法律上，需要从严要求。(2) 从国家工作人员的权利义务来看，国家将管理国家公共事务的权力交给国家工作人员行使，使其享有比普通公民更多的权利，根据权利义务相一致的原则，也必然要求其履行更多的义务。(3) 从国家工作人员犯罪的危害性来看，其利用职务便利实施犯罪，知法、执法而无视法律，其主观恶性比普通公民要大。(4) 从防治犯罪的需要来看，要有效地扼制犯罪，就必须提高查处犯罪的概率，增大犯罪的成本和风险。

（三）政法机关同职务犯罪作斗争的原则和策略

第一，“一要坚决、二要慎重、务必搞准”的原则。这一原则是我国政法工作中一贯坚持的原则，充分体现了我们党和国家在同犯罪作斗争中坚持的立场和实事求是的态度。在反腐败工作中坚持这一原则，(1) 要对反腐败作出清晰明确的政治承诺，制定反腐败的政治目标。最近三年来，从中央党校对地厅级干部的问卷调查看，腐败问题一直是最突出的社会问题之一，因此，当前对腐败犯罪采取严厉的刑事政策是十分有必要的。(2) 要认真处理法律与政策的关系，要坚持解放思想，更新观念，树立为改革开放和经济建设服务的观念，克服因循守旧，单纯办案的思想，对办案工作中遇到的一些新问题采取实事求是的慎重态度，坚持“三个有利于”标准，实现办案法律效果、经济效果和社会效果的有机统一。对于市场经济转轨时期存在的法律政策界限不明的问题，尤其要慎重对待。政策是法律的灵魂和先导，在经济转轨时期发挥政策的指导作用与依法办事是一致的，用政策来指导执法可以弥补立法的某些滞后现象，使执法工作更加准确全面的体现国家意志和人民群众的根本利益。因此，作为惩治和预防职务犯罪专门机关的检察机关，一定要认真学习党中央、国务院为加快改革开放和建立社会主义市场经济体制而制定的一系列政策。对于那些确实难以解决的疑难问题，宁可把案件放一放，不要急于作出处理。(3) 要坚持办案数量与质量并重，质量第一的执法观念。切实把办案质量作为职务犯罪侦查工作的生命线，采取各种有效措施保证办“铁案”，经得起历史的检验。

第二，适时调整职务犯罪侦查工作的重点。形势决定任务。职务犯罪侦查

[1] 马克昌主编：《中国刑事政策学》，武汉大学出版社 1992 年版，第 387 页。

工作的重点也应随着形势的发展变化而不断调整。惩治职务犯罪是需要成本的，必须讲求效率。为了有效地惩治职务犯罪，就必须深入研究职务犯罪的各种类型，从而明确在哪些领域职务犯罪最严重，危害最大，影响最恶劣，从哪些环节入手，才能有效地惩治职务犯罪，在当前，（1）要严厉惩治党政领导机关和司法机关的犯罪。（2）要重点防止和坚决打击重大公共投资、公共财政支出、工商、税务、金融、保险、证券、土地批租、政府采购、房地产等领域的各类职务犯罪。因为这些领域犯罪金额特别巨大，犯罪行为猖獗。防止和惩治这些领域的腐败才能保证公共利益和国家利益，减少犯罪的经济损失。（3）坚决惩治与人民群众切身利益息息相关的各类垄断行业的职务犯罪，如交通、铁道、民航、电力、电信、卫生、教育等行政垄断行业部门的职务犯罪。因为这些行业的职务犯罪直接损害广大消费者和利益相关者的切身利益，为人民群众所深恶痛绝，也是广大人民群众对党和政府抱怨和不满的直接原因。同时，还要从斗争形势和任务出发，不断调整办案重点，集中有限的人力、物力和财力，达到最佳的工作成效。在职务犯罪案源上，入世后随着国家经济政策的调整和多种所有制经济成分的充分发展，特别是民营经济的发展，国有企业将在数量上大大减少，因此，检察机关侦查对象的范围必然大大减小，其所管辖的案件也将大大减少。

第三，加大查处大要案的力度。加大查处大要案的力度，是政法机关根据目前我国的政治、经济形势和同犯罪作斗争的实际需要提出来的。所谓“大案”，通常是指贪污、贿赂等犯罪金额在万元以上的案件；所谓“要案”，主要是指担任县处级以上领导职务人员的犯罪案件。强调抓大案要案的查办工作，就是按照唯物辩证法的要求抓主要矛盾。[1] 实践证明，突出这一工作重点，不仅有效地遏制了职务犯罪的发展态势，而且得到了广大人民群众的热烈拥护，收到了良好的政治效果和社会效果。

第四，打防并举、标本兼治。1990 年 4 月 3 日，《中共中央关于维护社会稳定，加强政法工作的通知》指出：“要一手抓预防，一手抓打击。把预防犯罪的工作摆上重要的位置，广泛发动群众做好安全防范工作，减少刑事案件的发生。”打击犯罪是治标，预防犯罪是治本；打击是手段，预防是目的。打击和预防相结合，加强犯罪预防工作，是最大限度地减少犯罪的良策。近年来，我国预防职务犯罪工作取得了明显成效。检察机关作为法律监督机关，应该充分发挥自己的优势，积极推动发案单位和有关部门堵塞漏洞、完善制度、建立

---

[1] 肖扬主编：《中国刑事政策和策略问题》，法律出版社 1996 年版，第 435 页。

防范机制，切实降低了职务犯罪的发案率。

在上述刑事政策中，最直接的职务犯罪刑事政策是依法从重从严的政策。职务犯罪的刑事立法活动和执法活动都应围绕这一政策的精神来开展。

三、职务犯罪刑事政策与刑事立法和执法活动的协调问题

（一）刑事政策与刑事立法和执法活动的关系

职务犯罪的刑事政策与刑事立法和执法从本质上来讲是一致的。刑事政策是刑事立法和执法的灵魂，刑事立法是刑事政策的条文化，刑事执法活动是刑事政策的具体落实；刑事政策对刑事立法和执法具有指导作用，刑事立法和执法活动既要反映刑事政策思想，又要不断推进刑事政策的发展。这种指导与反映的关系，在我国关于职务犯罪的刑事立法和执法活动中均有反映。

（1）从刑事立法上看。在贪贿型职务犯罪中，《刑法》第 395 条规定了巨额财产来源不明罪，即“国家工作人员的财产或者支出明显超过合法收入，差额巨大的，可以责令说明来源。本人不能说明其来源是合法的，差额部分以非法所得论，处五年以下有期徒刑或者拘役，财产的差额部分予以追缴。”而非国家工作人员在同样的场合则不构成犯罪；同样，该条第 2 款规定的隐瞒境外存款罪的主体也是国家工作人员，非国家工作人员有同样行为的，不构成犯罪。对国家工作人员从重从严的政策，于兹可见。在渎职型职务犯罪中，《刑法》第 398 条规定了故意泄露国家秘密罪和过失泄露国家秘密罪：“国家机关工作人员违反保守国家秘密法的规定，故意或者过失泄露国家秘密，情节严重的，处三年以下有期徒刑或者拘役；情节特别严重的，处三年以上七年以下有期徒刑。”同时规定，“非国家机关工作人员犯前款罪的，依照前款的规定酌情处罚。”有人认为，“这里的‘酌情’的含义实际上只能包括相等、从轻，即隐含了对国家工作人员从重的意思。”[1]在侵权型职务犯罪中，《刑法》第 238 条第 4 款规定：“国家机关工作人员利用职权犯前三款罪（非法拘禁罪、故意伤害罪、故意杀人罪）的，依照前三款的规定从重处罚。”第 243 条第 2 款规定：“国家机关工作人员犯前款罪（诬告陷害罪）的，从重处罚。”第 245 条第 2 款规定：“司法工作人员滥用职权，犯前款罪（非法搜查罪、非法侵入住宅罪）的，从重处罚。”第 307 条第 3 款规定：“司法工作人员犯前两款罪（妨害作证罪，帮助毁灭、伪造证据罪）的，从重处罚。”第 349 条第 2 款规定：“缉毒人员或者其他国家机关工作人员掩护、包庇走私、贩卖、运输、制造毒品的犯罪

[1] 马克昌主编：《中国刑事政策学》，武汉大学出版社 1992 年版，第 391 页。

分子的，依照前款的规定（包庇毒品犯罪分子罪，窝藏、转移、隐瞒毒品、毒赃罪）从重处罚。”可见，国家工作人员与非国家工作人员实施同样的犯罪行为时，刑法对国家工作人员的要求是从严的，对其犯罪的处罚也是从重的。

（2）从刑事执法上看。全国检察机关认真贯彻党的“十六大”关于反腐败斗争的总体要求和部署，坚持把查办职务犯罪工作摆在突出位置，认真研究市场经济条件下特别是加入世贸组织后职务犯罪的新特点、新规律，重视运用刑事政策指导侦查工作，讲究侦查策略，提高办案质量，取得了有目共睹的良好效果。据2003年1月4日召开的第十一次全国检察工作会议透露，全国检察机关在过去五年里不断加大办案力度，重点查办发生在党政领导机关、行政执法机关、司法机关、经济管理部门的职务犯罪案件和县处级以上领导干部犯罪案件，查办了一批同走私、骗取逃汇、金融诈骗等相牵连的职务犯罪案件，查办了一批国有企业人员贪污、受贿、挪用公款、私分国有资产等犯罪案件，还查办了一批重大安全事故背后的严重渎职犯罪案件。通过办案，全国检察机关共为国家挽回经济损失212亿元，对成克杰、胡长清、李纪周等一批严重职务犯罪分子的依法查办，有力地震慑了犯罪，昭示了党和国家惩治腐败的决心。而且，在对构成犯罪的腐败分子彻底查处、严惩不贷的同时，检察机关积极贯彻中央关于标本兼治、从源头上治理腐败的方针，把预防职务犯罪工作纳入反腐败斗争的总体格局，积极采取措施预防职务犯罪。近五年来，各级检察机关深入到14 600多项重点工程建设项目中开展专项预防，推动建立社会化预防职务犯罪组织6 338个，提请地方人大常委会制定预防职务犯罪的地方性法规和规范性文件27件。经过努力，全国检察机关已经初步建立起预防职务犯罪工作机制。高检院、各省级检察院和308个地市级检察院设置了预防机构。高检院与中央有关部门联合部署，在金融证券、国有企业、海关等8个重点行业和领域开展了系统预防。目前，预防职务犯罪工作正在实现从分散状态到集中管理、从初级形式的预防到系统预防、从检察机关部门预防向社会预防相结合的转变，在一些地方和领域比较有效地防止了职务犯罪的发生。

当然，尽管刑事政策与刑事立法和执法活动从本质上来讲是一致的；在刑事政策的指导下，职务犯罪的刑事立法日趋完善，惩治和预防职务犯罪的执法实践也取得了可喜成绩，但是，职务犯罪刑事政策与刑事立法和执法活动之间仍存在着相互背离和矛盾的地方，它们之间的协调和完善等问题，已成为摆在我们面前的一项需要认真研究和对待的重要课题。

（二）存在的问题与对策

1. 刑事立法的缺陷及完善

当前，我国刑事立法对职务犯罪刑事政策的贯彻还存在着不全面、不平衡、不协调等缺陷。这些矛盾的存在，极大地影响了对职务犯罪的惩治和预防。

（1）贪贿型职务犯罪的法定刑设置不合理。贪贿型职务犯罪刑事处罚体系的不合理性，主要表现为主刑与附加刑的使用严重失调。我国刑法对贪污罪和受贿罪规定有死刑，缺乏合理性；同时对附加刑规定得很不够，缺乏实用性。

一方面，职务犯罪（侵权型职务犯罪除外）中规定死刑缺乏合理性。对于死刑是存是废，学界争议颇多。保留论者认为，对职务犯罪规定死刑是保护社会主义市场经济建设，发展生产力的需要。❶ 废止论者则认为，第一，从职务犯罪的发生机理看，严管胜于重罚，因为它是经济、政治、法律、文化等多种因素综合作用的结果，因此，既应严密职务犯罪的刑事法网，更要健全各项规章管理制度，完善社会监督制约机制。❷ 第二，从价值方面分析，贪贿型职务犯罪“是纯粹的财产犯罪，所侵犯的权益也只是价值低于人的生命的价值的财产权，对其规定死刑，一方面使刑罚所剥夺的权益的价值高于犯罪所侵犯的权益的价值，刑与罪之间明显地不具有等价性，不符合公正性对死刑的等价分配的规定；另一方面使刑罚所剥夺的权益的价值大于其所保护的权益的价值，因代价大于收益而不符合作为效益性之构成要素的有力性的要求，因而无论从公正性还是从效益性的角度来看，都不具有合理性”。❸ 第三，从实际功效上看，死刑也不是预防贪污、贿赂犯罪的良药，对职务犯罪中的贪利性犯罪适用罚金、没收财产等刑罚措施可能更具有实际意义。第四，从国际规范角度来看，按照《公民权利与政治权利国际公约》的规定，死刑只适用于最严重的犯罪。“中国刑法应该将死刑的适用限于所侵犯的权益的价值不低于人的生命的价值的犯罪的范围内。具体地说，中国现行刑法中的死刑罪名应该缩减到只限于有致死的结果的暴力犯罪、具有直接导致国家分裂或颠覆的现实危险的危害国家安全罪以及导致战役失败的严重军事犯罪的范围之内，除此以外的死刑都应废

---

❶ 杨朝斌：“论我国人权的保障与死刑的保留”，载《四川师范学院学报（哲学社会科学版）》2001 年第 6 期。

❷ 王作富、田宏杰：“职务犯罪死刑立法需要反思和检讨”，载《检察日报》2003 年 8 月 27 日。

❸ 胡云腾等：“中国死刑问题反思（上）”，载《中国律师》1999 年第 2 期。

除。"[1] 第五，从国际合作方面来看，不利于我国开展国际司法协作和打击涉外职务犯罪。目前世界上保留死刑的国家，一般都把刑法中的死刑条款限定于剥夺他人生命权力的犯罪，对贪污贿赂犯罪很少规定有死刑。国际社会和废除死刑的国家对依照我国刑法可能判处死刑的罪犯，往往会在引渡或者司法协助方面制造麻烦，或者附加一些实际上干预我国内政的要求。[2]

笔者认为，保留论者的看法实际是重刑思想和报应主义的体现，没有将职务犯罪防治置于新的社会背景中考虑，且与我国职务犯罪的刑事政策不协调，因此为笔者所不取。笔者赞同职务犯罪死刑废止论，并主张将职务犯罪的法定最高刑从死刑降为无期徒刑。这样，不仅可以防止其利用"死刑犯不予引渡"的国际惯例携款外逃，同时也展示了我们履行国际人权两公约的实际行动。

另一方面，职务犯罪中规定的附加刑缺乏实用性。刑法关于职务犯罪附加刑的规定，可以概括为以下三种情况：第一，"可以并处没收财产"的附加刑。《刑法》第 383 条和第 386 条规定，贪污罪和受贿罪的贪污数额或受贿数额在 5 万元以上，"可以并处没收财产"的附加刑；第 390 条规定，行贿罪"情节特别严重"的，"可以并处没收财产"的附加刑。第二，"并处没收财产"的附加刑。刑法第 383 条和第 386 条规定，贪污数额或受贿数额在 5 万元以上，且"情节特别严重"的，"并处没收财产"的附加刑。第三，并处或者单处罚金的附加刑。《刑法》第 396 条规定，私分国有资产罪并处或者单处罚金。其他条款未涉及附加刑。很显然，附加刑过于单薄的立法模式存在很大的缺陷：一是规定"情节特别严重"的才"并处没收财产"或者"可以并处没收财产"的附加刑，限制过严，不利于针对贪贿型职务犯罪进行打击。二是罚金刑规定得太少。罚金刑从执行方式上可以分段执行，时间上没有限制，操作便捷、简单，犯罪分子在生命继存期间，任何时候有可供执行的财产，均可执行。这就可以克服没收财产刑必须"一次"执行完毕的弊端，现行法律只规定对此类犯罪适用没收财产刑，表面看似严厉，实际上却难以操作。增加罚金刑，有利于防范和避免罪犯案发时转移财产，刑满后继续享用，即便刑满后发现其有可供执行的财产，因"时过境迁"，而此时没收财产无法执行，造成被动。据此可得出结论：罚金刑的优势明显高于没收财产刑。[3] 三是未规定资格刑，没有彻底剥

---

[1] 邱兴隆："国际人权与死刑——以国际人权法为线索的分析兼及中国的应对"，载《现代法学》2001 年第 2 期。

[2] 孙振江等："论我国的死刑制度"，载《辽宁工程技术大学学报（社会科学版）》2002 年第 1 期。

[3] 易昆渝："须加重贪污贿赂犯罪'附加刑'"，载《检察日报》2003 年 5 月 29 日。

夺贪贿型职务犯罪分子的再犯能力。四是附加刑的独立适用范围太窄。

笔者认为，刑法应在职务犯罪刑事政策的指导下，将职务犯罪的防治置于新的社会背景中考虑，针对职务犯罪的贪财性和职权的相关性的特点，充分考虑惩处职务犯罪的政治效益和经济效益，适时调整职务犯罪的法定刑，不断完善其刑事处罚体系。即适当降低主刑，同时加大附加刑的惩罚力度。具体而言，第一，将职务犯罪的法定最高刑从死刑降为无期徒刑；第二，对贪贿型职务犯罪一律规定并处或单处罚金，以剥夺其再犯能力；第三，增加资格刑的规定，通过剥夺其任职资格，以消除其再犯的可能性；第四，扩大附加刑的独立适用范围，对于情节轻微的贪污贿赂犯罪可以规定独立适用附加刑。

此外，巨额财产来源不明罪法定刑设置偏低，易使罪犯规避法律，有违公平正义的观念，并可能激发人民群众的不满情绪，加剧社会矛盾。从对为官者必须从严要求的思想出发，建议提高其法定刑。

（2）贪污罪的构成标准与“从严治吏”的精神不符。贪污罪与盗窃罪同样都侵犯了他人财产权，而贪污罪是由国家工作人员利用职务之便实施的，按照从重从严的刑事政策，理应对国家工作人员从重处罚，但实际上，贪污罪的法定起点数额为5 000元，而根据我国有关司法解释，盗窃罪的起点数额却为500～2 000元，这不仅不是从严治吏，反而是从宽治吏。同时，在附加刑方面，《刑法》第383条规定，贪污罪的贪污数额在5万元以上，“可以并处没收财产”的附加刑；贪污数额在5万元以上，且“情节特别严重”的，“并处没收财产”的附加刑。可见，对于贪污贿赂犯罪适用附加刑，是有诸多条件的。然而，刑法对盗窃、诈骗、侵占等罪，规定只要构成犯罪，就应该并处或单处罚金或没收财产。贪污贿赂犯罪与其他“贪利”型犯罪相比，刑法对前者的惩罚力度显然过小。因此，在从重从严的刑事政策的指导下，应删去刑法中对贪污贿赂犯罪适用附加刑的有关限制；同时，应修改贪污罪和盗窃罪的构成标准，以体现吏治从严的政策。

（3）受贿罪的构成要件缺陷凸显。按照我国刑法的规定，受贿的内容仅仅限于财物，被动型受贿罪的构成还要求行为人为他人谋取利益，这些过于严格的规定，使得大量的国家工作人员利用职务之便接受他人提供的财产性利益或者收受他人财物，但没有为他人谋取利益的行为得不到应有的制裁，以致对国家工作人员职务犯罪从重从严惩处的刑事政策无法落到实处。第一，我国刑法中受贿的内容仅限于财物，不能适应社会发展的需要。我国古代“贪以败官为墨”意为贪图财物、女色而败坏官府声誉的为墨。在外国刑法中，受贿罪的对象也不局限于财物，“根据大多数国家的刑法与刑法理论，贿赂除了财物、财产性利益之外，还包括其他非物质性利益，如提供地位、提供就职机会、提供艺术表演以及性交等等，都是贿赂”。❶“英美刑法通常认为，贿赂是指金钱、财产、服务或有价值的其他任何利益”。❷ 实践中，行为人贿赂国家工作人员的形式，不仅远远超出了财物的范畴，甚至已超越了物质性利益的范畴，以非物质性利益作为贿赂内容的情况已经屡见不鲜。第二，将“为他人谋利益”作为构成受贿罪的要件，不利于有效打击职务犯罪。关于受贿罪的要件，除了俄罗斯联邦刑法规定有“为他人谋利益”外，其他国家和地区几乎无此规定。我国刑法规定这一要件，无异于给犯罪者提供保护外衣，实际上起了纵容犯罪的作用。

基于上述，笔者主张修改受贿罪的有关要件，一是删去“为他人谋利益”的要件；二是将受贿的内容修改为“财产性利益”。

需要说明的是，当前关于非财产性利益特别是“性贿赂”应否规定到贿赂罪中，学术界的争论颇为激烈。“性贿赂”就是指利用女色贿赂国家工作人员，以使其利用职务之便，谋取不正当利益的行为。近年来查处的部级以上领导干部受贿案中，几乎都有情妇，不法分子利用美色或花费巨资雇佣妓女将党政干部拖下水，并借此牟取不正当利益，往往给国家和人民的利益造成重大损失。因此，有人极力主张“性贿赂”犯罪化。笔者不主张将受贿的内容扩大到“能够满足人的需要的一切利益”，❸ 不主张“性贿赂”犯罪化。理由是：第一，性属于个人私权，涉及个人隐私。是道德调整的对象，不宜纳入刑法处罚范围。第二，从刑法谦抑性原则来考虑，“性贿赂”也不宜纳入刑法体系；第三，现行刑法规定贿赂行为的罪与非罪、贿赂罪的量刑轻重，都以贿赂财物数量大小而定，但是“性贿赂”的“性”是无法量化的，并且存在取证不好操作的困难，从而会导致同罪异罚的局面；第四，“性贿赂”犯罪化的结果，必将采纳“需要说”，从而将贿赂的内容扩大到提供就业机会之类的事情，这与我国的国情有差距。受几千年儒家文化影响的中国，诸如提供就业机会之类的事情在所难免，对此类行为给予刑法制裁，也不太符合刑法上的期待可能性理论。笔者认为，对于提供和接受性贿赂者，可以从党纪、政纪等方面予以控制，而无需用刑法加以调控。

---

❶ 张明楷：《外国刑法纲要》，清华大学出版社 1999 年版，第 779 页。

❷ 马克昌等主编：《刑法学全书》，上海科学技术文献出版社 1993 年版，第 748 页。

❸ 马克昌教授主编的《刑法学全书》中将贿赂一词的含义概括为三种理论：（1）有形利益说，即把贿赂看成是有形的或物质上的利益；（2）金钱估价说，即认为贿赂仅限于能够用金钱来估价的有形或物质上的利益；（3）需要说，认为贿赂是把能够满足人的需要的一切利益。

(4) 渎职型职务犯罪的成立条件过高。渎职型职务犯罪因其具有“不入腰包的腐败”这一特点，往往使人们对其危害性认识不足，反映到刑事立法上，就是拔高犯罪的成立条件，对于国家机关工作人员的渎职犯罪予以理解和宽容，从而严重背离了我国的吏治思想和政策。以徇私舞弊不移交刑事案件罪为例，根据《刑法》第402条的规定，本罪在客观方面除了要有“不移交”的行为外，还需具备“徇私舞弊”和“情节严重”两个要件，否则不能以本罪论处。而这两个要件，显然提高了该罪的构成标准，客观上纵容了国家机关工作人员的犯罪行为。

首先，对“徇私舞弊”而言，“徇私”属于犯罪动机，根据我国刑法理论，它不能作为犯罪构成要件，只是量刑时应予考虑的情节。❶ 而且，在司法实务中对是否“徇私”也难以查证，因而不应将其规定为构成要件。同时，行为人是否“舞弊”，与不移交刑事案件并无必然关系，因为不移交刑事案件本来是一种纯粹的不作为犯罪，但规定了“舞弊”后，司法实务中还要查明行为人是否具有伪造材料，隐瞒情况，弄虚作假等作为方式，否则就不构成犯罪，事实上行为人没有“舞弊”的不移交刑事案件的社会危害性往往很大，特别是有的行政执法机关的领导根本就用不着“舞弊”，依法无法追究其刑事责任，不利于对此类犯罪预防和惩治❷。也就是说，不移交刑事案件究其本质应是一种不作为犯罪，行为人只要违背其职务要求，对应当移交的刑事案件不移交，造成放纵犯罪分子这一严重后果的，就应受到严厉惩罚。“徇私舞弊”只是一种更为恶劣的情形，应将其作为该罪的加重处罚的情节而不是基本构成予以规定。❸

其次，至于“情节严重”作为本罪的客观必备要件，也与现行刑法设立这一罪名的立法精神相背。对于不移交刑事案件这一行为而言，其社会危害性是否达到严重程度应主要是由其不移交的案件的性质及其主观方面决定的，即只要行为人明知其查处的某一行政违法案件涉嫌构成犯罪，依照有关法律规定应当移交，却故意不移交，从而造成放纵犯罪分子的结果的，本身就具有严重的社会危害性，就应由刑法介入，行为人执法的具体过程与是否构成犯罪无必然关系，它只能增大或减小行为的社会危害性程度从而影响到刑事责任的

---

❶ 马克昌主编：《犯罪通论》，武汉大学出版社1999年版，第384～385页。

❷ 孙力：“徇私舞弊不移交刑事案件罪的司法认定”，载《中国刑事法杂志》2000年第1期。

❸ 杜国强、贾济东：“徇私舞弊不移交刑事案件罪几个问题”，载《人民检察》2002年第7期。

大小。❶

此外，徇私舞弊不移交刑事案件罪同与之相类似的包庇罪比较，明显不相协调。从客观方面来看，包庇罪只要求行为人有向司法机关作假证明包庇犯罪人的行为，而本罪除了不移交依法应当移交司法机关追究刑事责任的案件的行为外，还要求该行为必须达到情节严重的程度，明显违背了现行刑法“从严治吏”的立法精神；就犯罪对象而言，包庇罪没有犯罪性质的限制，不论包庇什么样的犯罪人都构成犯罪，司法解释认为，构成徇私舞弊不移交刑事案件罪必须是包庇重大犯罪案件，或多次不移交犯罪案件或一次不移交涉及多名犯罪嫌疑人等，这些都属于性质特别恶劣、情节特别严重的情形，将其作为该罪的立案标准，等于人为提高了其构成条件；从法定刑上比较，徇私舞弊不移交刑事案件罪的法定最高刑也明显低于包庇罪。❷ 这种立法模式既不利于遏制和打击此类犯罪的发生，也不符合刑法面前人人平等的原则，更是有违从重从严的职务犯罪刑事政策。

因此，为了严格执行从重从严的刑事政策，首先应完善刑事立法，放宽职务犯罪成立条件，凡是职务犯罪的成立标准应该比相似的非职务犯罪的标准宽松，同时，在处罚上也应该更为严厉。

2. 刑事执法的问题与矫正

职务犯由于其主体的特殊性、行为侵犯社会关系的多重性以及对职务的违背性等，因而表现出更广泛、更严重的社会危害性。而且，职务犯对社会的不良示范作用较之其他犯罪人的更大，因此，中国政府历来强调对职务犯从严制裁，即从严治吏。然而，在我国惩治和预防职务犯罪的执法实践中，从严治吏的思想并未彻底贯彻。司法实践中，其主要表现是，在一些地方不同程度地存在打击不力的现象，如重罪轻判，轻罪不判，过分从宽，大量适用缓刑、免刑，“以罚代刑”，以赔抵罪。国际上通常采用“腐败黑数”来衡量涉及腐败的公务人员中没有受到查处的比例，国内外不少学者指出，我国的“腐败黑数”仍然较高。根据 2000 年中组部的一项统计看，1993～1998 年全国受党纪政纪处分的县处级以上的党员干部，累计达到 2.89 万人；平均每 100 名受党纪政纪处分的县处级干部中，只有 42.7 人被检察机关立案侦查，最后被法院判刑的只有 6.6 人。受到党政纪处分并被判刑的省部级干部的比例为 10.3％，地厅级干部的比例为 9.1％，县处级干部的比例为 6.4％。然而，在香港同期腐

❶ 杜国强、贾济东：“徇私舞弊不移交刑事案件罪几个问题”，载《人民检察》2002 年第 7 期。

❷ 姜素红：“略论徇私舞弊不移交刑事案件罪”，载《江苏公安专科学校学报》2000 年第 3 期。

败案件的判决率是78.4%，比例明显高得多。这说明我国的执法环节尚存在不少问题。因此，有必要以职务犯罪刑事政策为指导，逐步矫正执法观念和执法行为。

（1）强化法治观念，促进严格执法，纠正以纪代刑。当代法治社会要求执法人员严格执法，然而，在现实生活中，传统礼治思想“刑不上大夫”的观念依然存在，执法机关和执法人员面对国家工作人员的职务犯罪，常常抱以理解、同情和宽容的态度，就低不就高，大事化小，小事化了，或者出于种种原因，以纪代刑，以致大量的职务犯未能进入司法程序，或者虽已进入程序，却被降格处理。这种做法严重地破坏了国家法制，纵容了职务犯罪，也极大地伤害了人民群众的感情。因此，执法人员要以“三个代表”重要思想为指导，坚持依法治国的基本方略，不断加强思想修养，培育现代法制理念，加强职业道德和执业纪律建设，统一执法思想，促进严格执法，纠正以纪代刑的做法，从重从严惩处职务犯罪。

（2）改革执法体制，加强经费保障，纠正以罚代刑。以罚代刑是有关机关在办理职务犯罪案件中存在的较为突出的问题，其客观原因在于执法机关的体制不顺，后勤保障不力。我国现行的“分灶吃饭”的体制决定了经济不发达地区必然存在办案经费和行政经费等严重不足的局面，有的地方提出“财政保温饱，小康自己找”的口号，有的地方政府甚至给政法机关下达创收指标，在这种现状况下，一些单位被迫为钱办案、办案为钱，甚至以罚代刑，严重违背法律面前人人平等的原则，造成恶劣的社会影响，人民群众对此深恶痛绝。因此，有关部门应加强调研，制定体制改革方案，完善执法经费的保障机制，切实保障办案经费和行政经费，以与办案的需要相适应，从制度上、保障上纠正以罚代刑。

（3）克服地方和部门保护主义，改善执法环境。有些地方和部门从局部利益出发考虑问题，将发展经济与打击职务犯罪对立起来，认为惩治职务犯罪会影响本地区的经济发展，损害本部门的利益。因此，他们对于有关机关查处职务犯罪的工作不仅不热心、不支持，而且往往利用职权或地位进行干预甚至阻挠办案，严重影响着办案的公正和效率。因此，改变司法权地方化、碎片化的现状，营造良好的执法环境和工作氛围，使执法活动冲破地方和部门保护主义的束缚，是在执法实践中贯彻职务犯罪刑事政策的重要保证。

（4）加强教育和培训，提高办案人员的业务素质。贯彻依法从重从严的方针，就必须提高办案人员的业务素质。精通业务，才能加大腐败案件的侦办力度，提高腐败被查处的概率，从而对腐败分子的心理预期产生巨大的影响；精通业务，才能进一步规范对腐败案件的量刑。现在，不同地区的法院对类似的腐败案件作出的判决结果相距甚远的情况已经引起越来越多的关注，有的判决结果甚至无法让人理解并受到社会舆论的批评，与入世的要求格格不入，对量刑进行规范，不仅涉及公平性的问题，也可以给腐败分子一个比较明确的预期，使他们不至于产生侥幸心理。而要做到这一点，就必须有精通业务的办案队伍，这就需要各级机关加大教育和培训的力度，不断更新办案人员的知识，提高办案人员的水平。

此外，惩治职务犯罪必须把握全局，协调基本刑事政策与具体刑事政策以及办案原则与策略的关系，沟通执法部门之间的关系，过好证据关、事实关、法律关和政策关，该严则严，该宽则宽，做到打防并举、宽严相济，从而全面、准确地执行刑事政策。同时，还应建立健全各项规章制度，建立职务犯罪的抗制体系，例如，健全举报制度和国家工作人员的财产申报制度等等，从而有效地打击和预防职务犯罪。

总之，要通过贯彻职务犯罪刑事政策，完善惩治和预防职务犯罪的刑事立法和执法活动，提高腐败分子职务犯罪的成本，努力创造良好的社会环境，以形成遏制犯罪的长效机制。通过建立一系列防范措施，将职务犯罪扼杀于萌芽之中，防患于未然。

69. 关于加强新世纪初期职务犯罪侦查工作的思考*

21 世纪头 20 年，是我们国家必须紧紧抓住并且可以大有作为的重要战略机遇期，也是检察机关职务犯罪侦查工作加快发展、大有作为的重要时期。全面分析这一时期职务犯罪侦查工作面临的新形势，研究确定职务犯罪侦查工作发展的新任务，深入探索加强职务犯罪侦查工作的新思路，具有十分重要的意义。以党的十六大精神和"三个代表"重要思想为指导，按照中央关于反腐败斗争的总体部署，我们结合检察实践，对加强新世纪初期职务犯罪侦查工作的若干问题进行思考，提出探索性意见，以期对职务犯罪侦查工作的创新发展有所裨益。

一、适应形势，迎接挑战，增强做好新世纪初期职务犯罪侦查工作的急迫感和责任感

党的"十六大"在明确指出我们党在新世纪新阶段必须高举邓小平理论、"三个代表"重要思想伟大旗帜，坚持走中国特色社会主义道路，努力实现全面建设小康社会奋斗目标的同时，全面部署了中国特色社会主义物质文明、政治文明、精神文明建设和全面推进党的建设新的伟大工程，并把健全社会主义法制、建设社会主义法治国家作为政治文明建设的重要内容，把坚决反对和防止腐败作为全党一项重人政治任务进行了系统部署，这必将对中国特色社会主义检察事业的深入发展起到根本性的推动作用。在全面建设小康社会、加快推及社会主义现代化的新时期新阶段，检察工作面临着新形势新任务：(1) 面临着全面建设小康社会的新形势和全面落实依法治国方略的新任务，检察工作必

* 本文在金鑫、吴旭明同志协作下完成，发表于《惩治与预防渎职侵权犯罪指南》2003 年第 4 辑，系作者 2003 年 11 月主持高检院课题的研究成果。

须坚持党的领导、人民当家作主和依法治国的有机统一，充分发挥检察机关的职能作用，为全面建设小康社会提供有力的法治保障。(2) 面临着改革发展的新形势和维护社会稳定的新任务，检察机关要增强忧患意识，居安思危，切实履行好维护稳定、打击犯罪、保护人民、服务小康的职能，为改革发展全力营造长期和谐稳定的社会环境。(3) 面临着全面推进党的建设新的伟大工程的新形势和深入开展反腐败斗争的新任务，检察机关既要正确认识反腐败斗争的长期性、艰巨性和复杂性，增强忧患意识；又要看到反腐败斗争的有利条件，增强必胜信心，始终坚持党中央确定的反腐败指导思想、基本原则、工作格局、领导体制和工作机制，始终突出查办职务犯罪大案要案，旗帜鲜明、毫不动摇地把反腐败斗争深入进行下去。(4) 面临着发展社会主义民主政治的新形势和建设司法文明、推进司法体制改革的新任务，检察机关要紧紧抓住当前的大好机遇，把改革作为推进新时期检察工作发展的强大动力，解放思想、开拓创新，不断推动检察事业深入发展。(5) 面临着社会主义法制建设的新形势和加强执法监督、维护法制统一与尊严的新任务，保障公民和法人的合法权益、加强对执法活动和司法工作的监督、确保法律严格实施都要求检察机关强化诉讼监督，促进依法行政和司法公正，维护法制的统一和尊严。

新形势为检察事业蓬勃发展提供了难得机遇，新任务为检察事业深入发展指明了方向，而检察事业的深入发展、法治建设的不断推进为职务犯罪侦查工作创造了良好条件，必将推动职务犯罪侦查工作取得跨越式创新发展。从总的形势看，在新世纪初期，随着我国将加快政府职能的转变、提高和扩大政府及司法工作的透明度、完善市场经济体制、规范市场行为，反腐败的社会和政治环境将会进一步改善，职务犯罪在总体上将会呈下降趋势，有利于职务犯罪侦查工作的开展。但是，在 21 世纪头 20 年，中国正处在“二元经济”的转型期、体制改革的转轨期、加入世贸组织的过渡期，职务犯罪会出现一些新变化新特点，职务犯罪侦查工作会面临一些新的挑战，执法环境和执法条件还亟待改善。

第一，从经济监管部门职务犯罪情况看。随着政府职能转换进程的加快，国家在实行宏观经济调控和实施宏观经济政策过程中，针对国内需求不足、市场疲软状况，继续推行积极的财政政策与稳健的货币政策，充分利用国债、世行贷款和外资扩大基础设施项目建设投资，拉动内需；继续加快建立社会主义市场经济体制，大力推行国有资产管理体制改革，积极发展民营经济。在这个大背景下，经济监管部门职务犯罪将出现以下特点：有的财政、计划、交通、水利、土地、建设、规划等部门国家机关工作人员利用大中型项目工程建设中的制度漏洞，利用掌管基金、国债、专款、专项资金的便利，或滥用职权，谋取私利，或违规操作，玩忽职守，导致专项资金惊人损失，酿成“豆腐渣”工程，造成楼垮、桥塌、路毁、人亡等重大责任事故的发生；有的经济监管部门工作人员非法侵吞、挪用社会劳动保障基金、养老保险基金、农村合作基金、公路铁路建设专项资金、水利堤防建设专项资金、移民建镇专项资金、优抚救济专项资金等，造成国家资产巨额损失、亏空，危及社会保障体制，破坏再就业工程的启动实施，影响攻坚扶贫计划的完成，直接破坏国家宏观经济政策实施和微观重大改革措施的顺利进行；有的外贸、经贸等监管部门工作人员滥用职权，权钱交易，徇私舞弊，支持、放纵、买卖进出口配额许可证，对外国商品倾销、不正当竞争、垄断或对我驰名商标抢注等行为麻木不仁；或收受贿赂放弃监管，导致我国民族产业、幼稚产业受到严重冲击，造成企业倒闭职工下岗，驰名商标丧失；或严重不负责任，导致重大失职被骗；有关国有资产经营、管理机关人员不按市场规律操作，在国企改革、民营化过程中，滥用职权，违法营运、处置、私分国有资产，或收受贿赂而非法进行产权交易，损公肥私，造成国有资产大量流失；有的体改、经贸、商贸、金融监管部门工作人员与不法人员内外勾结，收受贿赂，徇私舞弊，滥用职权，违法审核批准核销贷款、争取专项资金、定向招标项目，引发金融风险，逃废银行债务，挖国家，坑职工，肥自己；有的滥用、倒卖、骗取国家专营指标、配额、许可、补贴、专营贷款，给国家造成巨额经济损失；有的国家机关工作人员滥用经济监管权力，违法利用地方立法、执法和司法等手段，进行地方和部门保护主义，对外省外地商品在辖区内的经营经销非法禁止、排挤、干涉，扰乱市场机制的运作，破坏国内统一市场的形成。

第二，从行政执法部门职务犯罪情况看。市场经济既是法治经济，也是信用经济，它对政府机关的基本要求就是依法行政、严肃执法。但是少数行政执法人员执法不严、执法不公、执法犯法等现象的屡屡发生，贪污受贿、滥用职权、徇私舞弊、玩忽职守、利益驱动、插手经济纠纷等违法行为，往往严重破坏法治的统一，造成信用的丧失，主要表现在：有的海关、税务、工商部门工作人员知法犯法，有的支持、放纵走私贩私，放松国门监管，造成关税巨额损失；有的麻木不仁，置若罔闻，甚至权钱交易，搞假处罚、假申报、假拍卖，滥发证牌照，支持走私贩私活动，使走私贩私合法化；有的工商、文化、技术质量监督、药品监督、烟草、盐业等部门执法人员对假冒伪劣商品、有毒有害食品、黄色音像文化制品放弃监管，查禁不力，甚至以罚代刑，该移送不移送，致使有的地方侵犯知识产权案件、假冒伪劣商品、假冒伪劣药品、假冒伪劣农用生产资料、假冒伪劣香烟、食盐、有毒有害食品、黄色书刊音像制品泛滥，给人民群众生命财产安全造成严重损害，给社会风气带来严重污染；有的行政执法人员滥用审批权、核准权，权钱交易，徇私舞弊，虚假验资、虚假注册、伪造证件、滥发证照，使不具备资格的主体进入市场，使有资格的主体排斥在外，或者对进入市场的主体放松监管；或与会计、资产评估、拍卖等中介组织工作人员相互勾结，滥用职权，非法出具虚假证明文件、资质等级证书，违法发放证照，致使市场投机诈骗、招摇撞骗等违法犯罪现象滋生；有的税务征收稽查人员玩忽职守、滥用职权、权钱交易，少征不征应征税款，非法提供增值税发票，包庇纵容偷税、骗税、虚开增值税发票等犯罪，造成国家税收大量流失；有的土地、林业、建设规划管理工作人员玩忽职守、滥用职权、权钱交易，违法批准、低价出售国有、集体土地，违规违法发放林木采伐许可证，致使城镇农村国有、集体土地、森林资源、水利资源破坏严重；有的生产安全监管、技术质量监督工作人员收受贿赂、滥用职权，违法批准开采国家矿产资源，或搞地方保护主义、部门保护主义，该查禁的不查禁，该捣毁的不捣毁，致使该淘汰的设备流入市场、该停产的企业继续运营，破坏市场经济秩序，危害职工的人身安全，酿成重大责任事故；有的卫生防疫、血防检疫、动植物检疫、商品检验等部门工作人员玩忽职守、滥用职权、权钱交易，导致国外禁止入境的动植物品种、新型传染性疾病、国外垃圾流入境内，甚至在有的省份大面积传播，给我国公民的生命健康安全、动植物资源生存带来危险，贻害子孙后代；有的环境监管部门对严重污染环境的厂矿企业监督检查不力，甚至麻木不仁，或徇私舞弊，造成水土资源大量流失和环境严重污染，甚至酿成重大人身疾病、伤亡事故；有的行政执法人员滥用职权，违法设卡建站，乱收费乱罚款，中饱私囊，鱼肉外地企业及个体经营者，严重扰乱市场经济秩序；有的行政执法人员在执法过程中，野蛮粗暴，暴力执法，非法拘禁，或滥用职权，假公济私，从中“吃黑”，或报复陷害控告人、申诉人、批评人、举报人，或非法剥夺公民的宗教信仰自由，侵犯少数民族的风俗习惯，或捏造事实诬告陷害他人，严重侵犯公民的人身权利和民主权利。

第三，从司法机关职务犯罪情况看。司法是国家安定、社会稳定的调节器、安全闸，是社会公平正义的最后一道防线。当前，一些司法工作人员收受贿赂、滥用职权、徇私舞弊、枉法裁判犯罪有增无减，值得高度警惕：有的治安、交管、消防、边防等公安人员权钱交易、滥用职权、玩忽职守、徇私舞弊，致使黄赌毒禁而不止，非法移民呈上升趋势，非法买卖证、牌、照行为不断发生，重大恶性火灾、爆炸事故频发；有的行政拘留所、看守所人员收受贿赂、滥用职权、徇私舞弊、违法取保，或内外勾结，通风报信，阻碍侦查，甚至酿成严重后果。有的公安、检察人员越权办案，插手经济纠纷，从中牟取私利；有的滥用职权，非法拘禁涉案人员，敲诈、勒索财物，非法收取保证金，变卖、占用赃款赃物；有的玩忽职守，导致当事人自杀、脱逃等事故发生；有的收受贿赂，徇私枉法；有的为了小团体利益该行使法律监督职责的不行使，该纠正错误的不纠正，引发恶性案件发生。有的审判人员在刑事审判中滥用职权，徇私舞弊，收受贿赂；在民事审判中枉法裁判，徇私舞弊，权钱交易，甚至伪造证据制造冤案、假案、错案，串通一方当事人压制对方当事人调解结案以捞取好处，直接损害当事人合法权益，破坏司法秩序，损害国家司法权威；有的在诉讼环节违法动用诉讼保全、支付令、立案、启动再审等捞取好处；有的同律师、公证、物价、会计师、拍卖行等中介组织人员沆瀣一气，徇私舞弊，枉法裁判，从中收受贿赂；有的故意追加与案件无关的人员承担连带责任，使无关当事人利益严重受损；有的滥拘捕、滥执行与案件无关的人员、直接责任人员及其财产，酿成严重后果；有的为争管辖虚设诉讼标的，执法违法，导致裁判不公。有的公安看守人员、刑事审判人员与监狱管理人员相勾结，滥用减刑、假释、保外就医、暂予监外执行、留所服刑等职权，徇私舞弊，收受贿赂，使一些犯罪分子前门进、后门出，甚至私放罪犯，严重损害司法机关形象。有的律师、公证等法律职业者滥用职权，出具虚假证明材料、公证文书，伪造证据，利诱、胁迫证人作伪证，或收受贿赂，充当“讼棍”，制造假案，扰乱司法秩序；有的律师在执业过程中，隐瞒收益，偷税逃税，私分财产。有的司法人员充当黑恶势力后台和“保护伞”，包庇纵容黑恶势力犯罪，或直接参与犯罪，或为犯罪分子通风报信、帮助逃避刑事处罚，或为犯罪分子称霸一方、牟取经济暴利提供便利条件，以钱贿权，以权护钱，权权互保，危害一方；有的司法人员滥用执法权，没有合法手续非法拘禁当事人，或对当事人刑讯逼供、暴力逼取证人证言，没有合法手续非法搜查他人身体、住宅，非法对被监管人进行殴打或体罚虐待，严重侵害公民的人身权利和民主权利。

第四，从金融系统、国有企业及其他领域、行业职务犯罪情况看。金融系统、国有企业及其他领域、行业职务犯罪的热点问题值得关注，主要是：有些在银行、证券、保险等金融系统工作的国家工作人员利用掌管、经手现金、票据、贷款的职务便利，侵吞、挪用储户存款，收受贿赂违法发放贷款，甚至利用电脑网络等高科技手段贪污、挪用公款；有些在掌握国家经济命脉的国有独资公司、大型国有集团公司中从事经营管理的人员采取种种隐蔽手段将大量国有资产及经营收益转往国外境外予以私分、侵吞，或者在国有资产国外投资过程中乘机化公为私；有些国有企业工作人员签订虚假合同转移资产、变卖国有产权予以侵吞，利用国有企业产权制度改革、股份制改造等改革措施，在国有企业联合、兼并过程中，采用“移花接木”等手段转移、隐匿和侵吞国有资产，在与外商合资合作过程中，故意低估国有资产的价值，从中收取贿赂。有的在依照法律、法规规定行使国家行政管理职权的组织，如负责证券监管、保险监管、国家外汇管理，电力、铁路、航空、航天、水运、海运、粮食、棉花、国有资产管理的单位，农业发展银行、进出口银行、国有资产控股公司、国有农场、林场、大型水利、交通等基础设施建设工程管理、煤矿、石化、钢铁等政企合一性的公司、企业中从事公务的人员贪污受贿、滥用职权、徇私舞弊、玩忽职守；有的在受国家机关委托代表国家机关行使职权的组织，如有的党群团组织、行业协会和行业办中从事公务的人员贪污受贿、滥用职权、玩忽职守；有些虽未列入国家机关人员篇制但在国家机关中从事公务的人员，如政府机构在乡镇和街道办事处设立的计划生育指导站、科技推广站、林业站、种子站、医疗站、防疫站、法庭、工商所、派出所、财政所、土管所、法律服务所、税务所等“七站八所”的工作人员贪污受贿、滥用职权、玩忽职守、徇私舞弊；有的行政管理人员违法设置许可收费项目，乱罚款、乱收费，私自建立小金库，私分国有资产，损害政府形象，导致国家财源严重流失；有的滥用招收公务员和学生、提拔干部、培训或派遣人员出国等职权，徇私舞弊，制假造假，贪污受贿；有些在公安、检察院、法院、司法行政等部门担任法警、人民陪审员、合同制警察、治安联防队员等职务的人员，以及有的在行政机关非行政篇制的行政执法人员，如城市监察队的执法人员滥用职权、玩忽职守、权钱交易，或者非法侵犯公民人身权利、民主权利；有的国家机关工作人员在选举各级人民代表大会代表和国家机关领导人员时，以暴力、威胁、欺骗、贿赂、伪造选举文件、虚报选举票数等手段破坏选举，侵犯选民和代表自由行使选举权和被选举权，造成恶劣影响。

第五，从职务犯罪侦查工作面临的挑战看。入世“过渡期”职务犯罪的新变化新特点、党的十六大和发展社会主义市场经济以及世贸组织规则对检察工作的新任务新要求，对当前检察机关职务犯罪侦查工作提出了新的挑战。(1)对执法观念的挑战。市场经济规则和世贸组织规则要求政府必须从无所不管、无所不包的全能政府转向有选择、有重点管理的有限政府；从政企不分、直接干预经济转向加强市场监管、提供公共品服务；从封闭决策、政出多门、部门壁垒、地方分割转向透明、公开、公平、公正、统一的政府科学决策。所有这些，要求检察机关的执法理念、执法方式、执法作风与之相适应，坚决摒弃执法上的狭隘民族主义和地方保护主义观念，克服认为服务地方局部利益就是服务大局的片面服务观；坚决摒弃执法中的歧视性待遇和不平等待遇观念，克服只重视保护国有企业利益，忽视其他性质企业利益的片面“保驾护航”观；坚决摒弃侦查工作中的神秘主义，克服司法程序不透明，轻视当事人、证人、律师、诉讼代理人权益保护的狭隘“保密观”；坚决摒弃粗蛮的执法方式，克服依靠利益驱动、越权办案、插手经济纠纷、滥用强制措施来加强检察机关建设的错误“发展观”。(2) 对体制与机制的挑战。当前我国检察体制最不适应的地方在于检察权的“地方化”和“非职业化”。统一的检察权被地方有限的财力保障而分割，检察资源不能在区与区、省与省之间合理地流动配置，反映到职务犯罪侦查体制之中，主要是专业化和一体化不够；侦查指挥机制、侦查协作机制、重大疑难案件侦查运行机制、侦查官办案责任与激励约束机制、侦查工作监督制约机制不健全，导致侦查资源配置无序、侦查效率不高、侦查风险增大、侦查成本偏高。(3) 对人才素质的挑战。入世机遇与挑战、人权保障要求的增强、法治建设的更高要求以及渎职罪主体的刑法修订等，对职务犯罪侦查人员的素质提出了新的更高要求。现在职务犯罪侦查人员素质的欠缺主要是：法律专业知识还不能完全适应时代发展的要求，公平、正义、人权等现代法治观念还需要进一步牢固确立；知识面窄，综合技能不够，缺乏相关行业的管理知识，对相关行业的管辖范围、行业特点、权力运行、机制运转、监督调控、法律规范不熟悉；缺乏国际惯例、国际条约、国际公法、私法、经济法、WTO 规则等方面的知识；缺乏国际司法协助的知识与经验；缺乏对外语及高科技手段的掌握。必须尽快培养一批专家型、复合型、精英型的职务犯罪侦查人才。

第六，从执法环境和执法条件看。(1) 执法环境亟待改善。由于宣传不力，社会公众对职务犯罪严重危害性认识不够，有的把犯罪与违纪混为一谈；有的认为“决策失误不为罪”“为公滥权不犯法”“改革开放难免交学费”；有的存在畏难情绪，怕得罪人，认为查办职务犯罪是“费力不讨好”；有的党政负责人从本地、本部门的利益出发，过分强调保护干部的积极性而瞒案不报、压案不查，该移送不移送，甚至设置障碍，阻挠查处，造成一些检察机关立案难、取证难、认定难、处理难，严重影响反腐败斗争的效果。(2) 执法条件同繁重的职务犯罪侦查工作任务形成反差。职务犯罪侦查部门办案经费拮据，装备落后状况普遍存在。有的因经费无着落不得不压案不查；有的为了解决生存困难，违规插手经济纠纷；有的甚至搞利益驱动，办“人情案”“关系案”“金钱案”；职务犯罪侦查人员的职务薪金、岗位津贴、人身保险、离退休金等方面的保障机制不健全，执法风险保证金等经济责任制度尚未确立，导致侦查官权责利不协调，严重制约工作效率的提高；国际、区际间职务犯罪侦查协作机制还不完善，交流不活跃；装备落后、手段单一、效率不高、经费不足的状况，难以适应职务犯罪的智能化、科技化、隐蔽化、国际化趋势。

综上分析，职务犯罪在经过一个阶段的惩治后，受到了严重制裁。但在一些领域并未得到有效遏制，在某些部位仍呈发展态势。这些犯罪直接破坏了经济监管秩序、行政执法秩序和司法公正，破坏了国家政权及根本制度的基础，严重干扰了市场经济秩序，阻碍了依法治国进程，损害了党和政府同人民群众的血肉联系。归根到底，破坏了社会先进生产力的发展，阻碍了社会先进文化的建设，损害了广大人民群众的根本利益。检察机关要站在保护和促进先进生产力发展的高度，深刻认识加强职务犯罪侦查工作的重要性；站在保护和促进先进文化建设的高度，深刻认识加强职务犯罪侦查工作的必要性；站在维护和实现人民群众根本利益的高度，深刻认识加强职务犯罪侦查工作的急迫性；从实践“三个代表”、维权护制的高度，不断增强历史使命感、时代责任感和现实紧迫感，以坚定不移的决心，坚决有力的措施，坚持不断的工作，切实做好新世纪初期职务犯罪侦查工作，为全面建设小康社会提供有力的法治保障、创造良好的法治环境。

二、抢抓机遇，突出重点，明确新世纪初期职务犯罪侦查工作的战略任务和目标要求

当前，职务犯罪侦查工作面临着创新发展的良好机遇和有利条件：(1) 政治保障更加有力。党的十六大高度重视新时期的反腐败工作，强调要“加强对执法活动的监督，推进依法行政，维护司法公正，提高执法水平，确保法律的严格实施”“加强对司法工作的监督，惩治司法领域中的腐败”，并提出了推进司法体制改革的总体目标，这为加强职务犯罪侦查工作指明了发展方向，提供了有力的政治保证。(2) 法制保障更加完善。2002 年 12 月 28 日通过的全国人大常委会关于渎职犯罪主体范围的立法解释，扩大了渎职犯罪的主体范围，进一步扩充了检察机关查办职务犯罪的管辖权；全国人大常委会关于挪用公款罪有关问题的解释消除了检、法在适用法律上的分歧，为查办挪用公款案件提供了有利依据，也为进一步做好职务犯罪法律解释工作树立了典范；国务院出台的《重大安全事故责任追究制度》和《行政执法机关移送涉嫌犯罪案件的规定》等制度，为进一步做好职务犯罪侦查工作提供了宝贵的发展机遇。(3) 制度环境更加改善。世贸组织规则的引入，市场经济体制的建立，新一轮行政体

制改革的推进，必然要求我国进一步转变政府职能，规范市场行为，加强法制建设，改善社会和政治环境，彻底摒弃地方和部门保护主义，这为惩治和预防职务犯罪提供了更加良好的制度环境。十六届三中全会《关于完善社会主义市场经济体制若干问题的决定》强调，“按照依法治国的基本方略，着眼于确立制度、规范权责、保障权益，加强经济立法”；要求“加强执法和监督”“加大执法力度，提高行政执法、司法审判和检察的能力和水平”“按照权力与责任挂钩、权力与利益脱钩的要求，建立权责明确、行为规范、监督有效、保障有力的执法体制，防止和纠正地方保护主义和部门本位主义”“实行执法责任制和执法过错追究制，做到严格执法、公正执法、文明执法”。这鲜明地表明，完善社会主义市场经济体制为进一步加强检察机关职务犯罪侦查工作提供了有利条件和更高要求。(4) 执法环境更加宽松。各级党委和人大越来越重视和支持职务犯罪侦查工作，人民群众越来越关注查处职务犯罪大案要案，这为职务犯罪侦查工作的开展提供坚强后盾。(5) 队伍素质更加可靠。经过多年的磨炼，职务犯罪侦查部门已经积累了丰富的斗争经验，锻炼了队伍能力，提高了办案水平，这为进一步加强职务犯罪侦查工作打下了坚实基础。在新世纪初期，我们要充分利用这些有利条件，努力开创职务犯罪侦查工作新局面。

从维护国家长治久安，为加快推进我国物质文明、精神文明、政治文明建设，全面建设小康社会创造良好法治环境出发，我国控制和打击职务犯罪工作，应当实施“三步走”的战略规划，即：第一步，经过5年左右时间的工作，使职务犯罪高发的态势得到遏止和控制；第二步，经过10年左右的时间，使职务犯罪逐步减少并得到有效控制；第三步，到2020年，职务犯罪明显减少并得到有效预防。

根据职务犯罪侦查工作面临的新形势新任务，新世纪初期职务犯罪侦查工作的总体思路是：以“三个代表”重要思想为指导，围绕“强化监督、公正执法”的检察工作主题，牢牢把握加强办案全面提升侦查技战术水平和规范执法不断提高办案质量两条主线，以制度建侦、素质兴侦、科技强侦为基本途径，进一步推动职务犯罪侦查工作向着执法规范化、队伍专业化、装备现代化和体制一体化方向创新发展，增强职务犯罪侦查工作的法律效果、政治效果、经济效果、社会效果和服务效果。按照这一总体思路，近五年职务犯罪侦查工作的阶段性目标可以概括为以下八个方面：(1) 办案工作进一步深入。查办职务犯罪案件数和大案要案数要保持稳中有升的态势，查办新领域新罪名渎职犯罪案件进一步增多，查办经济监管部门和行政执法部门职务犯罪案件比例进一步提高。(2) 实战能力和执法水平进一步提高。深入认识侦查规律，熟练掌握不同类型职务犯罪案件侦查方法，形成智慧性侦查、主动性侦查的侦查办案模式。（3）办案社会效果进一步扩大。加大宣传力度，使查办职务犯罪大案要案深入人心，办案的法律效果、政治效果、社会效果和预防效果明显增强。（4）侦查体制更加协调。初步形成纵向指挥有力、横向协调配合的职务犯罪侦查工作一体化体制。（5）工作机制更加完善。上下一体、协调高效的侦查指挥协作机制和重大疑难案件运行机制有效运转，在查办大案要案中发挥重要作用；以侦查检察官办公室为单元的侦查运行机制全面启动运行，侦查工作水平和效率明显提高；内部监督制约机制进一步加强，办案质量考评制度科学完善，办案质量进一步提高，贪污贿赂犯罪案件起诉率保持在85%以上、渎职侵权犯罪案件起诉率保持在75%以上，撤案率控制在10%以下，侦查工作和执法行为进一步规范。（6）侦查保障更加有力。人、财、物由中央和省级财政统一预算、拨付。侦查装备初步实现科技化和现代化。（7）犯罪预防工作更加有效。主要领域、重点行业、重要部门建立起综合预防网络，发案率明显降低。（8）队伍素质显著增强。形成一批专业化、精英化的职务犯罪侦查检察官队伍。

三、创新机制，强化措施，开创新世纪初期职务犯罪侦查工作新局面

形势决定任务，决定方针政策，决定方法与措施。在21世纪头20年，我们要充分利用重要战略机遇期的有利条件，从斗争形势出发，围绕战略任务和阶段目标，坚持以“三个代表”重要思想为指导，明确工作重点，突出主攻方向，强化办案措施，创新工作机制，促进职务犯罪侦查工作取得突破性发展。

第一，强化行业突破意识，明确职务犯罪侦查工作的主攻方向。当前行政管理、行政执法、司法、经济监管等部门职务犯罪往往具有内外勾结、上下串通、多种环节的程序性决定等行业性特点，又往往同破坏市场经济秩序、妨害社会管理秩序犯罪相互交织。职务犯罪侦查工作应当明确办案重点，集中有限的人力、财力和物力进行行业突破，达到事半功倍的成效。当前重点应在八方面下工夫：（1）对重点工程要实施同步公开跟踪监督。对于中央、省、本地已建、在建、拟建100万元以上大中型基建工程，如桥、堤、坝、库、路、楼、校等，要主动同计委、交通、水利、教委、建委、招投标办、规划、土地等部门加强联系，实施重点工程建档建卡，预防管理。一旦发现职务犯罪线索，迅速组织力量开展同步公开调查。（2）对重点行业如劳动保险、人寿基金、国债服务、专款专项、优抚救济、行政收费、税务稽查、农金管理、交通监管、水利设施、建委专款等容易产生机制漏洞的薄弱部位，有选择、有计划、有步骤

地开展秘密初查，或集中侦查力量，从突破个案入手，开展系统抓、抓系统的方法，从重点行业突破职务犯罪案件。（3）深入经济管理、体制改革、资产监管等重点领域发现职务犯罪。把视野盯在重点领域、热点部位，时时掌握情况，排查线索，秘密初查，提高突破职务犯罪的能力，以重点领域突破推动多领域、多行业职务犯罪的突破。（4）要紧紧围绕国家实施扩张性宏观调控、扩大内需的政策，严肃查处在大型基础建设、生态环境建设、社会保障建设等重大项目中发生的职务犯罪案件。（5）要深挖为黑恶势力和严重破坏市场经济秩序犯罪充当“保护伞”的职务犯罪。重点查办国家机关工作人员徇私枉法、贪赃枉法、枉法裁判、泄露国家机密、滥用职权、私放在押人员等职务犯罪案件，以及行政执法人员徇私舞弊不移交刑事案件、放纵走私、放纵制售假冒伪劣商品、放纵生产销售坑农害农的假农药、假种子、假化肥等伪劣农生产资料、贪污、受贿等犯罪案件。（6）要密切关注以深化国有企业改革为中心的各项改革，严肃查处在国有产权重组、兼并、交易、企业破产等过程中发生的国有企业职务犯罪案件。（7）要适应加入世贸组织新形势要求，严肃查处在行政审批、许可，配额发放，质量、卫生、防疫、环保、服务等市场监管及市场准入等过程中发生的职务犯罪案件。（8）要围绕加强人权保障，严肃查办国家机关工作人员利用职权实施的刑讯逼供、非法拘禁、暴力取证、破坏选举等侵权犯罪案件，保护公民的人身权利和民主权利。

第二，强化主动出击意识，广泛开辟职务犯罪的案源渠道。建立以信息传导机制为主要内容的侦查信息资源收集、传递、储存、综合分析、选择利用的网络体系，积极争取和牢牢掌握侦查主动权。（1）建立完善涉案线索移送、提前介入、个案协查三项制度。把与审计部门建立的“三项制度”，向纪检监察部门、组织人事部门、经济监管部门、行政执法部门及其他行政管理部门延伸，扩大发现线索和加强协作的范围。（2）建立完善金融信息、个案查处情况交换通报制度。密切与银行、证券、保险等金融部门的联系，完善涉案查询、扣押、划拨制度，经常交换金融信息及案件查处情况。（3）建立行政处罚文书备案查询制度。建立和完善与行政执法部门的情况通报制度，定期对处罚文件进行交叉检查。（4）建立多部门信息数据库情报交换制度。利用政府“上网工程”，同公安、安全、边防、边贸、外事、规划、建设、金融、证券、海关、工商、质检、商检等部门联网，经常交换信息，适时分析形势，进行犯罪预测，增强预见性和工作主动性。（5）加强技侦手段建设。加强与公安技侦部门的联系，密切配合，简化程序，提高效率；赋予检察长对职务犯罪嫌疑对象批准使用技术侦查措施的权力，同级公安机关只需核准执行。（6）加强案件线索管理。完善检察机关内部线索移送制度和举报线索分流时效约束制度。(7) 积极开展个案司法协助活动。针对国内犯罪国际化、国际犯罪国内化的新趋势，加大国际司法合作力度，积极加强同国际刑警、司法、检察组织的协作与联系，开展。建议在高检院组建五个洲际区域司法协助工作组：①周边国家工作组，重要协调俄罗斯、蒙古、缅甸、越南、泰国、韩国等周边国家的司法协助工作；②欧盟工作组。要高度关注欧盟检察一体化的进程，充分吸收、借鉴他们在区域国际合作、司法协助、文化交流方面的新成果、新法律为我所用；③亚太工作组，主要协调美国、加拿大、日本、澳大利亚、拉丁美洲等国家的司法合作与协助。④非洲工作组。⑤港澳台工作组。各省级院都要设立涉外司法协作办公室，统一办理本省涉外协查事务。

第三，强化侦查规律意识，提升侦查实战能力和总体水平。研究各类别的犯罪案件，摸索总结职务犯罪侦查工作规律和方法，能有效争取工作主动权。从职务犯罪案件的管辖分析，结合以事立案侦查方法的探索，切实把握不同类型职务犯罪案件的侦查规律：(1) 对贪污贿赂犯罪（12 个罪名）和侵权类犯罪（7 个罪名）案件的侦查。这类犯罪嫌疑人相对确定，危害后果相对清楚，应主要采取“由人到事型”的侦查方法，侦查人员的重要任务是收集证据、固定证据、排除干扰与阻力，制服反侦查，认真把握犯罪嫌疑人的犯罪行为与危害后果之间的必然因果关系，从事实、证据、犯罪构成等方面给予锁定，达到使有罪的人受到法律制裁，无罪的人不受法律追究的目的。(2) 对玩忽职守类犯罪（10 个罪名）案件的侦查。对这类犯罪案件的侦查方法可概括为特殊的“由事到人型”的侦查方法，这类案件通常表现为一个具体的危害后果和一个重大责任事故的发生，且带有明显的行业特点，技术性特征，而玩忽职守、失职行为所造成的危害后果或重大事故，通常显现出现的是一般刑事犯罪主体。侦查工作的关节点是排除管辖障碍，克服行业知识劣势和侦查人员心理畏惧等，以我为主，抓住战机，适时出击同步公开调查收集证据；或请专家鉴定，确定损害结果，由果追因，由事查人；或大胆运用以事立案手段开展侦查，确定犯罪嫌疑人，认定其应负的法律责任。针对玩忽职守、失职犯罪行为同滥用职权、徇私舞弊、贪污贿赂、权钱交易相交织的特点，从普通的重大责任事故、偷税漏税、合同诈骗、一般经济犯罪中深挖失职渎职犯罪、贪污贿赂犯罪，进而深挖案中案、案套案、窝案、串案。(3) 对于滥用职权、徇私舞弊类犯罪（含监所管辖 4 种犯罪、刑法修正案新增 1 种犯罪计 24 个罪名）案件的侦查。从侦查方法看，这类案件是“人事结合型”的侦查方法。这类案件中既有明确的犯罪主体，又有相对概括的危害或具体事件，侦查工作的方法仍然以由事到人为主，这有利于我们及时开展公开同步调查，查明事件真相，对危害结果进行固定、鉴定，再运用秘密初查、立案侦查等方法解决由事到人，进而突破案件。(4) 对行业性犯罪的侦查。这类犯罪侦查工作的关节点是，既要获取各个环节职权的滥用性、私利性与危害结果之间的必然联系，又要获取各个程序的关联性证据，突破窝案串案。侦查的一般方法是由点到面，由原案到职务犯罪案件，循线深挖，由下向上或由上向下，上下合击，内外夹击，行业推进。

第四，强化侦查谋略意识，切实提高侦查技战术水平。针对整体侦查破案能力不强、技战术水平不高的状况，要认真总结侦查破案方法，研究侦查策略，逐步探索"智慧办案"的职务犯罪侦查工作新路子。(1) 围绕证据开展侦查工作。切实转变侦查观念，牢固树立证据意识，实现由供到证、以供取证向由证到供、供证结合的侦查模式转变，既全面收集账证、物证、书证，及时转化视听资料证据，又及时收集同案人或知情人、证人言词证据，还要高度重视犯罪嫌疑人口供的及时固定，善于运用现代科技手段在反侦查活动中进行动态取证，及时获取再生证据，运用多种方法补强证据。(2) 加强审讯工作。重视审讯人才的培养和讯问基础设施、科技器材建设，研究审讯规律，运用审讯谋略，提升审讯针对性、智能性，促进案件的突破。(3) 注重整体作战。加强统一指挥，逐步由单兵作战、小组单元、孤立作战转变到预审、搜查、追逃、追赃、协查、技侦支持、密捕等多种作战单元整体组合、上下互动、内外协作为主的侦查模式，优化资源配置，减少侦查成本，降低侦查风险，提高侦查效率。(4) 加强规范化建设。对侦查工作程序实行流程化管理，办案质量实行标准化管理，办案行为进行规范化管理，办案效果实行综合量化考核评议。

第五，强化刑事政策意识，增强职务犯罪侦查工作的综合效果。坚持党和国家刑事政策对职务犯罪侦查工作的指导作用。(1) 坚持依法从重从严方针。保持惩治职务犯罪的强大声势。(2) 坚决反对逼供信。坚持重证据、重调查研究，不轻信口供，以证据为核心开展侦查工作，提高收集、固定和运用证据的水平。(3) 坚持宽严相济。兑现坦白从宽、抗拒从严的政策，对不同的犯罪嫌疑人实行区别对待、分化瓦解。(4) 维护法制统一。坚决防止和克服利益驱动、执法不严、办案质量不高等问题。(5) 依法保障人权。严格执法，文明办案。(6) 坚持"一要坚决、二要慎重、务必搞准"的原则。不枉不纵，不错不漏，坚决有效地惩治职务犯罪，杜绝冤、假、错案发生。(7) 坚持打防并举。实行打击与保护、惩治与预防相结合，达到执法的法律效果、政治效果和社会效果的有机统一。(8) 适时开展抓系统、系统抓，重点查处大案要案。坚持在战略上整体规划，在战术上分阶段实施的斗争策略，抓住有利时机，对职务犯罪进行抓系统、系统抓，重点查处，以惩治职务犯罪的新的阶段性成果取信于民。(9) 坚持“企业为本”与“以法为本”并重。在查办企业人员职务犯罪案件时更要牢固树立大局意识、服务意识，注意遵循“八条措施”：①坚持“一要坚决，二要慎重，务必搞准”的原则。对改革开放过程中遇到的法律政策界限不明、罪与非罪界限不明的问题，按照“三个代表”的根本要求和罪刑法定原则慎重处理，对一时难以定性的案件要加强调查研究，及时请示报告。②正确区分和处理罪与非罪的界限，坚持“五个区分”：严格区分和正确处理经济纠纷与经济犯罪的界限，改革探索中出现失误与违法犯罪的界限，执行政策中出现偏差与钻改革空子实施犯罪的界限，合法的劳动收入、非劳动收入与贪污受贿、私分国有资产的界限，经济活动中的不正之风与经济犯罪的界限，依法惩治犯罪者，保护无辜者，支持改革者，挽救失足者，教育失误者。③讲求司法公平。摒弃执法活动中的地方保护主义和部门保护主义，对国有企业与民营企业、内资企业与外资企业的合法权益给予平等的司法保护，为各类市场主体平等使用生产要素创造良好的法治环境。④保护守法的企业家。既要依法查办在国有企业改革、转制之机挖国家、毁企业、坑职工的企业“蛀虫”，又要注重保护企业家的合法权益，尊重企业家的劳动创造，帮助营造良好的创业环境。⑤注意维护稳定。在查办涉及侵犯企业下岗职工、低保失业人员、城市贫困居民等弱势群体利益的职务犯罪案件时，防止可能引发的群体性、突发性、恶性事件，主动配合有关部门做好思想政治工作，缓解社会矛盾，化解不安定因素。⑥改进侦查方式，坚持“五个慎重”。初查、立案、采取强制措施、调查取证都要注意选择恰当的办案时机和方法，慎重使用强制性措施；慎重查封、冻结企业账目和银行账户；慎重扣押企业涉案财物；慎重着警服、开警车到企业办案；慎重宣传企业职务犯罪案件，尽量避免给企业形象和产品声誉造成负面影响。查办企业管理者或关键岗位工作人员的犯罪案件，采取强制措施前要及时向企业主管部门或企业党组织通报，确保生产经营活动不受影响；积极追缴赃款赃物，依法该返还的及时返还。⑦依法保障人权。严禁刑讯逼供，保证犯罪嫌疑人合法权益不受侵犯；严禁非法限制证人的人身自由或者侵犯证人的其他合法权利；依法支持律师履行职责；对查明确属受到错告、诬告者要依法给予保护，及时澄清是非；对诬告、陷害者，要依法追究。⑧严肃办案纪律，做到“五个严禁”：严禁越权办案，插手经济纠纷；严禁利用办案到企业吃拿卡要；严禁借办案和预防之机拉赞助；严禁借口办案和预防干预企业的正常生产经营活动；严禁干预市场主体合法自主的行为。

第六，强化诉讼民主意识，讲求侦查文明。检察机关在侦查工作中要依法保障人权，做到严格依法，文明侦查，在办案中实行人道主义关怀。依法保障犯罪嫌疑人的诉讼权利，严禁刑讯逼供和侮辱人格，尝试“铁法柔情”式的人情化办案；杜绝超期羁押，严禁初查中限制人身自由等非法拘禁行为；文明搜查，杜绝抄家式搜查；充分履行告知义务；尊重证人的合理要求，严禁非法限制证人的人身自由或者侵犯证人的其他合法权利；依法支持律师履行职责，积极听取律师意见，严禁限制律师为犯罪嫌疑人依法提供法律咨询和法律帮助；实行办案回访考察制度，虚心听取当事人家属、单位及社会各界对具体案件侦查工作的意见和建议。

第七，强化创新意识，积极推进侦查体制和机制改革。(1) 加快建立职务犯罪侦查一体化体制。有三个方案可供选择。方案①，在现有职务犯罪侦查体制基本不变的情况下，更多地采取参办、督办、指导办等方式，加强上级职务犯罪侦查部门对下级的指导力度；方案②，以省级院和市州分院侦查指挥中心为平台，对重大职务犯罪案件采用上收一级办理的方式，或指定异地检察院管辖、办理；方案③，实行省以下职务犯罪侦查部门垂直领导，在高检院、省级院和市州分院成立渎职侵权检察局和反贪（总）局，市州分院渎职侵权检察局、反贪局统一领导和管理本地职务犯罪侦查部门的人、财、物，统一管理案件线索，统一调配人员，统一指挥辖区内职务犯罪案件的办理。(2) 建立侦查检察官办公室团队侦查机制。高检院设立首席侦查检察官，省院设立总侦查检察官，各市、州、分院设立高级侦查检察官，县、市、区院设立主任侦查检察官办公室。以市州分院为例，在高级侦查官之下设立 5 个主任侦查官办公室，每个办公室配置执行侦查官、书记官若干名。第一侦查官办公室负责侦办经济监管部门的职务犯罪案件，第二侦查官办公室负责侦办行政执法机关的案件，第三侦查官办公室负责侦办司法部门的案件，第四侦查官办公室负责侦办其他国家机关和准国家机关的案件，第五侦查官办公室负责指挥协调、行动支持和综合服务。在某个侦查官办公室任务不饱满时，可以成建制的配合其他侦查官办公室的工作，或按入选的人才库成篇制抽调参加全国、省、区域及异地管辖的重特大案件的侦查。具体设置见附表。(3) 建立健全侦查指挥、协作机制。尽快形成上下一体、协调高效、反应灵敏的侦查指挥体系运行机制。加强基础建设，明确职责权限，规范运作方式，配备指挥装备，保障运行经费。充分发挥组织、指挥、协调、指导等职能作用，强化实战功能，对有重大影响的大案要案，统一调度办案力量；对可能遇到干扰的大要案，依法指定管辖；对突破遇到困难的案件，组织专家集体会诊，动用人才库参与办案。加强侦查协作，侦查指挥中心负责协调处理下级院在大案要案侦查中争议事项，协调处理紧急线索，处置办案中的重大情况和事项，协调处理对职务犯罪案件潜逃、脱逃人员的通缉、边控手续及备案管理，协调处理跨省、跨地区侦查协作、协查有关事宜；协助办理涉外和涉港澳地区案件个案协查的有关工作。(4) 建立有效的内部监督制约机制。推行侦、捕、诉“三三协同”制度，即建立与侦查监督、公诉部门相互配合的工作机制，三部门实行双向“三个延伸”：批捕部门向前延伸到侦查环节，起诉部门向前延伸到预审环节，侦查部门主动向后延伸，在批捕、起诉部门的引导下，做到证据的收集、补充、固定环环相扣，防止翻供翻证。坚持“三项跟踪”：侦查部门主动跟踪案件的批捕、起诉、审判环节，关注案件的动态发展，掌握第一手信息，总结办案经验与教训，促进办案水平的提高。明确“三段责任”：侦查环节负责立案准，批捕环节负责批捕准，起诉环节负责起诉准，从而真正实现“分工负责、监督配合”的要求，形成合力，及时有效地打击犯罪。(5) 加强完善外部监督机制。在试点基础上，抓紧完善和全面推行人民监督员制度，通过规范的程序监督检察机关的执法活动，使社会监督程序化、规范化、制度化，既保证检察机关职务犯罪侦查工作的公正度，又树立检察机关职务犯罪侦查活动的公信度，还能获得社会各界对检察职务犯罪侦查工作的支持度。在试点完善中，要进一步突出该制度的监督主体的广泛性、监督活动的公正性和监督程序的刚性，保障监督制度的合法性、有效性。同时，进一步加强与完善主动接受人大代表、政协委员和人民群众监督的制度与机制，改革并加强与公安、法院相互依法制约的渠道、手段与机制，尽快形成可操作性制度。

第八，强化科技强侦意识，提升侦查装备水平。以信息化建设为主线，加快侦查技术装备建设和应用，全面提高职务犯罪侦查部门的整体实战能力。要按照严格依法、准确定位，立足当前、着眼发展，统一规划、分步实施，统筹兼顾、资源共享的原则，制定“科技强侦”发展规划。(1) 以信息网络的侦查指挥系统为平台，对跨区域、跨省及全国性重特大案件统一组织指挥协作。(2) 以省区局域网为载体、案件管理系统为依据的侦查指挥系统，负责重大案件的督办、参办、提办等工作，并对备案审查、适用法律、运用强制措施、起诉、判决情况的全过程进行跟踪监督。(3) 以侦查检察官办公室为单元的“五机一箱一车”装备，切实提升装备水平和实战能力。每个渎职侵权检察局都要积极实施“五小工程”，即建立一个软件指挥系统、一个网页、一个案件情况资料库、一个侦查人才数据库、一个社会情报资料库。每一个侦查官办公室都要装备微型摄像机、照相机、录音机、手机、寻呼机和勘察箱、勘察车。

第九，强化人力资源意识，建设高素质专业化的侦查队伍。(1) 开展应知应会的基本知识和基本技能培训。面向全体职务犯罪侦查人员，采取岗位练兵、短训与干警自学相结合等方式，主要培训从事职务犯罪侦查工作所必需的法律、检察、侦查、行业管理和科技知识。(2) 大力实施“零起步”工程建设。主要是围绕职务犯罪侦查工作的特点实行侦查检察官能力等级管理。侦查检察官的能力等级应当从两个层次综合评定，第一个层次，即侦查检察官必须具备的基本素养，包括法律知识、政策水平、侦查学、预审学、检察学、外语、计算机知识；第二个层次，即侦查检察官应当具有查办多个行业犯罪的实战经验，掌握一定的行业管理知识。刑法规定职务犯罪涉及70多个国家机关行业，具备5个行业知识和实战能力的侦查检察官为第一能力等级，10个的为第二能力等级，以此类推。只有这样确定能力等级，才是符合职务犯罪侦查工作规律的管理办法。因此，实施“零起步”工程的当务之急，就是要认真开展以提高职务犯罪侦查技能基本功为主要内容的培训和专门知识培训，主要面向侦查骨干和侦查人才库人员，采取集中办班专门培训或抽调办案等方式进行，针对当前某些特定领域、特定行业、特定形式犯罪侦查所需要的特别专长，有计划地组织进行金融、证券、经济监管、行政执法、贸易、计算机等专门知识的培训，进行行业规范与侦查方法培训，强调对所学专业的熟悉把握程度和实际操作能力，突出培训的实用性、针对性，着重提高实战能力。(3) 组织开展指挥能力培训。主要针对各级院侦查部门负责人，重点围绕决策、指挥和协调等内容进行，突出培训现代高科技条件下远程指挥、网络传输、综合运用社会信息进行实战等新工作方式、方法的运用，把握职务犯罪侦查工作的主动权。

第十，强化组织领导。各级检察院党组要坚持把查办职务犯罪工作摆在突出位置，不断加大办案力度，集中精力查办职务犯罪大案要案。(1) 主动争取党委领导、人大监督、政府支持。积极向党委汇报同职务犯罪作斗争的形势，将职务犯罪侦查工作纳入反腐败斗争的总体格局，主动依靠党委领导、人大支持排除干扰阻力。要主动争取向人大专题报告职务犯罪侦查工作，争取作出地方性决议；将职务犯罪侦查工作纳入人大执法检查的重要内容，接受检查、视察，争取监督和支持。(2) 优化渎职侵权检察部门同反贪部门人员比例。根据全国人大常务委员会关于渎职犯罪主体的扩大解释，渎职犯罪主体范围大量增加，所涉及的行业部门也大量增加；因此，应增加渎职侵权检察部门人员比例，可以考虑按照渎职侵权检察部门与反贪部门人员各占总人数15%的比例进行配备，以切实加强职务犯罪侦查工作。(3) 建立侦查检察官执业保障机制。同民航、铁路等交通部门和边检、海关等部门加强联系，建立侦查检察官执行任务的优先权制度；加强执业经费保障，设立侦查检察官特殊津贴和人身保险基金。要合理解决侦查检察官的职级待遇。首席侦查检察官、总侦查检察官、高级侦查检察官应当享受副检察长级待遇，主任侦查检察官应当享受部门正职待遇。在条件成熟时应将侦查检察官职级待遇同检察官等级、职级挂钩。总侦查检察官、高级侦查检察官、主任侦查检察官的任职应征询上一级检察院同意，并定期向上一级检察院述职和报告工作，实行上级院为主本级院协助的双层管理；未经上一级检察院同意不得被免职、降级、调离、辞退或处分。

（4）加强调查研究和理论创新。认真研究、分析多年办案工作积累下来的成功经验，从理论的高度提炼、整理，形成具有较强指导性和操作性的实战理论。加强入世后职务犯罪的发展趋势及对策研究，增强侦查工作的预见性和超前性。加强对检察机关侦查权的性质、地位、作用、行使原则、程序以及职务犯罪侦查体制、机制、保障等问题的研究，形成既有中国特色，又反映世界各国职务犯罪侦查先进思想成果、比较完善的职务犯罪侦查理论体系，为职务犯罪侦查制度创新、机制创新提供理论武装和智力支持。

70. 加入 WTO“过渡期”职务犯罪的发展趋势及其对策*

以加入 WTO 为标志，中国政治、经济、文化及法制建设步入了新的历史发展时期。与此同时，职务犯罪将出现新的变化，预防和惩治职务犯罪工作面临新的挑战。对职务犯罪发展趋势进行深入分析预测，研究应对措施，是当前预防和惩治职务犯罪，服务改革、发展、稳定大局一项重大而急迫的课题。

一、加入 WTO“过渡期”职务犯罪的新变化和新特点

WTO 规则是战后 140 多个国家和地区经过几十年的探索而形成的，是发展中国家与发达国家求同存异的产物，是人类社会先进文化理念、先进管理方式的智慧结晶。加入 WTO，有利于改善中国经济发展所需要的相对稳定的外部环境，融入 WTO 界经济主流；有利于中国平等地同其他国家和地区进行经济贸易活动，拓展国内市场与国际市场；有利于促进国民经济持续、健康、快速发展；也有利于推进中国的民主与法治建设。因此，加入 WTO 同“三个代表”要求是相一致的。

从预防和惩治职务犯罪方面看，为了履行国际承诺和适应 WTO 规则，中国将会促进和加快政府职能的转变、提高和扩大政府及司法工作的透明度、完善市场经济体制、规范市场行为，反腐败的社会和政治环境将会进一步改善，贪污受贿、渎职侵权等腐败现象在总体上将会呈下降趋势。为了减少加入 WTO 对中国相关体制、机制、管理、市场衔接产生的震荡，世贸组织给予中国 5 年“过渡期”、对外贸易体制 8 年“加入 WTO 审查期”。加入 WTO 后的

---

* 本文在金鑫同志的协作下完成，发表于《领导工作研究》2002 年第 8 期；收录于《中国法学会刑法学研究会 2002 年年会论文选集（下）——刑法热点问题与西部地区犯罪研究》，中国政法大学出版社 2003 年版。

“过渡期”，职务犯罪必然出现一些新变化和新特点，将会是“相对高发期”。

第一，从体制转换看，加入 WTO 必然要求中国政府转变职能，加快行政体制改革，真正实现政企分开，这为预防和减少职务犯罪提供了体制安排。但在“过渡期”由于双轨体制运行，渎职等职务犯罪有可能多发。据世界银行的一项调查，“看不见的手”（市场机制）存在严重的激励不足和约束不力，造成“看得见的手”（行政权力）扭曲、变形，是“经济转轨期”腐败加剧的重要原因❶。“过渡期”腐败可能增多的原因：（1）由于大量国有资产产权界定不清，管理责任不明，极易滋生“委托—代理问题”，给一些国家机关工作人员滥用职权、权钱交易提供机会，使一些不法分子趁机慷国有资产之慨，化公为私。（2）由于市场机制不完善，市场主体竞争机会不均等，资源配置还受到行政权力的过度束缚，加之有的行政人员执行法规政策的随意性，给各种“寻租”“逆向选择”行为以可乘之机。（3）加入 WTO 要求调整经济结构，民营化的进程必将加快。而一些民营业主为了获取政策优惠抢占市场，或者为减少某种行政干扰而寻求庇护，这就为少数国家机关工作人员不按市场法则办事、滥用职权、徇私舞弊、贪赃枉法、损公肥私提供了机会和条件。（4）社会团体、行业自治组织等新兴非政府组织、中介组织大量涌现，其管理尚未规范化，辅助政府协调、管理经济的功能未能完全发挥，可能会造成一定的制度真空，增加职务犯罪产生的几率。（5）国内仍将实行扩张性宏观调控措施，即积极的财政政策与稳健的货币政策，充分利用国债、世行贷款和外资扩大基础设施项目建设投资，拉动内需。在大中型项目工程建设中，财政、计划、交通、水利、土地、建设、规划等部门少数国家机关工作人员利用制度漏洞，滥用职权，玩忽职守，牟取私利，造成楼垮、桥塌、路毁、人亡等重大责任事故仍会频频发生。（6）“过渡期”财富分配差距的扩大、行政体制改革带来的危机感和失落感，对一些国家机关工作人员造成了心理冲击，极易产生“不捞白不捞”“有财一起发”和“有权不用过期作废”的投机心理，增加滥用职权、徇私舞弊、权钱交易等职务犯罪产生的概率。

第二，从政策措施看，加入 WTO“过渡期”逐步降低关税和取消非关税壁垒，为预防和减少职务犯罪提供了政策支持。但在降低关税和取消非关税壁垒等承诺的实施中，职务犯罪可能出现新动向。在“过渡期”中国关税高于发达国家平均水平数倍的状况下，走私犯罪不会迅速下降，他们仍然会变换手法，变换走私对象，加紧攫取非法高额利润。同时，随着开放口岸和进出口货

❶ 潘云良：“反腐败的思考”，载《望新闻周刊》2002 年第 3 期。

物吞吐量大幅增加，海关监管任务将十分繁重。在境内外走私分子引诱、拉拢、腐蚀下，少数海关工作人员滥用职权、放纵走私、索贿受贿，使一些进出口商偷逃关税、从中渔利的犯罪仍将多发。在“过渡期”内，近400种产品实施的非关税措施（配额、许可证、特定招标）将会逐步取消。但是取消之前，这仍将是少数国家机关工作人员乘机实施职务犯罪的热点问题。

第三，从市场准入与让出看，加入WTO后中国将承诺开放涉及24个行政部门监管的货物贸易、服务贸易、知识产权相关贸易17个领域的市场。政府为了培育市场主体、调整经济结构、促进国民经济与社会发展相协调，宏观调控措施的力度加大，监管市场的责任加重，海关、税务、工商、技术质量监督、商检、药检、动植物检疫、金融监管、证券监管、保险监管等部门的地位和作用将会日益提高。在微观规制方面，行政审批职能将会大大减少，一些行政部门如计划、财政、外贸、经贸、农业、粮食等直接干预经济的权力范围将会缩小。这些为预防和减少职务犯罪提供了市场制度安排。但值得警惕的是，在“过渡期”，一些行政部门和行政执法人员可能会滥用审批权、核准权，徇私舞弊、虚假验资、虚假注册、伪造证件、滥发证照，使不具备资格的主体进入市场，使有资格的主体排斥在外，或者对进入市场的主体放松监管，少征不征税款、非法提供增值税发票，放纵犯罪，从而扰乱正常的市场秩序，给国家、集体和消费者的利益造成严重损害。加入WTO后，中国还承诺让出一部分如农产品6个类别14个品种原来属于国有专营的市场，降低国营贸易的比例，允许私人和民营经济进入。这为预防和减少农产品监管部门及其人员职务犯罪提供了政策支持与市场制度安排。但同时应当警惕和依法惩治少数国家专营机关工作人员滥用、倒卖、骗取国家专营指标、配额、许可、补贴、专营贷款，与不法商贩内外勾结，给国家造成巨额经济损失的犯罪。

第四，从市场信用看，市场经济就是信用经济，加入WTO后营造良好的信用环境任务十分繁重，尤其是迫切需要加大对知识产权的保护力度。但在“过渡期”，盗版侵权、假冒伪劣等侵犯知识产权犯罪、不正当竞争犯罪，将会成为新的犯罪热点。少数行政执法机关、经济管理部门工作人员徇私舞弊不移交刑事案件、放纵制售假冒伪劣商品犯罪、以罚代刑、权钱交易等犯罪案件将多有发生，给正常的市场秩序造成破坏。据国家经贸委资料统计，2001年全国整顿和规范市场经济秩序中查处了一大批案件，但移送司法机关追究刑事责任的很少，如2001年全国查办药品、医药器械打假案件3.87万件，仅移送追究了296人的刑事责任；查办农业生产资料打假案件2.94万件，仅移送追究了239人的刑事责任；查办拼装汽车打假案件3 478件，仅移送追究了55人的刑事责任；查办棉花打假案件 2 005 件，没有追究任何人的刑事责任等❶。如此大的反差，需要引起职务犯罪侦查部门的高度关注和重视。

第五，从市场监管手段看，运用反补贴、反倾销、反垄断、反歧视的监管手段，是政府保护民族幼稚产业，维护、保障市场秩序和国家经济安全的重要职责。由于国际货物贸易、服务贸易、相关知识产权贸易尤其是政府采购中贿赂、回扣盛行，国内一些具有市场监管职责的机关及人员滥用职权、徇私舞弊、玩忽职守、收受贿赂放弃监管，放任国外产品倾销、垄断国内市场，冲击国内幼稚产业，引发社会不安定事件，使国家利益遭受严重损失的案件会时有发生。依法惩治这些新领域职务犯罪的任务繁重。

第六，从犯罪区域看，加入 WTO 后国际贸易、投资迅猛增加，发达国家的跨国公司在国际贸易、投资中将会通过支付回扣、手续费、佣金、争取本国政府税收免让的特别保护等手段来打开包括中国在内的发展中国家的市场。这可能成为引发中国家机关工作人员失职被骗、滥用职权、权钱交易、玩忽职守等犯罪多发的直接诱因。同时，国内犯罪国际化、国际犯罪国内化的趋势加快，这些案件的犯罪行为或结果地域的国际化和犯罪手段的高科技化，给侦查工作增加了前所未有的难度❷。国际司法协助、引渡、调查取证、质证、扣押等难题，给司法机关证实、揭露和指控犯罪造成很大困难，这些尖锐问题将摆在我们面前。

第七，从经济全球化负面效应看，加入 WTO 后国外发展市场经济中的暗流如黄色经济、白色经济、黑色经济（黄、赌、毒、洗钱、黑社会等），在世界各国加大打击力度的情况下，将会向中国渗透、转移，将可能成为今后一个时期中国刑事犯罪的高危区。这些领域的犯罪分子为坐大成势，谋取暴利，长期生存，在境外必然同恐怖、黑恶势力相勾结，在境内必然从“三机关一部门”寻求“保护伞”“代理人”，达到以财贿权、以权护钱、权钱互保的目的。因此，打击黑恶势力犯罪、破坏市场经济秩序犯罪及其“保护伞”犯罪案件，仍将是十分艰巨的任务。

第八，从国家安全看，加入 WTO 后某些敌对势力对中国实施“渗透”“分化”的战略并未改变，手段还会更加隐蔽，他们“以商养政”、渗透破坏，攫取政治、军事、经济情报的活动将更加频繁，破坏政治稳定和社会安定的事件可能增多。因此，我们要未雨绸缪，防患未然，警惕和防止少数国家机关工

❶ “重建信用中国”，《瞭望新闻周刊》2002 年第 7、8 期。

❷ 程荣斌：“经济全球化与刑事司法协助”，载《中国法学》1999 年第 4 期。

作人员麻木不仁、玩忽职守、失职渎职、失密泄密而酿发社会稳定事件的发生。

第九，从网络信息化发展趋势看，经济全球化将更快地推动中国信息技术的发展和网络技术的普及，职务犯罪可能出现新的形式。一方面，可能发生负有重要监管职责的国家机关工作人员玩忽职守、徇私舞弊、不按规程办事、严重失职渎职，造成计算机或网络犯罪分子非法侵入，致使国有资产流失或国家机密丢失、破坏等案件；另一方面，在飞速发展的电子商务和电子政务环境下，政府公职人员利用计算机及网络实施滥用职权、徇私舞弊、贪污、受贿、挪用、泄露国家秘密、侵害公民民主权利等职务犯罪也会出现。这类犯罪是典型的高智能、高科技犯罪，对国家经济安全、公共安全和社会安全危害都非常大。[1] 由于其作案手段更加隐蔽，犯罪结果更难认定，预防和惩治这类犯罪的成本将加大。

第十，从司法公正与效率看，WTO 规则强调的法律透明度原则、法制统一原则、非歧视原则和司法程序的独立与公正原则，要求成员国的行政执法、司法的公平、公开、公正与效率。这为预防和减少行政执法人员、司法人员徇私舞弊、滥用职权、枉法裁判、权钱交易等职务犯罪注入了“软约束”机制。但由于各种因素的影响与制约，行政执法人员和司法人员徇私舞弊、制假造假、枉法裁判、滥用职权、权钱交易、或屈从地方权势压力错裁错判造成恶果等职务犯罪仍会时有发生。加入 WTO 后随着中国民主法治建设的推进，加大执法力度，严格依法查处侵犯公民民主权利、人身权利犯罪，保护公民、法人及其他组织合法权益的要求将会更高，查办国家机关工作人员侵权犯罪的任务会加重。

二、加入 WTO“过渡期”惩治和预防职务犯罪面临的挑战

加入 WTO“过渡期”职务犯罪的新变化新特点、加入 WTO 本身对司法工作的新任务新要求，给惩治和预防职务犯罪工作提出了新的机遇与挑战。

第一，对观念的挑战。加入 WTO 要求政府必须从无所不管、无所不包的全能政府转向有选择、有重点管理的有限政府；从政企不分、直接干预经济转向加强市场监管、提供公共品服务；从封闭决策、政出多门、部门壁垒、地方分割转向透明、公开、公平、公正、统一的政府科学决策；从半封闭条件下的、以调整结构为主的宏观经济调控转向开放经济条件下的、以调整总量为主

[1] 程荣斌：“经济全球化与刑事司法协助”，载《中国法学》1999 年第 4 期。

的宏观经济调控；从侧重市场准入为主的微观规制转向简化市场准入、创造公平竞争机会、规范市场秩序的微观规制。所有这些，要求司法机关的执法理念、执法方式、执法作风与之相适应。因此，执法机关必须坚决摒弃执法上的狭隘民族主义和地方保护主义观念，克服认为服务地方利益就是服务大局的片面服务观；坚决摒弃执法中的歧视性待遇和不平等待遇观念，克服只重视保护国有企业利益，忽视其他性质企业利益的片面“保驾护航”观；坚决摒弃司法工作中的神秘主义，克服司法程序不透明，司法工作中轻视当事人、证人、律师、诉讼代理人权益保护的狭隘“保密观”；坚决摒弃粗蛮的执法方式，克服依靠利益驱动、越权办案、插手经济纠纷、滥用强制措施来加强司法机关建设的错误“发展观”。

第二，对体制与机制的挑战。加入 WTO 后中国司法体制最不适应的地方在于司法权的“地方化”和“非职业化”。[1] 统一的司法权被地方有限的财力保障而分割，司法资源不能在区与区、省与省之间合理地流动配置，反映到职务犯罪侦查体制之中，主要是对职务犯罪的侦查（调查）存在多头管辖，专业化和一体化不够；侦查指挥机制、侦查协作机制、重大疑难案件侦查运行机制、侦查官办案责任与激励约束机制、侦查工作监督制约机制不健全，导致侦查资源配置无序、侦查效率不高、侦查风险较大、侦查成本偏高。

第三，对立法的挑战。“加入 WTO 势必给中国的法制建设带来第五次革命”。[2] 加入 WTO 后职务犯罪在经济全球化的国际大背景下出现的新动向和新特点，必然给中国的立法和司法解释带来许多新课题。中国的现行刑法和刑诉法及其相关司法解释，是中国处于二元经济发展由计划经济向市场经济过渡“双轨体制”运行期间制定的，带有转轨期的明显痕迹，在一定程度上不能适应中国融入市场经济主流，惩治和预防国内犯罪国际化、国际犯罪国内化的新形势。如国际上很多国家从社会、经济发展形势出发，在职务犯罪的主体认定方面通常采用的是“职务论”，而中国采用的却是“身份论”。联合国《关于检察官作用的准则》第 15 条规定：检察官应适当注意对公务人员所犯的罪行，特别是对贪污腐化、滥用权力、严重侵犯人权，要依照法律或惯例对这种罪行进行调查。德国 1997 年制定的反腐败法最突出的特点之一，就是将传统的“公务员”定义进行扩张规定，即不论行政管理机构的组织形式，只要在从公共行政管理的机构中任职的人员一律视为“公务员”；就有限责任公司和股份

---

[1] 张卫平：“司法体制与经济体制”，载《人民法院报》2002 年 2 月 8 日，第 3 版。

[2] 曾令良：“WTO 协议在中国的适用及中国法制建设的革命”，载《中国法学》2000 年第 6 期。

公司而言，只要有关人员在企业执行了行政管理任务，按照其职责，即被视为“公务员”。❶ 可以预见，在中国市场经济深入发展，公有制实现形式多样化，民营经济充分发展，国际资本大量进入，混合经济越来越多的情况下，固守立法上职务犯罪的“身份论”，必将影响和削弱对职务犯罪的有效惩治和预防，还可能给腐败分子“法律漏洞”的可乘之机。又如，政府监管人员失职渎职造成外国商品倾销、严重冲击国内幼稚产业给国家利益造成巨大损失，如何承担刑事责任，存在立法真空。此外，中国无论是立法机关还是司法实践部门都并未正式认同无罪推定原则，不仅与刑事诉讼国际标准和现代法治理念不相适应，❷ 也影响和制约了对职务犯罪的有效预防和惩治，不利于提升中国预防和惩治腐败的国际声誉。

第四，对素质的挑战。加入 WTO 挑战归根到底是对人的素质的挑战。加入 WTO 对职务犯罪侦查人员的素质提出了新的要求。加入 WTO 后职务犯罪侦查人员的欠缺主要是知识面窄，综合技能不够。(1) 缺乏相关行业的管理知识；(2) 缺乏国际惯例、国际条约、国际公法、私法、经济法、WTO 规则等方面的知识；(3) 缺乏国际司法协助的经验；(4) 缺乏对外语及高科技手段的掌握。如果不尽快培养一批专家型、复合型、精英型的职务犯罪侦查人才，就难以完成加入 WTO 后繁重的职务犯罪案件侦查任务，就难于实现惩治腐败法律效果、社会效果与经济效果的有机统一。

第五，对司法保障的挑战。加入 WTO 以后，司法机关不仅要克服执法观念、侦查体制、人才素质方面的不适应，还要克服执法条件、执法环境、执法手段同日益繁重的惩治和预防职务犯罪任务之间的矛盾。(1) 要克服统一的执法要求与司法经费“分灶吃饭、分级包干”保障不到位之间的矛盾。WTO 的法制统一原则要求司法机关有统一的执法标准，要求政府按照统一的财力标准给予所有的司法机关以同等的执法条件保障。但是，由于当前中国的司法保障仍然按照财政分灶吃饭、分级负责、分级包干的原则进行，造成司法保障和供给严重不足，在客观上制约了形成统一均衡的执法水平，导致执法中受经济利益驱动、执法混乱、办“人情案”“关系案”“金钱案”的情形屡禁不止。(2) 要克服侦查官权责利不协调的矛盾。公正司法的关键在人。建立以权责利为中心环节、以激励约束机制为保障的侦查官办案责任制，是提高侦查队伍素质和

❶ 刘立宪、谢鹏程主编：《海外司法改革的走向》，中国方正出版社 2001 年版，第 52 页。

❷ 陈光中、张建伟：“联合国《公民权利和政治权利国际公约》与中国刑事诉讼”，载《中国法学》1998 年第 6 期。

办案水平的关节点问题。现行制度中，侦查官的“权”有待细化、归位，与“权”“利”相一致的责任有待理顺，“利”的方面亟待加大财力投入。应当尽快建立侦查官职务薪金、岗位津贴、人身保险、离退休风险责任金等方面的保障机制。（3）要克服不合理的侦查人力资源配置与繁重的侦查工作任务之间的矛盾。由于财力投入等方面的制约，当前侦查人力资源配置没有按照侦查人才成长的规律办事，形成一种无序状态，加大了培养成本，降低了培养效率，无法适应形势的需要。尤其是当前推行的竞争上岗、优化组合、末位淘汰等适应行政部门的改革措施同侦查部门的专业化、技能化特点，同培养专家型、精英型侦查人才的目标形成了冲突。（4）要克服装备手段落后与侦查要求不适应之间的矛盾。职务犯罪出现的智能化、科技化、隐蔽化、国际化的趋势，要求职务犯罪侦查部门亟待改善装备陈旧、手段单一、效率不高、经费不足的状况，采取有效的预防和惩治应对措施。

三、加入 WTO“过渡期”惩治和预防职务犯罪的对策

面对加入 WTO 带来的机遇和挑战，在新的历史时期，司法机关要主动适应加入 WTO 后的新形势，深刻认识加入 WTO 贸组织对中国政治、经济、文化及法治建设所产生的深远影响，深刻认识对司法机关执法思想、执法理念和执法方式所产生的深远影响，不断增强责任感和急迫感，深入研究应对措施，不断提高执法工作水平，为维护法制统一和司法公正，促进改革、发展、稳定作出积极贡献。

第一，要树立与之相适应的执法思想、执法理念和执法观念，为中国经济融入全球化进程服务。司法机关要树立法制统一的执法观。坚持以事实为根据、以法律为准绳，努力追求法律事实与客观事实的一致，实现司法公正。无论办理任何案件，既要严格地执行实体法，又要严格地执行程序法；既要认真执行国内法，还要按照国际惯例依法行事。要树立追求司法公正、司法平等的执法观。在办理案件中，涉及的不论是境内企业还是境外企业、台港澳企业还是外国企业、国有企业还是集体或者民营企业、发达国家企业还是发展中国家企业，只要是在中国境内依法从事贸易、投资活动，均应给予同等的保护和服务。要树立司法透明的执法观。进一步探索和改进司法公开的措施，在法律规定的前提下扩大司法工作的透明度，以便于各方面的监督。要落实权利告知制度，依法告知犯罪嫌疑人、当事人、证人应当享有的合法权利；对撤销案件、不诉案件依法予以公开宣布；按照有关规定确保律师及诉讼代理人合法权益的正确履行。要树立注重程序、讲求效率、司法文明的执法观。坚持打击犯罪与

保障人权并重，既要依法查清犯罪嫌疑人的犯罪事实，又要依法保障犯罪嫌疑人及当事人、证人的合法权益。

第二，大胆探索体制创新和机制创新。加入 WTO 后司法改革的步伐必然加快，如何在司法改革的大背景之下，积极探索和实践符合侦查工作规律的职务犯罪案件侦查体制日显重要。首先，要积极可以探索尝试省以下职务犯罪侦查部门的领导体制改革。从检察机关性质出发，按照侦查工作规律，可以对省以下各级检察机关的职务犯罪侦查部门实行检察系统上下垂直领导，在省级院成立职务犯罪侦查局统一领导，人、财、物由省级院统一任命和调配。其次，要积极探索建立健全侦查指挥机制、侦查协作机制、重大疑难案件侦查运行机制、侦查官办案责任与激励约束机制、侦查工作监督制约机制，从而有效地配置侦查资源，降低侦查风险，减少侦查成本，提高侦查效率，逐步建立反映侦查工作规律的办案模式和队伍管理方式。

第三，加强立法和司法解释工作。要适应加入 WTO 的要求，切实做好法律、法规、规章、司法解释的立、改、废工作，不断提高立法工作质量，增强法律制度的透明度。在刑法方面，要修改对职务犯罪的主体界定范围，改“身份论”为“职务论”。对政府监管部门及人员在市场准入与让出，运用非关税措施、技术壁垒措施中滥用职权、徇私舞弊、玩忽职守、权钱交易，致使外国产品倾销、中国幼稚产业遭受严重冲击，国家利益遭受严重损害的行为，应修改刑法分则，增加新的罪名条款，使之刑罚疏而不漏。在刑诉法修改方面，要引入无罪推定等原则。要制定《反腐败法》，将现行党纪条规、行政规定上升为国家法律，赋予执法机关更加强有力的法律武器；制定《反洗钱法》，完善执法手段，依法惩治和预防洗钱犯罪，堵塞和摧毁犯罪的经济基础。在司法解释方面，当务之急是对几类特殊主体的认定尽快予以明确：（1）加入 WTO “过渡期”是中国政府转变职能、体制改革的关键时期，国家在机构改革中将一些部门进行了精简、合并、撤销。但是一些地方没有一步到位，采取过渡办法，如对贸易、物质、轻工、纺织、化工、煤炭、冶金、建筑、农垦、供销社等行业经济组织，替代成立行业管理办公室、工委等机构，继续行使原有的某些行政管理职能，在体制上从原来的国家机关序列划归事业单位序列，在管理职能上由原来的政府职能替代成行业管理职能（实为政府职能），这些部门的工作人员滥用职权、失职渎职，是否构成渎职罪的主体成为执法难题。（2）负有金融监管职能的农业发展银行、进出口银行、开发银行、证监会、保监会，肩负专项资金、专储粮油监管、运营两项职能的粮油储备公司的工作人员，是否构成渎职罪的主体难以界定。（3）计划生育指导站、科技推广站、林业站、种子站、医疗站、防疫站、法庭、工商所、派出所、财政所、土管所、法律服务所、税务所等的工作人员编制身份混杂，有的列入乡镇干部编制吃财政饭，有的列入乡镇干部编制吃“统筹饭”，有的长期聘用吃事业饭，有的长期身份是合同工、临时工、借用工，他们往往都受委托行使职权，参与收税、收费、判案、治安管理、调解纠纷等，这些人是否可以构成渎职罪的主体，司法实践中意见分歧大。(4) 政企合一的行政性公司，往往履行一定的行政管理职能，如铁路局、电信公司、电力公司、航空公司、航运公司、葛洲坝公司、三峡总公司等部门受委托从事公务的人员，是否可以构成渎职罪的主体难以定论。(5) 国营农场、林场受委托从事公务的人员，滥用职权，徇私舞弊发放林木采伐许可证或低价变卖国有土地，造成大面积国有森林被毁坏，国有土地资源严重流失，是否可以构成渎职罪的主体成为困惑。我们认为以上五类主体都应当纳入渎职罪的主体。同时我们建议，对刑法中渎职犯罪的主体进行扩张，改现行的“国家机关工作人员”主体论，为“国家工作人员”主体论。此外，国家机关工作人员渎职侵权犯罪造成民营企业、股份公司及外商、跨国公司的经济利益损失认定问题；《联合国刑事司法准则》关于执法活动的要求对中国的影响和约束问题；中国尚未制定统一的刑事诉讼证据规则和侦查规则等问题，都需要加紧研究，付诸实施。

第四，适时调整惩治职务犯罪的工作重点。从斗争形势和任务出发，明确办案重点，集中有限的人力、财力和物力达到最佳工作成效。当前重点应在四个方面下工夫：(1) 对重点工程要实施同步公开跟踪监督，在做好基础工作上下实工夫。对于中央、省、本地已建、在建、拟建 100 万元以上大中型基建工程，如桥、堤、坝、库、路、楼、校等，要主动同计委、交通、教委、建委、招投标办、规划、土地等部门加强联系，实施重点工程建档建卡，预防管理。一旦发现“豆腐渣”工程或徇私舞弊、滥用职权、权钱交易等情形，迅速组织力量开展同步公开调查，迅速获取事故结果的直接相关材料与证据。(2) 对重点行业如劳动保险、人寿基金、国债服务、专款专项、优抚救济、行政收费、税务稽查、农金管理、交通监管、水利设施、建委专款等体制缺陷，机制漏洞，管理失范，薄弱部位，热点问题，在掌握情况上下苦工夫。筛选线索，确定方案，有计划、有步骤地开展秘密初查，或集中侦查力量，从突破个案入手，开展系统抓、抓系统的方法，从重点行业突破渎职等职务犯罪。(3) 在重点领域如经济管理、体制改革、资产监管等领域发现犯罪情况上下硬工夫。改革的热点部位往往是职务犯罪的高发领域，职务犯罪掩盖经济犯罪，经济犯罪利用职务犯罪，成为市场经济条件下职务犯罪的一个新动向。职务犯罪侦查部门要始终把视野盯在重点领域、热点部位，时时掌握情况，排查线索，秘密初查，提高突破职务犯罪的能力，从重点领域突破职务犯罪。（4）要在“严打”整治、整顿规范市场经济秩序中发挥积极作用，在深挖黑后台和“保护伞”，打击破坏市场经济秩序的职务犯罪上下真工夫。在打击黑恶势力保护伞方面，重点查办国家机关工作人员徇私枉法、贪赃枉法、泄露国家机密、滥用职权、私放在押人员等犯罪案件。在打击与破坏市场经济秩序犯罪相牵连的职务犯罪方面，重点查办行政执法人员徇私舞弊不移交刑事案件、放纵走私、放纵制售假冒伪劣商品、贪污、受贿等犯罪案件。同时，随着形势的发展，还要不断调整惩治职务犯罪的重点。

第五，加强职务犯罪的预防。要从源头上、制度上预防和惩治职务犯罪，按照权力与责任紧密挂钩、权力与利益彻底脱钩、杜绝利用权力“寻租”的原则，从政府采购、行政审批、行政许可、行政强制、行政处罚等各个环节建章立制，开展犯罪预防。要尽快制定《反垄断法》《反倾销法》《政府采购法》《行政程序法》《行政审批法》《行政许可法》《行政强制法》《行政机构编制法》等法律，进一步规范政府行政行为。要通过推行“阳光政府”，确保政府机关在行使职权中做到：一不越位，决不把政府机关不该管、管不了、实际上也管不好的事情揽在手里；二不缺位，该由政府机关管的事情必须管住、管好；三不错位，政府机关不能既当“裁判员”又当“运动员”；四不扰民，该由政府机关管的事情，只要能把它管住、管好，办事手续越简便，越透明越好。要建立国家机关工作人员财产申报、登记、公开制度；建立统一的社会和个人信用体系，可将个人的户籍、身份证、护照、银行账号等实行统一的序列编号，便于社会查询和监督；强化人大监督力度，赋予人大更加实际、有效的监督手段；强化舆论监督，为新闻工作者创造更加宽松的监督环境和氛围。

第六，要强化司法、侦查人员的培训，提升业务素质。（1）要拓宽知识面。司法、侦查人员必须具有法律专业、检察业务、相关行业管理、侦查预审及经济与国际贸易等多维结构的知识，成为专家型、复合型、精英型人才。（2）既要熟练运用国内法，更要熟悉国际公法、私法、商法、金融法、经济法、WTO规则等。（3）既要具有国内辖区指挥、侦查破案的能力，又要具有运用国际司法协助的意识和能力。（4）既要有专门的侦查技能，又要熟练掌握外语及高科技手段。要组织职务犯罪侦查人员认真学习、熟悉世贸组织的基本原则和有关规则，熟悉国际条约、国际惯例和有关涉外法律法规，努力培养一支高素质专业化的职务犯罪侦查队伍。

第七，实施科技强侦战略。以信息化建设为主线，加快侦查技术装备建设和应用，全面提高职务犯罪侦查部门的整体实战能力。要按照严格依法、准确定位，立足当前、着眼发展，统一规划、分步实施，统筹兼顾、资源共享的原则，制定“科技强侦”发展规划。

第八，加强和改善党对检察工作的领导，加强人大对检察机关的监督。(1) 检察机关不折不扣地遵守和执行党领导全国人大及其常委会制定或通过的各项法律；(2) 检察机关的党组及党员创造性地贯彻执行党的路线、方针和政策；(3) 修改现行相关法律，规定省以下检察机关实行垂直领导，省级检察院接受最高人民检察院和省级党委的双重领导，向省级党委和省级人大报告工作，接受省级人大的监督；(4) 由省以上党的机关推荐检察机关相应级别干部，省级人大选举、任命相应职级的检察官；(5) 检察工作中的重大情况、重大问题、全省性重大案件向最高人民检察院和省级党的机关请示报告。要通过强化法律监督职能，保障宪法和法律在全国范围内的统一正确实施。

71. 渎职罪主体浅议*

渎职罪，是指国家机关工作人员在公务活动中滥用职权、玩忽职守、徇私舞弊，妨害国家管理活动，致使公共财产或者国家与人民的利益遭受重大损失的行为。❶ 它是一种典型的职务犯罪，是一种滥用权力、亵渎权力的腐败行为。其主体是特殊主体，即国家机关工作人员，它不仅要求具备自然人和刑事责任能力两大基本要件，还必须具备特定的身份。身份的特殊性使其具有更大的危害性，尤其是对国家政权的危害性甚于一般刑事犯罪。

我国立法关于渎职罪主体的规定变动较多，致使其一直成为刑法学界研讨的热点问题。笔者认为，现行刑法对渎职罪主体的界定尚有不完善之处，立法上的缺陷导致了实践中的混乱。为此，有必要在回顾其历史沿革的基础上，就渎职罪主体的法律界定进行探讨分析，并对有关立法提出修改建议。

一、1979 年《刑法》及相关司法解释的规定

我国法律和司法解释关于渎职罪主体范围的规定是随着时代的演进而不断变化的。根据我国 1979 年《刑法》的规定，渎职罪的主体是国家工作人员、集体经济组织工作人员或其他从事公务的人员。其中，关于国家工作人员范围的法律界定一直是各界争论的焦点。1979 年《刑法》第 83 条规定："本法所说的国家工作人员是指一切国家机关、企业、事业单位和其他依照法律从事公务的人员。"1982 年，全国人大常委会在《关于严惩严重破坏经济的犯罪的决定》中将国家工作人员的范围加以细化："本决定所称国家工作人员，包括在国家各级权力机关、各级行政机关、各级司法机关、军队、国营企业、国家事业机构中工作的人员，以及其他各种依照法律从事公务的人员。"然而，随着

---

* 本文发表于《中国刑事法杂志》2002 年增刊；收录于《刑法热点疑难问题探讨（下册）——中国法学会刑法学研究会论文选集》，中国人民公安大学出版社 2002 年版。

❶ 高铭暄、马克昌主编：《刑法学（下编）》，中国法制出版社 1999 年版，第 1158 页。

我国经济与政治体制改革的不断深化，市场主体类型也日益复杂，各种所有制形式多元并存，渎职罪的主体范围也亟须得到相应调整。鉴于此，1986 年最高人民检察院《关于〈人民检察院直接受理的法纪检察案件立案标准的规定（试行）〉中一些问题的说明》将国家工作人员解释为："是指在国家权力机关、各级行政机关、各级司法机关、军队、国营企业、国家事业机构中工作的人员，以及其他依照法律或受国家机关、团体、企业、事业单位委托从事公务的人员。"1987 年最高人民检察院在《关于正确界定和处理玩忽职守罪的若干意见（试行）》中，在肯定 1986 年关于国家工作人员的司法解释基础上，将"承包经营全民所有制或集体所有制的企业、事业单位的负责人员和管理工作人员"也纳入了国家工作人员的范围。国家工作人员范围的扩大，也使渎职罪主体的范围随之扩大。

随着改革的不断深化，原来所谓的国营企业已经不能涵括一切全民所有制性质的经济实体，而且所有权与经营权分离、政企分开也使得"国营企业"的提法不符现实。为了适应社会主义市场经济发展的需要，保障（公司法）的正确贯彻实施，1995 年，第八届全国人民代表大会常务委员会第十二次会议通过了《关于惩治违反公司法的犯罪的决定》。该决定规定：国家工作人员犯该决定第 9 条、第 10 条、第 11 条规定之罪（即分别为公司职员受贿、侵占公司财物、挪用公司资金）的，依照《关于惩治贪污罪贿赂罪的补充规定》的规定处罚；有限责任公司、股份有限公司以外的企业职工有该决定第 9 条、第 10 条、第 11 条规定的犯罪行为的，适用该决定。上述规定直接导致如何划分国家工作人员与公司、企业人员的界限的问题，这一问题又直接导致了"两高"司法解释的冲突。1995 年 11 月 7 日，最高人民检察院颁布了《关于办理公司、企业人员受贿、侵占和挪用公司、企业资金犯罪案件适用法律的几个问题的通知》，该通知第一条采用列举的方法将国家工作人员分为六大类："所谓'国家工作人员'，是指：1. 国家机关工作人员，即在国家各级权力机关、各级行政机关、各级司法机关和军队工作的人员；2. 在国家各类事业机构中工作的人员；3. 国有企业中的管理工作人员；4. 公司、企业中由政府主管部门任命或者委派的管理人员；5. 国有企业委派到参股、合营公司、企业中行使管理职能的人员；6. 其他依法从事公务的人员。"国家工作人员的范围因此而得以进一步扩大。据此，公司、企业中的"国家工作人员"包括：国有企业中的管理人员；公司、企业中的由政府主管部门任命或者委派的管理人员；国有企业委派到参股、合营公司、企业中行使管理职能的人员。有人将最高人民检察院的这一观点称为“职能论”的观点。[1] 但是，根据 1996 年 1 月 24 日最高人民法院《关于办理违反公司法受贿、侵占、挪用等刑事案件适用法律若干问题的解释》，公司、企业中的“国家工作人员”则是指在国有公司、企业或者其他公司、企业中行使管理职权，并具有国家工作人员身份的人员，包括受国有公司、国有企业委派或聘请，作为国有公司、国有企业代表，在中外合资、合作、股份制公司、企业中，行使管理职权，并具有国家工作人员身份的人员。有人形象地把最高人民法院的解释称为“身份论”或者“血统论”的观点。[2] 最高人民法院的解释虽然体现了经济领域中体制变化对刑法中国家工作人员范围的影响，但这一规定却存在着一些不明确的地方，如“国家工作人员身份”具体指何种身份，“行使管理职权”具体指哪些职权等。“两高”司法解释在国家工作人员范围的问题上意见不一致，直接影响了对渎职罪主体范围的界定，损害了法律适用的统一性和严肃性。1997 年修订的刑法典将渎职罪主体范围严格界定为国家机关工作人员，但这一修改既没有平息理论上的争论，也没有解决实践中的难题，因此，有必要对现行法律关于渎职罪主体范围的界定进行一番理性思考。

二、现行法律的界定

根据现行刑法的规定，渎职罪的主体除个别犯罪外，都是特殊主体，即国家机关工作人员。惟一例外就是《刑法》第 398 条第 2 款关于泄露国家秘密罪主体的规定，即非国家机关工作人员犯泄露国家秘密罪的，依照该条第 1 款的规定酌情处罚。

何谓国家机关工作人员？1997 年《刑法》中没有规定，但该法第 93 条第 1 款规定：“本法所称国家工作人员，是指国家机关中从事公务的人员。”而在国家机关中从事公务的人也就是国家机关工作人员，从条文的逻辑上看，国家工作人员和国家机关工作人员是同一概念，但实际情况却并非如此。

根据现行《刑法》第 93 条的规定，国家工作人员不仅包括国家机关中从事公务的人员，还包括“以国家工作人员论”的人员，即所谓准国家工作人员。因此，国家机关工作人员是国家工作人员的下位概念，范围要小得多。也就是说，1997 年《刑法》将渎职罪的主体范围大大缩小了。对于国家机关工作人员的具体范围，理论界争论颇多。目前认识一致的是它也包括在国家权力

---

[1] 敬大力主编：《刑法修订要览》，法律出版社 1997 年版，第 142 页。

[2] 同上。

机关、行政机关、司法机关和军事机关中从事公务的人员。对诸如中国共产党、各民主党派、政协、共青团等机关中从事公务的人员，人大代表、人民法院陪审员，国有企业、事业单位中的纪检、监察以及公安、司法机构的工作人员，直接隶属于国家机关，行使一定政府行政管理职能的事业单位中从事公务的人员，烟草专卖局、粮食局、盐业局等既具有一定的政府行政管理职能，又作为企业从事生产经营活动的单位工作人员，国家机关派出机构工作人员、国家机关聘用并从事公务的人员，以及国家机关委派到国有公司、企业、事业单位兼职的人员等是否属国家机关工作人员，则存在争议，并成为司法实践中困惑的问题。

笔者认为，准确界定国家机关工作人员，首先必须弄清国家机关的范围。对此，我国刑法理论界存在以下几种观点：（1）认为“国家机关”就是指从事国家管理和行使国家权力，以国家预算拨款作为独立活动经费的中央和地方各级组织，具体包括权力机关、行政机关、检察机关、审判机关以及军队系统的各级机构。[1]（2）认为国家机关除了上述权力机关、行政机关、司法机关以及军队内机关以外，还应包括中国共产党的各级机关以及政协的各级机关。[2]（3）主张国家机关应当包括中国共产党的各级机关、国家各级权力机关、行政机关、审判机关、军队中的各级机关、中国人民政治协商会议的各级机关以及一些名为总公司但实为国家行政部门的机构（如石油天然气总公司、电力总公司等）。这种观点认为，根据我国的具体国情，中国共产党作为执政党，所从事的管理活动事关国家的大政方针，所以不能把中国共产党的组织排除在国家机关之外。至于那些名为总公司但实为国家行政部门的机构，并不适用企业的经营机制，而是依靠国家行政拨款，从事行政管理的职能部门，所以其本质上仍属于国家机关。[3] 我们认为，在司法实践中界定“国家机关”的范围，必须基于现有法律的明确规定，即必须具有法律根据。依据我国《宪法》第三章关于国家机构的规定，我国的国家机关应当包括权力机关、行政机关、审判机关（人民法院）、检察机关（人民检察院）以及军事机关，而且，在宪法中，政党和社会团体、企事业单位一样，都是和国家机关相并列的。例如，《宪法》第5条第3款规定：“一切国家机关和武装力量，各政党和各社会团体、各企业

---

❶ 敬大力主编：《刑法修订要览》，法律出版社1997年版，第148页。

❷ 高铭暄、马克昌主编：《刑法学（下编）》，中国法制出版社1999年版，第1159页；赵秉志主编：《新刑法教程》，中国人民大学出版社1997年版，第780页。

❸ 侯国云、白灿云主编：《新刑法疑难问题解析与适用》，中国检察出版社1998年版，第184页。

事业组织都必须遵守宪法和法律。一切违反宪法和法律的行为，必须予以追究。”另外，1982 年全国人大常委会通过的《关于严惩严重破坏经济的犯罪的决定》第 1 条就曾明确规定：“本决定所称国家工作人员，包括在国家各级权力机关、各级行政机关、各级司法机关、军队、国营企业、国家事业机构中工作的人员，以及其他依照法律从事公务的人员。”可见，尽管从我国的政体和国情来看，中国共产党的各级组织在我国的政治、经济、社会生活各领域中发挥着领导作用，但从其性质上看，它毕竟还是一个政党，而不是国家机构，所以，还是不把中国共产党的各级组织视为《刑法》第 93 条所指的国家机关为宜。至于目前在我国存在的所谓名为总公司实为国家行政部门的机构，我们认为更不应视为国家机关。尽管这些部门在计划经济体制之下是作为行政机关存在的，但随着市场经济体制的确立，改革不断深入，作为政企分开的改革要求的具体体现，这些原先的行政管理机关正在逐步地转变成为一种国家的经营管理组织，其管理经济的模式也逐步地摆脱原来的行政管理而转向经济管理，所以尽管这些组织在目前仍可能留有原来的行政机关的痕迹，但从其性质以及发展来看，把它们视为国家的行政机关是不合适的。因此，把它们称为“名为总公司但实为国家行政部门的机构”这种提法本身就不甚科学。这些机构是不能被视为《刑法》第 93 条中的国家机关的。❶

综上所述，1997 年《刑法》第 93 条中所称的国家机关，就是指国家的权力机关、行政机关、审判机关、检察机关和军队系统中的机关。国家权力机关，就是全国与地方各级人民代表大会及其常务委员会；国家行政机关，就是国务院及其各部委和地方各级人民政府及其所属的各种管理机构；国家审判机关，就是各级人民法院；国家检察机关，就是指各级人民检察院；军队系统中的机关，就是对国家武装力量实行管理的各级机构，如中央军事委员会、四总部等。至于在中国共产党组织中以及前述在原先为行政机关而现在为总公司的组织中依法从事公务的人员，显然应属于国家工作人员的范围，但不应属于国家机关工作人员的范围。❷

三、问题分析与立法建议

修订后刑法第九章把渎职犯罪的主体范围界定为国家机关工作人员，这种

---

❶ 谢望原主编：《国家工作人员犯罪认定中疑点难点问题研究》，中国方正出版社 2000 年版，第 47 页。

❷ 同上。

界定方法在司法实践中日益暴露出许多问题和缺陷。

(1) 在新旧体制的转型期，国家机关工作人员这一概念本身的外延不清，造成对主体认定上和受案管辖上的混乱，如现实生活中大量存在的具有国家机关工作人员和企事业单位工作人员双重身份的主体如何认定，受法律委托或经合法授权而履行一定管理公务职能的企事业单位工作人员是否属于国家机关工作人员，以及当前基层的林业站、财政所、电管所等七站八所工作人员在行使一定行政管理职权时是否属于国家机关工作人员等，很难认定。实践中这几类工作人员失职渎职犯罪问题十分突出，给国家造成重大损失，但因法律规定不明确而无法追诉。高检院虽然通过个案解释的方式，对合同制民警、证监会、保监会以及工商所、财政所等几类事业篇制但行使一定行政管理职权的工作人员作出了视为国家机关工作人员的司法解释，但由于只是个案解释，不具有普遍性，无法将现实生活中大量情况类似的、具有行政管理职权的企事业单位予以囊括。而且在司法实践中，由于法律规定不明，对于职务犯罪主体认定问题，检法两家历来也存在着职务论和身份论的分歧，这种认识上的分歧，严重影响了司法活动的严肃性和统一性。

(2) 由于渎职犯罪主体范围界定过窄，导致司法实践中，对大量国家工作人员渎职行为造成巨大损失的情况，检察机关无法予以追究，放纵了犯罪。修订刑法把检察机关管辖的渎职犯罪的主体限定为国家机关工作人员，而在现实生活中，由于国家机构精简和政府职能的转变，国家机关的管理职能逐渐从微观管理转变为宏观管理，大量的企事业篇制的单位被授权从事一些具体的管理市场和经济的职能，成为渎职侵权犯罪最容易发生的环节。如刑法渎职罪中规定的商检徇私舞弊罪，实践中具体从事商品检验检疫的往往是商检部门下属的事业单位篇制的检验所，而非机关在篇工作人员，如果硬套国家机关工作人员这一主体，实际上检察机关将无法对其舞弊行为予以追究。又如渎职罪中的违法出口返税等案件，除了涉及税务工作人员外，往往还有大量商业银行涉及其中，但由于受主体问题的困扰，检察机关也无法对其渎职行为进行追究。

(3)《刑法》第168条虽然规定一些企事业单位工作人员的渎职犯罪由公安机关管辖，但这一规定既无理论依据，也无实践基础。从理论上看，检察机关是国家的法律监督机关，是惩治和预防职务犯罪的职能部门。公安机关本身要接受检察监督，不能因部门之争而插手职务犯罪监督。外国的立法例也证明了这一点。我国修改后的刑诉法在充分总结立法经验和司法实践的基础上，将“国家工作人员的渎职犯罪”归于检察机关管辖，这原本是正确的。然而，修订后的刑法却将国家机关工作人员以外的国家工作人员的渎职犯罪划归公安机关管辖，这是与我国宪法的规定和权力分解、监督制约的机制不相符合的。另一方面，从实践上看，公安机关迫于治安案件和严重刑事犯罪的压力，根本无暇顾及此类犯罪，反而更希望由检察机关来管辖；因当前法律尚未作出修改，检察机关受法定主体制约而难以管辖，这导致此类案件在管辖上脱节，大量犯罪事实无法被追究。

笔者认为，当前需对渎职犯罪的主体范围进行修改。立法应根据当前司法实践中的实际情况和与渎职犯罪作斗争的需要，将渎职罪的主体范围修改为“国家工作人员”。理由有如下五个方面。

（1）渎职罪的主体修改为“国家工作人员”后，既可以保持实体法与程序法有关条文内容上的一致性，又可以体现出刑法对检察机关管辖的贪污贿赂犯罪和渎职犯罪这两大类案件主体规定上的一致性，避免立法上的冲突与混乱。

（2）渎职罪的主体修改为“国家工作人员”，可以囊括含国家机关工作人员在内的所有受委托从事公务的人员，比较符合当前我国新旧体制转型期间履行行政管理职能主体多元化的现实国情，从而保证法律制定后能有效适用。

（3）事业篇制的工作人员行使一定行政管理职权，体现的是国家的一种管理活动，而这种正常的管理活动正是当前刑法惩治渎职犯罪所要保护的客体，况且高检院近来关于对行政事业单位工作人员在履行行政管理职权时视为国家机关工作人员的一系列解释，实际上已经突破了刑法第九章对渎职犯罪主体范围的限制性规定，事业篇制的国家工作人员已被涵括其中，当前应尽快通过立法形式对此予以肯定。

（4）将渎职罪的主体修改为“国家工作人员”，符合我国监督制度的精神，同时，也可以适当减轻公安机关在社会治安案件和打击严重刑事犯罪案件上的压力，防止工作脱节，做到不枉不纵。

（5）渎职罪的主体修改为“国家工作人员”，符合我国的宪法原则，有利于维护中国共产党的执政地位以及民主党派和人民团体的参政议政地位。根据我国宪法的规定，政党和人民团体不是国家机关，党务工作者和人民团体工作人员不是国家机关工作人员。但是，中国共产党在我国处于执政的地位，民主党派和人民团体处于参政议政的地位，一些党务工作者和人员团体工作人员的渎职行为，不仅损害了其公务活动的公正性、廉洁性和有效性，还严重侵犯了国家、社会和人民的利益，如果将渎职罪的主体局限于国家机关工作人员，而将政党和人民团体等单位的国家工作人员在公务活动中的渎职行为排除到渎职犯罪预防体系之外，势必使大量渎职行为因主体资格不够而无法被追诉，这既不符合我国的司法实际，又有损于中国共产党的执政地位以及民主党派和人民团体的参政议政地位，因此，只有将渎职罪的主体由“国家机关工作人员”修改为“国家工作人员”，才能使刑法的规定不违背宪法原则，才能与我国的政党制度相一致。

72. 当前渎职侵权犯罪的特点、原因及防治*

一、特　点

湖北省检察机关1997年元旦至2000年4月，共受理各类渎职侵权犯罪案件4 609件，初查3 822件，立案侦查802件1 098人。从查办案件情况看，当前渎职侵权犯罪具有以下特点。

（一）失职渎职、滥用职权、徇私舞弊“三类犯罪”突出，顶风作案的居多

一些国家机关工作人员在履行宏观调控、监督管理、行政执法等职权中失职渎职、滥用职权，执法犯法，危害严重。如有的在基建工程监管中玩忽职守、滥用职权，酿成“豆腐渣”工程；有的在土地征管过程中违规炒作，使国家土地资源大量流失，资金严重受损；有的税务工作人员滥用职权，少征不征税款，甚至同偷税、骗税犯罪分子相勾结，使国家税收大量流失；有的行政执法人员徇私舞弊、以罚代刑、放纵犯罪；一些经济监管部门利用掌管基金、国债、专款、专项的便利，滥用职权，失职渎职，造成的损失惊人。1997年以来共立办“三类案件”432件539人，占立案件数的53.8%，其中玩忽职守案264件339人，徇私舞弊案129件160人，滥用职权案39件40人。在查办渎职侵权犯罪案件中，当年作案的占一定比例。1998年查处的渎职侵权犯罪案件中，属年内犯罪的59人，占当年立案数的24%；1999年属年内犯罪的41人，占立案数的20%。如洪湖市国税局局长束宗厚、副局长夏启富滥用税收

* 本文在龚本源同志的协作下完成，2001年12月被最高人民检察院评为“第二届全国检察系统统计分析评比一等奖”，2001年2月被最高人民检察院评为“2000年全国检察机关优秀调研成果三等奖”。

征管权，徇私舞弊，不征税300余万元；秭归县郭家坝镇党委书记向方贵滥用职权，致使移民资金350万元无法收回；咸宁市咸安区经管局局长王开枝、副局长樊哲满、陈克胜等人滥用职权，失职渎职，致使农基会6 367万元贷款逾期不能收回。

（二）重特大犯罪案件突出，给国家和人民生命财产造成的损失触目惊心

1997年以来共立办渎职侵权重特大犯罪案件183件，占立案总数的22.8%，给国家造成直接经济损失达4.39亿元；致人死亡129人，重伤27人。如巴东县副县长汪盛钧等人玩忽职守，导致“209”国道焦家湾大桥坍塌，致11人死亡，9人受伤，直接经济损失439万元，汪盛钧案已被法院开庭审理；石首市财政局原局长高庆善等人在炒卖国债中失职渎职，造成国家直接经济损失1.3亿元。

（三）滥用职权、徇私舞弊、失职渎职，往往同贪污贿赂、社会上的经济犯罪相互交织，领导干部犯罪占有一定比例

一些国家机关的中层负责人，甚至领导干部滥用职权，大搞权钱交易，极力充当社会上经济犯罪分子的“保护伞”，置国家和人民生命财产安全于不顾，渎职犯罪掩盖经济犯罪；经济犯罪极力利用失职渎职、滥用职权者，大肆行贿，从中牟取暴利。如宜昌市西陵区原副区长付先榜在任财政局局长期间滥用职权，擅自聘请人员从事“证券回购”违规操作业务，被聘人员大肆行贿、挥霍，造成直接经济损失2 175万元，付被法院一审以玩忽职守罪判处有期徒刑3年。1997年以来全省检察机关共立办国家机关科局级以上干部犯罪120人，占立案数的11%，其中查处县处级干部犯罪23人。

（四）行政执法人员犯罪屡屡发生

随着社会主义市场经济体制的建立和完善，对法制建设的要求越来越高，行政执法机关的地位与作用越来越大。随之而来的，一些行政执法机关的工作人员滥用职权，贪赃枉法，执法犯法，徇私舞弊的问题也逐渐突出。1997年以来共立案侦查行政执法人员犯罪案件109人，占立案数的23.7%。其中税务人员30人，工商人员8人，其他机关人员71人。如荆州区工商分局交易科贺敏志收受赃款4 000元，对制售伪劣商品的犯罪案件该移送不移送司法机关处理；松滋市林业局局长黄家福在处理省、荆州市督办该市陈店镇滥伐林木200亩案件时，徇私舞弊被立案侦查；罗田县九资河林业站站长余伯维、副站长高水云滥发林木砍伐许可证，致使国家2级保护植物大叶榉被毁，被法院判处有期徒刑6个月。

(五) 司法人员犯罪所占比例较大

少数司法人员在人情、金钱面前经不起诱惑,利用党和人民赋予的职权,徇情枉法,以案谋私,或为犯罪分子逍遥法外网开一面,或歪曲事实,伪造证据制造假案,作出不公正判决;有的甚至刑讯逼供,非法拘禁公民;有的失职渎职,造成严重后果;有的私放罪犯,泄露机密,暴力取证;有的胆大妄为,顶风作案。1997 年以来共立案 351 人,占执法人员犯罪案件的 76.3%。其中 1997 年立案 130 人,1998 年立案 111 人,1999 年立案 94 人,今年元月至 4 月立案 16 人。属公安人员犯罪 272 人,占 77.%,法院人员 49 人,占 13.9%,司法行政部门人员 27 人,占 7.6%,检察人员 3 人,占 0.85%。如阳新县公安局原副局长伍齐华包庇犯有抢劫罪的同胞弟弟伍齐伦,被判处有期徒刑 1 年;咸宁市咸安区南山派出所所长周传虎在处理诈骗犯罪中放纵 5 名诈骗案犯,贪污、受贿 3.6 万元,强迫卖淫女出卖色相并提供毒品给其吸食,一审法院已开庭审理;鄂州市梁子湖区法院长港法庭庭长王新超越管辖权,虚设申诉人、被申诉人,枉法裁决,致使当事人损失 17 万元。

二、原　因

当前渎职侵权犯罪为何愈演愈烈,经分析,主要有以下几个方面的原因。

(一) 从客观上看,还存在“四个反差”,直接影响到同渎职侵权犯罪作斗争的力度

(1) 思想认识上同渎职侵权犯罪的严峻斗争形势形成反差。有的认为“决策失误不为罪”“为公滥权不犯法”“改革开放难免交学费”;有的存在畏难情绪,怕得罪人,认为查办渎职侵权犯罪是“费力不讨好”;有的对渎职侵权犯罪的危害性、严重性缺乏深刻的认识和高度的警觉,没有把查办失职渎职、滥用职权、执法犯法等犯罪纳入反腐败斗争的总格局,作为法律监督的急迫任务,摆到突出的位置。(2) 工作重点同渎职侵权犯罪的斗争要求形成反差。有的对党政机关、行政执法机关、司法机关和经济管理部门的失职渎职、滥用职权犯罪案件及大案要案抓得不够有力;有的久拖不侦,久侦不结,影响反腐败斗争的效果。(3) 执法环境同渎职侵权犯罪的斗争职责任务形成反差。一些地方不善于充分依靠和发动群众,对人民群众的强烈呼声闭目塞责,坐等观望,精神不振或怨天尤人,同相关部门移送案件线索的渠道不畅,案件信息传导系统梗塞,案件线索来源大幅度减少;有的党政负责人从本地、本部门的利益出发,过分强调保护干警的积极性而瞒案不报、压案不查,该移送不移送,甚至设置“障碍”,阻挠查处,造成一些检察机关立案难、取证难、处理难,严重

影响反腐败斗争的进程。(4) 办案经费拮据，装备落后同繁重的渎职侵权检察任务形成反差。有的干警垫钱办案；有的因经费无着落不得不压案。

（二）从犯罪主观上看，主要是一些国家机关工作人员高搁职责，利己主义作祟，这是渎职侵权犯罪突出的直接原因

一些人在改革开放中，世界观发生逆转，拜金主义、享乐主义、极端个人主义严重，为了蝇头小利，滥用职权、玩忽职守，造成楼塌、桥垮、路毁以及特大火灾、爆炸等惨祸的发生；有的不学无术，知识陈旧，花天酒地，浑浑噩噩，决策不民主，乱批项目，盲目决策，失职被骗；有的与社会上的不法分子沆瀣一气，搞权钱交易，以渎职犯罪掩盖经济犯罪，经济犯罪极力利用失职渎职、滥用职权者，从中牟取暴利；有的执法犯法，贪赃枉法，致使国家和集体的巨额资金流失，给国家利益和人民群众的生命财产造成的损失触目惊心，严重危害国家的经济安全。如宜昌海关办公室秘书谭志建，为得 5 万元“好处费”，于 1998 年 12 月～1999 年元月，三次为走私犯罪嫌疑人林峰（在逃）擅自以单位名义，用加密传真回复山东省东营海关，伪证“进料加工”为宜昌海关所发，致使走私分子走私进口的“涤纶短纤手册”2 198.35 吨顺利放行，造成国家 376 万余元税款的流失。

（三）从监督制约机制看，十分乏力，是渎职侵权犯罪突出的又一原因

一些国家机关对其工作人员在签订、履行合同中放任自流，撒手不管，对对方的资信情况、生产设备、货物保障和质量情况如何无人问津，领导心中无数，缺乏跟踪监督制度和措施；有的是国家机关部门负责人直接经手，随心所欲，更没有人去监督，所属人员发生问题也不敢监督，造成被骗，致使国家遭受重大经济损失。有的海关和税务机关与走私分子、偷税漏税分子相勾结，为了小集体或个人的私利，放纵走私，少征或不征税收，严重损害国家利益的行为，不仅不易被暴露，而且容易受到当地负责人的保护，更谈不上监督问题。有的司法人员徇私舞弊，贪赃枉法、刑讯逼供、致人伤残、死亡，总是屡禁不止。上述问题往往是在群众检举揭发后才案发。同时，许多渎职案件的发生与审计制度不落实也有很大关系。如远安县农村经济经营管理局局长刘永发，利用职务之便，在发放贷款中收受贿赂，违规操作，无人监督，失职渎职，造成经济损失 1 224.9 万元。

（四）从法律上看，存有空隙和缺陷，对渎职犯罪起不到应有的震慑作用

这是渎职侵权犯罪遏而不止的法制原因。(1) 我国修订后的刑法对渎职犯罪的主体局限在国家机关工作人员，使渎职犯罪的其他国家工作人员或者具有国家机关工作人员和国家工作人员两种主体身份的人难受法律追究；(2) 处罚

规定畸轻。我国现行刑法对渎职罪规定的最高刑期为7年，而渎职犯罪给国家和人民生命财产造成的损失和后果往往比其他经济犯罪严重得多；(3) 案件移送制度不规范，打击渎职侵权犯罪工作还不够协调，不尽如人意，使一些大案化小，小案化了。如宜昌市西陵区副区长付先榜在任区财政局长期间滥用职权，玩忽职守，给国家造成直接经济损失2 175万元，只被法院一审判处有期徒刑3年，有的地方对类似情节的渎职犯罪在处罚上甚至比此案还轻。

三、防　　治

针对当前渎职侵权犯罪的特点和原因，必须采取有效措施，切实加以解决。

（一）要认清形势，统一思想，这是惩治和预防渎职侵权犯罪的关键

各级党委、政府和司法机关要充分认识渎职侵权犯罪是腐败现象的突出表现形式之一。它严重危害社会主义市场经济秩序的建立和完善，阻碍依法治国、建设社会主义法治国家的进程，破坏党群关系、干群关系和稳定的大局，损害党和政府的形象。渎职侵权犯罪在政治上造成的影响，其社会危害性绝不亚于贪污贿赂犯罪，有的甚至有过之而无不及。因此，当前解决惩治和预防渎职侵权犯罪力度不够、效果不佳、失之于宽、失之于软的关键，是要提高认识，统一思想。各级党委和政府要大力支持司法机关依法查办渎职侵权案件；司法机关要增强责任感和使命感，加大查办渎职侵权犯罪的力度。

（二）要狠抓根本，净化源头

当前国家机关工作人员渎职侵权犯罪突出，与一些党组织和政府部门在抓经济建设中放松社会主义精神文明建设，思想政治工作薄弱，一些国家机关工作人员理想信念动摇，主仆关系颠倒，严重悖离为人民服务的宗旨，职业责任、职业道德和职业纪律差、法制观念淡薄是分不开的。因此，必须在国家机关中花大气力，卓有成效地开展思想政治工作，结合普法教育深入开展法制教育，增强事业心、责任感和法制意识，把拜金主义、享乐主义和极端个人主义等扭曲的世界观、人生观、价值观矫正过来，自觉抵制不法行为，坚决向渎职侵权犯罪行为作斗争。同时，在选用国家机关工作人员中，必须把好关。要把那些思想政治好，认真执行党和国家的方针政策与法律法规，具有强烈的事业心和责任感；经营管理能力强，熟悉本行业务，系统掌握现代管理知识，具有金融、科技和法律等方面基本知识，善于根据市场变化作出科学决策；遵纪守法，廉洁自律，求真务实，联系群众的人员选拔到国家机关中来。这是预防和减少渎职侵权犯罪的根本。

（三）要严格管理，强化监督

这是预防和减少渎职侵权犯罪的重要环节。近些年来，渎职侵权案件屡屡发生，除了国际、国内一些不法分子采取欺诈手段，或利用一些国家机关人员爱贪小便宜的心理，使其上当受骗外，与一些单位管理松弛，监督不力有着直接的关系。因此，除了要提高国家机关工作人员的政治业务素质外，必须加强管理，强化监督，发现问题，及时纠正，防患于未然。

（四）突出办案重点，建立信息网络，加大惩治渎职侵权犯罪的力度

这是预防和减少渎职侵权犯罪的重要手段。根据全国检察机关渎职侵权检察工作会议精神和渎职侵权犯罪的状况及其危害性，当前及今后一个时期要突出查办四类案件。（1）突出维护国家机关正常秩序，保障国家经济建设健康发展的职能作用，重点查办党政机关特别是县处级以上领导干部滥用职权、玩忽职守犯罪案件；（2）突出保证司法队伍的纯洁性，维护司法公正，保障国家法律统一正确实施的职能作用，重点查办司法人员徇私枉法、枉法裁判、徇私舞弊私放在押人员和减刑、假释、暂予监外执行等犯罪案件；（3）突出维护社会主义市场经济秩序，促进行政执法部门依法行政、公正执法的职能作用，重点查办行政执法机关工作人员中发生的滥用管理公司、证券职权，徇私舞弊不征、少征税款和发售发票、抵扣税款，违法提供出口退税凭证，违法发放林木采伐许可证，环境监督失职，非法批准征用、占用土地和非法低价出让国有土地使用权，放纵走私和制售伪劣商品犯罪行为，以及徇私舞弊不移交刑事案件等犯罪案件；（4）突出保护人权，加强社会主义民主政治建设，保护公民合法权益的职能作用，重点查办国家机关工作人员利用职权实施的刑讯逼供、非法拘禁、暴力取证、非法搜查、报复陷害、破坏选举和虐待被监管人等犯罪案件，并要集中精力查处一批，以此显示党和政府反对腐败，惩治渎职侵权犯罪的决心和行动。为解决渎职侵权案件发生多，而实际查处少的状况，应建立健全案件线索信息网络，疏通案源渠道。作为担负渎职侵权检察职能的检察机关，要利用各种宣传阵地，大力宣传渎职侵权检察工作职责、受案范围、案件特征和立案标准等，提高广大人民群众参与支持的积极性。要主动与有关部门加强联系，建立案件信息网络，把案件移送制度落到实处，争取工作主动权。

（五）要加快刑法的修改和完善，以适应惩治渎职侵权犯罪的需要

这是预防和减少渎职侵权犯罪的法律保障。近些年来，渎职侵权案件发生的多、大案多，但立案查处的少，受到刑事追究的更少。渎职侵权犯罪案件之所以呈发展蔓延之势，究其原因，除了犯罪分子主观因素外，我国修改后刑法存在的严重缺陷亦不能不引起重视。（1）对犯罪主体限定过窄。从社会现实和

司法实践看，真正属于国家机关工作人员渎职的很少，大量的还是国家工作人员，而刑法对国家工作人员没有列入渎职犯罪主体范围，这就从法律上为这些渎职犯罪网开一面；（2）对渎职犯罪处罚规定过轻。从刑法对渎职犯罪的处罚规定，最高刑期才 7 年，但这些犯罪给国家造成的损失往往惊人，少则几十万元，多则几千万元甚至几亿几十亿元，有的还造成公民伤亡。其给国家和人民带来的危害与贪污贿赂、挪用等经济犯罪有过之而无不及。现行刑法对渎职犯罪起不到应有的威慑作用。因此，建议立法机关尽快做好法律的修改、补充、完善等工作，使立法工作适应当前渎职侵权犯罪案件不断发展蔓延的新情况，充分发挥法律在预防和减少渎职侵权犯罪中的效能。

73. 贯彻十五大精神 推进反腐败斗争*

江泽民总书记在“十五大”报告中强调：“反对腐败是关系党和国家生死存亡的严重政治斗争。”“在整个改革开放过程中都要反对腐败，警钟长鸣。”“务必做到旗帜鲜明，态度坚决，工作锲而不舍。”“要把反对腐败同纯洁党的组织结合起来。在党内决不允许腐败分子有藏身之地。”这是我们党开展反腐败斗争的世纪宣言。作为人民检察院，应当认真贯彻落实江总书记的报告精神，在反腐败斗争中充分发挥作用，为社会主义市场经济体制的建立和发展提供法律保障。

检察机关是国家法律监督机关，依照宪法和法律的规定，担负着直接查办贪污贿赂、徇私舞弊、渎职“侵权”等国家工作人员职务犯罪的任务，履行刑事检察、监所检察、民事行政检察等项法律监督职责，保障国家宪法、法律的统一正确实施。党的十四大以来，全省检察机关从服从服务于改革、发展、稳定的大局出发，认真执行最高人民检察院提出的“严格执法，狠抓办案”的工作方针，把惩治贪污贿赂徇私舞弊等职务犯罪大案要案作为工作重点，并将查处发生在“三机关一部门”的犯罪案件作为重中之重，取得了明显成绩。1993年～1997年8月，全省检察机关共立案侦查贪污贿赂等经济犯罪案件14 395件。其中万元以上大案10 301件，占立案总数的71.6%。共查处县处级以上干部犯罪要案417人，其中厅级干部12人。坚持把打击和预防结合起来，既挖“驻虫”，又帮助发案单位建章立制，堵塞漏洞，使一大批濒临破产的企业起死回生。通过办案，为国家和集体挽回直接经济损失8.4亿元，为湖北的振兴崛起发挥了重要的推动作用。在反贪斗争中，组织建设、制度建设得到加强，全省各级检察院都成立了反贪污贿赂局，制定了一系列加强反贪工作的规

---

* 本文发表于《湖北法制报》1997年10月21日。

章制度，创造和积累了查办职务犯罪大案要案的经验。反腐败斗争的深入开展，昭示了党中央、省委惩治腐败的决心，赢得了人民群众的信任，也树立了检察机关的形象，与此同时，检察机关在维护社会稳定、执法监督、队伍建设等方面也有新发展，取得新进步。总之，党的“十四大”以来的5年，是检察工作大发展的5年，是检察事业发展最快的时期。

检察机关如何在反腐败斗争中充分发挥作用呢？我们认为应把握好以下几点。

（1）全体检察干警必须从巩固党的执政地位，坚持党的基本路线，高举邓小平理论旗帜，推进改革、发展、稳定的战略高度，增强反贪肃贿的坚定性和自觉性，用江总书记报告精神统一思想、指导工作，满腔热忱地支持改革中的新生事物，依法切实保障社会主义市场经济体制的建立，更深入、更持久、更有效地开展反贪污贿赂斗争，为改革、发展、稳定提供良好的法制环境。

（2）要突出重点，加强办案工作。依法严厉查办贪污贿赂、徇私舞弊、贪赃枉法以及破坏改革新的犯罪，是检察机关为党和国家中心工作最重要最直接的服务。10月1日正式实施的修订刑法，对贪污、贿赂、徇私舞弊及一些新的犯罪形式，都作了严厉的处罚规定。一定要正确运用“两法”，争取人民群众的支持，同这类犯罪行为进行坚决斗争，进一步加大侦查工作力度，突出查办发生在党政领导机关、行政执法机关、司法机关和经济管理部门的犯罪案件，特别是县外级以上领导干部犯罪要案，对于金融、证券、房地产、土地批租出租、建筑工程承包等领域发生的大案要案，国有企事业单位领导干部损公肥私，造成国有资产大量流失的贪污、受贿犯罪案件，以及群众反映强烈的乡镇站所等基层干部犯罪案件，同样要作为重点，依法查办，对领导干部利用职务搞“买官晋爵”构成犯罪的案件，司法人员徇私舞弊、贪赃枉法犯罪案件，要坚决查办，绝不手软。

（3）要提高斗争技术水平。要认真执行“依法从重从严”“一要坚决，二要慎重”的方针原则，讲究初查、侦查谋略和方法，全面、客观地收集证据，用证据揭露、证实和制服犯罪，严格按照修改后的刑法、刑诉法依法办案，文明办案。加强预防犯罪工作，做到打防并举，标本兼治。

（4）要加强调查研究工作。检察人员要思想敏锐，深入实际，深入基层，结合办案，不断捕捉改革、发展进程中出现的热点、难点和重点法律问题，如财税、金融、外贸体制、国有企业改革，实行股份制改造，建立现代企业制度的转轨过程中出现的新情况、新问题，在建立社会主义市场经济体制过程中出现的经济犯罪新形式，对于各种钻改革空子，损公肥私、中饱私囊、“穷庙富方丈”等犯罪现象，要深入研究分析，制定惩治、预防的方案和措施，争取工作主动权，自觉为党和国家工作大局服好务。

（5）大力加强队伍建设。造就一支高素质的检察官队伍。理论上明白，才有政治上的坚定；法律上精通，才有办案的果敢。检察干警要学习掌握好马克思主义、毛泽东思想和邓小平理论，武装好自己的头脑，不断增强改革开放意识、市场经济意识、民主法制意识和法律监督意识，做到政治坚定、业务精通、作风过硬、纪律严明，适应新形势下反贪污贿赂斗争的需要。要大力加强反贪装备建设，不断提高战斗力，要通过全面履行各项法律监督职能，肩负起时代赋予的使命，以昂扬的斗志，创造性的工作，满怀豪情地迈向 21 世纪。

74. 略谈检察机关自侦案件管辖范围*

修改后的《刑事诉讼法》第18条第2款规定，“贪污贿赂犯罪，国家工作人员的渎职犯罪，国家机关工作人员利用职权实施的非法拘禁、刑讯逼供、报复陷害、非法搜查的侵犯公民人身权利的犯罪以及侵犯公民民主权利的犯罪，由人民检察院立案侦查。对于国家机关工作人员利用职权实施的其他重大犯罪案件，需要由人民检察院直接受理的时候，经省级以上人民检察院决定，可以由人民检察院立案侦查。”这一规定，体现了检察机关的性质和特点，强化了法律监督职能，对坚持和发展有中国特色的检察制度意义重大。

一、新规定体现了检察机关的性质和特点

现行《刑事诉讼法》第13条第2款对检察机关立案侦查的范围作了规定；同年，最高人民法院、最高人民检察院、公安部（以下简称“两高一部”）规定人民检察院直接受理22种案件；1985年“两高一部”，将其中的盗伐滥伐森林案划归公安机关管辖；1988年，为贯彻执行全国人大常委会两个《补充规定》，检察机关增加管辖挪用公款等3种案件；1993年以来，为执行全国人大常委会关于惩治偷税抗税犯罪，惩治假冒注册商标犯罪，严惩组织、运送他人偷越国（边）境犯罪3个《补充规定》，以及惩治违反公司法的犯罪、惩治破坏金融秩序犯罪的《决定》，检察机关相继增加管辖案件16种。迄今为止，在刑法和单行刑事法规规定的243种犯罪案件中，检察机关管辖的职务犯罪及同职务犯罪相关的案件44种。17年来，检察机关依照这些管辖规定，充分履行职责，依法惩治了一批国家工作人员的职务犯罪，对于维护国家机关管理制度和正常活动，纯洁国家工作人员队伍，保障国家法律、法令统一正确实施，

* 本文发表于《检察日报》1996年7月9日。

保障社会主义市场经济体制的建立和发展，促进社会主义经济建设，加强廉政建设，推进民主与法制建设，都起到了十分重要的作用。随着市场经济条件下职务犯罪形式的变化，犯罪客体的日趋复杂化，单行刑事法规所列新罪名增多，一方面检察机关担负的自侦案件的任务加重，另一方面单行刑事法规中比照刑法有关国家工作人员职务犯罪处罚条款的管辖分工存在不明的现象（如专利工作人员徇私舞弊、伪造产品质量检验数据，检验结论案等管辖不明），以致形成管辖“盲区”。在利益驱动和地方保护主义、部门保护主义的干扰下，一些检察机关依法对这类职务犯罪实施管辖时常常受阻。鉴于此，新刑诉法对检察机关自侦案件管辖范围作了原则性修改，体现了检察机关对职务犯罪进行监督、维护国家统一与尊严、保障国家法律法令政令统一实施的性质和特点。

二、对新规定的几点认识

对于新《刑事诉讼法》第18条第2款的规定，目前，法学界和司法界理解不一。概括起来有五种观点：（1）监督说。认为检察机关对刑事案件的侦查，是援引我国《宪法》第129条的规定：“中华人民共和国人民检察院是国家的法律监督机关”；第5条第3、4款规定：“一切违反宪法和法律的行为，必须予以追究”；“任何组织或者个人都不得有超越宪法和法律的特权”；以及《人民检察院组织法》第5条第（1）项规定：“对于叛国案、分裂国家案以及严重破坏国家的政策、法律、法令统一实施的重大犯罪案件，行使检察权”，第6条规定“人民检察院依法保障公民对于违法的国家工作人员提出控告的权利，追究侵犯公民的人身权利、民主权利和其他权利的人的法律责任”。对职务犯罪监督，是宪法赋予检察机关的一项权力，是检察机关本质特征之一，具有法律监督的性质，它是对国家工作人员进行司法弹劾的特殊形式，是对遵守刑事法律实行监督的必要手段。因此，新刑诉法有关检察机关自侦案件的管辖规定，贯彻了宪法原则，坚持了检察机关的性质，强化了法律监督职能。它同公安机关、国家安全机关、军队保卫部门侦查刑事案件的法律性质和意义是有一定区别的，不能相互替代和等同。（2）类罪说。认为新刑诉法规定检察机关自侦案件管辖范围是类罪管辖，并非指具体的罪名，如贪污罪、受贿罪，行贿罪、介绍贿赂罪等。要把类罪管辖具体化，需要在坚持检察机关的性质，总结多年来司法实践的基础上，从有利于适应同市场经济条件下职务犯罪作斗争的新形势，强化对国家工作人员职务犯罪的监督，丰富和发展有中国特色检察制度出发，深入调查研究，明确地划分具体案件的管辖范围，而不能简单地以管辖多少而论。（3）主体说。认为检察机关侦查的案件主要限于国家工作人员的职务犯罪，非职务犯罪不在管辖之列。(4) 分工制约说。认为检察机关自侦案件管辖范围宽了，不利于贯彻分工负责、互相制约的原则，难免影响法律监督职能的发挥。这种把检察机关自侦案件同法律监督割裂开来，同公安机关、安全机关、军队保卫部门侦查的案件简单地等同起来的观点是值得商榷的。公检法三机关分工制约，是刑事诉讼法的一项基本原则。但“分工”是依据宪法和其他基本法律所规定的各自职能的“分工”，“制约”也是依法规定的“制约”，其职能管辖的前提和法律性质是不同的。(5) 监督与类罪结合说。认为前者是指对检察机关法律监督“质”的规定性，后者是指对检察机关法律监督“量”的规定性。这两者有机结合，才是对检察机关自侦案件管辖范围的科学界定。至于具体案件的分工管辖，则是“质”的规定性和“量”的规定性有机统一的具体化。

三、正确划定检察机关自侦案件管辖范围

根据新刑诉法有关规定，检察机关自侦案件管辖范围如下。

(1) 贪污贿赂犯罪案件。具体指：贪污案，行贿案，受贿案，介绍贿赂案，挪用公款案，挪用救灾抢险等款物案，巨额财产来源不明案，隐瞒不报境外存款案，公司职员受贿案，侵占案，挪用公司资金案。这类犯罪案件具有两个主要特征：①犯罪主体大都是国家工作人员，包括在各级权力机关，各级行政机关、各级司法机关、单队、国营企业、国家李业机构工作中的人员、集体经济组织的工作人员以及其他依法从事公务的人员；②犯罪客体是同类复杂客体。既侵犯了国家机关的正常活动，管理制度以及国家机关的形象和威信，又侵犯了公私财产所有权；行贿案、介绍贿赂案的犯罪主体虽是一般主体，主观方面的故意内容不同。但是，它同受贿罪相伴而生，而且侵犯的客体是国家机关的正常活动。违反公司法的侵占罪案，公司职员受贿罪案及挪用公司资金罪案，虽犯罪主体是公司董事、监事或职工，但其犯罪客观方面都有利用职务之便或工作之便的特征，同样具有国家工作人员职务犯罪的渎职性。因此，这些犯罪案件宜由检察机关管辖。

(2) 国家工作人员渎职犯罪案件、如重大责任事故罪案，报复陷害罪案，泄露国家机密罪案，玩忽职守罪案，徇私舞弊罪案，包庇罪案，体罚虐待人犯罪案，私放罪犯罪案，伪证罪案等。

(3) 国家机关工作人员利用职权实施的侵犯公民人身权利犯罪案件，包括：非法拘禁罪案，刑讯逼供罪案，非法搜查罪案等。这些犯罪案件具有以下特征：①犯罪主体是特殊主体，即国家机关工作人员；②犯罪客体是复杂客

体，既侵犯了国家机关的正常活动，又侵犯公民的人身自由权利；③犯罪客观方面表现为滥用职权。

（4）侵犯公民民主权利犯罪案件。包括：非法管制罪案，非法剥夺宗教信仰自由罪案，侵犯少数民族风俗习惯罪案，报复陷害罪案，侵犯通信自由罪案。这类犯罪的特征：①犯罪主体是国家工作人员；②侵犯的客体是公民的民主权利；③客观方面实施了侵犯公民民主权利的行为，而且是利用职务之便。

（5）经省级以上人民检察院“决定”立案侦查的其他重大犯罪案件。这是对检察机关自侦案件管辖权的特别规定。其构成条件包括：①犯罪主体必须是国家机关工作人员；②犯罪客观方面必须是利用了职权或同职权相联系；③必须是检察机关前述管辖之外的重大犯罪案件。如何理解“其他重大犯罪案件”？我们认为：一是叛国案、分裂国家案以及严重破坏国家的政策、法律、法令、政令统一实施的重大犯罪案件；二是国家工作人员利用职权或职务影响实施的其他重大犯罪；④必须经省级以上人民检察院决定。这是对现行刑诉法第13条“认为”管辖职能的司法实践的经验总结，是保证检察机关全面履行法律监督职能的特殊形式。其意义在于：有利于维护国家的统一与尊严；有利于维护国家法律、法令、政令统一正确实施；有利于纠正地方保护主义，部门保护主义现象，保证严格执法；归根结底，有利于发挥检察机关的法律监督职能，依法严惩其他严重犯罪分子，维护法制的尊严和权威。

五、民事行政诉讼监督篇

75. 民事诉讼法律监督与相关诉讼原则的协调性*

一、民事诉讼法律监督与审判独立

有学者提出，民事诉讼法律监督会干扰法院的独立审判权。笔者认为，这种认识是不正确的。

审判独立在我国具有特定的含义：(1) 审判权的行使必须严格遵守法律的规定；(2) 法院而不是法官独立行使审判权；(3) 审判权不受行政机关、社会团体和个人的干涉，但并不排除党的领导、国家权力机关的监督和检察机关实施的法律监督。众所周知，审判独立本身不是目的，和诉讼监督一样，都是实现司法公正的手段。审判独立的目的是实现司法公正。民事诉讼法律监督是以“维护司法公正、维护司法权威”为指导思想的，二者具有目标共性。事实上，民事诉讼法律监督并不会干涉审判独立，尽管检察机关在审查抗诉案件的时候，必然要对实体处理结果进行判断，并以此作为是否提出抗诉的依据，然而这种判断只是检察机关的认识，不能代替法院的最终判断，更不可能强加于法院，法院仍然享有对审判活动的指挥权和对案件的最终决定权。

民事诉讼法律监督可以优化审判工作的外部环境。对于我国目前影响审判独立的因素，前最高法院院长肖扬曾将其归纳为五个方面：司法活动受地方保护主义影响，导致司法权地方化；现行法官管理体制造成法官整体素质难以适应审判工作专业化要求；少数法官受拜金主义、享乐主义、特权主义观念的侵蚀，以权谋私、裁判不公或枉法裁判；审判工作管理行政化，违反了审判工作规律；法院特别是基层法院经费困难、装备落后、物资保障不力。法院在财政、人事等各方面都依赖地方政府，往往无法抵御地方行政权的干预。上级检

---

* 本文在蔡虹、王海斌同志的协作下完成，刊载于《光明日报》2008 年 11 月 9 日。

察院的监督作为一种有效监督手段的存在，可以使试图干预法院独立审判的地方行政机关不得不有所顾忌，客观上为下级法院抵御外来不正当干预、坚持独立审判提供了外在力量支持与外控制度支撑。

二、民事诉讼法律监督与维护生效判决的既判力

既判力是指法院作出的生效（确定）判决中，关于诉讼标的的判断所具有的通用力或确定力，即“一事不再理”“一案不二讼”。由于检察监督的结果可能导致再审程序的启动，使已经发生法律效力的裁判再次被纳入审判程序，因此被一些人批评为破坏生效判决的既判力。这也是不对的。

再审程序的设置是以对公正的追求为价值目标的。目前可以启动民事再审程序的途径有三种：一是当事人申诉，法院审查后决定再审；二是检察机关抗诉；三是法院自行发现。无论哪一种情况引起的再审，客观上都会对裁判的既判力形成冲击。因此，争论该问题有悖我们党有错必纠的一贯原则。

再者，对生效裁判既判力的尊重，应以法院裁判的正义为前提。当然，不能苛求法院的裁判百分之百正确，但至少应当控制在一般的容忍度内。应当看到，现实中当事人的再审申请权往往处于弱势。法院又有着先入为主的思维定式，再加上错案追究责任制以及一些内部考核制度，使得当事人再审申请权的实现往往遇到困难。检察机关抗诉权的存在，对法院行使审判权的行为有着一定的制约与平衡意义，对法官的审判活动有着监督与警戒的作用，从而保障审判活动正确进行，促进裁判接近正义。

三、民事诉讼法律监督与处分原则

我国《民事诉讼法》第 13 条规定：“当事人有权在法律规定的范围内处分自己的民事权利。”赋予当事人处分权既是私法自治理念的体现，也是当事人的程序主体地位受到尊重的体现，这种处分原则也并不必然排斥检察监督。这可以从三个方面分析：(1) 民事诉讼的标的是民事法律关系，民事诉讼虽然解决私权之争，但这一活动本身却是公法性质的。民事诉讼法律监督的性质是公权力对公权力的监督，而不是公权力对私权利的干预。其监督的对象是作出错误裁判的审判机关或审判人员，而不是任何一方诉讼当事人。(2) 当事人行使处分权常常受到限制，其根本原因在于审判权往往过于强大而诉权相对弱小。以当事人申请再审为例，实践中检察机关收到的申诉中，相当一部分是被法院驳回再审申请的，当事人不得已才找到检察机关。这说明当事人诉权及处分权的实现需要检察监督权予以帮助和保障。况且，处分权本身就属于双方当事人

平等享有。一方当事人向检察机关提出申诉正是在行使自己的处分权。(3)处分原则是民事诉讼的基本原则，但当事人的处分权是相对的、有一定限制的，应当在法律允许的范围内进行，而不能以享有处分权为由损害国家利益和社会公共利益。最典型的即双方恶意串通侵吞国有资产，表面看是双方当事人在行使处分权，实质却是对处分权的曲解和滥用。由于审判权具有被动性、消极性特征，难以监督滥用处分权的行为，而检察权却由于具有主动性、积极性特征，这就弥补了审判权的不足。当然，检察机关在行使民事诉讼监督职权时必须尊重当事人的处分权，对于不涉及国家利益和社会公益，仅涉及当事人私人利益的错误裁判，如果当事人服判并未提出申诉之主张，检察机关不得主动介入。如果当事人申诉依法启动抗诉后，当事人达成和解或放弃申诉而申请撤诉，检察机关也应尊重当事人的选择。

四、民事诉讼法律监督与诉讼结构平衡

民事诉讼结构平衡理论认为，在民事诉讼中，当事人平等进攻或防御，法官居中裁判则为其本质特征，诉讼结构的核心只能是法院与当事人，他们形成一个以法院为高端的等腰三角形关系。有的学者认为检察机关以法律监督机关身份，通过抗诉等方式介入民事诉讼后，原来稳定的等腰三角形主体结构将被打破，而代之以不等边的四角形结构，当事人之间平等的诉讼地位也被打破，“原告—被告”的当事人结构演变成“申诉人＋检察机关—被申诉人”的结构。这种观点也是值得商榷的。三角形比四边形稳定，这一自然科学的定律未必能照搬到社会科学中来。

诉讼监督权是一种独立运行的公权力。(1)检察机关独立行使监督权，不受当事人的意志左右；(2)监督的客体是法院的错误判决裁定，而不是申诉人的申诉；(3)诉讼监督维护的是国家利益和社会公益，而不是任何当事人一方的利益。因此，检察机关参与到民事诉讼中，不会加大任何一方当事人的力量，诉讼结构平衡并未被打破。最后，诉讼结构中当事人地位平等，攻守平衡，法官居中裁判，这只是诉讼中的一种理想状态。在诉讼架构中，当事人的平等是相对于他们和裁判者的距离而言的，裁判者居于当事人之上的中心地位，不偏不倚，当事人之间才能达到平衡。如果裁判者偏离了中心地位，倾向于任何一方当事人，则当事人之间的平衡就不复存在，而诉讼监督所针对的就是这种诉讼结构失衡。诉讼监督权的介入使当事人的地位回归平等，再次平等地站到法庭上，接受法庭的公正裁判。检察机关的监督从外部对诉讼架构失衡的后果产生助推力，使其回归本位，这和当事人在诉讼程序中所追求的程序公正价值也是吻合的。

76. 对民事诉讼法律监督程序的思考*

一、民事诉讼法律监督程序的价值

民事诉讼法律监督程序的价值体现在形式价值与实质价值两方面。形式价值包括程序安定性、程序公开、程序先在、程序统一等。实质价值包括实体公正、程序正义、程序自由、程序效率等。按照形式价值和实质价值分类，更能够体现民事诉讼法律监督程序本身的独特价值。目前，理论界关于民事诉讼法律监督程序形式价值的争论丝毫不逊于对其实质价值的争论，而对形式价值的争论还未形成有说服力的回应。

在形式价值方面，民事诉讼法律监督程序体现程序安定性的要求。民事诉讼法律监督程序作为一种立法规定的制度，能够满足程序公开、程序先在、程序统一等形式价值。而程序的安定性价值，尤其是程序结果的安定性，对于民事诉讼法律监督程序的价值探讨有特殊重要的意义。民事诉讼法律监督程序符合程序不可逆性、程序终结性等程序安定性价值要求。民事诉讼法律监督程序仅是借用原来已经进行过的程序，并非回到了原来的程序，不存在程序逆转问题；程序的终结性并非特指形成了最终的、不可变更的裁判，程序终结性的标准为被告是否有权提出所有的抗辩、法院是否审理了双方当事人的所有争点、裁判是否真正创设了债务关系，着眼点在于对当事人权利的保护和裁判行为的约束，否则程序终结性标准将失去存在的意义，而不同国家有不同的程序终结性标准，民事诉讼法律监督程序符合我国法律中的程序终结性要求。

民事诉讼法律监督程序具有维护实体公正、程序正义、促进效率等实质价值。(1) 检察官对裁判实体问题的审查监督，具有法定的审查依据和判断标

---

* 本文在蔡虹、刘春梅、蒋剑伟同志的协作下完成，发表于《光明日报》2008 年 6 月 17 日。

准，绝大多数情况下能够得出直接的审查结论并采取相应的监督措施，民事诉讼法律监督程序具有维护实体公正的价值。（2）民事诉讼法律监督程序作为审查纠正程序不公正行为的专门程序，能够吸收败诉当事人对裁判结果的不满，实现法律对程序不公正行为的否定性评价，既是公权力对私权利的救济，又是公权力之间必要的监督制约。（3）民事诉讼法律监督程序通过投入司法资源等边际成本，取得了消除人们对法律的误解和对裁判不公正的怀疑，降低了当事人投入的合法或非法协调成本（如合法或非法上访的成本）、法院司法人员违法行使职权的成本（如法院教育、整顿的成本、法官被追究责任后整个司法系统付出的成本）等边际收益，体现了较高的时间效率、资源效率和边际效率。

民事诉讼法律监督程序诸价值之间的平衡。检察机关行使法律监督职能，应当以促进和保障司法公正为目标，以中立的立场坚持和维护司法公正价值；应当尽量兼顾诉讼效益价值，协调好促进司法公正与节约司法资源之间的关系，实现诉讼公正价值与效益价值的平衡；坚持实体公正和程序公正并重，不能将监督重点放在对程序违法行为的监督上。

二、民事诉讼法律监督程序的功能

着眼于从当事人、社会、制度等层面分析民事诉讼法律监督程序的独特构造，民事诉讼法律监督程序的功能可以划分为平衡利益冲突、恢复受损秩序、创建制度规范、有序分配资源，体现出法律对社会存在与发展的适应性。

（1）平衡利益冲突。民事诉讼中裁判与执行的双方当事人在“消费”或使用“公共产品”以对错误裁判或执行时，其一方不断增加的申诉成本而无法救济的利益损害，或一方因无序裁判与执行获得非法定的增量收益，由此造成国家、社会与当事人使用这种“公共产品”所支付的增量成本进而带来的公平、正义、公正收益的正确性持续下降，就是民事诉讼中裁判与执行不公所导致的“负外部性”现象的现实表现。因此，要引入民事诉讼监督权一定成本的支出来矫正裁判与执行权运行无序、滥用所导致的司法收益的外部性现象，启动司法裁判权重新运行，使三方利益冲突化解成为可能，使公平、正义、公正收益成为一种必然选择。这就使得受损的利益得到再度平衡成为可能与不可逆转的选择，从而带来司法权运行收益的“正外部性”现象。

（2）恢复受损秩序。民事诉讼法律监督制度以权力救济权利，以权力监督权力，不仅使当事人之间受损的私法秩序得到恢复，而且使错误裁判导致的司法秩序紊乱得以梳理，进而恢复正常的裁判秩序，使当事人背后的社区、团体、第三人等关联人之间的受损秩序得到修复。

（3）创建制度规范。民事诉讼法律监督程序从无到有，从内部的一些规范性文件演变为得到立法者、执法者、多数学者赞同的制度，体现出制度形成的旺盛生命力，这是由市场经济发展中逐步形成的内在制度和我国传统文化制度深刻影响下的民众法律心理等两方面因素决定的。

（4）有序分配资源。错误裁判与滥执行耗费了国家和公民的机会成本，直接表现为当事人合法利益的损失、当事人诉讼成本的损失和司法成本的加大；造成了司法负收益，极大地降低了司法的效率；给公民造成错误的行为预期，民事案件的当事人与潜在当事人将加大协调成本的投入，包括合法或非法上访的成本、合法或非法的找关系或行贿的成本等；必然导致社会成本的大幅度增加，如法院教育整顿的成本、法官被追究责任后整个司法系统付出的成本等，这些成本最终需要由整个社会承担。民事诉讼法律监督通过对错误裁判与违法执行的纠正、控制、调整进而节省了司法资源、诉讼资源、社会资源。

三、民事诉讼法律监督的目的

民事诉讼法学的基本理论反映了民事诉讼的基本原理、内在规律和特有价值，是制定、适用和解释民事诉讼法的依据，其在民事诉讼理论体系中的地位具有根本性，作用具有统率性。民事诉讼法律监督程序发生在民事诉讼这个特定的场合，必须遵循民事诉讼的特殊规律，必定要受到民事诉讼法学基本理论的影响。

民事诉讼的目的具有多重性和多层次性，主要包括实现权利保障、解决民事纠纷、维护社会秩序等。民事诉讼检察监督的目的主要体现在两个方面：（1）维护国家法律的统一正确实施。在这一方面，检察机关和审判机关的目的是一致的。（2）促进司法公正，遏制司法腐败。这一目的的实现主要是依靠检察机关对法官在民事诉讼中的职权活动是否合法依法监督而完成的。

尽管法律监督目的与民事诉讼目的存有差异，但并不妨碍两者出于不同的目的而在民事诉讼这个共同的场合中和谐共存。法律监督目的的实现有助于促进民事诉讼目的的实现，民事诉讼的目的在一定程度上对于法律监督目的的实现具有引导、制约作用。

四、民事诉讼法律监督的基本构造

民事诉讼法律监督的基本构造是指行使法律监督权的检察机关与审判机关及当事人之间形成的由他们的相互关系所决定的诉讼结构，这一构造决定了检察机关的民事诉讼法律监督职能、诉讼角色、诉讼权利与诉讼义务。

民事诉讼检察监督的基本构造之一——检察权与审判权的关系。民事诉讼检察监督是检察权对审判权进行的平行的外部监督，属于公权力对公权力的监督。民事诉讼检察监督的对象是人民法院生效的判决和裁定，以及审判人员和执行人员的违法行为。检察机关与审判机关之间的关系，既是协调又是制约，既有监督也有支持，即其既依法实施监督，又不代行审判权，从而保障审判机关依法独立行使审判权。

民事诉讼检察监督的基本构造之二——检察权与诉权的关系。检察监督权是对诉权的保障和救济，赋予检察机关监督的权力，正是为了弥补私权力量的不足与对审判权运行内控的局限，从而实现民事诉讼双方当事人诉讼地位的平等，并进而保证裁判的公正性。正是内控机制与外控机制的有机统一，才使得审判权在预期的程序运行轨道上有效行使，避免其脱离轨道而恣意专横所导致当事人地位的倾斜，诉讼架构扭曲，并且避免以当事人利益损害、国家修复损害成本无控制增长等作为其错误裁判与执行的成本替代。

综上，完善民事诉讼检察监督制度，必须遵循民事诉讼的基本原理和规则，避免混淆审判权和检察权的界限；应当合理配置检察机关对被监督机关监督的范围、方式、手段，以建立起监督机关与被监督机关之间的协调与制约关系；应当依据法律监督权的本质特征和要求去配置相应的权力和程序制度，法律监督程序的设计必须是具体的、严密的、合理的、可遵循的、可操作的。

77. 民富国强的法律基石

——贯彻实施《物权法》若干问题的讨论*

2007年3月23日，胡锦涛总书记在中央政治局第40次集体学习物权法时，从推动形成有中国特色的社会主义法律体系，贯彻依法治国方略，建设社会主义法治国家，坚持和完善国家基本经济制度，健全社会主义市场经济体制，实现好、维护好、发展好最广大人民的根本利益，激发全社会创造活力，全面建设小康社会，加快构建社会主义和谐社会的高度，深刻指出充分认识制定和实施物权法的重大意义，强调全党、全社会要牢固树立物权观念，全面坚持国家基本经济制度，切实维护广大人民群众的权益，加快完善相关法律制度，开创社会主义法治国家新局面。这是学习、领会、贯彻、实施物权法，充分运用物权法等法律手段，促进经济社会发展，提高管理社会事务的水平，增强解决社会矛盾、加强法律监督、维护公平正义、维护法律统一正确实施、促进社会和谐能力的行动指南，一定要结合实际认真贯彻。下面，就贯彻胡锦涛总书记的讲话要求，正确实施物权法，讨论四个问题。

一、物权法的一般理论

（一）物权概念与特征

民法学意义上的物权和物权法，是随着经济社会的发展，经济关系与法律关系的变化，新的经济制度与法律制度的创设而出现的。在古罗马法中，有着“对物的誓金法律诉讼”和“对人的誓金法律诉讼”，这种古老诉讼方式之一的对物之诉被称作请求返还之诉，典型的是返还所有物之诉，即有关所有权的诉讼。❶ 注释法学家将罗马法的私权利划分为对物的权利与对人的权利，物权概

---

* 本文发表于《湖北日报》2007年5月31日；2007年12月被湖北省法学会民法学研究会评为“2007年年会暨学术研讨会一等奖”。

❶ ［意］朱塞佩·格罗索著：《罗马法史》，黄风译，中国政法大学出版社1994年版，第122页。

念由此而来。[1] 1794 年，德国在《普鲁士普通法》中始见物权（Sachenrecht）一词，1900 年《法国民法典》专设物权篇，这标志着物权概念的正式确定。[2]

由于各国的社会物质生活条件的不同，反映在各国物权法律制度上的物权定义各有差异，形成了不同的学说，概括起来是：（1）“支配说”。这种学说力图从人与物关系角度揭示物权的本质，认为物权是“对物直接支配的权利”。（2）“支配受益说”。这种学说从人与物的效用关系出发，着重揭示权利的效用目标，认为物权是“直接支配特定物，而享受其利益的权利”。[3]（3）“支配排除说”。这种学说从人对人关系出发，着重揭示人对物权利的独立性，认为物权是对“物直接管领并排除他人干涉的权利”。[4]（4）“综合说”。这种学说从多视角出发，力求全面揭示物权的内涵，认为“物权，乃对特定物为直接的与排他的支配以享受一切利益之权利”。[5]（5）“综合与分类结合说”。这种学说认为物权是指权利人依法对特定的物享有直接支配和排他的权利，包括所有权、用益物权和担保物权。我国《物权法》第 2 条第 3 款采此理论并作出相应规定。

综上，物权法意义上的物权，旨在规范财产归属与利用秩序，确保特定权利主体对特定物统领的法律地位，自由地对特定物行使使用、收益、处分的权利，排除他人的干涉或侵害。其特征：（1）有体性，即物权的客体主要是动产与不动产，只有法律规定权利作为物权客体的，方从规定。人的行为不能作为物权的客体。（2）支配性，即权利主体通过对物的直接支配而实现其利益，包括物质方面或精神方面的受益。（3）排他性，即物权要求在同一标的物上不得同时设立两个相互独立的所有权或互相排斥的抵押权，其具有对抗的效力，任何人都有不得侵害的义务。（4）任意性，即权利人通过对标的物的直接支配便可实现其利益，而无需他人的意思或行为。（5）优先性。相对于债权而言，物权效力优先于债权的原则，被作为调节物权与债权冲突的最一般原则，从而建立起了有效保护物权人权益的制度体系。

（二）物权制度的沿革

物权制度作为一项古老的法律制度，根源于其社会物质生活条件，是建立

---

[1] 温世扬著：《物权法要义》，法律出版社 2007 年版，第 2 页。

[2] 温世扬著：《物权法要论》，武汉大学出版社 1997 年版，第 27 页。

[3] 姚瑞光：《民法物权论》，台湾大中国图书出版公司 1993 年版，第 1 页。

[4] 《法学词典（修订版）》，上海辞书出版社 1986 年版，第 573 页。

[5] ［日］山本进一等著：《改订物权法》，青林双书昭和 58 年版，第 3 页。转引自梁慧星主编：《中国物权法研究》，法律出版社 1998 年版，第 18 页。

在古老社会经济基础上的政治法律制度的重要组成部分。它不是从来就有的，而是随着私有制、阶级、国家的出现而产生的。正如马克思指出的："私有财产的真正基础，即占有，是一个事实，是不可解释的事实，而不是权利。只是由于社会赋予实际占有以法律的规定，实际占有才具有合法占有的性质，才具有私有财产的性质。"

1. 传统物权制度

在上古文明时期的埃及、西亚、爱琴海与印度河流域的各古国中，物权制度有着不同的形式。而真正传统物权，是建立在所有权、用益物权、变价权等对物的支配权之上的总称，其概念起源于罗马法。公元 533 年罗马皇帝查士丁尼下令编纂《法学总论》时，贯彻了著名法学家盖尤斯（Gaius）按"人、物、权利"划分和编纂的理论。完备的罗马法有关物权的制度，是古罗马社会简单商品经济和个人本位主义法律思想的产物，"以致后来的一切法律都不能对它作任何实质性的修改"。❶ 其基本特点是：（1）以所有权为中心，强调个人对物的抽象支配，漠视物的利用；（2）奉行一物一权，强调所有权的归一力；（3）认为所有权仅有量的分割而无质的分割；（4）将占有作为独立法律现象来研究。17 世纪中叶，罗马法进入德意志，人们开始探讨物与财产的区别，阐发物上的权利。到 19 世纪初期，形成了完备的体系。罗马法与德国的物权制度虽各具特色，但对后世立法产生了广泛而深远的影响，为资产阶级提出"私有财产神圣不可侵犯"的口号奠定了基础，并建立起了两大法系的物权制度体系。（见图 23、图 24）

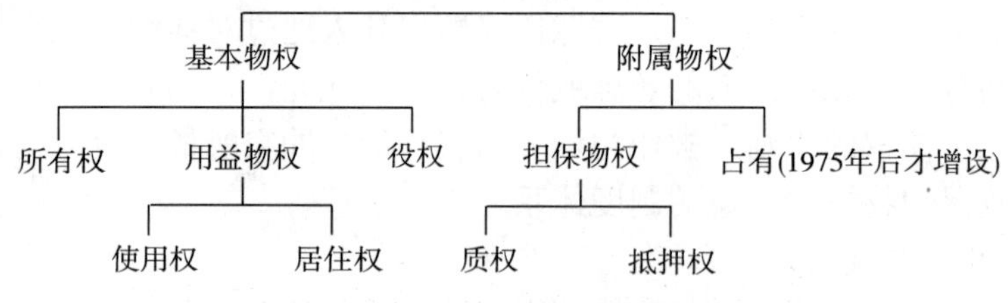

图 23 法国物权体系结构

资料来源：徐汉明：《中国农民土地持有产权制度研究》，社会科学文献出版社 2004 年版，第 104 页。

---

❶ 《马克思恩格斯全集（第 21 卷）》，人民出版社 1965 年版，第 454 页。

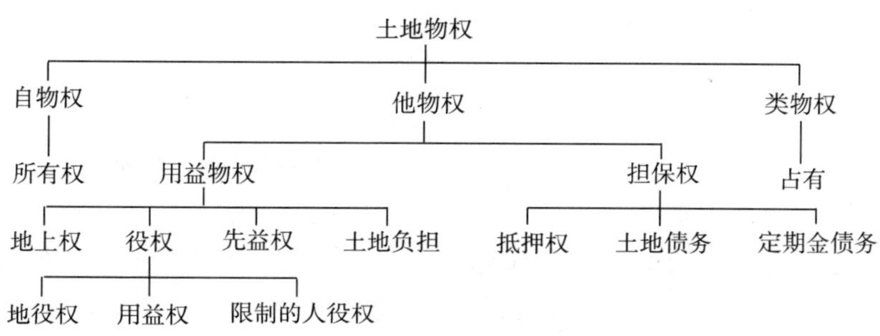

图 24　德国物权体系结构

资料来源：徐汉明：《中国农民土地持有产权制度研究》，社会科学文献出版社 2004 年版，第 105 页。

2. 物权制度在当代的挑战与发展

以物权法定、一物一权、物权行为与公示公信四大原则为基石建立起来的传统物权理论与制度，随着社会化大生产和市场经济的发展，越来越显示出其弊端。这表现在：(1) 物权主体的独占性明显滞后，即财产证券化、信用机制形成，一物多权或多物一权的现象大量出现，传统的“一物一权”主义已明显滞后；(2) 物权客体的局限性，即其局限于实物形态，排除价值形态；(3) 物权内容的片面性，即重自物权轻他物权，强调财产的静态归属（所有），忽视财产的动态利用，甚至明显地浪费，法律也不过问。经济现代化的进程对传统的物权制度提出了诸多挑战，传统的物权理论面临一场现代化的革命。

大陆法系各国物权立法指导思想出现了变化，由过去“强调个人本位”到现在“强调社会本位”，由片面强调对物的支配到重视物的利用两大转变，进而引起物权立法的变化。其现代化表现如下。

第一，对所有权效力范围、行使方式、权益等的限制。一是对所有权效力范围的限制。日本、德国等立法摒弃关于土地所有权的效力“上达天空、下至地心”的规定，主张它仅在法定限制的范围内及于地上及地下，并规定所有人不得禁止他人在与所有人无利害关系的高空和地层所为的行为。我国《物权法》第 39 条规定所有权行使的范围，第 41 条规定属于国家所有的不动产和动产，任何单位和个人不能取得所有权，就是对效力范围的限制。二是对所有权行使的限制。《德国民法典》第 903 条规定，所有权的行使“以不违反法律和第三人权利为限”；《瑞士民法典》第 2 条规定：“明显地滥用权利，不受法律保护”；将所有权行使的限制置于民法基本原则的调整之下，完成了由特殊限制到一般限制的立法转变。我国《物权法》第 7 条规定，物权的取得和行使，应当遵守法律，尊重社会公德，不得损害公共利益和他人合法权益，就是对其行使的限制。三是对所有权负担的设定限制。德国、瑞士等国立法都作了明文规定。我国《物权法》第11～14章对在国家与集体土地所有权之上设立承包经营权、建设用地使用权、宅基地使用权，形成独特的土地所有权负担体系。四是物权限制所要保护的利益，主要涉及保护国家利益、社会利益、第三人利益等。五是限制所涉及的事项多样化。这包括：不动产相邻关系，如我国《物权法》第7章规定了相邻关系；国防、通讯、城建、环保、安全等公共事务；土地、矿产、水利、珍稀动植物等自然资源的合理开发、利用、保护；人文景观及文件、古玩等文化艺术资源的利用与保护；通过颁布航空法而对土地所有人空间的权利施加限制；通过颁布矿业法对矿产的开采实行特许制度；通过颁布都市规划法对其土地的利用作出明确的规划；❶ 通过对珍稀动植物、人文景观等自然、文化艺术资源的特别保护，使之合理利用；关系国计民生的邮电、钢铁、煤矿、电力、银行等企业实行国有化政策等。❷ 这些，不仅我国行政法、经济法作了相关规定，而且《物权法》在第4～5章中有一系列反映。

第二，从重视物的所有到重视物的利用，他物权优位化。现代各国的物权立法，已不再以所有权为重心，而是以他物权为重心，强调和扩大他物权，出现了他物权优位化和所有权虚有化的倾向。他物权优位化表现在：（1）他物权的排他性不断增强；（2）用益物权成为他物权乃至整个物权法的重心；（3）担保物权日益注重发挥物的经济效用。我国《物权法》第10～14章关于用益物权、第15～18章关于担保物权的规定，就体现了物权制度现代化的发展趋势。

第三，物权形态由单一的实物形态向价值、实物双重形态拓展。这可以充分发挥财产的效用，吸收更多的主体合理利用资源，又能保证财产权利有所归属，避免归属不明导致的权利摩擦，还可摆脱传统意义上的所有者的长臂控制状态，保证流通的顺畅和交易的安全。❸ 如我国物权法抵押权中关于权利质押的规定，是符合物权法现代化要求的。

第四，物权法律关系的扩大化。（1）物权主体的扩大化。即由自然人扩及法人、非法人组织。（2）物权客体的多样化。出现了无体物上的权利和权利上的物权，包括对电、热、声、光、气、空间、信息、卫星轨道、航空器航线、无线电频谱等无体物的物权，对票据、证券、知识产权等权利的物权；公寓式

❶ 王利明著：《物权法论》，中国政法大学出版社1998年版，第223页。

❷ 余能斌、王申义："论物权法的现代化发展趋势"，载《中国法学》1998年第1期，第73页。

❸ 吕来明："从归属到利用——兼论所有权理论结构的更新"，载《法学研究》1991年第6期。

住宅区分所有权、使用权等非独立物；以企业财产为标的财团抵押及浮动担保；因所有权的占有、使用、收益、处分权能与所有权分化组合的方式不同，形成了所有权的使用价值权、交换价值权；因所有权分化组合方式不同，形成了新型用益物权、担保物权，典型形式是分期付款买卖中买受人对标的物享有的“不完全所有权”❶。这在我国物权立法中也是有许多反映的。

第五，由“一物一权”向所有权多样化转变。如德国、日本等国家通过特别立法，确认空间所有权，以弥补民法典的不足。❷ 我国物权立法借鉴日本等国的立法技术，第 6 章所规定的业主建筑物区分所有权即其明例。

（三）中国物权制度的产生与发展

中国古代物权概念一直未出现过，但形成了反映和保障奴隶制、封建制、半封建与半殖民制的基本经济制度，以所有权为核心，以土地及其附着物权利为基本形态的物权制度体系。❸ 其特点是：（1）在所有权方面，经历了由单一国王所有向多种土地所有权形式并存发展的过程。在奴隶社会，最主要的生产资料——土地属于以天子为代表的国家所有，国王拥有对全国土地的最高所有权；到了封建社会，出现了国家所有和诸侯、士大夫与“百姓”为典型形态的私人所有的多元形态。（2）在用益物权方面，确立了“土地占有权”，即将官田授予私人占有或分配其耕种；确立了“永佃权”，即将租佃关系的田底所有权与田面使用权分离，使田面使用权、收益权成为独立交易的权利；在汉律中就有“地役权”的规定；到了唐代，以“均田法”制度为主要特征的物权制度，成为唐代兴盛的根本动因之一；古代特有的典权制度自汉唐至明清，历久不衰。（3）在担保物权方面，质权方面的“物质”，早在南朝时兴起；“抵押”产生于南北朝，盛于唐宋，明代普遍，清代入律。到了近代，中国物权制度可溯源至清末的《大清民律草案》中的“物权”篇。民国时期《民律草案》各篇篇制工作历时 11 年才完成，仅以条例授用。国民党政府于 1929 年 11 月 30 日颁布了《物权篇》。

中国现代物权制度是以大陆社会主义物权制度为主体，与我国台湾、香港、澳门区域私有物权制度相结合的多元结构的现代物权制度体系。而大陆现代物权制度经历了新民主主义革命时期物权制度孕育初创期，新中国成立之初废除旧法、制定新型所有权法律制度确立期，对生产资料私有制的社会主义改

---

❶ 郭明瑞：“关于我国物权立法的三点思考”，载《中国法学》1998 年第 2 期。

❷ 同上。

❸ 钱明星：《物权法原理》，北京大学出版社 1994 年版，第 67 页。

造的转变期，十年“动乱”停滞期，改革开放以来物权立法恢复发展期和物权法颁布实施期等6个历史阶段。

第一，孕育初创期（1921～1949年8月）。主要特点：（1）通过建立革命根据地，进行土地革命，没收并平分土地，确立政府的土地所有权和农民对土地的占有、使用、收益权；（2）明确保护土地所有权，保障抗日人民的财产继承权，减租减息，保护佃权；（3）废除封建性及半封建性剥削的土地制度，实行耕者有其田，确定对土地财产的分配办法；（4）实行没收官僚资本，保护民族工商业；（5）规定了城市房屋的政策和处理办法，并确认了一般私人房屋的所有权，并保护产权所有人的正当合法经营。在1931年冬也曾发生过早地实行农村土地和水利国有的“过左”政策。

第二，确立期（1949年9月～1952年）。主要特点：（1）以物权制度确认所有制度等基本经济制度，以保障新生政权的经济基础，巩固新生的政权。《共同纲领》第27条规定“保护公民已得土地的所有权”；《土地改革法》规定“废除地主阶级封建剥削的土地所有制，实行农民的土地所有制”；《城市郊区土地改革条例》确立了郊区土地所有权。（2）《中南区关于城市房产权的几项原则规定》，首次规定了新中国的不动产物权登记制度。（3）对农业土地、铁路用地、公路留用土地的所有、使用、流通等作出规定，确认了公民个人对国有矿等的开采权。[1] 这标志着新中国物权制度的正式确立。

第三，立法转变期（1952～1956年）。主要特点：（1）我国第一部社会主义宪法规定了国家的经济制度，明确公布了国家所有权、合作社所有权、个体劳动者所有权和资本家所有权，保护公民的合法收入、储蓄、房屋和各种生活资料的所有权，从而建立起了新型的带有过渡时期特点的自物权体系。（2）明晰了新型所有权形态，即《农业合作社示范章程》规定了农民对土地及其他生产资料、合作社的股份经济的所有权形态。（3）建立了新型用益物权形态，即《华侨申请使用国有荒山荒地条例》确定了非所有人对国有土地的用益权。（4）首次建立了相邻权形态，即《关于用水和排水纠纷的处理意见的报告》规定了相邻权。通过这些立法，实现了由新民主主义的物权制度向社会主义物权制度的转变。

第四，物权立法停滞期（1956～1978年11月）。这一时期，我国社会主义理论与实践出现了严重的失误与挫折，法律虚无主义盛行。反映在物权制度建设上，以“一大二公”单一所有物权理论模式代替物权立法，追求片面的纯

---

[1] 温世扬著：《物权法要论》，武汉大学出版社1997年版，第18页。

而又纯的物权形式，不断地将集体所有权改造为“准国有”，排斥承包经营权、个人所有权，全面否定他物权，物权理论研究与物权立法成为空白。

第五，物权立法恢复发展期（1978 年 12 月～2007 年 2 月）。随着党和国家工作重点由以阶级斗争为纲转移到以经济建设为中心上来，改革深入，开放扩大，法治建设迎来了春天，物权立法也得到恢复和发展。主要特点：（1）1982 年宪法重新确定了自然资源所有权、土地所有权和公民个人所有权。（2）1984 年《加工承揽合同条例》与 1985 年《仓储保管合同实施细则》首次规定了留质权。（3）1986 年 4 月《民法通则》的通过颁行，标志着我国物权立法进入了新的历史时期，《民法通则》明确规定了所有权，全民所有制企业经营权、土地使用权、农业承包经营权等用益物权，从债的担保角度规定了抵押权、留置权。（4）随后的《城镇国有土地使用权出让和转让暂行条例》《城市房地产管理法》对土地使用权作了进一步规定，《全民所有制工业企业法》《全民所有制工业企业转换经营机制条例》确立了企业经营权及其保障机制。（5）海商法规定了船舶所有权、船舶抵押权和船舶优先权。（6）《担保法》对抵押权、质权和留置权作了规定，区分了抵押权与质权；1998 年 8 月九届人大常委会第四次会议修订的《土地管理法》进一步明确了土地公有制的两种实现形式，即全民所有和劳动群众集体所有；界定了市区土地国有权，除此外的土地、宅基地、自留地、自留山等农民集体所有权；单位或个人对土地的使用权；承包经营权；林地、草原、水面、滩涂的所有权、使用权。

上述内容表明，我国这一阶段的物权立法形式主要特点是：（1）财产所有权；（2）国有土地、森林、水面、滩涂、草原及其他自然资源所有权、使用权；（3）集体土地、森林、水面、滩涂、草原及其他自然资源所有权、使用权；（4）国有企业财产经营权；（5）承包经营权；（6）采矿权；（7）抵押权；（8）留置权；（9）质权。物权立法虽然取得了重大进展，但仍呈现体系的不完整性、内容的分散性、分类缺乏科学性等特点。

因此，在总结我国社会主义物权立法经验的基础上，从我国国情出发，借鉴国外立法经验与技术，制定颁行统一的《物权法》，实乃迫在眉睫。

第六，物权制度全面发展期（2007 年 3 月起至今）：以 2007 年 3 月 16 日第十届全国人民代表大会第五次会议审议通过《物权法》为标志，我国物权法律制度建设步入了飞跃发展的新阶段。

（四）物权制度的功能

第一，明晰产权的功能。在一定历史条件下，一国对财富的承担体——物的归属与占有、控制与利用、交易与流转、配置与创造，首要的是建立起权利确定、边界明晰的具有基础地位的制度体系，明确其归属、控制、利用、交易的性质、范围与秩序，从而建立起财富保障与财富创造的“稳定器”，实现物的优化配置、财富的持续稳定增长，以满足人们日益增长的消费需求与投资需求，因而物权法定、公示公信就作为其最基本的原则，成为物权设立、变动、转让和消灭的基本规则。

第二，激励约束的功能。以物权的排他性、追及性、移转有偿性为核心建立起来的完备制度体系，其内核之一在于确立、规范、引导社会成员树立起恒产恒心的理念；通过明确权利人对物享有的权利与对物的保护，充分发挥物的效用，从而形成对物的占有、使用、收益、处分、分配、积累与创造财富的激励约束机制。也就是说，物权的确定即意味着财富的恒定，由此才能建立起合理使用资源、有序积累财富、持续创造财富的效应。否则，就会使自然资源与社会财富消费殆尽。

第三，有序交易的功能。新制度经济学家康芒斯明确指出：“交易实质上是所有权者的转移，它不是实际交货那种意义的物品交易，而是个人对个人之间对物质的东西的未来所有权的让与与取得，一切取决于社会集体的业务规则。”人类的交易史经历了以简单商品经济时代的物物交易初级形态；商品经济时代的以货币作媒介、商人为代理的市场交易的中级时代；以专门上层组织与社会中介组织紧密结合的合约化、技术化为标志的高级形态；随着经济全球一体化形成，出现了以交易的垄断化、电子交易、网上合约、期货、证券等多元化的现代化交易形态。而作为市场经济条件下的人们即民事主体，事实上他们每天都要同他国、他组织、他人进行各种交易，其交换的客体事实上不是各种物本身，而是不同利益主体所给付的权利，以及预期的最大收益，即增加权利或变更权利所带来的消费、投资等利益（财富）的最大化。现代物权制度的突出功能就在于具有提供便捷交易、降低成本、优化资源、积累财富和持续创造财富的功效。

第四，化解风险的功能。保护物权之所以是奠定法治的基础，保护财产权是关注民生的核心，就在于物权制度所具有“定纷止争”的独特功能。物权的“对世原则”在于不特定人对物权承担绝对的不损害义务的保护关系，一旦其实施损害就要承担相应的法律后果。这就表明，物权制度本身虽不能直接创造财富，但其可以通过确认与保护财富来激励、引导人们积累财产、创造财富，化解权利纷争、利益冲突，由此成为维系经济社会一道牢固的“安全闸”与“防护网”。

二、《物权法》制定的背景及其现实意义

在建设中国特色社会主义事业的进程中，中华民族的崛起，既面临千载难逢的机遇，又面临重大而急迫的挑战，需要建立科学完备的物权法体系来提供保障。物权法属于政治上层建筑，是一定经济制度在上层政治法律制度的法权反映。

（一）从维护社会主义基本经济制度、推进社会主义伟大实践看

社会主义运动从马克思、恩格斯创立至今已经历 160 余年，其中经历了诸多曲折。中国共产党人经历三代领导集体的艰辛探索与努力，开创了中国特色社会主义道路，建立起了以公有制为主体、多种所有制经济共同发展的基本经济制度，并且从行政法律、经济法律方面提供了保障、调节、服务的制度体系，较好地探索出了一条纵向保障基本经济制度的路子。但是，在调整横向法律关系的民事领域，还没有通过物权制度体系加以确认、规范、调节与保障，这就暴露出基本经济制度在民事保护上的重大缺陷，国家、集体、私人财产所有权在民事交易流转中缺乏“天然”的保护屏障，无时无刻不存在重大的风险。因此，制定物权法，明确国家财产和集体财产的范围，国家所有权和集体所有权的行使，加强对国家财产和集体财产的保护，直接关系到坚持社会主义制度的性质，关系到坚持社会主义基本经济制度，关系到巩固和发展公有制经济的主体、主导地位；制定物权法，明确私有财产的范围，依法对私有财产给予保护，也关系到鼓励、支持、引导非公有制经济的发展。

（二）从维护国家主权、提高我国对外开放度看

在国际法地位上，中国政府对领土、领空、领水、海洋大陆架、专属经济区等行使主权与管理权，随着中国对外开放政策与外交成果的取得，中国同周边国家的领土勘界，大陆架及专属经济区的划定，国际空间飞行器、通讯工具的激烈竞争，迫切要求在运用国际公约、条约、协定确认主权的同时，在民事领域通过建立完备的物权制度对其予以物权确认、规范、调整与保障。因此，制定物权法，不仅有利于维护国家主权和领土完整，而且有利于我国政府及国有权主体以民事主体资格进入国际市场，参与国际资源开发利用的竞争合作，全面保护与合理有偿开发利用我国的这些专属资源、特定物，为提升中国的国际地位和国际竞争力创造条件、提供保障，为子孙后代造福。因此，《物权法》第 5 章第 46～52 条对此都作了明确规定，这是非常必要的。

（三）从巩固改革成果、提升我国综合竞争力看

经过 29 年的改革，我国经济社会发展取得巨大成就，上了一个大台阶。

据统计，2006年国内生产总值达到20.9万亿元，财政收入达到3.93万亿元，城乡居民储蓄达到16.1587万亿人民币，外汇储备达1.0663万亿美元。城镇居民年人均可支配收入达到11 759元，农村居民人均收入为3 587元。社会财富持续总量增长，更需要有健全的物权制度安排，以建立起恒定的激励约束机制，激发我国人民科学配置财富、有序利用资源、注重节省财富、持续创造财富的长效机制。只有健全的物权制度，国民收入初次分配才会稳定，国民收入再分配才能科学、规范、有序，尤其是通过公共所有权与私人所有权所支配的财产的有序流动、交易与整合，才能集合财富，产生增量财富效应。前几年，我国国企改革过程中出现的国有资产流失问题，重要原因之一是因为物权制度不健全、产权边界不明晰所导致的，这个教训是深刻的，应当记取。

（四）从规范社会主义市场经济秩序、促进公平竞争与交易看

产权明晰、公平竞争是发展社会主义市场经济的基本要求。去年，我们在国际市场竞争中，进出口贸易总额达到1.76万亿美元，增长23.8%，实际利用外资直接投资695亿美元，我国国际专利申请量增速居全球首位。国际竞争从表面看是国力竞争、科技水平的竞争，其背后实质上是国家作为民事主体的不同性质、确定的产权交易，是国与国之间的政府、经济组织、公民以物权为后盾的资源优化交易与流转，世界财富依照规则在国际范围的分配与流转。因此，只有健全的物权制度，才能有效地保护我国各类产权主体的权益，才能在国际竞争的交易流转纷争处于有利地位，在仲裁、司法裁判以及依国际规则调解中处于有利地位。国内市场也是这样，健全的物权制度，是权益保障、利益协调、矛盾调处、诉求表达的根本长效机制，是促进投资、流通、消费的动力源泉与保障。在过去的一个时期，国内市场经济竞争中以经济主体“身份论”，不能贯彻平等保护的原则，常常用行政规则、经济法规则和姓“资”姓“社”的政治规则替代物权平等保护规则，并以此来评判市场主体之间的交易竞争行为，造成诸多偏差，必须摒弃。因此，只有制定物权法，明晰所有权、用益物权、担保物权等功能，充分发挥其作用，平等保护各类市场主体的所有权、用益物权、担保物权权益，依法制裁损害物权的行为，才能保障社会主义市场经济有序持续健康发展。

（五）从维护人民群众切身利益、促进人的全面发展看

随着改革开放、经济发展、群众生活水平不断提高，群众获得财富的途径日益增多，如：工资性收入，劳务所得，银行存款孳息，彩票中奖等偶然所得，投资、股票、证券、基金等资本性收益，不动产收益，继承或获得赠与，等等。所以，物权法明确保护私人的所有权，业主的建筑区分所有权、土地承

包经营权、宅基地使用权等，这对于维护群众的切身利益，激发他们创造财富的活力十分必要。只有物质财富充分涌流，才能为精神财富的创造提供条件与保障；只有物质文明、精神文明与政治文明全面发展，人的全面发展才能充分实现。一部健全完善的物权法，是物质文明、精神文明与政治文明建设的基石，是法治现代化的标志之一，是经济社会全面发展的“安全阀”“稳定器”与“永动机”。

（六）从化解突出社会矛盾、促进和谐社会建设看

当前，引发社会不和谐的突出问题是城市居民房屋拆迁、商品房购置中开发商同业主的矛盾、国企改制职工分流再就业、土地征收补偿，以及农村土地房屋使用、建设、管理引发的邻里纠纷。究其根源之一是长期以来建筑区分所有权、共有权，用益物权、地役权等缺失引发的。这次物权法都作了明确规定，对于调整这方面的法律关系、裁判纠纷、保护权益将起到积极的作用。比如农村土地用益物权冲突，《物权法》第 14 章专门设置了地役权，明确了成立的条件、所有权人与地役权人的权利义务关系、转让抵押的约束等，都是非常必要的。

所有上述这些，为我国经济、政治、文化与社会发展，实现和谐社会建设的宏伟目标，提供了基础性制度安排与长效激励约束机制。一部物权法的颁行实施，必将收到治国安邦之效！

三、物权法的主要特点

我国物权法的起草工作始于 1993 年，历时 13 年、经过 8 次审议方获通过，其审议次数之多在我国立法史上是空前的。《物权法》自 2007 年 10 月 1 日起实施。其主要特点如下。

（一）体系完备

2007 年 3 月 16 日第十届全国人民代表大会第五次会议审议通过的《物权法》共 5 篇、19 章、247 条。

第一篇、总则。包括：基本原则，物权的设立、变更、转让和消灭，物权的保护等 3 章、38 条。

第二篇、所有权。包括：一般规定，国家所有权和集体所有权、私人所有权，业主的建筑物区分所有权，相邻关系，共有，所有权取得的特别规定等 6 章、78 条。

第三篇、用益物权。包括：一般规定、土地承包经营权、建设用地使用权、宅基地使用权、地役权等 5 章、53 条。

第四篇、担保物权。包括：一般规定、抵押权、质权、留置权等 4 章、71 条。

第五篇、占有。单设 1 章、5 条。

此外，还有附则 2 条。

（二）平等保护

平等保护，既是物权法的首要原则，也是制定物权法的指导思想。其重要意义在于以下几个方面。

1. 平等保护原则符合我国宪法

我国《宪法》第 6 条规定：我国实行“以公有制为主体，多种所有制并存”的基本经济制度，强调多种所有制共同发展。这里，主体与非主体的差别指的是各种所有制在国民经济中作用的差异性，而不意味着公有制处于优越的法律地位，主体与非主体共同发展的基础和前提就在于其法律地位是平等的。《物权法》第 3 条第 3 款规定：“国家实行社会主义市场经济，保障一切市场主体的平等法律地位和发展权利”；第 4 条规定：“国家、集体、私人的物权和其他权利人的物权受法律保护，任何单位和个人不得侵犯”，第 56 条、第 63 条和第 66 条对国家、集体所有和私人财产的法律保护均作出规定。这些都是依照宪法对物权平等保护原则的确认。

2. 平等保护是建立和完善社会主义市场经济体制的必然要求

平等保护是构建市场经济秩序的基础，是市场主体平等发展的条件。只有主体平等才能实现竞争平等，只有坚持平等保护，才能为市场经济提供基本的财产权制度框架。对不同财产进行不平等的对待和保护，就不是真正的市场经济体制。通过物权法确定平等保护物权的原则，有助于维护公正、公平的市场秩序，为市场经济的建立和发展确立基本的条件，并为市场繁荣和经济增长提供动力与源泉。

3. 平等保护原则适用于所有类型的国有财产

主要表现为：（1）任何类型的国有财产都要在法律上表现为一种财产权利，对这种权利必须通过物权法来确认。（2）国有财产无论是否进入交易或者其归属发生争议，必须适用物权法的平等保护原则。（3）如果国有资产遭受侵害，也只能适用物权法、侵权法等法律来获得救济。

4. 平等保护是对所有民事主体的一体保护

这是对公民基本人权的保护，是维护群众根本利益的要求，是构建和谐社会的法律保障。因此，在我国社会主义的条件下，无论是国家、集体还是公民，无论财产拥有多还是寡，都是平等的民事主体，其物权都将在物权法框架下得到保护。当然，按照物权法确定的财产所有权的取得必须合法的原则，非法取得的财产不具有物权地位及其效力，也就不会有所谓物权法赦免“原罪”、保护所谓“富人”非法取得的既得利益的问题。

（三）富有特色

根据全国人大常委会副委员长王兆国关于物权法（草案）的说明，制定物权法总的原则是“三个坚持”，即：在政治上，坚持正确的政治方向；在法律上，坚持物权法的中国特色；在重点上，坚持一切从实际出发。其特色主要表现为五个方面。

1. 坚持社会主义基本经济制度

中国特色物权制度是由社会主义基本经济制度决定的，与资本主义物权制度有着本质的区别：第一，把坚持“公有制为主体、多种所有制经济共同发展”的基本经济制度作为基本原则和核心，贯穿并体现在整部物权法的始终；第二，把所有权作为所有制在法律上的表现，明确规定国家所有权、集体所有权、私人所有权，有利于坚持和完善社会主义基本经济制度，有利于各种所有制经济充分发挥各自优势，相互促进，共同发展；第三，发展社会主义市场经济是坚持和完善社会主义基本经济制度的必然要求，有利于充分发挥物的效用，有利于维护市场交易秩序，促进经济发展。《物权法》的这一特色，集中体现在第 1 条、第 3～4 条。

2. 明确规定国有财产的范围、国家所有权的行使和加强对国有财产的保护

按照物权法采用立法主义的立法模式，排除目的主义、客体主义的立法模式，明晰了国家所有权主体的统一性、客体的广泛性、目的的多元性。(1) 关于国家所有权客体的范围。物权法从法律上进一步明确了属于国家所有的资源性、经营性财产的范围，具体包括有 14 个方面，见《物权法》第 46～51 条、第 52 条第 1 第 2 款、第 53 条、第 54 条、第 113～114 条和继承法第 32 条等规定。这对于发展壮大国有经济，增强国家经济实力，发挥社会主义制度优越性，具有关键性作用。(2) 关于国家所有权的行使。《物权法》第 45 条第 1、2 款立法，摒弃了“人民主体说”“中央政府主体说”“分级所有说”等，而采用“国家主体统一性与代表行使结合说”的立法模式。依据宪法规定，全国人民代表大会是最高国家权力机关，代表全国人民行使国家权力；国务院是最高国家权力机关的执行机关，具体行使国家所有权。《物权法》第 45 条第 2 款规定：“国有财产由国务院代表国家行使所有权；法律另有规定的，依照规定。”这既符合宪法的规定，反映了人民代表大会制度的特点，也体现了党的“十六

大”关于国家要制定法律法规，建立中央政府和地方政府分别代表国家履行出资人职责，享有所有者权益的国有资产管理体制的要求。实践遇到的问题需要对国有资产所有、监管、营运三权分离的创新，并使之相配套。（3）关于对国有财产的保护。针对当前国有资产流失的实际情况，《物权法》在坚持平等保护的基础上，从五个方面强化了对国有资产的保护：一是界定国有资产的范围，防止因归属不明造成国有资产流失；二是明确规定了专属国家所有的不动产和动产不能由单位和个人取得所有权；三是重申了保护国有财产的基本原则；四是针对国有企业财产流失的问题，强调指出责任人应承担法律责任；五是针对国有财产监管中存在的问题，规定履行国有财产管理监督职责的机构及其工作人员渎职造成国有财产损失的，应当依法承担法律责任。这一特色集中体现在《物权法》第4条、第41条、第45条规定之中。

3. 对农村和城镇的集体财产分别作出规定

集体土地所有权作为一种新型的所有权，具有天然的社区成员身份性与限制性，其主体具有多元相对独立性和客体的限定性，在市场经济条件下其性质与实现形式呈现多样性的特征。其立法特点：（1）对集体所有的动产与不动产的范围、行使方式、保护作出明确规定。其反映在《物权法》第58～60条、第62～63条。（2）对城镇集体财产作了原则规定。目前，城镇集体企业改革还在继续深化。为了既符合当前实际情况，又为今后深化改革留下空间，物权法提出对城镇集体财产“依照法律、行政法规的规定由本集体享有占有、使用、收益和处分的权利”，并规定“集体所有的财产受法律保护，禁止任何单位和个人侵占、哄抢、私分、破坏”。这主要反映在《物权法》第62～63条。（3）从用益物权角度对农村土地承包经营权和宅基地使用权作出明确规定。物权法依据宪法和现阶段党在农村的基本政策，明确规定“农村集体经济组织实行家庭承包经营为基础、统分结合的双层经营体制”，并以专章分别规定了土地承包经营权和宅基地使用权。（4）关于“继承承包”的规定，赋予了农民长期而有保障的土地使用权。（5）关于土地承包经营权、宅基地使用权的转让和抵押问题，除“四荒地”外，目前在全国范围内放开的条件还不成熟。为了维护现行法律和现阶段国家有关农村土地政策，并为今后修改有关法律或调整有关政策留有余地，物权法规定土地承包经营权的转包、互换、转让，宅基地使用权的取得、行使和转让，仍适用农村土地承包法、土地管理法等。这集中反映在《物权法》第124～134条、第152～155条、第164～165条等规定之中。

4. 切实保护公民的私有财产

改革开放以来，经济快速发展，人民生活不断提高，公民的私有财产日益增加。切实保护公民的私有财产，既是宪法的规定和党的主张，也是人民群众的普遍愿望和迫切要求。为此，物权法从以下 3 个方面对公民的私有财产予以保护：(1) 明确规定“私人的合法财产受法律保护，禁止任何单位和个人侵占、哄抢、破坏”，以激发人民群众创造、积累财富的积极性，促进社会和谐。(2) 将私有财产的范围明确为“合法的收入、房屋、生活用品、生产工具、原材料等不动产和动产”“私人合法的储蓄、投资及其收益”“私人的继承权及其他合法权益”。(3) 针对住房制度改革后业主的建筑物区分所有权已成为私人不动产物权中重要权利的实际情况，明确规定业主对建筑物内的住宅、经营性用房等专有部分享有所有权，对专有部分以外的共有部分如电梯等公用设施和绿地等公用场所享有共有和共同管理的权利；还对住宅小区内的车库、车位的归属，业主委员会的职能，业主和物业服务机构的关系等作了规定。(4) 本着利于发展生产、方便生活、维护权益、促进和谐的原则，对用水、排水、通行、采光等产生的相邻关系作了规定，以指导正确处理相邻关系问题。这些特色集中反映在《物权法》第 4 条、第 64～66 条、第 70～83 条、第 84～92 条等规定之中。

5. 明确规定征收补偿制度

征收集体所有的土地和城乡居民的房屋，关系广大人民群众的切身利益，社会普遍关注。我国《物权法》从六个方面进行了规范：(1) 建立了严格的征收征用制度。第 42 条、第 44 条规定，为了公共利益需要，可以征收集体土地、单位和个人的房屋及其他不动产；因紧急需要，可以征用单位、个人的不动产或者动产。其制度具有强制性、公益性、程序性与有偿性的特点。(2) 实行最严格的土地管理制度，切实保护基本农田。明确规定：“国家对耕地实行特殊保护，严格限制农用地转为建设用地，控制建设用地总量。不得违反法律规定的权限和程序征收集体所有的土地。”(3) 贯彻党和国家关于征地补偿安置必须确保被征地农民原有生活水平不降低、长远生计有保障的原则，在征收集体所有的土地时，“支付土地补偿费、安置补助费、地上附着物和青苗的补偿费等费用，并足额安排被征地农民的社会保障费用”。(4) 征收单位、个人的房屋及其他不动产时，或征用单位、个人不动产或动产，均给予补偿。征收个人住宅的，还要保障被征收人的居住条件。(5) 考虑到各地发展不平衡，具体补偿标准和补偿办法，由土地管理法等有关法律依照物权法规定的补偿原则和补偿内容，根据不同情况作出规定。(6) 针对现实生活中征收补偿不到位和侵占补偿费用的行为，明确规定“任何单位和个人不得贪污、挪用、私分、截留、拖欠征收补偿费等费用”，违反规定的要依法承担法律责任。

6. 彰显了不动产、动产登记的效力

“物权法定”与公示公信原则是物权制度的基石，其引导、规范和制约着不动产、动产物权登记制度，彰显物权设立、变更、转让及其消灭的效力。我国排除法国、日本等采用的“公示对抗主义”立场，及物权变动未经公示不得对抗第三人，而借鉴德国、瑞士及我国台湾地区立法例，采用“公示要件主义”立场，即只要采用法定公示，具备公示外观，其“法律上的物权”与“事实上的物权”不一致时，善意人基于对公示的信赖，仍可取得物权，这亦与“动产善意取得制度”受相同法律保护。

首先，物权公示集中体现在不动产登记。但《物权法》第 9 条第 2 款规定，国有土地和自然资源的所有权，无须登记；而船舶、飞行器、机动车等“准不动产”须登记。这包括初始、变更、更正、异议、赊销、预告、他项权登记等，其意义在于登记可作为生效要件、对抗要件、处分要件，体现其物权效力。这在《物权法》第 9 条第 1 款规定不动产物权设立、变更、转让和消灭，及第 24 条规定船舶、飞行器和机动车等设立、变更、转让和消灭，在第 129 条规定土地承包经营权互换、转让，在第 158 条地役权设立中，都将登记作为生效要件，切未登记不得对抗善意第三人；切依照第 31 条规定，未经登记不得处分第 28～30 条的物权情形。

其次，物权公示公信集中体现在动产交付。《物权法》第 23 条采用“交付生效”立法模式为主，以简易交付占有生效（第 25 条）、指示替代交付生效（第 26 条）、占有改定（第 27 条）。交付的效力在于其形成力和公信力。

（四）结构严谨

《物权法》规定了严谨的物权结构。所谓物权结构，是指物权内部与外部构成体系的总和。它是以所有权为中心，以用益物权、担保物权、占有为主要内容的限定物权为补充而相互协调、相互统一、有机联系的体系。物权的外部构成是指依据对标的物支配范围、功能、效力所划分形成的各特定物权之总和；物权的内部构成则是指特定物权权能内部质的规定性及其各权能的总和。认真研究物权的内部结构与外部构成，对于从总体上认识物权体系及其运动的有机联系、转化及其制约，具有十分重要的理论和现实意义。

《物权法》规定的物权外部构成体系如图 25 所示。

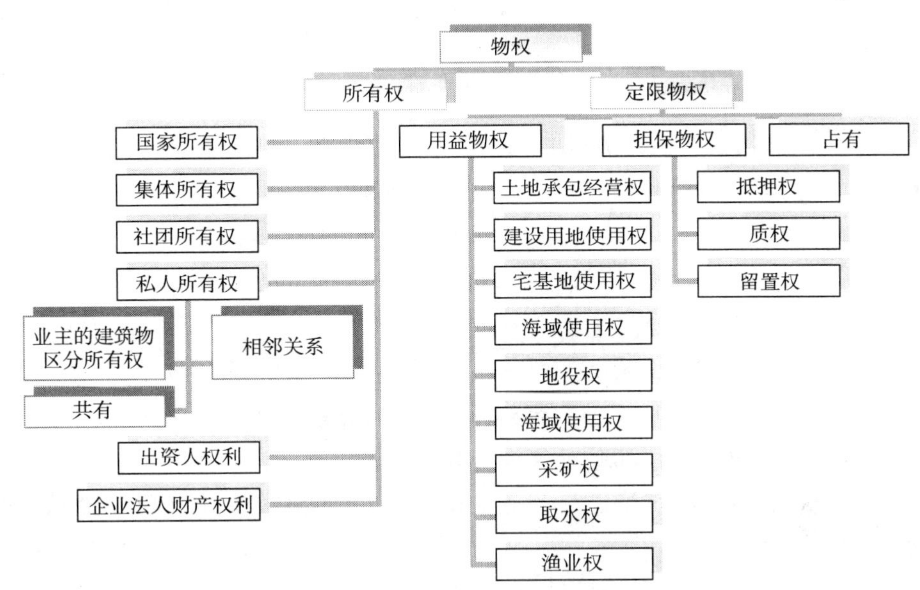

图 25　物权外部构成体系

物权内部结构始终处在运动中。物权各项权能只有在运动中才得以体现，物权的归一同样只有在运动中才得以实现。所以，物权各项权能不是孤立、静止的。物权内部结构运动包括以下几种。

1. 所有权内部结构运动

无论在简单商品经济社会、市场经济社会，还是现代市场经济社会，物作为财富或资源的代表，其具有价值、使用价值、交换的价值等多重功能作用。物权制度正是从这三个方面建立起了所有权、用益物权、担保物权的制度体系。

第一，从规范、保障、实现物的“价值”功能与作用看，各国建立起了体系完备的自物权（所有权）制度，首先明晰物的静态归属秩序。因此，世界各国都有自物权。所有权是指所有人依法对于所有物为全面的支配的物权。它具有全面性、整体性、弹力性、恒久性等特征。其本质是特定社会物质资料占有关系（即所有制关系）的法律形态，是统治阶级以法律形式对物质资料占有关系的确认，[1] 具体则表现为所有人对于所有物为全面支配的权利[2]。其内部权能结构可表示为图 26。

---

[1] 温世扬著：《物权法要论》，武汉大学出版社 1997 年版，第 92 页。

[2] 梁慧星主编：《中国物权法研究》，法律出版社 1998 年版，第 258 页。

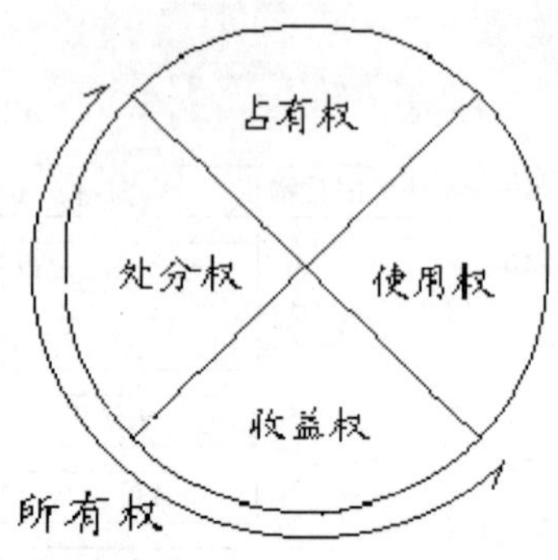

图 26 所有权的内部权能结构

第二，所有权与产权的联系区别及其意义。

第三，所有权的特殊形态——业主建筑物区分所有权。其内部权能结构可表示为图 27。

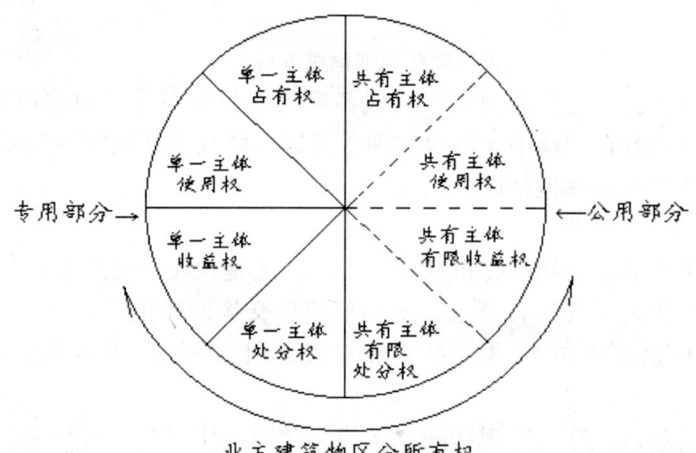

图 27 建筑物区分所有权内部权能结构

其一，从立法理论与模式看，概括起来有 4 种：日本《建筑物区分所有权法》第 2 条所主张的“专有权说”；《瑞士民法典》第 712 条所主张的“共有权说”；美国《加利福尼亚民法典》第 783 条所持“专有权与共有权结合说”；德国《住宅所有权法》所持“专有权、共有权与成员权结合说”等。我国《物权法》有关业主的建筑物区分所有权采用的是混合立法模式。（1）专有权（第 70～71 条）；（2）共有权（第 72～73 条、第 74 条第 1、3 款）；（3）车位、车库归属约定权（出售、附赠属转让专有权，出租属用益物权）；（4）业主大会决策权与业主委员会授权管理权（第75～76、第78条）；维修资金使用权（第79条）；（5）业主选择管理或自主管理权、请求权（第78条第2款、第79～81条）；（6）物业企业人员受托管理权（第82条）；（7）业主大会与业主委员会依法与规约纠正违法违规权与诉讼请求权。这种将社区业主自治组织自治权、物业组织服务管理权与业主建筑物区分所有权三者有机结合，构成了新型的中国特色的建筑物区分所有权行使、管理及保障的体系。

其二，从专有部分看，有“壁心说”“间空说”“最后粉刷表层说”“壁心加最后粉刷表层说”。我国实务专有部分包括房屋使用面积、套内墙体面积及套内阳台建筑面积；其限制在于不得危及建筑物的安全，不得损害其他区分所有人的合法权益，按本来用途使用以及容忍义务等。

其三，从共有权部分看，其理论基础在于“按份共有”。其界定可采用日本的排除法或意大利（《民法典》第1117条）的列举法。我国共有部分包括：（1）建筑物的共有部分；（2）建筑物的公用设施、设备；（3）依附建筑物的维修基金共有。对此，《物权法》第73～74条、第79条均作了明确规定。

2. 用益物权内部结构运动

用益物权内部结构可表示为图28。

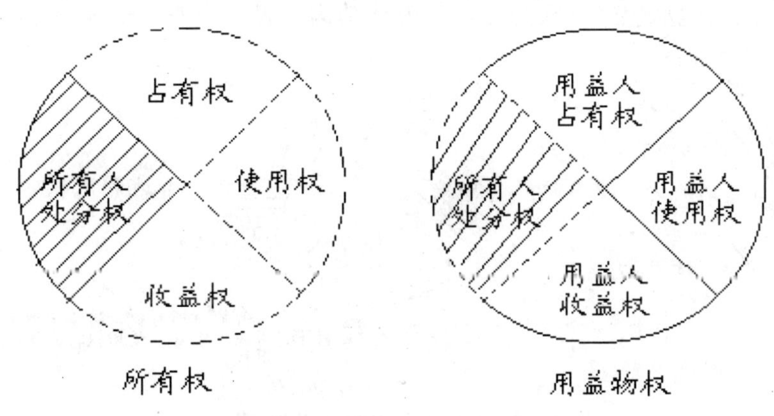

图28　用益物权内部结构

从规范、保障、实现物的“使用价值”（利用价值）功能作用看，各国建立起来完备的以动态利用为特征的用益物权制度，如：法国的用益物权制度体系结构为地上权、地役权与相邻关系；德国分为地上权、役权（地役权、用益权、限制的人役权、居住权）、实物负担。因此，用益物权是权利人对他人所有物享有的以使用收益为目的的物权。

其一，用益物权能内部结构与所有权能内部结构始终处在对应的状态，即用益物权的设定、权能构成、权能行使是以所有权为前提的。换句话说，它必须以所有人对依法享有财产（标的物）的占有、使用、收益权能及其标的物的充分让渡为条件；用益权人只有以对所有人标的物的占有，其用益物权及其权能构成才能得以实现；前者强调“对物的‘利用’，表明物的效用在法律上的动态实现”，❶ 后者强调“对物的‘所有’，表明物在法律上的静态归属”。❷

其二，用益物权内部结构运动对所有权内部结构运动起着制约作用。用益物权虽然在权能范围上没有对物之所有的处分权，在期限上没有所有权具有的恒久性，在内容上往往受到所有人的限制，但其一经设立，其权能构成具有相对独立性，权利人行使权能的自主性，权能运动的自序性，并不受所有人的干涉。因此，用益物权本身就是确保利用人依规则充分利用物的前提下对所有权的一种限制。

其三，用益物权制度是促进物的有效利用，保障利益平衡、维护利用秩序的法律机制。用益物权制度的本质在于，建立起所有人与利用人之间对物利用的动力机制、利益平衡机制，通过确定权利义务关系的模式、公示既有用益权规制用益物权变动，实现其维护物的利用秩序的功能。❸

（1）以土地承包经营权为例，其内部结构可表示为图 29。

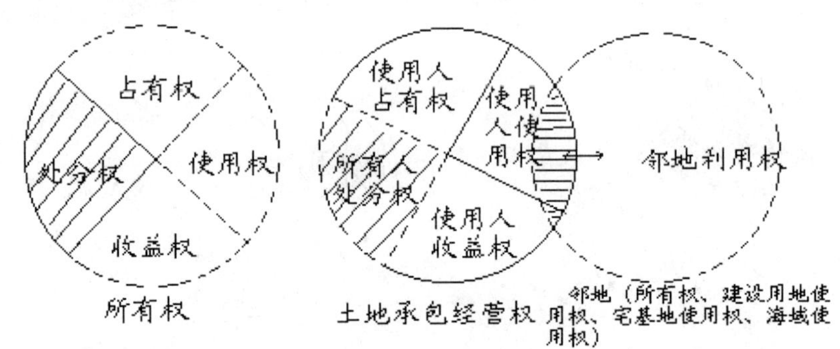

图 29　土地承包经营权内部结构

建设用地使用权、宅基地使用权、地役权的内部结构与此相类似。

（2）剖析海域使用权。物权法还首次以基本法的形式明确规定了包括海域

---

❶ 梁慧星主编：《中国物权法研究》，法律出版社 1998 年版，第 581 页。

❷ 同上。

❸ 同上书，第 587 页。

所有权和海域使用权的海域物权制度。根据我国《海域使用管理法》的规定，海域是指中华人民共和国内水、领海的水面、水体、海床和底土。海域与土地在法律属性上是一致的，不仅是民法上的物，而且符合不动产的全部法律特征。海域使用权是指单位和个人以法定方式取得的对国家所有的特定海域的排他性支配权利，其依照不动产物权的设立方式设立、变更和终止，依登记为其法定的公示方法，具有法定的物权效力，具有物权的支配性、绝对性和排他性，符合用益物权的特征。海域使用权的主体是自然人、法人、合伙和其他非法人团体，其中农村集体经济组织或者村民委员会一定条件下可以成为海域使用权人。海域使用权的客体是我国内水海域、领海的水面、水体、海底和底土所构成的特定海域。海域已经成为一种新型的权利客体。海域作为民法上的物，具有其特殊性。首先，海域不是单一物，而是集合物。海域是以海床为中心的、上有海水下有底土的集合物；其次，海域可归类为民法上的不动产。海床与底土是不可移动的，且权利变更需要经过登记，所以海域可归类为民法上的不动产。海域使用权的内容表现为民事主体所享有的权利和承担的义务。海域使用权人的权利包括占有权、使用权、收益权、转让权、抵押权、取回权和补偿权。海域使用权人的义务包括支付海域使用金等费用的义务、按照海域功能区划和约定使用海域的义务、容忍义务、及时通知义务和其他义务，如海域使用权人未经批准不得从事海洋基础测绘；海域使用权终止后，应拆除可能造成海洋环境污染或影响其他用海项目的设施和建筑物。海域使用权的权利体系分类主要有：①有偿使用的海域使用权和无偿使用的海域使用权。有偿使用指的是单位和个人使用海域，应当按照国务院的规定缴纳海域使用金，且海域使用金应当按照国务院的规定上缴财政；无偿使用指的是军事用海，公务船舶专用码头用海，非经营性的航道、锚地等交通基础设施用海，或者教学、科研、防灾预灾、海难搜救打捞等非经营性公益事业用海。②原始取得的海域使用权和继受取得的海域使用权。前者是指使用权人直接从国家取得的海域使用权，即申请审批取得和因法律行为取得（如招标和拍卖）；后者是指因企业合并、分立或者与他人合资、合作经营或者依法转让、继承等情形而取得海域使用权。继受取得的海域使用权不是来源于国家，而是来自于其他民事法律主体。③海洋工程海域使用权、养殖海域使用权、港口海域使用权、海洋油气勘探开采海域使用权、海底电缆管道海域使用权等。海域使用权制度设立的理论意义和实践价值在于：①通过物权制度可以更好地保护事关国计民生的国有资产——海域；②通过海域物权制度可以明晰海域权属，定纷止争，通过市场更好地配置资源、创造财富；③海域物权制度是对我国行之有效的关于海域所有权和海域使用权的相关法律制度的科学总结和继承。

(3) 有关探矿权、采矿权、取水权、使用水域权、使用滩涂权、渔业权等用益物权，《物权法》第 123 条和《矿产资源法》其及实施细则、《水法》《渔业法》均有规定，这里不一一赘述。

3. 担保物权内部结构运动

从发挥物的交换价值功能作用看，各国建立起完备的担保物权制度，如：法国有留置权、被用担保的所有权、动产优先权、不动产优先权和抵押权；德国有抵押权、土地债务和定期金土地债务。

担保物权，是指为确保债务的清偿而于债务人或者第三人的特定物或权利上设立的一种限定物权❶。担保物权以取得担保标的物的交换价值为内容，以确保债权人受偿为目的，以他人特定物或权利上的权利为成立要件，具有直接支配标的物的效力之权利的法定性、对被担保债权的附随性、行使的不可分性以及物上的代位性❷等特性，同时具有确保债务履行和促进资本和物资融通的优越性❸。担保物权可划分为抵押权、质权、留质权三类，其内部结构及其权能运动有着各自的特点及其规定性。

第一，抵押权及其内部结构运动。抵押权，是指债权人对于债务或者第三人不移转占有而提供担保的财产，以其变价金优先清偿的权利❹。《物权法》第 179 条第 1 款、《担保法》第 33 条均作了规定。其标的物为《物权法》第 180 条所规定的 7 种情形。适用《物权法》抵押权规则，要把握好以下几点：

其一，明晰抵押的范围。(1) 不动产。新增加有 5 项：①正在建造的建筑物能否作为抵押物，《担保法解释》第 47 条、《物权法》第 180 条第 1 款第 (5) 项均予以肯定；②对未办理权属登记的建筑物能否设定抵押，《担保法解释》第 49 条确定一审法庭辩论终结前提供权利证书或补办登记手续的，可认定抵押有效；③对建筑物占用范围内的建设用地使用权，《物权法》第 182～183 条确定了“房地不分”“一并抵押”的强制性抵押原则；④建筑物部分房屋独立登记的，其部分房屋或一并抵押；⑤依据《土地管理法》第 62 条第 (4) 项关于“村民出租、出卖住房再申请宅基地的，不予批准”，1998 年《土地管理法》宅基地使用权仅转让须村内集体成员，第 62 条第 (1) 项村民只能

---

❶ 梁慧星主编：《中国物权法研究》，法律出版社 1998 年版，第 801 页。

❷ 同上书，第 804 页。

❸ 同上书，第 805 页。

❹ 同上书，第 811 页。

有一处宅基地等规定，物权法对农村私房抵押仍持否定态度。（2）动产。这反映在《物权法》第 180 条第 1 款第（4）～（6）项及第 181 条规定的内容。其中第 181 条规定属动产浮动抵押。（3）权利。包括《物权法》第 180 条、第 182 条第 1 款。主要指国有土地使用权，招标、拍卖、公开协商取得的“四荒”地使用权等。（4）其他财产。这反映在《物权法》第 180 条第 1 款第（7）项规定之中，主要指海域使用权、采矿权等。

其二，要明晰不得抵押财产的范围。主要有：（1）土地所有权；（2）除四荒地外的集体所有土地使用权；（3）以公益为目的的事业单位、社团、教育设施、医疗设施和其他社会公益设施；（4）所有权、使用权不明或有争议的财产；（5）依法被查封、扣押、监管的财产；（6）法律、行政法规规定不得抵押的其他财产等。

其三，要重视抵押登记。《物权法》第二章对不动产登记效力、第 187 条对抵押登记效力分别作了规定。其意义在于：一是登记为抵押权成立的要件。即以建筑物和其他地上附着物、建设用地使用权、四荒地承包经营权、正在建造的建筑物抵押的，经登记债权人才对抵押财产享受抵押权，即登记是抵押权成立的要件。二是登记为抵押权的对抗要件。《物权法》第 188～189 条所列抵押动产，未经登记不得对抗善意第三人，依 181 条规定抵押的，不得对抗正常经营活动中已支付合理价款并取得抵押财产的买受人。

其四，要区分抵押登记机关的类别与程序。根据《物权法》第 10 条第 2 款、第 189 条和《担保法》第 42 条之规定，其不同财产抵押登记机关为下列 5 类：①无地上定着物的建设用地使用权、四荒地使用权的抵押，由核发土地使用权证书的土管部门登记；②城市房地产、乡镇村企业的房产等建筑物的抵押，由县以上政府规定的部门登记；③当事人在土管或房产部门办了抵押登记的，由法院确认；④林木的抵押，由县以上林业部门登记；⑤船舶、航空器、机动车的抵押，由交通运输部门登记；⑥企业、个体工商户、农业经营者以其动产抵押的，由当地工商部门登记。《物权法》除第二章第 1 节对不动产登记作了一般性规定外，对抵押登记程序未作具体规定。

其五，要明晰抵押权的范围及效力。依据《物权法》第 173 条规定，其范围包括：①主债权及利息；②违约金；③损害赔偿金；④保管担保财产；⑤实现担保物权费用；当事人另有约定的从其约定。抵押权效力及于标的物的范围，包括抵押物的从物、添附物、孳息和代位物，即抵押权人实行抵押权时依法予以变价并优先受偿于标的物的范围。

其六，把握抵押权内部结构运动。抵押权能内部结构可表示为图 30。

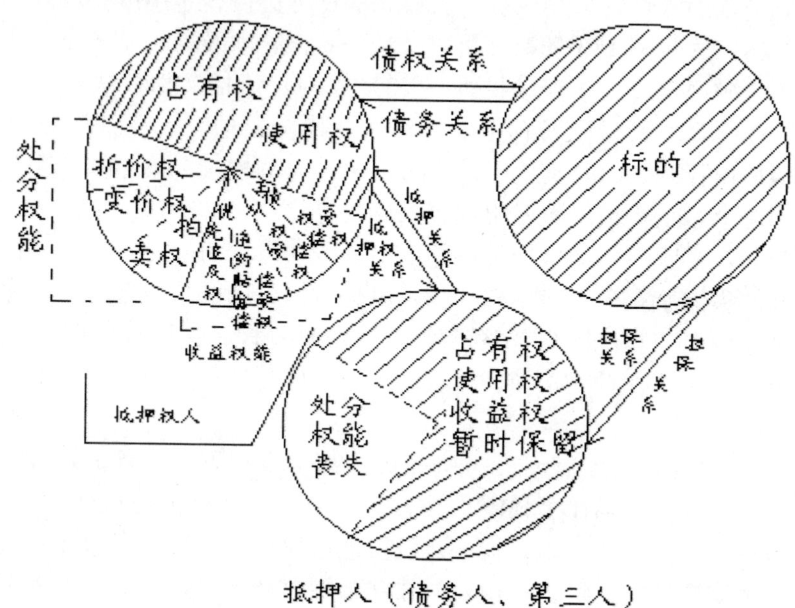

图 30 抵押权能内部结构

从图 30 可以概括抵押权权能的内部结构运动及其条件：①抵押权权能内部结构运动的形成以抵押权人同债务人之间已确定的债权与债务关系为前提，并受其制约。②抵押权能内部结构以同抵押人创立抵押关系而成立。③抵押关系一经成立，抵押权人即取得法律上的对抵押物行使处分权能（变卖权、拍卖权、折价权）；主债权受偿权、约定利息与延迟利息受偿权、实现抵押物费用、违约金损害赔偿金受偿权以及优先受偿权、追及权的主体资格；抵押人即丧失对抵押物的处分权，而仅仅保留占有权、使用权和收益权。这就表明，在抵押权运动状态下，抵押人为了保证债务人的债务清偿，不得不从原对抵押物所有者的地位让渡出来，成为担保抵押债务人的地位；抵押权人则取得了债权人与抵押权人的双重主体地位；一方面，抵押权人通过取得法律上的各项抵押权能，以保证债权权能的实现；另一方面，在抵押权状态下的处分权能，则演化成了变卖权、拍卖权、折价权；收益权能演变成四级结构：一级是主债权受偿权；二级是同主债权相关联的约定利息、延迟利息、实现抵押物费用的从属受偿权；三级是违约金、损害赔偿金法定受偿权；四级是为保证主债权及从权实现的优先受偿权以及追及权。④当债务人不履行债务的事实发生，抵押权人即取得事实上的处分权、收益权能，其无需征得抵押人的同意，即可对抵押物行使法律赋予的处分权能与收益权能，以保证债权清偿目的的实现。在此种情况下，作为抵押人对抵押物的占有、使用权能也随之移转。

第二，质权及其内部结构运动。质权，是指债权人对于债务人或者第三人移转占有而提供担保的财产以其变价金受优先清偿的权利❶。

其一，要把握同抵押权的区别。其区别在于客体是不动产用益物权之外的其他财产权利，如债权、股权、知识产权；公示方式以交付或登记；禁止流质契约，即《物权法》第211条规定，质权人在债务履行期届满前，不得与出质人约定债务人不履行债务时质押财产归债权人所有。

其二，要把握列举权利质权的客体范围，根据《物权法》第223条规定有7类，未列举的不得出质。

其三，质权权能内部结构运动可表示为图31。

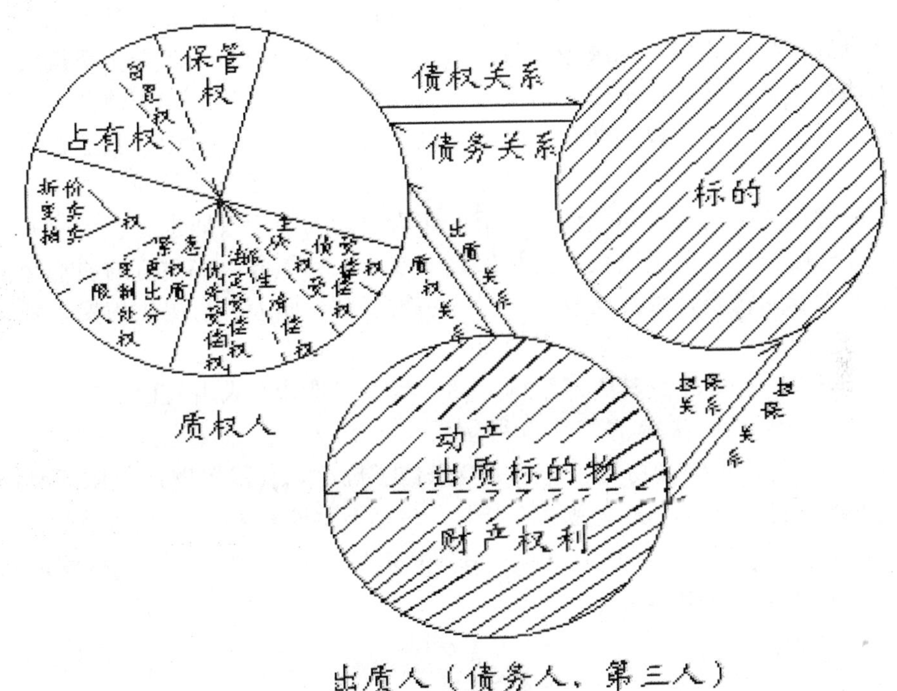

图31 质权权能内部结构运动

从图31可以概括质权权能的内部结构运动及其条件。①质权权能内部结

❶ 梁慧星主编：《中国物权法研究》，法律出版社1998年版，第935页。

构运动的形成以质权人同债务人之间已确定的债权与债务关系为前提，并受其制约。②质权权能内部结构运动以债权人同出质人创立质押关系而成立。③质权关系一经成立，质权人即取得法律上的对质物行使占有（保管）、收益、处分（变卖权、拍卖权、折价权）权能的主体资格，出质人即丧失对出质物的占有、使用、收益、处分权能的主体资格。这就表明，在质权运动状态下，出质人为了保证债务的清偿履行，不得不从原对出质物所有者的地位让渡出来，成为担保出质人的地位；质权人则取得了债权人与质权人的双重主体地位。一方面，质权人通过取得法律上的各项质权权能，以保证债权权能的充分实现；另一方面，在质权状态下的占有权能演化为占有权能、留置权能和保管权能；处分权能演变为二级结构：一级是当债务人不履行债务时的变卖权、拍卖权、折价权；二级是为保全质权而限制出质人处分质物权、紧急变价质权；收益权能则分解为五级结构：一级为主债权清偿权；二级为约定利息、延迟利息、质物孳息等从权清偿权；三级为质权保管费用，实现质权费用等派生清偿权；四级为违约金、损害赔偿金法定清偿权；五级为优先受偿权。④当债务人不履行债务的事实发生，质权人即取得事实上的占有权能、处分权能、收益权能，其无需征得出质人同意，即质权人可对出质物行使法律赋予的各项权能，以保证债权清偿目的的实现。在此种情况下，作为质物的使用权能也随着质权人对质物的处分而转移。至于质权人为担保自己或他人的债务，将占有的质物交付于债权而设定的转质，以及质权人为保全质物请求出质人另行提供担保，则属新成立的法律关系，其权能运动当属另一范畴，在此不再赘述。

第三，留置权及其内部结构运动。留置权是债权人占有他人动产而在有关该动产所生债权获得清偿前，得留置动产作为担保债权受偿之法定担保物权❶。对此，我国《物权法》第230条作了规定，其留置财产仅限于动产。第232条还明确规定，法律规定或当事人约定不得留置的动产，不得留置。我国《合同法》第264条、第315条、第380条也有相关规定。留置权权能内部结构运动可表示为图32。

---

❶ 史尚宽著：《物权法论》，台湾荣泰印书馆1979年版，第473页。

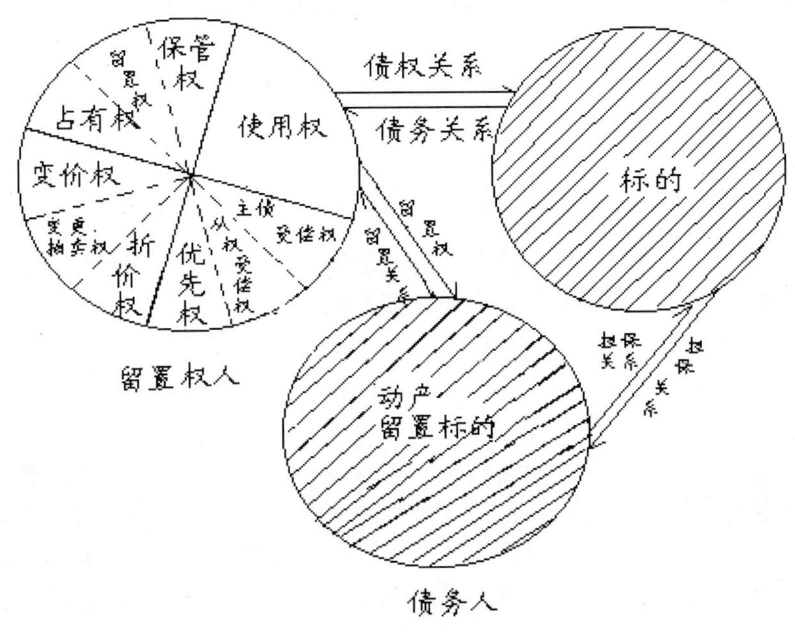

图 32 留置权权能内部结构运动

从图 32 可以概括留置权权能的内部结构运动及其条件。①留置权内部结构运动的形成以债权人同债务人之间已确定的债权与债务关系为前提，并受其制约。②留置权权能内部结构运动以债权已届清偿期、债权人占有债务人的财产、债权和占有财产之间存在牵连关系，债务人对债不作为的行为而成立。③留置权关系一经成立，留置权人即取得法律上对留置物行使占有、保管、使用、收益、处分（折价、变卖、拍卖）权能的主体资格，债务人即丧失对自己所有留置物的占有、保管、使用、收益、处分权能的主体资格。这就表明，在留置权运动状态下，债务人所有标的物一旦被留置，即由对留置物所有者地位转化成留置人的地位，留置权人则取得了债权人与留置权人的双重主体地位。一方面，留置权人通过取得法律上对留置物的各项权能，以保证债权权能的充分实现；另一方面，在留置权状态下的占有权能演化为占有、留置、保管三项具体权能；处分权能则分解为变卖、拍卖、折价、变价等具体权能；收益权能演变为三级结构，即一级是主债权受偿权，二级是留置物所生孳息等从权受偿权，三级是一定范围内的排他优先受偿权。④当债权已届清偿期债务人履行债务延迟的事实发生，持续占有债务人财产的债权人，在无妨行使的约定或法定情形下即可对留置物行使处分权能，以保证债权优先清偿目的实现，债务人对留置物的占有、使用、收益、处分权能也即随之移转。值得指出的是，在一般情形下，留置权对抗其他担保物权时，其效力优先于抵押权；承运人对货物的留置权优先于卖方对货物的中途止付权。但在特殊情形下，留置权不具有对抗法定优先权（船舶优先权、民用航空器优先权）的效力。

四、熟练掌握物权法，提高法律监督水平

认真实施好物权法，加强民事行政法律监督，要求我们要认真学习贯彻胡锦涛总书记的重要讲话精神，突出把握好以下几个重大问题：

（一）要牢固树立“五个观念”

（1）强化物权观念。这实质上是强化保护人权的观念。人权最基本的权力是生存权与发展权，包括经济、政治、文化和社会权利，其核心是以所有权为基础建立起来的自物权、用益物权、担保物权三大体系，尊重和保障人权，最基本的是尊重和保障物权，由此才能为对其他权益的尊重和保障创造条件、奠定基础、提供支撑。（2）强化发展的观念。生存是创造财富的直接动因，发展是创造财富的恒久目标。发展，是个人、家庭、社会、国家兴衰成败的关键。（3）强化控制与利用的观念。经济现代化迫使各国物权立法由强调对财产的静态归属到动态利用，经济全球化的挑战、国际与国内市场的激烈竞争，要求人们探索对标的物多维结构控制或多视角利用，以降低管理与交易成本，分散或化解管理与交易风险，增加增量或规模收益，形成财富的“雪球效应”。所以，对物的有序控制与规范利用，是成本资源稀缺条件下的制度安排选择，而引入激励约束、成本收益、分散风险的财产运行机制等制度装置则成为必然。（4）强化平等保护的观念。（5）强化维护社会主义经济制度及与此相适应的法权制度的观念。从而为实施物权法营造广泛的社会思想基础。

（二）要把握监督中的“五个难点”

加强民事行政检察监督，重点监督纠正生效的错误裁判执行，事关公民、法人、社会组织及国家在物权领域的权利是否得到保障，利益是否得到协调，矛盾是否得到调处，诉求是否得到表达。这方面，我们监督了一批错误裁判、执行案件，产生了良好的法律效果与社会效果，赢得了国际声誉。总结民行检察在维护物权法统一正确实施方面的难点诸多：（1）在物权法定原则上，物权效力优于债权效力适用，以及物权“公示要件主义”所包含的“动产善意取得”的合法保护等易被忽略。（2）在所有权方面，国家财产的主体统一性与代表行使、委托代表行使不加区分，对业主建筑区分所有权的专有与共有界限区分不准或不熟悉，对法律规定的不许“六种情形”的财产设置抵押常常判断不

准。(3) 在用益物权方面，对建设用地使用权、承包经营权等错误裁判的监督抓不住抗诉切入点。(4) 在抵押权方面，对特定财产的抵押、抵押登记的效力及程序不知悉或不善于运用，对错误裁判、执行不会审查判断。(5) 在质押担保方面，对权利质押的范围、效力、类型研究不够，对法院有关权利质押错误裁判的案件综合审查能力不强，等等。我们结合学习物权法，研究民行检察工作，明确监督重点，把握监督难点，攻克监督薄弱点，是十分必要且十分急迫的。

(三) 要提高民行检察人员的“五种能力”

在党的十六届四中全会上，胡锦涛总书记从事关社会主义事业兴衰成败，事关中华民族前途命运，事关党的生死存亡和国家长治久安的高度，提出了在新的历史时期按照“三个文明建设”要求加强党的执政能力建设的重大政治任务。围绕贯彻四中全会精神，高检院提出了加强法律监督能力的措施。具体到民行检察部门，从贯彻实施物权法的视角，如何突出“强化法律监督，维护公平正义”的主题，落实“加大工作力度，提高办案质量和水平”的总体要求，当务之急是要加强民事行政法律监督能力建设。(1) 必须明确加强民事行政法律监督能力建设的要义。民事行政法律监督能力，就是检察机关以马克思主义中国化的最新理论成果和社会主义法治理念为指导，依据宪法、法律赋予的职权，运用严密、规范、科学的民事审判、行政诉讼监督途径、方式与方法，组织民行检察人员依法审查、及时监督纠正人民法院生效的错误裁判、执行，以及审判人员的枉法行为，切实保障公民、法人、其他组织和国家的权益，维护社会公平正义，保障民事行政法律统一正确实施，促进构建社会和谐建设的法律监督本领。(2) 要明确加强民事行政法律监督能力建设的主要内容。民行检察干警要深刻认识肩负的重任和提高执法水平的紧迫性，紧密结合民行检察工作实际，不断增强审查案件的能力、应用法律的能力、文书说理的能力、调查违法行为与查处职务犯罪的能力、化解矛盾纠纷与维护司法公正和权威的能力，努力成为民行检察工作的行家里手。(3) 必须始终坚持以执法为民为核心，以建设政治坚定、业务精通、作风务实、纪律严明的高素质检察官队伍为关键，以完善监督程序、拓宽监督领域、创新监督机制、突出监督重点、改进监督方法、增强监督实效为基础，切实履行民行检察职能，全力服务推进和谐社会建设。

78. 民事检察是司法公正的必要环节和有力保障*

社会主义司法制度必须保障在全社会实现公平和正义。民事检察工作对于促进司法公正、构建和谐社会起着举足轻重的作用。

一、民事检察是司法公正的必要环节

在我国的法律监督体系中，对于人民法院民事审判活动的监督是多样的，包括各级国家权力机关的监督、法院系统内部的审判监督、纪委与监察监督以及社会监督。我国法律监督体系的一大特色，就在于建立了较为科学独特的民事检察监督。在我国正处于经济转型期、社会转轨期、加入WTO过渡期的条件下，人民内部矛盾凸现，大量社会矛盾和问题所涉及的利益协调、权益保障、矛盾调处大多以诉求表达的方式进入司法领域，司法与裁判已经成为调节社会矛盾的主要渠道与主要方式之一。对于相对独立，集审理权、裁判权、执行权于一体、享有广泛自由裁量权的审判机关而言，一方面，遵循司法独立的原则是必要的；另一方面，由于这种司法裁判制度内控监督机制在设计上存在内在动力不足，裁判权、执行权、内控监督权的分离与制衡也有先天不足之处。同时，在当代中国处于转型的特殊时期，立法滞后，裁判官员整体素质有待提高的情形下，建立健全有序的外控监督制度——民事检察监督，不仅实为必要，而且是检验中国特色司法制度成熟与否的标志之一。其十多年来丰富的司法实践已充分证明，民事检察这一外控监督机制，在维护司法公正方面的作用是不可低估的。这种外控监督制度及其运行机制的独特优点在于：

（1）公益性。它是反映群众的利益诉求与意愿，通过国家权力机关立法授权，专司对另一公权——裁判权与执行权运行进行有序监督与控制，矫正其失

* 本文发表于《检察日报》2007年4月11日。

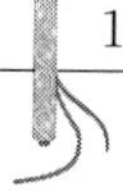

规失范，防止其滥用的一种公益性权力。其行使主体自身并没有自己的利益诉求，更不是也不应成为民事诉讼当事人的代言人，而任何个人的肆意专横，则更是毫无例外地被排斥在制度设计之外的。

（2）专门性。这种权力的运行有别于权力机关、纪检监察机关、裁判机关自身及社会团体诸方面监督权的运行，而仅由法定的检察机关专门行使。

（3）确定性。这种监督权运行所指向的客体是审判机关的裁判与执行活动的非公正性、非秩序性与非廉洁性，针对的可能是生效的错误裁判或错误执行。其不是指向诉讼当事人双方所争讼的直接利益或具体标的，当事人讼争的利益或标的仅仅作为错误裁判或无序执行的载体。对于诉讼双方而言，其所关注的是追求自身利益的保障与所争讼标的的确定，并且通过争讼博弈，以一审、二审程序实现自己的诉求与权益保障，或者由裁判机关按照审判监督程序自行矫正而实现。而作为争讼双方当事人，即使通过熟悉法律的工作者——律师代为诉讼，他们对于具有公权性质的审判机关所发生的某个非公正性、非秩序性、非廉洁性裁判的矫正是无能为力的！也就是说，民事检察权一定意义上是一种专司对审理权、裁判权与执行权的行使与公权权能运行功效的评价权，若审判权（审理权、裁判权、执行权）公正、有序、廉洁运行时，民事检察权主动监督控制功能无需启动与展开；若审判权呈现非公正、非有序、非廉洁运行时，民事检察权的评价功能（调查、审查、抗诉、侦查、建议等）随之有序启动，从而实现了对审判权与执行权运行的法律监督评价与审判机关自身评价及社会评价的相向一致。

（4）程序性。一项公权对另一公权进行规制，其程序制度设计在于明晰这两项权力间的边界，以防止或矫正因权力边界不清晰造成的任何一方的肆意专横与混乱。司法权力滥用的严重后果，必然导致司法资源浪费。争讼当事人必然要分摊额外的诉讼成本；社会则要为此分担额外的隐形成本，如对司法的信任危机、案外“打关系”隐形成本的增加或“讼棍利益同盟”的形成等，使得司法秩序与司法公正荡然无存！

（5）规范性。这种监督权运行的制度设计从一开始就作了诸多规制。如，对错误生效裁判在法定情形下才能按审判监督程序以抗诉形式进行监督等。这就表明，这种监督手段自身并不能直接发挥作用，而必须通过裁定再审才得以启动，或通过改判得以实现。因此，这种监督权虽具有刚性但不具有终局性，而具有鲜明的中立性、事后性的特点。这种以司法公正为坐标系，以权力制衡权力，以制度规制制度的安排，一方面使审、裁、执的司法权运行得到了有序制衡，另一方面又能防止监督权运行自身的滥用，从而实现审判权（执行权）

与检察权两者间的互动规制，收到共同维护司法公正之效，这正是我国司法与监督制度的妙笔篇章。

（6）效用性。经济学上的效用是指消费者对一单位商品的消费所得到的满足程度。而制度的效用则表达为使用者在使用该制度时所产生的满足与评价程度。按照这种思维分析，民事检察的效用是显而易见的。审理、裁判与执行权如无外在的民事检察监督，仅仅依靠自我监督矫正，通常发生重复投入矫正成本，错误裁判难以彻底纠正或根本无视错误与违法情形的发生，或者仅仅停留在自我查究而效果不佳，并且极易产生极少数司法人才的腐败行为。这种消耗了国家投入但实际难以达到效果的司法不公所引发的社会的无助与漠视，构成经济学上所描述的“边际效用递减”现象，即国家（法院、检察院）为维护司法公正增加投入与争讼当事人对司法公正认可度、满意度、支持度处于走低的态势，就是经济学上“边际效用递减”现象在司法领域的现实表现。在这样的情况下，以民事检察的一定的制度设计与运行的成本投入，以有序规制审判权，防止其滥用，即能产生增量的司法公正收益，从而提高社会认可度、满意度，激发社会支持的热情，其效用是十分可喜的。

二、民事检察监督是司法公正的有力保障

法律制度总是与一定的价值观相适应的，民事检察制度也不例外。如果说，整个民事诉讼是为了追求诉讼公正与诉讼效率的对立统一，那么民事检察则是维护公正，兼顾效率。应当看到现代民事诉讼均是一种由公权为主导的依据一定规则对民事主体的诉求表达、利益协调、权益保障、矛盾调处的具有规范性、稳定性、强制性、引导性的制度规范与运行机制。在世界范围内，即使是一向强调个人本位、私权至尊、自由处分的西方国家，检察机关在民事诉讼中的地位与作用也在明显加强。

在现行制度下，要适应和谐社会建设的要求，加强和改进民事检察尤为重要。这就要求民事检察官要从维护司法公正，树立司法权威，构建社会主义和谐社会着眼，增强开展民事检察工作的自觉性，减少盲目性。民事检察工作要把解决社会反映强烈的司法不公问题作为重点，从解决群众最关心、最直接、最现实的利益着力，积极拓展民事法律监督渠道，扩大监督领域，认真行使法律监督调查权、抗诉权、职务犯罪侦查权、检察建议权与止诉疏导权，充分发挥矫正错误裁判、纠正违法情形、惩治和预防徇私枉法、渎职犯罪、建议纠正违法以及处理群众申诉、化解矛盾纠纷的功能，增强监督的实效，保障和促进司法公正。

79. 对开展民事行政检察监督调查工作的思考*

民事行政检察工作经过十几年的发展，取得了巨大成绩，有经验，有曲折，也有波动。当前，民事行政检察工作既面临立法、司法解释等方面的困扰，又面临一些理论质疑和部门阻力，如何应对挑战，创新发展，值得检察机关深入思考。笔者认为，建立民事行政检察监督调查机制，大力开展调查工作，可以科学配置民事行政检察权，实现民事行政检察工作可持续发展。

一、开展民事行政检察监督调查工作的重大意义

开展民事行政检察监督调查工作是落实中央指示，顺应群众呼声，维护司法公正的现实需要。《中共中央关于构建社会主义和谐社会若干重大问题的决定》明确指出，要完善检察监督制度；要坚持司法为民、公正司法，建设公正、高效、权威的社会主义司法制度，发挥司法维护公平正义的职能作用；要维护司法廉洁，严肃追究徇私枉法、失职渎职等行为的法律责任。《中共中央关于进一步加强人民法院、人民检察院工作的决定》明确要求，“人民检察院要抓住人民群众反映强烈的执法不严、司法不公等突出问题，加大法律监督力度，促进依法行政和公正司法”。当前，人民群众对民事审判、行政诉讼和民事行政裁判执行活动中的司法不公问题反映比较强烈，有的引发长期涉法涉诉上访，成为影响一些地方社会和谐稳定的一大因素。开展民事行政检察监督调查工作，及时查清审判、执行过程中有无违法、不公行为，并依法采取相应的监督方法和措施，纠正违法，维护正确裁判，是贯彻中央系列重大决策精神，顺应群众呼声，维护司法公正，以实际行动取信于民的有效方法，是强化法律监督、构建社会主义和谐社会的应有之义。

---

* 本文发表于《人民检察·湖北版》2007 年第 1 期。

开展民事行政检察监督调查工作是消除监督盲区，拓展监督领域，推动民事行政检察工作不断向前发展的现实需要。从民事行政检察工作的现状来看，虽然成绩有目共睹，值得充分肯定，但面临发展瓶颈。如受案数量逐年下降、办案质量不高、工作发展不平衡，等等。当前检察机关受理和办理的民行申诉案件主要是单个自然人诉讼案件、标的小的案件、传统型案件，随着人民法院"调判结合"审判工作原则的确立和推行，民商事案件调解率大幅提高，一方面，错判率在下降，错案的隐蔽性更大，对我们发现错案的能力提出新的考验；另一方面，民事行政审判和执行活动监督的空白点、薄弱点还有很多，比如：改革过程中非诉讼案件大量上升，检察监督缺位，破产案件监督基本空白；集团诉讼标的大，庭下交易多，很难进入民行检察监督范围；乱用先予执行、违法执行第三人财产、案外财产，随意追加、变更执行等执行过程中的问题，土地、房产拍卖中的问题、有的律师与法官长期勾结乱法的问题等，无法监督，无从监督。这些监督的空白点和盲区与中央"要充分发挥人民检察院民事审判、行政诉讼法律监督职能"的要求，与人民群众的呼声不相符合。民事行政检察工作要不断向前发展，必须不断研究新情况，适应新形势，采取多种措施，消除监督盲区，拓展监督领域。构建民事行政检察监督调查机制，把前述种种应当监督而又缺乏监督的情形纳入检察监督视野，既是人民群众的强烈呼声，更是探索拓展民事行政检察监督新领域，寻找新的工作"增长点"，促进民事行政检察工作不断向前发展的有效措施。

开展民事行政检察监督调查工作是创新监督方法，建立长效监督机制，增强监督效果的现实需要。民事行政检察以审查抗诉、侦查职务犯罪、提出检察建议为主要方式的现行监督模式，是在实践中逐步探索形成的，对强化民事行政检察监督职能发挥了不可磨灭的作用，但随着形势的发展，这种模式不能满足监督工作需要的弊端日益显现出来。(1) 在现行三种监督手段中，侦查侧重于刑事责任的追究，抗诉和再审检察建议侧重于启动再审，纠正错误裁判，对实践中大量存在的由于审判、执行人员一般违法行为导致的裁判、执行不公问题，往往既不能通过抗诉得到纠正，也不属刑事诉讼的范围。实践中，对于申诉人反映的一般违法性质的收受贿赂、枉法裁判，以及违反《法官法》的规定办人情案、关系案等行为，检察机关往往无能为力，尽管有的作为审查抗诉的手段开展了一些相关调查工作，有的将一些明显不涉嫌职务犯罪的行为当作犯罪线索去初查，但效果多不理想。(2) 对审判、执行工作中五花八门的程序违法问题，由于现行诉讼法规定以"影响实体判决"为抗诉条件，检察机关难以提出抗诉，即使抗诉也很难获得改判，对程序违法背后是否隐藏着审判、执行人员滥用职权、为钱办案、办关系案、人情案、地方保护主义乃至犯罪行为，更是无法发现、无法查清。（3）在现行监督模式下，办结抗诉案件是民事行政检察部门的主要工作目标，一些检察干警监督意识比较淡漠，满足于案件的审查，不愿也不会去主动发现和纠正审判、执行活动中的违法行为，即使发现有违法事实也往往怠于反映，无意监督。民事行政审判、执行活动中的徇私枉法是司法腐败的顽症，不是简单的抗诉或检察建议所能解决的，直接进入职务犯罪初查、侦查程序往往存在法律上的障碍。建立民事行政检察监督调查工作机制，将以审查为主的传统监督模式改变为审查、调查、侦查、建议“四位一体”的多元监督模式，实现四种手段相互衔接、相互补充，是合理配置民事行政检察监督权，建立长效监督机制的内在要求。在这种新的模式下，加大调查工作力度，既可以变传统的被动、静态监督为主动、动态监督，及时发现民事行政审判和判决裁定执行这些动态过程中的违法与不公问题，采取抗诉、发出纠正违法通知书、向有关单位提出处理违法办案人员的建议等方式，及时纠正违法，又可以以调查为切入口，及时发现违法、不公现象背后的职务犯罪线索，实现调查与职务犯罪初查、侦查工作的衔接，促进查办和预防职务犯罪工作，还可以通过查清审判、执行人员有无违法、不公事实，消除当事人对司法工作的怀疑，增强司法工作的社会公信力，发现和澄清错告、诬告行为，维护审判机关和审判、执行人员的声誉，有利于增强民事行政检察监督的效果。

二、合理界定民事行政检察监督调查工作的原则和范围

民事行政审判与执行活动中的违法与不公现象种类繁多，表现不一。对其进行综合惩治与预防是检察机关、纪检监察机关、人民法院以及其他有关单位的共同任务。检察机关作为国家法律监督机关，要运用好调查方式矫治民事行政审判与执行活动中的违法与不公行为，首先必须合理界定开展调查工作的范围。笔者认为，界定民事行政检察监督调查工作范围，必须坚持以下四条原则。

（1）有利于强化法律监督原则。建立民事行政检察监督调查机制，其法律依据是宪法和法律对检察机关职权的有关规定，不是突破了法律规定，也不能突破现有法律法规。开展监督调查工作，是推进民事行政检察监督工作的机制创新和重要手段，必须有利于强化检察机关对民事行政审判与执行活动的监督，有利于增强监督的实效。

（2）立足检察职能原则。既要防止瞻前顾后，无所作为，又要防止混淆调查职能与审查抗诉、职务犯罪侦查职能，还要防止超越职权，越俎代庖行使法

院纪检监察部门的职能。

(3) 原则性与灵活性相结合原则。民事行政审判与执行活动纷繁复杂，具体案件的实际情况更是千差万别，对申诉人反映或有关机关交办、转办的可能存在司法不公的案件，只有经过调查才能查明有无司法腐败、司法不公问题，在接到控告、举报、投诉或有关机关交办、转办的线索时，要在坚持法律规定、立足检察职能的基础上，根据实际情况确定是否开展调查工作和调查的具体内容。

(4) 严格依法开展调查原则。检察机关的监督调查工作必须严格限定在法律和司法解释的范围内，始终严格依法履行检察职权。在监督调查工作中，检察机关要充分尊重审判机关的意见和工作，尊重审判活动规律和特点，自觉接受审判机关的依法制约。要讲究工作方式方法，加强沟通协商，共同解决问题，促进执法和谐、维护司法公正，实现法律效果与社会效果有机统一。

关于民事行政检察监督调查工作的具体范围，从我省宜昌市院等试点院情况看，可以集中在以下 12 个方面：(1) 在民事行政审判和执行中索取、收受或者变相索取、收受当事人财物的；(2) 超越职权，不履行或不认真履行职责，给国家利益、公共利益、当事人或第三者利益造成损害的；(3) 故意违背事实、法律作枉法裁判的；(4) 隐瞒、伪造、变造、调换、销毁证据或篡改庭审笔录、合议庭笔录，影响裁判公正的；(5) 在制作的裁判文书中篡改合议庭、审判委员会决定的；(6) 违背当事人意愿，强迫当事人撤诉或调解，恶意调解，损害国家利益、公共利益、当事人或第三者合法权益的；(7) 在办理破产案件中串通当事人，损害债权人及股东利益的；(8) 不依法采取诉讼保全措施、不履行法定执行职责，或者违法采取诉讼保全措施、强制执行措施，致使当事人或者其他人利益遭受损失的；(9) 与律师或其他诉讼代理人串通损害审判或执行公正的；(10) 严重违反办案期限或其他严重违反法定程序的；(11) 泄露国家秘密、商业秘密或公民个人隐私，对国家、当事人利益造成损害的；(12) 民事审判、行政诉讼与执行活动中的其他违法行为等。

此外，笔者认为，实际工作中，还应该围绕“其他损害审判与执行公正的行为”，在法律规定的范围内进行拓展，具体包括：(1) 涉嫌违反刑事实体法规定，但情节尚未达到追究刑事责任的行为。如收受贿赂尚不够刑事立案标准，滥用职权、玩忽职守造成损失尚未达到追究刑事责任数额等，要认真开展调查工作。经过调查，发现涉嫌犯罪的，启动刑事初查、侦查程序；发现属违法行为的向人民法院提出处理建议，影响公正裁判、执行的，提出抗诉或发出纠正违法通知书；仅属违纪性质的，移交被调查单位自行调查纠正。(2) 严重违反诉讼程序的行为。如违反管辖规定、违法采取诉讼保全措施、严重超过法定审理期限、违反规定发回重审、应当回避而不回避、应当开庭而不开庭、审理超过当事人诉讼主张范围等，要依法开展调查工作，只要影响实体判决的，就要依法抗诉，没有影响实体判决的也可以采取其他方式予以监督。(3) 违反《法官法》等法律及司法解释禁止性规定的行为。如办人情案、关系案等，经初步审查认为可能影响案件公正裁判和执行的，要依法开展调查工作，查明真相，及时采取相关监督措施。(4) 在审判、执行工作中弄虚作假的行为。如隐瞒、伪造、变造 、调换、销毁证据、篡改笔录及合议庭、审判委员会决定等，或与当事人串通，损害国家利益、公共利益、当事人或第三者合法权益的行为。(5) 裁判结论与事实认定明显矛盾，或者对明显证据视而不见等严重违背正常司法活动规律的行为。要增强敏锐性，发现其中的蛛丝马迹，适时开展调查活动，深查背后是否存在司法腐败、司法不公行为。(6) 单纯违反法院内部工作纪律的行为。原则上不属调查范围，但要注重从违纪现象中发现背后有无违法行为、是否影响公正裁判和执行，一旦发现有违法行为，或者严重影响裁判和执行公正的，也可开展调查工作。

三、开展民事行政检察监督调查工作的程序设计

作为一种全新的民事行政法律监督手段，检察监督调查工作应规范进行。一方面，必须设计相关程序，以保证调查程序启动的严肃性，保证调查工作取得实效；另一方面，必须设计相应的救济程序，防止侵犯被调查人的合法权益。具体而言，程序设计应当明确以下内容：

(1) 案件来源。包括当事人举报、控告和投诉；上级机关交办或者有关部门转办；民行检察部门在办理民事、行政抗诉案件过程中自行发现的线索。

(2) 调查启动程序。一是线索的初步审查评估程序。即在启动民事行政检察监督调查工作前，对线索进行初步审查评估，报请检察长决定是否立项。通过该程序，筛选掉举报不实、诬告、错告或者没有任何证据的线索。二是立项程序。经检察长决定后，可以正式开展民事行政检察监督调查工作。

(3) 调查进行程序。应包括四个方面：①规定全面收集证据的取证原则；②明确规定可以采用和禁止使用的取证方式；③调查中可以采取和禁止采用的措施，民事行政检察监督调查有别于刑事侦查，必须排除限制被调查对象人身、财产权利的强制措施的使用；④明确规定办案期限，人民检察院进行违法行为调查，应当在一定的期限内完成，不能久查不决。

(4) 调查终结程序。对违法事实已经查清的，终结调查，由承办人制作违

法调查终结报告，经部门负责人审核后，报检察长决定。报告内容包括被调查人基本情况、案件来源、开展工作的情况、调查认定事实及相关证据、处理建议与相关依据、需要说明的问题等。值得强调的是，对于经调查可能认定有违法行为的，应当在结案前听取被调查人的意见，给予其申辩机会，必要时，还应补充调查和重新调查。

（5）处置建议程序。经过调查确认违法行为存在的，应给予具有法律效力的处理。但是，检察机关不具有终局或者实体处理的权力，只能建议有关机关纠正违法。因此，民事行政检察部门在调查终结时，应当根据行为的不同性质，提出不同的处置建议：①对调查认定违法行为不成立的，应回复举报人、控告人。同时应将调查结果告知人民法院和被调查人，以消除影响。对于捏造事实、诬告陷害的，人民检察院应对举报、控告人予以批评、教育、训诫；情节严重，涉嫌犯罪的，应依法移交有关单位追究刑事责任。②对调查认定违法行为成立的，由承办人提出处理意见，报本院检察长批准，以《检察建议》或《纠正违法通知书》的形式向人民法院提出纠正意见，并督促人民法院在一定期限内纠正。如果属个人违法，应根据情节向被调查人所在法院提出给予处分的书面建议。对于人民法院无权处分或由人民法院自行处分不当的个人，人民检察院应当向同级人大、纪委提出处分建议。无论是单位还是个人违法，法院都应将处理结果及时向提出处置建议的检察院反馈。③对调查认定涉嫌犯罪的，应报请检察长决定立案侦查。

（6）备案程序。对调查认定违法行为成立，在提出处置建议后，应及时将有关材料报同级人大常委会、党委政法委和上一级检察院备案，以便接受监督。

四、加大民事行政检察监督调查工作的力度

开展调查工作是民事行政检察的重要内容，也是一项探索性、开拓性的工作，实践中必须精心组织，周密部署，强化措施，落实责任，务求实效。

（1）高度重视。调查本身就是监督，只要启动了调查就是监督，调查效应最能反映监督的效应。各地对调查工作要高度重视，将其摆上民行检察工作的重要位置，将是否认真开展民事行政检察监督调查工作作为一个检察院党组、检察长能否严格执法，是否开拓创新的检验标准之一，作为民事行政检察部门的重要工作任务来抓。

（2）落实责任。各级院党组、检察长要高度重视、切实支持调查工作，为开展好这项工作创造良好的条件；分管检察长要具体抓，抓具体，尤其要抓好

组织协调、指导督促和审核把关工作；民行检察部门的负责人要作为直接责任人，认真抓好组织、落实、指导工作；全体民行检察干警都要充分发挥主观能动性、创造性，扎实完成好组织交给的任务。

（3）明确目标。在确定明年的民事行政检察工作目标时，不仅要有抗诉案件、综合改判率、查办职务犯罪的目标，更要实事求是地确定调查工作目标，不仅要有全省总目标，还要有市级院、基层院的分级目标，不仅要有年度目标，而且要有阶段性目标，并对照目标定期考核、动态监督、层层兑现。总的要求是全省各级院都要开展民事行政检察监督调查工作，各市级院要完成 1～2 件线索调查任务。

（4）探索机制。省院将在总结各地经验的基础上，制订全省的调查办法；待省院办法下发后，各地要根据本地实际，积极研究落实的措施，并严格按照省院办法规定开展调查工作，保证调查工作健康规范开展。

（5）整合力量。要重点解决调查力量不足、办法不多、经费装备缺乏、调查水平不够的问题，认真研究措施，调整力量，补充人员。要提高调查、职务犯罪初查及侦查的能力。调查是公开的，初查必须秘密进行。要建立调查与初查、侦查的衔接机制，全面提高民行检察监督水平。

（6）争取支持。积极争取人大、政法委、纪委对开展调查工作的重视，工作中的重大疑难问题，要及时请示，及时汇报。对提出的纠正违法意见或检察建议，可以报本级人大常委会和政法委备案。同时，要搞好与人民法院的协调配合工作，争取理解和支持，营造开展调查工作的良好氛围。

（7）推广典型。各市州分院要有重点地选择基层院，率先开展调查工作，及时总结推广经验，通过典型引路促进民事行政检察监督调查工作深入开展。要加强调查研究工作，及时总结、分析开展调查工作中的新情况、新问题，积极提出解决问题的办法和措施。

80. 经济全球化对我国民事行政检察制度的影响及对策*

全球化的市场经济是法制经济，法律在经济全球化的进程中扮演着游戏规则的角色，它是各国在坚持主权原则的前提下确认、协调的结果。各国法律在全球化背景下不断吸收、借鉴他国法律的相关因素，借以完善自身。具有中国特色的民事行政检察（以下简称民行检察）监督制度不仅有各种发展机遇，更面临严峻挑战。未雨绸缪，冷静地分析、评估和预测经济全球化可能带给民行检察制度的影响，很有现实意义。本文试图分析经济全球化对民行检察制度的影响及应采取的对策。

一、经济全球化是世界经济发展的大趋势

经济全球化是当今世界最引人注目的现象。各国把目光聚集于商品服务、信息和生产要素的跨国流动，关注国家或地区间经济日益加深的相互依存程度，以及世界经济发展的一体化趋势与过程。国际货币基金组织认为，经济全球化是“通过贸易、资金流动、技味涌现、信息网络和文化交流，世界范围的经济高速融合。亦即世界范围内各国成长中的经济通过增长中的大量与多样的商品劳务的广泛输送，国际资金的流动，技术被更快捷广泛地传播，而形成的相互依赖现象”。❶

（一）经济全球化的历史演进

经济全球化从某种程度上说已存在相当长的时间了。近年来，有些经济学

---

* 本文在刘阳同志的协作下完成，发表于《人民检察》2004 年第 1 期；收录于《民事检察制度热点问题探索》，中国检察出版社 2004 年版；2004 年 1 月被最高人民检察院评为“第三届全国民事行政检察理论研讨会一等奖”。

❶ 国际货币基金组织：《世界经济展望》，中国金融出版社 1997 年 5 月号，第 45 页。

者从人类配置资源的角度，对人类社会发展进行了划分。这种划分标准可以概括为三个方面：(1) 人类开发利用资源的方式；(2) 生产力代表标志；(3) 社会经济发展的类型。按照这三个标准，经济学家们指出，人类社会开发利用资源，推动经济发展大体经历了三个历史阶段：第一阶段为 375 万年前～公元 1769 年。第二阶段为 1769～1945 年。以瓦特第一台蒸汽机问世为标志，人类社会开始利用能量资源，制造能量工具，开创了以社会化大生产为标志的传统工业经济，实现了由传统农业向传统工业的历史跨越，创造了辉煌的工业文明。第三阶段是从 1945 年至今。以第一台电子计算机问世为标志，人类社会开始利用信息资源，制造信息工具，高技术革命与信息技术革命中心先后在美国、日本形成，人类社会正在实现由工业社会向信息社会的伟大跨越，经济全球化时代已经到来。

(二) 入世对中国社会主义市场经济法制的影响

总部设在日内瓦的世界贸易组织（World Trade Organization，简称 WTO）从 1996 年 1 月 1 日起彻底取代了在过去近半个世纪中扮演着国际贸易组织角色的关税与贸易总协定（General Agreement on Tariffs and Trade，简称 GATT），成为全球最大的多边贸易机构。WTO 的运作标志着以国际贸易组织为核心的多边国际贸易体系的建立，它将推动世界范围内经贸合作的深入，使生产要素与小商品劳务的流动获得更自由的环境。中国政府通过艰苦的入世谈判，现已正式成为 WTO 成员。中国经济改革的目标是建立健全社会主义市场经济体制，这就决定了中国经济必须全方位的开放。因为市场经济的发展要求健全的法制、产权保护、自由竞争、激励创新，要求有公开、公平、公正的交易规则，要求中国的经济运作规则与国际规则接轨。这一切必须依靠完备的法律体系予以保障。

世贸组织协议由序言、16 条正文及 4 个附件所组成，有关协调多边贸易关系和贸易争端解决、规范贸易竞争规划的实质性规定体现在 4 个附件中。4 个附件包括 13 个多边货物贸易协议、服务贸易总协定和与贸易有关的知识产权协议、贸易争端解决规则和程序谅解、贸易政策审议机制及 4 个多边协议。这些协议、协定共同构成了国际经济贸易的规范、惯例，是各成员国制定经贸法律、法规的依据。与世贸组织协议的相关内容相比较，我国的法律在规范市场主体、规范市场主体竞争行为与竞争秩序、改善和加强宏观调控、促进经济协调发展、建立和健全社会保障制度等方面还存在不小差距。中国政府曾多次明确指出要高度重视法制建设，并提出法制建设的目标是：遵循宪法规定的原则，加快经济立法，进一步完善民事法律、刑事法律、有关国家机构和行政管理方面的法律；初步建立起适应社会主义市场经济的法律体系；建立健全执法监督机构和法律服务机构，深入开展法制教育，提高全社会的法律意识和法制观念。近两年来，我国法制建设进程明显加快，已建立了一套较符合国际规范的法律体系。如我国先后出台的《商标法》《专利法》《著作权法》三大知识产权法，无论从内容还是形式均实现了与世贸组织《与贸易有关的知识产权协议》（TRIPS）的接轨。不可否认，由于历史原因，我国的法律体系还存在着诸多需要改进的地方，特别是中国加入 WTO 后，这种要求会更加迫切。WTO 规则及经济全球化的客观规律必定对我国的法治建设造成巨大冲击，特别是对我国的民行检察制度影响更甚。

二、经济全球化对我国民行检察制度外部因素的影响

新中国成立以来，我国人民检察制度经过近 50 年的发展，为建设社会主义法治国家发挥了巨大作用。民行检察制度已成为其中一项必不可少的法律监督制度。从 1991 年至今，全国各级检察机关民行检察部门办理了一大批民事行政案件，获得了非常良好的社会效果，民行检察工作正渐渐成为一项“民心工程”。随着中国这艘巨轮驶入经济全球化的海洋，经济全球化的浪潮已对我国民行检察制度造成了深远影响。这项制度自恢复运行以来，就受到当事人申诉环节、法院裁判环节等外部因素的影响及检察机关内部因素的制约。

（一）当事人申诉环节之影响

从民事行政申诉案件的发展变化来分析，中国融入经济全球化及加入 WTO 以后，我国将形成全方位、多层次、宽领域的对外开放格局。国际经济贸易往来、投资融资、人员交流将空前增加。因利益冲突诉诸法院裁决的案件会进一步增长，不服生效民事行政判决而申诉到检察机关的案件将会呈现总量增加、类型新异、案情复杂的趋势。

1. 申诉主体性质多样化

受长期计划经济的影响，我国经济主体主要是国有企业与集体企业。随着中国社会主义市场经济体制的建立，一大批私营企业、外资企业涌现，其正在整个国民经济体系中扮演着越来越重要的角色。中国入世后，经济主体性质的多样性日趋明显。全球 4 万多个跨国公司正日益主宰着世界经济，这些跨国公司随着经济全球化的浪潮来到中国，参与中国市场经济的竞争，抢夺世界上最大的市场。跨国公司在中国投资经营过程中，与其他民事主体的纠纷不可避免，他们一旦被法院裁决败诉，将会凭着其丰富的法律经验向检察机关提出申诉。因此，跨国公司作为申诉人的案件必将日益增多。另外，随着中国经济实

力的持续增长，许多发达国家企业和发展中国家企业来到中国，在中国境内从事贸易活动。根据世贸组织非歧视性原则及国民待遇原则，应赋予外国人与本国人在民商事权利方面以平等地位，这些企业也会效仿国内企业的做法，充分行使法律赋予他们的申诉权利。

2. 特殊群体申诉案件增加

我国加入WTO的目标已经实现，但要真正按照WTO规则的要求对经济体制和经济结构进行战略性调整，建立和完善相关法律制度，并创造良好的环境使这些制度得以顺利运行，却是一项长期和艰巨的任务。在这个过程中，会出现许多矛盾，甚至会出现以下三类特殊群体申诉案件：

（1）产权权益、劳动及分配权益保障的申诉案件将大幅度增加。经济全球化的实质，从根本上看是一场世界范围内的产业结构调整。它是以发达国家为主导，以跨国公司为动力的世界范围内的产业结构调整。加入WTO后，随着外国投资、产品和服务大量进入我国市场，一方面会增加新的就业机会，另一方面国内的一些落后行业、企业将受到激烈竞争的冲击，有些企业将由于自身素质或者市场需求变化等原因而不得不退出市场。企业间的资产重组、兼并、破产行为加剧，失业人员增多，农村剩余劳动力将大批进入城市服务业。由于我国企业法人的法律意识相对淡薄，对企业职工的权利保障不力，社会保障体系尚不健全，加之企业职工自身素质不高，遇到企业破产这种情况，往往无法像发达国家企业职工一样从容应对。因此，这类人员与原企业易发生大量劳动争议，且会涉及企业改制等诸多历史问题。由此产生的产权变动、股权分配、劳动工资、福利保险等权益保障的争诉案件将激增，呈现集团性、复杂性和难息性特点，许多案件经法院审理后当事人仍不能服判息诉，坚持向检察机关提出申诉。此类案件将给检察机关带来巨大压力，如何妥善解决企业下岗职工产权权益、劳动及分配等权益的申诉案件将是今后相当长时间内亟待解决的难题。

（2）金融企业申诉案件增加。金融作为国民经济的核心，在国家实行宏观经济调控，促进国民经济发展和维护社会稳定方面具有重要的作用。反言之，如果一个国家对金融工作调控不力，引发金融危机，则可能对该国经济造成毁灭性打击。进入20世纪90年代以来，中国政府十分重视金融工作，成功消除了亚洲金融风暴对我国经济的不良影响，同时也从此次危机中汲取了不少经验教训。入世之后，我国金融业在健康稳健运作的同时，也面临非法金融活动严重、不良资产比例过高等问题，还处于金融风险易发时期。因此，整顿金融秩序，防范和化解金融风险，保障金融安全，已成为中国政府当前整顿和规范市场经济秩序的重要任务。在这个过程中，会出现多种形式的矛盾，其中许多矛盾不可避免地会使用诉讼手段解决。根据现有情形分析，这一类申诉案件又将主要包括以下三类案件：一是涉及被清理整顿的信托投资公司申诉的案件；二是涉及金融资产管理公司清收债权申诉的案件；三是涉及清理整顿的农村合作基金会申诉的案件。检察机关要从全局的高度认识这一问题，积极支持、配合我国政府的总体部署，严格按照相关司法解释精神处理该类申诉案件，为完备我国金融体系、防范金融风险提供有力的司法保障。

（3）证券民事纠纷申诉案件增加。证券市场是一个国家经济的晴雨表，证券市场的有序良性发展是一个国家经济、法制成熟的体现。我国的证券市场在优化资源配置、调整经济结构、筹集社会资金、促进国民经济发展等方面发挥了重要作用。但是我国的证券市场存在许多缺陷，还是一个不成熟的市场，我国的证券管理机构也相应缺乏经验，整个市场还处于“政策市”阶段。随着经济全球化浪潮的冲击，中国将允许外资进入中国股市，逐步开放证券市场，我国的证券制度改革已迫在眉睫。前一段时期，检察机关受理审查了许多证券民事纠纷申诉案件，诸如国债回购纠纷，企业债券发行、承销纠纷以及证券经营机构与客户因委托进行股票交易发生的纠纷，内部职工股发行、转让纠纷等，积累了一定的经验。但是由于我国的证券市场尚处在不成熟阶段，有关法律法规不够健全，一些市场主体操作不够规范，市场监管不力，操纵股价，内幕交易，虚假陈述等证券违法行为不仅扰乱了证券市场秩序，影响了证券市场的健康稳定运行，而且侵害了广大中小投资者的合法权益。因此，如何追究违法者的责任，如何保护中小投资者权益，已成为今后一段时间司法界重点研究的问题。

3. 申诉人法律意识增强

经济全球化使世界经济格局发生改变，所以，中国的经济发展趋势整体上是稳步向前的，国民收入也会逐年上升。随着居民可支配收入的增加，人民群众的知识教育投入也会相应增加，人民群众自身素质的提高必然包括法律意识的增强。经济全球化使中国民众的经济意识明显增强，逐渐认识到打官司不仅仅是讨说法，更是人力、时间及金钱的一种投入，当事人面临败诉的不利结局时会想到申诉的成本，会用经济的眼光考虑问题。

（二）法院裁判环节之影响

1. 对法院审判理念的影响

为适应 WTO 规则，我国对相关的法律法规和最高人民法院的司法解释进行了清理，对不符合世贸组织规则相关内容的予以废止和修改。这其中不但有法律冲突，更有深层次的审判理念的冲突。我国法院长期奉行的“以事实为依据，以法律为准绳”的审判原则、人民法院独立审判的宪法原则、在法律面前人人平等的法律原则、公开审判制度等，与WTO规则中适用于所有成员的基本原则和观念，包括平等、透明、公正、高效、独立等原则基本一致。但细究其中，还有许多差异。（1）人民法院在平等保护各种经济成分的市场主体，不论是私营经济、外资企业，还是国有企业，都应当采用我国法律及WTO规则的相关规定，平等保护，坚决排除地方和部门保护主义的干扰。（2）人民法院还需增强程序正义观念，正如日本著名民事诉讼法学家谷口安平教授所认为的：“实现实体法内容的方法归根结底是由程序法所规定的诉讼过程，实际上程序法对这个过程进行的调整结果总会归结到实体法上去。换言之，诉讼的实际结果由于诉讼程序或具体过程的差异可以有极大的不同。”[1] 人民法院在审判案件时要严格依照诉讼法的规定，依照法定程序处理具体案件，重实体轻程序的传统审判理念将被摈弃。（3）按照WTO规则中关于法律透明度原则的要求，人民法院在公开审判方面必须进一步加强。当前，人民法院定期在媒体上公布各类裁判文书和司法文件，积累了一定的经验，且对于民众关注度高的重特大案件积极向新闻媒体开放并采现场直播等宣传手段，拉近了人民法院审判工作与公众的距离，得到了人民群众的欢迎和支持。但是，这与WTO规则的要求尚存差距。例如，人民法院颁布实施司法解释很多情况下事先未与有关部门沟通，也未充分听取司法实践部门及人大代表的意见，这与WTO的透明度规则所要求的提前公布有关立法和政策不相吻合。

2. 对民事诉讼的影响

经济全球化对我国民事审判制度的影响包括两个大的方面：（1）立法及法律适用的问题；（2）诉讼程序规则的改革问题。经济全球化是在各个国家相互交往、影响和制约的过程中存在和发展的，经济全球化不仅影响不同国家的经济，而且不可避免地影响不同国家的政治、法律、文化等方面。从这个角度理解，伴随着经济全球化进程而来的还有各个国家在法律观念、法律教育与研究、法律制度、法律运作体制、法律服务等方面的彼此影响。不同国家在经济上的联系越紧密，在法律上的影响越深刻。在当今世界法治化进程中，不仅各国国内法彼此影响，而且国际法也影响了国内法，国际法的许多概念、规则和原则转化为国内法的内容。我国加入WTO之后，对WTO规则的适用分为两

[1] ［日］谷口安平著：《程序的正义与诉讼》，王亚新、刘荣军译，中国政法大学出版社1996年版，第6页。

种情形：①直接适用。根据《民法通则》第142条第2款规定："中华人民共和国缔结或者参加的国际条约同中华人民共和国的民事法律有不同规定的，适用国际条约的规定，但中华人民共和国声明保留的条款除外。"《民事诉讼法》第238条规定："中华人民共和国缔结或者参加的国际条约同本法有不同规定的，适用该国际条约的规定，但中华人民共和国声明保留的除外。"2000年4月，最高人民法院《关于审理和执行涉外民商事案件应当注意的几个问题的通知》规定："对我国参加的国际条约，除我国声明保留的条款外，应予优先适用。"这些规定表明了在民商事领域，我国立法和司法采纳了国际法优先于国内法适用的原则。即在该领域，WTO的某些规则可以直接在我国适用，但前提是WTO规则在过渡期内无法转换为国内法且国内法与规则出现明显冲突的情形。②适用国内法相关法条。为加入WTO，我国已对某一特定领域的法律按照WTO规则的要求预先进行了修改，使之符合规则要求，对这部分达到WTO规则要求标准的法律，可以直按适用国内法，无需再立法修改。

我国的民事诉讼法规定了民事诉讼程序的一些基本原则，但受当时法学理论研究水平及立法人员素质的影响，该部诉讼法已不能满足当今的执法要求。随着经济全球化过程的推进，特别是一些发达国家的民事诉讼理念的输入，这些较为先进的民事诉讼理念与我国现有的人民法院审判体制、观念必将产生激烈冲突。

3. 对行政诉讼的影响

WTO要求的透明度原则和司法审查原则要求政府及时公布贸易方面的法律法规，行政行为必须透明，国家将对不当行政行为提供司法救济。可以预见，中国加入WTO后，中国的行政诉讼制度将会受到很大影响。首先，人民法院审理行政案件时必须保持独立性。这一要求是指人民法院必须独立于作出行政行为的行政机关，这是WTO规则要求的最低标准。《行政诉讼法》第3条规定："人民法院依法对行政案件独立行使审判权，不受行政机关、社会团体和个人的干涉。"但从审判实践来看，法院的地方化、行政化体制使法院无法摆脱地方政府对法院的行政审判工作的干预，基于经济全球化趋势对各国司法审查制度的要求，我国亟须建立有效防止以言代法、以权压法的机制以充分履行我国政府的入世承诺，实现裁判机构不受地方行政机关干预的独立性。其次，我国政府承诺了司法最终审查原则，即我国的所有行政复审都不再是终局性的，都要赋予当事人提请司法审查的机会。但该法第12条规定："法律规定由行政机关最终裁决的具体行政行为"不属于司法审查的范围。《行政复议法》第14条也规定："对国务院部门或者省、自治区、直辖市人民政府的具体行政行为不服的，向作出该具体行政行为的国务院部门或者省、自治区、直辖市人民政府申请行政复议。对行政复议决定不服的，可以向人民法院提起诉讼，也可以向国务院申请裁决，国务院依照本法的规定作出最终裁决。”这两部法律都与 WTO 规则及我国政府的入世承诺有不适应之处，需作出相应的修改。再者，WTO 规则对我国的行政诉讼的审查标准将会产生巨大影响。《行政诉讼法》第 5 条规定：“人民法院审理行政案件，对具体行政行为是否合法进行审查。”这一条明确规定了我国行政诉讼的审查标准是合法性审查标准，基本排除了人民法院对行政机关具体行政行为的合理性审查，但该法第 54 条又将“滥用职权”“行政处罚显失公平”等模糊不清的合理性标准作为人民法院审查标准，行政诉讼只采用合法性审查原则，让行政自由裁量权长期脱离司法的制约，不受人民法院审查的监管，这显然与法治精神相悖。按照 WTO 原则的要求，对具体行政行为的合理性审查大有存在的必要。当然，合理性审查要有程度的标准，只能对明显不合理的具体行政行为予以审查，而不能代替行政机关的自由裁量权。这种合理性原则需要法官在个案中作全面权衡和考虑。

三、对检察机关审查环节的影响

经济全球化影响我国检察机关审查环节的因素很多，主要可归纳为四个方面：（1）法律本身的影响，包括加入 WTO 以后，大量新法出台，检察机关学习掌握的问题及法院采用新的审判方式，检察机关如何应对的问题；（2）观念问题，是指检察机关在民行检察工作过程中如何贯彻公正、公开、透明原则，改变执法观念的问题；（3）人的问题，是指检察机关内部如何培养能适应民行检察工作的专业人才如何留住人才的问题；（4）经济全球化造成的文化侵略现象，西方“三权分立”思想将对民行检察制度形成冲突。

第一，经济全球化导致我国的法律环境发生变化，对检察机关审查环节适用法律造成重要影响。经济全球化对一个国家的影响包括了对该国法律制度的影响，任何想加入其中的国家必须按照它的普通适用规则修改本国法。中国加入 WTO 以后，面临着法律的构建与完善的艰巨任务。一方面，我国在金融服务、政府采购、反垄断等方面的立法尚为空白，还须立法；另一方面，我国的民商法、行政法、经济法等法律法规与 WTO 规则存在许多冲突之处，在近期内，我国将会按照入世承诺，加快法律的废、改、立过程，出台大量新法律法规。对于检察机关审查环节来说，这给民行检察官学习掌握、灵活运用法律提出了新的要求。如实体法方面关于反补贴、反倾销、动植物新品种、计算机网络域名、集成电路布图设计等方面的司法解释的适用；程序法方面涉及《海商法》《海事诉讼特别程序法》《民事诉讼法》及其相应的司法解释中关于涉外民事诉讼程序的规定等。检察机关审查环节的法律适用以国内法为主发展到国际私法、国际经济法、国际相关条约、WTO规则及国际惯例与国内法并重，检察机关在审查涉外争诉引发的民商事申诉案件，将会遇到前所未有的法律适用难题。在国际货物买卖、运输、金融、保险等方面，因需要适用《联合国国际货物销售合同公约》《国际贸易术语解释通则》《跟单信用证统一条例》《海牙规则》《汉堡规则》等条约和国际惯例的案件增多，给准确适用法律带来困难。

随着法院审判方式改革的深入，法院逐渐在我国推行对抗制审判方式、强化当事人的举证、辩论作用，弱化法院的主导作用。我国现行的这种对抗制审判方式存在致命的缺陷：它并没有采用对抗制审判方式中必需的陪审团制度，致使中国的法官集英美法系国家法官与陪审团的全部权力于一身。法律适用与最终裁决权的高度统一，使现行中国法官的权力出现膨胀趋势。其弊端有两点：(1) 法官的自由裁量权得以最大限度地扩张，任何违法或不合理的判决结果都被自由裁量权的合法外衣所囊括，外部监督的范围越来越窄；(2) 随着法官手中的自由裁量权大，外部监督的力度减小，法官利用手中权力与当事人进行权钱交易的可能性及空间增大，法官职务犯罪将在今后一段时期内出现增长的态势。所以，检察机关在今后审查环节将遇到大量申诉案件因涉及法官滥用自由裁量权致使判决明显不公，而检察机关却不能提出抗诉的尴尬局面。

第二，经济全球化趋势要求检察机关在工作中贯彻公正、公开、透明的原则，这对检察机关传统执法观念是一种挑战。法律观念是法律文化的核心内容，法律文化是法律意识形态以及与法律意识形态相适应的法律规范、法律制度。WTO的法制统一、非歧视化和公开透明三项基本原则，不仅是对每个成员国制定有关法律、政策和措施所提出的要求，也是对执法司法行为的基本要求。入世后，检察机关作为国家法律监督机关，必须适应新形势的要求，树立以公正执法为核心的一系列执法观念，严格依据法律程序办案，不因当事人身份不同而区别对待，对待国内外申诉人应一视同仁。

WTO透明度原则要求司法程序公开，对我国检察机关的传统执法观念造成冲击，也对民行检察工作提出了更高要求。最高人民检察院为适应新形势下民行检查监督工作的要求，已出台一系列措施，如检务公开、公开审查、公开办案规则等。检察机关在今后的工作中要强化公开观念，依法不断增强办案透明度，接受更为广泛的监督。

第三，经济全球化要求检察机关培养高素质的民行专业人才，但现有管理体制将导致大量人才流失。中国加入WTO以后，与世界各国的交往日益频繁，涉外案件必将逐年增加，检察机关民行工作要适应入世要求，必须有一大批精通法律、熟悉 WTO 规则、懂外语、能熟练使用现代化办案工具的检察官。由于我国的检察体制长期沿用行政体制模式，“激励—约束”机制尚未有效地建立，人员篇制、工资待遇、晋职条件都与行政机关无异，没有为检察官创造职业自豪感的激励机制。同时检察机关“重刑轻民”的指导思想也导致民行检察部门难以招纳到高素质人才，提升检察官整体素质的任务十分艰巨。

第四，经济全球化会造成文化侵略，西方“三权分立”思想将对我国民行检察制度形成冲击。西方发达国家把经济同文化联系在一起，通过经济扩张移植文化，培养崇拜者与追随者，通过各种渠道把西方的价值观推向中国，包括三权分立思想，对此我们应高度警惕并保持清晰头脑。三权分立是通过立法、行政、司法之间的分立和平衡来实现监督和制约，是一种分权制衡制。我国是人民代表大会制度，人民代表大会是国家的权力机关，统一行使国家权力，是一种集权监督制度。检察机关是宪法规定的法律监督机关，这由我国政体决定，是具有中国特色的检察制度。近年来，随着国际法律文化的交流，一些资产阶级“三权分立”立法思想影响了我国一部分法律工作者，他们比照国外法律体制，未能发现与中国现行的民行检察制度类似的监督制度，于是“取消”、“限制”之说云起；这种完全脱离中国政体、法律制度及中国国情的歪理邪说在理论界和检法两家引起很大争论，在一定程度上也冲击了民事审判监督活动，动摇了民行检察制度的法理基础。

四、应对经济全球化的挑战，我国民行检察制度应采取的对策

经济全球化对我国民行检察制度造成了很大影响，特别是我国加入 WTO 以后，这种影响正日益凸显出来。为应对经济全球化的挑战，笔者认为应从以下五个方面进行完善。

第一，深化民行检察理论研究，加快立法进程。《宪法》第 129 条规定：“中华人民共和国人民检察院是国家的法律监督机关”。该条规定以国家根本大法的形式确认了检察机关作为国家法律监督机关的地位。《民事诉讼法》第 14 条规定：“人民检察院有权对民事审判活动实行法律监督。”《行政诉讼法》第 10 条规定：“人民检察院有权对行政诉讼实行法律监督。”这些规定确立了我国检察机对民事行政审判的检察权，为检察机关对民事行政审判活动的监督提供了依据。尽管法律明文规定了对民事行政审判的检察原则，然而并未从理论上平息对民行检察权的争论。有部分人认为民行检察打破了当事人主义的民事诉讼结果，破坏了当事人平等原则和处分原则，是公权力对私法领域的不当介

入，干涉了法院的独立审判权，动摇了司法独立地位。[1] 笔者认为民事诉讼活动虽然处理的是私人事务，但其体现了国家公权力（即审判权）对私人事务的介入，民事诉讼从本质上讲是以公权力为中心的活动。既然民事诉讼在本质上是公权力的一种体现，其当然应置于检察机关监督下，就其实质讲，民行检察是公权力（即检察权）对公权力（即审判权）的监督，而不是公权力对私权利的监督与干涉。从法律关系上看，监督的主体是人民检察院，监督的对象是人民法院的判决和裁定，以及审判人员的不法行为。[2]

我国现行民事诉讼法及行政诉讼法对于检察的规定只有寥寥数语，条文抽象、原则，缺乏可操作性。为充分发挥我国检察机关的法律监督职能，应对经济全球化对检察机关的挑战，应加快民行检察方面的立法进程，从法律上保证检察机关切实履行其对人民法院的民事行政审判活动的监督职能。

第二，规范办案程序，增加透明度，对一审生效案件不予抗诉，规定同级审同级抗。透明度原则是 WTO 规则中最基本的原则之一，其强调诉讼过程的公开、透明，防止暗箱操作及权钱交易。最高人民检察院出台的《人民检察院民事行政抗诉案件办案规则》贯彻了透明度原则，《办案规则》要求人民检察院办理民行申诉案件应当遵循公开、公正、合法的原则，做到立案公开、审查结论公开，人民检察院必须严格依照《办案规则》的规定依法办案，依法行使民行检察权。《办案规则》的出台适应了新形势下民行检察工作的需要，是检察机关正确履行民行检察职能的重要保障，检察机关在坚决贯彻《办案规则》的同时，还应继续探索符合透明度原则的新做法，使检察机关民行检察工作尽快适应经济全球化的挑战。

经过十余年的民行监督实践及经济全球化对我国司法机关提出的诉讼经济原则要求，现行民行抗诉制度应作一定的修改：首先，应明确对一审生效案件检察机关不宜抗诉，因为我国法律明文规定了二审终审制，当事人对一审判决不服，可以向上一级法院提出上诉，应明确同级审同级抗，民事行政抗诉模式是依照刑事审再审抗诉模式规定的，由上级人民检察院对下级人民法院裁决的案件进行抗诉，刑事抗诉模式采用“上抗下”模式是因为原审法院的同级检察院已经以公诉人的身份对审判活动进行了法定监督，法院一审后，检察机关可

---

[1] 黄松有：“检察与审判独立”，载《法学研究》2000 年第 3 期；黄松有：“对现行民事检察制度的法理思考”，载《人民法院报》2000 年 5 月 9 日。

[2] 邵世星：“民事诉讼检察的法理基础再论——兼论我国民事诉讼检察制度的完善”，载《国家检察官学院学报》2001 年第 2 期。

以直接抗诉，如果在二审生效后还采用同级审同级抗的模式则容易导致诉累，所以刑事诉讼法提高了抗诉级别，由上级人民检察院以新的视角进行审查，有利于检察机关正确行使刑事抗诉权。而在民事行政审判活动中，法院裁决在未生效之前，检察机关没有参与诉讼，检察机关也无权监督法院的审判活动，同级人民检察院与生效的民事行政裁决无任何利益冲突，同级人民检察院也具备抗诉的条件，所以现行法律规定由上级人民检察院对下级院的生效裁决提出抗诉浪费了司法资源，增加了上级检察院门的工作负担，不利于检察机关充分履行民行检察职，应予修正。

第三，检察机关应有权提起民事公诉。根据我国《民事诉讼法》与《行政诉讼法》的规定，检察机关只能对人民法院已生效的判决裁定提出抗诉，检察机关行使民行检察权的方式仅提出抗诉一种。然而，我国宪法规定检察机关是国家法律监督机关，有权对国家法律的实施情况予以监督，故现行法律仅授予检察机关一种抗诉权明显不符合监督需要，检察机关在工作实践中也在探寻检察新途径，近年来备受关注的检察机关能否提起民事公诉成为我国法学界研究的焦点问题。自检察制度产生以来，检察机关就以国家利益和公共利益代表的面目出现。检察机关作为国家法律监督机关，负有监督法律统一正确实施的职责。检察机关通过行使检察权，同破坏法律的违法犯罪行为作斗争，维护国家利益和社会公共利益。新中国成立之初，经中央人民政府主席批准颁发《中央人民政府最高人民检察署试行组织条例》第 3 条明定："最高人民检察署受中央人民政府委员会之直辖，直接行使并领导下级检察署，受中央人民政府委员会之直辖，直接行使并领导下级检察署行使下列职权……2. 对各级司法机关之违法判决提起抗议。……5. 对于全国社会与劳动人民利益有关之民事案件及一切行政诉讼，均得代表国家公益参与之。"1954 年《人民检察院组织法》第 4 条关于人民检察院职权的规定包括："对于人民法院的审判活动是否合法，实行监督；对于有关国家的人民利益的重要民事案件有权提起诉讼或者参加诉讼。"检察机关享有民事诉权并不是中国的独创，纵观世界各国的检察模式，都有检察机关提起民事公诉的先例。与此相比，我国检察机关的监督手段很少，致使我国大量侵害国家利益、社会公益的案件得不到依法制止，国家、社会公共利益受损无人过问的现象屡见不鲜。中国加入 WTO 以后，为保护国有资产及社会公共利益免遭不法侵害，需要一个专门国家机关负责起诉。从法理上分析，检察机关是最适宜享有民事公益诉权的国家机关。检察机关试行民事公诉又积累了不少经验，所以其理应肩负这个职责，这已为许多国家民事诉权的发展和立法状况所证明。

第四，改革民行检察工作体制，提高人员素质，扩大人员篇制，实行专业化监督模式。中国加入 WTO 后，全国法院涉外案件急剧增加，各种疑难纠纷案件增加，法院系统把主要精力放在民商、知识产权、行政审判工作上，对审判业务庭进行了科学分工，对审判人员进行专业化分工，在各个领域培养高素质的法官。为切实履行法律赋予的民行监督职能，我们必须对现行民行工作体制进行改革，各级检察院领导应当更新观念，解放思想，对民行检察工作“优待一等，厚爱一分，重扶一把”。通过公开招考，引进一大批民法、海商法、经济法、国际私法、国际经济法等方面的本科生、研究生、博士生，改造现有的人员结构，培养检察机关自己的民商、行政法专家，同时加强对法学最新研究动态的及时追踪研究，第一时间掌握审判工作的各种变化。

第五，注意深挖裁判不公背后的司法腐败问题。随着司法改革的推行，司法体制的完善，司法人员激励约束机制的建立，“追求公正，注重程序，讲求效率，保护人权”的司法理念的弘扬，从源头上根本预防、治理以及减少司法不公、枉法裁判提供了制度安排、机制保障和理念支撑。另外，司法人员滥用职权、徇私舞弊、枉法裁判、权钱交易的违法犯罪的案件仍会时有发生。检察机关在审查民行案件时必须注意深挖法官职务犯罪线索。我国《民事诉讼法》规定，审判人员在审理该案件时有贪污受贿，徇私舞弊，枉法裁判行为的，检察机关应当提出抗诉。所以检察机关查处审判人员职务犯罪行为也是切实履行监督职责的需要。从目前中国实际情况分析，法官职务犯罪的成因有以下几个方面：(1) 现阶段法院的管理模式类似于行政机关，法官人数众多，收入水平与普通行政人员相同，处于社会中低收入阶层，随着人民群众物质文化需求的提高，作为高素质人群的法官队伍必然对自己的收入水平表示不满，以权谋私现象不可避免伴生。(2) 中国法院推行对抗审判方式，给予法官及合议庭更大的权力，法官自由裁定权增大，使法官容易利用法律的漏洞为一方当事人谋取利益，导致裁判不公。(3) 法院出台的一些司法解释排除了检察机关对执行、调解等方面的监督，而这些基本制度本应由立法机关以立法的方式予以规范。失去外部监督的权力难免发生腐败，如近期某些省份查处的多起法官职务犯罪案件均涉及执行庭法官即为证。(4) 中国长期的人治环境导致诉讼当事人习惯于通过各种渠道找法官说情、送礼，这也是法官腐败问题的成因之一。这些情况说明，法官职务犯罪问题在今后一段时间内将长期存在。为净化执法环境，兑现入世承诺，检察机关应结合办理民事行政抗诉案件，注意深挖裁判不公背后的滥用职权、徇私枉法等腐败问题并予以规范惩治。

81. 民行检察应规范办案程序*

民行检察的监督客体是审判活动的非公正性、非秩序性、非廉洁性；监督的对象是具体的司法裁判及其诉讼活动；其法律后果是使错误的裁判通过法定程序得到矫正。这种监督权力的行使具有鲜明的法定性、强制性、规范性、程序性的特点，必须依法行使，不可滥用。要使民行检察工作规范化、制度化、程序化，必须规范办案流程，严格执行《人民检察院民事行政抗诉案件办案规则》（以下简称《办案规则》）。

首先，要规范审查方式，正确行使调查权。对法院生效裁判正确与否依法审查与调查，是法律赋予检察机关的重要职权。检察机关对人民法院生效裁判中的认定事实、采信证据、适用法律、履行程序是否合法，必须依法正确行使审查权和补充调查权。在判断当事人实践民事行政行为及行使诉讼权利的允当性方面，必须遵循当事人意思自治，“谁主张，谁举证”，当事人因举证不能或举证不足由其承担相应法律后果的基本原则。检察机关不能运用公权强行干涉当事人权利的行使，更不能变相成为一方当事人的诉讼代理人或地方保护主义的代理人。因此，民事行政检察工作审查方式必须坚持书面审查为主，调查取证为辅；审查原审判卷宗为主，调取收集诉讼当事人双方证据为辅，平等地对待申诉方和被申诉方。对最高人民法院《关于民事诉讼证据的若干规定》中关于当事人举证期限、方式和新证据的相关规定，检察机关在判断当事人履行举证义务，行使诉讼权利层面上可参照适用。

其次，要遵守办案时限，讲求监督效率。高检院《办案规则》对受理、立案、抗诉审查期限作了明确限定，同时对不予受理、终止审查、不予抗诉的条件作了明确规定，取消了申请复议程序。这些规定可节省司法资源、降低司法成本、提高监督效益、实现司法公正与效率，必须认真执行，不能打折扣。

---

* 本文发表于《检察日报》2003年12月9日。

最后，要规范法律文书，增强监督透明度。立案、终止审查、补充调查、抗诉书、指派出庭通知书、撤销抗诉、撤回抗诉、送达回证等法律文书的制作和适用都要规范，以规范、公开促公正、公平。

82. 关于如何加强民事行政检察工作的思考*

经过十多年的艰辛努力，民事行政检察工作走过了健全机构、广辟案源、规范程序、逐步加强的历程，现在到了全面发展、整体提高、纵深推进的关键时期。民事行政检察工作如何再上新台阶，提高新水平？现结合湖北实际和有关理论成果，思考如下。

一、认清形势，明确任务，增强做好民行检察工作的历史责任感和急迫感

党的十五届五中全会指出，依法治国，建设社会主义法治国家，是社会主义现代化建设的重要目标；要适应经济体制改革和现代化建设的要求，加强民主法制建设；要建立和完善适应社会主义市场经济体制的法律体系，维护市场秩序和保护公平竞争，坚持依法行政，严格执法，公正司法。多年来的实践证明，开展民事行政检察工作在推进社会主义市场经济体制，加强社会主义民主法制建设，密切党同人民群众的联系，推进反腐败斗争，维护司法公正中具有不可替代的地位和作用。各级民事行政检察部门要认真学习五中全会的精神，站在贯彻江总书记提出的“三个代表”的高度，正确分析当前民行检察工作面临的新形势，清醒认识民行检察工作存在的困难和问题，进一步明确民行检察工作担负的历史重任。

（一）要从民事行政检察工作的法理基础和现实依据，充分认识加强这项工作的重要性和必要性

当前在法学理论界和司法界有一种不和谐音，企图否定民事行政检察工作的地位和作用，对此不当评判，我们必须予以清醒认识。并不是我们从事民事

---

* 本文收录于《检察论丛（第5卷）》，法律出版社2002年版。

行政检察工作就说这项工作重要，而是因为在新的历史时期，开展这项工作具有充分的理由和必要性。从法理基础来看，(1) 国家设置民事行政检察制度的基础是人民代表大会制度。宪法规定我们党作为执政党，在国家权力结构中处于执政、领导地位，在党的领导下实行的人民代表大会制度是我国的基本政治制度。"一府两院"由人大产生，对人大负责，受人大监督。在这种权力架构中，行政权、审判权、检察权居于平等地位，检察机关对法院的刑事、民事、行政审判实行法律监督是有中国特色的国家权力制衡机制的重要内容。(2) 审判独立和检察独立并行，审判监督是法律监督的应有之义。此种权力配置模式旨在通过审判权和检察权的相互制约来防止审判机关和检察机关滥用权力，以更好地保护公民、法人和其他组织的合法权益。(3) 民行检察的根本目的是维护司法公正、维护司法权威、维护国家法制统一，因此民行检察监督坚持违法必究，直接体现公平、正义的理念，不仅不会削弱司法的权威，而且更好地维护了公正的司法权威。从现实依据来看，(1) 执法活动中地方和部门保护主义的存在，需要民行检察监督的参与来净化执法环境，减少和排除影响司法公正的外因。(2) 由于各种因素的影响，现实审判活动难以避免存在疏漏，为民行检察监督的实施提供了开展空间。(3) 审判监督程序必须把内部监督与法律监督有机结合起来，才能更有效地实现公正司法的要求。(4) 少数审判人员贪污受贿、徇私枉法直接导致司法不公，检察机关在查办这类职务犯罪案件的同时，依法监督纠正错误的民事行政裁判，是义不容辞的责任。(5) 告状难、申诉难的现象尚未得到根本改观，人民群众期盼检察机关的监督参与排除诉讼障碍，保护合法权益。

(二) 要从民行检察工作的现实差距充分认识加强这项工作的紧迫性

就湖北而言，尽管几年来民行检察工作取得了很大成绩，但是同形势与任务的要求比，仍然有一些不相适应之处，主要是整个民行检察工作与法治建设越来越快的步伐不相适应，民行检察干警的思想认识、精神状态同人民群众的强烈愿望与法律监督职责不相适应，法律水平、专业素养、办案效率同日益繁重的办案任务不相适应。这些问题具体表现在：(1) 受案、立案增长的势头明显减缓，有的地方呈现下降趋势并且幅度较大。(2) 提请抗诉、提出抗诉案件数趋于平缓。(3) 法院当年审结的比例不高且波动较大。(4) 法院维持原判的比例逐年提高。虽然法院的审结率和维持原判率不是衡量我们工作的惟一标准，但从一个侧面反映了工作有不到位的地方，重者是办案质量有所滑坡，轻者是没有积极主动地协调关系。(5) 抗诉案件占立案案件的比重不高。(6) 提请抗诉的案件采纳率不高。这些情况表明，民行检察办案工作虽然在总体上保持了绝对增长势头，但是在局部出现了相对滑坡的苗头。究其原因，在客观上，主要是立法不健全、司法解释不明确、办案机制不完善、装备手段落后、经费拮据等外部环境长期得不到改善，影响和制约了民行检察工作的深入发展。在主观上，主要是有的地方滋长了盲目乐观、居功自傲情绪，在取得突破性进展的成绩面前不思进取，缺乏高标准、高质量、高水平的目标追求；有的地方开拓进取的精神和热情有所减弱，满足于步子不大年年走、贡献不大年年有，甘居中游、保守封闭，对其他地方的新做法、新经验不愿积极学习、借鉴吸收，特别是没有积极推行主诉检察官、公开审查等改革措施，对于依靠制度保质量、依靠机制激活力、依靠典型促工作重视不够，等待观望。民行检察工作存在这些问题同依法治国的要求，同检察机关肩负的职责是背离的，必须切切实实加以纠正。

二、开拓创新，深化改革，增强民事行政检察工作的活力

改革是时代的主旋律。民事行政检察工作只有以改革为动力，大胆探索，勇于开拓，才能把握工作主动权，获得新的生机与活力，不断取得新发展。当前，民事行政检察部门应重点抓好以下两项改革。

（一）大力推行主诉检察官办案责任制

实行主诉检察官办案责任制，就是在检察长的领导下，以主诉检察官为第一责任人的主诉检察官办公室或办案组，承办民事行政申诉案件，处理相关事务的业务工作机制。这项改革在湖北开展比较滞后，目前只有武汉市的江汉、江岸、硚口三个基层院在试行。从效果来看，三个地方的办案效率显著提高，办案质量明显提高，干警素质普遍提高。下一步，要按照高检院《关于在民事行政检察部门推行主诉检察官办案责任制的意见》的有关规定，全面试行这项改革。(1) 要端正思想，统一认识。推行主诉检察官办案责任制是深化检察改革的重要举措，是改善检察机关管理体制的重要措施，是对传统检察管理体制的挑战，能够较好地解决行政管理方法与司法规律的冲突。推行这项改革，是民事行政检察工作发展的一次大好机遇，必将对民事行政检察部门的人员素质、结构调整、办案效率、激励机制等带来根本变化，增添新的活力。广大民事行政检察干警特别是各级分管检察长和民行检察部门领导，要克服思想上无关紧要的障碍，制度上定位不准的障碍，干警素质不高的障碍，法律依据不足的障碍，把认识统一到高检院《意见》精神上来。切实把主诉检察官办案责任制改革抓紧抓好。(2) 要积极施行，稳步推开。一是要根据实际，分阶段有步骤地进行。省院民行处要带头试行，市州院要积极试行，基层院要全面试行。

二是要抓好主诉检察官的选任。主诉检察官要有较强的政治素质，过硬的业务素质，较强的组织协调能力，因此必须择优选任、竞争上岗、依法任命。选拔中要将书面测试、能力测评与组织考核、公开公示相结合。湖北省院将在全省举行民行检察主诉检察官资格考试。没有通过资格考试的，不能任命为主诉检察官。三是不能拘泥于一种模式，至于是选择主诉检察官办公室还是选择主诉检察官办案组，抑或是仅仅确定主诉检察官，可由各地根据实际情况决定。四是要明确三个定位。要将主诉检察官定位在职务上，它是一个职务，而不是职称；要准确地给行政领导定位，民事行政检察部门行政领导不对案件的决策进行领导，其职责是管理好行政事务，协调关系，主持处科务会。为检察长当好参谋；要准确地给主诉检察官会议定位，主诉检察官会议的职责是对案件处理意见进行论证，集中智慧，提供咨询，给检察长提出建议。要强化主诉检察官的职责，将业务决策权与行政决定权相分离。(3) 要注意同其他措施结合起来推行主诉检察官改革。主要是建立健全与主诉检察官办案责任制配套的考核奖惩机制、监督制约机制、错案追究机制以及办案纪律等制度，真正做到主诉检察官的责权利相统一。(4) 要注意总结经验，及时加以推广。试行中遇到的问题，要及时向上级院请示报告。

（二）抓好检察机关代表国家和社会公益，对民事行政案件提起公诉的试点工作

检察机关代表国家利益和社会公益，对于侵害国家利益或社会公益的民事活动或行政行为提起公诉，请求人民法院判决予以撤销，这是维护社会公正的需要，是司法实践发展的必然，是拓展民事行政检察业务的新探索。尝试提起民事行政公诉工作，我们有法学理论作支撑，有立法经验作指导，有司法实践作借鉴，有市场经济的需求和人民群众的呼声作推动，可以说时机已经成熟，关键是要“敢于首先吃螃蟹”，大胆探索。从法学理论上讲，公诉职能作为全世界检察机关的最基本职能，已经成为学者们的共识。最近，高检院张穹副检察长明确指出，公诉工作是检察工作的重中之重。尽管现行法律只明确赋予检察机关以刑事公诉职能，但随着国家适度干预理论的兴起，理论界普遍呼吁检察机关承担起刑事、民事、行政三大公诉职能，不仅实施刑事法律监督，而且代表国家干预民事法律关系和行政法律关系。从立法实践看，提起民事行政公诉是有立法经验的。1949 年 12 月颁布的《中央人民政府最高人民检察署试行组织条例》中规定，检察机关职权包括“对于全国社会与劳动人民利益有关之民事案件及一切行政诉讼，均得代表国家公益参与之”。原《民事诉讼法》草案中也包括检察机关参与民事诉讼活动的内容。现行宪法和法律虽然没有直接

明确检察机关的民事行政公诉职能，但是《宪法》赋予了检察机关法律监督权，《民事诉讼法》和《行政诉讼法》分别规定了检察机关对民事审判活动和行政诉讼活动进行法律监督的基本原则，因此，检察机关提起民事行政公诉，对侵害国家和社会利益的行为实施监督，并不违背宪法和法律的立法本意。从司法实践看，1999 年，河南省、黑龙江省检察机关与兄弟司法部门密切配合，已经在尝试提起民事行政公诉工作中取得了初步成果，尤其是河南省检察机关已经起诉并经法院判决胜诉了 12 起民事案件，获得了良好的法律效果，引起了强烈的社会反响。从市场经济的要求和人民群众的呼声来看，当前民事活动和行政行为侵害国家利益和社会公益而又无人起诉的情形大量存在，阻碍了市场经济的健康发展，人民群众反映强烈，因此检察机关提起民事行政公诉具有广阔的发展空间，符合“三个有利于”的原则，符合江总书记提出的“三个代表”的要求。各级民事行政检察部门应加大试行办理民事行政公诉案件的力度，有条件的检察院，应当积极主动地与有关部门协商，抓住典型案例，尝试提起公诉，积累有益经验，为将来的立法提供丰富的实践基础。

三、完善机制，规范办案，全面提高民事行政抗诉案件质量

完善的机制和规范的办案是民事行政检察工作健康发展的重要保障。民事行政检察部门受理申诉、调卷阅卷、立案审查、制作法律文书、提请提出抗诉、出庭支持抗诉、发表抗诉词、发出检察建议、制作检察卷宗等都应有一套严格的程序和规范的制度。在严格执行法律规定和高检院有关办案制度规定的同时，要正确处理好以下关系。

（一）有案必办与突出重点的关系

原则上，民事行政案件没有大案、小案的区别，凡是不服人民法院生效裁判的申诉案件，检察机关都应当依法进行审查。现在有反映，个别地方办案不仅不主动，甚至排斥申诉群众，这种做法实在要不得。当然，强调有案必办，并不是没有侧重，对于侵害国家利益或社会公益的案件，因地方和部门保护主义或审判人员贪污受贿、徇私舞弊、枉法裁判而导致错判以及诉讼标的大的案件，必须优先办理。但是办案重点各地情况不同，侧重点也应当有所不同。案源充足的地方，要根据实际，确定主次轻重；案源较少的地方，关键是要坚持案案必办，同时积极疏通渠道。

（二）办案数量与质量的关系

强化民事行政检察工作没有一定的办案数量作基础，就难以扩大影响面，产生良好的社会效果。但是，质量问题更加重要。办案数量再多，但如果出现

一两件严重错案，则可能砸掉历尽千辛万苦创建起来的品牌。因此，(1) 要加强案件质量分析。2001 年我院开展了抗诉案件审查终结报告质量分析，高检院给予充分肯定，但这远远不够。对案件质量要从办案程序、事实认定、法律适用到法律文书制作，定期不定期地进行分析，及时发现问题、解决问题。(2) 要开展民行办案质量大检查。每年我省都要开展一次执法大检查，但是民事行政案件尚未纳入进来。从今年开始，将组织全省民事行政案件执法大检查，采取自查、互查、抽查等方式，更好地发现存在的问题，促进办案质量的进一步提高。(3) 要做好列席审判委员会工作。列席审判委员会，既符合人民法院组织法关于检察长可以列席审判委员会研究案件的规定，又是进行民事行政检察监督，沟通检法两家关系，促进法院改判的有效手段。各级检察长和主管副检察长要亲自出面沟通协商，业务部门要充分发挥主观能动性，积极加强联系，争取法院的支持和配合。一般情况下，由主管检察长列席审判委员会，有重大社会影响的案件，由检察长列席参加。列席审判委员会要认真做好准备工作，精心拟定发言提纲，讲究方式技巧，注意听取法院承办人的汇报和审判委员会的意见。(4) 要把办案质量同考核考评结合起来。现行考核办法还不够科学，有待进一步改进，特别要把办案质量的各项要求量化、分解，列入考核标准。比如，抗诉案件改判、检察建议被采纳的在考核中要加分；年度内，有几件提请抗案件不被上级院所采纳的，承办人不能参加优秀检察官的评选，部门不得参加一流科处室的评选；有的基层院试行对主诉检察官赋予立案权、建议提请抗诉权，同时规定一年内有两件不被上级院采纳的，取消主诉检察官资格，从而使激励制约机制量化到办案工作中，落实到案件考核上，值得效法。

（三）依法抗诉与其他监督手段的关系

长期起来，我们在坚持依法抗诉人民法院确有错误的生效裁判的同时，对法院判决、裁定虽有一定错误，但不符合法定抗诉条件，或者根据实际情况不需要通过抗诉程序解决的，往往采取检察建议的形式。实践证明，检察建议的正确运用，有利于加强检察机关和审判机关的合作，有利于减轻上级法院和检察院的办案压力，加快矛盾的解化，促进社会的稳定，是实现检察监督效果必不可少的辅助手段。各地应认真总结这方面的经验，在工作中灵活加以运用。

（四）积极办案与加快改革的关系

办案是民事行政检察部门的基本职责，但是不能借口办案任务重，放慢改革的步伐。民事行政检察工作毕竟还不成熟，需要依靠改革来加以完善和规范。推行主诉检察官办案责任制，目的是为了更好地规范民事行政办案程序和机制，促进办案质量和办案效率的不断提高，促进办案社会效果的不断扩大。

83. 论我国现代物权制度的构建*

一、物权概念溯源

“物权”概念可溯源到罗马法。在罗马法中，有“对物的誓金法律诉讼”和“对人的誓金法律诉讼”，这种对物之诉被称作请求返还之诉，典型的是返还所有物之诉，即有关所有权的诉讼。❶ 1794 年在《普鲁士普通法》中始见物权（Sachenrecht）一词，1900 年《法国民法典》专设物权篇，这标志着物权概念的正式确定。❷

各国物权法律制度对物权的定义有差异，并形成了不同的学说。“支配说”力图从人与物关系角度揭示物权的本质，认为物权是“对物直接支配的权利”；“支配受益说”从人与物的效用关系出发，着重揭示权利的效用目标，认为物权是“直接支配特定物，而享受其利益的权利”；❸“支配排除说”从人对人关系出发，着重揭示人对物权利的独立性，认为物权是对“物直接管领并排除他人干涉的权利”；❹“综合说”则从多视角出发，力求全面揭示物权的内涵，认为“物权，乃对特定物为直接的与排他的支配以享受一切利益之权利”。❺

笔者同意“综合说”，认为物权是指“民事主体依法排他地直接支配一定的物并享受其利益的权利”。❻ （1）物权的客体只能是特定的物，而非行为、

---

* 本文 2001 年 11 月被湖北省法学会评为“三等奖”。

❶ ［意］朱塞佩·格罗索：《罗马法史》，黄风译，中国政法大学出版社 1994 年版，第 122 页。

❷ 温世扬：《物权法要论》，武汉大学出版社 1997 年版，第 27 页。

❸ 姚瑞光：《民法物权论》，大中国图书出版公司 1993 年版，第 1 页。

❹ 《法学词典（修订版）》，上海辞书出版社 1986 年版，第 573 页。

❺ ［日］山本进一等：《改订物权法》第 3 页。转引自梁慧星：《中国物权法研究》，法律出版社 1998 年版，第 18 页。

❻ 温世扬：《物权法要论》，武汉大学出版社 1997 年版，第 28 页。

智力成果或人身利益，它独立于人身之外、可为人力支配，能够满足人的物质或精神需要。（2）物权的权利主体通过对物的直接支配而实现其利益，包括物质方面或精神方面的受益。（3）物权要求在同一标的物上不得同时设立两个相互独立的所有权或互相排斥的抵押权。（4）权利人通过对标的物的直接支配即可实现其利益，而无需他人的意思或行为。

二、传统物权理论及制度的现代化

如果说简单商品经济、商品经济及个人本位主义是以“一物一权”“所有权归一力原则”为核心的传统物权产生的前提和理念指导的话，那么随着社会化大生产和市场经济的发展，传统物权已经因为其主体的独立性、客体的局限性和内容的片面性而日益受到挑战，不得不向现代化方向转变。

第一，对所有权效力范围、行使方式、权益等进行限制。垄断资本主义时期，由于社会矛盾加剧，“私权神圣”及“所有权不受限制”的传统观念受到冲击，出现了由“个人本位”向“社会本位”的转变。（1）对所有权效力范围加以限制。（2）将所有权行使方面的限制置于民法基本原则调整之下，完成了由特殊限制到一般限制的立法转变。（3）对所有权负担进行设定。（4）指定物权要保护的利益。主要涉及保护国家利益、社会利益、第三人利益等。（5）物权限制所涉及的事项多样化。包括：不动产相邻关系；国防、通讯、城建、环保、安全等公共事务；土地、矿产、水利、珍稀动植物等自然资源的合理开发、利用、保护；人文景观及文件、古玩等文化艺术资源的利用与保护，等等。

第二，从重视物的所有到重视物的利用，他物权优位化。现代各国的物权立法以他物权为重心，强调和扩大他物权，出现了他物权优位化和所有权虚有化的倾向。物权理论从以所有为中心向以利用为中心转变，是生产社会化和资源利用的高效化发展的必然结果[1]。他物权优位化表现在：（1）他物权的排他性不断增强。他物权虽大多系依据合同从所有权的占有、使用、收益、处分等权能分离出来，但在合同存续期间，所有人不但无权行使分离出去的权能，也不能妨碍他物权人依法行使这些权能。（2）用益物权成为他物权乃至整个物权法的重心。在对物的利用方面，除部分消耗性生活资料（如燃料、食品等）是由个人所有、使用外，其他消耗性生活资料（如衣服）和大量非消耗性生活资

[1] 马俊驹、尹梅：“论物权法的发展与我国物权法体系的完善”，《武汉大学学报（哲社版）》1996年第5期。

料（如汽车、房屋、家具等）都可以从所有人那里租用，金钱可以借贷，而几乎全部生产资料（包括固定资产、流动资金）也都是由所有人之外的人（主要是公司法人）来使用。公司法人财产权是从公司股东个人所有权分离出来并成为现代经济生活中地位突出的对所有人财产的使用权。(3) 担保物权日益注重发挥物的经济效用。现代担保物权中地位最突出、实务中使用最多的是不移转物的占有的抵押权，抵押权使抵押人仍然保有对物的用益，在浮动抵押场合还使抵押人能对抵押财产进行较自由的处分，而在质押中最为引人注目的权利质（如股票、债券上的质权）也不以移转企业资产为必要，这与抵押有异曲同工之妙；还有抵押证券的盛行，更使抵押权具有流通性，成为投资工具之一，从而在传统的担保功能之外兼有融资功能。❶

第三，物权形态由单一的实物形态向价值、实物双重形态拓展。当这两种形态的物权重合，财产权的主体是一元的；当这两种形态的物权分离，财产权的主体则是多元的。不同所有权主体享有相应不同的权利，但他们都是完全独立的民事主体，不能以价值形态所有人的某种权利来限制实物形态所有人的独立性，反之亦然。这样，一方面，可以充分发挥财产的效用，吸收更多的主体利用资源；另一方面，既能保证财产权利有所归属，避免归属不明导致的权利摩擦，又可摆脱传统意义上的所有者长臂控制状态，从而保证流通顺畅和交易安全。❷

第四，物权法律关系扩大化。(1) 物权主体的扩大化。即由自然人扩及法人、非法人组织。法人支配、利用着社会财富的绝大部分，成为现代社会中拥有最突出地位的物权主体。(2) 物权客体的多样化。如：由有体物扩及无体物和权利，出现了无体物上的权利和权利上的物权，包括对电、热、声、光、气、空间、信息、卫星轨道、航空器航线、无线电频谱等无体物的物权，对票据、证券、知识产权等权利的物权；由独立物扩及非独立物，公寓式住宅区分所有权、使用权为典型形式；由特定物扩及不特定物，以企业财产为标的财团抵押及浮动担保；由物权内容的单一到复杂，即因所有权的占有、使用、收益、处分权能与所有权分化组合的方式不同，所有权的使用价值权、交换价值权与所有权分化组合方式不同，形成了新型用益物权、担保物权，典型形式是分期付款买卖中受买人对标的物享有的“不完全所有权”❸。

---

❶ 余能斌、王申义：“论物权法的现代化发展趋势”，《中国法学》1998 年第 1 期。

❷ 吕来明：“从归属到利用——兼论所有权理论结构的更新”，《法学研究》1991 年第 6 期。

❸ 郭明瑞：“关于我国物权立法的三点思考”，《中国法学》1998 年第 2 期。

第五，由“一物一权”向所有权多样化转变。随着现代科学技术的发展，特别是高层建筑物的出现，为解决有限的土地资源与人们居住需要之间的矛盾，对建筑物的一部分确认所有权以及确认空间所有权，已成为各国物权法亟待解决的问题。各国立法对此加以规定。如德国、日本等通过特别立法来弥补民法典的不足。❶

三、中国现代物权制度构建

针对中国物权制度体系的一些缺陷，结合对传统物权理论及制度的现代化发展方向的分析，笔者认为，符合区界明确、体系完备、权级清晰、权界明晰、取得规范要求，能同现代产权制度相衔接的物权制度体系，才是中国需要的现代物权制度体系。

（一）区界明确

区界明确的含义，一是所有制同所有权的界区明确；二是不同区域实行不同所有制与所有权制度的明确。

从理论层面分析，所有制与所有权虽然有联系，但更具有明显的区别：(1) 产生的前提不同。所有制是发生在直接生产过程内部的客观经济关系，它构成社会生产关系的基础和核心❷，是所有权制度产生的前提，所有权制度是建立其上的。因此，其产生后于所有制。(2) 范畴不同。所有制是社会物质关系，属经济基础范畴，所有权制度是以权利和义务为内容的意志关系，属上层建筑范畴❸。(3) 发展不同。所有制体现的是人们对生产资料和劳动产品的占有关系，是社会物质资料生产的前提，存在于任何社会生产之中❹，所有制形式会随着社会发展而越来越科学；而所有权是人类发展到一定历史阶段上的产物，会随着社会文明进步，阶级、国家的消亡而消亡。(4) 实现不同。在一定社会发展阶段上，所有制表现形式往往是一元的，而所有权表现形式可以表现为多元。

从国情层面分析。在“一国两制”框架下，我国现行的所有制制度的表现形式是多元结构的：以内地的“公有制为主体，多种经济成分共同发展”的社会主义公有制为主体，以我国台湾、香港、澳门较发达地区的资本主义所有制

---

❶ 郭明瑞：“关于我国物权立法的三点思考”，《中国法学》1998 年第 2 期。

❷ 王利明：《物权法论》，中国政法大学出版社 1998 年版，第 242 页。

❸ 同上。

❹ 同上。

为补充，相互衔接、相互协调，相互制约的多元结构的所有制制度。它突破了传统社会主义公有制一统天下，同资本主义所有制不能相互包容、利用与共存的理论，给港澳台地区同内地经济联系与发展提供了强大动力和行动指南。就物权而言，我国现行物权制度的表现形式也是多元结构的：内地反映以公有占主导地位所有权为核心，以他物权为协调的物权制度占主体，港澳台地区以反映私人财产所有权为核心、他物权相协调的物权制度为补充的“一主三补”物权制度体系。这同样突破了传统社会主义关于不同价值观念下维护不同所有为核心的物权制度不能相互在民事、经济中发生流转的认识，使得维护着不同所有核心地位的所有权，在债的领域相互流转得十分活跃，在他物权领域，更是显得运用自如，“形影不离”。这一方面表明，所有制同所有权是可以暂时分离的；另一方面表明，我国现存的物权制度是“一主三补”多元结构。这就要求我们在制定物权法制度体系时，要在总结反思大陆物权制度的同时，认真研究港澳台地区的物权制度的现状，比较优劣，吸收其为反映对物的价值、使用价值和交换价值的利用而进行制度创设进步的思想原则、立法经验和立法技术，预测 21 世纪乃至今后两者之间的衔接与碰撞，从而为制定一部既反映时代特点又适合中国国情的“一主三补”的物权法制度奠定基础。

（二）体系完善

笔者认为，物权立法应贯彻五项原则：（1）权利本位为主的原则。突出强调对公民法人权利的保障，在坚持权利本位的基础上兼顾社会利益❶。（2）个人利益与社会公益协调发展的权利原则。强调对公民、法人权利的保障，同时对权利的行使作适当限制，以达到个人利益与社会利益的协调发展。（3）物权变动登记要件主义原则。即买卖契约虽有效成立，标的物所有权并不当然移转，其所有权须以登记或交付为要件，如航舶物权变动采取登记对抗主义，符合国际惯例，我国海商法已作出规定，应坚持下来。（4）物权关系单一划分标准原则。固定国有土地、农地使用关系，将基地使用权作为一种用益物权，以取代目前农村推行的承包合同关系❷，以区别农地使用权。（5）物权法定原则。即物权种类的设定，亦即除法律有明文规定外，当事人不得任意创设物权形态❸。

物权法的体系结构，则可概括为八个部分：（1）总则，包括物权法制定的

❶ 梁慧星：《中国物权法研究》，法律出版社 1998 年版，第 10～11 页。

❷ 同上书，第 13～14 页。

❸ 温世扬：《物权法要论》，武汉大学出版社 1997 年版，第 21 页。

依据，概念与原则；（2）物权法律关系，包括主体、客体、行为等；（3）所有权，包括国家所有权、集体所有权、社会团体所有权、合伙财产所有权、建筑区分所有权、公民个人财产所有权。法人财产权是按资产组合形式划分的一类权能形态，其权能同股权相对应，两者共同构成产权结构，受法人内部治理权的限制与制约，其不属物权法范畴，而属产权法范畴，应纳入产权法调整；（4）用益物权，包括基地使用权，农地使用权、邻地利用权，典权；（5）担保物权，包括抵押权，质权、留置权；（6）非典型担保，包括让与担保，所有权保留，（7）占有；（8）附则。

（三）权级清晰

要解决好权级清晰的问题，可按用途将国家财产划分为行政性资产、公益性资产与资源性资产。

（1）行政性资产。各类政权组织在民事上应是独立的法人，依法享有民事权利，具有民事行为能力，独立参与民事活动，承担民事责任，对国家以国民收入再分配形式依次让渡给中央、省、地、县、乡（镇）党政机关、行政执法机关、司法机关，以保障本级社会经济文化事务权能行使的行政性资产，其分别享有占有、使用、收益和较充分的处分权能，并成为民事法律关系中独立的从一级到五级所有权主体，国家从所有者的地位让渡出来，中央、省级政权组织通过政策引导、法律规定、许可证制度等宏观调控措施，以及授权财政、国资管理、审计等部门取得依法监督等间接手段进行监督，国家（由中央代行职权）保留战争状态、应急特大自然灾害两项紧急状况下的终极所有权与处分权。同时，这种独立的所有者主体行使所有权应受到一定的限制，即其参加民事、经济流转活动的直接目的是从履行职权出发，保障职权的公正性、安全性与秩序的稳定性，而不是追求经济利益，其关节点是国家管理职权同直接经营权分离，国家机关要从市场“运动员”的身份退出来。成为监管市场规则运行的真正“裁判”。这有利于加强地方党的领导，有利于强化立法、行政、司法权能，树立良好形象，加强廉政建设。

（2）公益性资产。国家可对其实行分级托管所有或控股、持股所有。其中关系国计民生的铁路、航空、海关、电力、邮电、税务、金融等实行中央、省级托管所有或控股所有；其他公益性资产按区域功能进行托管分解确权；国家实行战争、特大自然灾害下的终极所有权与处分权保留，以使公益性资产在市场经济条件下，能在较大范围内有效配置与有序流动，从而发挥公益性资产益于社会的作用，达到保值增值的目的。在托管的状态下，国家有权在战争、特大自然灾害情况下保留所有权与处分权；在控股持股状态下，五级所有主体通过股利收入实现保值增值，国家则通过税收实现宏观的保值增值。受托主体依托管合约或法人资格成为法人财产权主体，并可直接进入市场，参与平等竞争，同时接受审计、财政、计划、国资、人民银行、海关等部门的监管与司法审查。

(3) 资源性资产。包括生存性资源资产与一般性资源资产。对于资源性资产，国家实行终极所有权与处分权同托管所有权分级所有的分离。其中对土地、石油、天然气，矿藏、大江大河、领空、外层空间、海洋大陆架，专属经济区、毗连经济区、疆界域区、军事驻地、世界性人文胜地、海洋划定区等由国家——中央一级政府行使所有权和处分权，占有、使用、收益权可以托管分离，有的组成国有独资公司通过法人财产权开发营运，有的通过控股开发营运；其他资源性资产可实行分级托管所有或控股持股所有等，如省管农场、林场、渔场、内湖一般可下放到县（市）一级所有，有的可下放到乡（镇）一级，有的还可直接交给农户承包经营等，以减少所有主体级别高，标的物无特殊性，管理不到位，资源开发与利用效率低等问题。

（四）权界明晰

传统国家所有权同行政权合一以及主体惟一性方面带来的种种缺陷反映到资产营运方面，则问题更为突出。(1) 国有资产营运效益低下。集中反映在投入产出率低、亏损额高且亏损面广、资产营运效益随之下降。(2) 国有企业债务包袱沉重，国有资产安全状况日益恶化。集中反映在平均负债率、负债总额、资产损失“三高”。(3) 相当一部分企业资不抵债，成为空壳企业。(4) 流动资产占用规模过大，企业资产运用不合理。(5) 国有资产闲置浪费比较普遍。

国有企业资产营运方面存在的种种问题，固然是由于产品、市场、管理、人才、价格、信息等诸多因素形成的，但同国有企业法人财产权范围不清，政府以政代企，政企不分，政府行政管理权未同企业法人财产权有效分离，企业未同“自身小社会”有效剥离是密切相关的。改革的实践一再告诫人们，建立产权明晰的现代企业制度，其前提条件是理顺企业同政府的关系，使企业从行政机关的附属物地位解放出来，成为独立的法人，拥有自己的财产权，能独立地进入市场并按照市场法则独立地参与市场竞争，优胜劣汰，从而求生存、图发展。改革开放以来企业改革经过放权让利、利改税、承包制到目前推行的现代企业制度创新，前三轮改革浪潮之所以收效甚微，其教训也就在于我们未抓住“所有制与所有权分离、所有权自身分级分离、行政权同企业财产权分离”

这个牛鼻子，因而往往形成“梳不清，理还乱”的结果，这是有悖我们改革初衷的。

按照党的十四大和十五大建立社会主义市场经济体制总体思路和现代企业制度基本框架，国有企业、集体企业的转制确权以及所有权制度改革应当突出重点，区分层次，抓住机遇，逐步实施。(1) 对事关国家安全、国计民生的垄断性行业，由国家托管独资公司或控股公司经营，国家按投入企业的资本额享有所有者权益，企业享有法人财产所有权权益，即国家由财产所有者主体地位置换为投资主体——控股股东持股（股东）的地位；或托管代理法人经营。(2) 对于竞争性部门，特别是制造业中的国有大中型企业，改制成为由国家控股或参股的公司。(3) 对于竞争性部门的小型国有、集体企业，通过股份合作制、租赁、出售等形式，将国有、集体财产所有权由实物形态转换成货币形态，并将置换的货币投入到社会最需要的公共部门。这里，国家、集体财产所有权通过置换从整体与总量上实现了保值增值，而不是“流失”，更不是国家、集体财产所有权的丧失。(4) 对于科研单位，也可以按照上述思路，将国家财产所有权置换为投资权，控股权与持股权并用，并同科研单位的法人财产权作适度分离。

在他物权方面，不同所有性质的所有权、不同种类的所有权进行民事流转活动一般无多大障碍。因此，以明晰的所有权权级、权界为前提，不同的民事、经济主体参与民事、经济活动，必定会促进物的有效利用和合理流动，从而更有序维护民事、经济权益人的合法权益。

（五）取得规范

为了规制财产所有权取得方面的严重失范问题，(1) 尽快制定个人财产申报法。国家工作人员、从事公务的人员、合伙业主、个体工商户、私营业主等所有公民，都要以财产申报法规制自己的行为，以抑制国家工作人员的“灰色收入”，个体工商户的过度投机与偷漏税收，不当聚财，合伙企业、私营企业的过度剥削与严重偷漏税收的“暴发”行为，校正国民中一些人道德素质下降、趋利堕落甚尚的行为，使个人财产所有权来源符合法律规范。(2) 完善个人所有税法，改进征计率和征计方式，对收入奇高的应采用累进税率，抑制剥削。(3) 开征遗产税，依法对取得遗产人进行限制并予以重剥夺，以使社会财富趋于均势、贫富差距缩小。

（六）相互衔接

物权制度特别是所有权制度体系的完善，对于现代企业制度，产权制度以及社会主义市场经济体制的建立和发展关系重大。因此，物权制度完善与物权立法，既要立足于物权体系范畴，又要着眼于产权制度创建与产权立法；要通过解决物权制度与物权立法的区界确定、权级清晰、权界明晰、取得规范、体系完备等重大问题，带动和促进产权法律制度的发展与完善。

84. 诉讼检察监督效力研究*

一、诉讼检察监督效力的一般理论

就我国目前的法治状况而言，法律实施显然滞后于法律制定。就法律实施而言，司法活动是保障法律公正的最后一道关口，也是保障法律公正的最重要和最有效的一种手段。因此，从依法治国的意义上讲，司法公正是衡量一个社会公正水平的直接标尺。诉讼检察监督制度是现代司法制度的重要组成部分，是基于检察权用以维护司法公正的重要制度设计，其效力状况直接影响司法公正程度。

依法治国的理念要求现代法治扬弃传统法理学单方面强调法律规范性、国家意志性、强制性的特点的观念，更加强调民众的参与和人民主权的落实，尽最大可能来塑造和增强法律的可诉性，并为法律的可诉性提供尽可能充分的保障与监督，是现代法治国家中法律的基本特征之一。而诉讼检察监督是真正促进和保障现代法治所要求的法律可诉性的制度工具，诉讼检察监督的效力乃现代法治所要求的法律可诉性的重要评价与测试指标。

研究诉讼检察监督效力这一课题，旨在在依法治国所确立的国家治理结构中，将诉讼检察监督及其效力的提升作为现代检察制度创新的重要环节，并适应政治体制改革和司法改革的现实需要。由此在理论上合理借鉴国外，尤其是西方发达国家的诉讼检察监督模式，回应学术界的各种思潮与争鸣。在实践上针对如何有效解决检察活动中诉讼监督不力的问题，科学评价新刑诉法的实施效果，并为未来民诉法、行诉法的修订和监督法的出台提供实证依据。

关于对诉讼检察监督及效力的界定，可从宏观、中观和微观三个层面进行分析。从宏观层面上讲，诉讼检察监督是一种制度，相应地，其效力指的是该

---

* 本文在肖沫香、唐永忠同志的协作下完成，系2000年度最高人民检察院检察理论研究课题研究成果；收录于《检察论丛（第4卷）》，法律出版社2002年版。

制度在国家宪政框架与司法体系中的地位。其效力愈高，意味着这种制度的位阶与势能愈高，受国家宪政与司法体制的认可与重视程度愈高，该制度所能动员和配置的法治资源愈丰富，该制度与其他司法制度的关联变易程度愈强。从中观层面上讲，诉讼检察监督是一类特定的法律规范（群），相应地，其效力指的是基于该类规范所产生，以国家强制力为保证，在所适用的时间、空间、对象、事项四个维度的范围内，赋予有关主体行使其权力（或权利）的作用力以及约束有关主体履行其义务（或责任）的作用力之和。在这个层面上来研究诉讼检察监督效力的问题，其重点在于此类法律规范的适用范围，或称为效力维度如何界定及有何特点。值得注意的是，传统法学中的法律效力观强调的是法律规范对时间、地域和人的效力三维度。随着法学研究的进展，事项作为一种法律效力的新维度开始被纳入理论视野之中。诉讼检察监督的法律规范之适用范围与其他邻近法律规范之适用范围的差异，也恰恰主要在于诉讼检察监督这种特定的事项与其他邻近法律事项的分野之上，而关于时间、空间（或地域）、对象（或人）的差异则是次要和不鲜明的。由此，我们可以说，诉讼检察监督法律规范的效力愈高，意味着这种规范所适用的维度愈确定。严整、具有明晰的边界（尤其是关于事项维度的边界愈明晰），并且在此基础上，还意味着这种规范的赋予力和作用力愈强。当然，这种赋予力和作用力，是就法律规范创制主体自身的意志追求而言的，是一种应然的预期，还未转化为实然的效绩。这表明，在这个层面讨论的诉讼检察监督的法律规范之效力，其主要影响因素来自立法环节。从微观层面上讲，诉讼检察监督是蕴含在具体的法律运作过程中的特定行为，其内核是诉讼检察监督权力在民事、行政、刑事诉讼中的具体运作，故其效力指的是诉讼检察监督权力运作实际效果。在这一层面所涉及的诉讼检察监督效力问题显然是我们所最为关心的问题。

第一，在分析诉讼检察监督权力运作的实际效果时，如果重在对它进行评价而非简单地加以事实观察与描述，那么就必须将这种权力运作的实际效果与这种权力设定的价值目标相联系起来，作为有机的整体来予以考察，也就是使诉讼监督的应然效力与实然效力统合一体。举诸世界各国（地区）诉讼检察监督制度的理论与实践，呈现着不同的面貌、纷繁的图景、多元的样态甚至是悬殊的差异。将造成差异的原因抽象出来，为什么各国诉讼检察监督的实际效果千差万别，除去芜杂和次要的因素，恐怕首先在于诉讼检察监督权力设定的价值目标的差别。这种价值目标在各国都不是单一性的，而是表现为若干价值目标的集群与组合。总的来看，司法正义、司法效率、司法安定、司法权威是各国诉讼检察监督制度都无法回避的价值目标。

（1）从司法正义来说，关键是如何处理实体正义与程序正义关系的问题。在很多情况下，法院诉讼活动如果背离了实体正义，诉讼检察监督的导入理由会较容易得到满足；而法院诉讼活动未背离实体正义，却背离了程序正义时，诉讼检察监督的导入理由就必须通过程序正义的重要性和实体正义的权重考量才得以满足。尤其在我国这样一个长期以来“重实体、轻程序”的法制文化传统惯性甚强的国度中，程序正义的观念不牢固确立，诉讼检察监督效力也就难以真正寻找到生长空间。

（2）从司法效率来说，关键是如何处理司法效率与司法效益的关系问题。在很多情况下，诉讼检察监督的运作会增加诉讼的周期和成本，引致司法效率的降低，并由此降低这种制度存在和发展的重要性。但是司法效率并不等同于司法效益，有效率无效益的司法，也就是有效率却牺牲了公平的司法，比之于低效率的司法更容易遭到否定和摒弃。在我国当前十分强调司法为经济建设保驾护航功能的时期，特别是许多司法统计指标与经济统计指标直接挂钩的模式下，片面强调司法效率，显然将使诉讼检察监督效力无立锥之地。

（3）从司法安定来说，关键是如何处理司法安定与社会稳定的关系问题。法院审判追求确定力、羁束力尽可能高的裁判结果，并使之成为司法稳定的基石，这本身无可非议。但是，脱离了社会稳定的司法安定，则是毫无意义的司法幻觉。诉讼检察监督作为一种维护法律统一正确实施，保障个人权利不受公权力（司法权）侵犯的权力制衡机制，其本身即旨在为司法安定与社会稳定打通衔接枢纽。

（4）从司法权威来说，关键是如何处理审判权威与检察权威的关系。否认或限制诉讼检察监督效力的观点会以有损审判权威的立论来进一步支撑自己。这种观点的前提即：审判权威与检察权威是此消彼长、对立分割的。其实，作为国民法律信仰基础的法律权威观念，是以审判机关与检察机关共享整体性司法权威来获取大众法律心理认知的。在这个意义上说，审判权威与检察权威的孤立存在都不可取，二者均通过司法权威这一整体观念存在，并且同荣共损才能获得普通民众的心理认同与支持。所以说，诉讼检察监督即便导致对原审法院方不利的局面，但也无损整体性司法权威。

把握以上诉讼检察监督权力设定的价值目标，对于理解和分析诉讼检察监督权力运作的实际效果有着十分重要的意义。因为，实际效果不等于“实效”，从预设的价值目标来看，只有实际效果为正值时，才有“实效”；若实际效果为零或负值时，则无“实效”。从法理上说，应然的价值目标与实效之间总是有差距的，我们进行制度设计与改进工作宗旨也即在于尽可能减小这种差距。

第二，在研究诉讼检察监督权力运作的实际效果时，有必要深入剖析诉讼检察监督权力的结构。从显在的角度看，诉讼检察监督权力的结构应包括四个方面：权力的主体、权力的内容、权力的客体和相对义务人。

（1）从权力的主体方面看，检察机关这一主体是多种权力角色的复合体，只有当其在实施监督权力角色行为，而非实施侦查或公诉权力角色行为时，才属诉讼检察监督权力的主体。因此，在进行检察机构体制改革与创新设计时，有必要从将各种角色行为相剥离、以避免角色混同的思路出发，来构建其专司职能部门和检察官分类管理制度。

（2）从权力的内容方面看，诉讼检察监督权的内容直接关系到权力的范围、边界和权项，直接关系到该权力运作的方式及其广度、深度和力度等实际效果，是理论界和实务界都倾心关注、倾力设计的问题。诉讼检察监督权涵盖刑事、民事、行政三大诉讼领域，内容涉及立案监督权、侦查监督权、审判监督权及执行监督权。但是，审判监督权与审判权之间的关系是当前法学界评议最多、分歧最大的问题。正如审判机关所主导的诉讼行为在于形成具有效力之裁判，检察机关所主导的诉讼行为亦对应地在于形成具有效力之监督。司法裁判的效力是指确定力（包括形式上的不可争执性、内容上的不可变更性等）、羁束力（包括禁止障碍行为、禁止对相对人实施障碍行为及禁止重复性违法行为等）和公信力。那么，对应的诉讼检察监督的效力应使司法裁判过程及阶段性结果的效力受到特定程度的限制，通过对司法裁判效力形成来源和过程中正当性的质疑来动摇这种效力的根基。诉讼监督效力的形成和确立取决于其在先的司法裁判效力的收缩和妥协，使确定力变得搁浅、羁束力变得松弛、公信力变得虚置。故此，诉讼检察监督的权力内容应为服务于诉讼检察监督效力的形成而存在和调适，它应包括介入权、矫正权。所谓介入权，是指监督主体在对司法裁判的过程及结果之正当性予以审查时，应有权力介入诉讼过程，审判机关不得阻截，使司法过程因垄断性的降低而变得透明。特别值得指出的是，包括调查权、阅卷权等在内的知情权是介入权的重要环节，其实质是审判机关不得阻截司法信息。所谓矫正权，是指监督主体为实现对各方诉讼关系人的法益实施外部性矫正和修复的监督目的而应拥有的抗衡性权力，如抗诉权、司法处分建议权和纠正权等即属此列。应注意的是，这种法益矫正权应是程序性、过程性的权力，而非实体性、终局性的权力，它并不直接改变司法裁判所指向的法益配置格局，而是通过间接干预司法裁判本身来矫正在其看来缺乏正当性的法益配置格局。也就是说，监督主体并不取代裁判主体，而是促成裁判主体更好地履行审判职责。

（3）从权力的客体方面看，诉讼检察监督权力的客体系审判机关违反实体法、程序法的司法行为，侦查机关的立案、侦查活动，执行机关的执行活动。裁判文书乃司法行为的载体，而非诉讼监督的客体。

（4）从权力的相对义务人方面看，作为一种程序性权力，诉讼监督权力的相对义务亦是一种程序性义务，其主要相对义务人乃审判机关。它不得妨碍、阻截和干扰诉讼监督权力的行使。此外，其他诉讼关系人，也负有促成诉讼监督权力正当顺利运作的义务，特别是在相关司法信息的告知义务方面。

（5）从隐在的角度看，诉讼检察监督权力的结构分为权力的内核区（core of power）和权力的保障区（protection belt）两个层面。所谓权力内核区，是指诉讼检察监督主体依法所享有的优于相关人意志和选择的地位。由此可知，诉讼检察监督主体有权依法自主选择介入审查的对象和时机，而非四处出击、十面树敌式的全盘介入。所谓权力保障区，旨在对权力内核予以保障，包括权力人自身的保障和相对义务人的保障两个方面。前者又包括权力人的自助保障（如司法处分权）和敦促有关机关予以外力保障（如矫正建议权）；后者指相对义务人为满足权力人的要求而为或不为一定行为来达到的保障。由此可知，诉讼检察监督效力实现的保障机制应是覆盖了整个诉讼检察监督权力保障区的复合性机制。

当我们从显在和隐在两层面把握了诉讼检察监督权力的结构后，就可以接着谈及所谓诉讼检察监督权力配置模式这样一个更为宏观的问题了。总的来说，诉讼检察监督权力配置模式要解决好监督主体与客体、监督权力与被监督权力之间的结构关系，使之发挥预期功能，并取得实效。从主客双方在权力位阶、势能与司法资源占有程度之间的对比关系来看，无外乎上位（强势）监督、下位（弱势）监督、平位（均势）监督三种配置模式。上位（强势）监督虽使诉讼检察监督权力得到空前强化，但其性质极易变异为超越程序性权力，争夺实体裁判权力，有违诉讼检察监督权力的本质和初衷；且强势监督要求监督对象领域一味地扩张，必将使其效力取得的成本上升；此外，强势监督还会引发所谓监督权力如何被监督的问题，形成理论和实践上的怪圈。下位（弱势）监督虽无越俎代庖之嫌，但在现实运作中，因其权力刚性不足而变得脆弱苍白，无法保证诉讼检察监督取得实效。平位（均势）监督应是我们选择的目标模式，它可兼顾诉讼检察监督之权力结构的严整性与兼容性、权力功能的诊断性与治疗性、权力广度的作用域与控制界、权力力度的刚性与弹性，从而处理好复数权力之间关系的紧张性与妥协性。平位监督意味着诉讼检察监督权力本身也应当受到限定和制衡，该权力是一种在既有救济用尽而告无效时才启动的权力，应防止它的滥用与怠行。

二、几个主要国家检察制度之比较考察

无论是英美法系，还是大陆法系，都建立了检察制度。各国检察制度既有一定的共同性、关联性，又有性质上的差异性。通过比较可以了解其异同，可以窥见其在国家政治经济生活中的不同作用。虽然中国检察制度与西方国家检察制度是反映两种不同性质的经济关系与政治制度的法律制度，它们之间有质的差别性，但从内容和形式方面看，也具有不少共同性、互补性，亦有可借鉴之处。我们可以扬长避短，吸收其中先进的、通用的程序规则，以期进一步完善我国的诉讼检察监督制度。

（一）关于检察机构的性质

英国是世界检察制度的发祥地之一，其检察制度的历史非常悠久。一般认为，英国的检察官是从中世纪国王的代理人和国王律师发展而来的。而英国真正具有现代意义的检察机构的设立，始见于1878年颁布的《刑事起诉法》。在此法中设置了处理破坏王室利益之外案件的检察机构——公诉处。1986年10月起，英国成立皇家检察院，在全国设立自成体系的检察机构。检察机关不对政府负责，不受制于警察系统，实行垂直领导。英国检察机构的性质不同于行使司法权的审判机关，而是代表政府行使检察职能的行政机关。英国的总检察长和各部的大臣一样，直属于首相；而且总检察长是由首相从执政党的下院议员中提名任命，向首相负责。

美国检察机关的性质和英国一样，隶属政府行政系统，美国的总检察长和各级检察长均被视为行政官员，其总检察长同时又是司法部长、内阁成员。地方各级检察长只是选举或任命产生的地方行政官员，他们不像法官那样享有无上的、绝对的司法权威。

法国的检察机关隶属于司法行政机关，而且没有独立的体系，是由派驻各级法院的检察官组成。❶ 法国检察官作为政府派驻法院的代理人，作为行政权力对司法权力加以制衡的主要力量，起司法监督作用，贯穿刑事诉讼、民事诉讼和行政诉讼的全过程。❷ 所以，法国的检察官具有双重身份，他和法官一样属于国家的司法官员，同时又是国家公务员。❸

❶ 张穹："当代检察机关的架构"，载《检察日报》1999年5月29日。

❷ 王桂五主编：《中华人民共和国检察制度研究》，法律出版社1991年版，第6页。

❸ 张穹："当代检察机关的架构"，载《检察日报》1999年5月29日。

日本的检察机关虽然隶属于法务省，但它并不是法务省的职能机构，而是具有相当独立性的特别司法机关。根据《日本检察厅法》的规定，检察机关独立行使的各项职权均是司法性权力，而不是行政权力。

俄罗斯的检察机关不仅是一个从事诉讼活动的公诉机关，而且还是一个在整个俄罗斯法律体系中占有举足轻重地位的法律监督机关。检察机关不仅代表国家对政府机关及其公职人员和公民的行为是否合法进行监督，同时还要对调查、侦查、审判和劳动改造机关的工作是否正确及是否违法进行监督。

（二）关于检察机构的设置

1985年重新颁布的《英国刑事起诉法》规定，英国在原来检察制度比较完善的苏格兰地区外，设立英格兰和威尔士检察院作为具有中央性质的检察机构；英格兰和威尔士划分为若干区域，检察长在这个区域内指派一名检察官；检察长由总检察长任命。检察机关不受地方政府的控制和影响，垂直领导，财政独立，实行独立核算。总检察长由首相任命，向议会报告工作，并发布皇家检察官准则，作为皇家检察官行使职权所适用的一般指导原则，并由此形成中央到地方统一的检察系统。

美国是联邦制国家，检察机构也分为联邦和州两级，相互之间并无隶属关系。美国联邦检察机构属于政府行政系列，没有单独设置中央检察机关，设有联邦总检察长，是内阁成员，同时兼任司法部长。在法律上，联邦总检察长代表美利坚合众国，由总统任命和参议院许可，向总统负责和报告工作。联邦总检察长由熟谙法律、担任律师多年、声望卓著的人担任。联邦检察机关与联邦各级法院平行，在各级法院内均设有联邦检察官办公室。各州的检察机关与联邦的相类似，州检察总长同时兼任司法部门首长。另外，在美国，为了对行政部门中那些最有权力的人员（如总统）滥用权力的行为进行调查，司法部长还可以根据《独立检察官法》任命特别的检察官，即独立检察官。

法国的检察机构从形式上来说，没有独立的体系，是由派驻各法院的检察官组成，除治安法院外，初级法院、上诉法院、最高法院均设有检察处，最高法院设有总检察长、首席副总检察长和检察长助理；上诉法院检察处设首席检察官1人、检察官若干人；初级法院检察处设检察官1人。所有检察官，包括总检察长和派驻最高法院的检察官，都必须遵循最高司法会议的意见任命。检察机关内部实行“检察官一体化”原则，上下检察机关实行垂直领导，下级检察官接受上级检察官的监督和领导，实行严格的中央集中领导。

日本的检察机关虽然隶属于法务省，但其独立性、垂直领导的特征比较明显。最高检察厅对其下属各检察厅有独立的指挥、监督、管理的权力；并且对全国的检察机构实行垂直领导，下级服从上级，总检察长监督、指挥全体检察官。为了明确检察官的工作任务，协调统一开展检察工作，日本各级检察厅根据业务种类分别设立了相应的内部机构，如部、局（室）等。

俄罗斯虽然也是一个联邦制国家，但其检察机构实行的是统一垂直的领导，下级检察长服从上级检察长和俄罗斯总检察长。联邦总检察长由联邦议会根据总统提名任命，任期5年，对整个俄罗斯的检察工作负责；下属市、区和专门检察院的检察长均由俄罗斯总检察长任免。检察机构的组成、改组和撤销，其地位和职权的确定，均由联邦总检察长负责。

（三）关于检察机构的职权配置

1985年5月通过的《英国刑事起诉法》规定，自1986年10月1日起成立英国皇家检察院，并制定了《英国皇家检察官法》，在全国设立独立的、自成体系的检察机构；检察机关不对地方政府负责，不受制于警察系统，实行垂直领导，统一行使公诉权。同时扩大了检察机关在刑事侦查中的作用，把严重诈欺案件的侦查交由检察机关负责。英国议会1987年5月通过了《严重诈欺法》，批准成立严重诈欺局，直接立案侦查、起诉数额在500万英镑以上的重大复杂诈欺案件。1998年，英国又决定检察院应在警察局中派驻律师，向警察局提供建议，从而加强检察机关在刑事侦查中的作用，加强检察院与警察局的联系，提高刑事司法效率。[1]

美国联邦检察机构和英国相比较而言，其拥有的权力更大。美国联邦检察机构的主要职权是追诉犯罪，即对犯罪行为提起公诉。它有权对联邦法院管辖范围内的一切犯罪案件进行追诉，掌握着绝大多数案件的追诉权，只是为了提高效率和减少资源浪费，经检察官同意和指定，才把对一些轻罪案件的起诉权交由警方和律师行使，自己起监督作用。美国的总检察长更是依法有权“在美国最高法院内提起和进行所有可能涉及美国的诉讼”，并可根据总统的要求和各政府部门首脑的请求，就法律问题提供咨询和建议。联邦检察机关还拥有亲自侦查和指挥警方进行侦查的权力。除了上述职权外，检察官在民事诉讼领域中也发挥了极大作用。例如，《美国法律大全》第28编第2部分规定，检察机关对涉及联邦利益的案件提起公诉，有权对涉及环境保护和税法的案件提起公诉，如果一方或双方是国家机构或公职人员，检察长有权参与诉讼。独立检察官一经任命，则独立地对总统及组成内阁的高级官员滥用权力的行为展开调查，并向国会提出是否需要弹劾相关人员的建议。

---

[1] 吴孟栓：“英国检察制度的改革”，载《检察日报》1994年6月4日。

作为奉行“职权主义”模式的法国，其检察机关拥有广泛的权力：(1) 可以对犯罪进行侦查并提起公诉。在法国所有关于犯罪的原始材料都应送交检察官，并由检察官领导司法警察对案件进行最初调查，以便确定是否把犯罪材料送交负责侦查的预审法官。在侦查中，检察官可随时查阅侦查材料，也可以指挥警方开展侦查。(2) 起诉裁量权。在侦查终结后，刑事案件的绝大部分都是由检察官决定是否提起诉讼，检察官有权出庭进行公诉，对介于起诉或简单不起诉的轻罪或部分违警罪，可采取刑事调解、积极条件下的不起诉、赔偿、延期决定等起诉替代措施，但轻罪、违警罪须经大审、小审法庭庭长批准，并经受害人同意。❶ (3) 法国的检察机关还享有司法监督权，除治安法院的检察官职权由所在地的警察行使外，设在初级法院、上诉法院的检察官均需对法院的审判活动进行监督。检察长出席各种刑事法庭，参与法庭审理，并对不当的裁判提出上诉，对不准上诉的重罪案件，检察官有权向最高法院申请复审。(4) 法国检察官还对民事诉讼、行政诉讼及司法行政活动拥有监督权，可以“附属当事人”的身份参加诉讼，并可作为国家利益代表者的身份参与涉及国家利益的诉讼。(5) 监督法院判决裁定的执行。(6) 检察官有权核查初级法院审理的案件，参加法院就解决有关审判问题而召开的会议，对法官进行考核和监督，并向司法部长报告。

在日本，对刑事犯罪的一切追诉权均由代表国家的检察机关行使，它有权决定提起公诉或不起诉或中途撤销公诉。除刑事诉讼法明文规定的某些特殊案件外，所有的刑事案件不经检察官起诉，法院不能审判。日本的检察机关还拥有强大的侦查权，检察官对任何犯罪都可以进行侦查，不论是警察移送的案件，还是警察正在侦查的案件，只要检察官认为必要，都可进行侦查。同时，根据日本法律规定，检察官还拥有对警察机关的指挥权和调动权。此外，日本检察官对刑事案件裁判的正确执行享有监督指挥权，特别是指挥有罪判决、裁定的执行，是检察官独享的权力。作为公共利益的代表者，日本检察官在婚姻案件、确定亲子关系等案件中，作为当事人提起诉讼，参与辩论，陈述意见。

俄罗斯检察机关的首要职权，是以国家公诉人的身份实施对犯罪行为的追诉。总检察长有权就某条法律在其运用中侵犯公民权利和自由的问题，向俄罗斯联邦宪法法院提出交涉。各级检察官有权对非法的、没有根据的法院裁判向上级法院提出撤销判决和控诉，也可以自主撤诉。同时作为一个法律监督机关，俄罗斯联邦检察机关监督各联邦和主管部门，俄罗斯联邦主体的立法机关

---

❶ 武功：“法国司法改革”，载《检察日报》2000 年 7 月 17 日。

和执行机关，地方自治机关、军事管理机关、监察机构及其公职人员的执法情况以及由他们发布的法令是否合法，监督以上各机关及其公职人员，以及企事业单位领导人对公民权利和自由的保障情况；监督实施侦查、初步调查和预审的机关的执法情况；监督负责执行刑罚和强制措施的机关以及羁押、拘留场所的执法情况。此外，检察官还可以作为社会公益的代表参加民事诉讼。

综观各国检察制度，绝大多数国家的检察机关都是隶属于政府的司法行政部门，虽然在这些“三权分立”的国家里，检察机关并不能和立法机关、司法机关（法院）、政府相提并论，但检察机关作为政府的一个职能部门，对立法权和司法权的制约作用，是不言而喻的；这些国家实现制约与平衡的宪法机制所起的作用，也是有目共睹的。

在检察机关的机构设置上，西方国家有的采用了垂直领导体制（特别是英国和日本）。这种体制有利于消除各个地方当局对检察机关的控制和影响，特别是避免在财政上受制于地方当局的局面，从而更为有效地发挥检察机关的职能，也有利于提高检察机关的办事效率。此外，各国检察机关的内部管理体制多是检察长负责制，由总检察长统一负责检察机关的工作，检察长对一切重大问题拥有最后的决定权。这种行政首长负责制有利于明确检察长的责任，提高效率。西方国家对检察官的任用和提升都规定了较为严格的条件，检察官通常都是从获得一定法学学位和通过律师资格考试的人当中招募，其任命、提升是以考核和工作实绩为基础的。这种选拔制度有利于建立高素质的检察官队伍，特别是在进行法律监督时，有利于对司法权的制约，也可以避免刑讯逼供等违法行为的产生。

各国法律都或大或小地赋予了检察官侦查权。侦查权的享有，对于保证检察官顺利履行公诉职责、更好地查获证据，保证办案质量都具有重要作用。这样就可以使检察机关在不受牵制的情况下开展调查工作，查明真相，特别是对那些不宜由警察进行侦查的案件，由检察官进行侦查也更有利于实现司法公正。同时许多国家的法律还规定了检察机关拥有侦查指挥权，在侦查活动中，检察官还可指挥警察，这种“警检一体化”制度对提高检察机关的工作效率和减少警检的相互掣肘，也具有重要作用。

最后，俄罗斯、美国、法国、日本等国家都不同程度地规定了检察机关提起民事诉讼和参与民事诉讼的权力，这对于我国拓展诉讼检察监督权，保护国家和社会公共利益，维护国家法律的统一，具有重大借鉴意义。

三、诉讼检察监督效力的实证分析

（一）材料和方法

如何切实发挥和加强检察机关的法律监督职能，特别是诉讼监督职能，无疑是实现“依法治国，建设社会主义法治国家”宏伟目标进程中的一个极其重要的组成部分和关键因素。为此，我们先后到湖北省、市、县三级检察机关展开实地调查和专题调研，进行个人访谈113人次，举行专题调研会5次，并在湖北省人民检察院调取了大量的检察工作统计数据。从我们获得的第一手资料来看，有关访谈、调研及统计数据材料是全面的、丰富的；虽然这些资料绝大多数来源于检察系统，许多材料甚至只是检察人员对于诉讼监督效力的个人感受和体会，但是，“鞋子合适不合适脚趾头最知道”，他们的感受理应是最真切的。[1] 并且，要了解诉讼检察监督的效力，从诉讼检察监督的权力主体的角度入手即便有“王婆卖瓜”之类的风险，却仍然不失其理论意义和实践价值。因此，我们自信通过访谈、调研等方式所获得的材料是比较可靠的。

（1）访谈都是单个进行的，不涉及检察人员的同事和单位，因此一般来说他们少有顾忌。

（2）我们访谈的关注点是诉讼检察监督权力的运行，一般不直接关注具体案件处理的对错，而是从他们的一般经验和感受入手，因此不会对他们产生心理上的压力。

（3）从我们的观察来看，访谈的检察人员大多数相当坦诚，他们不讳言问题，同时表露出强烈的社会责任感和正义感。

（4）调研采用了主题座谈会的形式进行，并且一般选择在远离检察人员工作单位的场所召开。因此，与会者往往可以少一些客套和圆滑，多一些平时和质朴，并尽可能具备一些“学术气息”。

（5）从省级检察机关调取的全省检察工作统计资料，反映出来的问题是可信的，并且还可将其视为访谈资料、调研材料的参照。

（二）检察机关开展诉讼监督工作取得的成绩

从湖北省人民检察院提供的统计数据及有关访谈、调研材料来看，全省各级检察机关在最近5年的检察工作中，不断加大诉讼监督力度，提高诉讼监督实效，在刑事、民事、行政诉讼领域的各项诉讼监督工作都取得了可喜成绩。

---

[1] 苏力：“基层法院审判委员会制度的考察及思考”，载《北大法律评论（第1卷第2辑）》，法律出版社1999年版，第324页。

（1）以新《刑事诉讼法》的颁布和实施为契机，积极开展刑事诉讼监督工作。在立案、侦查、审判和执行等刑事诉讼各环节都实施了有效的诉讼监督，迅速拓展了刑事诉讼监督工作的新局面。1996～2000 年，全省各级人民检察院在刑事诉讼监督中，立案监督共受案 931 件，要求公安机关说明不立案理由 711 件，通知公安机关立案 328 件，监督公安机关立案 284 件；侦查监督共对不符合逮捕条件的 16 082 人作出不批准逮捕决定，对 1 456 名涉嫌犯罪应当逮捕而侦查机关未予报捕的犯罪嫌疑人作出追诉决定，对不构成犯罪而被移送起诉的 4 427 名犯罪嫌疑人作出不起诉决定；审判监督共对认为人民法院确有错误的刑事判决、裁定提出抗诉 805 件，书面或口头通知审判机关纠正违法行为共 106 件次；执行监督共对刑罚执行违法行为提出书面纠正意见 1 127 人次，对超期羁押提出书面纠正意见 10 589 人次。其中，还不包括 1996 年因新《刑事诉讼法》尚未实施而缺少立案监督方面的统计数据。

（2）全面开展民事、行政诉讼监督工作，使民事、行政诉讼监督经常化、深入化。在民事、行政诉讼监督中，共受理不服人民法院已生效的民事、经济、行政判决和裁定的申诉 14 816 件，已立案 5 865 件，提请抗诉 2 956 件，提出抗诉 2 259 件，法院再审改判、发回重审、调解 1 080 件，占法院审结数年均 87%以上。同时，积极探索实施民事、行政诉讼监督的新方式新途径。据不完全统计，共对人民法院民事、行政审判违法行为发出检察建议 300 余件次，提出检察意见 200 余件次。

（3）通过开展诉讼监督工作，有力促进了公安机关、人民法院和检察机关内部的侦查、起诉部门在办理刑事、民事、行政案件过程中的责任心，有效促进了司法公正。近年来，司法腐败成为一个十分突出的社会问题，而检察机关实施诉讼监督是遏制司法腐败的一股重要力量。据不完全统计，近年来全省各级检察机关实施诉讼监督共纠正各种诉讼中违法行为 3 149 件次，查办执法不公背后的司法人员犯罪如索贿受贿、徇私舞弊、刑讯逼供等案件 147 件。

（4）通过开展诉讼监督工作，有效地保障了刑事诉讼中犯罪嫌疑人、被告人及被害人的合法权益，促进了我国社会主义人权保障事业的发展和进步；有效地保护了民事诉讼当事人的合法利益，维持了社会主义市场经济条件下经济秩序和社会秩序的良性运行；有效地通过司法审查对行政违法行为予以救济，促进了依法行政。

（5）通过开展诉讼监督工作，有力地确立了检察机关诉讼监督的社会角色。长期以来，人们对于检察机关的性质、任务和地位，特别是其法律监督的社会角色普遍存在着模糊认识。许多人甚至不知道检察机关是干什么的，也很少有人了解检察机关是如何开展诉讼工作的。❶ 因此，检察机关加强诉讼监督的实践，一方面，通过法律监督成为广大群众用以同各种违法犯罪行为作斗争，并维护自己合法权益的有力武器。另一方面，也较好地树立了检察机关的形象，确立了检察诉讼监督的社会角色。同时，检察机关良好的社会形象和正确的社会角色定位，也为检察机关进一步实施诉讼监督、强化诉讼监督实效提供了一个良好的社会环境。

（6）通过开展诉讼监督工作，极大地丰富了检察理论研究，并进而对“权力制衡”等传统法理产生深远影响。目前，理论界有人对检察机关的诉讼监督权提出了质疑，❷ 检察机关在诉讼监督方面的丰富实践和取得的良好效果，无疑是对其最为有力的反驳。同时，诉讼监督理论的建立和发展，确立了检察机关诉讼监督的诉讼职能，打破了传统的以审判阶段控诉、辩护和审判三种职能相互关系所形成的诉讼结构，极大地丰富了中国特色的社会主义司法制度和诉讼制度的基本内容。❸

（三）检察机关实施诉讼监督中存在的问题

长期以来，检察机关将诉讼监督职能作为其法律监督职能的一个重要组成部分开展了卓有成效的工作，所取得的成绩是巨大且有目共睹的。但毋庸讳言，由于种种因素的影响，检察机关在实施诉讼监督过程中仍存在不少问题亟待解决。

（1）诉讼检察监督的理论研究不够，人们对诉讼检察监督的认识存在重大误区。从我们调查的情况看，不仅外界人士对诉讼检察监督认识不清，就连检察机关内部一些人对此也存在模糊认识，如相当一部分检察人员对如何进行诉讼监督表示费解；有的检察官甚至明确提出检察人员在诉讼中特别是民事行政诉讼中实施法律监督是“一件令人尴尬的事情”，因为“法庭上连检察官的座位都没有”。

（2）诉讼监督职权的立法供给严重不足，许多诉讼监督工作往往因为没有法律依据或法律规定缺乏可操作性而无法进行。我国对于检察机关的诉讼监督职能只在《宪法》《检察院组织法》和“三大诉讼法”的有关条款作了原则性

---

❶ 张中友：《司法认知录》，中国检察出版社 1999 年版，第 208～209 页。

❷ 方如初：“民事抗诉质疑和民事检察工作的基本思路”，载《法治论丛》1996 年第 2 期；夏邦：“中国检察院体制应予取消”，载《法学》1999 年第 7 期；郝银钟：“检察机关的角色定位与诉讼职能的重构”，载《刑事法评论（第 4 期）》，中国政法大学出版社 1999 年版。

❸ 王洪祥：“论审判监督权与公诉权的关系”，载《诉讼法学新论》，中国法制出版社 2000 年版，第 494 页。

规定。一方面，这些过于原则化的法律规定使检察机关在实施诉讼监督时，常因无明确具体的法律依据而不能理直气壮地进行；另一方面，也容易给被监督者抵触监督以口实；再者，立法的缺陷也往往成为检察机关自身怠于监督的借口。

（3）检察机关进行诉讼监督的体制不健全，严重影响到诉讼监督职能的发挥。在我们访谈的检察人员中，多数人认为，体制问题是制约诉讼监督发挥实效的重要因素。他们指出，在目前的体制下，一方面，公检法分工负责、互相配合、互相制约的原则，使得“监督者可以监督被监督者，反过来被监督者也可以制约监督者”；另一方面，由于检察机关的人、财、物受制于当地党委和政府，使得检察权的独立行使往往成为一句空话，检察机关因此难以进行有效的诉讼监督。

（4）检察机关实施诉讼监督的外部环境极差，严重阻碍了诉讼监督工作的开展。这些阻碍主要来自于两个方面：一方面，公安机关与人民法院由于认识上的偏差和基于自身利益的考虑，往往采取不合作的态度而不愿接受监督；另一方面，社会各界包括当事人对检察机关诉讼监督的社会角色及其价值不理解，往往认为检察机关进行诉讼监督是“多此一举”。

（5）检察机关进行诉讼监督的机构设置不合理，不能满足检察机关发挥诉讼监督职能的实际需要。目前，检察机关在诉讼监督的机构设置上具有“分散、多元、交叉”的特点，即诉讼监督职能在检察机关内部分别由侦查监督、公诉、民行检察、监所检察等不同部门行使。同时，各级检察机关还设置了大量驻外检察机构（如驻场驻所检察机构）履行诉讼监督职能。因此，检察机关在进行诉讼监督时往往不能发挥机构设置的整体优势，形成诉讼监督的合力。

（6）检察机关中从事诉讼监督人员的素质有待进一步提高，以更好适应日益复杂艰巨的诉讼监督任务的要求。湖北省各级检察机关现有检察人员10 388人，具有本科及以上学历的1 997人，占19.2%；专科6 116人，占58.9%；专科以下2 275人，占21.9%。如果考虑其中有相当数量是参加检察工作后通过函授、电大等获得了法律专科或本科学历的因素，上述数字还要打一些折扣。在检察人员的学历水平普遍偏低的情况下，难以保证诉讼监督不偏离“保障国家法律的正确统一实施”的目标。

（四）检察机关实施诉讼监督难以取得实效的原因分析

（1）理论研究的匮乏和认识观念的误区，是影响诉讼检察监督效力的深层原因。由于种种因素的影响，长期以来人们对检察机关的诉讼监督职能在理解和认识上存在较大的偏差和误解。在理论研究中，这样的偏见也具有普遍性。

近几年来检察机关加强了诉讼监督的实践，检察理论研究随之也取得了一定成果。❶ 但是，与此同时，理论界对检察机关实施诉讼监督提出质疑，甚至主张废除诉讼检察监督权的要求，也越来越强烈。❷ 虽然在理论界的一片讨伐声中，仍然有少数有识之上坚持在为检察机关的诉讼检察监督权辩护。❸ 但在总体上应当说是反对的多、支持的少。反对者的理由主要有以下几点：（1）国外的诉讼制度中没有类似的监督制度；❹（2）检察机关对诉讼的监督职能破坏了控、辩、审三者之间正常的诉讼格局，特别是违背了民事诉讼的诉讼地位平等原则；❺（3）强化检察机关对法院审判活动的监督权，其结果必然是弱化审判权行使的独立性，从而损害法院审判权的权威性，危及司法公正及社会正义。❻ 在这样的背景下，如果我们不能在理论上作出有力的回答，澄清人们头脑中已经模糊的认识，要加大检察机关的诉讼监督力度，增强诉讼监督实效，无异于"痴人说梦"。当前，如何克服理论研究中严重的检察本位主义和检察虚无主义倾向，在理论上确立诉讼检察监督的诉讼地位和界定诉讼检察监督的范围、方式和手段，应是检察理论研究的当务之急。

（2）立法的缺陷，是影响检察机关诉讼监督效力实现的根本原因。我国现行法律关于检察机关实施诉讼监督的规定集中体现在《宪法》《检察院组织法》和"三大诉讼法"的有关条文当中，其中的缺陷显而易见。

第一，新《刑事诉讼法》虽然强化了检察机关的诉讼监督职能，但是，从整体上来说，它仍然存在注重刑事案件的侦查、起诉和审判，忽视执法过程中的监督的倾向。如《刑事诉讼法》关于立案监督、侦查监督、审判监督和执行监督的有关规定，一方面，缺乏具有可操作性的诉讼检察监督规则以及诉讼检察监督的保障措施；另一方面，在自诉案件的立案监督、自侦案件的侦查监督

---

❶ 孙谦、刘立宪主编：《检察理论研究综述（1989～1999）》，中国检察出版社 2000 年版。

❷ 崔敏："论司法权力的合理配置"，载《诉讼法学新探》，中国法制出版社 2000 年版，第 62 页；景汉朝等：《审判方式改革实论》，人民法院出版社 1997 年版，第 58 页；方如初："民事抗诉权质疑和民事检察工作的基本思路"，载《法治论丛》1996 年第 2 期；黄松有："检察监督与审判独立"，载《法学研究》2000 年第 4 期。

❸ 王利明：《司法改革研究》，法律出版社 1999 年版，第 495 页；李浩："民事再审程序改造论"，载《法学研究》2000 年第 5 期；杨立新："民事行政诉讼检察监督与司法公正"，载《法学研究》2000 年第 4 期。其中，杨立新先生的文章对民事行政诉讼检察监督作了尤为全面和精辟的分析。

❹ 景汉朝等：《审判方式改革实论》，人民法院出版社 1997 年版，第 58 页。

❺ 李凡："民事诉讼程序的有关问题"，载河南省高级人民法院民事庭编：《民事审判实务讲座（第一辑）》，1998 年版，第 292 页。

❻ 黄松有："检察监督与审判独立"，载《法学研究》2000 年第 4 期。

和起诉监督等问题上，明显存在诉讼检察监督的立法漏洞。

第二，《民事诉讼法》和《行政诉讼法》关于检察机关的诉讼监督权的规定过于粗陋。《民事诉讼法》用总则的一个条文和分则的四个条文对民事诉讼监督作了规定；而《行政诉讼法》则只有总则和分则各一个条文涉及检察监督。因此，检察机关在民事、行政诉讼中实施法律监督，往往处于无章可循的境地。如：缺少抗诉程序的具体规范，对于具体案件的抗诉应当怎样操作，法院怎样审理，法、检怎样配合，都未作规定，因此，实践无矩可循；对于检察机关是否有权调阅人民法院的审判卷宗没有具体规定，致使检察机关在民事、行政诉讼中不能及时有效地进行诉讼监督；不恰当地规定终审法院的上级检察院才有权抗诉，将大量的民事纠纷和行政争议集中在省级和中央的司法机关，既无法发挥基层检察机关进行监督的优势，贯彻“两便”原则，也导致通过提请上级检察机关向终审法院的上级法院抗诉后，上级法院往往以交办函或转办函等形式交由原作出生效裁判的下级法院再审，造成诉讼迟延，背离诉讼经济原则。

第三，缺乏由全国人大及其常务委员会颁布的权威性的诉讼检察监督单行法律。一方面，检察机关对诉讼活动实施法律监督，在不同的诉讼领域应当具有一些共性的内容，这可以作为诉讼监督的一般规定放在单行法中予以解决，以防止对“三大诉讼法”的重大修改；另一方面，要解决检法冲突，防止最高人民法院动辄以批复或解释限制检察机关行使诉讼监督权的问题继续发生，[1]必须由在“两高”之上的全国人大及其常委会出台诉讼监督的有关法律方能奏效。

(3) 检察机关进行诉讼监督的体制不健全，是影响诉讼监督效力的制度原因。当前制约检察机关诉讼监督效力的体制因素有如下几种。

第一，检察机关在人、财、物等方面受制于地方，不能真正独立地行使检察监督权。不改变现行的检察体制，检察机关就不能抵制地方保护主义的干扰，通过诉讼监督以维护国家法律的统一、正确实施也就成为一种奢望。

第二，检察官行使司法权相对独立的客观要求与检察机关行政管理色彩过于浓厚的现实矛盾十分突出。实践中，具体案件由检察人员承办，办案部门负责人审核，检察长或检察委员会决定的做法，既违背检察活动的内在规律，导致“办案者不定案，定案者不办案”，又妨害司法效能，降低工作效率。

---

[1] 如最高人民法院关于人民检察院对财产保全裁定、破产案件中的裁定、执行裁定及调解书等提出抗诉，人民法院不予受理的有关司法解释。

(4) 机构设置不合理和人员素质偏低，是制约检察机关诉讼监督效力的现实原因。长期以来，我国检察机关的内部机构设置忽视了对诉讼监督专门机构的建立和健全，而将重点放在对检察机关的侦查部门（反贪污贿赂局、渎职侵权犯罪侦查局）和刑事公诉部门（刑事检察厅、处、科）的建设上。由此造成检察机关的诉讼监督职能行使欠缺组织和人力、物力、财力的保障。并且，检察机关的诉讼监督职能分别由侦查监督、公诉、民行检察、监所检察等部门行使，造成机构设置的交叉、重叠和分散现象。这不仅使诉讼监督职能难以取得实效，而且使侦查职能、公诉职能的行使受到影响。因此，必须建立专门的诉讼监督机构才能保障诉讼监督的顺利进行。

从诉讼监督人员的素质来看，检察人员的学历水平在整体上尚不能适应日益艰巨、复杂的诉讼监督实践的要求。特别是在诉讼监督的内外部环境和条件较差的情况下，如何提高检察人员的政治素质和业务素质，建设一支高水平的诉讼监督检察官队伍显得尤为重要。

(5) 检察机关实施诉讼监督的外部环境不佳，是制约诉讼监督效力的环境原因。任何一种事物都只有在一个良好的环境和条件下，才能生存和发展，诉讼监督也不例外。当前，制约诉讼监督效力的环境因素主要有以下几种。

第一，作为被监督对象的公安机关和人民法院认为检察机关的诉讼监督是“找碴”，对检察机关的诉讼监督持不愿意、不配合的态度，导致诉讼监督工作难以有效开展。如《刑事诉讼法》虽然对检察机关的立案监督、侦查监督、审判监督和执行监督等职能作了较为具体的规定，但是，在诉讼监督实践中检察机关的诉讼监督权行使仍然遇到了种种障碍和阻力。

第二，检察机关的诉讼监督职能没有得到社会各界和广大群众的认同和理解，许多人在面对诉讼监督职能时容易走极端。如：有人不了解诉讼检察监督的社会角色和价值定位，认为诉讼监督可有可无，作用不大；有人过于依赖诉讼监督，不积极利用正常的诉讼程序来维护其合法利益，或者在没有用尽正当的救济手段（如民事行政诉讼中当事人放弃上诉），而寄期望于诉讼检察监督，结果使诉讼检察监督资源遭到浪费，也导致正常的诉讼程序出现混乱。[1]

第三，诉讼检察监督效力保障是一项系统工程，局部的要素改革必须与整体的系统改革相配套。如法院的体制问题，地方各级法院的人、财、物全归“块块”管。这种法院体制是产生地方保护主义的根源，地方法院成了地方的

[1] 李浩：“民事诉讼检察监督若干问题研究”，载孙谦、刘立宪主编：《检察论丛（第1卷）》，法律出版社2000年版，第332页。

法院，使审判权地方化，对国家法律的统一极为不利。

四、强化诉讼检察监督效力的对策

影响检察诉讼监督效力的因素很多，但主要可归纳为四个方面：(1) 法律本身的因素，包括法律内容方面的因素和法律形式方面的因素；(2) 体制方面的因素，是指专司法律监督之职的监督机关的组织、结构、权力与权利配置等是否健全、合理、有效；(3) 环境方面的因素，包括有关开展检察诉讼监督的经济环境、政治环境、文化环境和自然环境；(4) 监督自身的因素，即行使检察诉讼监督权的个人的法律意识和法治观念水平及其思想、道德、文化、纪律等综合素质水平。笔者认为，要改变当前不少地方不同程度地存在的诉讼检察监督疲软乏力、效果不佳的状况，应采取治标与治本相结合的办法，特别是要从源头上下工夫，强化检察诉讼监督，才能持续地提高诉讼检察监督的效力。为此，只能就某些重要问题，并就当前急需而又可能解决的几个问题提出一些对策性的建议。

(一) 强化诉讼检察监督的宪法地位，出台《检察监督法》，树立诉讼检察监督的权威

法律监督是我国建设社会主义法治国家过程中极为重要而又一直受到轻视的问题。迄今为止还未出台一部法律监督的主干法，尚未建立起一套完善的法律监督法体系。当前法律监督实践之所以存在诸多问题，正是法律监督立法严重滞后的结果。可以说，导致我国目前有法不依、执法不严的原因很多，而监督不力是其中最重要的原因。同样，导致我国目前监督不力的原因很多，而监督立法严重滞后则是最主要的原因。因此，尽快出台《监督法》，已是法治的要求、时代的呼唤。诉讼检察监督权源自宪法与法律，诉讼监督活动也要依法进行。当前亟须进一步明确诉讼检察监督的法律地位，完善相关诉讼监督法律制度，为诉讼检察监督提供法律保障。

1. 强化诉讼检察监督的宪法地位

我国现行《宪法》第 129 条规定，“中华人民共和国检察院是国家的法律监督机关”。诉讼检察监督是检察机关法律监督的一项重要内容，因此，《宪法》第 129 条之规定，就是诉讼检察监督的直接宪法依据。宪法虽为诉讼检察监督提供了依据，但缺陷与不足也十分明显。纵观《宪法》第三章第七节的规定，仅有第 129 条对检家机关的法律监督权作出规定，而且该条着重于明确检察机关的性质和地位，并不重在表述检察机关的职责权限。其不足之处主要有两点：(1) “法律监督”未有明确的界定。国家机构的权力配置具有确定性，

要求权力配置必须明示、明白乃至内容确定。法律监督权是对整个检察权的总称，但至今对《宪法》规定的“法律监督”缺乏权威性的具体解释，也缺乏理论上的应然性证明。这就使得检察机关的权限不明晰，有碍于建立科学合理的司法制度。(2) 检察机关法律监督的具体权限不明。《宪法》要通过对国家机构的规定确定国家权力的配置及运行方式，国家机构的职权由《宪法》予以明确是应有之义。我国《宪法》对全国人民代表大会及其常委会、国家主席、国务院、地方各级人大和政府的职权，均在条文中以列举的方式予以具体规定，对中央军事委员会、人民法院的职权虽规定得较为简单，但比较明确，不至于发生歧义。但是，对于检察机关的“法律监督权”，1979 年制定、1983 年修订的《检察院组织法》将检察权限制在刑事领域，但立法和司法实践已将检察权从刑事检察监督范围延伸到民事、行政、经济等领域，推及整个诉讼监督，大大超出了“检察院对于国家机关和国家工作人员的监督，只限于违反刑法、需要追究刑事责任的案件”的解释。[1]“法律监督”概念的不明确，势必影响检察机关正常发挥其职能作用；特别是诉讼检察监督直接涉及行政机关、检察机关、法院的权力分工和权力制约，规定不明确容易导致国家机关之间的权限争端。

正因为诉讼检察监督的宪法依据有以上不足和缺陷，要强化检察诉讼监督的法律地位，必须完善《宪法》规定。笔者认为，应首先由《宪法》对检察机关具有法律监督权进行原则性规定，再在条文中对检察机关的各项职权明确列举。至于检察权的具体划分，《检察院组织法》第 5 条将之列为 5 项，可考虑予以补充完善、科学分类后由《宪法》进行规定。这些职权主要是侦查权、批捕权、公诉权、侦查监督权、审判监督权、执行监督权，参与民事、行政诉讼权，提起民事、行政诉讼权以及司法解释权等。各项职权都有着不同的目的、任务、程序，具有一定的特定性，为《宪法》对检察权作出具体规定提供了可能。毋庸置疑，法律监督权有了《宪法》的明确规定，诉讼检察监督的宪法地位必然得到强化，其权威性就有了宪法保障。

2. 创制《检察监督法》，进一步明确诉讼检察监督的基本法依据

《宪法》有根本法的特征，宪法规范有原则性、概括性的特点，由《宪法》详尽地规定诉讼检察监督既不可能也无必要，只能由国家基本法律对诉讼检察监督作进一步明确规定。我国现行“三大诉讼法”对诉讼检察监督进行了规

---

[1] 参见彭真同志在五届人大关于《中华人民共和国刑法》《中华人民共和国刑事诉讼法》《中华人民共和国检察院组织法》等 7 个法律草案的说明。

定。但上述法律的“程序法”性质以及自成体系的特点，决定了它们注重于诉讼的程序性操作，对诉讼检察监督只能在诉讼程序的各个环节作简单、分散的规定。同样，《检察院组织法》也只能对诉讼检察监督作宏观、概括的规定。因此，有必要制定统一的《检察监督法》，由其对诉讼检察监督的概念、内容、种类以及监督的程序、方式、方法等，进行全面、系统的规定。在《检察监督法》中，可设专门的章节对诉讼检察监督进行具体规定，并将《宪法》第129条的规定进一步具体化，更明确、牢固地确立检察机关是“国家的法律监督机关”的法律地位。这是提高诉讼检察监督效力的根本保证。

《检察监督法》不仅要赋予诉讼检察监督者以监督权力，还要规定被监督者相应的责任与义务。当代中国法律监督的实质是以人民民主为基础，以社会主义法治为原则，以权力的合理划分与相互制约为核心，依法对各种行使国家权力的行为和其他法律活动进行监视、察看、约束、控制、检查和督促的法律机制。严格地说，这种法律机制尚未在我国真正建立。目前我国的现实状况是，诉讼检察监督权就只是抗诉权（突出反映在民事、行政诉讼监督中），而抗诉权又只是对法院的建议权。诉讼检察监督的《检察建议书》《纠正违法通知书》《抗诉书》缺乏强制性，法律没有规定被监督对象的义务与责任。在实践中遇到阻力最多、最大的问题，是纠正权和督促权不能有效行使。因此，在《检察监督法》中应明确规定检察机关进行法律监督的具体权力，使检察院具有某种直接处分权。对于纠正既不执行也不提异议的，检察机关有权直接执行督促的内容，比如对于督促立案而不立案的，检察机关可以自行立案侦查。

《检察监督法》还应规定检察机关在诉讼监督中享有提请惩戒权。对于进行违法诉讼活动而又拒绝检察监督的人员，检察机关有权建议其主管部门或主管领导给予纪律处分，或者提请各级人大罢免其责任职务，或者提请各级人大责成其主管部门和主管领导给予其纪律处分的权力。

（二）完善刑事诉讼检察监督的法律制度

对于刑事司法权，我国实行的是公安、检察、法院三机关间相互分工、相互配合、相互制约的司法分权制。检察机关有权对刑事诉讼进行监督，这种监督贯穿于刑事诉讼活动的全过程，包括立案监督、侦查监督、刑事审判监督、执行监督。其中，刑事审判监督含有对法院审判活动和刑事判决裁定是否正确进行监督两项内容。检察机关刑事诉讼监督的各个环节，法律均有相应规定。应当说，刑事诉讼检察监督的立法体系相对而言还是比较完备的，为刑事诉讼监督提供了法律依据，但其也有不完善之处，主要表现在以下几个方面。

（1）法律对刑事诉讼检察监督规定的内容不全面。一是刑事诉讼检察监督的一些重要内容未明确。如《刑事诉讼法》仅对公诉案件的审判监督作出了规定，而对刑事自诉案件的审判活动、死刑复核程序、人民法院决定逮捕或变更强制措施等诉讼活动，没有明文规定具体的操作程序和手段。二是对已有的刑事诉讼检察监督制度，法律没有完善监督方式、途径和程序，缺乏操作性。如侦查监督，法律对检察机关的介入、审查程序均没有规定。

（2）强制性不够。监督强调的是产生制约，其本意是通过权力制衡达到防止权力滥用的目的。法律监督是以一种权力制约另一种权力，是对掌握权力的人的行为的制约。因此，监督的效果要靠有力的、具有强制性的监督手段来保障。现行刑事诉讼检察监督的强制性较弱，具体表现在规定了相应的诉讼监督权力，却没有规定有效的配套措施，达不到相应的效果。换言之，我们现在的法律监督，与法定职责不相称，也与现实的要求存在很大的差距。如法律规定检察机关有权对公安、法院、监狱、看守所、劳动改造等机关的活动是否合法进行监督，但这种监督不同于对犯罪的监督，不具有强制的手段，公安、法院等部门对检察机关的违法纠正意见是否接受，以及接受后如何改正，检察机关并无权力干涉。诚然，检察诉讼监督不能干涉公安、法院等部门依法独立行使职权，但缺乏必要的强制性，检察诉讼监督制度将形同虚设，失去其存在的意义。

因此，建议采取如下规范和强化刑事诉讼检察监督的法律措施。

1. 立案监督法律制度的完善

刑事立案是我国刑事诉讼法中的一个独立的诉讼阶段，通过立案监督要纠正有案不立、有罪不究、以罚代刑的情况。

（1）确立全方位的立案监督。《刑事诉讼法》只规定了检察机关对公安机关的立案活动进行监督，但要真正通过立案监督有效打击犯罪、防止司法腐败、保护当事人合法权益的目的，法律还必须规定检察机关的有权监督检察机关自侦案件的立案活动和人民法院自诉案件的立案活动。[1]

（2）积极立案中的违法行为应纳入立案监督的范围。根据《刑事诉讼法》的规定，检察机关只能对应当立案而不立案的消极立案中的违法行为进行监督，对依法不该立案而立案的积极立案中的违法行为没有立案监督的规定。笔者认为，立案中违法行为包括“应立而不立”和“不应立而立”两种情形，立案监督理应将两者纳入监督的范围。

---

[1] 孙谦、刘立宪主编：《检察理论研究综述（1989～1999）》，中国检察出版社2000年版，第143～144页。

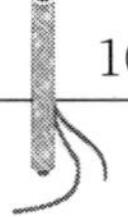

（3）加强立案监督程序的强制性。对于检察机关立案监督中发出的《说明不立案理由通知书》和《说明立案理由通知书》，法律应规定立案机关必须作出答复，并将纠正情况通报检察机关。检察机关认为立案机关说明的理由不成立而作出的立案决定或撤销案件决定，立案机关必须执行。法律还应赋予检察机关一定的立案监督处分权，赋予检察机关追究有关违法人员法律责任的权力。

2. 侦查监督有关法律制度的完善

（1）要纠正和防止错捕错诉、超期羁押的情况，首先应将侦查监督贯穿于侦查过程始终。根据《刑事诉讼法》第 52 条的规定，侦查监督应从审查批捕时开始实行。如此，必然使之成为一种事后监督，虽然也能发现问题，但不能及时制止侦查过程中的违法行为，此前违法行为的后果、损失有的已经造成，有违侦查监督的本意。因此，我们认为侦查监督应从侦查、预审阶段开始，实现对整个侦查活动的有效监督。

（2）赋予检察机关对侦查活动的检查权、对违法行为的处分权。作为侦查活动的监督者，检察机关应可以随时了解侦查活动的情况，并对违法行为有处分权，如检察纠正权、检察制止权、提请有权机关惩戒权等，以增强监督实效。

（3）检察机关审查后需要补充侦查的案件，是自行侦查还是退回公安机关补充侦查并无规定。笔者认为，对于有刑讯逼供行为、口供和材料失实的案件，退回公安机关补充侦查后犯罪事实仍未查清的案件，检察、公安两机关在认定事实和证据上有分歧的案件以及追查可能延误法定期限的案件，应由检察机关自行补充侦查，或协同公安机关补充侦查。对于其他侦查活动中无违法行为，但犯罪事实不清、主要证据不足的案件，由公安机关补充侦查。

3. 刑事审判监督制度的完善

刑事审判监督要纠正有罪判无罪、重罪轻判、轻罪重判等情况，需从以下方面进行完善。

（1）要通过立法扩大刑事审判监督的范围，增加对公诉案件审查程序、自诉案件、死刑复核程序、宣判程序以及法院决定逮捕、变更强制措施等诉讼活动的监督，使检察机关真正实现全方位的监督，发挥其应有的监督效力。

（2）应赋予检察机关当庭纠正法院庭审活动中违法行为的权力。法律应明确庭审监督的方式，可以考虑给检察机关发现庭审活动违反法律程序时的休庭建议权，并提出纠正意见，人民法院对检察院的纠正违法意见应认真答复，以便审判权威和有效监督得以兼顾。

(3) 对抗诉权作更为具体的规定。《刑事诉讼法》规定人民检察院对人民法院“确有错误”的刑事判决有权抗诉，但“确有错误”的范围并不明确界定，实践中掌握的标准不一，特别是涉及人民法院量刑错误进行抗诉的，实践中无法操作，法律应对之具体化。此外，检察机关对错误判决抗诉后法院维持原判不改的，法律要规定相应的救济手段，可考虑提请人大实行个案监督。

另外，刑事判决执行监督亦是刑事诉讼检察监督的一项重要内容。通过执行监督，要保证有效刑事判决的正确执行，纠正有关部门在办理减刑、假释、暂予监外执行、保外就医活动中的违法情况。应该指出，当前执行监督的有关法律制度是比较完备的，为检察机关进行监督提供了较好的法律保障，本文不予赘述。

(三) 健全民事、行政诉讼检察监督法律制度

现行《民事诉讼法》《行政诉讼法》确立了民事、行政诉讼检察监督制度，但与刑事诉讼检察监督不同，民事、行政诉讼检察监督的各项法律制度极不完善。一些具有根本性、原则性的问题，立法尚未解决；相关的具体制度和程序也亟待建立和完善。民事、行政诉讼检察监督存在的严重立法缺陷，不仅影响监督工作的深入开展，甚至引发了理论界和司法界对民事、行政诉讼检察“存废”的激烈争论。要完善民事、行政诉讼监督机制，为监督提供法律保证，必须针对民事、行政监督的立法缺陷，进一步健全法律制度。

当前民事、行政诉讼监督的主要立法缺陷，包括以下方面。

1. 原则性规定和具体性规定脱节

这是民事、行政诉讼检察监督制度存在的最主要立法缺陷。依据《民事诉讼法》总则第 14 条的规定：“人民检察院有权对民事审判活动实行法律监督”。法院的民事审判活动包括受理、立案、审判、执行等有关内容，依《民事诉讼法》第 14 条确定的民事诉讼检察监督原则，审判活动的这些内容均应纳入检察诉讼监督的范围。但根据《民事诉讼法》第 185～188 条的规定，检察机关只能对法院已经生效的判决按照民事审判监督程序行使监督权，监督的方式是对符合法定情形的生效判决进行抗诉。同样的情况，也出现在《行政诉讼法》的有关规定中。这样，“总则规定的诉讼监督权力的广泛性和分则规定的具体监督方式的狭窄性”，给民事、行政诉讼检察监督的司法实践造成不应有的困难，成为民事、行政诉讼检察监督机制发挥功能的障碍。

2. 缺乏具体可操作的制度和程序

有关民事、行政诉讼检察监督的法律规定极其简单、粗疏。《民事诉讼法》仅有第 14 条、第 185～188 条对检察机关的监督权以及抗诉条件、程序作了极

其原则性的规定。《行政诉讼法》仅有第 10 条、第 64 条两个条文对行政诉讼检察监督作了规定，更为简单抽象。法律均没有规定具体的可实际操作的制度和程序。例如，调阅案卷问题，由于立法上无明文规定，至今检、法两家仍未能进行妥善解决，相互间的分歧很大；再如立法对检察机关的调查取证权、抗诉案件再审审级、再审期限以及抗诉案件检察机关派员出席庭审的任务等，都没有明确的法律规定，造成实践中做法不一、理解不同，相当程度地影响了诉讼监督的实效。

3. 仅确立抗诉一种监督方式，其他有效的监督方式未予规定

法律这一规定实际上是将民事、行政诉讼检察监督的范围限制在生效的民事、行政裁判，监督的方式只有一种即提出抗诉。因此，检察机关的权力单一、角色单纯，无疑制约着监督的实效。

针对上述缺陷，笔者认为，完善民事行政诉讼监督的立法任务迫在眉睫。主要包括以下方面。

（1）明确民事、行政诉讼监督的范围，建立全方位的监督体制。现行法律对民事、行政诉讼监督的范围已经限定得过于狭窄，法院系统的独家司法解释更进一步限制了监督的范围。如最高人民法院下发的《关于执行程序中的裁定的抗诉不予受理的批复》《关于人民检察院再次提出抗诉应否受理的批复》等，就缩小了检察机关可以抗诉的民事、行政申诉案件的范围。此外，最高人民法院还作出“检察机关依法对先予执行裁定、破产程序中人民法院作出债权人优先受偿裁定、破产还债程序终结的裁定、诉前保全裁定、诉讼费用负担裁定、民事调解书提出抗诉等，批复各级法院不予受理”的解释。笔者认为，凡是涉及诉讼监督权限的司法解释，均应由检法两家共同作出。应通过立法规定检察机关不仅有权对民事、行政诉讼的各项审判活动，包括受理、立案、审理、执行等进行监督，还有权对审判活动的结果——法院的民事、行政裁判进行监督，将民事、行政诉讼活动整体置于诉讼监督之下，保障监督效力，促进司法公正。

（2）完善民事、行政抗诉程序立法，加大民事、行政诉讼检察监督的力度。①法律应赋予检察机关以调阅案卷权。②确定抗诉案件的再审审级。立法应明确“同级抗诉、同级审理”的司法原则，规定检察机关提出抗诉的民事行政案件，应当由接受抗诉的同级人民法院直接受理，克服“上抗下审”的弊端。③规定抗诉案件的再审期限。对于检察机关抗诉的民事、行政裁判，立法应规定人民法院决定再审的期限、审结的期限，以消除抗诉案件抗而不审、久拖不决从而变相限制诉讼监督权的现象。④立法应明确检察机关派员出席再审法庭的任务。对于抗诉案件，必须规定人民法院应当开庭再审，不能采阅卷审

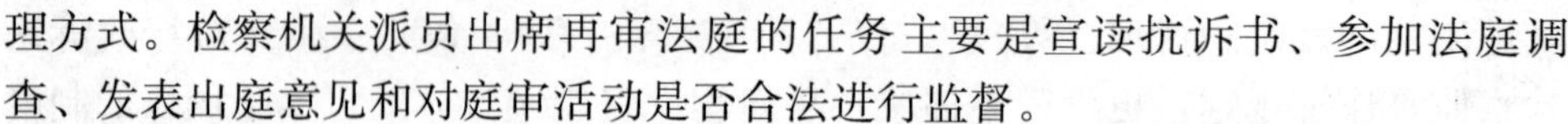

理方式。检察机关派员出席再审法庭的任务主要是宣读抗诉书、参加法庭调查、发表出庭意见和对庭审活动是否合法进行监督。

(3) 确立检察机关提起诉讼、参与诉讼等监督方式。要改变监督方式单一的立法缺陷，为诉讼监督提供更好的法律保障，①应重新确立检察机关提起民事、行政诉讼和参与民事、行政诉讼的监督方式。法律赋予检察机关提起和参与诉讼的权力是国际上民事、行政诉讼立法的通例。重新确立检察机关提起、参与诉讼制度的时机和条件已经成熟，应通过立法对检察机关提起、参与民事、行政诉讼的案件范围、程序与方式等进行规定。②监督实践中创新了一些监督方式，如检察意见、检察建议、纠正违法通知、民事抗诉程序中的和解、对司法人员的贪污受贿、徇私舞弊、枉法裁判行为进行查处等，应完善立法，从而构建更为完整、严密的诉讼监督体系。❶

(4) 完善民事、行政诉讼检察监督的配套措施。检察机关进行诉讼监督，必须具有与监督职责相对应的权力和配套措施。因此，应规定检察机关在民事诉讼监督过程中，有调查取证权、证据保全权以及必要的勘验权、鉴定权、检察处分权。

(四) 改革检察机关的领导体制，保障法律监督权的有效行使

党的“十五大”报告明确指出，要“推进司法改革，从制度上保证司法机关依法独立公正地行使审判权和检察权”。探索一种理性的、有中国特色的、科学的检察机关领导体制，既是诉讼检察监督公正、高效的组织保障，也是依法治国的内在要求。

我国检察机关现行领导体制，也就是1982年《宪法》所规定的“最高人民检察院领导地方各级人民检察院和专门人民检察院的工作，上级人民检察院领导下级人民检察院的工作”“地方各级人民检察院对产生它的国家权力机关和上级人民检察院负责”。这就是通常所说的“双重领导”体制。应该说，这种领导体制在一定时期内有其存在的合理性。但是，随着社会主义市场经济体制建立和依法治国方略的不断推进，我国检察机关现行的“双重领导”体制在检察诉讼监督中的弊端日益凸显，主要表现在如下方面。

1. 以“块块”领导为主的体制，容易造成检察权的地方化，不利于检察机关依法独立行使检察权及对全国实行统一的法律监督

虽然《宪法》和《人民检察院组织法》规定了检察机关实行“双重领导体制”，但因未具体规定上级人民检察院实施领导的范围、方式和程序等事项，

❶ 杨立新：“民事行政诉讼检察监督与司法公正”，载《法学研究》2000年第4期。

使得检察机关上下级领导关系实际上仅限于业务工作方面的领导，而地方各级人民检察院的人事任免、经费保障、装备建设等均需仰仗地方，受到地方的制约。长期实行这种以块块为主、条条为辅的检察领导体制的结果，便是检察权的地方化，使检察机关在履行法律监督职能的活动中不可能真正摆脱地方保护主义的影响，显然不可能真正监督全国法律统一正确实施。

2.“分级负担、分灶吃饭”的财政体制，使检察机关经费得不到保障，不利于检察机关有力地维护法制的统一

由于我国地域辽阔，各地经济发展不平衡，财政收入状况迥异，“分灶吃饭”的财政体制决定了各地检察机关发展的不平衡、不稳定。中央决定政法部门实行“收支两条线”，保证政法机关“吃皇粮”，但目前“吃皇粮”改革在许多地方没有落实，检察机关经费普遍不足，贫困地区尤为突出。一些检察机关往往因为经费的短缺而难以正常行使法律监督权，严重影响法律的统一正确实施。

3. 以“块块”领导为主的干部管理体制，管人与治事相脱节，使上级检察机关对下级检察机关的领导失去了组织保障，不利于建设一支高素质的检察队伍

改变检察机关现行“双重领导”体制，实行上下一体的“垂直领导”体制，对于保障检察机关法律监督权的有效行使，维护我国宪法和法律的统一正确实施，是十分必要的。组织上的统一管理是维护法制统一的根本保障，是根治地方保护主义的根本措施。变“双重领导”体制为“垂直领导”体制，乃检察机关现行领导体制改革的最佳模式。由于我国地域辽阔，各地政治经济发展还不平衡，如若目前实行中央与基层检察机关领导体制改革一步到位，尚有困难的话，可采取分步实施的措施，即首先实行省以下检察机关“垂直领导”体制，待时机成熟后，再实行全系统“垂直领导”体制。但是，检察机关领导体制改革，涉及宪法和法律的修改，需要有一个过程，而经济和社会发展的客观形势又迫切要求改革现行检察领导体制。因此，可考虑在一些条件较为成熟的省、直辖市先行试点，实行省级以下检察机关“垂直领导”体制，市、县两级检察院检察长、副检察长及检察委员会委员由上一级检察院任免，省、市、县三级检察院经费均纳入省级财政预算，由省级检察院统一支配和管理。待条件成熟后，再在全国检察机关实行“垂直领导”体制。

（五）完善诉讼检察监督的办案机制

诉讼检察监督的具体实现要通过检察院的办案机制来运作，这种办案保障机制，既包括保障检察权有效地行使的法律措施，也包括防止检察权滥用的制

约制度。诉讼检察监督权在检察机关内部分解和行使的具体模式问题，实质上就是办案机制的问题。一方面，合理的办案机制才能保障诉讼监督的公正与效率及司法权威的建立；另一方面，要加强自身的内部制约，自觉接受外部监督，避免监督者不受监督情况的发生。检察机关的办案机制和内部制约制度作为同一系统内运作机制，是诉讼程序公正的保障机制。检察机关通过一定的办案机制和程序，行使诉讼监督权力维护司法公正，而内部自我约束的制度，是对执行法定诉讼程序的有效保障，能够及时发现问题，避免程序错误的延续，从而维护程序公正、保障诉讼监督效力。

新中国检察制度建立以来，形成并沿用了以行政审批、集体负责为主要内容的办案机制。检察院办理案件，首先由承办人审核事实提出适用法律的意见，然后由部门负责人对承办人的意见进行审核把关，之后再报检察院领导或检察委员会审批同意。即“个人承办、科（处）长复核、检察长决定”程序。这种办案机制具有有利于发挥集体智慧、由领导把关等优点，但它的弊病也是很明显的，即行政审批式的办案机制是与计划经济体制相适应的封闭型工作方式，违背司法规律，有碍司法公正效率的实现及司法权威的树立。(1) 我国实行的行政审批式的办案模式，其制度性弊端表现为“司法权行使行政化、官僚化、工具化与功利化……与司法权行政化相伴生的是司法权的官僚化”。❶(2) 在运作中的弊病表现为：直接办案的人无权定案，有权定案的人又不直接办案，不符合司法活动直接性和亲历性的要求，形成办案人员对领导的过分依赖，不利于调动和发挥司法人员个人积极性和增强其责任感。(3) 审批环节过多，诉讼效率低下。领导审批案件制度极大地制约了诉讼效率的提高，并导致案件的大量积压和久拖不决。(4) 办案责任不明确。特别是发生错案时难以进行追究，很难区分和细化错案责任。(5) 检委会制度弊端很多，主要表现为人员组织结构不合理、讨论决定案件的范围不明确、程序缺乏规范、讨论案件“暗箱操作”、对当事人不公开、剥夺了当事人的权利等，这些都不利于实现司法公正。(6) 办案机制的不合理导致司法腐败。因此，笔者认为，是上述诉讼检察监督制度的缺陷导致检察监督权在实际运作中效果欠佳。一方面，检察人员难以依法独立行使权力；另一方面，权力的行使过程中缺乏监督与制约。检察工作程序的闭锁性和办案责任的分散，使现有诉讼检察监督制度存在明显弊端和缺陷，已经严重制约了诉讼检察监督权力的有效实行，改革势在必行。

---

❶ 徐显明、齐延平：“论司法腐败的制度性预防”，载《法学》1998 年第 8 期。

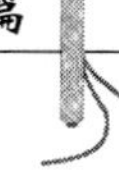

1. 建立主诉检察官办案责任制

主诉检察官办案责任制是《刑事诉讼法》修改以后，为了适应新的庭审制度的需要，由地方检察机关摸索出来的一种有别于以往的检察官办案制度。具体是指：在检察长和检委会领导下，在检察机关审查起诉部门组成若干以主诉检察官为核心的办案组，主诉检察官为第一责任人，相对独立地承担审查起诉、出庭支持公诉及二审工作的办案制度。

在检控分离机制下的主诉检察官制度的主要内容是：在现有法律框架内，通过对检察机关内部机构的优化组合及对检控检察官职务、职责的定位，建立一种由主控检察官、事务检察官和检察书记官组成的刑事检控检察官分离制度。在这种机制下，主诉检察官为第一责任人，主诉检察官与事务检察官具有不同的分工：事务检察官主要面对侦查，对侦查活动进行动态的制约与监督；主控检察官主要面对法庭，在庭审中形成与辩方的有力对抗，从而形成一种以庭审公诉为龙头，以起诉制约侦查的合理办案机制。❶ 司法改革讨论中普遍认为，这种办案制度体现了检察工作的客观规律，让负有办案责任的人员享有相应的权力，让主诉（办）检察官自己独立负责地处理法律事务，有利于克服层层请示，层层审批，人人负责，人人又负不了责的现象，按司法规律办事，减少行政色彩，减少审查层次。这是一种新的责权利相统一的办案机制，将对提高检察官执法水平，充分发挥检察机关法律监督职能，推进整个司法改革起到积极的作用。

检察机关实行的主诉检察官办案责任制改革在受到广泛支持和肯定的同时，也存在一些问题。如关于主诉检察官制度能否突破现有法律的问题，主诉检察官与检察长、检委会、部门负责人及其他检察官的关系，主诉检察官的选任、级别和任免，主诉检察官的责权利问题以及如何对主诉检察官进行监督和管理，都未有明确的依据。这些问题亟待立法机关与检察机关共同明确。

2. 改革检察委员会

检察委员会是人民检察院在检察长主持下的议事决策机构，其主要任务是按照民主集中制的原则，讨论决定重大案件和其他重大问题。检察委员会是在检察长主持下，对检察工作中的重大疑难案件和重大问题进行决策的机构，它拥有最高决策权力。

我国《刑事诉讼法》《检察院组织法》从来没有对检察委员会程序作出具

---

❶ 李玲等："海淀区检察院关于主诉检察官制度改革的探索与实践"，载《政法论坛》1999 年第 4 期。

体明确的规定。虽然从有关法律规定看，“检察委员会讨论决定重大案件”，亦是诉讼的一个程序。但是，由于缺乏法律的具体规定，造成了检察委员会实际运作的行政化。具体表现在：检察委员会讨论案件范围的广泛性（不论发生在任何诉讼阶段的案件都可以提交检察委员会讨论），是否提交检察委员会讨论决定由检察院的“长官”随意决定，检察委员会的组成人员多为行政领导，会议在秘密状态下进行，检察委员会讨论只是检察院的内部程序，整个过程没有案件当事人或其代言人的任何参与等。现行检察委员会制度缺乏公开性和可监督制约性，检察委员会委员的配备不科学等问题，制约了检察诉讼监督工作的开展。

1999 年 1 月 23 日，最高人民检察院下发了《关于改进和加强检察委员会工作的通知》，要求各级检察委员会改革工作，严格执行民主集中制，健全检察委员会工作机制和制度，改善检察委员会结构。这方面的改革主要有以下几点。

（1）检察委员会委员专业化。通过改善检委会人员结构，大力提高委员的素质，使检察委员会委员成为知识渊博、社会阅历丰富、品行优良、具有崇高的社会公信力的学者型、专家型的检察官。有观点认为，在组成格局上“逐步由院、厅（处、科）领导两个层次的组成格局，探索转变为院、厅（处、科）领导和非领导职务的检察员三个层次的组成格局”。

（2）检察委员会程序公开化。检委会在公开程序上应“逐步由相对封闭状态，探索转变为多方位、多视角的立体适度开放状态”。具体措施：①对不同类型的案件和疑难问题，应有针对性地安排具有助检员以上法律职务的干警列席旁听检委会。②对下级院向上级院报批的案件，应要求和安排下级院的主管检察长和办案人列席旁听上级检委会。③对党委、人大和上级院交办的或需要领导机关帮助协调的案件，应邀请党委、人大和相关部门的领导和同志列席本级检委会。④对专业性较强的案件，应邀请检察机关聘请的有相关业务专长的检察员或专家、学者、知名人士列席检委会、参与分析研究，提供专业咨询，使案件的审理更科学、更准确。⑤对提请上级院复议、复核的案件，应邀请有关政法机关的领导和相关人员列席检委会，沟通情况，求同存异，达成共识，形成公正执法的合力。

（3）检察委员会议事范围科学化，明确其讨论案件的范围。检察委员会的议事范围主要为：检察工作的重大问题；拟作出带有终结诉讼意义的决定等方面的重大问题（如撤案或不起诉）；检察机关原决定或诉讼法律监督方面的重

大问题。❶

（4）健全检察委员会工作制度，根据最高人民检察院的要求，各级人民检察院根据高检院及有关规定，均要制定各级检察院检察委员会议事规则，以此明确规范检察委员会的议事范围、议事程序，规定检察委员会委员的职责，并坚持检察长主持检察委员会会议的工作制度。

3. 强化和完善错案责任追究制度

为了保证检察机关严格依法办案，提高办案质量，维护司法公正，1998年最高人民检察院制定试行了《人民检察院错案责任追究条例》。但由于在旧的办案机制下，办案责任不够细化，从执行情况看，追究的不多，力度还不够大。因此，要根据检察改革的情况进一步完善错案责任追究制度：（1）继续完善该《条例》。例如，实行了主诉检察官办案责任制以后，办案责任更多集中于主诉检察官，而不是由业务部门负责人承担。（2）刑事申诉检察部门要增加办案人员，强化申诉工作。通过受理申诉，纠正错案，并做好赔偿工作。（3）检察机关的监察部门要根据群众举报和当事人反映，对违反法定诉讼程序的行为进行审查。对于造成错案的责任人，监察部门要依据有关规定，给予责任人必要的纪律处分，构成犯罪，应依法追究其刑事责任。（4）检察机关负责错案追究的申诉部门和监察部门要加强联系，经常沟通情况，并研究落实错案责任追究中碰到的问题。（5）要切实落实最高人民检察院采取的措施，解决检察机关受理案件久拖不决、久拖不办、效率不高的问题。

4. 建立公开审查制度

公开审查是“检务公开”的一项重要内容。1999年，最高人民检察院颁布了《人民检察院办理民事行政抗诉案件公开审查程序试行规则》。民事申诉案件审查过程中的听证，是指人民检察院在审查民事申诉案件过程中，由主办检察官主持，当事人和其他参与人在指定场所对涉案证据进行质证、认证、质辩、查清事实所进行的公开审查活动。

民事申诉案件审查过程中的听证包括以下内容：（1）听证是检察机关在审查民事申诉案件过程中进行的公开审查活动；（2）听证的内容是对涉案证据进行质证、认证；（3）听证的目的是为了进一步查清案件事实，为案件作出最终的审查决定奠定基础；（4）听证应当有案件所有的当事人及其他诉讼参与人参加；（5）听证应当由主办检察官主持，并在指定场所进行。因此，公开审查制度的建立是检察诉讼监督工作逐渐走向公开和民主的重要体现，增加了民事行

---

❶ 孙谦、刘立宪主编：《检察理论研究综述（1989～1999）》，中国检察出版社2000年版。

政诉讼检察监督工作的透明性，注重保护当事人合法的知情权，并且对于提高办案效率起到明显作用。

5. 完善检察机关内部制约机制

检察机关内部制约作为一项工作制度，体现了《刑事诉讼法》权力制衡的原则。在刑事诉讼中，侦查权与起诉权分离、起诉权与审判权分离，是权力制衡原则的基本要求。检察机关集侦查、起诉、法律监督权力于一体的多种角色职能的特殊性，决定了检察机关内部必须建立起各职能部门之间相互制约的关系，实现内部侦查、批捕、起诉等权力的分离和相互制衡，防止因职权过分集中而产生执法不公。检察机关内部制度作为一种运作机制，是诉讼秩序公正的保障机制。笔者认为，检察机关内部制约机制需完善的内容很多，主要表现在以下六个方面。

（1）案件线索查处制约机制。案件线索的接收、移送与受理、查办分属举报中心和侦查部门，重要线索由院案件线索评估组进行评估。

（2）立案监督制约机制。直接受理侦查案件的立案侦查职权与立案监督职能分属侦查部门和审查批捕部门。

（3）审查决定逮捕制约机制。提请决定逮捕与审查决定逮捕职能分属侦查部门和审查批捕部门。

（4）强制措施执行、变更的制约机制。强制措施的执行、变更职能与对执行、变更是否合法的监督职能分别属于侦查部门和审查批捕、审查起诉部门。

（5）延长羁押期限审批制约机制。提请延长对犯罪嫌疑人羁押期限与审查批准延长羁押期限分别由侦查部门和审查批捕部门办理。

（6）审查逮捕与审查起诉相互制约机制，审查逮捕与审查起诉职能分属于批捕和起诉部门。

另外，以下三种制约机制也是检察机关内部制约机制的内容：一是不起诉的制约机制。即审查决定不起诉职能与被不起诉人、被害人不服在 7 日后提出申诉案件的复查职能应该分属审查起诉部门和控告申诉部门。二是错案追究、刑事赔偿制约机制。即侦查、审查批捕、审查起诉职能与复查认定错案或确认刑事赔偿分别由有关办案部门和控告申诉、监察部门承担。三是扣押赃款赃物管理制约机制。办案中所扣押赃款赃物与款物的保管，分别由侦查部门和财务等有关部门进行。

由以上各个内部制约机制组成的具有交叉型、多元化的较为完整的内部制约制度，贯穿于检察机关参与刑事诉讼活动的全过程，涵盖了检察机关几乎所有办案职能范围，是具有中国特色的检察制度的重要组成部分。

（六）全面增强诉讼检察监督的监督意识

诉讼检察监督意识是人们关于诉讼检察监督这一法律现象的知识、心理、观点和思想的总称。一个国家占统治地位的检察监督意识，不仅仅属于独立于诉讼检察监督制度而存在的思想上层建筑领域，而且是渗透到诉讼检察监督制度、诉讼检察监督实施过程中的因素，成为诉讼检察监督制度的有机组成部分。无论诉讼检察监督制度的制定还是实施，都不可能脱离诉讼检察监督意识。在诉讼检察监督制度的形成过程中，诉讼监督意识起着认识社会发展客观需要的作用；在诉讼检察制度的实施过程中，诉讼检察监督意识起到调整作用，使人们的行为与诉讼检察监督规范相协调。相反，有的诉讼检察监督意识往往会消极对待诉讼检察监督，甚至抵制诉讼检察监督，破坏法制的统一，阻碍法制的完善。诉讼检察监督意识在检察诉讼监督保障机制中居于重要地位。它注重人的因素，是诉讼检察监督制度运作的精神动力和思想支持，是人的主动性、积极性和创造性发挥的重要领域。

对于诉讼检察监督，理论上有不同的观点。就民事检察监督而言，概括起来有以下三种。

（1）“取消说”。该观点认为，认定事实和适用法律的不确定性决定了法官的自由裁量权。人民检察院对人民法院的生效判决、裁定进行监督，陷入了一个案件只有惟一正确裁判的理念误区，是将本属刑事审判的“有错必纠”原则强行引入民事诉讼的结果。该观点还认为，审判权的独立行使排斥任何外在的监督和干预，民事检察监督中的人民检察院完全站在一方当事人的立场上，违背了现代民事诉讼中当事人平等抗辩这一基本规律。民事检察监督还破坏了法院裁判的终局性和权威性，从而动摇了公众对法院诉讼公正的信心。民事检察监督的出路在于废除人民检察院的民事抗诉权，将重点放在对法官个人的违纪行为、违法行为以及道德品行等的监督上来。❶

（2）“限制说”。有学者主张，民事检察监督不宜强化，人民检察院应当将监督权的重点放在公法范围。这是因为民事检察监督只能是事后监督和有限监督，在检察监督体系中应处于次要地位，而且民事检察监督有种种弊端，如打破了当事人的民事诉讼结构、违背了“一事不再理”原则、偏离了检察监督方向、违背诉讼经济和司法效益原则，也不符合国际司法潮流。❷

---

❶ 黄松有：“对现行民事检察监督制度的法理思考”，载《人民法院报》2000 年 5 月 9 日，第 3 版。

❷ 高洪宾、朱旭伟：“民事检察监督不宜强化”，载《人民法院报》2000 年 6 月 27 日，第 3 版。

（3）“强化完善说”。该观点主张，检察机关的抗诉监督在现阶段既不能取消，也不能弱化，而是应进一步加强和完善，使之在程序上更合理，更具有实效性。有学者认为，在加强检察机关抗诉监督的同时，应当从以下几个方面予以完善：一是应在法律上明确规定除涉及国家利益和社会公共利益的案件检察机关可以依职权提出抗诉外，其余应当依当事人申请提出抗诉。二是检察机关不应直接受理未经上诉直接申请抗诉的案件。三是应当规定检察机关只能受理当事人在法律规定的申请期限内提出的抗诉申请，超过法定期限的，检察机关不予受理。四是对检察机关提出抗诉的期限，以不超过4年为宜。五是对最高人民法院终审的案件不得提出上诉。❶ 有研究者认为，强化人民检察院对民事审判活动的监督，能有效地遏制审判权的滥用，防止司法腐败，维护人民法院审判权行使的独立性和权威性，维护宪法和法律的正确统一实施，从而实现司法公正和社会正义。❷ 还有学者主张，完善具体的民事行政检察监督方式，如抗诉、参与诉讼、民事起诉和行政起诉，以及创建和进一步完善民事监督方式（如检察建议、纠正违法通知书、民事抗诉程序中的当事人和解）。❸ 笔者认为，这种观点符合我国司法实际，对于其中的有些建议值得借鉴。

以上三种观点比较典型地体现了学者和司法人员的诉讼监督意识，这些观点是职业阶层的民事检察监督思想体系，有的是具有普遍性的意识。这些监督意识，一方面是检法两家民事检察监督实践的体现，另一方面指导着民事检察监督实践。总体而言，目前我国的诉讼检察监督意识是比较淡薄的。主要体现在：（1）不敢监督。有的检察人员对于公安机关的立案行为和人民法院的审判行为不敢监督，担心会影响彼此之间的关系。（2）不愿监督。比如，有的检察人员认为检察机关的主要职能是追诉犯罪和对国家机关工作人员职务犯罪的侦查，法律监督只是次要的，可有可无。（3）不想监督。有的检察人员认为公、检、法三家都是国家司法机关，是一个大家庭，家丑不外扬，大事化小，小事化了。（4）消极监督。有的检察人员消极对待检察监督，面对困难不想办法，得过且过。（5）害怕监督。有的公安人员和审判人员对人民检察院的监督采取回避的态度，怕影响本部门的声誉和有关人员的关系。（6）抵制监督。有的公安人员和审判人员认为人民检察院的检察监督干预了行政权和审判权的权威

---

❶ 李浩：“民事再审程序改造论”，载《法学研究》2000年第5期。

❷ 李少波：“如何认识民事检察监督制度——与黄松有同志商榷”，载《人民检察》2000年第9期。

❸ 高建民：“民事行政监督方式之完善”，载《检察日报》2000年10月18日，第3版。

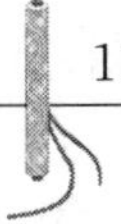

性，本身就不必要，对诉讼检察监督抵制排斥。比如，在民事检察监督中，有的人民法院不许人民检察院借阅审判卷宗，对人民检察院抗诉的案件原则上予以维持。

目前，在理论上对诉讼检察监督有不同的观点，这表明近几年诉讼检察监督实践的长足发展已引起学者、司法人员的关注。笔者认为，目前我国的诉讼检察监督制度应当强化，这是由以下五个方面的因素决定的。

（1）权力自身属性的要求。权力是一种支配性的强制力量，本身具有扩张性和腐败的可能。“绝对的权力导致绝对的腐败。”而且，每种权力有其特定的边界和法定的程序，超越权力边界行使权力、违反法定程序行使权力都构成权力的滥用，是对权力正确合法行使的否定，是权力的异化。对权力进行依法制约的目的就是促使权力回归至特定边界内，还权力本来面目，从而维护权力的真正权威的发挥。

（2）市场经济发展的需要。首先，诉讼检察监督是建立统一社会主义市场经济的坚实法制基础。社会主义市场经济在本质上是一种法治经济，统一的市场离不开统一的法制。而统一的法制，又离不开健全的法律监督制度，离不开检察机关的检察监督职能的发挥。其次，诉讼检察监督是依法正确调整市场经济关系的重要保障。如民事、行政检察监督通过启动再审程序，可以使被错误裁判所扭曲的经济、行政关系再依法矫正过来。为各类市场经济主体合法权益的保护提供一个新的法律救济手段、一条新的法律保障渠道，还可以促进依法行政，在市场主体与国家行政机关之间建立公平、合理、合法的行政法律关系。最后，诉讼检察监督有助于为建立和发展社会主义市场经济体制创造良好的司法环境。比如，检察机关通过加强对民事审判活动和行政审判活动的法律监督，加大对审判人员贪污受贿、徇私舞弊、枉法裁判等违法犯罪行为的打击力度，在一定程度上净化了这一领域的司法环境，有利于市场经济的健康发展。

（3）依法治国的内在要求。“依法治国，建设社会主义法治国家”是我国的治国方略。具体到司法领域，就是要司法公正、司法权威和法制统一。在司法实践中，影响和制约三个目标实现的内因和外因还很多。诉讼检察监督的宗旨之一就是要矫正司法不公行为，扼制和制裁司法腐败行为，维护宪法和法律的正确统一实施，从而树立社会主义法治的权威。

（4）司法现状的要求。应当看到，由于我国司法人员素质的参差不齐，司法机关内部的地方和部门保护主义并不少见，司法人员的官僚作风和官本位思想还很有市场，权力寻租现象也不少见，司法人员滥用侦查权、审判权事件时有发生。随着民事经济纠纷的日益增多，新问题层出不穷，加之司法机关内部监督的相对软弱，滥用职权、怠于履行职责、枉法裁判的行为不可避免。对于这些行为的监督，不仅是司法机关的内部监督，更需要人民检察院的外部监督。实践证明，通过诉讼检察监督，许多错案得到了纠正，当事人的合法权益得到了维护，法律得到了统一正确实施。我国的司法现状在短时间内还不能根本改观，这决定了诉讼检察监督的现实紧迫性和长远性。

(5) 保护合法权益的需要。我国宪法和法律赋予了公民、法人和其他组织合法的权利，这些权利是神圣不可侵犯的。公安机关该立案的不立案，人民法院的错误裁判，都不利于保护合法的权利，通过诉讼检察监督，使这些行为得到纠正，为当事人提供畅通的法律保护渠道。

笔者认为，欲发挥诉讼检察监督的效力，当前要着力解决以下几个问题：①摒除官僚作风和特权思想，树立正确的权力观；②克服传统文化的负面影响，树立敢于监督的思想；③忠于法律和事实，树立依法正确监督的思想；④排除理论争议的干扰，树立全面监督的思想。

85. 合同解除制度研究*

——兼评我国统一合同法的立法建构

法谚云："契约是当事人间的法律。"❶ 合同——平等主体的自然人、法人和其他组织之间设立、变更、终止民事权利义务关系的协议，一旦生效，对当事人具有法律约束力，当事人必须信守诚实信用原则，全面、适当地履行合同义务，不得擅自变更或解除合同。❷ 但是，合同可能因主客观方面的原因导致履行不能、拒绝履行、迟延履行、不适当履行、不完全履行，致使当初订立合同时所预期的合同目的不能实现；此时，如若允许合同继续拘束双方当事人，不但对一方或双方当事人无利益，而且可能妨碍资源的重新合理配置，阻碍市场经济的繁荣发展，应允许当事人解除合同。因而，合同解除是合同法律制度的重要内容，1999 年 10 月 1 日起实施的《中华人民共和国合同法》（以下简称《统一合同法》）对此作了较为全面规定。本文试图对两大法系及有关国际公约、通则进行比较研究，深入剖析合同解除的概念、法律性质、溯及力、法律特征、条件及行使方式等制度特性，揭示我国合同解除制度的先进性、合理性及有待完善之处，以求教于学界同仁和法律实践工作者。

一、合同解除的概念、法律性质和法律效力

（一）合同解除的概念

何谓合同解除，各国立法规定不一，学术界也素有分歧。

英美法系的合同解除有广义和狭义两种：❸ 广义的合同解除，与合同消灭

---

* 本文在伍治良同志的协作下完成，2000 年 10 月被最高人民检察院评为"第二届全国民事行政检察理论研讨会二等奖"。

❶ 周枏著：《罗马法原论（下册）》，商务印书馆 1996 年版，第 661 页。本文采契约与合同同义。

❷ 《中华人民共和国合同法》第 6 条、第 8 条和第 60 条。

❸ 马俊驹等：《民法原论（下）》，法律出版社 1998 年版，第 616 页。

是同义语，是指合同成立之后，没有履行或完全履行前，当事人双方通过协议或一方行使解除权的方式，使合同关系提前消灭，合同不仅可因违约而单方解除，还可由于双方的协议、履行、合同落空而解除，❶ 显然包括协议解除、法定解除和约定解除。狭义的，仅指单方行使解除权的解除，即在合同成立后，没有履行或完全履行前，当事人一方行使法定或约定的解除权，使合同效力归于消灭，可分为法定解除和约定解除。

大陆法系对合同解除概念大多采狭义说，如《德国民法典》第 346～361 条，《意大利民法典》第 1453～1462 条规定；但法国采广义说，合同可因协议解除和约定解除方式予以解除，也可由当事人行使法定解除权而予以解除，虽然法定解除应向法院提出。❷

苏联民法及其理论采取广义合同解除的概念，认为合同解除是双方对提前终止合同的日后效力达成协议，它既不区分协议解除与单方解除，也不明确划分有溯及力的合同解除与无溯及力的合同解除。❸ 我国现行三部合同法使用合同解除的概念比较混乱。《经济合同法》第 26 条、《技术合同法》第 23 条、第 24 条规定合同解除包括协议解除与法定解除，而未明确约定解除；《涉外经济合同法》第 29 条规定了约定解除与法定解除，却不含协议解除，而第 31 条、第 32 条又将协议解除规定为合同终止事由之一。正是由于立法上的混乱，才导致学者对合同解除的概念认识不一。❹ 有的认为，合同解除是指在合同有效成立后，当法定或约定的解除条件具备时，因当事人一方或双方的意思表示，使合同关系自始消灭或向将来消灭的行为；❺ 有的认为，合同解除是当事人双方通过协商一致而取消既存合同的法律行为；❻。有的认为，合同解除是指当事人之间对提前终止合同所达成的协议；❼ 有的认为，合同解除是提前终止合同，使之不继续发生效力；❽ 有的认为合同解除有广义和狭义两种，狭义指法

❶ ［英］A. G. 盖斯特著：《英国合同法与案例》，张文镇等译，中国大百科全书出版社，1998 年版，第 431～499 页；［英］阿蒂亚著：《合同法概论》，程正康等译，法律出版社 1982 年版，第 288～293 页；徐是等：《美国合同判例法》，法律出版社 1999 年版，第 148～168 页。

❷ 尹田：《法国现代合同法》，法律出版社 1995 年版，第 342 页。

❸ 周林彬主编：《比较合同法》，兰州大学出版社 1989 年版，第 322 页。

❹ 马俊驹等：《民法原论下（下）》，法律出版社 1998 年版，第 617 页。

❺ 陈国柱："关于经济合同解除的探讨"，载《吉林大学社会科学学报》1989 年第 4 期。

❻ 王家福等：《合同法》，中国社会科学出版社 1986 年版，第 190 页。

❼ 崔建远：《合同法》，法律出版社 1998 年，第 166 页。

❽ 同上书，第 1 页。

定解除和约定解除，广义包括协议解除和狭义合同解除；❶ 有的认为，合同解除一般皆指合同法定解除；❷ 还有的认为，合同解除是指合同有效成立后，没有履行或完全履行前，当约定或法定的解除条件具备时，因享有解除权一方的意思表示，使合同关系溯及地消灭。❸ 显然，学者的观点分歧集中在两点上：合同解除是否包括协议解除和合同解除是否有溯及力。

笔者赞同崔建远教授观点：合同解除是在合同有效成立后，当解除条件具备时，因当事人一方或双方的意思表示使合同关系自始或仅向将来消灭的行为。在适用情势变更原则时，则指履行合同实在困难，若履行则显失公平，法院裁判合同消灭的现象。❹ 换言之，合同解除含法定解除、约定解除和协议解除，效力既可溯及既往，也可向将来发生。我国《合同法》第 91 条将合同解除明定为合同权利义务终止事由之一，虽未明确合同解除的具体内涵，但从合同法整体解释，实采广义说，即合同解除既包括协议解除（第 93 条第 1 款）、约定解除（第 93 条第 2 款），也包括法定解除（第 94 条）。被专家、学者推崇备至的情势变更制度最终虽未能被统一合同法所采纳，但司法实践中并不能排除当事人依据 1993 年最高人民法院《全国经济审判工作座谈会纪要》所确立的情势变更原则申请法院裁决解除合同的权利。

（二）合同解除的法律性质

合同解除究其法律性质，是单方法律行为还是双方法律行为，抑或二者兼而有之？这一问题的分歧，源于协议解除是否应该包括在合同解除概念里面的争论。否认合同解除的双方行为，亦即合同解除不包括协议解徐，其理由不外乎两条：（1）协议解除，大陆法系称合意解除，解除契约或反对契约，是基于无解除权的当事人双方的合意，以第二契约解除第一契约，使契约的效力溯及消灭。协议解除是合同自由的应有之意，无须将其纳入合同解除、范围之内；❺（2）协议解除与民法所规定的合同解除概念全异，其性质不适用民法关于合同解除的规定，其效力应依当事人的约定而发生。❻

---

❶ 刘心稳主编：《中国民法学研究述评》，中国政法大学出版社 1996 年版，第 561 页。

❷ 曹诗权等："合同法定解除事由探讨"，载《中国法学》1998 年第 4 期，第 34 页。

❸ 马俊驹等：《民法原论（下）》，法律出版社 1998 年版，第 617 页。

❹ 崔建远：《合同法》，法律出版社 1998 年版，第 167 页。

❺ 张用江等："关于合同解除的几个问题"，载《中国法学》1998 年第 4 期，第 91 页。

❻ 史尚宽：《债法总论》，中国政法大学出版社 2000 年版，第 509 页；马俊驹等：《民法原论（下）》，法律出版社 1998 年版，第 617 页；杨主新主编：《疑难民事纠纷司法对策（四）》，吉林人民出版社 1998 年版，第 195 页。

合同既可因单方行使解除权而予解除，也可以由双方协商解除，以协议解除乃合同自由的应有之义来否认协议解除为合同解除的一种类型，显然有些牵强。合同解除本有广、狭义之分，后条理由实质上是将协议解除与狭义的合同解除即单方解除进行比较，两者虽在法律效果能否约定和权利行使方式上有所不同，但两者均能产生合同消灭之法律后果，况且，理论解释上也不认为协议解除与合同解除全异其性质，而是认为既具有与一般解除相同的属性，也有其特点，如解除的条件为双方协商同意，并不因此损害国家利益和社会公共利益，解除行为是当事人的合意行为。❶ 因而，把协议解除纳入合同解除范畴，尚无不妥。我国学者近年来大多赞同合同解除广义说。❷ 我国统一合同法也采广义说。笔者认为，合同解除，既可以是法定解除和约定解除的单方法律行为，也可以是协议解除的双方法律行为。虽然当事人一方依据情势变更原则申请法院裁决解除合同，从表面上看，是法院司法行为而作出的解除，不是当事人实施的行为，但实际上，它是对享有解除权的一方直接解除合同的一种救济，❸ 这有如法国民法典规定享有解除权的一方当事人解除合同必须向法院提出一样，因此，可将其视为特殊的单方法律行为。

（三）合同解除的法律效力

合同解除导致合同消灭，产生恢复原状、尚未履行的债务免除、不当得利返还、赔偿损失、合同解除后附随义务的遵循及合同约定的争议解决条款和结算、清理条款效力不受影响等法律效力。关键问题是，合同解除致使合同消灭，其效力是溯及既往，还是仅向将来发生？协议解除和约定解除情形，完全可由当事人约定：合同解除既可以溯及既往，也可以仅向将来发生效力。协议解除无约定时，可由法院或仲裁庭根据具体情况确定；❹ 约定解除无约定的，准用法定解除的规定。❺ 目前主要争论是法定解除的溯及力问题，学说迥异：合同解除的效力溯及既往，如当事人之间已有给付或一方因相对人不履行而受

❶ 崔建远：《合同法》，法律出版社 1998 年版，第 172 页。

❷ 王利明：《民商法研究（三）》，法律出版社 1999 年版．第 521 页；崔建远：《合同法》，法律出版社 1998 年版，第 167 页；陈小君、刘剑文主编：《合同法学》，武汉测绘科技大学出版社 1996 年版，第 167 页。

❸ 王利明：《民商法研究（三）》，法律出版社 1999 年版，第 523 页。

❹ 崔建远：《合同法》，法律出版社 1998 年版，第 178 页。

❺ 马俊驹等：《民法原论（下）》，法律出版社 1998 年版，第 628 页。

到损害，则发生返还财产和损害赔偿的效力；[1] 合同解除效力溯及既往，当事人间互负恢复原状与损害赔偿的义务。恢复原状是指当事人应互相返还已受领的给付，但并不是绝对返还原物，应该依具体情况实行灵活办法[2]；合同解除与合同终止均可导致合同消灭、前者适用于继续性合同且有溯及力，后者适用于非继续性合同且无溯及力；[3] 合同解除一般无溯及力，只对合同未履行部分发生效力；[4] 合同解除效力不能一概而定，应区分合同性质：继续性合同原则上无溯及力，非继续性合同原则上有溯及力；[5] 合同解除具有溯及力，但特殊情况下，应作合理限定。[6]

各国立法也不尽相同：一是承认合同解除有溯及力，如《日本民法典》第543条、《法国民法典》第1183条、《德国民法典》第346条、旧中国民法第259条、《匈牙利民法典》第319条及美国法规定；二是不承认合同解除有溯及力，仅向将来发生效力，如原民主德国民法典第79条规定及原苏联民法规定。我国《经济合同法》《涉外经济合同法》和《技术合同法》则毫无涉及合同解除溯及力问题。

合同解除具有溯及力，合同效力溯及既往地消灭，即合同被视为从未成立。如果合同尚未履行，则合同归于消灭而不履行；如果合同已经履行，则双方应按照合同无效后返还财产的同样方法相互返还财产，有过错的一方当事人应赔偿对方的损失。[7] 合同解除无溯及力，则已经履行的部分按合同有效处理，剩余的尚未履行部分终止履行。显然，对于已经履行部分的处理，合同解除有无溯及力对当事人来说，在请求权性质、返还财产的计算标准、赔偿范围等方面是存在差异的。合同解除制度旨在救济非违约方，制裁违约方，有效、合理配置资源，发展市场经济。因而，合同解除有无溯及力的制度设计，在区分合同不同性质与种类的同时，应遵循合同解除制度的立法宗旨。我国统一合同法第97条规定："合同解除后，尚未履行的，终止履行，已经履行的，根据履行情况和合同性质，当事人可以要求恢复原状、采取其他补救措施，并有权

[1] 张俊驹主编：《民法学原理》，中国政法大学出版社1991年版，第696页；陈小君、刘剑文主编：《合同法学》，武汉测绘科技大学出版社1996年版，第170～171页；张用江等："关于合同解除的几个问题"，载《中国法学》1998年第3期，第93页。

[2] 王铁军："论建立我国的合同解除制度"，载《法学研究》1994年第4期。

[3] 马俊驹等：《民法原论（下）》，法律出版社1998年版，第626～629页。

[4] 王利明等：《民法新论（下）》，中国政法大学出版社1988年版，第403页。

[5] 崔建远：《合同法》，法律出版社1998年版，第178～181页。

[6] 王利明、崔建远：《合同法新论·总则》，中国政法大学出版社1997年版，第474页。

[7] 尹田编：《法国现代合同法》，法律出版社1995年版，第352页。

要求赔偿损失。”该条规定采取灵活的立法技术，虽然回避了合同解除有无溯及力的直接规定，但从历史解释方法的角度审视，已暗含合同解除兼具有溯及力和无溯及力两种情形之义，并较好地依循了合同解除制度设计的标准。

1. 非继续性合同原则上有溯及力，当事人可主张恢复原状并有权要求赔偿损失

《合同法（草案第 1 稿）》第 103 条规定合同解除的效力（恢复原状）移植了旧中国民法相关规定，采合同解除效力溯及既往，将恢复原状外延扩大化，不仅包括原物返还方式，将金钱返还方式也包括在内；该法草案第 4 稿（1997 年征求意见稿）第 69 条则规定：“合同解除后，需要恢复原状的，应当恢复原状”，统一合同法草案第 5 稿（1998 年征求意见稿）第 103 条也规定“合同解除后，能够恢复原状的，当事人可以请求恢复原状”，显然否定了第 1 稿所采纳的合同解除绝对溯及既往的态度，而采取有条件地溯及既往主义，即能够恢复原状的合同解除情形；《合同法》第 97 条亦未改变征求意见稿所持立场。

能够恢复原状的合同，往往是非继续性合同，即债务一次履行便可实现的合同，如买卖、赠与等合同。非继续性合同就其性质而言，当它被解除时能够恢复原状，即已进行的给付能够返还给付人。❶ 有人认为，恢复原状既可采用原物返还，也可进行金钱返还，❷ 这明显不符合恢复原状的本义，也与《合同法》第 97 条的立法原意相悖。第 97 条规定了已经履行的合同解除之两种救济措施，即恢复原状或其他补救措施（赔偿损失在这两种情形当然存在），这里的其他补救措施显然不是《合同法》第 107 条规定的违约责任形式之一的补救措施——修理、更换、重作、退货、减少价款或报酬，实指继续性合同解除情形下受领标的为劳务或物的使用、收益以受领时的价金返还等补救措施。换言之，《合同法》第 97 条所规定的恢复原状指原物返还。

非继续性合同原则上有溯及力，对非违约方有利。我国法律不承认物权行为无因性和独立性理论，在非违约方已经履行其债务时，行使违约解除权，可基于所有权请求返还已给付的标的物，比基于无溯及力时的不当得利请求权，更能周到地保护非违约方利益；违约方不适当履行或不完全履行债务致使合同解除，非违约方可基于合同解除有溯及力，要求恢复原状，将受领的有瑕疵的

❶ 周林彬主编：《比较合同法》，兰州大学出版社 1989 年版，第 310 页；王利明：《违约责任论》，中国政法大学出版社 1996 年版，第 552 页。

❷ 张用江等：“关于合同解除的几个问题”，载《中国法学》1998 年第 3 期，第 93 页。

或毫无用处的标的物退还给违约方，当然比无溯及力情形只产生不当得利返还义务时发生违约方和非违约方给付数量差额的返还，更为有利。当然，如果一方在接受履行以后，将标的物合法、有效地转移结第三人，而当事人又迫切要求解除合同，此时，合同解除不应发生溯及既往的效力，以免对第三人造成损害。❶ 非继续性合同解除后，产生溯及既往的效力对非违约方不利，抑或非违约方不欲恢复原状，这是否意味着承认溯及既往不利保护非违约方？其实不然，一方违约后，非违约方可以在解除合同、实际履行、损害赔偿之间作出选择予以补救，解除合同不是惟一的救济方式。若解除合同后恢复原状对其不利，非违约方完全可不解除合同而只请求实际履行、支付违约金并要求赔偿损失，足以维护自身利益。此种情况下，关键在于非违约方是否愿意继续保持合同的效力，如果他不愿意合同继续有效存在，当然可以解除合同。❷

2. 继续性合同无溯及力，当事人可主张采取恢复原状之外的其他补救措施，并有权要求赔偿损失

继续性合同是指债务不能一次履行完毕而必须持续履行方能完成的合同，诸如雇佣合同、劳动合同、合伙合同、租赁合同、借用合同、借贷合同、保管合同、仓储合同、加工承揽合同、建设工程承包合同、继续性供应合同等。这类合同被解除后，其解除前的事实状态不可能再行恢复，解除的效果只能及于将来。❸ 租赁、借用、借贷等以标的物使用、收益为目的的合同，一方已经实际享用标的物，经过一定期限后，很难就已经使用或收益的部分作出返还，只可能以受领时的价额以金钱返还；雇佣、劳务合同亦是如此，一方提供了劳务，另一方予以接受，解除时则很难用同质、同数量的劳务来返还，只能采取金钱返还方式；委托合同的解除也不具有溯及力，因为委托合同解除溯及到合同成立之初消灭，会造成受托人进行的代理行为无效，使委托人与第三人之间发生的各种法律关系失去基础，给善意第三人造成损害，影响社会交易秩序的稳定。我国统一合同法并未规定合同终止，因为第 91 条关于合同权利义务终止的规定实为合同消灭的内容，并非合同终止，因而，部分学者主张合同终止只适用于继续性合同且只向将来发生效力的内容，统归我国统一合同法的合同解除制度所规制。

---

❶ 王利明：《违约责任论》，中国政法大学出版社 1996 年版，第 553 页。

❷ 同上书，第 551 页。

❸ 尹田编：《法国现代合同法》，法律出版社 1995 年版，第 353 页。

二、合同解除的法律特征

合同解除具有使合同关系消灭之特征（已如上述），此外，还存在以下三个法律特征。

（一）合同解除的标的是有效成立的合同

合同解除制度设立的目的，旨在提前消灭合法有效的合同关系。若当事人之间的合同关系尚未成立或已履行完毕，则无须解除。若合同成立后，因严重欠缺有效要件而绝对无效，或具备重大误解、显失公平的合同可撤销原因时，应分别适用合同无效和合同撤销制度予以调整，不得适用合同解除规定；司法实践中，常常出现判决一方面认定合同无效，另一方面又解除合同，实属对合同解除标的特征理解错误所致。限制民事行为能力人、无权代理人、无权处分人签订的合同，因欠缺有效要件，能否发生当事人预期的法律效力，尚未确定，只有经过有权人的追认，才能化欠缺有效要件为符合有效要件，发生当事人预期的法律效力，有权人若在一定期间内不予追认，合同归于无效，这类效力未定的合同，只能适用合同效力补正制度，[1] 同样不能适用合同解除制度。换言之，合同解除的标的是合法有效的合同，无效合同、可撤销合同与效力未定的合同均不能作为合同解除之标的。在有效成立的合同中，债权合同和双务合同可成为合同解除的标的，物权合同和单务合同能否成为合同解除的标的存有争议。

有学者认为，我国宜采德国立法例，物权合同不能作为法定解除的标的。[2] 德国法系创立了物权行为无因性和独立性理论，区分债权合同和物权合同。法国法系不承认物权行为无因性和独立性理论，认为在一个合同中，不但发生债权债务关系，同时发生物权变动的效果，物权变动实质上是债权合同的履行行为所致，并不是什么物权合同的效力。我国学者大多认为，我国立法不宜采纳物权行为无因性和独立性理论，统一合同法采纳了这种主张，并未将合同分为物权合同和债权合同。因此，不论是单务合同，还是双务合同，只要符合解除条件，就应允许解除。事实上，被称之为物权合同的不动产抵押合同和动产质押合同本身是一个债权债务的意思表示，要求发生物权变动之后果，须

---

[1] 参见《合同法》第47条、第48条和第51条规定。

[2] 马俊驹等：《民法原论（下）》，法律出版社1998年版，第618页。

经登记或交付才能取得抵押权和质权，[1] 而此登记、交付并非当事人间的物权合意，因而不存在物权合同；被称之为物权合同的国有土地使用权出让合同的受让方不按照交纳土地出让金，出让方有权解除出让合同并要求对方赔偿损失，或出让方未按合同约定提供让的土地，土地使用权人有权解除合同，请求返还出让金及赔偿损失，实为法定解除之规定。[2] 又如法国民法典第 2082 条规定："债务人仅在以出质物担保的债务的原本利息及费用已全部清偿时，始得请求返还出质物，但出质物占有人滥用出质物时，不在此限。"亦即当享有质权的债权人滥用出质物时，债务人有权解除合同并要求返还出质物。[3]

大陆法系传统民法及其理论认为，由于双务合同当事人的权利义务在产生、存续时间上具有牵连性，承认一方当事人具有解除权，有利于实现公平，因此双务合同应为解除对象。单务合同似乎没有上述实际益处，因而不属于解除对象，[4] 如《法国民法典》第 1184 条、《德国民法典》第 325～326 条只将双务合同列为合同解除标的，单务合同不在其中。我国统一合同法并未将合同解除标的限于双务合同，单务合同也可成为合同解除标的，如典型的单务合同—附负担的赠与合同、借用合同。法国民法典第 954 条规定，附负担的赠与合同中，受赠人不履行所负义务，赠与人可解除赠与合同；我国统一合同法第 192 条规定，受赠人存在严重侵害赠与人或赠与人的近亲属；对赠与人有扶养义务而不履行或不履行合同约定的义务，赠与人可撤销赠与，即解除赠与合同，要求返还赠与的财产。借用合同为无名合同，通说认为，若借用人违背约定方法或借用物的性质使用借用物，或未经允许擅借第三人使用，或违反保管义务，致使借用物有毁损、灭失危险时，出借人可解除借用合同，[5] 保护自身利益。

（二）合同解除必须具备解除的条件

市场经济条件下，一切交易活动都是通过缔结和履行合同来实现的，无数的交易构成了完整的市场。因此，为促进市场经济的繁荣和发展，统一合同法将功能、目标定位在保护当事人利益、鼓励交易上，为合同法定解除设置了较

---

[1] 我国《担保法》规定不动产抵押合同和动产质押合同分别自抵押物登记或质物交付之日起生效。国内不少学者对此提出批评，认为登记或交付只不过是物权变动要件，而非合同之生效要件。笔者赞同这种观点。

[2] 《中华人民共和国城市房地产管理法》第 15 条和第 16 条。

[3] 尹田编：《法国现代合同法》，法律出版社 1995 年版，第 352 页。

[4] 马俊驹等：《民法原论（下）》，法律出版社 1998 年版，第 618 页。

[5] 陈小君等主编：《合同法学》，武汉测绘科技大学出版社 1996 年版，第 238 页。

为严格的条件，防止滥用解除权随意毁约。协议解除和约定解除的条件可由当事人双方合意决定，法定解除则由统一合同法强制规定。统一合同法在总则里规定了适用于所有合同的解除条件（第 94 条），即合同法定解除的一般条件，在分则里分别规定了买卖合同（第 148 条、第 164～167 条）、赠与合同（第 192 条）、借款合同（第 203 款）、租赁合同（第 219 条、第 224 条、第 227 条、第 231～233 条）、融资租赁合同（第 248～249 条）、承揽合同（第 253 条、第 259 条、第 268 条）、技术开发合同（第 337 条）、委托合同（第 410 条）的解除条件，即合同法定解除的特别条件。只有具备这些法定的解除条件，当事人才可以行使合同解除权，否则要承担违约责任。

值得注意的是，附解除条件的合同不同于合同解除的条件，附解除条件的合同自条件成就时就失效，[1] 不需要借助双方当事人的任何意思表示，不属于合同法上合同解除制度的范畴，而合同解除，仅仅具备解除条件还不能消灭合同效力，必须有解除行为才能使合同真正解除；解除条件成就，附解除条件的合同仅向将来失去效力，无溯及力，而合同解除效力，既有溯及既往的，也有向将来发生效力的。

（三）合同解除必须有解除行为

已如上述，合同解除必须有解除行为。解除行为是当事人的行为，只有双方当事人或享有解除权的人才能行使解除行为。解除行为有两种类型：协议解除情形下双方当事人协商解除合同的双方法律行为及法定解除和约定解除情形下一方当事人基于解除权发出解除意思表示的单方法律行为。解除权属于形成权，解除权人单方行使解除权，即可解除合同，不需要对方当事人同意。解除权人实施解除行为，除受法定除斥期间限制（如我国《合同法》第 192 条规定赠与人撤销赠与的除斥期间为 1 年，自知道或应当知道撤销原因之日起计算）外，必须在合同有效成立后，没有履行或尚未全部履行之前。当然，法院审理个案适用情势变更原则裁决解除合同，不同于当事人的解除行为，但需要当事人一方向法院申请解除。

三、合同法定解除的一般条件与根本违约规则

协议解除和约定解除的条件体现了合同自由原则，而法定解除的条件不能反映当事人意思自治原则，更多地体现了国家立法对违约所持的态度，重违约惩罚抑或鼓励交易，涉及合同法立法的目标定位。合同法除具有保障合同当事

---

[1] 《合同法》第 46 条规定。

人的权益即保护功能外，还具有一个重要的功能和目标，即鼓励当事人从事其自愿的交易行为。❶ 鼓励交易的功能与保护的功能联系密切，但却不能为保护功能所代替，因为鼓励交易不仅仅体现在合同当事人的权益保护上，而且体现在对合同的成立、效力和解除的评价上，强调保护功能常常并不能兼顾鼓励交易功能。《合同法》第1条规定的合同法的目标——保护当事人的合法权益，维护社会经济秩序，促进社会主义现代化建设，即体现了合同法的双重功能——保护功能和鼓励交易功能，而统一合同法规定的合同法定解除的一般条件——根本违约，则是合同法这一目标的具体体现。合同法既重视保护功能，又要兼顾鼓励交易目标，因而，既应允许解除合同，又要加适当限制，这一矛盾在根本违约规则下得以了有机衡平和统一。

合同法定解除是以一方违约为前提条件，但两大法系对违约形态的分类却不相同。大陆法系国家是以违约行为义务的性质和特点为标准，将履行不能、迟延履行等作为合同法定解除的一般条件，但实质上是以违约造成的后果严重作为解除合同的必备条件。❷

英美法系与大陆法系不同，则以违约行为造成的后果为标准来界定法定解除权产生的各种违约形态。英国法在传统上区分合同的条件条款和保证条款。违反条件条款，是违反了合同的重要条款，非违约方有权解除合同并要求赔偿损失，而违反保证条款是违反了合同并不重要而是次要或附加的条款，非违约方无权解除合同。这种区分导致违反条件的行为就其性质来说无关紧要，也未造成损失，非违约方却可以解除合同。近年来，法院对解除合同的权利进行限制，从条件条款中创立出“中间条款”，一方违反这种条款，无过失的另一方当事人未必有权免除自己的履行义务，19世纪的能否解除合同的条件和保证条款区分标准已为以讳约及其后果的严重性为基础的灵活判断标准所取代。❸美国法与英国法不同，把违约分为轻微违约和重大违约，把重大违约作为解除合同的条件；是否构成重大违约，主要考虑的因素是违约的受损害方有权期望从交易中的利益在多大的程度上被剥夺了及违约能否通过金钱赔偿得到适当的补救。因此，两大法系对违约形态的分类标准虽不同，但实际上都是以违约造成的后果是否严重即是否致使合同预期目的不能实现（即根本违约）为标准来

---

❶ 王利明：“合同法的目标和鼓励交易”，载《法学研究》1996年第3期，第93页。

❷ ［德］罗伯特·霍恩等著：《德国民商法导论》，楚建译，中国大百科全书出版社1996年版，第112页；尹田编著：《法国现代合同法》，法律出版社1995年版，第349～350页。

❸ ［英］A.G.盖斯特著：《英国合同法与案例》，张文镇等译，中国大百科全书出版社1998年版，第119～127页。

衡量哪一种违约形态才能够作为合同解除的条件，换言之，两大法系对合同法定解除的一般条件的规定在本质上是一致的。

我国参加的《联合国国际销售合同公约》（以下简称《公约》）吸纳了两大法系的立法成果，明确规定根本违约制度，并对根本违约规定了较为严格的主客观判断标准："一方当事人违反合同的结果，如使另一方当事人蒙受损害，以至于剥夺了他根据合同规定有权期待得到的东西，即为根本违反合同，除非违反合同一方并不预知而且一个同等资格、通情达理的人处于相同情况中也没有理由预知会发生这种结果。"《公约》并在第49条、第51条、第64条、第72条、第73条规定了可以宣告合同无效（即解除合同）[1] 的具体根本违约情形。《国际商事合同通则》（以下简称《通则》）第7.3.1条亦规定了根本违约及主客观判断标准。但是，《公约》和《通则》判定根本违约须采纳客观标准（违约结果的严重性）的同时，规定还要符合主观标准（违约后果的可预见性），显然过于限制了非违约方解除合同的权利；相比之下，两大法系单纯采纳客观标准将更有利于保护债权人。

我国《涉外经济合同法》早在1985年就与国际先进立法成果接轨，引进了根本违约制度——一方违反合同，以致严重影响订立合同所期望的经济利益（第29条第1款）。这一立法例基本采纳了两大法系的立法成果，抛弃了《公约》判定的根本违约附加主观标准之不合理成分，一定程度上限制了涉外合同的随意解除，有利于交易。但是，客观标准并未采纳《公约》规定的"实际上剥夺"而是采用"严重影响"的词语来概括违约后果的严重性，以赋予了债权人稍微宽泛的合同解除权利。此后，1993年修订的《经济合同法》第26条规定："由于另一方在合同约定的期限内没有履行合同，非违约方有权通知另一方解除合同"，实际上是允许一方在迟延履行后，另一方可自由行使解除权，致使司法实践中，不少法院据而认为只要一方违约，即使轻微违约，也可以判决解除合同，确实使很多不应当被消灭的交易而发生消灭。[2] 我国统一合同法参酌世界先进立法成果，全面设立了根本违约规则，有效地克服了现行合同立法弊端。由于根本违约是债务人没有履行合同或履行合同有瑕疵，致使不能实

---

[1] 一些情况下，"解除合同"，被称为"取消、终止、废除""宣告合同无效"，《公约》和《通则》使用了"宣告合同无效"的概念，主要是考虑到各国国内法对解除理解和解释有很大差异，使用各国现有概念可能使人产生误解和混淆，因此采取这一"中性"概念。参见冯大同等主编：《国际货物买卖法》，对外贸易教育出版社1993年版，第171页；张玉卿主编：《国际货物买卖统一法》，中国对外贸易出版社1998年版，第235页。

[2] 王利明："合同法的目标与鼓励交易"，载《法学研究》1996年第3期，第95页。

现合同目的，这只是违约行为所可能发生的结果，各种违约形态都可能造成这种结果。下文从各种具体违约形态分述统一合同法的根本违约规则。

（一）不可抗力致使履行不能与合同法定解除

统一合同法第 94 条第 1 款规定："因不可抗力致使不能实现合同目的，当事人可以解除合同"。不可抗力，是指不能预见、不能避免并不能克服的客观情况，包括自然灾害、政府行为和社会异常事件，不包括非当事人的故意或过失而偶然发生的意外事件，如第三人的行为，因为第三人行为虽然对被告来说是不可预见并不能避免的，但第三人行为并不具有外在于人的行为的客观性特点，不能作为不可抗力对待。❶《涉外经济合同法》第 24 条规定当事人可在合同中约定不可抗力范围，而统一合同法无此规定，但依合同自由原则，应准许当事人约定不可抗力范围。合同目的是指当事人订立合同所期待的利益。因不可抗力致使不能实现合同目的，实属不可抗力致履行不能之违约形态。❷ 履行不能，是指债务人在客观上已经没有履行能力，即合同目的根本无法实现，因而，因不可抗力致使不能实现合同目的，即构成根本违约，当事人当然有权解除合同，摆脱合同关系的束缚。

不可抗力致使合同履行不能，我国多数学者赞成其作为合同法定解除条件之一。❸ 但少数人认为，不可抗力是合同人免责事由，不能与解除事由相混淆，不可抗力不能作为合同的解除事由；❹ 也有的认为，因不可抗力致使履行不能不存在解除合同的问题。❺ 其实，因不可抗力致使不能实现合同目的，应该免除债务人的违约责任，合同也应该消灭。但通过什么途径消灭，各国立法不相同。法国法系没有明确合同关系何时消灭，对债权人有失公平，规定由债权人负担风险，即债务人虽然已经不能履行其债务，债权人仍负有对待给付的义务。❻ 德国法系采取合同自动消灭原则，基本上由债务人负担风险，即债务人债务和债权人的对待给付义务同时被免除，合同关系当然消灭。德国法系虽

---

❶ 王利明、崔建远：《合同法新论·总则》，中国政法大学出版社 1996 年版，第 712 页。

❷ 过错不是违约行为的构成要件，只要不履行合同或履行不符合约定，即属违约。因不可抗力致使不能实现合同目的同样构成违约行为，不能因为不可抗力是免责事由而否定因不可抗力致使不能实现合同目的的违约性。我国统一合同法规定违约责任采严格责任原则，即为例证。

❸ 陈小君、刘剑文主编：《合同法学》，武汉侧绘科技大学出版社 1996 年版，第 168 页；崔建远：《合同法》，法律出版社 1998 年版，第 173 页；马俊驹等：《民法原论（下）》，法律出版社 1998 年版，第 623 页。

❹ 曹诗权等："合同法定解除事由探讨"，载《中国法学》1998 年第 4 期，第 44 页。

❺ 张用江等："关于合同解除的几个问题"，载《中国法学》1998 年第 3 期，第 96～97 页。

❻ 马俊驹等：《民法原论（下）》，法律出版社 1998 版，第 623 页。

克服了法国法系的缺陷，但没有顾及当事人如何采取补救措施，把损失降到最低限度，有将复杂问题简单化之嫌。为克服上述缺陷，大陆法系国家自本世纪以来通过判例或民事特别法确立情势变更原则，赋予法官变更或解除合同的权利。英美法系则采取合同落空原则，由法官裁判解除合同，而不是由当事人行使解除行为。我国统一合同法允许当事人行使解除权解除合同，有利于双方互通情况，互相配合，积极采取救济措施，做法更科学。与《经济合同法》第26条关于“因不可抗力致使经济合同的全部义务不能履行，当事人才有权解除合同”之规定相比，统一合同法规定的“不能实现合同目的”更科学，因为不能履行全部义务对合同解除权限制过严，不利于保护非违约方利益。

值得注意的是，当事人一方迟延履行期间发生不可抗力致使履行不能，当事人也有权解除合同，不过迟延履行方要赔偿因违约给对方造成的损失。

（二）预期违约、不安抗辩与合同法定解除

《合同法》第94条第2款规定：“在履行期限届满之前，当事人一方明确表示或者以自己的行为表明不履行主要债务，当事人可以解除合同”。此款系预期违约❶情形下的合同法定解除之规定。预期违约，亦称先期违约，与实际违约概念相对应，是英美法系特有的法律制度，最早起源于英国1853年的霍切斯特诉戴·纳·陶尔案，包括明示预期违约和默示预期违约。明示预期违约，是指在合同履行期限届满来之前，一方当事人无正当理由而明确、肯定地向另一方当事人表示他将不履行合同，《美国统一商法典》第2－610条规定债权人此情形下的救措施：解除合同，立即行使求偿权；停止自己的履行；减少损害，可以根据自己的合理商业判断，停止制作、出售其货物或作其他的救助处理。默示预期违约，是指在履行期限届满之前，一方当事人有确凿的证据证明另一方当事人在履行期到来时，将不履行或不能履行合同，而另一方又不愿提供必要的履行担保，《美国统一商法典》第2－609条规定了此种情形下的救济措施：中止履行合同；对方未在30天内提供充分担保的，可立即解除合同，请求赔偿。

大陆法系无预期违约概念，而有与默示预期违约规则相类似的不安抗辩规则，如《法国民法典》第1613条、《德国民法典》第321条、《奥地利民法典》第105条、《瑞士债务法》第3条、《意大利民法典》第1469条及旧中国民法

❶ 参见全国人大法工委《关于〈中华人民共和国合同法〈征求意见稿〉〉几个问题的说明》（1997年5月14日）和全国人大法工委副主任胡康生《关于〈中华人民共和国合同法（草案）〉的说明》（1998年9月）。

第265条规定。不安抗辩，是指当事人一方因双务合同负担债务并应向他方先为给付者，如他方的财产于订约后明显减少，有难为对待给付之虞时，在他方未为对待给付或提出担保前，得拒绝自己的给付。明示预期违约规则与不安抗辩规则明显不同，只是默示预期违约规则与不安抗辩规则有点雷同。❶ 实质上，不安抗辩规则与默示预期违约规则存有重大区别：(1) 前者表明债务人于其合同债务到期时，要求债权人先为一定的担保和给付行为，在性质上属债务人免除先为给付义务的特殊法律理由，❷ 而后者表明债务人于债务到期之前，默示地拒绝履行将来应当履行的合同债务，在性质上属于债务人不履行合同债务的行为，是合同违约制度的一种；❸ (2) 前者适用的条件之一是债务履行时间有先后之别，而后者无此要求；(3) 前者行使的条件为后给付义务人的财产于订约后显著减少，有难为对待给时之虞，而后者成立的条件不限于财产的显著减少，还包括债务人的经济状况不佳、商业信誉不好、债务人在准备履行及履行过程中的行为或者债务人的实际状况表明债务人有违约的危险；(4) 前者的成立无须对方有过错，后者的成立要求违约方有过错；❹ (5) 前者的债权人可以中止自己的对待给付，要求对方作出履约保证，但对方不提供履约保证，债权人可否解除合同，并无规定，而后者的债权人不仅有权中止履行并有权要求对方提供担保，如对方未在合同期限内提供担保，亦有权解除合同。即便如此，不安抗辩规则与预期违约规则之间仍存在联系：一方当事人行使不安抗辩权后，对方的行为状态往往是抗辩权人借以推知其是否构成默示预期违约的基本条件之一。❺ 正因为如此，两规则可同时规定在同一合同法中，❻ 美国《统一商法典》第2—609条规定即是例证，该条第1项规定了不安抗辩内容，第4项实质上是默示预期违约制度规定。

通过比较可以看出，默示预期违约规则比不安抗辩规则更优越，主要体现在三点：(1) 行使权利英美法无履行时间要求；(2) 适用的情况比较广泛，更有利于维护交易秩序；(3) 在对方不能及时提供充分的履约保证时，可解除合同，更有利于对债权人实现公平保护。《公约》是以美国统一商法典为蓝本起

---

❶ 曹诗权等："合同解除法定事由探讨"，载《中国法学》1998年第4期，第473页。

❷ 叶林著：《违约责任及其比较研究》，中国人民大学出版社1997年版，第200页。

❸ 王丽萍："预期违约与不安抗辩制度比较与完善"，载《法学杂志》1996年第5期，第14页。

❹ 杨永清："预期违约规则研究"，载《民商法论丛（第3卷）》，法律出版社1995年版，第357～358页。

❺ 叶林：《违约责任及其比较研究》，中国人民大学出版社1997年版，第200～201页。

❻ 同上。

草的，基本上吸收了英美法的预期违约制度，[1] 但也继受了大陆法的不安抗辩制度的合理成分。《公约》将预期违约分为一方享有中止履行权的预先非根本违约（第71条）和一方享有合同解除权的预先根本违约（第72条）两种情形，虽未采纳英美法的明示和默示预期违约的分类标准，但实际上渗透了英美法的这种分类，即第72条第3款大致相当于《美国统一商法典》第2—610条明示预期违约规定，第71条和第72条第1～2款相当于美国《统一商法典》第2—609条默示预期违约规定。[2]《公约》为防止一方当事人滥用中止履约权，第71条吸纳了不安抗辩权的经验，规定了三项客观标准：（1）对方履行义务的能力有严重缺陷；（2）对方的信用有严重缺陷；（3）债务人在准备履行合同或履行合同中的行为表明届时他将不会或不能履行，克服了英美法的“合理的理由”标准的随意性。《通则》第7.3.3条、第7.3.4条则分别规定了明示预期根本违约和默示预期根本违约。

我国《涉外经济合同法》第17条规定：“当事人一方有另一方不能履行合同的确切证据时，可以暂时中止履行合同。但是，应当立即通知另一方，当另一方对履行合同提供了充分的保证时，应当履行合同。当事人一方没有另一方不能履行合同的确切证据的，中止履行合同的，应当负违反合同的责任”。这条规定并未赋予默示预期违约方未提供充分保证时非违约方解除合同的权利，实际上是有限地采纳了英美法的默示预期违约规则。[3] 有学者认为，1981年《经济合同法》第27条规定的五种变更或解除合同的情形，其中第五种属事后解除合同。前四种，即当事人双方协商同意并且并不因此损害国家利益和影响国家计划的执行，订立经济合同所依据的国家计划被修改或取消，当事人一方由于关闭、停产、转产而确实无法履行经济合同，由于不可抗力或由于一方当事人虽无过失但无法防止的外因致使经济合同无法履行，均属于事前解除合同，与国外的先期违约的规定相符，反映出规定先期违约的思想。[4] 亦有学者持不同观点，因为协议解除和因不可归责于当事人的事由致履行不能导致合同解除，均不属于预期违约规则的调整范围，这不仅可以从美国统一商法典上得

[1] 杨永清：“预期违约规则研究”，载《民商法论丛（第3卷）》，法律出版社1995年版，第380页。

[2] 同上书，第381页。

[3] 王利明：《民商法理论与实践》，吉林人民出版社1996年版，第81页。

[4] 叶林：《违约责任及其比较研究》，中国人民大学出版社1997年版，第203页。

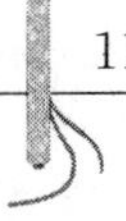

到证明，而且还可从履行不能在英美法受履行抗辩理论调整得到证明。[1]

正因预期违约规则能督促当事人履行合同、减少损害、保护受害人利益，[2] 我国学者均赞成批判移植该法律制度，我国统一合同法在合同法定解除（第 94 条）和违约责任（第 108 条）中明确规定了这一规则。第 94 条第 2 款规定："在履行届满之前，当事人一方明确表示或者从自己的行为表明不履行主要债务，当事人可以解除合同"，此实为预期根本违约规则。

（1）统一合同法确立的预期违约规则未采纳《公约》和《通则》的预先根本违约和预先非根本违约之分类，而是借鉴了英美法的明示和默示分类标准，即预期违约方不履行主要债务既可以是明确表示的明示方式，也可以是以自己的行为表明的默示方式。

（2）无论明示或默示方式表示不履行债务，只要达到不履行合同主要债务之标准，即构成根本违约，非违约方可以解除合同，当然也可以继续保持合同效力，要求对方继续履行而不解除合同。一般来说，合同的目的是与合同的主要债务联系在一起的，不履行主要债务将使合同目的难以达到，构成根本违约，当然可以解除合同；而单纯违反依诚实信用原则所产生的附随义务，一般不会导致合同目的丧失，不应据此解除合同。[3]

（3）统一合同法的默示预期违约制度与合同法鼓励交易的目标不相适应。统一合同法规定，只要债务人一方的行为表明其不履行主要债务，债权人即可行使合同解除权，并未像《公约》和英美法那样对此时的解除权予以适当限制，要求债权人先行中止履行合同并负有通知预期违约方提供充分履约保证的义务，因而没有给双方当事人提供一条争议解决的缓冲带，债权人只能在继续履行合同和解除合同之间作出艰难选择，既不利于鼓励交易，也不能达到将损失降低到最低程度之基本要求。虽然《统一合同法》第 68 条和第 69 条实现了不安抗辩权和预期违约制度的完美结合，先给付义务人可依第 68 条规定行使中止履行权并要求对方当事人提供适当担保，若对方当事人不能在合理期限内恢复履行并且未提供适当担保，先给付义务人可以依据第 69 条规定解除合同。但是，基于不安抗辩与预期违约的重大区别（上文已述），第 68 条和第 69 条只能适用于异时履行的合同，而不能适用于同时履行的合同，且只将此权利赋

---

[1] 杨永清："预期违约规则研究"，载《民商法论丛（第 3 卷）》，法律出版社 1995 年版，第 357～358 页。

[2] 王利明：《民商法理论与实践》，吉林人民出版社 1996 年版，第 69 页。

[3] 同上书，第 163 页。

予给先给付义务人，对给付义务人而言，权利保护显然不同。

(4)“以自己的行为表明不履行主要债务”作为默示预期违约下解除合同的判断标准，与《合同法》第68条规定不安抗辩权的四种法定事由相比，范围显得过窄，不能因为强调合同法的鼓励交易功能而忽视对债权人利益的保护功能和交易安全。如若债权人非先给付义务人，发现债务人存在有第68条规定的经营状况严重恶化、丧失商业信誉、有丧失或可能丧失履行债务能力的其他情形等三种情状，无法依据第94条规定预先解除合同，对其利益保护有失公允。

(5)预期违约发生的时间究竟是履行期限到来之前，还是履行期限届满之前？有的学者将拒绝履行的时间分为两种：一种是履行期限到来之前的拒绝履行，为预期违约；一种为履行期限到来之后，届满之前的拒绝履行，属实际违约。❶ 我国统一合同法是将履行期间届满前当事人一方明确表示或以自己的行为表明不履行主要债务界定为预期违约。❷ 这种争议的产生，主要是因为国内不少著作、教材在论述预期违约概念时，使用词语较混乱，有的使用“履行期限到来之前”，有的使用“履行期限届至之前”，有的则使用“履行期限届满前”。诚然，履行期限为期间的，“到来之前”和“届满之前”的含义显有不同，到来为始期，届满为终期。到底该使用哪一个概念，关键在于谁更符合预期违约的本意。笔者认为，使用届满前较为恰当，因为债务人在履行期间的任何一天均可以履行自己的义务，此乃其权利，只有到了届满后仍未履行，才能构成实际违约；届满前债务人拒绝履行义务，实质上属提前毁约。

（三）定期债务与昨定期债务的迟延履行与合同法定解除

《合同法》第94条第3款、第4款规定：“当事人一方迟延履行主要债务，经催告后在合理期限内仍未履行，或者当事人一方迟延履行债务致使不能实现合同目的，另一方当事人可以解除合同。”迟延履行，又称履行迟延，指债务人迟延，我国法有时称逾期履行，是指债务人能够履行，但在履行期限届满时却未履行债务的现象。构成迟延履行须具备四要件：存在着有效的债务；能够履行；债务履行期限已届满；债务人未履行。合同未明确规定履行期限或规定履行期限不明确，债权人可随时要求债务人履行，但应当给债务人必要的准备

---

❶ 江平主编：《中华人民共和国合同法释解》，中国政法大学出版社1999年版，第98页；曹诗权等：“合同解除法定事由探讨”，载《中国法学》1998年第4期，第44～47页。

❷ 参见全国人大法工委《关于〈中华人民共和国合向法（征求意见稿）〉的说明》（1997年5月）及全国人大法工委副主任胡康生《关于〈中华人民共和国合同法（草案）〉的说明》（1998年）。

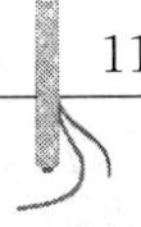

时间（统一合同法第 62 条），债务人若在此必要的准备时间届满后仍未履行，则构成迟延履行。迟延履行包括全部债务迟延履行和部分债务迟延履行。迟延履行能否导致解除合同，关键取决于其是否导致合同目的不能实现，即是否构成根本违约。从统一合同法有关规定来看，确定迟延履行是否构成根本违约，应区分合同的性质，考虑时间对合同的重要性及迟延履行方的过错程度。

（1）《合同法》基本采纳了草案第 1 稿第 98～99 条区分定期债务迟延履行的解除和非定期债务迟延履行的解除规定的内容。定期债务迟延履行的解除是指根据合同性质或者当事人的约定，不在特定时日或期间履行，即不能达到合同目的，当事人一方迟延履行，相对方无须催告，即有权解除合同，如中秋节前订购的月饼，在中秋节后才交付，显然，使债权人丧失了订约目的，债权人应有权解除合同；非定期债务迟延履行的解除，是指根据合同的性质，履行期限在合同的内容上不特别重要，如果合同一方当事人迟延履行时，相对人应规定合理期限，催告其履行债务，如该期限届满仍未履行的，相对人有权解除合同。统一合同法草案第 3 稿第 70 条第 4 款继承了草案第 1 稿关于非定期债务迟延履行的解除之规定，即“另一方迟延履行债务，经催告后在合理期限内仍未履行的”。《合同法》第 94 条第 3 款则将迟延履行的非定期债务限于主要债务，若迟延履行的不是主要债务，则不得适用第 94 条第 3 款规定，因而比草案第 1 稿和第 3 稿规定更科学、合理，更有利于促进市场交易和经济发展。

（2）当事人一方履行了合同的次要债务，履行期限届满后尚未履行主要债务，抑或全部债务迟延履行，若致使合同目的不能实现，即构成根本违约，适用定期债务迟延履行的解除规定，债权人可解除合同；若不影响合同目的实现，则应适用非定期债务迟延履行的解除规定，债权人不能立即解除合同，应向债务人发出催告，要求债务人在合理期限内履行，债务人如果在此合理期限内仍未履行，则说明违约方存在严重过错，可推知合同目的根本不可能实现，即构成根本违约，此时债权人有权解除合同。如果债务人已履行了重要债务，只是次要债务迟延履行了，债权人不能立即解除合同，也不能适用非定期债务迟延履行的解除之催告制度，应按照合同约定要求对方履行合同义务，否则，只能通过追究债务人的违约责任而不是解除合同来予以补救，除非次要履行的迟延履行致使合同目的不能实现。

我国《涉外经济合同法》第 29 条第 2 款只规定了非定期债务迟延履行的解除内容：“另一方在合同约定的期限内没有履行合同，在被允许推迟履行的合理期限内仍未履行，一方当事人有权通知另一方解除合同。”这条规定与统一合同法相比，显得不甚合理，因为只要当事人一方在合同约定期限内没有履行合同，不论是主要债务还是次要债务未履行，若在被允许推迟履行的合理期限内仍未履行，相对人均有权解除合同，而统一合同法仅限于主要债务的迟延履行情形。

（四）其他违约行为与合同法定解除

多数学者认为，实际违约的违约形态包括履行不能、拒绝履行、迟延履行、不适当履行、不完全履行5种方式。[1]《合同法》第94条规定合同法定解除的条件，始终贯彻了根本违约规则，各款的具体违约形态为：不可抗力致履行不能（第1款）；预期违约（第2款）；非定期债务的迟延履行（第3款）；合同法定解除的特别条件（第5款），即统一合同法分则中各种有名合同解除的条件及其他法律涉及的合同解除条件，本文不另述及；第4款的违约形态实际包括定期债务迟延履行（上文已述）、因债务人原因致履行不能、拒绝履行、不适当履行和不完全履行。第94条第4款规定："当事人一方迟延履行债务或者有其他违约行为致使不能实现合同目的，当事人可以解除合同。"其他违约行为情形下的合同解除条件分析如下。

（1）因债务人原因致使合同履行不能。履行不能，又称给付不能，是指债务人在客观上已经没有履行能力，[2] 如特定物为标的的合同，该特定物毁损灭失，以种类物为标的的合同中，种类物全部毁损灭失。履行不能分三种情形：因债务人原因致履行不能，如演员声带撕裂、债务人丧失劳动能力致不能提供原定劳务；因债权人原因致履行不能；因不可归责于双方当事人的原因（如不可抗力、意外事件）致履行不能。《合同法》第94条第1款即为不可抗力致履行不能的规定，当事人可以解除合同；因债权人致合同履行不能，债务人免除给付义务并得请求对待给付，债权人无合同解除权；[3] 因可归责于债务人的原因致履行不能，债权人有权解除合同，如《德国民法典》第325条、《日本民法》第543条和旧中国民法第256条规定。履行不能本身含义是合同目的不能实现，因债务人原因或意外事件致使履行不能，当事人当然可以解除合同，《合同法》第94条第4款当含此义。

（2）拒绝履行。拒绝履行是指债务人能够履行债务而故意不履行。拒绝履行的表示，可以在履行期到来前为之，也可在履行期届至或者发生在迟延之

[1] 王家福主编：《民法债权》，法律出版社1994年版，第232页；马俊驹等：《民法原论（下）》，法律出版社1998年版，第660页；张广兴：《债法总论》，法律出版社1997年版，第172～187页。

[2] 崔建远：《合同法》，法律出版社1998年版，第207页。

[3] 史尚宽：《债法总论》，中国政法大学出版社2000年版，第574页。

后；可以是明示的，也可以是默示的，如将届期应交付的标的物转卖他人。[1]有学者认为英美法上的预期违约的含义大致与拒绝履行相同，一即明示违约的对方当事人可以等到履行期届至时主张违约责任，也可以不待履行期届至而即时请求违约的损害赔偿或解除合同，[2] 梁慧星先生也将明示预期违约的规定视为拒绝履行，[3] 德国有的学者也认为《公约》第 72 条根本违约制度是预期拒绝履行的救济措施。[4] 实际上，默示预期违约同样构成拒绝履行，如我国《合同法》第 94 条第 2 款规定的"在履行期限届满之前，当事人一方以自己的行为表明不履行主要债务"即是如此。拒绝履行表示的时间与履行期限无关，因而，有关教材[5]和《合同法（草案）》第 1 稿第 97 条将拒绝履行的解除界定为，债务人拒绝履行债务的，无论履行期是否届至，债权人均有权解除合同。至于有的学者认为拒绝履行是在履行期限到来后作出的，预期违约是在履行期限届至前作出拒绝履行的意思表示，[6] 这只不过是为了区分预期违约与实际违约，实际上，拒绝履行既可构成预期违约，也可构成实际违约。因而，统一合同法第 94 条第 4 款规定的拒绝履行不包括预期拒绝履行，因为预期违约已在第 2 款作出规定。

拒绝履行是一种较为严重的违约，非违约方当然有权解除合同。但是，债务人可否不经催告而直接解除合同，或者必须证明已造成严重后果才能解除合同？统一合同法及其草案均未要求债权人先为履行催告，当事人可直接解除合同。债务人无正当理由拒绝履行已表明违约方完全不愿受合同拘束，实际上已剥夺了非违约方根据合同所应得到的利益，从而使其丧失了合同订立的目的，因此，非违约方解除合同前没有必要证明违约已构成严重的损害后果。当然，在判断违约方拒绝履行其义务是否构成根本违约时，还要考虑其违反合同义务的性质。没有违反合同主要义务而单纯违反附随义务，一般不会导致合同目的丧失，此时不能解除合同。

（3）不适当履行。不适当履行是指债务人交付标的物不符合法律或合同规定的质量标准，又称瑕疵履行。大陆法系和英美法系都认为瑕疵必须严重的情

---

[1] 张广兴：《债法总论》，法律出版社 1997 年版，第 177 页。

[2] 同上。

[3] 梁慧星：《民法学说判例与立法研究（二）》，国家行政学院出版社 1999 年版，第 180 页。

[4] ［德］罗伯特·霍恩等著：《德国民商法导论》，楚建译，中国大百科全书出版社 1996 年版，第 113 页。

[5] 陈小君等主编：《合同法学》，武汉测绘科技大学出版社 1996 年版，第 169 页。

[6] 马俊驹等：《民法原论（下）》，法律出版社 1998 年版，第 661 页。

况下，才可以解除合同，即能够通过修理、替换的补救措施达到质量标准，就没有必要解除合同。❶ 有学者认为，我国《产品质量法》第28条规定，在交付有瑕疵时，应采取修理、替换、退货三种方式，退货是最后一种方式。这表明立法者认为当事人应该首先采用前两种方法，只有在前两种方法无法适用时，方可采用第三种方式。❷ 我国统一合同法也采纳了两大法系的做法（即第94条第4款规定），并且，第148条规定："因标的物质量不符合质量要求，致使不能实现合同目的的，买受人可以拒绝接受标的物或者解除合同"，也即，只有瑕疵严重到合同目的不能实现时，才能解除合同。

大多数学者认为，不适当履行情况下，多由债权人或法律给予一定宽限期，使债务人消除缺陷或另行给付；若在此宽限期内未能消除缺陷或另行给付，则解除权产生，债权人可解除合同。❸ 我国统一合同法并未采纳这一意见，而是根据不适当履行是否致使不能实现合同目的，即是否构成根本违约来判定能否解除合同。

（4）不完全履行。不完全履行，是指债务人交付的标的物数量、方法、地点等不符合法律规定或合同的约定。量的不完全履行，可以由债务人补充履行，使之符合合同目的，但是，如若债务人不补充履行，或者补充履行也不能达到合同目的，则债权人有权按全部债务不履行解除合同债务。履行方法、履行地点不当致使合同目的不能实现，债权人才能解除合同；否则，债权人不能解除合同，只能通过追究违约责任予以救济。

可见，统一合同法设立的根本违约尽管不是一种新的违约形态，但它是各类严重违约行为的准确概括，用来限制不必要的合同解除现象的发生，有利于鼓励交易，防止资源的不合理配置和流动。

四、合同解除权的消灭及行使

（一）合同解除权的消灭原因

合同解除权包括法定解除权和约定解除权。解除权的行使会产生合同关系消灭的后果，与相对人利益息息相关，因此各国立法往往规定解除权的消灭问题，《合同法》第95条规定即是如此。对于约定解除权，当事人就解除权的消灭有特别约定的，依其约定而消灭；否则，约定解除权与法定解除权可基于下

❶ 王利明：《民商法理论与实践》，吉林人民出版社1996年版，第163页。
❷ 同上。
❸ 王家福主编：《民法债权》，法律出版社1994年版，第369页。

列原因而消灭。

（1）期限届满。法律规定或当事人约定解除权行使的期限，具有除斥期间的性质；期限届满当事人不行使的，解除权消灭。法律没有规定或当事人没有约定解除权的行使期限，相对人可以催告对方在合理期限内行使解除权，如在该合理期限内仍不行使，则解除权消灭。

（2）抛弃。合同解除权属形成权，是当事人的一项民事权利，其行使与否取决于权利人自己的意志，法律允许解除权人抛弃其解除权。解除权的抛弃，既可以是明示行为，也可是默示行为。❶ 明示的，是指解除权人以书面或口头方式向合同相对人为抛弃的意思表示。当解除权人为复数时，抛弃之意思表示应由解除权人共同作出；当相对人为复数时，抛弃之意思表示应向全部相对人作出。解除权人在解除权行使期限内履行合同义务，接受对方履行或者请求对方履行，应视为默示抛弃解除权。

（二）合同解除权的行使

（1）合同解除权的行使主体。约定解除权的行使主体归合同指定的当事人一方或双方享有。法定解除权的行使主体因违约方是否有过错而不同：因不可抗力或意外事件致使不能实现合同目的情形，解除权由双方当事人享有，任何一方均可行使；预期违约、拒绝履行、迟延履行、不适当履行、不完全履行的情形：解除权由非违约方享有，不然会被违约方利用合同解除制度来谋取不正当利益。❷

（2）合同解除权的行使方式

解除权的行使方式，综观各国立法，有三种不同情况：①日本商法中规定的当然解除主义。在定期买卖中，只要具备法定解除要件，则合同自动解除；②法国民法典确立的法院裁决主义。一方当事人要解除合同，必须向法院提出，法院根据情况给予被告一定宽限期，若违约方在此宽限期仍未履行，法院即可裁决解除合同；③德国民法典采取折中立场。只要条件具备，解除权人之解除合同的通知到达对方，合同即告解除，不须经过法院。我国统一合同法第96条规定合同解除权的行使方式，基本采纳了德国民法典的立法模式：解除权为形成权，只需解除权人将解除合同的通知送达给对方，合同即告解除，不需要对方当事人的同意；若法律、行政法规规定解除合同应当办理批准、登记等手续的，批准、登记的日期即为合同解除的日期；若解除合同通知未送达给

❶ 马俊驹等：《民法原论（下）》，法律出版社 1998 年版，第 625 页。

❷ 崔建远：《合同法》，法律出版社 1998 年版，第 176 页。

对方当事人，则不发生合同解除之效力。对方当事人收到解除通知后，若对合同解除有异议，可以请求人民法院或仲裁机构确认解除合同的效力，解除的效力仍于解除的意思表示到达对方当事人时即已发生，而并非自判决确定时开始发生效力。❶

解除权具有不可分性。若解除权行使不可分，在解除权人或相对人为多数时，解除的意思表示应由全体或向全体作出；若解除权消灭不可分，解除权就有解除权的数人中的一人解除时，对其他解除权人也随之消灭。

由于解除权为形成权，只要向对方作出解除的意思表示即刻生效。因此，解除合同的通知，不得撤销。

---

❶ 蔡墩铭主编：《民刑事法规判解丛书（1）》，五南图书出版公司1987年版，第386页。

86. 民事行政检察监督的现状分析与立法完善*

民事行政检察权是检察权不可或缺的一个重要组成部分。由于过去立法不够完善，“两高”司法解释不一致，检法工作关系不够协调，民事行政检察工作仍是当前法律监督工作的薄弱环节。本文拟对民行检察工作进行深度分析并提出相应立法完善思路，以期引起立法机关和法学专家学者对民行检察监督现状的高度重视。

一、民事行政检察监督现状分析

经过10年的不懈探索与努力，民事行政检察工作已步入全面发展阶段，但其发展仍是困难与希望并存，机遇与挑战同在。党的十五大报告提出了依法治国，建设社会主义法治国家的基本方略。特别是九届全国人大二次会议将这一宏伟目标写入《宪法》，为民事行政检察监督民事行政诉讼领域中的有法不依、执法不严、执法不公、违法不究，提供了难得的发展机遇和广阔的发展前景。但是，由于检察机关内部少数领导认识不到位，民行检察队伍的人员数量、年龄结构、知识结钩、业务水平和执法经验不能完全适应这项检察工作发展的需要，加之立法不完善和部分人民法院接受民事行政检察监督的意识比较淡薄，民行检察工作的发展仍将面临不少困难。

（一）立法规定过于原则，与民事（经济）行政司法公正总体要求不相适应

我国《行政诉讼法》和《民事诉讼法》是在计划经济条件下制订和修改的。当初，自然人、法人和其他组织之间的争讼尚不频繁，行政诉讼案件尚不

---

* 本文在伍治良同志的协作下完成，收录于《新世纪检察改革展望——首届全国检察理论研究年会文集》，中国检察出版社2000年版。

多，检察机关也尚未完全恢复对民事行政诉讼实行监督的职能。近几年来，随着社会主义市场经济体制的逐步建立和健全，对外开放和改革步伐加快，民事、经济、海事纠纷和行政诉讼倍增。以湖北省为例，全省法院受理民事、经济纠纷案件由当初的数千件上升到 1998 年的 28.4 万件，1998 年，全省检察机关受理不服法院生效判决、裁定的申诉比 1996 年上升 3.7 倍。由于各种因素的影响，加之法律监督机制不健全，司法不公、错裁错判、枉法裁判的案件时有发生。但是，国家法律规定的民事行政检察权在《民事诉讼法》和《行政诉讼法》中分别仅有 5 条和 2 条抽象监督条款，许多监督职权未予明确。从监督的方式看，法律规定只能事后监督，不能同步监督；从监督权的行使主体看，基层检察院无直接抗诉权，仅有提请上级检察院抗诉的建议权；从维护国家利益、社会公益的监督看，尚未恢复建国初期国家立法赋予检察机关就有关国家和人民利益的重要民事案件代表国家提起诉讼的职权；从监督的范围看，对未生效判决和裁定的同级监督、审判活动监督、执行监督、调解监督等均未作出明确规定，而最高人民法院个别领导人主张检察机关不能参与诉讼监督。由于法律监督机制弱化，法律监督不能有效地制约民事（经济）行政审判权，一些地方民事（经济）、行政案件裁判不公、司法腐败现象时有发生。如有的审判人员收受贿赂，与当事人一方勾结，暗示或指示当事人制造伪证；有的审判人员搞地方保护主义，虚设法律关系，对抗外地法院正确判决的执行；有的审判人员为争管辖权，虚设原告，乱追加第三人，损害案外人合法权益；有的审判人员徇私舞弊、乱改乱添调查笔录和庭审笔录，使一方当事人处于不利地位；有的滥用强制执行措施，随意冻结账户、查封财产，损害当事人正常的经营活动。为此，各级人大代表及广大人民群众强烈呼唤加大法律监督力度，惩治司法腐败，维护司法公正。

（二）现行审判监督抗诉程序的立法规定过于抽象，严重影响法律监督效果

（1）抗诉案件的再审审级规定不明确。我国《民事诉讼法》第 186 条规定："人民检察院提出抗诉的案件，人民法院应当再审"。"两高"对此规定也不一。最高人民检察院 1992 年以《暂行规定》方式作出司法解释，规定人民检察院按照审判监督程序提出的抗诉应向同级人民法院提出；而最高人民法院则以领导讲话的方式提出，应由上级人民检察院向作出生效裁判的下级人民法院提出抗诉。这直接导致不少法院坚持不直接审理同级检察院按照审判监督程序提出抗诉的案件，而是采取用院或庭的名义以交办函或转办函等形式交由原作出生效裁判的下级法院再审，使检察监督职权受到削弱，抗诉效果不佳。如

湖北省检察院和武汉、襄樊、荆州、黄冈、黄石等地检察院，1996年1月至1998年6月共向同级法院提出民事行政抗诉的案件258起，法院再审审结161件，其中147件由同级法院以交办函或转办函形式交由原作出生效裁判的下级法院再审，占法院再审审结数的91.3%，交原审法院再审因受各种因素影响，错误裁判往往难以得到纠正，使一些案件抗诉效果不佳。

（2）抗诉案件的再审审理期限规定不甚明确。《民事诉讼法》和《行政诉讼法》规定了人民法院按照审判监督程序再审案件的审理期限，但其否适用于人民法院审理人民检察院按照审判监督程序提出抗诉的案件，尚未明确规定，导致法院对抗诉案件的再审期限拖得过长，少则大半年，多则两三年，少数案件长达五六年，直接影响抗诉效果。如湖北省检察院和武汉、襄樊、荆州、黄冈、黄石五地检察院1996年1月至1998年6月提出抗诉258起民事行政案件，法院已再审审结161件，目前尚有97件未审结，占提出抗诉案件总数的37.6%。又如轰动黄石市的女婿胡某状告岳父王某腾房纠纷案，黄石市两级法院原将王某父女与胡某共建的房屋仅判归胡某夫妇共有，剥夺了王某的房屋共有权。湖北省检察院1994年5月19日向湖北省高级法院提出抗诉，湖北省高院同年6月14日以交办函形式交由黄石市中级法院再审。拖了近4年，直至1998年5月29日，黄石市中院才再审改判。再如湖北省检察院1991年12月20日向湖北省高级法院提出抗诉的阳新县家具厂诉铁道部第四工程局机械筑路工程处损害赔偿纠纷案，至今已逾7年之久，仍无再审结果。

（3）人民检察院派员出席抗诉案件再审法庭的任务规定不明确。《民事诉讼法》第188条规定："人民检察院提出抗诉的案件，人民法院再审时，应当通知人民检察院派员出席法庭"，但未明确规定人民检察院出席法庭的具体任务。对此，最高人民检察院1992年《关于民事审判监督程序抗诉工作暂行规定》第11条规定："检察长、检察员出席法庭的任务是：（一）宣读抗诉书；（二）参加法庭调查；（三）说明抗诉的根据和理由；（四）对法庭审判活动是否合法实行监督"。以湖北省为例，该省只有武汉和宜昌两地法院执行上述规定，其他各级法院仅允许出席法庭的检察人员宣读抗诉书，不允许检察人员参与法庭调查、说明抗诉的根据和理由及对法庭审判活动是否合法实行监督。这样，导致检察机关派员出席法庭成了开"哑巴庭"，庭审活动监督流于形式，影响了抗诉的社会效果和法律效果。

（三）部分法院对检察机关借调审判卷宗不予配合

借调审判卷宗是开展民事行政检察工作的前提和基础。对此，最高人民检察院司法解释明确规定，人民检察院立案审查民事行政案件，可以调阅人民法院有关案件材料。最高人民法院先后明文规定检察机关可调阅有关案件材料和借调案卷，但是，一些法院以上级法院领导有指示为由不同意检察院借调审判卷宗；有的只同意在法院阅卷并每次收取 20 元阅卷费；随着民事行政检察监督力度加大，有的法院由原来准许调借卷宗变为只准阅卷，不准检察机关复印庭审笔录；有的检、法两家在当地党委、人大协调下解决了调阅审判卷宗等问题，上级法院却批评制止，部分法院对检察机关借调审判卷宗不予配合以致检察机关立案难，调查取证难，审查原裁判正确与否难，做申诉人服判息诉工作难。这些影响了民行检察工作的开展。

(四) 最高人民法院的越权解释损害了立法权和民事行政检察权

(1)《民事诉讼法》明确赋予了检察机关对法院已生效的错误裁判的抗诉权，但最高人民法院的一些司法解释却超越立法权，擅自解释，限制抗诉权，削弱检察监督权。如对执行程序中裁定的抗诉问题，最高人民法院以批文规定全国各级法院不受理。这与立法权相冲突，直接削弱检察监督权，使得人民检察院对人民法院执行程序中的错误裁定不能行使抗诉权，各级法院拒绝受理人民检察院提出抗诉的此类案件，从而致使案外人合法财产被错误执行等违法执行行为得不到纠正，“执行乱”得不到有效遏制，申诉人合法权益难以保护。如湖北省鄂州市鄂城区法院 1993 年将案外人广东三星企业（集团）股份有限公司的“三星”海霸牌八座面包车强行扣押，并于 1994 年压低价以 25.9 万元抵偿给债权人，鄂州市检察院 1996 年 6 月对此错误执行裁定向鄂州市中级法院提出抗诉，法院却以上述批复为由裁定不予受理，致使与该案毫无牵连的案外人合法财产至今得不到保护。

(2) 最高人民法院批文复全国各级法院指出，下级法院接受上级法院指令再审民事行政抗诉案件，作出维持原裁判的判决、裁定后，原提出抗诉的上级检察院再次提出抗诉的，法院不予受理。这一越权批复变相取消了上级检察院对下级法院错误判决、裁定的抗诉权，加重了省级检察院和最高人民检察院的业务工作量，直接影响办案效率和抗诉效果，申诉人合法权益难以有效保护。如湖北省检察院 1997 年向湖北省高级法院提出抗诉的杨胜华与田秋平借款纠纷案，原判决确属认定事实不清，但湖北省高院立案庭以交办函形式交由孝感市中级法院再审，孝感市中院再审维持原判后，湖北省检察院 1998 年再次对错误再审判决提出抗诉，湖北省高院却以最高人民法院有批复为由通知不予受理，使申诉人杨胜华的权益至今得不到保护。

(3) 就检察机关依法对先予执行裁定、破产程序中人民法院作出的债权人优先受偿裁定、企业法人破产还债程序终结的裁定、诉前保全裁定、诉讼费负担裁定、民事调解书提出抗诉的问题，最高人民法院越权解释，限制检察机关的民事抗诉范围，批复全国各级法院不予受理。使错误裁定得不到监督与纠正，审判权在一定程度上被滥用而得不到遏制，成为导致司法腐败的源头之一。

二、民事行政检察监督的立法完善

为推进依法治国进程，强化法律监督职能，建立和健全社会主义市场经济体制，保障国家法律的统一、正确实施，在今年3月份召开的九届全国人大二次会议上，湖北、黑龙江等5个省近200名全国人大代表提出5个议案，呼吁全国人大完善立法，修改现行《民事诉讼法》和《行政诉讼法》，尽快解决当前民事行政检察监督机制薄弱，维护司法公正不力的问题。民事行政检察监督的立法完善，亟待全国人大及其常委会尽快提上议事日程。

（一）恢复人民检察院对民事案件的提起诉讼和参与诉讼的监督权

（1）应当借鉴1954年《中华人民共和国人民检察院组织法》第4条规定，恢复检察机关对低价转让国有资产造成国资流失、破坏国家自然资源、污染环境等损害国家利益、社会公益的民事行为提起诉讼权，有效防范侵害国家利益和社会公益行为的发生。如河南省方城县检察院1997年就一宗工商所低价转让国有房产案进行了提起民事诉讼的试点，法院判决被告工商所败诉，有效地制止了国有资产流失。

（2）应当借鉴1949年12月《中央人民政府最高人民检察院署试行组织条例》第3条、1951年《中央人民政府最高人民检察署暂行组织条例》第3条和《各级地方人民检察署组织通则》第2条及1954年《中华人民共和国检察院组织法》第4条规定，恢复检察机关参与民事诉讼的职权，并对检察机关监督人民法院民事诉讼活动方式（包括发出检察意见书、纠正违法通知）、后果及制裁作出具体的程序性权利保障规定，要求人民法院将判决书、裁定书副本及时送达同级人民检察院。人民检察院应当依法审查监督，使人民检察院对人民法院民事审判活动的事后监督转变到同步监督。

（二）具体规定抗诉案件再审的审级、审限和人民检察院派员出庭任务，完善民事抗诉程序立法

（1）应当规定“同级抗同级审”的原则，即人民检察院应当向同级人民法院提出抗诉并由同级人民法院开庭再审；人民检察院提出抗诉的案件，同级人民法院必要时可以裁定（不能采用交办函或转办函形式）指令原作出生效裁判的下级人民法院再审。但下列案件不应指令下级人民法院再审：①提出抗诉的

人民检察院自行立案的；②以适用法律确有错误为由提出抗诉的；③原审人民法院已经作出再审判决裁定的；④原审人民法院审理该案的审判人员有贪污受贿、徇私舞弊、枉法裁判行为的。人民检察院依法向人民法院提出抗诉后，人民法院应当在抗诉书送达之日起 15 日内作出再审裁定书，决定再审或者指令下级人民法院再审，并应当同时裁定中止原判决、裁定的执行，再审裁定书应当送达原审当事人和提出抗诉的人民检察院；应当规定接受指令再审抗诉案件的下级人民法院再审维持原判决、裁定的，原提出抗诉的人民检察院有权再次提出抗诉，且应当由同级人民法院再审。人民法院再审抗诉案件后作出判决书、裁定书，应当送达双方当事人和原提出抗诉的人民检察院及受指令出庭的人民检察院。

(2) 规定人民法院再审人民检察院按照审判监督程序提出抗诉案件的审理期限，可以分别适用《民事诉讼法》第 135 条、第 159 条和《行政诉讼法》第 57 条和第 60 条规定，再审期限自同级人民法院裁定再审或者指令下级人民法院再审的次日起算。

(3) 应当采纳最高人民检察院司法解释的具体规定，明确人民检察院派员出席再审法庭的任务，包括宣读抗诉书、参加法庭调查、说明抗诉的根据和理由、对法庭审判活动是否合法实行监督。人民检察院提出抗诉的案件，人民法院再审时，应当在开庭 7 日前通知人民检察院派员出席法庭。接受抗诉的人民法院裁定由下级人民法院再审的案件，人民法院再审时，提出抗诉的人民检察院可以指派与再审法院同级的人民检察院派员出席法庭。

(4) 全国人大常务委员会应当根据《关于加强法律解释工作的决议》，对《民事诉讼法》第 185 条规定的检察机关抗诉范围予以明确，赋予人民检察院对执行程序中的裁定、先予执行裁定、破产程序中债权优先受偿裁定、企业法人破产还债程序终结的裁定、诉前保全裁定、诉讼费负担裁定等错误裁定，及错误民事调解书的抗诉权，适当拓宽抗诉监督范围，以抗诉权制约和监督审判权，确保审判权的公正和依法行使，保障民事行政司法公正。

(三) 明确赋予人民检察院对人民法院民事行政案件审判卷宗的调阅权、调查取证权、证据保全权及必要的勘验、鉴定权

(1) 应当执行最高人民检察院、最高人民法院关于人民检察院借调审判卷宗的规定，保障民事行政检察监督工作正常开展。

(2) 修订现行《民事诉讼法》和《行政诉讼法》，明确规定检察机关有权向有关单位和个人调查取证，有关单位和个人有义务予以协助，并提供其了解和掌握的证据材料；对某些可能发生灭失或以后难以调取的证据，赋予检察机

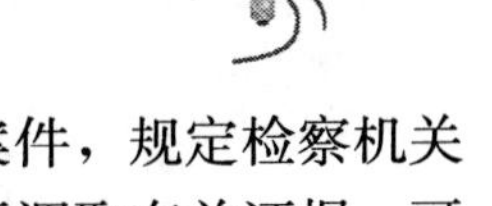

关保全证据的权力；对需要经过鉴定才能查清事实真相的案件，规定检察机关有权指派或委托法定鉴定部门进行鉴定；根据案件情况需要调取有关证据，可以赋予检察机关对现场及物品的勘验权。

87. 信息高速公路知识产权的法律保护*

信息高速公路知识产权是指在信息高速公路上由公民或法人依法对其创造性智力劳动成果所享有的权利以及有关的经济贸易活动中依法享有的制止不正当竞争的权利。❶ 美国 20 世纪 90 年代倡导建立国际信息高速公路，引起了世界各国的极大关注。一方面，信息技术现代化和国际科技一体化进程日益加快；另一方面，信息高速公路中的知识产权问题日渐突出，呈现许多前所未有的特点；再一方面，信息高速公路中知识产权的法律保护要求十分迫切。

一、信息高速公路知识产权面临四大难题

信息高速公路将现代人类带入一个全新的世界。纵观人类发展史，古代人类逐步利用物质资料，制造了人力工具，支持农业社会生产力的发展，实现了由游牧社会到农业社会的转变；近代人类逐步学会利用能量资源，制造了动力工具，促进了工业社会生产力的成长，实现了由农业社会向工业社会的转变；进入 21 世纪中叶，人类开始懂得如何有效地利用信息资源，制造智力工具，推动信息社会生产力的迅猛崛起，人类将并正在实现由工业社会向信息社会的转变。❷ 随着信息高速公路的启动实施和信息社会的到来，传统的知识产权理论与实践受到严峻的挑战，并面临四大难题。

（一）信息载体的“非物质性”对知识产权专有性带来冲击

知识产权的专有性是有时也被称为知识产权的独占性、排他性或垄断性，

---

* 本文于 1998 年 12 月被湖北省法学会民法学专业委员会评为“1998 年度优秀论文二等奖”。

❶ 王加斌：“信息高速公路建设中的知识产权问题研究”载《科技与法律》1996 年第 4 期，第 3～4 页。

❷ 钟义信：“信息化：理论与策略”，载《信息化法制——中国信息化法制建设研讨会论文集》，中国科技信息出版社 1997 年版，第 24 页。

是指知识产权专为权利人所享有，非经法律特别规定或者权利人同意，任何人不得占有、使用和处分。这是传统知识产权的重要特征之一。信息高速公路中的知识产权的客体呈现“非物质性”，但知识产权客体的非物质性并不表示其载体的非物质。所谓载体就是指智力成果所依附的并使该成果得以为人所感知的物体，如：磁盘、光盘、光纤、电缆、各种计算机存储器，它是传输和储存信息的媒介，并以信息的数字化为基础。数字转换技术为信息产品的组装、处理和使用提供了便捷，但同时亦增加了受保护资料被擅自操作和窃取的危险。另外，信息本身的特性决定了其多是公开、公知、公用的，且很难被权利人控制，这更加大了权利人占有、使用、处分和救济自身权利的难度。

（二）信息交换的迅捷使知识产权的时间区段难以把握

知识产权的存续是有期限性的，即它仅在一定的法定期限内受到保护，期限届满则不予保护。一方面，法律确认所有者的财产价值，反映了知识产权的商品属性，给予创造人补偿价值投入的机会；另一方面，它又是人类精神财富的一部分，如果无限制地置于个人垄断之下，必然会阻碍或延缓社会的进步与发展。因此，时间性是传统知识产权的又一重要特征。如：世界各国对版权保护一般为 50 年，有个别国家长达 70 年；专利保护多为 20 年；商标保护则为 20 年或 10 年。我国对发明专利的保护期限为 20 年，实用新型和外观设计专利的保护期限为 10 年；商标保护为 10 年；软件保护则为 25 年，最长不超过 50 年。❶ 而信息高速公路上的知识产品其便捷快速的传输和扩散的能力，是过去任何时代都无法比拟的。这使得人类的生产和生活节奏加快，知识更新和老化的周期大大缩短。据粗略统计，人类科技知识 19 世纪是 50 年增加 1 倍，20 世纪中叶是每 10 年增加 1 倍，当前是 3～5 年增加 1 倍。❷ 随着科学技术化，技术科学化，科学技术的高度综合，今天从形成一种新知识到把它运用到产品或工艺中去的时间，有的为几年，有的则仅用了几个月。所有这些，使得知识产权保护的时间性陷入“进退两难”的境地，即：保护过长，因知识老化、无人问津而造成智力资源的浪费，过分享用专有权而造成新的社会不公正保护时间过短，所有权人的利益得不到充分实现，这将挫伤其进一步创作的积极性。

---

❶ 王加斌：“信息高速公路建设中的知识产权问题研究”，载《科技与法律》1996 年第 4 期，第 5 页。

❷ 宋健主编：《现代科学技术基础知识》，科学出版社、中共中央党校出版社 1994 年版，第 40 页。

（三）信息的电子化服务对知识产权的地域性提出挑战

知识产权的效力只限于本国境内即知识产权的地域性是知识产权的法律特征之一。除签有国际公约或双边互惠协定或实践中实行对等保护原则的以外，知识产权没有域外效力，其他国家对这种权利没有保护的义务。网络自身的开放性和无国界性，使信息很容易在世界范围内广泛传播，这就使得国与国之间的界限越来越模糊，从而使知识产权的地域性受到了严峻挑战。同时，网络环境的开放性、交互性、虚拟性等特征使得其中的法律事实与现实环境相比更让人难以琢磨。各国知识产权立法存在较大差异，信息产品在各国的保护标准参差不齐，将导致网络侵权行为难以认定，执法主体难以确定。

（四）信息高速公路使知识产权法律关系难以确定

传统知识产权法律关系较易明晰，对知识产权纠纷调处时，认定主体是否合格、内容即权利与义务关系是否明确、客体是否存在，对某一具体知识产权法律关系构成的认定，对侵权行为的认定及其应承担的法律责任的定性，只要认真查证，正确适用实体法和程序法，都是不难实现的。但是，在信息高速公路条件下，对知识产权法律关系的认定成了难题。(1) 网络上出现了大量的多媒体信息产品，往往是多个信息原型的创作者、多媒体组合者以及最终加工者等多重主体的创造性劳动。如何区分原始创作所有权、多媒体组合所有权、最终加工所有权及其权利边界，或三者共同所有权及其权益受偿分割将成为难点。又如：侵入电子邮箱，窃取、破坏商业秘密，侵犯个人隐私，进行侮辱，滥发商业广告；或私自穿越防火墙，侦查商业秘密或其他机密，盗用或者破坏网络资源；或在文件传输中因玩忽职守或恶意使其失密、失真、遗漏、延误或错发对象造成用户损失应如何认定，适用何种法律，承担何种责任等等，都是全新的课题。(2) 从法律关系的内容权利与义务看，权利主体呈现非独立性，义务主体呈现广泛性，并且往往跨越国界，对知识产权的义务主体应遵循的义务难以把握。如：私自进行国际联网，私自解密入侵网络资源；通过网络发布虚假信息诱使他人签订合同，待钱财到手后逃之夭夭等。对其权利义务的调查、认定、处理十分困难。(3) 从知识产权法律关系的客体看，由于信息高速公路具有跨越国界的特点，当侵权行为发生在本国并且被侵犯客体也在本国，对侵权行为的调查取证，提起诉讼，追究相应法律责任较为方便。然而，当侵权行为地发生在A国，侵权主体系B国国籍公民或法人，被侵权客体在C国，对此侵权行为，何国享有司法管辖权，由谁提起诉讼，哪一国家有调查（侦查）权，法律冲突的援引、国家间的司法协助，对侵权行为人认定承担何种法律责任等，都将成为难题。

二、信息高速公路知识产权立法借鉴

信息高速公路的构建冲击了传统知识产权的保护模式，这促使各国加快制定与信息高速公路相适应的保护知识产权的法律。美国 1970 年颁布了《公平信用报告法》，1974 年颁布了《隐私权法》；1993 年 9 月美国政府发布的《国家信息基础设施（NII）行动纲领》报告中把“保护知识产权”“防止非法仿冒和保护知识产权的完整性”“加强国内的版权法和国际知识产权公约”作为一个重要问题提出来研究；1995 年 9 月 5 日提出了《知识产权与国家信息基础设施》白皮书。1973 年瑞典颁布了《数据法》；1977 年德国颁布了《联邦数据保护法》，1982 年加拿大公布了《隐私权法》；1984 年英国公布了《数据保护法》；1993 年 12 月 EEC 主席德洛尔公布了关于经济增长、竞争和就业的白皮书，提出组建包括知识产权保护在内的规章制度的三个小组。欧盟、日本、加拿大以及新加坡、韩国随之提出了全国性的信息高速公路计划；南美的巴西、阿根廷、乌拉圭等国家也加紧实施“光缆传输网”工程。1995 年 2 月，西方七国集团提出建立《全球信息基础设施》宏伟目标。1995 年，我国台湾地区公布了《电脑处理个人资料保护法》；1996 年，我国香港地区公布了《个人数据保护条例》。这些国家和地区的立法虽具有分散性、单一性和国内法或地区法的性质与特点，但涉及内容较为广泛，包括对个人资料（数据）保护、信息公开、大众传媒、信息税、信息侵权民事责任的承担、反信息限制竞争、信息诉讼、信息产权、商业信息权保护等等。国际知识产权保护也经历了由 1883 年的《保护工业产权巴黎公约》、1967 年的《世界知识产权组织公约》、1970 年世界知识产权组织（WIPO）的成立，到 1994 年 4 月 15 日 GATT 国际知识产权框架文件——“邓克尔文本”（TRIPS）签署的漫长发展过程。欧洲理事会还公布了《个人数据自动化处理公约》示范条例。所有这些，为我们研究信息高速公路条件下的知识产权法律保护问题提供了十分有益的立法经验和技术借鉴。

三、完善我国信息高速公路知识产权法律保护的建议

信息高速公路对国民经济发展的开放性、领先性和战略性的作用，已被发达国家所普遍认同。我国要在 21 世纪抢占科技制高点，实现党的十五大提出的宏伟奋斗目标，必须高度重视信息高速公路知识产权的法律保护。为此建议如下。

第一，建立以信息法为龙头，以部门法为支柱，以行政法规规章为补充的

信息高速公路知识产权保护法律体系。

（1）根据宪法规定，借鉴国外立法经验，结合信息化部门法律体系的内在特点与要求，制定信息法，作为部门法律体系的基本法。（2）结合实际，尽快制定软件法、网络法、反病毒法等法律，以构建完备的部门法律体系。（3）随着网络技术的广泛应用，网络化、国际联网的迅速发展，信息安全的保护首当其冲。鉴于当前缺乏立法经验，可先制定行政法规或行业技术保护规范等，作为保护自己的“安全屏障”，此为立法缺憾的权宜补充之计。

第二，修改、补充、完善现行知识产权立法。

当务之急是：（1）著作权法应将信息作品如电子出版物、信息编辑作品、多媒体作品纳入其保护范畴，对发行、发表、传播、复制等法律问题重新界定，合理安排作者的相关权利，明确规定作者权利的范围，诸如出租权、网络传输权及管理者的信息处置权，修正软件保护的法律制度。（2）专利法应将有关专利申请文件的网络公布及由此可能产生的侵权后果进行规定，将信息高速公路中具有明显技术特征的知识产品纳入保护范围。（3）商标法应明确规定以抢注域名手段侵犯他人商标（服务标记）和企业名称的侵权责任及其处置等。（4）进一步修订完善大众传媒方面的法律法规。对已公布的《音像制品条例》《广播电视管理条例》《电子出版物管理暂行规定》《计算机信息网络国际联网管理暂行规定》《出版管理条例》，应放在信息高速公路环境下重新思考定位，吸纳国外立法经验与立法技术，进行全面清理、综合整理与修订，以制定富有开放性与时代特色的大众传媒法。（5）对我国修订的《刑法》第285～287条有关计算机犯罪的立法规定进行司法解释，以适应惩治计算机犯罪、保护知识产权的需要，促进知识经济发展。

第三，填补电子信息领域的知识产权立法空白。

（1）为适应全球信息基础设施建设需要，借鉴外国立法经验，尽快制定电子信息法，以规范我国信息基础建设中的各类社会关系。（2）制定《电脑处理个人资料保护法》，以有效地保护公民的隐私权、言论自由权及出版自由权等权利。（3）制定相关的信息公开法。瑞典、挪威、芬兰以及法国、美国都制定有信息公开或获取之法规。我国目前尚无专门的“信息公开法”。因此，要尽快制定此法，着重规范有关国家机关行政、立法、司法、执法等活动的信息公开问题。（4）制定相关的信息税法，用以规范网上商业交易的税务监控、申报、稽核，税率计算，跨国税务等问题。（5）尽快出台相应的反信息限制竞争法。我国目前拟制订的GWB，主要就电信、通信等公用企业或自然垄断行业的限制竞争或垄断行为进行规范，重点对垄断、兼并、歧视（差别待遇）、联合抵制、联合限价、瓜分市场等行为进行规范。(6) 尽快制定集成电路保护条例，用以规范和保护集成电路制造过程和产品配方的知识产权。(7) 制定其他与信息高速公路建设相关的知识产权法律制度，如关于网络传输的知识产权保护、著作权集体管理等专门法律、法规。

第四，积极参与国际公约的草拟签订工作。

信息高速公路的国际化。极大地推进了知识产权保护的国际化进程。它要求世界各国在尊重主权、平等互利的基础上，从人类社会步入信息时代的客观现实出发，加强知识产权保护方面公约、协定在国际上的草拟签订合作，以有效地协调和解决与日俱增的知识产权领域的矛盾与冲突。中国作为“后发式国家”，要抓住由农业社会向工业社会、由工业社会向信息社会双重转变的机遇，加快信息高速公路知识产权的国内立法步伐，同时还要高度重视和积极参与信息高速公路环境下国际公约的制定与完善工作，以实现信息传播的国际化、规范化和法治化。在有关信息的双边及多边国际性公约中，就 GATT/WTO 而言，我国必须尽快加入 TRIPS；1996 年 12 月 20 日世界知识产权组织公布《版权条约》(WCT) 与《表演与唱片条约》(WPPT)，我国应尽早加入；对正在拟订的《数据条约》，我们应积极关注，一旦公布亦应加入。

六、比较借鉴篇

88. 马来西亚检察制度探微*

2009年6月中旬，应马来西亚检察机关之邀，我们在最高人民检察院代表团团长王振川的率领下，对其国家检察总署、反腐败委员会以及皇家警察署进行了友好访问。双方就各自检察机关的职能任务、两国司法合作、国际反腐败协作、中国—东盟检察机关法律合作作了广泛交流与探讨。现就马来西亚检察制度介评如下。

一、检察机关的性质及其地位

当代马来西亚政治、司法及其检察制度，是殖民政治与法律制度强制植入、融合以至本土化发展的历史产物。早在中世纪时期，马来半岛就被欧洲海上探险家们称为“黄金半岛”。历史上最古老的马来王国于公元10世纪就沿海兴建起港口城市。15世纪初，拜里米苏拉国王创立了马六甲王朝，随后马来半岛跃为东南亚繁荣的贸易中心。从此，马来半岛也成为西方殖民者垂涎与掠夺的对象。1511年，葡萄牙人率先入侵马来半岛。1795年，荷兰人占领马六甲并用铁矿山修筑城堡。1818年，英国趁着荷兰国家内乱、代荷兰人看守城堡之机，将城堡拆除并顺势接管了马六甲；1826年，英国人设置海峡殖民地，不断扩大在马来半岛的影响；1855年，英国人把整个政治、司法及检察制度强制植入马来西亚，直至1957年马来西亚独立。随着英国殖民政治、法律文化长达200年之久的逐步渗透、强制植入以及全面领管，使得有着独特地理环境、丰富资源、举世闻名马六甲海峡的马来西亚，从此淡出了具有悠久历史的“习惯法”，中国漂洋过海带来的“属人法”、印度人输入的“摩奴法”、阿拉伯人传入的“伊斯兰法”等法律文化的影响，取而代之的是同英国对马来西亚经济、政治、文化、军事全面统治相适应“英国化”的法律制度安排，即：其国体实行君主立宪联邦制，政体实行立法、司法及行政三权分立；最高国家元首

* 本文发表于《国家检察官学院学报》2010年第1期。

的国王与英国君主独任世袭不同，而由各九洲世袭之苏丹投票选出，轮流坐庄，任期5年；行政权的最高代表即内阁由首相府及阁员组成，设首相、副首相各1名，行政最高决策实行统治者会议制度；国会享有最高立法权，众参两院议员有言论免责权，相应的联邦各州议会均有地方性的立法权。

司法制度具有鲜明“英国模式”的特色。同“英国化”的政治体制相适应，马来西亚司法制度模式源于英国的普通法系。其虽是联邦制国家，但并不像美国与加拿大一样在联邦与州（省）之间设有两套平行的司法体系，其司法权由法院体系统一行使。法院体系由联邦法院、高等法院及地方法院构成。地方法院包括郡法院及地方法庭，亦称为初级法院，其享有初审权，只受理数额小、标的额不超过2.5万马币的经济纠纷与民事纠纷案件，以及判处5年以下有期徒刑、罚金的刑事案件。高等法院有东马、西马两个区域性法院，其行使初审权、上诉管辖权和修正权，即审理标的额不超过25万马币的经济纠纷与民事纠纷案件、普通刑事案件与死刑以下的刑事案件。管辖西马各州的高等法院由院长和15名法官组成，院址设在吉隆坡；东马高等法院由院长和8名法官组成，院址须征询首相、州长及院长意见后确定。联邦法院主要是行使上诉管辖权、享有涉宪解释权、对州与州或州与联邦争议案件的初审权，对严重刑事案件适用死刑判决相对终审权，适用绞刑须秘密进行，被告人如不服可以向国王上诉；自1957年独立后至1985年间，马来西亚最高法院仍只有名义上的终审权，其终审判决可以申诉至英国的枢密院；直至1985年，英国取消枢密院对马来西亚最高法院裁判案件的终审权；根据1994年联邦法院法令，原最高法院也更名为联邦法院。此外，马来西亚还设有审理特殊领域案件的专门法院，如：军事法院、伊斯兰法院、少年法院、土地法院、（东马）原住民法院、劳工法院、工业法院、铁路法院等等。联邦法院设1名首席大法官，由两个高等法院院长、6名资深法官组成，法官由国家元首征询内阁首相及统治者会议意见后任命并实行终身制，年满65周岁退休。

检察权的性质属行政权，其地位具有相对独立性。同马来西亚三权分立的政治与司法、经济、文化及社会体制及其运行模式相适应，检察权系作为行政权的一项相对独立的权力，检察署系政府行政序列的组成部分。根据《马来西亚联邦宪法》第143（3）条、《马来西亚刑事诉讼法》第376（1）条及其他法律规定，马来西亚检察机关属行政序列的独立执法机关，其权力行使的组织体系具有相对独立性与组织严密性。检察官的角色地位具有多样性与相对独立性。根据法律规定，首席检察官（亦称检察总长）在刑事、民事、行政三大诉讼方面被称为国家公诉人，其地位是“人民的辩护者”，其职权：（1）就最高元首或内阁随时提交的法律问题提出建议；(2) 执行最高元首或内阁（首相会议）交办的任务；(3) 充当政府及最高元首的法律顾问；(4) 行使宪法或其他成文法所赋予的职权；(5) 代表国家行使刑事、民事、行政诉讼的起诉权及完全酌情决定权，亦即自由裁量权；(6) 在执行公务时，有权出席联邦各级法院或法庭。总检察长通过行使上述权力以达到公正、公平、透明地实施刑事诉讼、依法惩治犯罪，保障诉讼主体的合法权益，保护公众利益，维护宪法法治的目标。

二、检察机关的设置、组织结构及其管理

根据《马来西亚宪法》及相关法律规定，马来西亚检察机关由国家检察总署、联邦各州（13 个）检察署组成。在内部机构设置方面，检察署根据业务分工分别设置相应的职能机构。总检察署设总检察长 1 人，检察长（官）若干人。根据《马来西亚宪法》规定，总检察长由最高元首在征询首相及首相会议意见后任命，其任期由最高元首确定，并可随时辞职。总检察署内设机构有：总检察长办公室、副总检察长办公室、诉讼司、咨询司、法案司、法律修订及改革司、民事司和事务司。如：诉讼司设司长 1 人，副司长 3 人，分别主管政策、运作、行政等检察工作。其中主管政策的副司长下辖商业犯罪处、财产没收处；主管诉讼运作的副司长下辖普通犯罪处和犯罪处、毒品处；主管行政的副司长下属各州（低级法院）法定团体及其他各部门的涉检事务。各州检察署设有诉讼处，与诉讼司的业务相照应。对于专门机关如反腐败委员会、皇家关税和货物税局、国防事务委员会、中央银行等，则实行 SDPPS（高级检察官）或 DPPS（副检察官）机制进行诉讼，即受总检察长及检察署领导，派驻检察官于上述政府执法机构，专司对腐败案件、洗钱案件等诉讼职责，其职权、职责与检察署检察官的职权、职责相同，其最大特点在于他们可以在联邦各州的不同级别的法院提起并支持诉讼。

马来西亚检察机构的管理与运作具有自身的特点。其一，恪守“公正与公平”的执法原则。明确检察官执法必须把“大众和国家的利益放在首位”，把执法透明性、责任性作为检察工作的基本原则，即强调符合法规原则的检察（诉讼）决策必须公开、透明，检察（诉讼）工作必须对社会大众和犯罪受害人负责，通过提起刑事诉讼，审判罪犯并使正义得到伸张。其二，严守检察官（起诉人）的职业道德规范。明确指出“起诉人（检察官）是马来西亚宪法完整性的最强的堡垒和保护”；确立检察官必须具有“公正冷静”“寻求正义”“保持公正独立”的基本理念、道德规范及应尽义务。其三，坚持执法廉洁性。

1997 年，马来西亚通过《马来西亚反腐败法》（法 575），该法强调预防腐败行为的规则同样适用于起诉人（检察官）。其四，保护国家秘密。1972 年制定的《马来西亚公务员保密法》（法 88）强调起诉人（检察官）必须保护官方机密。其五，严明执法纪律。1993 年，公务员方面法律（行为和纪律）规定同样适用于起诉人（检察官）的行为和纪律。其六，注重专门培训。马来西亚检察总署在与我们交流中强调："没有对起诉人（检察官）的培训，检察机构就不能有效运作。"他们主要通过由司法和法律培训机构提供培训、内部培训与在职培训等方式，提高起诉人（检察官）的思想素质与业务素质，增强执法能力，真正成为人民满意的"辩护者"与执法者。

三、检察官的职权及其责任

沿袭"英国化"政治、司法制度模式传承而来的马来西亚检察制度模式及其检察权，不仅与生俱有行政权性质，而且其权能结构与英国近代传统检察权能结构如出一辙：检察官一般不具有《联合国检察官作用准则》所强调的对贪污、贿赂、渎职等腐败案件的侦查权。这同传统英国检察官职权模式的权能结构中对职务犯罪侦查权长期缺位是完全类同的。为应对 20 世纪 80 年代中期以来经济全球化浪潮带来检察制度现代化与检察权权能结构优位化的挑战，英国不得不对本国检察制度进行大胆改革：（1）建立健全检察机关自上而下垂直的领导体系；（2）颁布《严重诈欺法》，设立严重诈欺局（类似中国的反贪局与反渎局的职能），赋予检察官对诈欺（白领腐败）案件的侦查权；（3）明确规定 500 万英镑以上的案件由总检察长指挥反严重诈欺局侦查，对 500 万英镑以下的严重诈欺案件则交由主控检察官调查等，这种新型检察职权模式被南非、新西兰等英联邦国家仿效。但是，马来西亚与新加坡却并未仿效英国司法改革带来新型检察职权结构及其运行模式，而是继续实行刑事侦查权"分权运行模式"。根据《马来西亚宪法》及有关法律，如 1995 年颁行《马来西亚反腐败法》，对腐败犯罪的侦查由隶属政府首脑领导下的贪污调查局行使，其后贪污调查局更名为反腐败委员会（MACC），2009 年 1 月 1 日修订的《马来西亚反腐败法案（694 号）》正式实施，MACC 的侦查职权进一步扩大；对违反刑事法典的犯罪的侦查，由皇家警察行使；对走私等犯罪的侦查，由皇家关税和货物税局行使；对股票卖空、内部交易、无证从事期货业务等犯罪的侦查，由证券委员会行使；对非法接受存款、兑换货币的违法犯罪的调查，由中央银行行使；对露天焚烧、排放污染物等违反刑法的调查，由环境、住房等部门及地方政府行使等。根据《马来西亚宪法》法律规定，检察机关及检察官的职权主要有6项。

第一，对刑事诉讼具有完全酌情决定权。

所谓刑事诉讼完全酌情决定权，是指首席检察官及其起诉人（检察官）依照法律规定，综合被害人与被告人合法权益保护等诸多因素，贯彻维护公正与公平、大众与国家利益原则，对皇家警察总署及各州警察局等执法机关移送审查起诉的刑事等案件，依法审查、决定指控犯罪嫌疑人、以何种罪名决定起诉犯罪嫌疑人或者决定不指控犯罪嫌疑人以及决定停止已向法院或法庭起诉的刑事被告人，并且不为法官或法庭所反对、不为下议院所质疑。这种对所有刑事案件在诉讼环节上广泛而独立的决定权及其酌情处置权是马来西亚检察权相对独立性的突出表现。

第二，对侦查（调查）机关移送刑事案件的审查、提起公诉、支持公诉权。

根据1960年《马来西亚警察法》第3条第3款规定，马来西亚皇家警察主要职责是：(1) 担负阻止和侦查犯罪；(2) 逮捕和移送起诉犯罪分子；(3) 维护法律和秩序；(4) 收集安全情报；(5) 维护国家和平及安全等。皇家警察总署组织结构较为严密，分设有全国警察总长、副总长，下设缉毒、刑事、商业犯罪调查、内部安全和公共秩序、特别行动（包括反恐行动）、特别调查管理以及后勤服务等管理机构。就刑事调查方面，其主要职能是：(1) 负责刑事侦查计划及政策的研判及其拟订；(2) 从事刑事卷宗的登记，通过指纹追踪确定疑犯身份，查阅犯罪档案；(3) 对执行长期规划追踪政策情况进行审计与监督，提出改善建议；(4) 收集犯罪情报及其犯罪记录，对财产犯罪调查；(5) 承担经首席检察官或检察官审查同意并交由警察署（局）专司起诉官的部分轻微罪案的诉讼，并监管利用侦查职权谋取利益的行为与诉讼，提供法律建议，与律政司进行协调；(6) 提供审讯、摄像、警犬等技术支持；(7) 根据限制居住法、预防犯罪法、反贩卖人口、走私行动等承担对疑犯的刑事拘留及其预防刑事犯罪；(8) 针对绑架、滥用枪支等开展特别行动；(9) 针对有组织犯罪、跨国犯罪开展特别调查；(10) 运用法医技术；(11) 通过对儿童保护中心、受害者护理中心的监督管理，加强对遭受性虐待者及被虐待儿童权益的保护。进入20世纪80年代以来，马来西亚经济发展的外向度不断提高，由于经济全球化及亚洲金融风暴的冲击，其经济与社会矛盾深刻，导致国内刑事犯罪高发，其暴力犯罪与财产犯罪持续增长。根据马来西亚皇家警察总署提供的资料，2008年，谋杀、强奸、武器团伙抢劫、无武器团伙抢劫、武器抢劫、无武器抢劫、伤害等“七类”暴力犯罪发生37 817件，比2007年度上升7.56%；其中谋杀、强奸、武器团伙抢劫、武器抢劫分别上升 10.85%、10.01%、142.67%和 207.40%。盗窃重型车辆、盗窃汽车、盗窃摩托车、开车抢劫、白天入室抢劫、晚上入室抢劫及其他重大盗窃等“七类”财产犯罪发案173 828起，比2007年度下降仅0.34%，其中盗窃重型车辆、盗窃汽车、晚上入室抢劫分别上升 24.09%、22.29%、8.35%。为了加大对各类刑事犯罪的打击力度，马来西亚警察机关加强刑事调查，2008 年，暴力的谋杀犯罪结案率为 68.20%，强奸、伤害高达 94.56%和 82.39%；而武器团伙抢劫及武器抢劫结案率分别为 35.12%和 39.47%；财产犯罪的破结案率仅为 44.15%，其中盗窃重型车辆、盗窃汽车、入室抢劫（白天/晚上）、盗窃摩托车的结案率仅分别为 17.87%、22.62%、25.77%、39.65%和 35.32%，其打击迅猛增长的财产型犯罪的力度与收效是有限的。

对于警察移交的各类刑事犯罪及其证据材料，检察官从维护公众与国家利益、维护公平公正、维护宪法法治、保障经济发展出发，切实履行职责：（1）全面客观地审查犯罪事实及其证据；（2）认为证据证明力不能达到定罪标准的，可以向警察提出补充侦查意见；（3）根据案件的需要，对警察进行引导侦查；（4）向法庭或法院就刑事案件提起公诉；（5）首席检察官作为法定的公诉人，或他任命的高级检察官（SDPPS），副检察官（DPPS）出席法庭实施刑事诉讼；（6）指导有关侦查（调查）机关实施起诉官进行刑事诉讼。马来西亚检察总署设有专门的诉讼司，其职能是：（a）负责向有关商业犯罪的调查文件及其诉讼做出指示，向皇家警察、国内贸易事务部、中央银行、证券委及其遍及全国各州诉讼处的犯罪调查及其诉讼提供建议或做出指示。（b）研究来自全国各州“DDFOP”《危险药品（财产没收）法》、涉及财产价值大于 RM5 万的调查、《反洗钱及反恐、融资法》管辖的调查，分别作出有关调查及其诉讼的指示。（7）对有关侦查机关依据 AMLATFA 和 DDFOP 法调查并移送起诉的案件进行听诉，决定是否接受其申请。（8）起诉人在指控或不指控以及以何罪名指控方面享有广泛的酌情权。在联邦法庭 Long bin Samat Qrs. V. PP（1974）2MLJ 案件中：首席检察官对所有刑事诉讼具有广泛的判断权；依据 Johnson Tan Hang Seng V. pp（1974）2MLJ66 案件，“当决定所指控的罪名时，首席检察官可以考虑公众利益”。（9）对于已提起公诉的案件，根据相关证据变化或考虑公众利益，检察官可以停止刑事诉讼，并且法庭不能强迫检察官继续他已经决定停止的任何刑事诉讼。（10）首席检察官不是下议院议员，其酌情决定权不用与议会保持一致。依据《马来西亚联邦宪法》第 145（3）条之规定，无论如何不得在法庭上通过诉讼文书移送命令、声明或其他司法审查手续质疑首席检察官的酌情决定权 Repro Holdings Bhd v. pp（1997）3MLJ681，即：①检察官办理案件时，必须把公众利益与公众情绪区别开来，其后者常常是传媒驱动的非主导的考虑因素。②对年轻人犯罪，检察官应考虑罪名可能导致不可挽回的危害，综合考虑其犯罪前的品质、父母的态度、重复犯罪的可能性以及是否影响接受高等教育等，从而决定是否起诉或以何罪名起诉。③对于老年、精神不健全者，检察官一般不愿对其提起公诉，但是，对于严重犯罪或重新犯罪可能性大的则提起公诉，其中有的犯罪者正患有严重疾病或需强化治疗的，是否适于受审，检察官应综合考虑。④对性犯罪，则应考虑“受害人”是否属犯罪中自愿的一方，犯罪者的相关年龄以及是否存在诱惑因素。⑤对原告的态度的考量，如强奸案件或家庭暴力案件，如果因恐惧驱使或犯罪严重，则需提起公诉。⑥对技术犯规型犯罪，如年轻人犯罪行为相对较轻，即偷窃价值小的物品或技术犯规，可以不提起公诉；但财产所有人希望起诉的，则应考虑起诉。⑦对于地方团体的态度，检察官必须考虑地方团体的态度以及特殊犯罪在地区或全国范围的普遍性。⑧对于法庭裁决停止诉讼的案件所涉及受害人权益保护问题，检察官有责任在法庭作出裁决之前，确保受害人了解其裁决的原因。⑨对于是否决定指控疑犯时，检察官需对评估可用证据予以充分考虑，其可用证据必须是相关的可采纳和可信的，并且已通过法庭质证程序重点考量的。

第三，对反腐败委员会（MACC）移送起诉腐败案件享有完全的酌情决定权。

根据马来西亚法律文化传统及其司法制度安排，其对腐败案件的侦查，并未效仿英国设置严重诈欺局、由总检察长或检察官指挥诈欺局或直接侦查的制度模式，而是由相对独立的反腐败委员会（MACC）进行调查。根据2009年法案第7部分之规定，MACC成员被赋予以下职责：（1）接受并考虑委员会任何有关违反法案行为的报告并进行调查；（2）对任何违反法案的行为的阴谋或尝试进行调查和侦查；（3）对公共机构的决定系统、程序及其执行进行检查，对违反法案的行为或可能诱导腐败发生的情形进行纠正；（4）为正在从事消除腐败的任何人提供建议和帮助；（5）对能够降低腐败发生可能性的决策、系统、程序及其执行等，向公共机构负责人提供建议；（6）教育公众反对腐败；（7）谋求并提高公众对反腐败的支持。MACC委员长由最高元首任免，委员长的权力仅相当于副检察官。为了确保其履行职责的公正性、廉洁性及其透明度，MACC需向反腐败咨询委员会和议会各院提交年度报告，其活动及运作接受两个独立委员会（反腐败咨询委员会、反腐败特别委员会）、两个专门小组（运作评估小组、咨询和预防腐败小组）的监督与社会监督。但 2009 年 MACC 法案与 1997 年 ACA 法案相比，其权力扩大到对公共机构、公共机构工作人员腐败行为的独立调查权，检察官将部分案件交由 MACC 起诉。根据 2009 年反腐败法案，所谓公共机构，其范围界定包括：（1）马来西亚政府；（2）州政府；（3）任何地方权力机构及其他法定权力机构；（4）前述机构的任何部门、服务机构或事业单位；（5）按照社团法规定注册的社团及其分支机构，包括体育、合作、工会、青年社团及其拥有公共机构控股权或利益的公司或子公司，或首相随时发表命令所规定的任何社团、联盟、组织及其机构。所谓公共机构官员，其范围界定是：（1）某公共机构的任何一个成员、官员、职员或公务员；（2）管理机构的成员；（3）议会的成员；（4）州立法议会的成员；（5）最高法院、地区法院或联邦法院的成员；（6）任何从公共资金中获得酬劳的个人及为独资公司的公共机构，包括加入独资公司的个人。所谓代理人，其范围界定为：①受另一方雇佣或给另一方做代理的个人；②在任何公共机构或其领导下就职的官员；③公共机构成员某死者遗产的托管人、管理人或执行者；④开发商；⑤被托管人或管理员或执行雇佣或为做代理的个人。所谓亲属，其法案界定为：①当事人的配偶；②当事人的兄弟姐妹；③当事人配偶的兄弟姐妹；④当事人直系亲属或直系卑亲属；⑤当事人配偶的直系亲属或直系卑亲属；⑥直系亲属或②中所述的个人；⑦当事人的叔伯父（舅父、姨父）、叔伯母（舅母、姨母）；⑧当事人的女婿或儿媳。对于上述主体，只要其行为违反了 2009（MACC）法案，触犯了受贿，代理人行贿或受贿，通过代理蓄意欺骗委托人，处理使用、持有、受贿或隐藏贿赂，提供虚假陈述或蓄意误导，滥用调查权力，不如实提供额外财产证明、妨碍调查和搜索，提供虚假线报材料等证明，MACC 成员即有调查或侦查，案件侦结后移送检察官审查提起公诉，以及经检察官审查批准，交由 MACC 负责起诉的工作人员直接向法庭或法院起诉的权力。首席检察官、SDPPS、DPPS 起诉或 MACC 专司起诉官起诉的腐败案件，经法庭或法院开庭审理、举证、质证、诉辩双方多轮答辩与辩护后，根据其案件性质、危害后果，法庭或法院给予相应的刑事处罚。其中，受贿罪、代人行贿或受贿罪、公务人员行贿受贿罪、利用官员或职务捞取贿赂罪、以腐败方式撤回招标罪、巨额财产来源不明罪等被判处监禁最高不超过 20 年，罚金按照贿赂价值的 5 倍或 RM10 000 之间的较大值；对其他报告贿赂渎职、提供虚假陈述或虚假信息、滥用调查权、妨碍调查或搜寻，处理、使用、持有、收受或隐藏贿赂犯罪，则处监禁不超过 10～2 年，并处罚金 1 万～10 万二者取较大值。值得注意的是，2009 年 MACC 法案对涉及国家元首的腐败案件未明确管辖。这表明，马来西亚反腐败法案还存在一定真空，其运行效果如何，国际社会仍待观察。

同新加坡的反腐败局一样，马来西亚 MACC 的调查权亦受到制约。主要表现于六个方面：（1）MACC 所提出的工作提案，需由最高元首挑选并任命的七人反腐败咨询委员会进行审查、会签，以提高 MACC 委员会的效率及其运行的有效性。（2）对 MACC 的年度报告与反腐败咨询委员会的评估意见，由国家元首从参众两院中挑选并任命七人组成的特别委员会进行审查、评论并要求予以解释或澄清。（3）对有关 MACC 官员的投诉（非犯罪的不当行为），由首相任命 5 人组成的投诉委员会进行监控，适时提出改进的意见，以加强薄弱环节的工作。（4）对 MACC 有关调查报告的决定，由首相任命 7 名专业人士组成的运作评估小组进行研究并批复。（5）对敏感性案件和公众关心案件的决定，由派驻 MACC 的检察官进行独立详细审查。（6）MACC 工作人员调查需向法庭或法院起诉的腐败案件，由检察署调派的 DPPS 实施诉讼。其主要职能任务是：①DPPS 对 MACC 工作人员提供的调查和检查进行研究、审查，并对可用证据进行评估；②本着维护公众利益的目的，以书面形式作出是否指控的决定，并按照刑事诉讼程序进行诉讼；③除由回教法院、酋长领地方法院或军事法庭实施的诉讼程序以外，首席检察官可自行决定行使提起、实施和中止对腐败犯罪行为的任何诉讼的权力；④起诉人即 DPPS 具有以下义务，包括：公正冷静地行使检察职能；秉承寻求正义的精神，以坚定公正的态度向法庭出示律师所认可的相关证据，确保被起诉的罪名相符，提供证据的可靠性，保持公正独立；DPPS 的决定必须是自由的、无偏见的、或无种族信仰或宗教趋向的，以及无非正当或不适当压力影响的等等。

第四，对诉讼官代行诉讼的审查决定书面准许权。

由英国传统“起诉分散主义”诉讼模式传承而来的马来西亚，其皇家警察、反腐机构、皇家关税和货物税局、证券委员会、中央银行及其他政府执法机关，一方面，履行对违反刑事、反腐败法案等法律的犯罪行为进行调查与侦查的职责；另一方面，对需移送起诉的罪案，由首席检察官或总检察署调派的检察官、SDPPS（高级副检察官）或 DPPS（副检察官）审查、提起和支持诉讼；再一方面，对于一些罪行轻微，诉讼量大的案件，基于检察官人数的限制，这些案件由检察官、SDPPS 或 DPPS 审查、批准并以书面形式通知，交由这些执法机构不得担任调查或侦查职责的专门起诉官行使诉讼的职责。这种由检察官依法审查、批准决定、规范行使的替代诉讼制度较之过去传统“绝对分散起诉主义”模式有了一定改进，其意义在于将起诉权纳入了统一规范运行的体系，凸显了检察官在刑事起诉中的性质、地位及作用，一定程度上克服了“绝对分散起诉主义”模式下起诉标准不统一、程序不规范、适用法律各异、司法权威泛化、法制不统一等弊端，弥补了检察官队伍力量薄弱的缺陷。但是，其作为制衡司法权专横的检察官新型权力形态，同“联合国检察官作用准则”所要求的及当代检察权配置现代化的的发展趋势——“三维结构”❶ 相比，其功能方面的缺憾是不言而喻的。

第五，提起、参与民事诉讼，确保诉讼主体的合法权益。

据何勤华、李秀清等学者考察研究，马来西亚法律授权总检察长可依法运用其诉讼权，代表国家提起某类民事诉讼，或经总检察长审查准许，个人或法人可以总检察长的名义提起民事诉讼。❷ 比如，在离婚诉讼中，总检察长通常调派一名 SDPPS 或 DPPS 参与诉讼，其目的是通过提起或参与民事诉讼，体现国家干预原则，确保民事诉讼活动的公正和公平，以维护公民、法人和其他组织的合法民事权益，防止损害民事权益行为的滋生，进而维护法制统一。

第六，提起或参与行政诉讼，维护国家和社会的公共利益。

何勤华等人研究指出，根据马来西亚法律规定，总检察长有权参与下列行政讼诉案件：（1）涉及公共权益并受到颁布训诫令或者宣誓保护的行政讼诉案；（2）法院审理有关选举权的案件；（3）涉及最高元首与各州苏丹的责任，包括侵权、契约、补偿等责任案的诉讼；（4）因公共机构越权行为导致损害公民权益或社会公共利益的行政诉讼案；（5）由于公民告发、经核实的行政诉讼案，总检察长可以授权公民以总检察长的名义提起行政诉讼；（6）总检察长除直接提起、参与行政诉讼、授权公民以自己的名义提起行政的诉讼外，还可行使自由裁量权。参加行政诉讼的检察官的权利与其他诉讼参与人相同：（1）有权依法提起上诉；（2）有权向最高法院提出申诉；（3）有权要求法庭审查，核实行政机关的违法行为。❸

四、检察机关与侦查机关、审判机关的关系

由于马来西亚检察机关检察权属行政权性质，与其他行政机关的关系是相对独立与平行的关系，其对行政机关最高首脑负责，对行政机关的违法行为除

---

❶ 此即对职务犯罪（腐败案件）的侦查权、公诉权及诉讼监督权三权合一的现代检察权模式及其运行机制。

❷ 何勤华、李秀清主编：《东南亚七国法律发展史》，法律出版社 2002 年版，第 340 页。

❸ 刘兆兴：“两大法系国家检察机关在两种诉讼中的职权比较”，载《外国法译评》1995 年第 1 期。转引自何勤华、李秀清主编：《东南亚七国法律发展史》，法律出版社 2002 年版，第 340 页。

直接参与和授权行使行政诉讼权外，无直接的查究与监督之责。其与政府侦查部门及其他执法部门的关系是“分工负责、依法履职、注重配合”。检察官与警察及其担负调查或侦查的官员，在刑事诉讼中各自扮演不同的重要角色。侦查人员根据法律职责，运用其经验与技能对刑事犯罪、腐败案件专司调查与侦查，搜集证据，记录证言，抓捕犯罪嫌疑人，检察官则以侦查人员移送的证据为基础，以法律为准绳，以起诉标准与经验为条件，进行全面审查和判断，决定是否起诉，支持公诉或中止诉讼，或依据特定条件交由侦查机关专司起诉职能的起诉官提起诉讼。在合作方面是多样性的。如检察官认为侦查人员提供证据无证明能力，达不到法庭定罪标准，则提出补充侦查的意见；根据交叉询问制度下的言词证据规则，侦查人员负有搜集证人与证言的客观义务；但因证人死亡、残废、路途遥远难以承担过高费用的，则检察官可向法庭出示书面证言。在与法官的关系上，检察官是专司起诉职责，法官是居中专司裁判的司法官。自英国司法制度移植马来西亚至今，检察官亦无对法官审判活动监督的权力。进入 20 世纪 80 年代以来，马来西亚也着手进行司法改革，但其实践中曾发生政府首脑将首席大法官免职的事件，其政治体制及司法体制改革的目标、路径及绩效如何，国际社会仍在期待与观察之中。

89. 经济全球化背景下的中国国际商事仲裁*

充分发挥仲裁的积极作用，是构建社会主义和谐社会的重大课题。本文将对经济全球化背景下的国际商事仲裁问题进行研究，以更好地发挥国际商事仲裁在经济社会发展中的作用。

一、经济全球化的概念及其实质

经济全球化是指各国经济在生产、分配、消费中一体化的趋势。其特点，是经济一体化趋势，包括生产、金融、科技三个方面，其中生产的全球化决定着金融和科技的全球化。其实质，从根本上看是一场世界范围内的产业结构调整，是以发达国家为主导、以跨国公司为动力的世界范围内的新一轮产业结构大调整。其形式，一是发达国家之间的产业结构调整和转移，在更大范围内资源优化配置，从而使发达国家之间技术更新换代，这发端于20个世纪80年代初期；二是发达国家把劳动和资源密集型的产业向发展中国家转移，包括高技术产业、生产重要环节的转移。其动因，首先是经济自由化在全球范围扩展。经济全球化使世界经济一体化，必然要求打破国家间的贸易、关税壁垒。在“二战”后，特别是20世纪70年代中东石油危机后，发达国家为了解决滞胀问题，采取放松管制的经济自由化政策，在全球范围内掀起一轮贸易、资本自由化的浪潮。其次，“布雷顿森林体系”以后的金融创新适应了经济全球化的要求，跨国公司在经济全球化进程中发挥了重要的作用，与此同时信息技术革命为经济全球化奠定了物质基础。其效应，表现为经济全球化带来了全球性生产的“过剩效应”、世界经济运行中的“集权效应”、经济“虚拟效应”与金融领域“泡沫效应”，同时产生一股以发达国家为主导的知识、品牌、金融、文

---

* 本文在蒋剑伟同志的协作下完成，发表于《中国检察官》2009年第2期。

化和制度等新型霸权。其结果，一方面加速了世界资源的优化配置，促进了世界范围内生产、投资、贸易的迅猛发展，加速了各国在国际经济分配、消费中的参与进程，另一方面又使资源、资本、财富向发达国家聚集、移转和拥有，而发展中国家所分享的资源、财富相对减少，新的南北矛盾加深，世界经济在生产、投资、贸易、分配、消费等领域呈现出极端的不平衡与某些扭曲性现象。

二、国际商事仲裁在国际经贸纠纷解决中的功能及其比较优势

从19世纪末起，随着国际经济发展中各国贸易的迅速发展与商事纠纷摩擦的不断增多，促使国际社会开始致力于统一各国仲裁立法和实践方面的法律制度，至20世纪初，在国际组织的主持之下制定了若干商事仲裁的多边国际公约，特别是在推动仲裁裁决的承认和执行制度的国际化方面成果更为显著。20世纪90年代冷战的结束标志着人类又一次进入了经济全球化（economic globalization）的新阶段。经济全球化的发展，使各国立法和实践关于可仲裁事项的范围有不断扩大的趋势。经济全球化加速了国际商事制度的趋同化，在WTO框架下有关贸易、投资和知识产权实体规范已趋于接近。各国仲裁立法的协调和法律冲突的弱化为外国仲裁裁决的承认和执行提供了较为有利的制度环境、法治环境与信用环境，而且各国在国际商事仲裁领域都尊重国际公约和仲裁方式的法律效力，采取有利于实现仲裁的政策。

与其他争议解决方式相比，仲裁具有当事人意思自治、一裁终局、保密性、可以在国际上得到承认和执行等优点。与之相适应，国际商事仲裁具有平息利益冲突、修复受损秩序、促进多边合作、形成制度安排等功能。

（1）平息利益冲突。

无论是国家强制解决纠纷程序，还是国际商事仲裁，都并非仅限于作出一种权威的、关于孰是孰非的具有拘束力的决定，而是着眼于化解当事人之间的利益冲突，追求当事人合意解决纠纷的效果。国际商事仲裁作为国家强制解决纠纷方式的一种补充，是在强制解决方式无法介入的前提下，各当事方国家间为保护本国当事人利益所作出的选择和制度安排。因此它必然贯彻国际民商事主体自行解决纠纷的意思自治原则以及当事人自愿选择“中立的仲裁地”“中立的仲裁庭”“中立的仲裁程序”等严密的规范运行机制，而避免纠纷在一方当事人所在国家法院的强制解决、使一方当事人利益受损、无法实现双方当事人的利益平衡，凸显了国际商事仲裁在信守充分自主、彼此信任的规则下发挥着平息利益冲突的功能，有效地维护了国际民商事活动秩序。

（2）修复受损秩序。

国际民商事纠纷的后果不仅在于破坏了当事人之间的利益平衡，形成一方受损或双方相互损害利益的矛盾冲突，为其后的国际商事交易、流转制造困境，并且造成大量侵害权益、破坏秩序、恶意诈欺、损害公平问题的滋生，在一国主权强制解决机制不能或不应介入的前提下，国际商事仲裁就成为修复被破坏秩序的最佳选择。国际商事仲裁程序不仅修复了当事人之间的私法秩序，而且修复了国际市场秩序，以其巨大的包容性直接催生了国际新经济秩序。因此，国际商事仲裁在恢复当事人之间受损私法秩序的同时，依靠国家认可并扶植的仲裁制度解决纠纷，在国际社会自发秩序和新经济秩序的形成和维护中发挥了确认、评判和保护的功能。

（3）促进多边合作。

国际商事仲裁是国际市场主体面对激烈的市场竞争，从追求自身利益最大化的目的出发，寻求的一种低成本的快速解决纠纷机制，因而具有有序分配资源、节省交易成本、化解交易风险、提高国际商事合作成功率、增加商事收益的功能，从而促使多边国际市场主体积极参与国际商事合作，建立起相互信任、诚实守信、公平竞争的良好合作机制，创建适应经济全球化要求的现代国际商事新秩序。

（4）形成制度安排。

仲裁制度属于国家确认的解决私权纠纷的民事程序法律制度。世界各国在法律和政策上对仲裁工作大力支持、培育环境，各国仲裁机构迅猛发展，仲裁规则不断完善。大量新型国际民商事纠纷的实践化解，为国际商事仲裁规范的修订与完善提供了前提与可能，一些国家国际商事仲裁立法技术及其实践为他国的仲裁制度安排的完善提供了借鉴。仲裁制度逐步发展成为完善的纠纷解决机制。

国际商事仲裁的显著特点是，较好地解决了国际商事活动的超主权性与遵守各国主权之间的矛盾，将国际经贸问题的解决与主权国家政治、经济问题分离开来，同时又有效地消除了各国商事主体对外国司法制度、司法体系的不信任，极大地鼓励了他们解决纠纷的自主性和积极性。WTO争端解决机制主要是主权国家之间的经济纠纷解决方式，是在各国经济力量不对等的情况下达成的谈判协议，争端解决过程很大程度上是一个谈判过程。即使赋予跨国公司适用WTO争端解决机制的主体地位，也无法达到国际商事仲裁所具有的平息利益冲突、修复受损秩序、促进多边合作、形成制度安排的功能。

三、中国国际商事仲裁面临的挑战及机遇

中国作为 WTO 成员国之一，近年来国际民商事活动发展迅猛。中国国际商事仲裁立法、司法实践、理论研究都面临一些机遇与挑战。

1. 中国国际商事仲裁事业发展面临的机遇与挑战

随着中国加入 WTO 并全面参与和融入经济全球化，中国的国际贸易有了长足的发展。2007 年中国外贸进出口总值首次突破两万亿美元，达到 21 738 亿美元，同比增长 23.5%。回首加入世贸 6 年历程，我国对外贸易年均增长 28.5%，进出口总额翻了两番多，跃至世界第三位，其中出口跃居世界第二位。这对中国国际商事仲裁事业的进一步发展提供了良好的发展环境和机遇，同时也提出了更高的要求。属于“朝阳产业”的国际商事仲裁，在新的世纪里大有发展的潜力和空间。伴随着中国经济在国际经济中地位的不断提升，中国正逐步成为仲裁大国之一。

2. 国际商事仲裁的产业化面临的机遇与挑战

国际仲裁是一个国际竞争的大市场。随着中国融入世界经济一体化的步伐加快，中国利用国内市场和国际市场两种资源，参与两个市场的竞争，全球 500 强跨国公司看好中国，纷纷来华投资，中国正在成为世界型加工厂、研发中心和国际贸易枢纽地区之一。相伴而生的是国际民商事纠纷增多，并且呈现出性质各异、标的增大、利益当事人的主体多元化、纠纷解决的难度增大等新情况、新问题。与此相适应，中国国际商事仲裁的产业化、规范性、协调性为仲裁的快速发展提出了新的更高要求。中国国际商事仲裁的发展趋势将不断加强，仲裁作为一种产业在国内外市场上的竞争将日趋激烈纷呈。

3. 传统的仲裁理论面临的机遇与挑战

由于传统的国际商事仲裁理论已不能为在仲裁实践中逐渐呈现出来的新问题提供满意的答案，因此这些传统的仲裁理论在某些方面已不能适应高新技术革命条件下国际民商事秩序新规范、新技术、新挑战的要求，对仲裁理论的研究应有新的进展和突破。因此，中国同仁们将致力于解决国际民商事争议新思路、新方式、新机制、新规范等方面的基础理论、应用理论研究，为完善中国国际商事仲裁立法提供不竭动力，为丰富国际商事仲裁理论提供有益支持。

4. 仲裁事业的国际合作面临的机遇与挑战

与巴西和古巴在内的 145 个《纽约公约》缔约国家和地区开展广泛的仲裁活动合作，既是中国致力于履行国际义务的需要，又是中国仲裁事业向国际化发展的需要。

四、余　论

经济全球化的迅猛发展，给传统的国际商事仲裁理论、规范、制度及其运行机制带来了全面的挑战，又提供了千载难逢的机遇。各国从国际社会负责任的成员的立场出发，按照推进国际商事仲裁现代化的目标要求，在总结一个世纪以来国际商事仲裁实践、经验与教训的基础上，在综合运用国家利益的政治争端解决机制、经济利益的 WTO 争端解决机制的同时，越来越青睐意思自治、公平公正、一裁终局、一体遵守、具有其他机制无法比拟优越性的国际商事仲裁，作出了普遍一致的理性选择。全球人类共同致力于发挥国际商事仲裁平息利益冲突、修复受损秩序、促进多边合作、形成制度安排的功能，致力于研究经济全球化背景下国际商事仲裁面临的种种挑战，对既定的国际商事仲裁理论、规范、机制不断作出深刻的反思，致力于推动仲裁产业化、丰富仲裁理论、加快国际合作，一个促进国际经济繁荣、国际贸易发展、国际合作和谐、国际财富共享的国际仲裁事业新千年时代已经并必将到来！

90. 第二届中国——拉丁美洲法律合作论坛综述*

2008年12月3日至5日，第二届中国——拉丁美洲法律合作论坛在古巴首都哈瓦那举行。论坛由中国法学会和古巴全国法律家联盟主办，古巴共和国司法部、古巴共和国最高人民法院、哈瓦那大学法学院、弗朗哥——拉美“安德鲁·贝罗”法律家协会、古巴律师事务所协会、古巴国际贸易仲裁法院承办。来自中国、古巴、美国、阿根廷、委内瑞拉、巴拉圭、墨西哥、哥斯达黎加、巴拿马、海地以及多米尼加等多国的学者和政府高级官员，一些国家法律组织、极负盛名的高等学府以及享有广泛声誉的法律协会的代表等200多名成员出席了此次论坛。

开幕式上，古巴全国法律家联盟主席阿内尔·格兰卡和中国法学会交流中心主任谷昭民分别致欢迎词。格兰卡指出，本次论坛将就贸易与国际金融领域内中国与拉丁美洲相关法律领域的合作问题展开深入的交流和讨论，特别是在国际经济贸易合同、国外投资以及纠纷解决方式等方面有望进一步取得共识，希望本次论坛成为一届高质量的论坛。谷昭民在指出中国与拉美政治、经贸、文化、法律等领域的合作面临巨大的潜力和广阔的前景的同时，强调如何创造有利于地区稳定和经济发展的法治环境，如何加强双方的司法协助与合作，如何通过法律途径解决经贸纠纷等已成为中拉法律工作者面临的挑战，倡议努力把论坛建成中国——拉美法学、法律界的长期交流机制和合作平台，积极开展讲座、座谈、研讨会等学术交流活动，不断丰富论坛的活动方式，健全论坛的活动机制，积极寻求论坛和其他国际性、区域性法学法律组织开展交流与合作，扩大论坛在国际上的影响。

与会代表以“加强法律交流，推动经济合作”为主题，围绕当代合同法的

---

* 本文在蒋剑伟、樊晓萍、钟鸣同志的协作下完成，发表于《今日湖北》2009年第2～3期。

统一化趋势、国际经贸纠纷在法院与国际贸易仲裁机构中的解决、国际贸易合同、支付问题及律师在国际事务中的作用、中国与拉美各国外国投资法律制度之比较等专题展开诚挚交流与热烈讨论，在上述问题上达成了广泛一致的共识。

一、合同法的统一化趋势

中拉学者分别从理论与实践的角度就合同法的统一化趋势进行了精辟的论述，双方在此问题上达成了高度一致的共识。

在深入分析合同法统一化趋势的理论基础时，中国法学会民法学研究会理事、对外经贸大学教授、博士生导师梅夏英指出，合同法的统一化，又称合同法的国际化，是指各国通过采纳或适用统一的示范法或合同法规，或在不影响各国实体法规则的情况下，通过冲突法规则对各国合同法进行协调，以消除合同法律冲突，使各国合同法达到一致有序的整体的过程。合同法国际统一化应包括程度不同的三方面内容：各国合同法（国内法）之间的相互影响；国际统一合同法（国际法）的形成；国际统一合同法与国内合同法的互动。合同法出现国际统一，是全球生产力进步的必然要求，是全球商事实践发展的需要。他指出，合同法的统一化主要包括理念统一化和形式统一化。理念统一化主要包括契约自由受到限制和诚实信用原则的影响逐渐加强。在形式统一化方面，两大法系融合的倾向逐渐加强，区域统一和全球统一的趋势同时出现，对合同法的发展产生了重大影响。他的发言得到了与会代表的高度关注。代表们认为，合同法统一化趋势的缘由、表现形式、理论基础、对民商法基本原则的影响等是促进国际经贸发展的重要理论问题，非常具有研究价值，梅教授的发言视野开阔、理论清晰、论证充分，是国际贸易合同法研究的最新理论成果。

在介绍古巴社会主义法律的历史沿革和理论渊源时，古巴国际贸易仲裁法院院长、古巴商法协会主席、哈瓦那大学法学院教授鲁道夫·达瓦拉斯·富纳德强调指出，古巴是西班牙殖民地中最后一个独立的国家，因此该国现行的所有西班牙语法律规范是西班牙殖民地时期法律和美国干预期间颁布的军事法律的延伸，构成了共和国的法律体系。许多法律如1885年的商法典甚至到革命胜利之后继续有效。一些法学家仍将拉丁美洲法律视为罗马——日耳曼法律家族的一个重要组成部分。拉丁美洲国家法律之间，尤其是民商事法律之间具有高度的一致性，其标志就是两个地区性国际公约，即1889年的《蒙得维的亚公约》和1928年的《布斯塔曼特法典》，两公约至今仍有效。1994年在墨西哥获得通过的《关于国际合同法律适用的美洲公约体系》则是当代拉美合同统一化进程取得的积极成果。拉丁美洲法律体系中还涉及国际商人法的适用，但由于国际商人法并不完善，需要与各国法律相协调。古巴合同法律的渊源、拉美国家地区性国际公约的形成、国际商人法的适用等拉美国家在合同法统一化进程中取得的成就和丰富的实践经验给与会代表留下了深刻的印象。与会代表认为，拉美国家合同法统一化进程充分体现出继承性、基础性、协调性、一致性等特征。其继承性表现为保留大陆法系合同法律的合理部分，保持理论渊源的承继性；基础性表现为拉美各国积极推动地区性国际公约的制定和实施，形成了基本的法律框架；协调性表现为注重各国法律之间的协调，如规定合同适用的法律不因其国籍、签约各方的居住地或者其他国外的任何因素的变化而改变；一致性则在于拉美各国民商事法律在理论渊源、表现形式、具体规定等方面具有高度的一致性。与会代表指出，拉美国家法律现代化必须解决的问题、与中国合同法的冲突如何协调等值得进一步深入研究，会议决定将上述问题列入下一届论坛继续研讨。

二、国际经贸纠纷在法院与国际贸易仲裁机构的解决

中国和拉美五位学者就经济全球化背景下中拉国家国际商事仲裁法规、机构及其实践等若干问题进行了研讨，给人耳目一新的感受。

在剖析中国国际商事仲裁的发展现状、制度安排及理论研究进展的基础上，中国法学会国际经济法学研究会会长、中国国际商事仲裁协会副主席、对外经贸大学法学院院长、教授、博士生导师沈四宝从迎接国际经贸发展新形势、新挑战，适应推进国际商事仲裁现代化、法制化进程的要求出发，对未来国际商事仲裁的改革定位进行了深刻描述。他指出，中国是全球化的发动机和受益者。2007 年中国仲裁机构全年受案 6 万余件，案件标的额共计 100 多亿美元。中国商事仲裁机构数量已达 215 家，外贸合同 95%是通过仲裁解决纠纷的。在仲裁解决方式中，当事人可以自由选择仲裁地，自由选择仲裁适用的法律；中国仲裁机构中有外国仲裁员，中国的涉外裁决在 140 多个国家得到承认与执行；中国政府允许个人到国际机构担任仲裁员，其个人就担任英国、瑞士、日本、新加坡等国仲裁机构的仲裁员。在协商、调解、仲裁、诉讼等多种争端解决方式中，仲裁具有独立性、专业性、承认与执行的普遍性等比较优势。中国国际商事仲裁的独特之处在于，不以盈利为目的，为社会主义市场经济服务；强调调解与仲裁相结合；只有机构仲裁，没有临时仲裁；目前实行国内仲裁和涉外仲裁“双轨制”；国内 215 个仲裁机构发展不平衡，一些大城市的仲裁机构逐步实现与国际接轨，如中国国际经济贸易仲裁委员会专门从事涉

外仲裁，去年处理案件近千件，案值近100亿元人民币；中国仲裁机构按照标的收费，与西方国家按工作时间收费不同；仲裁在社会经济生活中十分活跃等。中国仲裁事业发展需要注意的问题有：既要尊重国际惯例，又要保持独立性；修改《仲裁法》，缩小国内与国际的差距；防止仲裁行政化和过度的诉讼化；逐步开展临时仲裁；改革仲裁收费制度等。他热情欢迎拉美国家工商业界人士到中国仲裁机构解决争端。与会代表对他深厚的理论功底和丰富的仲裁工作经验表示钦佩，拉美国家代表普遍表示看好中国国际商事仲裁事业的发展前景，希望能够进一步加强与中国仲裁机构的合作。

在解读经济全球化特点、实质、形式、动因、效应、结果的基础上，中国检察业务专家、博士生导师、湖北省人民检察院常务副检察长徐汉明对经济全球化背景下国际商事仲裁的缘起及发展趋势、国际商事仲裁在国际经贸纠纷解决中的功能及与其他争端解决机制的比较优势、中国国际商事仲裁面临的挑战及机遇等问题进行了深入分析。他指出，中国国际商事仲裁事业发展面临着仲裁的产业化、传统的仲裁理论更新、国家对于仲裁事业的支持方式以及仲裁事业的国际合作等机遇与挑战。全球人类共同致力于发挥国际商事仲裁的功能，致力于研究经济全球化背景下国际商事仲裁面临的种种挑战，对既定的国际商事仲裁理论、规范、机制不断作出深刻的反思，致力于推动仲裁产业化、丰富仲裁理论、加快国际合作，国际仲裁事业必将在新千年中促进国际经济繁荣、国际贸易发展、国际合作和谐和国际财富共享。在介绍古巴国际贸易仲裁制度时，古巴共和国最高人民法院经济庭庭长、古巴国际贸易仲裁法院副院长纳斯克·罗拉指出，古巴共和国逐步形成了完善的仲裁法律制度体系。20世纪60年代颁布的对外贸易仲裁庭第1184号法令、第1303号法令，以及最近修订通过的经济法程序第241号法令和古巴国际商事仲裁法院第250号法令是有关国际商事仲裁的法律框架，2007年古巴商会还分别通过了国际商事仲裁法院规范、程序规定和仲裁员道德守则等制度。

在仲裁的功能问题上，罗拉副院长和徐汉明副检察长进行了友好的交流，双方对仲裁与司法功能的联系与区别达成了共识。罗拉副院长指出，商业仲裁有其存在的空间，但不应就此认为普通司法存在缺陷，仲裁的评价标准仅仅在于它是什么，而不是法院曾经是什么或者做了什么。因此，不应当在纯粹的仲裁中看其作用，在仲裁中互相的承认及合作是极为重要的。而承认及尊重仲裁非常重要的一点，就是依靠各方。为了得到满意的结果，当事人对于仲裁庭的选择和适用法律的选择都是极其严肃认真的决定。徐汉明副检察长认为，经济全球化的趋势不会削弱国际商事仲裁的效用，国际商事仲裁在国际经贸纠纷解决中具有平息利益冲突、修复受损秩序、促进多边合作、形成制度安排等功能，较好地解决了国际商事活动的超主权性与遵守各国主权之间的矛盾，将国际经贸问题的解决与主权国家政治、经济问题分离开来，与WTO争端解决机制区别开来。与会代表对双方的发言表示出浓厚的兴趣，认为对仲裁功能进行经济学、法学、政治学等多领域的界定，有助于更好地认识和把握仲裁的本质，厘清仲裁与司法的关系，推动仲裁事业的发展。

在仲裁裁决的司法监督问题上，中国河南省高级人民法院副院长谢德安和“安德鲁·贝罗”法律家协会副主席、墨西哥律师弗兰西斯科·维多利亚·安德鲁进行了深入研讨。谢德安副院长指出，各国法律普遍赋予法院对仲裁的司法监督权。中国法院仅能撤销国内仲裁机构作出的涉外仲裁裁决，而不能对外国和有独立司法管辖权地区作出的仲裁裁决进行撤销。法院对仲裁权的监督实行的是“双轨制”，即将国内仲裁权的监督范围与涉外仲裁权的监督范围作出区分，突出地表现在对涉外仲裁裁决撤销时，不能对仲裁裁决进行实体审查，一般只能进行程序审查；法院对国内仲裁裁决撤销时，则可以进行实体审查。他认为，在特殊情况下应当允许协议以外的当事人提出撤销仲裁裁决的申请。涉外仲裁裁决的撤销并不是指只要程序上有瑕疵就可予以撤销。某些情况下，个别程序虽然违反了仲裁规则，但并不影响当事人权利义务的平衡，且对仲裁结果不会发生影响，那么这些行为不构成违反正当程序，不必予以撤销。他建议，在撤销程序中设定司法担保义务，当事人申请撤销涉外仲裁裁决的期限应缩短，涉外仲裁裁决撤销制度应适用公共秩序审查条款。在探讨仲裁地已被撤销的仲裁裁决能否在其他国家或地区执行的问题时，安德鲁副主席说，国际商事仲裁的新理论认为，仲裁裁决一旦作出，就成为“在空中漂浮的裁决”，可以在获得承认与执行该裁决的国家降落，成为有效的法律文件。法国、美国、比利时等国判例认为，一国是否承认与执行外国仲裁机构作出的裁决，并不取决于仲裁地国家是否撤销了该裁决，而应取决于承认与执行地国法律的规定。上述发达国家认可在仲裁地已被撤销的仲裁裁决可以在其他国家或地区执行的实践表明，针对仲裁裁决上诉的空间已经越来越小，哪里存在利益，仲裁裁决就能在哪里得到执行。与会代表认为，法院对本国仲裁裁决发挥着重要的司法监督作用，对于本国仲裁机构作出的轻微程序瑕疵的裁决应持积极的支持态度，发展中国家应积极借鉴发达国家认可在仲裁地已被撤销的仲裁裁决可以在其他国家或地区执行的做法，承认与执行对本国有利的仲裁裁决。

在谈到当代中国检察制度及其发展时，中国河南省法学会常务理事、河南省人民检察院纪检组组长田效录对中国检察机关的组织结构进行了详细解释，并阐述了检察机关在保障经济法律实施，尤其是保障经济关系中公民权利中的作用。

三、国际贸易合同、支付问题及律师在国际事务中的作用

通过对国际经贸关系中的合同、支付、律师的作用等问题的交流，中拉学者对合同履行中的不可抗力，信用证付款争端，律师在国际贸易、参与仲裁、提供法律服务、加强合作交流等问题上取得了初步共识，进一步明确了合同、信用证、律师在国际经贸法律关系中的重要载体作用。

来自委内瑞拉的律师奥夫兰多·安佐拉对涉及国有企业的合同中的不可抗力问题进行了探讨。一家委内瑞拉国有石油企业与一个由美国公司、加拿大公司共同组成的财团签订了一份终端石油产品的控制和管理合同，在合同履行过程中遇到了石油工人罢工事件。双方在罢工事件是否不可预防、不可避免等问题上产生了争议。仲裁庭并没有认可存在不可抗力的观点，但同时认为委内瑞拉国企并没有履行约定的工人签到的义务，并且控制了终端操作，这些都构成了违约。他认为，不可抗力问题是一个极其复杂的问题，学理上并未能提供足够的支持。与会代表表示，他的发言为准确把握国际经贸合同履行的细节问题提供了参考。

在分析国际贸易信用证付款争端的法律问题时，吉林省法学会副会长、吉林省高级人民法院常务副院长马建华指出，信用证是与基础合同既有联系又各自独立的法律关系，信用证项下的付款义务是一种相对而非绝对的付款义务。在对信用证付款争端的分析中，应区分因单据不符拒付以及因信用证欺诈拒付两种情形，在因单据不符引发的拒付争端中强调不应僵化恪守“严格相符”原则，非实质性的不符不应导致对付款义务的拒绝；在因信用证欺诈而引发的拒付争端中，认为银行在欺诈争端中可以突破以往惯例，主动地对欺诈一方予以拒付，同时强调发挥禁令、财产保全、中止支付等法律制度的作用。他认为，有关信用证争端的法律具有多元性的特点，在法律适用上应当依据冲突法的一般原则并结合信用证付款争端的具体特点而作出选择。与会代表认为，准确区分和把握不同类型的信用证付款争端，对于更好地发挥信用证在国际贸易中的支付载体作用，促使发展中国家有效应对日益严重的国际金融欺诈行为非常有益。

在评述律师在国际事务中的作用时，委内瑞拉的马怒尔·雷纳·帕里斯律师指出，由于全球化的原因，在不同国家间很多事务都发生了不可阻挡的且迅猛的变化和增长，从工业企业、商业企业、专业的组织、非政府机构，到艺术

家和体育明星，这些事件都已经促进了委内瑞拉律师和全世界律师的联系，然而委内瑞拉很多的律师和律师事务所还没有显示出或没有表达出来要进军国际市场的战略性决策。国外一些有组织的律师团，已经在一个国家中甚至是在多个国家里的司法事务中发挥着很好的作用和价值，因其全面整体的服务而体现出良好的素能。而委内瑞拉时至今日，绝大多数的律师开展他们的工作仍然是以个人的形式或者是以缺乏组织的小团体的形式进行的。可以肯定的是，目前无论是国内环境还是国外环境都要求律师间协同作战，这样才会获得巨大的优势和竞争力。他提到，在国际环境中，长久以来的律师一体化进程对委内瑞拉国内律师事务所和国际律师事务所中有着巨大的帮助和促进作用。如以美国为基础的 Martindale & Hubbell 出版物在世界范围内已经建立起来了一份具有很高质量的律师等级专业目录。出版物中的内容不仅包括客观的资料和他们自己的事务所的地址，也有对于他们自己的能力、重要事件的等级的评价，对于当地其他律师事务所的专业评论，以及在每个国家中已经作出的调查研究的记录。世界律师协会作为拥有最大领域的组织，在促进全世界律师交流中发挥着重要作用。2008 年的世界论坛就是在阿根廷的布宜诺斯艾利斯召开的，短短四天时间里聚集了世界各地的四千余名律师。论坛组织了大量的谈话交流、圆桌会议、团队合作、会议和最前沿的工作室，讨论了各种专业上的问题。同时在拉丁美洲和西班牙之间每年都要举办大量的会议和论坛。这些会议和论坛有的是由巴黎国际商会仲裁中心（ICC）举办的，有的是由美国仲裁协会（AAA）举办的，也有其他本地的商业仲裁协会或是组织发起的。所有这些工作，推动了对于所遇到问题及其更好的解决办法的分享，促进了在最大范围内更好地解决问题，对委内瑞拉同一些高水平的律师建立国际关系是很有好处的，使得委内瑞拉律师们的视角日趋国际化和全球化。他的发言引起了与会代表的共鸣，律师界的代表纷纷表示，发展中国家律师应积极广泛地参与国际交流合作，提高法律服务质量。

四、中国与拉美各国外国投资法律制度之比较

本专题中，中国浙江省司法厅副厅长、浙江省公证员协会会长陈志忠及古巴共和国外商投资部法律主任雅奈特·瓦德斯分别介绍了中巴两国外商投资法律的基本框架及其规定。

中国以《公司法》《中外合资经营企业法》《外资企业法》《中外合作经营企业法》为主体，以行政法规和地方性法规为补充的外商直接投资法律体系已基本形成。古巴外商投资法律主要有 1995 年的《古巴外商投资法》、1996 年

《古巴自由区和工业园区法》和 2004 年第 5290 号决议等组成。

两国外商投资法律的相同之处表现在：(1) 立法目的一致。两国法律都是为了吸引外商直接投资，引进新的先进技术，优化产业结构，提高生产效率，实现国家的经济和社会发展。(2) 企业形态基本一致。两国法律都采用了合资、外商独资等企业形态，明确规定外商投资企业设立都需经过国家主管部门审批。(3) 两国法律都划定了特殊经济区域，给予税收、资金、政策等方面的优惠。古巴法律授权政府在自由区和工业园区采取优惠政策，中国法律则授权经济开发区采用特殊的优惠政策。

两国法律的差异主要表现在三个方面：(1) 对于本国投资者与外国投资者合作经营的规定不同。中国法律允许本国投资者与外国投资者设立中外合作经营企业，古巴法律则将合作形式界定为"本国投资者和外国投资者不成立新的独立法人，为共同进行国际经济联营活动而订立契约或协议"。(2) 两国允许外商投资的领域不同。古巴法律规定，除工业、教育、非企业型军事机构外均对外开放，但实际执行中古巴主要鼓励外商在旅游业、石油勘探与开采、渔业等领域投资；中国允许外商投资的领域逐步放宽，尤其是根据加入 WTO 的谈判协议确定开放表。(3) 中国外商投资法律体系相对完备，而古巴法律体系尚在发展之中。中国自 20 世纪 80 年代以来，根据实践发展的需要陆续颁布规定，对注册资本数额、出资期限、出资方式、注册资本与投资总额之间的比例、外商投资企业的终止与解散等问题作出了明确规定。特别是中国《公司法》几经修订完善，关于公司的组织结构、股东权益保护、公司的合并分立增资减资等涉及外商投资企业的法律问题，都可以在《外商投资法》没有规定时，适用公司法的规定。1995 年《古巴外商投资法》较为完善，除对外商投资企业或合作合同的谈判、缔结、审批等事项作出规定外，还对环境保护、劳动制度、银行制度、进出口制度、税收制度等作出了原则规定，但相关配套制度仍在发展之中。

古巴外商投资法律还有两项特殊规定：一是将获得古巴国内不动产行为视为企业直接投资行为，并限定了不动产投资的范围，即用于住宅或以旅游为目的在古巴没有永久居住权的人的房屋和建筑物，外国法人居住房屋以及办公室大楼，以及为开发旅游业的房地产；二是特别注重开发旅游资源、酒店管理和生产服务类企业在外商投资企业中所占的比重。

与会代表高度评价中国和古巴在对外开放中取得的成就，虽然中国和古巴对外开放时间表不同，但都有一个相似的过程，即由社会主义计划经济向社会主义市场经济的转变。两国对外开放的实践同时证明了在经济改革进程中制度设计的渐变性。

本次论坛在欢乐友好的气氛中圆满闭幕。闭幕式上，古巴共和国司法部长雷乌斯·冈萨雷斯和中国法学会交流中心主任谷昭民分别致词，充分肯定了本次论坛取得的成就，对论坛的未来发展提出了希望。冈萨雷斯部长认为，法律合作论坛具有实用性和重要性。如果没有法律支柱来保护和规范所有人的权利和义务，就不会有公正的、有秩序的、透明的、真正对于人民有利的贸易交流，那些贸易操作中的游弋于法律之外的轻视国家内部法律和国际准则的政策是造成世界经济紊乱的一部分理由。最后，冈萨雷斯部长希望此次会议能够为与会者达到既定的目标有所助益。谷昭民主任在闭幕词中说，本届论坛是一次非常成功的论坛。三天来，与会代表围绕论坛主题各抒己见、畅所欲言，充分展现了合作、发展、共赢的精神。代表们普遍认为，这次论坛主题鲜明，内容丰富，安排有序，既推动了中国——拉美法学、法律界之间的交流与合作，又增进了彼此的了解和友谊。本次论坛探讨了中国与拉美国家共同关心的问题，无论是议题研讨的广度和深度都体现了很高的学术和实用价值。本次论坛参与面广，体现了广泛的代表性，活动丰富多彩，为与会代表就各自感兴趣的问题交换信息和看法，排疑解惑，提供了很好的平台，起到了很好的效果，为增进对相关法律制度及司法体制的理解起到了积极作用。这次中国——拉美法学、法律界的盛大聚会，揭开了中国——拉美法学、法律界交流合作的新篇章。他祝愿论坛越办越好，成为推动中拉各国法制建设和法学研究发展，巩固和深化中拉经贸合作，保障中拉贸易和投资顺畅，促进中拉关系不断向前发展的积极力量。

91. 新加坡贪污调查局考察报告*

为了解澳大利亚和新加坡的检察制度，以及在反腐败方面的政策和措施，经最高人民检察院和湖北省委批准，省检察院组织了10名检察官，由省院党组副书记、副检察长徐汉明同志带队，于2007年12月22日～2008年1月1日赴澳大利亚和新加坡进行了考察，现将对新加坡贪污调查局的考察情况报告如下。

一、贪污调查局的组织机构

新加坡实行的是三权分立的共和议会制，国会、总理公署和最高法院分别行使立法、行政和司法权。总检察署和贪污调查局都隶属于总理公署，总检察长由总理提名，总统任命，是政府的首席法律顾问，他的主要职责是控告犯罪人及代表政府提起民事诉讼或抗辩，为政府各部门提供法律咨询。新加坡的贪污调查局成立于1952年，局长由总理直接任命，只对总理负责，不受其他任何人的指挥和管理，贪污调查局主要负责行贿受贿案件的侦查（新加坡法律规定的贪污类似我国的行贿受贿，而侵占公款的行为则被认定为盗窃、诈骗等）。

在组织上，贪污调查局内设行动部和行政与特别支援部两个部门。行动部根据《防止贪污法令》的规定，负责调查工作。行动部由行动组和行动支援组组成。行动组又由五个调查小组组成，其中有一个由精英组成的特别调查小组，专门处理复杂、重大案件。行动支援组主要负责收集和综合情报，同时执行外勤调查以支援行动部调查工作所需的资料。行动部调查完毕后，将调查报告呈交总检察署，检察署决定诉与不诉。根据《防止贪污法令》规定，任何控

---

* 本文在黄达亮、姜汉奎同志的协作下完成，发表于《中国检察官》2008年第8期、第9期，《检察日报》2008年9月22日、2008年9月24日、2008年10月6日。

诉都必须获得检察司的书面同意才能进行。涉嫌贪污，但因证据不足以至无法被提控的公务员，经检察署同意，案件转交给有关部门的主管，以对该公务员采取纪律处分。行政与特别支援部由行政组、策划组和预防与检讨组组成。行政组负责行政与人事方面的事务，为政府部门和法定机构提供档案审查服务，并制定调查局的策略性计划，研发电脑资讯应用系统来保存和管理记录以提高行动部的效率。预防与检讨组负责检讨容易发生贪污事件的政府部门的工作程序，以找出行政上可能促成贪污和不正当行为的弊端，并推荐改善和预防措施。策划组负责有关策划和政策的工作。

二、贪污调查局的职权

根据《防止贪污法令》的规定，贪污调查局的主要职责是：调查任何有关贪污的案件；调查任何在贪污案件的调查过程中所揭发的可逮捕案件；调查任何在贪污案件中公务员的失职与不检点的行为；接收涉嫌贪污的投诉；追查恶意投诉的人；检讨公共服务的运作惯例及程序，向有关部门首长提出改进方案，以杜绝贪污；采取预防措施，减少发生贪污的机会；开展公共教育，经常向公务员特别是执法机构的官员灌输反贪意识，提醒他们有关融会在“公务员手册”里的防止贪污条文，向初级学院学生传达贪污罪行的信息。任何新加坡公民，包括侨居海外的新加坡籍公民和在新加坡不享有外交豁免权的外国公民都属于监察对象。

根据法律规定，贪污调查局拥有以下权力。

(1) 调查权。贪污调查局长或者特别调查员对《防止贪污法令》所列的犯罪和《刑事法典》对公务员受贿等犯罪直接行使《刑事程序法典》赋予警方的调查权。

(2) 特别调查权。经检察官授权，贪污调查局长或特别调查员可以调查任何银行账目、股份账目、购物账目、消费账目和银行的保险柜，并可要求任何人揭穿或交出调查所需要的材料、账目、文件和物品，否则视其违法。对非可拘捕之罪，经检察官授权，贪污调查局同样享有警方的调查权。

(3) 搜查和扣押权。当贪污调查局局长收到有关控告，进行审查后，有理由确信某地藏有罪证时，可授权特别调查员使用武力进入该地搜查、扣押或者查封任何文件、物品等罪证。

(4) 检察官授权调查财东账册权[1]。在政府部门或者公共机构中供职的人

[1] 检察官授权调查“财产所有权凭证”权，被新加坡法学界称为调查“财东账册”权。

员犯贪污相关罪行的，其证据可能是在与本人、妻子或者子女有关的任何财产所有权凭证中发现，或者可能在其他有关财产所有权凭证中发现的，检察官可以授权调查局长或特别调查员调查任何账册。

（5）跟踪监视权。贪污调查局对所有的公务员都有暗中派人秘密跟踪监视的权力。新加坡为便于对公务员的考核和监管，每年发给公务员一本日记本，要求他们将自己的活动随时记载下来，调查局在每周星期一将跟踪调查报告送达被跟踪的公务员的主管官员，以便主管官员核实当事人的日记所记载的内容是否属实。

（6）不明财产检查权。

（7）逮捕权。贪污调查局可以不用逮捕证，逮捕任何涉嫌违犯《防止贪法令》的人员，或者违反本法被合理控告的人员，或者违反本法的可靠材料被收集的人员，或者违反本法行为存在合理怀疑的人员。

（8）讯问权。

三、贪污犯罪的证据制度

在新加坡，对公务员贪污的追诉规定了特别的证据规则：（1）贿赂推定。只要证明公务员的钱物来自与政府或公共机构签订契约的人或代理人，即可认定其受贿，而无须证明受贿者是否有能力、权力、机会或者有没有去实施行贿人所委托的事项。（2）污点证人的证词效力。《防止贪污法令》规定，没有佐证的同谋证据可以接纳为证据，举报其他共犯的共犯可以就举报的事实免责。在对被告人的财力或者财产证据的审查或调查中，即使其他法律有相反的规定，也不得因为证人是行贿人就假设其证词不能被采信。由此来看，污点证人的证词与其他证据的效力是一样的。（3）定罪要证据确实充分。新加坡法律赋予贪污调查局很大的权力，有利于获取贪污犯罪证据，但是定罪对证据的要求还是很严格的。在司法实践中，只有行贿人的证词，没有其他佐证是否能定罪，还是有争议的。考察期间，新加坡《联合早报》报道了一个案件，被告张锦辉被控于去年6月23日，身为吉宝新满利有限公司工程项目经理，接受海湾海事工程私人有限公司一名经理纳拉亚南的贿金2 000元。法官认为纳那亚南的证词不可靠，控方的证据有疑点，因此判被告无罪。律师认为，单凭一个证人的证据将被告治罪是危险的。检察官认为纳那亚南的证词是可靠的。引发社会各界激烈的争论。新加坡贪污案件的有罪判决率在95%以上，绝大多数判无罪的是因为证据不确凿充分或证人翻供。（4）诱惑侦查获取的证据不能作为呈堂证据，但可以作为侦查破案的参考。（5）贪污犯罪的举证责任倒置，由犯罪嫌疑人证明自己所收受的财物等有合法理由，否则就是犯罪。(6) 证人必须出庭，任何人接到法庭传票不到庭，法庭可签发逮捕令。不协助警方提供证据属违法行为。

四、廉政建设的主要措施

新加坡是世界上少数能有效控制贪污行为的国家之一，这主要是因为他们在廉政建设方面采取了一系列的有效措施。

1. 新加坡有遏制贪污的坚强政治意志

新加坡在自治初期，贪污现象十分猖獗。1959 年人民行动党掌握政权后，将打击贪污，建立廉洁政府，创造一个诚实完善杜绝贪污的社会环境，作为自己的指导原则。1965 年新加坡独立后，新的政治领袖们更加重视廉政建设。当时的新加坡总理李光耀说过："假使领袖不廉洁，对事务要求不够严谨，那么行政体系的正直和完整形象将受到削弱和考验，最终瓦解。惟有在清廉和有效的管理行政人员的领导下，行政体系的完整形象才得以维持。"当时的内政部长王帮文在修改贪污法令的国会上指出："政府强烈地意识到，如果执政者是通过贪污行为以提供有效快捷的行政服务和传达国家政策，那么，即使其目的和期望很崇高，它还是无法生存的，因此，政府在铲除贪污罪行方面不遗余力，确保律政及行政的准则足以降低贪污的机会。"领导人以身作则，李光耀坚持使用自费购买的汽车和住房，亲自到法院应诉和起诉他人，树立廉洁公正的榜样，让老百姓相信政府和法律。执政者卸下一切跟他们有关的商业和财务活动，比下属更勤奋工作。同时政府对贪污官员采起了强硬的取缔行动，致使许多贪污官员被查处，一些则自动辞职以避免受到调查。人民认识到政府反贪污的诚意，因此坚定了反贪污的信心。

2. 新加坡有高效的反贪机构和严厉的反贪法律

新加坡贪污调查局权力很大，可不受有关法规限制逮捕任何罪行的涉嫌人，因此他们获取证据和突破案件的能力很强，贪污者难逃法网。《新加坡使用行政与法律的准则打击贪污》一书中介绍到："贪污调查局让许多新加坡人敬而生畏，尤其那些有倾向贪污举止的人。在新加坡官方中，人们视贪污调查局为人民行动党领导者锐利的眼睛而畏惧它，对它的高效率和精练的运作程序，人民更表敬佩。"新加坡司法体系采用严厉的刑罚政策打击贪污以达到阻遏效果。任何提供、接受或索取贿赂者，可被罚款高达 10 万元新币或被判监禁长达 5 年，或两者兼施。贿赂牵涉到政府工程的投标、贿赂国会议员和贿赂公共机构委员的刑期可以增加到 7 年。除了罚款和监禁，法庭可以命令被定罪的受贿者以交罚款的方式交出贿赃。另外，法庭还有权没收被定罪的受贿者来历不明的财产。被法庭定罪的公务员会失去工作、养老金和其他利益。如果因证据不足而无法将牵涉及触犯贪污罪行的公务员控上法庭他还会面对革职、降级、停止加薪或延迟加薪日期、罚款或警告、强制性提早退休的纪律处分。

3. 开展预防贪污犯罪工作

新加坡贪污调查局除了调查案件以外，还经常检查政府机关的工作程序，提出改进意见，堵塞漏洞，以减少发生贪污犯罪的机会。政府制定了《公务员指导手册》，明确规定，公务员不能贷款给他人以收取利息；不能向和他有公务关系的人借钱；必须向他的主席或常任秘书申报在工作中与他个人利益有关的问题；不能借超过他 3 个月薪俸的无抵押贷款；不能利用公务上所获得的信息来换取个人的利益；不可以向与他或他部门有职务上往来的发展商收受折扣或优待，以购置产业；不可以利用职务上的方便，接受厂商或零售商所给予的折扣或特别的赠品；公务员初上任时和接下来的每一年都要宣报他、他的妻子以及经济上依赖他的孩子们的资产和投资；在未获得书面批准前不能经商和从事副业；不能接受公众人士的礼物和贷款等。贪污调查局的官员经常向公务员灌输反贪意识让他们认清贪污的陷阱和劝导他们如何避免牵涉到贪污案件，提醒他们有关融会在《公务员手册》里的防止贪污条文。贪污调查局也向初级学院学生传达贪污罪行的信息。

4. 高薪养廉

新加坡腐败现象很少，除了法制健全、措施得之外，还有一个重要因素，就是政府给予官员优厚的薪金和良好的待遇。新加坡总理李显龙的年薪有 300 多万新币，而美国总统布什的年薪只有 60 多万新币。新加坡政府认为，与其让官员们通过非法途径获取钱财，不如给予优厚待遇，以养其廉。另外，新加坡实行退休养老保险制度。如果公务员因贪污被开除或判刑，其养老金亦一并取消。因此，公务员一般都珍惜职务，勤政清廉，不必贪污，也不敢贪污。

92. 新加坡社区警务制度及其启示*

湖北省检察官代表团于2007年12月27～31日赴新加坡考察学习该国的法律制度，期间参观访问了宏茂桥警署辖区内的义顺北邻里警局，重点考察了该国的社区警察制度中邻里警局制度。新加坡警察实行三级管理体制及运行机制，即：警署、邻里警局和邻里警岗。邻里警局相当于我国公安机关基层派出所，邻里警岗则类似派出所在各社区的执勤点。其先进警务管理理念，对于中国推进社区文明建设，建立新型检警关系，具有积极的借鉴意义。

一、新加坡警察机关的组织结构

新加坡警察部队隶属内政部。警察部队共有正规人员7 725人，文职人员1 125人，国民服役人员2 600人，警察战备人员21 000人，志愿人员1 240人。全国设6个警署，管辖31所邻里警局、69所邻里警岗。承担警察队伍管理职能的部门有：(1) 人事局，主要负责所有正规警察、国民服役人员、警察战备人员和文职人员的人事管理工作；负责警察部队的思想道德建设，维持警察部队的纪律。(2) 策划与组织局，主要负责警察部队发展战略规划；研究和策划警察部队的组织机构建设。(3) 培训局，主要负责了解警察部队的培训需求；制定培训政策；提供宏观警务方面的基础培训和在职培训；协调和安排专业培训；制定国外培训计划。

二、邻里警岗制度的创设及运行

20世纪五六十年代，随着经济全球化与都市化的进程加快，地处货物、服务、贸易、投资、移民与旅游迅猛增长的国际贸易中心的新加坡，犯罪活动

---

* 本文在黄达亮、樊晓萍同志的协作下完成，发表于《湖北警官学院学报》2008年第3期。

呈现增长蔓延趋势，到20世纪80年代初期，侵犯财产类犯罪激增，严重的治安问题引起国际社会的广泛关注。当时的新加坡警务战略处于一种被动反应状态，警方对付犯罪的传统策略是例常巡逻，接受报案和实施侦查，以及紧急事件发生后所采取的应急对策。这种“头痛医头、脚痛医脚”的警务运行机制与效果，引起社会各界强烈的不满，以至批评之声不绝于耳，警民对立情绪一度较盛。为改变这种状况，新加坡警方决定采取改革举措，以改善警察形象，密切警民关系，以赢得公众信任。1981年11月，警方派员到日本学习交番制度，即在预防和抑制犯罪方面如何有效取得社区民众的合作与支持。1983年6月，新加坡警方在社区设立了第一个邻里警岗，至今已在各社区中心设立邻里警岗91个。其每个邻里警岗有20名警员不等，平均管辖居民约3.5万名，实行24小时办公制，为居民提供各种服务，开展巡逻与走访等。邻里警岗制度的设立有效地提高了预防犯罪的效果，其运行20多年来，已成为新加坡罪案率逐年降低并为全球范围内犯罪率低的重要因素，引起世界的关注与国际社会的赞许。

三、邻里警局模式的创设与运行

为了巩固和增强邻里警岗与社区警察制度运行机制的实际效果，1996年，新加坡警察部队对邻里警岗制度作了进一步改革，即：在警署与邻里警岗之间增设一级机构——邻里警局。全国6个警署共设立邻里警局31个。改革的重点是将原来邻里警岗的警员集中到邻里警局；原由警署管理巡逻队的警员下放到各邻里警局，使每个邻里警局的警力增加到80～130人不等。改革的关键在于，邻里警局作为“一站式”的警务中心，人员相对集中，人力资源和物质资源能够得到充分利用；并为社会提供全面的“全天候”服务；邻里警局的警员分成4班，每班约15人左右，4班人员轮流值勤，每天分昼夜两班，其中白班从早8时到晚8时，夜班从晚8时到次日早9时，夜班时间较长，深夜执勤人员可进行短暂休息。两个班次在早晨有一个小时的交叉时间，进行工作交接。当两班工作时，另两班休息，以此类推，下次上班时白班与夜班再相互轮换。每班中警员按照分工分别执行车巡、步巡、走访社区、邻里警岗驻点值勤以及案头工作等，他们的勤务内容按照小时相互轮换。

邻里警局的主要任务：（1）积极巡逻。邻里警局的人员在辖区内通过机动车、自行车和徒步不分昼夜巡逻的方式预防犯罪的发生并同居民建立联系，应付公众紧急求助。（2）入户走访。邻里警局人员经常在访问居民时向他们传达预防犯罪的有关知识，并听取他们对社区需求提出的意见。（3）调查案件。邻里警局负责调查辖区内的普通犯罪案件。社区警察执行一些如记录口供等调查工作以及现场照相、收集指纹证据等现场勘查工作等。(4) 提供柜台式服务。邻里警局与邻里警岗直接面对公众提供24小时柜台服务，包括接受犯罪和交通事故的报案、开展失物招领工作、进行更换住址登记、登记死亡事故等。(5) 加强社区联系。邻里警局警员同社区基层组织如居民委员会、邻里委员会、公民咨询委员会及社区发展理事会紧密合作，处理社区在治安方面的问题。

邻里警局的设立，不仅便于警员为公众提供服务，更促使了案件的快速处理；其触角深入社区以及各类企业、社会团体等基层组织，有效地掌握了社区动态，及时获取了违法犯罪的信息，形成了“警社互动”“警企互联”、实现了真正意义上的“群防群治”。社区民众被充分动员起来与犯罪作斗争，40%的犯罪人员是在民众的协助下抓获的，犯罪率急速下降；新加坡也被联合国评为世界上最安全的城市之一。

四、启示与借鉴

近年来，我国政府提出了“社会治安综合治理”以及“打防并举，预防为主”的战略思想，充分发挥公安派出所的作用，建立社区警务，改革派出所，取得了明显成效。但是，新加坡做法仍可为我国深化警察体制改革，夯实基层基础工作、综合治理社会治安、促进和谐社会建设提供借鉴。

(一) 牢固树立“预防为主”的战略思想

新加坡的社区警察对于违法案件的立场值得借鉴。在我国，一桩案件发生后，警察首先想到的是“谁干的？我们怎样才能抓获犯罪嫌疑人？我们如何找到破案线索?”新加坡的警察则更关心的是“为什么会发生这样的案件？我该采取怎样的措施杜绝此类案件的再次发生?”这种“预防为主”的战略思想牢牢扎根于警员心中。这启发我们借鉴新加坡“预防为主”的战略策略，夯实基层基础工作；对基层派出机构需要在调整职能，创新机制方面着力，注意把工作重心与主要精力放在社区防范及管理上，切实增强服务意识；针对一个社区或一个时期的发案情况特点，厘清发案直接原因与深层次的原因，探索如何完善体制、健全机制、改进方法，推动社区居民经济组织、社会团体参与综合治理，努力从源头上遏制与预防犯罪。

(二) 建立科学的管理方式

我国与新加坡在警察管理方面存在的差距不在于人员数量与房屋、装备等硬件设施的差异，而在于如何对人力资源与物质资源进行有效配置，如何运用信息技术降低管理成本、提高管理水平、增强管理效益等方面。在新加坡，一线指挥官在职权范围内有权自行作出决策，上级机关更像一个研究所，通过对各种数据分析、实地调查、听取反映等方式监测一线机关的工作。上下级指挥官一般每星期在一起召开一次会议，相互交流情况，研究遇到的问题，提出工作重点，及时采取措施应对紧急事件。一线指挥官对警员的管理主要体现在工作记录与报告上，通过警员的工作记录来考察警员实际工作情况。因此，警员的每一项工作都要记录，重要工作都要形成报告，指挥官就像批改作业一样逐一批阅，指出下步工作方向或工作中的漏洞与不足，重要情况则与警员面谈，共同讨论遇到的问题。我国公安机关基层派出所往往根据上级指令安排工作，其工作供给与社区居民需求时有出入，工作常常缺乏针对性；而且，派出所警员少有动笔的习惯，警员的实际工作情况有时无从核查。因此，建议对现有派出所勤务方式进行必要的改革与调整，改“粗放管理”模式为“精细化管理”模式，做到合理安排勤务人员、勤务范围与勤务时间，规范派出所责任区工作、户籍室工作、值班备勤、案（事）件处理、巡逻、治安检查及执行特定勤务等工作用，明确民警执行各项勤务的工作要领、工作方法和所需携带的枪械装备等，提高派出所民警执法水平、工作效率和工作质量，增强基层派出所战斗力和民警自我保护能力。

（三）合理部署警力

新加坡警方的中层组织机构比较简单，新加坡的警署一般设立规划部门、行动训练部门、人力资源部门、刑事调查部门等，邻里警局直接对警署指挥官负责。如新加坡裕廊警署，机关只有不到 100 人，而 6 个邻里警局的人员就有 600 多人，可以看出警力部署的重点在基层。在一个社区内，新加坡尽量将职责任务相同或相近的人员纳入一个指挥官的统一领导之下，以有效利用现有的人力资源。特别是设置邻里警局后，警署的巡逻车被划分到各个警局执行巡逻任务，警署在整个警署辖区内可以根据具体情况调动巡逻车，有效地协调巡逻力量。社区巡逻警察同时承担着高峰时间交通疏导的任务。在我国，尤其是在大中城市，一个派出所辖区内的各类基层警察其实并不少，但是交警只管交通、巡警只负责巡逻，与派出所联系比较少，工作内容单一，造成人力资源综合利用率不高。同时，由于交警、巡警的勤务内容较为单一，长期从事单一的警务工作，亦不利于这些人员综合素质的提高。因此，我国公安部门应当把如何合理部署警力作为公安改革的重点之一来研究，以有效化解“头重脚轻”的矛盾，增强基层的整体实力与战斗力。

（四）提高从警人员的素质

访问中，新加坡社区警察的高素质给我们留下了深刻印象。新加坡社区警察没有警种分别，他们要同时承担入户走访、调解纠纷、处理轻微犯罪案件（相当于我们的治安案件）、110快速反应、巡逻守候、现场勘查、维护交通秩序、处理交通事故等勤务工作，真正做到了“一警多能”。他们的培训非常有针对性，注重基本工作技能的培训。新加坡警队招募到新警后，培训时间只有6个月，培训内容与实际工作联系非常紧密，培训结束就直接上岗执勤。在工作期间，他们每个警员都有厚厚一本《程序手册》，就像说明书一样详细说明每项勤务的工作要求与操作程序，以及行文、表格样式等，警员只需严格执行就可以了。他们在注重基本工作技能训练的同时，也注重工作技巧的训练，如如何与人沟通、怎样与居民建立良好关系、如何说服别人接受自己的观点等。这对于我国公安机关如何加强派出所民警基本技能培训，特别要注意在抓好基础业务培训的同时，加强专题培训，注重实际操作和实战技能的训练，重点提高民警的业务素质等等，都是有借鉴意义的。

（五）健全情报信息系统

新加坡社区警察的信息共享机制健全，各局会将收集到的各种信息，及时分门别类录入到计算机系统中予以储存积累，供整个警察机关共享。新加坡的情报信息大多都在计算机里，如果需要到网上查就可以了。除大中城市外，我国公安机关基层派出所的情报信息大多都在人的脑子里或纸上，责任区民警一变动整个辖区情况就必须重新熟悉。因此，对我国公安机关基层派出所而言，充分利用现代计算机技术与网络技术的优势，建立基层派出所工作综合信息系统，加强派出所信息的积累，实现信息共享，进一步促进基层派出所工作的规范化与正规化，不仅必要而且是十分急迫的。

93. 新加坡检察制度引介*

新加坡是一个法制健全的国家。国会是最主要的立法机关，总理领导的内阁负责行使行政权，司法权由高等法院和初级法院行使，总检察署是新加坡惟一的检察机关。

一、新加坡总检察署的职权

新加坡总检察署由总检察长主理。根据《新加坡宪法》规定，总检察长的职责是“就总统或内阁随时交付给他的法律问题向政府提供意见，完成总统或内阁分配给他的其他法律任务，以及履行根据本宪法或任何其他成文法律所授予的职务”。在总检察长的统一领导下，总检察署下设刑事检控司、民事司、国际事务司、法律草拟司、法律改革与修正司5个法律部门和1个行政支持部，各部门分别行使一定的职权。

（一）全面独立的刑事检察权

刑事检察权由刑事检控司具体负责行使。刑事检控司的宗旨是“在检控违法者时实行公平无私的方针以促进公正的刑事法制”，其职权相当全面，且独立性强。

（1）指挥侦查。

新加坡的刑事侦查工作根据分工的不同，分别由刑事调查局、中央肃毒局、贪污调查局、移民局、关税局、商业事务局等执法机关负责，检察官不从事任何调查工作。有关侦查机关侦查完毕后将证据材料移送总检察署审阅，如主控官审阅后认为证据不充足，可指示侦查机关终止调查，也可指示侦查机关从不同角度作进一步调查。新加坡的法律没有对退回补充侦查作次数限制，侦查机关再次移送审查时，主控官仍可根据情况作出终止调查或继续调查的指示。对于主控官的指示，侦查机关必须执行。

---

* 本文在黄达亮同志的协作下完成，发表于《中国检察官》2008年第3期。

（2）批准检查。

对于贪污罪行，总检察长认为必要时，可以发布命令，授权贪污调查局局长或特别调查官检查任何银行户口、股份账目、费用账目以及银行保险箱等。

（3）指导检控与审查起诉。

新加坡的刑事诉讼分为公诉和自诉两种，除轻微犯罪行为由当事人向初级法院推事庭提起自诉外，其他犯罪行为均属公诉案件。公诉案件又分为侦查部门检控的案件和总检察署检控的案件。受过去英国法律文化传统的影响，新加坡警察可以行使一定的公诉权。按照法律规定，对“不可逮捕的犯罪行为”或刑期在3年以下的轻罪案件，侦查机关的部门检控官在获得总检察长的同意后，可以直接向初级法院起诉并出庭公诉。对于这部分案件，刑事检控司负有指导检控职责。

对于其他严重犯罪行为或总检察署认为需由其提控的罪案，侦查机关必须移送总检察署由主控官（包括总检察长、副总检察长、副检察司）审查起诉。主控官在审查起诉时拥有较大的裁量权。对于初犯、家庭环境好的学生和身患重病的嫌犯，主控官有权视情况决定不予起诉。对于行贿与受贿犯罪，主控官有权根据指控犯罪的需要决定是起诉行贿人还是受贿人，而将另一方作为污点证人不予起诉。向哪一级法院起诉，主控官也有一定的裁量权，但一般而言，普通刑事案件应向初等法庭起诉，而谋杀、贩毒、强奸、绑架等严重刑事犯罪案件则应向高等法院起诉。

（4）撤销、减轻、修改控状。

按照新加坡的法律规定，嫌犯被警方或主控官提起公诉后，其代表律师可以为其向总检察长建议撤销控状或减轻控状。总检察长或其属下的主控官有权根据案情和法律斟酌处理，既可以拒绝，也可以接受律师的建议修改和减轻控状，甚至还可以撤销控状以中止诉讼程序的进行，且无须向法庭说明理由。但如果主控官能够证明被告人在请求撤销控状或减轻控状时提供了虚假供证，则可以向法庭加控被告提供假证罪。

（5）出庭支持公诉。

对于总检察暑提起公诉的案件，总检察长或其属下的主控官应当出庭支持公诉。一般只有关系到公共利益的重大刑事案件，总检察长才会出庭。

（6）提起上诉。

新加坡的刑事案件实行两审终审制，控辩双方一方不服一审判决的，均可提出上诉。但即使一审或二审判决被告无罪，也不会对主控官带来任何不利的后果。

此外，为特赦请愿书草拟意见，就刑事案件的事务为执法机构、政府部门和法庭提供建议，就引渡与相互法律协助的事务提供建议，就新加坡同意加入的国际条约（公约）下的法律责任问题提供关于刑事法律方面的意见，审查并协助草拟所提议的《刑事法规修正案》，处理申请私人刑事诉讼法令的申请等，也是刑事检控司的职责。

（二）广泛的民事检察权

“通过明智稳妥的意见与代表政府，来加强法治与实现良好管理”，是新加坡总检察署民事司的工作宗旨。因此，民事司的职权范围也非常广泛。

（1）处理所有涉及政府的民事诉讼。

在公民对政府提起民事诉讼时，总检察长要代表政府应诉；政府对侵害国家或公共利益的公民提起诉讼时，总检察长要代表政府起诉；对涉及政府的不当民事判决，总检察长要提起上诉。总检察长也可以指派民事司的官员出席法庭，履行应诉、起诉或上诉的职责。

（2）处理涉及政府的民事非诉讼事宜。

包括代表政府参与有关的调解、仲裁、纪律处分，为政府取回欠债等。

（3）为政府提供民事法律咨询和服务。

包括为政府部门的所有民事事项提供意见、草拟法律文件等。政府的经济和行政管理部门遇到法律问题时也可以要求总检察署提供法律帮助，民事司有责任出具法律意见、审查法律文件或直接参与解决难题。

（4）代表政府行使有关管理等其他方面的职能。

包括审查为取得律师资格的申请，担任慈善机构的保护者，在领养事项方面担任诉讼监护人等，也是民事司的职责。

（三）国际事务参与权与参谋权

新加坡总检察署具有广泛的国际事务参与权，该权力由国际事务司负责行使。国际事务司的工作宗旨是“通过有效的实行与应用国际法来保护和促进新加坡的国际利益”。其具体职责包括向政府部门与法定机构提供关于国际贸易、航空和海事等国际事务领域的法律意见，代表新加坡参加有关国际会议、国际谈判和国际争端调节程序并草拟和洽商协定，审查条约并提供有关意见，在国内实现新加坡的国际责任方面提供协助和意见等。

（四）法律草拟与审查权

在新加坡，所有的法案及规章均由总检察署的法律草拟司负责草拟与审查。“草拟简明和精炼的法规以实现国会的意向”是法律草拟司的工作宗旨和主要职责。因此，法律草拟司的官员要经常列席国会召开的会议，对国会议员和政府内阁成员提出的有关法律问题进行解答。此外，法律草拟司还负责为法令的法定诠释等法律事务提供意见，为国会、政府部门及法定机构提供关于政策的法规建议，协助法律修正理事修正与更新法规，建立和维护法规资料库和新加坡法规网站等。

（五）法律改革与修正建议权

负责法律改革的研究工作和参与修订法律，也是新加坡总检察署的一项重要职责，由法律改革与修正司具体负责。“考察与改革法律以应付新加坡与其人民在21世纪的需要，并更新新加坡的法规以使法律统一、现代化和简约”是法律改革与修正司的工作宗旨，包括提出改革法律的建议，建立与经营关于法律发展的资料库，参加关于法律改革的磋商，负责在法律改革方面与政府、团体及大众的联络，以及与外国法律改革机构和有关国际机构的联系等，均属法律改革与修正司的职责。

（六）行政支持与内部管理权

行政支持部主要负责总检察署的人事、财务和公共事务管理工作。包括人员的准入、晋升、调职、辞职和个人档案的管理等人事行政事务，预算、收款、付款和财物档案的管理等财务行政事务，以及总检察署的装备、电脑综合系统、案件档案系统和法律、法规、条约的档案管理等公共行政事务，均属于行政支持部的职责。

综合总检察署各部门的职责，新加坡检察机关的职权范围相当广泛，承担着国家公诉人、政府和国会的法律顾问与律师、新加坡国家国际利益的维护者等多重职责。

二、新加坡检察官的选任和管理

新加坡的检察官包括总检察长、副总检察长和副检察司。总检察长由总统根据总理的建议从具有担任高等法院法官资格的人员中任命。总检察长是新加坡政府的首席法律顾问，是全国最高的执法官，其地位仅次于高等法院首席法官，高于高等法院其他法官。总检察长的权力和地位受《新加坡宪法》保障，只有在总检察长因健康等原因不能履职或行为不检或经特别法庭（由首席法官和首席法官为此目的任命的两名高等法院法官组成）同意的情况下，总理才可提议并由总统免除总检察长的职务。总检察长实行任期制，但其任期由总统酌情决定，可以连任，不受届数的限制。总检察署的其他检察官由新加坡法律服务委员会从大学法律系毕业且通过招录考试（包括笔试和面试两个阶段）的人员中择优选任。

法律服务委员会由首席法官、总检察长、公共服务委员会主席、一名高等法院法官和不超过两名公共服务委员会的成员组成，主席由首席法官担任。法律服务委员会是专门负责管理法律服务人员的机构，其主要职责是委任、调遣法律服务界（包括初级法院和总检察署、律政部、所得税管理局等政府部门）的法律官员，以及对法律官员进行考核、监督，有权决定法律官员的升迁、纪律处分甚至开除。按照新加坡《律师法》的规定，政府部门中凡是具有律师资格的人员和其他法律官员都被视为政府的法律服务人员。从身份来讲，总检察署的所有检察官均是新加坡的政府律师，承担着公诉、提供法律服务等政府律师职责。因此，所有检察官均得由法律服务委员会任命。法律服务委员会委任的检察官虽然属于国家公务员，但管理上区别于一般公务员有很大。

新加坡检察官的管理由法律服务委员会负责。每年总检察署各法律部门的负责人都要集中对每位检察官的工作情况作出评估，再将评估结论报总检察署，总检察署对检察官的使用和晋升提出建议，由法律服务委员会审核同意后，报公共服务委员会审定（实际上是备案性质）。法律服务委员会根据检察官的工作表现及任职经历，可调检察官担任初级法院法官（新加坡检察官与初级法院法官的界限并不明显，同属公务员序列），也可向总统推荐并由总统委任其为高等法院法官。而总检察署其他人员的管理则不由法律服务委员会负责，而是直接由公共服务委员会负责，与政府部门一般公务员的管理相同。

三、新加坡检察制度的主要特点

第一，检察机关是支撑政府依法治国的基石。

新加坡总检察署的职权范围相当广泛，“通过正确的法律意见和协助发展一个公正、高效的法律制度，来加强新加坡的法治原则与宪政，并提升良好的公共行政及保卫国家和人民的利益”是其宗旨所在。除刑事和民事检控权外，为政府和相关机构提供包括刑事、民事、国际等方面的法律咨询和服务是新加坡总检察署及其各业务部门的一项主要任务。行政部门对执法中遇到的法律疑问可以向总检察署请求释义，总检察署也有权监督国家行政部门的执法行为并向政府部门提供法律意见，政府部门必须按照总检察署提供的意见处理行政事务。总检察长是所有政府部门的法律代表，公民若起诉政府，即起诉总检察长，这与我国的检察机关是国家的法律监督机关的性质有质的区别，总检察署的工作职能与我国检察机关职能存在很大差异。

第二，检察机关的独立性较强。

从体制上而言，总检察署纳入政府行政系统，但与立法、司法关系密切，

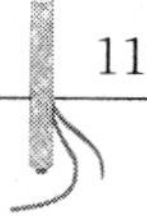

在业务上又完全独立。因此，新加坡的总检察署实际上是一个独立的法律机构。一则检察官的任免和管理由法律服务委员会负责，独立于其他政府部门，检察官只遵循总检察长的领导。二则总检察署依据法律和公正程序独立行使职权，办理案件不受政府或个人的干涉，也不必向任何机关和个人报告工作。在刑事检控方面，检察官对案件是否指控享有绝对的权力，侦查机关不得持有异议；为减轻被告人的刑罚，检察官可以在制作控状时有意改变事实，法官亦不得更正。在法律咨询和法律帮助方面，总检察署依据法律向各政府部门提供独立的法律意见，不受行政首长的干涉与社会舆论所左右，且极具权威。

第三，检察官拥有较大的自由裁量权。

尤其是在刑事检控方面，主控官对罪案不仅有权视情形决定起诉或不起诉，还有权进行辩诉交易（又称为认罪求情协议），如对于污点证人主控官可以不起诉为条件，换取其出庭作证。对于已经向法院起诉的案件，主控官也可以根据情形修改、减轻甚至撤销控状。检察官不仅拥有较大的自由裁量权，而且还享有司法豁免权。新加坡不实行错案责任追究制度，法官和检察官不会因办错案件受到责任追究，也不得因相关司法行为被民事起诉。

第四，检察官和行政支持人员实行分类管理。

所有检察官均由法律服务委员会管理，而行政支持人员的管理则直接由公共服务委员会负责。在薪金的发放标准上，检察官与行政支持人员也有较大区别。检察官和法官的薪金由法律服务委员会根据私人律师的收入状况决定，大体与私人律师的年均收入相当或略低。一般检察官的年收入在 7 万元新币左右，约折合人民币 36 万多元。该委员会旗帜鲜明地主张，法官、检察官和律师作为同一法律职业共同体的成员，如果收入不平衡，必然导致法官、检察官的辞职或者不廉洁行为滋生。新加坡信奉并实行高薪养廉，公务员的薪金收入普遍较高，但检察官、法官的薪金收入更高一些。行政支持人员的薪金标准则由公共服务委员会决定，与一般公务员相同，普遍较检察官低。在新加坡，检察官的业绩考核、职务晋升和年终花红的分配不实行民主评议和投票打分，而是由行政首长直接决定。首长的决定既具有公正性，也具有权威性。

第五，检察机关的工作效率高。

新加坡是一个城市国家，没有设置地方检察署，总检察署是惟一的检察机关，总共不到 200 人，机构设置精简，却同时承担着包括国家公诉人、政府和国会的法律顾问与律师、新加坡国家国际利益的维护者等在内的多重职责，工作面广量大，充分体现了办事的高效率。以刑事检控司为例，刑事检控司是总检察署人员最多的一个业务部门，共有 98 人，其中主控官（副检察司）62

人，法律服务人员（检察司助理，不出庭）36 人。但每年办理起诉案件（一般为严重犯罪案件）3 000 多件、上诉案件 200 多件，检察官人均办案 50 多件。此外，检察官还要指导侦查机关部门检控官对轻罪案件的检控。究其工作高效的原因，（1）检察官的高素质是高效率的基础。新加坡特别重视法律服务人员的整体素质。他们认为，在当代的国情和社会环境下，“很难寄望于个别的包青天式的英雄人物，凭藉一口龙头铡横扫天下”。因此，新加坡特别相信法律职业共同体的力量，相信法治而不是人治。新加坡的法律服务委员会以任人惟贤为标准，负责统一聘任法律官员。总检察署的检察官均是由新加坡法律服务委员会通过严格的笔试和面试从大学法律系毕业的人员中择优选任的。（2）高科技的网络服务为高效率创造了条件。不仅新加坡总检察署在本身的工作范围内实现了高度的电脑化，而且还与法院、律师和政府部门建立了可用于呈递诉讼文书和直接沟通的电子数据库系统，总检察署还带头设立了可调查案件进展情况的罪刑公证系统，司法机关和各法律服务共同设立的法律网络系统也给检察官收集和查询国会立法、普通法和司法案例等法律资料提供了方便。（3）灵活机动的“搭档”机制进一步提高了办案的效率。在刑事检控司，主控官（副检察司）与检察司助理（协助主控官处理刑事案件但不出庭）大体是按照 2∶1 的比例配备的，但并没有固定某一名检察司助理具体为哪几位主控官服务。每一名检察司助理都为所有的主控官服务，这就与我国有些检察机关设立的主诉检察官小组或主诉检察官办公室（人员相对固定）明显不同，既避免了忙闲不均和人力资源的浪费，又减少了不出庭工作人员的比例，还可以促进不出庭工作人员不断提高专业水平和服务质量。

94. 加强东西方法律文化交流共同推进人权事业发展*

纵观世界各国刑事诉讼的改革，人权保护已成为热门话题，无不引起各国政府、司法界和法学理论界的高度关注。目前，我国已经签署了《世界人权公约》《公民权利和政治权利国际公约》以及《禁止酷刑和其他残忍、不人道或有辱人格待遇或处罚公约》。2004 年 3 月 14 日，我国《宪法修正案》第 24 条增加了“国家尊重和保障人权”的条款，这标志着我国包括刑事诉讼中的人权保护的整个人权保障事业进入了新的发展时期。由中国湖北省人民检察院主办，湖北武汉东湖高新技术开发区人民检察院协办的中国——荷兰“刑事诉讼中的人权保护”研讨会经过两天紧张、有序的交流与研讨，与会者围绕主题，展开热烈的切磋交流，称得上卓见迭出，精彩纷呈。

一、研讨会特点简析

此次研讨会具有以下特点。

一是体现了国际代表性。出席会议的代表，既有中、荷两国刑事诉讼法学家，又有检察官、法官和警官，具有广泛代表性。与会者都注重从当代国际刑事诉讼现代化的新视野、新视角透视其热点、难点、重点问题，学术论文质量高，讨论交流对等。

二是彰显了诉讼专业性。研讨者们既有具体入微的刑事诉讼制度分析，又有对我国刑事诉讼法修改的前瞻性探讨；既有刑事诉讼法学理论上的争鸣，又涉及刑事司法实践中的诸多难点问题。大家紧紧围绕刑事侦查与侦查监督、刑事起诉、刑事审判、刑罚执行等主要诉讼环节，突出人权保护的主题，交流了

---

* 本文系作者在 2007 年“中国——荷兰‘刑事诉讼中的人权保护’研讨会”上的致词，发表于《人民检察·湖北版》2007 年第 5 期；收录于《刑事诉讼中的人权保护》，湖北人民出版社 2007 年版。

中荷两国各诉讼阶段人权保护的基本内容、主要特点、功能作用与法治意义，详细探讨了上述主要诉讼环节人权保护的具体方法与有力措施，充分论证了刑事诉讼中人权保护的必要性、层次性与时代性，不仅加强了相互间的理解与信任，而且增进了学术交流，提升了双方与会者的专业造诣与水平。

三是反映了地方特色性。湖北是中华文明的源头之一，早在 210 万年前，这块热土就留下了人类的足迹。“龙凤呈祥”作为中华文明的象征，其中“龙”代表着黄河文明，“凤”代表着长江文明，而炎帝与黄帝作为华夏始祖，其诞生与开创史前文明就发生在湖北境内的长江流域与黄河流域。如今，湖北作为中国中部地区崛起的重要战略支点，其开放度与发展度前所未有。这里，就有荷兰飞利浦公司与邮电部、武汉市于 1988 年共同创建的武汉长飞光纤光缆有限公司，它是当今中国产品规格最齐全、生产技术最先进、生产规模最大的光纤光缆专业制造和研究开发的公司。这次研讨会选点武汉光谷，寓意着中国现代化进程的光明前景，预示着中国检察事业繁星点点，更寓意着中荷两国人民的深厚情谊!

二、研讨会成果概述

此次研讨会的积极成果主要体现在以下几个方面。

首先，增进了对双方刑事诉讼的共同点与差异性的了解。中、荷两国刑事诉讼都注重加强对司法权运行的制衡与诉讼效率的提高，防止公民享有的基本权利受到非法或不正当的侵害；两国还引入了当事人主义诉讼模式中控、辩、审三角制衡机制的合理成分，都致力于取得人权保护与刑事控制并重、公正与效率兼顾的良好效果。荷兰检察机关还实行量刑建议制度、错案追究制度，加强对检察官的自律和监督，这些都与中国检察工作的一些机制运行与创新实践相一致。但是，荷兰检察制度与中国检察制度之间也存在着明显的差异。比如，荷兰检察机关仅负责处理刑事案件。中国检察机关则除处理刑事案件外，还承担着对国家公职人员犯罪的侦查工作，维护公职人员履职的公正性与廉洁性；同时承担民事行政检察职能，依法调整民事、经济关系，努力营造公平竞争的市场秩序，维护当事人的合法权益和社会公共利益。中国检察机关存在的合宪性与合法性之基，则是其所肩负的法律监督职能；其依法履行的刑事法律监督、职务犯罪监督以及民事行政诉讼法律监督三项基本职能，构成了中国检察制度的特色内容。又如，荷兰通过检察改革，在司法部下专门设立了检察委员会作为荷兰检察系统的最高管理部门，直接领导所有的上诉法院检察院和地方法院检察院，其主要职能在于制定指导检察官执法的刑事政策及管理人事和财政。在中国，各级检察机关则向同级人民代表大会及其常委会负责，向其报告工作，接受其监督。其每一层级检察院内部均设立了检察委员会，它是人民检察院在检察长主持下的议事决策机构，按照民主集中制的原则，讨论决定重大案件和其他重大问题；是检察业务的最高决策机构，下级人民检察院不仅必须执行上级人民检察院的决定，而且其内设业务机构必须执行本级人民检察院检察委员会的决定。不同的是，我们的检察委员会不承担人事管理和财政管理等检察事务职能。

其次，加强了对推动人权保护法制化进程的深刻理解。众所周知，荷兰是一个重视尊重和保障人权的国家。在荷兰，从政府到社会，人权保护意识与实践普遍较强。中国是一个发展中国家，构建社会主义和谐社会，是我国经济、政治、文化和社会发展的根本目标。过去的一年，我国人权事业取得全面进展：人民的生存权和发展权得到较大改善；公民权利和政治权利保障水平有了较大提高；中国加大司法改革的力度，包括刑事诉讼中的人权保障工作取得明显成效，严格执法，公正司法，依法保障公民的合法权利的能力普遍增强；在刑事诉讼的侦查、起诉、审判和刑罚执行的各个阶段上，充分贯彻人权保障的原则，并使人权保障程序化、规范化、制度化、法律化，成为中国司法人权保障的显著特色；经济、文化及社会权利实现水平有较大幅度提高；中国政府高度重视并采取措施保障残疾人的权益；人权领域的对外交流与合作日益增强。我们将继续与包括荷兰等友好国家在内的国际社会一道，一如既往地不断作出努力，促进中国包括刑事诉讼中的人权保护在内的整个人权事业的持续进步和促进国际人权事业的健康发展。

最后，提供了相互学习与借鉴的广阔前景。荷兰刑事诉讼中的权力制衡机制，有着较强的生命力，其制度运行的成本、化解司法风险的能力、提高防止错案的效益，是有其合理性的。我国刑事诉讼法则规定了公安、检察、法院三机关之间分工负责、互相配合、互相制约的原则，同荷兰的制衡机制是有异曲同工之效，它对于保障司法公正，防止冤假错案，提高诉讼效益，保障人权，发挥着重要作用，具有自身的特色优势。中国检察机关对刑事立案、侦查活动、刑事审判活动与刑罚执行活动是否合法，依法有权监督，以保障刑事侦查权、审判权、刑罚执行权的正确行使，一旦其滥用，则可启动调查权、审查权、抗诉权、建议权予以监督纠正，从而建立起维护司法公正的长效机制。此次研讨会为我们提供了相互借鉴与学习的平台，有利于两国汲取对方的司法优势与经验，共同推进人权保障事业良性发展。

95. 加拿大公众投诉警察独立监督机制探析*

加拿大早在20世纪80年代末期就建立起了对警察执法行为的独立监督制度体系，成为英美法系国家较早探索对警察执法监督的国家之一。2006年7月，中国检察代表团一行8人与中国政法大学刑事法律中心代表团、北京师范大学刑事法律科学研究院代表团一行8人，在加拿大BC省前副检察长、资深大律师大卫·温可乐及杨诚博士的陪同下，对渥太华与加拿大公众投诉皇家骑警委员会、卑诗省公众投诉警察专员办公室与温哥华警察局、安大略省警察违法独立调查办公室与检控厅进行了访问。

据介绍，加拿大的公众投诉警察独立监督体制与运行机制有自身的特点。主要表现在以下几个方面。

一、独特法律文化渊源的影响与监督权利平衡理念的确立

加拿大的法律发达经历了1608～1763年的法国法植入期、1763～1867年的英国法植入期、1867～1982年自治领法、1982年至今的主权国家法制四个历史时期，[1] 形成了两大法系制度交融、长期共存、各自发展为特点的法律文化、制度环境与理念创新的基础。精神内核方面，其在强调多元化中追求和谐，以此调处纷争与事端；社会关系方面，其强调维护公共利益，遵从命令和权威，容忍公权干预；中央与地方关系方面，其强调地方治理，这使得加拿大骑警制度构成了加拿大民众心目一种独具吸引力的象征。其历史根源在于，在早期的加拿大西部地区，警察有效地保护了居民的财产，并成功地实施了一部道德法典（a moral code），维持一套特别的政治体系，而民意理念通常认为，

---

* 本文发表于《检察日报》2006年10月12日。

[1] 王立民主编：《加拿大法律发达史》，法律出版社2004年版，第1页。

骑警履行职权的行为仅仅是维系人类组织一种最重要的原则之一即命令，[1] 而并非取悦于反复无常的政治家。在这种理念指导下的法治建设演进中，其警察组织体系逐渐完善，执法的区界不断强化。警察组织逐渐演化为联邦警察（皇家骑警）、省警与市警。除安大略省、魁北克省和纽芬兰省的执法工作由本省警负责外，大部分都市地区均有权拥有自己的警队，较小城镇的执法工作通过协议由省警负责，其他 8 个省份、3 个地区、200 多个城市、65 个原住民社区及国际机场等经协议由联邦皇家骑警负责，联邦皇家骑警达 22 000 人，志愿协助者 75 000 人；此外有数支森林警队、国家铁路警队等。警察的主要职责是对抗有组织犯罪、伪造产品、信用卡欺诈等非法经济活动，危害国家边境安全的犯罪，日常警察服务，保护社区及重要人物的安全服务等。与此同时，警察滥用职权、损害公共利益与居民权益的事件呈增长趋势。这引起政府、社会组织与公众的充分关注，也引发对传统理念的诸多反思与创新。过去那种对警察尊崇的社会心理逐渐被有效控制警察执法行为，防止这一公共权力滥用、增强民众对管理国家的关注度与支持度的理念所替代，形成了有效监督与平衡公权的新理念。这种理念认为，民众通过国会与省立法机关将特别的公共执法权力授予皇家骑警与警察，作为权力的交换，警察负有服务和保护公众的责任。有权力就必须有相应的监督。为了保证警察（特指骑警，即 Royal Canadian Mounted Police）工作合法而有效地展开，必须加强监督，以寻求公众安全和公共权利之间的平衡点。

二、实行全国统一公众投诉监督、省公众投诉监督与公众投诉特别调查监督并存独立

独特的法律渊源与联邦国家二元结构的法律制度安排，使得加拿大形成了国家与地方不同类型的公众投诉监督模式。

1. 统一投诉监督型

这一公众投诉监督模式独立适用于皇家骑警的执法活动。由于皇家骑警执法地域的全国遍布性，范围的全面性，影响的广泛性，效力的权威性，为了有效控制骑警执法不公的行为，加拿大于 1988 年由国会通过法案，并成立独立的公众投诉皇家骑警委员会。法案赋予公众对皇家骑警执法不公予以投诉的权利，同时赋予委员会特别调查的权利。对于骑警执法活动，公民可以通过电话、信函、电子邮件、当面等形式向皇家骑警的派出机构或公众投诉委员会进

[1] 王立民主编：《加拿大法律发达史》，法律出版社 2004 年版，第 30 页。

行投诉。对公民的投诉，骑警组织系统可以先行委派所辖内部处理公民投诉的机构专门调查，公众若对调查处理结果不满，其可向公众投诉委员会投诉并要求复核或调查。对公众投诉的处理，一般采用调解或和解等非正式方式与正式的投诉程序方式进行。通过正式投诉处理程序的投诉，经过正式受理、调查、出具报告、通过投诉人等，前一方式的优点在于监督成本较低，效率较高，一般适用于执法行为不规范，或投诉人对执法活动的误解所产生的投诉；后一方式的优点在于监督运行规范，监督综合效益居高，往往产生良好的监督社会效果，其主要适用于骑警执法不公、不廉及重大的违法事件所形成的投诉。投诉人对按上述方式调查处理不满的，可向公众投诉委员会提出复核，投诉委员会依职权开展复核调查，并形成临时性报告，提出若干处理性建议；这些意见与建议并不具有约束力及溯及力，但通常被调查的骑警派出机构所采纳；其后由公众投诉委员会形成最终报告，并分送投诉人、被投诉的警员与皇家骑警的公安部长。同样，这些终局性的但并无直接约束力、控制力的意见，大都被骑警机构及分支机构所采纳，投诉方也较为满意。

2. 区域投诉监督型

这一投诉监督机制仅仅适用于省直属范围的地方警察的执法活动，其独立于公众投诉皇家骑警委员会，更无须向其报告工作，接受其监督。两者之间是并行独立的公众投诉监督关系，其共同构成一个有机的公众投诉监督组织制度结构。因而，区域性公众投诉监督机制的功能、程序与公众投诉骑警委员会是一致的、或基本上是相近的。这种公众投诉监督制度适用的范围仅省辖区域，适用的对象仅指省属警察，其产生的背景、条件与时间，在加拿大各省则呈现出差异性。据 2003 年 2 月被省立法机构任命为卑诗省公众投诉警察专员办公室专员、曾任 20 多年检察官，后就职海牙法院法官的德克·芮内维尔德介绍说，卑诗省投诉警察专员办公室是根据 1998 年 7 月修改生效的《警察法》(Police Act) 相关规定设立的，其由省立法机构任命为专员、副专员、调查分析师等，并组成办公室这一独立机构，其向立法机构负责，同政府无隶属关系，经费则由省地方财政算统一拨付。其公众投诉往往涉及警察与社区关系、警察部门与社区关系，警察与警察部门之间关系诸方面，包括公民认为警察的行为不当、对警察部门所提供的政策与服务不良，警察未遵守政策纪律等所提出的投诉等等。专员办公室依法独立行使职权，监督负责办理投诉的警局内的投诉调查，确保投诉调查全面彻底，结果公正；而且帮助公民了解投诉程序，确保公民懂得其权利及其意义，协助公民获得投诉所需的所有资料；对于重大投诉案件，为了确保调查全面、公正与客观，专员办公室认为在必要情况下.

请求无直接隶属关系的国家皇家骑警的投诉调查机构独立负责地开展调查，或者交由省属警局系统的异地警局及分支机构的投诉调查机构独立负责地开展调查，等等，以确保公众投诉监督机制在区域范围内一体、效率与公信力。

3. 区域性公众投诉特别调查监督型

这种监督作为刑事责任监督的一种表达形式，同警察部门的内部监督、警察行为规范监督、民事责任监督（错误逮捕），共同构成一个对省属区域性警察组织体系运行与警察不当行为，尤其是警察腐败、阻碍司法、盗窃、伪证、支持放纵贩毒、非法移民、洗钱等渎职行为的监督体系及其运行方式，具有公众投诉监督机制的特色性与效力性，其制度创设及其运行实践两年前已被英国的英格兰、威尔士地区所仿效。这一制度及其运行机制主要体现在安大略省的公众投诉警察特别调查组。据安大略省先后担任过法律顾问、检察官、2004年3月被任命为公众投诉警察特别调查小组主任的詹姆斯·康尼希（James Corinish）先生介绍：鉴于安大略省持枪杀人等恶性案件持续发生，警察的渎职现象滋长，依据公众要求，地方政府于1990年组建一个独立的调查机构，专门负责对警察渎职行为的调查。该调查组现配有成员58人，主要从资深的司法官中选任与退休的司法官员中聘任，其身份既非警察，又非司法官员，而为治安官员，调查组有权决定对被调查的警察实施逮捕。根据1998年乔治·阿丹姆提出的《警察法》修正案，调查组的性质进一步明确，地位得到提高，其职权具有相对独立性，既不向警察组织负责，也不向政府负责。其调查范围包括：（1）致严重人身伤害；（2）致人死亡；（3）性侵害。其监督对象涉及安大略省62个警察局的23 300人。调查组及主任对安大略省总检察长负责，听从其指挥。其工作职责：（1）搜集警察相关违法工具；（2）提取警服；（3）提取监控录像带；（4）通知验尸官参与调查；（5）通知死者家属并对其进行慰问；（6）同原住居民联系；（7）调查罪名成立通知警局及其家属；（8）不成立的报总检察长批准解除调查；（9）向新闻界披露情况。这种独特的调查制度设计所赋予的职能，则同中国检察机关反渎职侵权局的职能十分相似。这从侧面折射出，当代加拿大检察制度已开始赋予检察官指挥或领导治安官员（类似于警察）独立的调查权、决定逮捕权及监督权，以对警察渎职行为进行有效控制。这些带有大陆法系司法制度特色的因素，寻找到了对警察执法不公行为有效监督的新的实现形式。这同时表明：具有两大法系融合传统的加拿大，其在赋予检察官职权及规范其运行方式方面，正在出现深度移植、借鉴与交融的趋势。而检察官实施法律监督、维护公平正义，也正在成为加拿大现代监督制度的一种价值理念追求与目标模式选择。

三、公众投诉监督范围的广泛性与专门性并存

就广泛性而言，公民只要发现或认为皇家骑警队员或省警局的警员在执法中具有下列行为之一的，即可投诉，这包括：(1) 行为无礼；(2) 态度不良；(3) 侦查取证不充分；(4) 实施不当逮捕、拘留；(5) 实施不当搜查或扣押；(6) 过度使用暴力；(7) 拒绝当事人联络；(8) 种族歧视；(9) 伪证；(10) 欺骗性报告；(11) 玩忽职守；(12) 贪污、受贿；(13) 放纵贩毒，非法移民；(14) 破坏警方财物；(15) 醉酒；(16) 其他刑事犯罪等等。概括起来为四类：一类是公众对警察执法信任问题的投诉与监督；二类是对警察部门服务社会执行政策的投诉与监督；三类是对警察执法行为规范的投诉与监督；四类是对警察腐败行为的投诉与监督。如温哥华警察局与公众投诉办公室每年收到公民涉及对该局警察投诉约500件左右，占警员人数的41.6%，投诉内容约56%涉及执法行为不当方面，而尚无警察腐败的纪录；一旦调查属实，将按口头警告、书面警告、辞职等处分。而多伦多地区每年公众对警察的投诉约800～1 000件，占警员人数的18.5%，其内容涉及有警察腐败等。这反映出两市警察执法状况与公众监督的关联度有较大的差异性。就专门性而言，安大略省公众投诉刑事责任监督的数量不大，但特别调查组的监督成果令人可观。其中今年由特别调查组调查的警察支持贩毒的伪证案，牵涉数名警员，已有3名警员被决定逮捕，在安大略省产生了良好的社会效果。

四、投诉解决方式的非正式程序与正式程序并存交替运用

综合两种程序的内容及功效，其投诉监督程序及处理方式可概括为四种：一是通过非正式的调查与和解。在公众对警局专门调查结论及处理意见不满，而投诉者要求公众投诉委员会或投诉专员处理之后，投诉调查与复核调查机制即启动运行。其方式是：首先，由投诉委员会或专员办公室的调解分析员与投诉人作出初步面谈，并向投诉人阐明处理该问题可能采取的方式，经过磋商，所得出的结论大多并非达到投诉人所寻求结果的最佳方式。然后，在投诉人自愿和皇家骑警乐于接受的前提下，通过提出替代性纠纷解决方法（Alternate Dispute Resolution），投诉委员会或投诉专员办公室邀请投诉人、警察局投诉部门或皇家骑警各方，本着解决所投诉问题的目的进行非正式的直接接触。最后，在调查分析员的协助与调解下，双方自愿就一些或全部问题达成双方均可接受的解决方案，投诉人还可以就任何还未得以解决的问题再次提出正式投诉。通常通过调解的投诉个案在一两天内即可解决完毕，而按正式投诉程序投

诉的个案，其解决则可能要持续 6～12 个月。调解制度具有自发性与创造性，既有效率又节省监督成本，因而在实践中被广泛使用。二是通过正式的投诉程序调查处理。投诉委员会或专员办公室收到投诉后，一般交由警局专司投诉的部门进行调查，个别重大投诉则由专员办公室委托皇家骑警进行专门调查，调查处理方式和结果将以信函或当面通知投诉人。如果投诉人对此不满意，可向委员会、专员投诉办公室请求复核，调查部门复核全部相关材料后，要作出临时性报告，并在报告中提出建议。当事的皇家骑警及队员、警队及警员，均须对投诉委员会或专员办公室所作出的临时性报告作出必要的反应。而无论是临时性报告、还是最终报告的建议与意见部分，通常被调查警局所采纳；然后，由投诉委员会或专员办公室提出最终报告，分别送交投诉人、被投诉的皇家骑警的公安部长及省警局有关负责人。据介绍，这些报告所提出的建议并无法律约束力，但有 80％～90％的报告结果和建议得到当事的皇家骑警、警队及警员的接纳。三是由投诉委员会或专员办公室启动的投诉调查。这种投诉调查形式只在违法严重的情形下适用，其典型案件有：马尼托巴省挪威屋地区印第安克族人被枪杀案和不列颠哥伦比亚省抢劫嫌疑犯被枪杀案。四是由投诉委员会、专员办公室启动的公开聆讯（Public Hearing)。据卑诗省投诉专员办公室负责人介绍，该程序只有在警察的不当行为危害公共利益的情况下才启动，如温哥华举行亚太经贸合作组织会议时警察涉嫌行为不当即属此例。由于该机制运行历时较久、耗资巨大，故公开聆讯的方式很少被采用。投诉调查成立的法律后果是，被投诉的警局对直接责任的警察给予降职、离职 5～20 天，书面或口头警告（类似我国的诫勉谈话），开除公职等处分，错捕则个人承担民事责任，因渎职腐败构成犯罪的则追究刑事责任。为了保护警察的合法、正当的权益，该制度赋予从事调查的警官以“中立”权力；被投诉的警察有权请律师代为其答辩、作证与解释；对处分不服的当事警员可以提出上诉，等等。

总之，加拿大创建的警察执法活动独立监督制度，寓公民投诉、职能调查、专门监督于一体，其三个层面相互分工、相互制衡，内部责任、规范责任、民事责任与刑事责任分层次交替运用，凸显其特色，更显现出制度创新的效率与效益，是值得总结与探讨的。

96. 向统一检察体系迈进*

——泛欧总检察长会议综述

随着欧盟一体化进程的加快，欧盟司法领域尤其是检察院之间不统一状态带来越来越多的问题，如欧盟内人员跨国流动的增加，使得欧盟各国不同检察制度、公诉权的行使存在司法协助困难；欧盟内的洗钱、贩毒等跨国犯罪活动日益猖獗，给提高打击犯罪的效率提出新挑战；不少成员国因担心失去国家主权，在打击犯罪、统一移民和避难政策等问题上多年来没有取得较大的进展；在维护社会正义，尊重人权，保障法律统一正确实施，加强合作与协调一致等方面，检察官和检察院遇到的困难前所未有。三届泛欧总检察长会议，正是为了解决这些问题而召开的。

一、统一检察体系的三届会议

2000 年 5 月，欧洲委员会在法国斯特拉斯堡召开泛欧会议，41 个成员国的总检察长参加了会议，提出了建立欧洲检察官会议制度的建议。2000 年 8 月 6 日，欧洲委员会第 724 次部长级代表大会，通过了“关于刑事司法体系中检察官的角色定位”的（2000）19 号建议案，就检察机关实现成员国间的互助，推动法律优先化，打击刑事犯罪方面扩大国际合作的效率等方面提出诸多原则性意见，从而启动了泛欧国家检察机关协调与合作，迈出了“检察一体化”的第一步。

2001 年 5 月 12～16 日，第二届泛欧总检察长会议在罗马尼亚的布加勒斯特举行，旨在讨论协调指导公诉人行使职责和法令的原则，尤其是确保实施（2000）19 条建议案的后续工作。会议决定建立欧洲检察长会议机制，并就（2000）19 条建议案的后续工作、在刑事案件审判的国际协作方面建立一个非

---

* 本文发表于《检察日报》2002 年 8 月 22 日、2002 年 8 月 26 日。

正式组织等方面达成了共识。会议确定设立协作局。泛欧总检察长会议及其常设的协调局，就成为泛欧国家检察院讨论、决定欧洲检察机关重大问题、协调解决打击犯罪、保护人权、维护正义等的非正式组织，并且同欧盟其他机关的地位基本相适应。

2002 年 5 月 12～14 日，由 46 个国家的总检察长和检察官们出席的第三届泛欧总检察长会议在斯洛文尼亚共和国首都卢布尔雅那举行。会议的议题是：增进欧洲检察官和检察院协调一致；维护社会正义；保障法律统一正确实施；尊重人权；提高打击犯罪的效率。中国检察代表团以观察员身份出席了会议。会议就多项热点问题展开了讨论，并形成一致意见。这预示着：在统一市场、统一货币、统一外交防务政策、统一司法审判取得重大进展之后，欧盟及其泛欧国家已开始重视统一司法体系，特别是统一检察体系，并将其作为欧盟一体化的一大支柱。

二、欧洲范围内的共同审判

欧洲委员会内务司法部致成员国的“关于刑事司法体系中检察官的角色定位”的［2000］19 号建议案明确提出：应在国际司法合作方面赋予所有组织机构以独立地位，鼓励各国检察机关人员建立直接联系；为改进司法协助程序的合理性，获得司法协助程序的一致性。应通过有效工作提高检察官参与国际合作的积极性，实现国际司法合作的专业化；起诉国的检察机关为起诉之目的，可以向被要求国直接发送司法协助请求，并直接向其转交收集到的证据等等。这成为斯特拉斯堡会议、布加勒斯特会议和第三届会议共同的主题之一。

第三届会议对欧洲委员会意见反馈组提出在打击刑事犯罪问题上大力加强国际合作的“新的开端”的建议抱有浓厚兴趣；提出要实现欧洲范围内共同审判的目标，必须首先实现对欧洲超自然正义的一般性正义，以解决目标和规则的一致性。建立从自然定义法、目标法、规则引导法和超自然正义的限制法引进的立法体系，是实现欧洲范围内共同审判的第一步。泛欧总检察长会议表示参加此项任务。同时，要加强欧洲检察机关间的合作，主要通过成员国的“国际联系点”网络进行。会议指派办事机构向部长会议提交建议，与欧洲司法联盟联系，探讨最终合作协议的可能性。

会议还特别强调当务之急是密切关注超自然的有组织犯罪，包括各种形式的贪污腐败、经济犯罪和金融犯罪。会议呼吁支持检察官揭露这些犯罪，希望没有引起重视的国家应赋予检察官必要的职权，推动信息交换，采取相互合作行动。会议认为，在检察院通过严格的道德规范达到自治方面，一些检察院已从中受益；一些检察院正在进行这方面的制度建设。众多评论家对于欧盟及泛欧国家“检察一体化”的实际效果给予了充分的肯定。但是，他们的合作还仅仅处在起步阶段。即提出问题，进行多边或双边磋商，尝试酝酿草拟具有强制性规范的协定，尚未进入实质性实施阶段。

三、适应欧洲一体化的新形势

泛欧总检察长会议的发展历程，既揭示了许多规律性的东西，也对我们开展检察工作有新的启示。

以英、法为代表的英美法系、大陆法系下两种不同类型的检察制度，在欧洲中世纪中后期生长出来，都有相同的政治、经济动因，都是为了以行政权规制司法审判权，反对封建割据，维护中央权威，保障法律统一正确实施。其检察权带有行政权的属性。但在对刑事犯罪的起诉权与公诉权，对白领犯罪的侦查权，以及法律监督权方面，分别采用当事人主义、国家职权主义的模式，并在检察制度、职权、功能、运作方式诸方面分道扬镳，最终形成欧洲两大相互对立的检察制度模式。在经历七八百年的分庭抗礼后，进入 20 世纪末和 21 世纪初，在“欧洲一体化”推动下，两者终于又找到了“磨合点”，并且开始走到一起，磋商不同检察制度模式下的欧洲检察官们所面临的共同问题。这充分表明，“协调、正义、法治、人权、效率”本身，就是不同性质检察机关所追求的人类文明社会的基本目标，是检察制度创设的基本规律，也是检察制度发展与完善的根本动因之一，更是检察官的最高价值目标和追求。中国检察机关的检察权是具有法律监督性质的一项国家权力，同欧洲两大法系的检察制度的性质不同，但其检察制度改革、完善与发展，应当吸收、借鉴人类社会在创设检察制度方面所形成的这些精神成果。

要高度重视同泛欧总检察长会议与欧盟司法机构的沟通、协作与联系。随着“欧洲一体化”的推进，欧盟委员会制定了“对华 2002 年～2006 年国家战略文件及指导纲领”，提出加强对中国的经济和社会改革、环境及可持续发展、良好的政府管理和法律法规等重点领域的对华援助。这给中国检察机关借鉴欧盟与泛欧总检察长会议所形成的成果、加强国际合作、打击刑事犯罪，提供了难得的契机。值得指出的是，中国在同欧盟的经济与人权项目合作方面，取得了实质性进展，而同欧盟及泛欧国家的检察制度、打击有组织犯罪等方面合作却十分滞后。应当采取相应措施，适应“欧洲一体化”提出的种种挑战与机遇，推进同其进行合作与交流。

应加强基础工作，提高交流合作的质量与水平。（1）组建欧盟委员会内务司法部及泛欧总检察长会议工作小组，集中研究欧盟司法、警察、检察一体化进程的新情况、新问题、新成果、新法律，为我所用。（2）运用欧盟委员会“国际联系点”网络和泛欧总检察长会议启动的“欧洲检察官数据库”，收集、掌握欧洲司法、警察、检察相关情况及动态资料。（3）继续以观察员身份参加、跟踪泛欧总检察长会议，了解掌握其研讨的若干重大议题和所形成的决议。（4）积极开展检察外事活动，进行同欧盟、泛欧总检察长会议所形成的区域国际合作、司法协助、文化交流的相关协定的签订，使其工作成果为我所用。（5）积极创造条件，在欧盟或泛欧总检察长会议设立检察官代表工作处或观察员席位，建立正常永久的工作渠道。

我们必须密切关注“欧洲一体化”的进程及其重大影响，采取相关对策措施，以期在加强同欧盟及泛欧国家检察机关的合作与协作的同时，推进中国检察事业的进程。

97. 把握第三次法律变革机遇加快中国法治化进程*

美国资深的中国法研究专家、纽约大学教授 Jerome A. Cohen 认为，自 20 世纪下半叶以来，中国已经有过两次法律变革浪潮，第一次是 1978 年中国确立改革开放政策以后，为引进外资而制定外资法；第二次是 20 世纪 90 年代初期邓小平“南巡讲话”后，为建立现代企业、金融、证券等制度而制定一系列相关法律。现在，中国加入 WTO❶ 在即，中国政府已经在入世议定书、世界贸易组织中国工作组报告及详列中国各项贸易承诺的附件中对法律的透明度、执法及司法审查制度等做出承诺，一旦中国加入 WTO，承诺即行生效。这一承诺与党的十五大确定的“依法治国”方略相呼应，必将揭开中国第三次法律变革的大幕，从而对中国的法治化进程产生深远的影响。

一、WTO 对中国法治的总要求

WTO 是一个国际贸易组织，WTO 协定❷是关于国际贸易的协定，但它对中国影响最深刻的领域却是公法制度。因为 WTO 协定约束的对象是政府，❸ 各级行政机关和其他有关国家机关在 WTO 协定的实施方面负有重要的

---

* 本文在谭铁军同志协作下完成，发表于《检察日报》2001 年 11 月 13 日。

❶ WTO 即世界贸易组织（The World Trade Organization），它推行多边贸易体制，又称为一个以规划为基础的制度（a rules—based system），在国际法中自成一个相对独立的体系。WTO 设有机制确保成员国的国内立法、执法与 WTO 规则相符。其裁决对成员国具有约束力，并可通过批准其他成员国对违规者进行贸易报复予以强制执行。

❷ 即《拉喀什建建立世界贸易组织的协定》（Marrakesh Agreement Establishing the World Trade Organization），简称 WTO 协定。

❸ WTO 协定中所规定的“政府”是广义的，不限于行政部门。

法律责任，而且，WTO 还规定保证 WTO 协定和一国的承诺统一实施[1]的责任由中央政府承担。

WTO 对中国的立法、行政和司法制度等公法领域的总要求是：（1）法的透明性；（2）统一公正合理的法律实施；（3）独立、客观和公正的司法审查。这三项普遍性要求实质上构成了现代法治的价值核心，体现着现代法治的根本方向和发展趋势。

所谓法的透明性，其含义包括了公布文件、让人评论和向 WTO 告知三个方面。WTO 的透明度原则要求中国政府应当公布所有的相关法律法规和可以普遍适用的行政决定，在其实施之前，还应当有一段适当的时间让那些可能受到影响的人发表评论意见，政府有义务充分听取和考虑他们的意见。透明度是关贸总协定（GATT）的一个基本要求，20 世纪 90 年代中期被引入 WTO 管辖的新领域，真正成为一个最具普遍性的基本原则。

所谓统一公正合理的法律实施，其中特别重要的是“统一实施”问题，它要求成员国采取适当措施保证 WTO 有关规定在其关税领土内得到统一的实施。我国《宪法》规定，中央和地方国家机构职权的划分，遵循在中央统一领导下，充分发挥地方主动性和积极性的原则；《宪法》还规定，全国各级地方人民政府都是国务院领导下的国家行政机关，都服从国务院；此外，《立法法》规定，有关基本经济制度及财政、税收、海关、金融和外贸的基本制度方面的立法，是全国人民代表大会及其常务委员会的专有立法权。所以，在法律上和行政方面，WTO 协定在我国的统一实施是有保障的。值得指出的是，如果地方保护主义使来自其他成员方的产品、服务受到了歧视性待遇，则不管歧视性待遇来自哪一级政府，在法律上都将被视为中央政府的行为，其保证统一实施的责任将由中央政府承担。

所谓独立客观公正的司法审查，其主要内容是确保政府的行政行为受到公正的司法审查，包括了两层含义：（1）建立、维持或指定能够对有关行政行为进行及时审查的裁判机构和程序；（2）保证受到政府行政行为影响的当事人拥有请求司法审查的权利。凡与贸易有关的和影响贸易的所有政府管理行为都属于司法审查范畴，也就是说，如果当事人对政府机构的贸易管理决定不服，都可以上诉到法院。

---

[1] 统一实施 WTO 协定和一国的承诺，并不是对管理权限本身的分工要求，而只是实施方式的要求。

二、WTO对中国法治的推动因素及其思考

2000年4月26日，美国149名经济学家，其中包括13位诺贝尔经济学奖获得者，联名签署致美国民众的公开信，强烈呼吁支持中国加入WTO，其重要理由之一就是加入WTO将推进中国的法治化进程。

对中国政府的承诺和WTO协定的有关条款进行分析，不难看出WTO对中国法治的推动因素。

（一）中国政府的承诺

世界贸易组织中国工作组首席代表龙永图概括指出，中国加入WTO，主要是两个方面，一是遵守国际规则，二是开放国内市场。也就是要在WTO协定的框架下，设立并统一实施高度透明的法律，努力营造企业间公平竞争的环境。中国政府在法治方面的承诺，为WTO规则顺利进入中国，并在法律资源有机配置、法律法规清理创设、司法制度探索创新等方面发挥积极作用，奠定了良好的基础。

1. 接受WTO规则约束，规范政府行为

对政府行为的约束、评价与审查，这本应是一国宪法制度的安排。但WTO对此也作出了规定，可以说，WTO实质上对其成员国的宪法制度安排与法律资源配置产生了影响。显然，WTO规则的引入，对于促进政府“依法行政”将起到十分积极的作用。在这方面，要着重研究解决三个问题：（1）明确政府行为受WTO协定约束的领域。根据WTO协定和中国政府的承诺，政府行为受WTO协定约束的领域，或者说需要与WTO协定取得一致的范围，是指WTO框架下货物贸易、服务贸易以及与贸易有关的知识产权与外汇管制等“有关的和有影响的”（pertaining and affecting）所有政府措施。这就涵盖了政府管理的大多数部门。除海关、商检、卫生检疫、技术监督、税务、外汇管制等专门性管理部门外，还有各行业的主管部门和综合性的经济管理和监督部门，如中国人民银行、教育部、交通部、工商管理局等。不仅如此，而且约束范围将溯及中国的立法和司法。（2）禁止地方保护主义，统一实施法律。如前所述，如果地方保护主义使来自其他成员方的产品、服务受到了歧视性待遇，则不管歧视性待遇来自哪一级政府，在法律上都将被视为中央政府的行为，其法律责任由中央政府承担，即使这种保护主义造成的贸易歧视不以明确的法律形式存在，仍然可以构成受到歧视的成员国的申诉理由。所以，有贸易歧视的地方保护主义应当受到法律的禁止。对于现有的有贸易歧视的地方保护主义，必须尽快予以撤销并努力消除影响；而加入WTO之后，就决不允许地

方保护主义存在。(3)如何继续实行区域发展政策。加入WTO之后，中国现行的经济特区制度，以及少数民族贸易区、沿海开放城市、边境贸易地区、经济技术开发区和其他在关税、国内税和贸易管理等方面实行特殊制度的地区，将受到怎样的影响？这也是WTO所关心的问题。它把这个问题放在WTO协定在国内范围统一实施的范畴内来讨论。WTO认为，“特别经济地区”是中国改革开放以来一个非常重要和成功的政策，中国的区域发展的战略部署将继续得到执行。但要根据WTO规则作出一些必要的法律安排：要实行透明化的制度，明确“特别经济地区”的地理边界，并给出对全体WTO成员国公开的、相对稳定的优惠政策；要执行WTO的不歧视原则，一旦进口到“特别经济地区”的产品销售到其他地区，必须补齐执行优惠政策而减免的税款，以便进行平等的竞争。

2. 对原有法律法规、部门规章、双边贸易协定等进行清理，做好废止、修改和更新工作

WTO协定规定，所有涉及WTO各项协议的国内法律、法规、政府行为、司法决定和行政行为，均可通过司法复核（Judicial Review）加以审查。这就意味着，中国政府将对本国相关法律进行全面清理，并按照WTO原则，作出适当的废止或保留决定，进行必要的修订和补充。事实上，这方面的很多工作已经与承诺同步展开。外经贸部条约法律司司长张玉卿日前透露，截止到2001年1月，外经贸部共清理出外经贸方面的法律文件1 413件，其中，法律6部，行政法规164部（包括内部法规110部），部门规章887件（包括内部文件195件），双边经贸协定191份，双边投资保护协定72份，避免双重征税协定93份。对照WTO规则，确定除双边经贸协定、投资保护协定和避免双重征税协定外，拟废止行政法规114件，部门规章459件；保留法律1部，行政法规25件，部门规章338件（包括内部文件84件）；拟修改法律5部，行政法规25件，部门规章90件。

3. 规范与加强立法工作

WTO规则不能直接适用于国内司法，所以，必须根据其原则制定法律法规以应用于司法实践。对此，国内的一些法学专家、学者和司法工作者，已经进行了一些有益的理论探索，在引入WTO规则的规则、介绍WTO的法律框架体系及其发展趋势、分析WTO的争端解决机制的准司法性特征等方面做了大量的工作，为入世后立法、司法、行政等国家行为与国际社会的顺利“接轨”打下了基础。在这批法学理论界“先行者”的探索和倡导下，2000年7月1日实施的《立法法》已经按照WTO关于法的透明性的要求，明确规定法

律、行政法规、规章的公布是其生效的条件，并且规定了公布的载体形式；按照 WTO 关于统一公正合理的法律实施的要求，明确规定基本经济制度及财政、税收、海关、金融和外贸的基本制度是全国人民代表大会及其常务委员会的专有立法权。此外，为了保护某些基础薄弱行业中相对弱小的民族产业，《反倾销与反补贴法》《原产地规则》《政府采购法》等正在起草中。这也说明，国家正在筹划以法律手段而不是关税手段和歧视性政策来构筑保护民族产业的贸易壁垒，这本身就向着法治化的方向跨出了一大步。还有，我国的民事诉讼法、行政诉讼法是在新旧体制转换期间制定的，明显带有计划经济的严重痕迹。随着加入 WTO 的到来、法律制度体系的逐步完善，民事行政法律日显重要，这两部诉讼法越来越暴露出它的滞后性、缺陷性与不协调性，特别是民事行政诉讼检察监督不完善的问题十分突出。立法机关应将两部诉讼法实践情况纳入近期执法检查规划，通过普遍检查、调研，掌握法律缺陷问题，听取修改意见，吸取司法实践的经验，组织专家、学者和检察、法院等司法工作者对两法修订提出草案，完善民事行政诉讼检察监督，力争在 3 年内修订通过两部诉讼法。

（二）WTO 的争端解决机制（the Dispute Settlement Body，DSB）

WTO 以《关于争端解决规则和程序的谅解》（Understanding On Rules And Procedures Governing The Settlement Of Disputes，DSU）为法律基础，形成了一套比较完善的争端解决机制。其特点，一是法律上和机构上的统一性，在寻求纠正违反适用协议所规定的义务或抵消或损害适用协议所规定的利益时，或阻碍任何适用协议目标的实现时，WTO 成员必须诉诸并遵守 DSU 的规则和程序，提交争端解决机构解决；二是适用上的强制性，其管辖权是成员国通过签署和批准 WTO 协定而授予的，非经条约的修改或退出 WTO，成员国不能撤回 DSB 的管辖权，也不能对其附加任何保留条件；三是全面性，DSU 强调所有涉及适用协议的争端的解决都必须符合 WTO 规则，即使争端双方通过双边谈判或仲裁的方式所达成的解决方式，也必须符合 WTO 规则，而且必须通知 DSB，以排除多边贸易体制中的单边争端解决方式。6 年来，WTO 争端解决机制有效运作，已经受理了 228 件申诉，其高效率和显著成绩日益赢得各成员国的尊重，享有“世界贸易法院”之称。

中国政府承诺接受争端解决机制，这对于中国法治建设具有空前的重大意义。从法律上讲，DSB 将是对中国政府管理贸易的行为构成制约的最重要的国际组织。对于当今中国，DSB 首先是一把“双刃剑”。一方面，DSB 将为中国企业走向世界，参与平等竞争，免受歧视性待遇提供法律保障，有助于其赢得一个良好的外部发展环境；另一方面，由于我国法制尚不健全，在入世后的很长一段时间内将不可避免地在DSB处于相对劣势地位，风险性是客观存在的，一旦在某些方面授人以柄，将面临贸易报复[1]和信誉丧失的双重损失。其次，DSB为中国的法治化进程提供了一剂“强心针”。“依法治国”已经被确定为我们的治国方略。但是，某些部门及其领导人对实现法治化的必要性、重要性、急迫性认识不够，甚至抱有“得过且过”“无为而治”的消极心态。现在，DSU的规定就使得是否实现法治化，有无能力确保统一、公正与合理的法律实施，成为中国能否屹立于世界各国开放市场、公平竞争的大舞台的决定性因素之一，“依法治国”进一步上升到了事关民族兴衰、国家生死存亡的战略高度，势必坚定各级政府“依法治国”的信心和决心。第三，DSB将成为中国法治建设的“助推器”。多少年来，立法滞后、地方保护主义、盗版猖獗、环境污染、不重视生产安全等不利于国民经济持续、健康、稳定发展，不利于社会经济资源按照市场规律有机配置的种种外部不经济现象客观存在，但一直没有获得一个很好的引起高层高度重视，进行深入调查研究，加以全面综合解决的机会。现在，要加入WTO了，对外部不经济现象的感觉迟钝、反应迟缓甚至听之任之，都将招致惨重的经济损失和信誉损害。这无异于对中国的法治建设猛推一把，促其清醒，进而全盘考虑，抓紧解决，从而实现中国法治建设的跨越式发展。

（三）贸易审查制度

按照中国政府的承诺，中国将接受WTO的贸易审查机制，每年对中国的法律制度进行审查，这个过程要持续8～10年。这也是中国法治进程的一个重要的外在推动因素。虽然很多学者认为中国政府在贸易制度审查上承诺的义务大大超过了WTO协定的要求，是中国为了加入WTO而付出的代价。但是，中国政府的着眼点则在于，这些义务本身在原则上是有利于推进中国的法治发展的，是一种强大的推动力。显而易见，为了保证在每年的法律制度审查中顺利过关，各有关立法机关和司法机构将更加有效率地协同工作。所谓“生于忧患”正是这个道理。各有关部门要变压力为动力，深入进行理论学习，努力吃透WTO规则的精神；广泛开展调查研究，及时发现管理贸易工作中存在的问题；迅速拿出应对措施，尽量避免造成损失。在目前的对与贸易相关法律进行全面清理的工作初步完成后，由于对WTO的精神领会不透彻，以及工作经验欠缺，不可避免地会有一些疏忽与遗漏。而这在长期的外贸交易中无异于一颗

[1] 受到该国影响的成员国可以申请WTO授权，不再履行它对该国的义务。

“定时炸弹”，如果不能及时解决，将带来巨大的损失。此时，持续 8～10 年的贸易制度审查就为查漏补缺、防微杜渐提供了契机。

（四）学法风潮

据不完全统计，目前中央国家机关在办的各类 WTO 学习班和司法合作项目多达近 10 个，如：财政部、国务院法制办、外经贸部、中国人民银行经贸委、国家外汇管理局、国家工商总局、司法部等联合启动亚洲开发银行向中国政府就政府法律服务内容提供的技术援助项目，旨在帮助中国政府改进和完善政府法律服务；国家经贸委和司法部联合启动对 520 家国家重点企业的经营管理者的 WTO 规则律培训项目；司法部、外国专家局联合举办 WTO 争端解决机制高级研修班，培训地方政府厅局级干部和司法界人士；司法部启动为期 4 年的欧盟与中国的司法合作项目，由欧盟提供 1 350 万欧元，输送 400 名中国法律界人士赴欧洲学习；中共中央已连续举办 11 期法制讲座，主要介绍 WTO 规则；国家经贸委举办“WTO 与企业发展”高级培训班，组织企业高级管理人员到日本、新加坡进行学习；等等。如此高密度、大范围、长时间的对同一目标内容进行学习，在中央一级还很少出现。这些都表明，围绕中国入世后的法律的学习已经形成热潮，并具备进一步升温的条件。这次的学法风潮，不同于历次“五年普法规划”，它不是自上而下地强制性地对某一法律部门的普及教育，而是全民动员，国家组织，对法治思想、法律规则、争端解决机制、国际惯例、国外先进立法经验等成体系的学习和把握。由于时间的紧迫性、现实的实用性、主观的能动性，其学习效果必然显著。中国入世之后，各级政府机关工作人员、司法工作者、法学理论学者和广大的企业管理者、经营者，边学边干，在干中学，在学中干，迅速将理论学习成果转化为现实的工作能力、管理成果和经济效益，则学法风潮将继续扩大其范围，凸显其影响，彰示其效果。

（五）司法改革

对于中国的司法界来说，入世带来的冲击并不比企业界小。如：很多法律法规和制度的计划色彩浓烈；司法人员的选任和管理长期等同于一般行政工作人员，导致其中有些人法理素质不高、法学功底不深、司法实务能力不强，等等。为了适应 WTO 规则，司法改革必须进行。当务之急主要有以下几个方面的问题。

1. 关于人员素质问题

目前，客观存在的司法官职业非精英化、职位范围宽泛、结构不合理等问题已经严重威胁到司法公正目标的实现。入世以后，对司法官的素质要求更高：不但要懂法律，还要懂经济；不但要擅长打击犯罪，还要善于维护权利；不但要业务素质过硬，还要知识结构合理。过去所谓的“一部法，吃半生”，已经不可能了。而能否在日内瓦法庭胜诉，则成为新时期司法官面临的严峻考验。要应对挑战，就必须狠抓人员素质。

(1) 把住入口，疏通出口。入口方面，2001 年 6 月 30 日，全国人大常委会高票通过修改《法官法》《检察官法》，确定建立统一的司法考试制度。有关人士解释说，“立法应该追求最高利益，顺应国家法治建设大趋势。如果司法人员的选拔本身就不公正，司法不可能公正。”“为建立开放的渠道遴选法官（和检察官），从入口把关，提高门槛，‘两院’放弃了部门利益。”而在出口方面，要落实淘汰机制，坚决把不适应司法工作、无能力履行职责的人清理出去，从而为考取法律职业任职资格的人员空出职位，尽快实现新陈代谢。经过一段时间的更替，就可以把我国司法机关人员的基本素质提升一个档次。尤其重要的是，通过选任机制进入司法机关的“新鲜血液”，有较好的素质和潜质，基本都具备一定的法学功底，有较强的英语（甚至第二外国语）听、说、读、写能力，掌握计算机辅助办公等现代化手段，经过专业实践和强化学习，可以较快地掌握 WTO 规则的精髓。这对于中国入世后，依法维护权利，甚至发挥中国作为 WTO 发展 6 年后的新成员而发挥“后发优势”，规避 WTO 司法制度缺陷，甚至实现超常规的发展，都是十分重要的。

(2) 建立“培训—实践—晋级”机制，并给出经费、任职等制度保障。实践证明，必须经过长期的锻炼和积累，才能使司法官由普通型进步为专家型；这期间，还必须强调抓好专业培训和知识结构构建。第一，着重抓好专业培训，提倡构建合理的知识结构。入世以后，很多司法官将面对全新的挑战，没有一个宽广的法学、经济学、政治学知识平台，没有基于此平台之上的过硬的法律专业知识和技能，将无法履行职责。第二，建立统一的司法官晋级机制，突出实践工作年限和工作业绩在晋级条件中的分量，使司法官级别与其能力相称，确保“越是高级的司法官，法学理论素养越高，司法工作能力越强”。第三，在司法官精英化的基础上，提高司法官工资水平，并以制度或立法保证“非因法定事由，非经法定程序，不得免除司法官职务或将其调离司法机关”。这样，就使司法官能够在司法机关安心工作，也能保证司法官、司法机关和法律的权威，有利于司法公正和“依法治国”方略的实施。

(3) 强调人本主义与集体主义相结合，尽量发挥司法官的潜能。我国现行司法体制总的是好的，但也有一些亟待完善的地方，如：职责不明，主体执法不到位，监督制约难以落到实处，等等。不仅不利于司法官在司法实践中尽快锻炼提高，更不利于公正司法。目前全国检察机关推行的主办检察官、主诉检察官制度是一种十分有益的探索，建议在司法机关普遍推行主办司法官制度，加大主办司法官的职权，加重主办司法官的责任，强化约束，使人本主义与集体主义的理念达到最佳的结合，执法责任、过错追究、激励约束等“三位一体”落实到主办司法官一级平台上，将大大克服传统办案方式的诸多弊端，使司法人力资源、智力资源、制度资源得到优化配置，使司法成本最低化、风险最小化、效益最大化。司法经济学的理论与应用，其前景广阔。

2. 关于司法审查制度的实施问题

WTO要求中国建立司法审查制度，但裁判机构和程序的设立则是中国政府的权力。就理论上分析，中国要真正建立起司法审查制度，至少还面临两个难题：（1）法律制度的困扰。我国目前已经有行政复议和行政诉讼的法律制度，但这套制度是否达到WTO的要求，以及是否需要建立一套新的行政案件的裁判机制，值得讨论。由于行政复议是申请原部门复核或申请其上级主管部门仲裁，其在实质上并不属于司法审查范畴。行政诉讼（包括WTO所要求的司法审查）方面，由人民法院受理，但对已生效的行政诉讼判决不服的，可以申请人民检察院提请抗诉，以矫正司法审查不公、不廉诸问题，使司法审查统一、规范、有序。行政诉讼（包括WTO所要求的司法审查）由人民法院受理，符合WTO提出的裁判（tribunal）机构必须公正、独立于有行政执行权的行政机构、与裁判结果没有实质性利益关系的要求。在这一点上，应该没有什么问题。（2）对司法审查进行监督的问题。其实质是中国加入WTO后坚持有中国特色的民事行政检察制度的问题。理论界、学术界的少数学者脱离国情、脱离实际，对中国共产党领导下的人民代表大会及其常委会下的“一府两院”的政治体制与政治格局提出种种疑问，对有中国特色的司法制度、法律监督制度与体系视而不见，对有中国特色的充满活力的民事行政检察制度与伟大实践盲目否定，试图简单地用西方的法律制度来改造中国特色的法律制度，在法律监督制度安排与资源配置方面进行重新安排与配置。这就使得为数不少的执法工作者在执法工作中面临种种理论困惑与学术误导，有的甚至以理论学术争鸣替代司法工作，使两个层面的问题相互影响，形成执法思想方面的偏差与混乱。民事行政检察制度根植于中国国情和有中国特色的民主政治制度、法律制度，是有中国特色的检察制度的重要组成部分。民事行政检察权是源于立法授权之下的行政权、审判权、检察权“三权并立”之一的检察权的重要职权。以刑事法律监督权对刑事犯罪立案、逮捕、起诉、公诉、审判、刑罚执行进行监督；以职务犯罪监督权对国家工作人员履行职务的公正性、廉洁性、秩序性进行监督；以民事行政法律监督对人民法院的民事行政审判活动的公正性、廉洁性、秩序性进行监督，这是从中国国情出发，在总结中国立法、司法经验基础上吸收人类社会优秀的法律文化与立法技术所作出的法律制度安排与法律资源有机配置，是同西方“三权分立”的政治制度、法律制度安排与法律资源配置根本区别的，具有鲜明的时代性、科学性、适应性、可操作性的特点。坚持并逐步完善这一套法律制度、检察制度，不仅没有什么输理的地方，而且应该成为检验中国政治制度、法律制度与检察制度是否成熟的标志之一。

三、WTO对中国法治化进程的可预期影响

中国法学会WTO项目负责人、清华大学法学院教授于安把WTO对中国法治的影响概括为“深刻、全面、强烈”，笔者深表赞同，同时，另辟蹊径，从正反两方面分析WTO对中国法治化进程的可预期影响。从积极效应看，WTO对中国法治化进程的可预期影响具有全方位、宽领域、强制性、规范性、高效率、多途径、长时间的特点。从事关国计民生的各个方面，从社会政治经济生活的各个领域，从内在的“要发展经济”的积极性与外在的“要规范运作”的强制性规则要求的结合，从各有关部门对社会政治、经济、法律资源配置与制度创设的高效工作，从直接的规则要求到潜在的贸易惩罚威胁，从入世前长达数年的积极准备到入世后的进一步规范，WTO将在中国的法治化进程中留下浓墨重彩的一笔。从负面效应看，WTO对中国法治化进程的可预期影响还具有暂痛性的特点。即使入世以后，中国首先不是收获本国企业参与世界各国平等竞争所获得的经济效益，而是应对各成员国利用DSB在日内瓦法庭就中国有关货物贸易、服务贸易等方面的立法和法律统一实施问题提起的诉讼，也要有充分的思想准备。要明确这只是前进道路上的坎坷，坚定在WTO大家庭下规范运作、平等竞争的信心和决心；要相信“长痛不如短痛”，痛下决心，迅速纠正不符合WTO规则的行为；要快速反应，提高工作效率，尽量减小损失、降低影响。

98. 意大利检察制度介评*

2000 年 7 月 24 日，我们一行在前上诉法院检察官、现担任教授的保罗大律师及张磊夫翻译的陪同下，参观了罗马地区的大审检察院，旁听了两个刑庭分别对两起刑事案件的起诉与审理；大审检察院检察长威其奥利用工作间隙同我们会见；随后我们参观了意大利宪法法院，同宪法法院的法官们进行了座谈；最后，我们同保罗大律师在最高法院的审判庭作了短暂的座谈。期间我们对意大利检察制度有了进一步的了解，现就其特点简评如下。

一、检察职权范围逐渐扩大

随着犯罪斗争形势的发展变化和法律文化的跨国交流，意大利的检察制度既坚持有自己的特点，又开始吸收其他国家长处，呈现职权扩大化的趋势。其检察院仍然附设在法院内部，罗马地区的大审法院、上诉法院的检察院都在同一栋房子里办公。检察官的职责由过去指挥刑警侦查，决定先行刑事拘留，提请类似于法国的预审法官逮捕重型犯罪嫌疑人，决定向诉讼法官提起公诉，出庭支持公诉，发展到对黑手党、朝野国家公职人员犯罪直接立案侦查。罗马大审检察院检察官分成若干办案组，针对黑手党发展蔓延的态势，不断加大查处的力度。每年侦查重特大黑手党犯罪案件，仅罗马地区检察院就达 1 500 件左右。无论是普通刑事案件，还是重大刑事案件，检察官负责调查而且有权要求在警方的协助下调查取证。当一宗案件提交到检察官手中时，他可独自办理，也可委派国家警察、税务警察、海关缉私警察、森林警察、狱警等 5 支部队中的任何一支去执行特别调查任务。

二、办案方式强调依法独立

意大利现行的司法体制创建于 1958 年，法官和检察官同为地方司法官员，

---

* 本文发表于《中国检察论坛》2000 年第 3 期。

经严格考核录用的候选司法人员，须在职业司法官员身边培训 18 个月后成为一级司法官，15 年后成为二级司法官，又 18 年后才能成为最高法院司法官员。所有司法官员都可以请求为法院或检察院工作，一经最高司法委员会签发任用命令，不能违背其意志将其辞退。检察官行使检察权的方式是“主办搭档制”：1 名主办检察官配有 1 名秘书、1～2 名司法警察、1 名宪兵。司法警察的职责是承办提押、还押、协助检察官提审，以及协助执行检察官有关自行侦查案件的搜查、通缉、查封、冻结、获得证据、询问证人等任务；秘书则承办检察官交办的自侦案件、公诉案件、诉前交易案件的各项事务，包括拟订方案、制作文书、发送传递等；宪兵则负责检察官等人员的生命财产安全。这种“主办搭档制”是以其传统的“人本主义理念”与现代“社会本位理念”相结合为理论基础，以检察官及其搭档人员自身素质为保障，以司法委员会对检察官、法官违律事件的严厉制裁为后盾，既发挥了主办检察官的本体积极性与主导作用，又兼顾了司法警察、秘书与宪兵相磨合所形成的群体积极性与辅助性，并且不受法律之外的干扰与制约。罗马大审检察院检察官仅有 163 人，相应的，司法警察、秘书、宪兵按 1∶3 的比例配置，则有 489 人，两项合计 652 人左右。这就使得依法独立行使检察权的检察官较“精”，而不易出现检察官素质不高或“过滥”的问题。

三、出席法庭支持公诉的空间较为宽厚

意大利的刑事诉讼制度是奉行“法定起诉主义”，即使被告人已经死亡，检察官亦不得擅自作出不起诉决定，而必须移送诉讼法官开庭审理，由法官依法裁定中止追诉被告人的刑事责任。法国的刑事诉讼制度实行“重罪追诉”与违警罪诉前便宜交易相结合，其比例为 1∶10，即检察官对严重刑事犯罪必须依法起诉，对违警案件可以在诉前由检察官同律师、当事人交涉认罪缴纳罚金而不起诉。与此相反，笔者访问期间，亲眼目睹了大审法院对一起强奸案和一起盗窃案的审理。法庭由 1 名主审法官、2 名陪审员、2 名书记员、4 名司法警察组成，2 名实习法官参与实习审理案件。主诉检察官辩护律师及被告人参与期间亦允许相关人员旁听。经过检察官公诉、法庭调查取证，法官同陪审员当庭交流合议，这起盗窃案的一名被告人被宣判有罪。

四、对宪法法院的法律监督尚未到位

意大利于 1946 年建立共和国，两年后才颁布《意大利宪法》，为了监督总统，解决立法与执法的冲突问题，于 1956 年建立了宪法法院。其职责是：(1) 对

总统犯有叛国罪进行审判；(2) 审理全民公决事项的相关议程；(3) 对涉及案件管辖冲突或纠纷，裁决有管辖权的法院进行审理；(4) 对涉及修宪、新旧法律的冲突的案件审理进行裁定；(5) 鉴于国家“白领”阶层犯罪日益突出，专司对各部长级公职人员的审判工作。宪法法院对议会负责，有关公决、审判总统叛国案等，则由议会提出，对其他事项，则由司法官提出。它同大审法院、上诉法院、最高法院有很大区别。近年来，尽管意大利政府因腐败问题出现“内阁”集体倒台，但宪法法院至今未审理一件总统涉嫌犯罪案件，此项职权属有备而未用。宪法法院由15名法官组成，包括院长、副院长各1名，其他由具有上诉法院律师资格的人员担任。对宪法法院的审理活动，检察院及检察官一般尚未介入，只有审理国家部长级“白领”犯罪时，检察官方能在自行侦查基础上介入公诉。

五、办案网络化起步较早

目前，意大利检察院及其检察官的办案装备已实现网络化。一是主办检察官及其辅助人员都配有电脑，大大减轻了劳动强度，节省了编制，提高了效率。二是由网上查询、收集相应信息材料、安排出庭诉讼等，同法官衔接相关审判事项，同警务官协调解决违警案件有关程序问题等，都通过网络完成，使得检察工作同相关司法机关的联系密切，办案准确，办案成本减少，而质量未下降。有趣的是，司法人员“吃皇粮”有自己的特色。即：检察官、宪兵的工资待遇、办案经费等由国家（中央）财政统一按编制与工资等标准拨付，而司法警察、秘书文员，则由检察官按中央财政统一拨付的标准，同其签订合同，能出色完成任务的，检察官可同意续聘，否则就解聘。这种“合同制”的推行，既加重了检察官的考核、使用辅助人员的职责，又尊重了检察官的用人权，同时增强了受聘者的危机感和责任感，不失为用人机制方面的一种良好实践。

99. 法国里昂监狱管理与社会资源有机配置的启示*

享有“丝绸之乡”盛誉的里昂，是法国第三大历史名城，人口约 42 万人。它位于罗纳河与索恩河交汇处，据说罗马帝国时期的恺撒大帝，在征服北部高卢人的战争中，就是溯索恩河而上而屡获大捷的。因此，里昂又被誉为“狮城”，是地中海通往欧洲北部的战略走廊，乃兵家必争之地。文艺复兴时期，即为西方重要的金融、香料及纺织品市场，后发展成为欧洲重要的丝织业中心。富尔维尔圣母教堂装饰有精美的浮雕和壁画，建于 1506 年的交易所是法国最古老的交易所，图书馆珍藏有各种出版物；罗纳河和索恩河在城中蜿蜒流过，市容整洁美丽。

2000 年 7 月 21 日下午 1 时，我们代表团一行 10 人，在巴黎上诉法院翻译法藉华人张磊夫的陪同下，驱车前往郊外的里昂监狱参观。这是一所占地不足 10 公顷的监狱，四周高墙围壁。经过一道电子检测通道，一位不足 30 岁的年青女分监狱长带我们来到监管人员的二楼办公室。总监狱长笑容可掬地迎接了我们，并介绍了监狱管理及设施等基本情况。从坐标平面图看去，这座监狱坐北朝南，呈“ц”型布局；分为北、西、南三个区，相应设有三个分监狱，整个监狱可关押 1 200 名犯人，监管人员 120 人，另有 7 名合同人员，犯人与监管人员之比约 10∶1。里昂监狱颇具特色：他们十分注意专门狱政管理同社会资源的有机结合；积极探索社会团体、志愿组织、相关业务机构参与狱政辅助管理与技术服务。这表现在以下几个方面。

---

* 本文发表于《检察日报》2000 年 9 月 4 日。

一、实行基础设施建设、维修与养护同狱政管理工作的适度分离

随着社会化分工日趋细密、专业与规范，法国里昂监狱是在适应社会发展潮流的基础上，按照行业分工、专业协作、科学规划、管理规范、精狱简政、节省资源的模式运作的。出人意料的是，整座监狱是由投资商出资按规划中标后精心组织施工完成的，监狱方同投资商建立相应的承租关系，监狱长无须为具体建设监狱施工劳神费力，而仅仅是代表国家将中央财政拨出的专项资金用好，按时足额向投资商付清租金即可；交付承租使用后的房屋、管道水电等，则同相应的公共事业服务公司等单位签订合同，依合同行事。这种按行业分工、专业协作、依约行事的建设、管理和使用分离的方式，使得监狱设施的建筑、使用、维护三方各司其职、各负其责，在利益上各得其所。即：建筑商精心于规范建筑，维修商专心于养护，监狱管理者执着于狱政管理，尤其监狱长无须为配备一套基建、维护的后勤班子犯难，更不会为不懂基建、维修业务而承担渎职责任而担忧；纳税人也减少了对一批“食皇粮”者的税务负担。

二、教育、培训、医疗与心理治疗相结合，参与辅助管理或技术服务的主体多元化

对罪犯的改造，里昂监狱并未实行独家“经营”，“一统天下”的方式，而是狱政官依法独立管理，与教育培训、医疗保险、心理咨询等社会组织自愿参加有偿服务相结合。对罪犯的监管监押、劳动改造、安全防范、紧闭隔离、体育锻炼、生活起居等由狱政官负责，而对罪犯的教学培训、医疗就诊、心理咨询与治疗恢复，则分别由专门从事这方面业务、具有管理经验的专门团体或社会志愿者组织的成员承担，他们在同监狱方谈判、签订合同后，由一般的社会团体、慈善机构或社会救助组织的社会地位，取得了参与狱政辅助管理与文化、技术性服务的特殊地位，并根据合同取得收益，即：狱政管理方依合同从中央财政拨付的专款中支付。这种专业的狱政管理同专业技术辅助管理与服务适度社会化的分离，又与两者依法的联系与协作，使得狱政官从繁重的纯专业技术服务的事务中解放出来，使之成为狱政管理方面的专家，有精力专门从事狱政管理的实施工作，并结合实践把狱政管理工作同专业理论研究结合起来，同狱政管理相联系的社会教育培训、罪犯个人的心理治疗、身体疾病治疗有机结合，专门改造机关同社会部门积极参与相结合，使得司法资源配置成本经济，社会资源得到优化组合，资源的专门性与社会性功能得到充分利用。笔者

虽未能考察到被改造罪犯回归社会后重新犯罪率的多寡，用以衡量这两类资源各自优化、相互组合的长远效应，即社会效率如何，但对于发展中国家由政府包办监狱管理资源的配置，使之效率不高，负担过重，狱政管理官员队伍过于庞大，国家财政不堪重负等来说，无疑是有启迪意义的。

三、专门改造与专门生产适度结合，是里昂监狱对罪犯改造与组织罪犯从事一定劳动强度的专门生产的一大特色

里昂监狱对罪犯的改造，寓教育、培训与劳动生产相结合，一般健康并且未违犯监规的罪犯，每周要进行不少于 35 小时的劳动生产改造。如果罪犯违犯监规，则处以禁闭。据说此前曾发生一起由直升机接应罪犯越狱未遂的事件，以至后来监狱的网球场连顶层也用铁丝网套着，直眼望去，确有戒备森严、插翅难逃之感。监狱组织生产，仅仅是利用罪犯的技能资源、体力资源与时间资源，而生产什么、技术标准、材料调度、产品质量检测、市场销售，则由狱政官同社会上的私营、民营或国营的公司签订合同后由公司负责完成，监狱从中分得一定利润。狱政官依据劳动、工资法，从纯利中按不低于最低工资保障，给从事劳动生产的罪犯一定的工资报酬，并按时存入为该罪犯开设的专门账户。罪犯对这部分劳动报酬的支配处分：（1）支付收看电视等必须由罪犯本人交缴的费用；（2）依判决赔偿支付致他人损害的费用；（3）为回归社会提供自身及家庭生活费用来源，减轻回归后对社会安置或择业滞阻期的压力，从一定程度上对减少或缓解重新犯罪起到了弹性作用。这对于一般发展中国家来说，在对于罪犯作为一种劳动资源，其在支配自身时间资源、体力资源以后，对于其所创造的价值，一方面必须通过剥夺方式，显示法律强制性、惩罚性以及对社会危害的补偿性；另一方面是否将其中的一部分给予其计入报酬，使罪犯恢复自信，消除与社会对抗心理，增强通过守法劳动改造、依法获得一定收入、用于补偿其过去所造成他人损害的经济能力，使法定判决赔偿、罚金等处罚措施不至转嫁罪犯的亲属等，从而为“罪责自负”原则的实施提供经济能力等等。所有这些，我们在抛去其阶级性的前提下，把它作为一种狱政管理资源配置效率问题来研究，吸取其可取之处，或开阔一些思路，是否仍不失其积极意义呢?!

四、专门人才与严格管理，这是里昂监狱的又一特色

虽然，我们未来得及对 120 名狱政官的学历、专业与社会阅历进行统计分析，但据监狱长及张磊夫先生介绍，在法国等大陆法系国家，无论是法官、检

察官还是狱政官，没有高等学历、经过专业训练、具有一定的工作经验、严格的考试录用等，是很难取得这样的岗位的。在这里，总监狱长和三位分监狱长都是中青年人，其中一位管有 400 名犯人、不到 30 岁的女分监狱长，是监狱学院毕业的，她不仅具有狱政管理的专门知识，而且懂得社会心理校正等专业知识。监狱管理十分严密，安全防护设施由电脑网络控制；律师、有关人员探监，均要通过电子检测通道检查，以防不测；各分监狱区段管理界限分明，责任明确，只有总监狱长持有一把总钥匙，先开启通往分监狱的铁门，根据总监狱长的指令，再通过电脑操作控制室人员操作，才能进入下一个区域。真是铁牢电子门道道，狱政安全固若金汤。此前的 2000 年 7 月 18 日，当我们参观巴黎上诉法院、法国最高法院时，上诉法院的检察长本马克卢夫告诉我们，法国每年发生各类案件 1 100 万件，其中重罪案件 100 万件，违警案件达 1 000 万件。违警案件大都按照诉前交易原则由检察官、律师、当事人通过诉前认罪缴纳罚款后处理了，只有 100 万件重罪案才由检察官依法提起公诉。虽然在考察时我们未能问及并获得法国监狱总数据及狱政官总编制数据，但是，法国狱政官员高学历、专业化，其人才资源、管理资源及社会资源的有机配置，给我们留下了深刻的印象。这对于发展中国家的狱政管理在如何运用社会资源，提高管理效率，降低管理成本从而提高改造罪犯质量等方面，是值得思辨与探析的。

100. 略论社会主义法的批判性继承问题*

社会主义法是由其国家制定或认可，反映广大人民群众意志，并由国家强制力保障实施的行为规范的总和。它是社会主义上层建筑的重要组成部分，是保障人民民主，惩治犯罪，保护、巩固和发展社会主义生产关系，组织和促进现代化建设，建成富强、民主、文明的社会主义国家的重要工具，它是人类历史上最高类型的法。它的创制有着自身的规律和特点。在保障建立社会主义市场经济体制，推进社会主义现代化建设，不断完善社会主义法律体系，胜利迈向21世纪的新形势下，结合中国国情，深入研究社会主义法，批判地继承旧法和资本主义国家的法律思想、文化和立法经验、立法技术，对于加快立法步伐，完善法律体系，构建新的法律框架，实施依法治国战略，具有重大而深远的意义。

一、无产阶级取得政权废除旧法体系，是新法创立的前提条件的历史结论并未过时

人类社会发展的经验证明，一切剥削阶级在夺取政权后，可以根据本阶级的政治和经济要求，把旧的法律继承和保留下来，加以沿用和发展，而无须把它全部废除。封建制国家可以基本上沿用奴隶制的法制，资本主义国家也可以大致继承封建制国家的法制。我国古代的《法经》无疑是一部较有代表性的封建法典，但其中却保存了大量的奴隶制法律。秦朝以《法经》为蓝本，改法为律，制定秦律。以后各个封建朝代，都以前朝法律为基础相继沿用。在西方，奴隶制时代的古罗马法，不仅为欧洲中世纪封建国家普遍采用，就是到了资本主义时代，不少欧洲资本主义国家还以它作为立法的基础，其中最为明显的是

* 本文发表于《法学评论》1998年第2期。

英国。正如恩格斯指出的："在英国革命以前和革命以后的制度之间的继承关系、地主和资本家之间的妥协，表现在诉讼程序被继续应用和封建法律形式被虔诚地保存下来这方面。"❶ 社会主义法的产生则不然。一方面，它首先必须通过无产阶级的暴力革命，武装夺取政权，摧毁旧的国家机器，包括军队、警察和法律体系，进而建立自己的政权，把广大人民的意志上升为国家意志，结合批判地继承旧法中反映人类社会进步的法律思想、法律文化、立法经验和立法技术，创立新的法律体系，构筑新的法律规范，使之适应自己的经济基础，维护人民群众的根本利益，保障人民群众在党的领导下通过各种途径和形式管理国家事务，管理经济文化事业，管理社会事务，保障国家各项工作依法进行，逐步实现社会主义民主的制度化、法律化，因此，夺取政权，废除旧的法律体系，是创立社会主义法的先决条件。正如马克思在（对民主主义者莱茵区域委员会的审判）中明确指出的那样，"你们不能使旧法律成为新社会发展的基础，正像这些旧法律不能创立旧社会关系一样"。"旧法律是从这些旧社会关系中产生出来的，它们也必然同旧社会关系一起消亡。它们不可避免地要随着生活条件的变化而变化"。❷ 这一历史结论在建立社会主义市场经济体制及其法律体系的今天，仍然没有过时。

二、社会主义法的批判性创制具有鲜明的特点

社会主义法作为人类社会最高类型的法，在批判继承、吸收旧法及借鉴资本主义国家的法律文明成果方面，具有鲜明的特征，这表现在以下几个方面。

（1）具有跨越性。马克思在创立剩余价值学说，确立辩证唯物主义和历史唯物主义、科学社会主义，指出人类社会发展必然规律的基础上，曾对未来社会设计了两种理论模式，即"西方文明模式"和"东方模式"。马克思指出，社会主义可以在文明国家实现，并且指明首先在英、法、德、美四国实现。随着科学社会主义理论与实践的不断发展，马克思针对俄国等东方国家的状况，指出经济文化比较落后的国家也可能跨越资本主义的"卡夫丁峡谷"❸，实现社会主义，并以此作为补充模式。150 多年来，社会主义作为一种运动，经过艰难曲折的实践，至今未能在"文明国家"实现，而东方经济文化

---

❶ 《马克思恩格斯选集（第 3 卷）》，人民出版社 1972 年版，第 395 页。

❷ 《马克思恩格斯选集（第 1 卷）》，人民出版社 1972 年版，第 262 页。

❸ 公元前 321 年第 2 次萨姆尼战争时期，萨姆尼特人在古罗马卡夫丁城附近的卡夫丁峡谷打败了罗马军队，并强迫他们负着"牛扼"通过峡谷。马克思、恩格斯以此比喻俄国等东方国家有可能避开资本主义制度及其灾难而吸收资本主义创造的文明成果，实现向社会主义过渡。

比较落后的俄国、中国等国家却跨越了资本主义的“卡夫丁峡谷”，成功地建立了社会主义。随着社会主义国家的建立与人民民主政权的确立，社会主义法同样跨越了资本主义的“卡夫丁峡谷”，即在不经过资本主义法的历史阶段的情况下，通过废除旧法体系，批判吸收旧法中优秀的法律思想文化的基础上，创立起自己的法律体系。因此，社会主义法的批判性创制具有跨越历史阶段的特征。

（2）具有扬弃性。马克思主义认为，事物发展呈螺旋式上升运动，新事物总要突破旧事物的界限，并最终战胜旧事物。新事物战胜旧事物是既肯定又否定，是扬弃。一方面，它要吸收、保留旧事物中符合事物发展的合理成分，为新事物壮大发展提供条件。另一方面，它要摒弃旧事物中已经丧失存在条件的成分。同样，社会主义法作为一种新事物，它在创制过程中，一方面总是要从根本上否定旧法体系，形成适合自己的经济基础并保护和促进社会生产力发展的法律体系。另一方面总要吸收、借鉴人类优秀的法律思想、文化及成果，特别是人类长期斗争所形成的技术规范、规则。因此，它对旧法及资本主义国家的法是批判性地创制，是既否定又肯定，既抛弃又保留，具有鲜明的扬弃性。

（3）具有客观性。社会主义法的批判性创制具有客观实在性。马克思、恩格斯说，“法同宗教一样，也是没有自己的历史的”，“无论是政治的立法或市民的立法，都只是表明和记载经济关系的要求而已”。[1] 法的形成和发展，归根到底是由社会物质生活条件决定。我国的旧法赖以存在的基础是，经济制度方面是生产资料私人占有，政治上实行封建地主、官僚买办阶级的统治和帝国主义奴役，文化上是封建专制主义和奴化思想占主导地位，它必然被社会主义法所批判和否定，其体系必然被摧毁。社会主义法赖以存在的基础是，生产资料以公有制为主体，多种经济成分共同发展；政治上坚持党的领导，坚持人民民主专政；思想上以马列主义、毛泽东思想和邓小平理论为指导。因此，社会主义法的批判性创制具有鲜明的客观实在性。

（4）具有开放性。当今社会是开放的社会。中国离不开世界。作为建立在社会主义初级阶段经济基础之上，适应当代社会生产力发展状况，反映社会发展规律的社会主义法，一方面，它要对法律理论、体系框架、法律原则等进行全面的创制；另一方面，它要吸纳本国数千年遗留下来的优秀法律思想和文化，更要借鉴国际上特别是资本主义国家反映人类社会共同发展要求所形成的

---

[1] 《马克思恩格斯选集（第2卷）》，人民出版社1972年版，第82页。

法律成果。历史的经验告诉我们，作为一种社会政治、经济、法律制度，可以跨越资本主义的“卡夫丁峡谷”建立起新型的社会主义政治、经济、法律制度，但运用市场经济运行机制，大力发展社会生产力，实现社会文明的阶段却不能跨越。特别是作为社会主义法，它的形成和发展不能脱离社会物质生活条件，这就决定了它不能故步自封，闭关自守，而必须大胆吸纳、借鉴别国特别是资本主义国家创造的优秀法律思想、法律文化和立法技术。因此，社会主义法的批判性创制具有开放性。

三、社会主义法的批判性创制必须反映时代特征和历史使命

必须看到，在新世纪到来的时刻，我们面临着严峻的挑战，更面临着前所未有的有利条件和大好机遇。摆在我们面前的历史任务是：到2010年，建成比较完备的社会主义市场经济体制；到新中国成立50周年时，使国民经济更加发展，各项制度更加完善；到建国100周年时，基本实现现代化，建成富强、民主、文明的社会主义国家。这给社会主义法的批判性创制和完善，提出了新的更高要求。

1. 市场经济体制需要批判性地创制完备的法律体系

社会主义市场经济体制，是使市场在社会主义国家宏观调控下对资源配置起基础性作用的体制。创制相关的经济法律，包括规范市场主体及其行为的法律、维护市场经济秩序的法律、完善宏观调控的法律以及社会保障的法律等，对以公有制为主体的多元所有制结构，现代企业制度，宏观经济调控体系，统一开放、竞争有序的市场体系，以及符合国际惯例、积极参与国际竞争与合作的对外开放体制加以引导、规范和保障，是建立和完善社会主义市场经济体制的内在要求，是完善社会主义法律体系的必然趋势。这对我们来说，是一项新的历史性课题。在计划经济体制下的某些时期，我们曾制定过一些经济法律、法规，但这只是试图给行政手段加上法律的外衣，实际上真正起作用的依然是行政手段，而不是法律。改革开放以来，我们适应改革开放的要求和经济生活的重大变化，制定了若干法律、法规，其中有的法律，如《民法通则》等基本上符合市场经济的要求，而多数法律、法规仍较多地带有计划经济的色彩，还有许多重要法律迄今尚未制定。我们在这些方面经验还不足。邓小平同志曾指出，计划和市场都是手段，资本主义可以用，社会主义也可以用。作为资本主义国家制定的市场经济法律具有双重性，一方面，它同其他法律一道，从根本上为本国利益服务，为资本主义制度服务，具有鲜明的阶级性；另一方面，它反映了市场经济的发展要求，并将市场经济运行的一般法则、机制上升为规范

体系，具有社会性、技术规范性、开放性的特点。社会主义国家对其阶级属性进行剥离后，完全可以加以吸收、借鉴和改造，为我所用。因此，要建立和完善市场经济法律体系，非大胆地借鉴和吸收国外成功的立法经验不可。

2. 市场经济法律体系客观上要求批判性地创制科学的法律体系

建立和完善社会主义市场经济法律体系，必须符合中国的实际并与各国相通。所谓符合中国实际，即指符合改革开放和发展现代化的社会主义市场经济的实际。所谓与各国相通，是指凡是现代民商法和经济法已有的，反映现代化市场经济共同规律的概念、原则和制度，各国立法的成功经验，都要大胆借鉴，并结合我国的实际加以改造、吸收。这也是我们实行对外开放政策，进入国际市场，使国内市场与国际市场沟通的必然选择。经验教训告诉我们，闭关自守，盲目排外，轻视法制，脱离中国国情搞社会主义，势必要吃大亏。苏东各国的沉痛教训更证明了这一点。改革开放 20 年来，在邓小平理论指导下，我国的经济建设搞得相当成功，精神文明建设、民主法制建设也有重大进步。薄弱环节是适应社会主义市场经济体制的经济法律立法滞后，体系不完备。这就要求我们要进一步更新观念，解放思想，实现“四个转变”：由重刑轻民向刑民并重转变；由重义务性规范轻权利性规范向义务性与权利性规范并重转变；由重公法轻私法向公法、私法并重转变；由重行政法律关系轻民事法律关系向两者并重转变，按照社会主义市场经济的客观规律，尽快建立具有平等性、自治性、普遍性和选择性的法律体系。

3. 市场经济的客观规律要求批判性地创制社会主义经济法律

市场经济法律体系概括起来有六个方面：（1）调整市场主体的法律规范，包括公司法、合作社法、合伙企业法、国有企业法、集体企业法、私有独资企业法及破产法等。（2）调整市场主体交易行为的法律规范，包括物权法、债权法、票据法、证券交易法、保险法、海商法、专利法、商标法、著作权法等。（3）调整平等竞争条件，维护公平竞争秩序的法律规范，包括反不正当竞争法、反垄断法、消费者权益保护法、产品质量法等。（4）确认不同市场、规定个别市场规则的法律规范，包括货物买卖法、期货交易法、信贷法、劳动力市场管理法、技术贸易法、信息法、建筑工程招标投标法等。（5）进行宏观调控的法律规范，包括预算法、银行法、物价法、税法、投资法、产业政策法、计划法等。（6）调整社会保障的法律规范，包括劳动法、社会保险法等。这些法律规范，绝大多数是现代市场交易的规则，在这些规则背后起作用的是现代市场经济共同的客观规律。不容否认，由于各国的社会制度与民族、历史、风俗习惯等的不同，致使各国的法律存在着各自的特色和相互的差异。但应该看到，在调整市场经济关系的法律领域所存在的差异较小，并已出现了趋同化之势。由于现代市场经济的基本经济规律是共同的，这就决定了我们在建立和完善市场经济法律体系时，不仅可以而且必须借鉴和吸收外国的立法经验。那种对资本主义国家法律一概否定，患“恐资症”的态度是不可取的。

本书缩略语

一、检察理论篇

周永康同志提出的“七个必须”：（1）必须下大力气查办官商勾结、权钱交易的犯罪案件，切实加大反腐败工作力度；（2）必须下大力气查办国家机关工作人员侵权渎职案件，切实监督国家机关工作人员依法办事，正确行使职权；（3）必须下大力气查办涉及社会保障、劳动就业、征地拆迁、移民补偿、抢险救灾、医疗卫生、招生考试等民生问题的犯罪案件，切实维护人民群众的切身利益；（4）必须下大力气监督纠正有案不立、有罪不究、重罪轻判、以罚代刑和违法立案、刑讯逼供的问题，切实防止放纵犯罪和冤枉无辜；（5）必须下大力气监督纠正违法减刑、假释、保外就医等问题，切实避免犯罪人逃避刑罚执行；（6）必须下大力气监督纠正超期羁押、体罚虐待被监管人员的问题，切实保障被监管人员的合法权利；（7）必须下大力气监督纠正裁判不公、执法不严的问题，切实维护社会公平正义。

九严九宽：是指区分犯罪的起因、主体、情节、心态、形态、类型、平常的表现、悔罪的态度、客观的后果等，综合考虑，准确把握，当严则严，当宽则宽。

六个坚持，六个着力：坚持检察工作服务大局，着力保障经济平稳较快发展；坚持认真贯彻宽严相济的刑事政策，着力维护国家安全和社会和谐稳定；坚持检察机关宪法定位，着力强化法律监督职能；坚持按照科学发展观的要求加强和改进检察工作，着力推动检察工作科学发展；坚持强化监督职能，加强监督制约，着力深化检察体制机制改革；坚持严格、公正、文明、廉洁执法，着力加强执法公信力建设。

两长一本：坚持长期治理，健全长效机制，落实治本措施。

三个专项治理：是指对受利益驱动违规办案、不文明办案和办案安全隐患问题实施的专项治理。

两严一强：指严肃法纪，严守规章，强化管理。

三个硬道理：检察事业发展是硬道理，促进执法办案和加强法律监督是硬道理，业务工作平稳健康发展是硬道理。

办案工作五个统一：是指办案数量、质量、效果、效率和规范五个方面的统一。

四大考验：是指执政考验、市场经济考验、改革开放考验和外部环境考验。

三个始终：是指继续推进党的建设新的伟大工程，确保党在世界形势深刻变化的历史进程中始终走在时代前列，在应对国内外各种风险和考验的历史进程中始终成为全国人民的主心骨，在发展中国特色社会主义的历史进程中始终成为坚强的领导核心。

四个着眼于：着眼于继续解放思想、坚持改革开放、推动科学发展、促进社会和谐，着眼于提高党的执政能力、保持和发展党的先进性，着眼于增强全党为党和人民事业不懈奋斗的使命感和责任感，着眼于保持党同人民群众的血肉联系，突出重点，突破难点，全面推进思想建设、组织建设、作风建设、制度建设和反腐倡廉建设，提高党的建设科学化水平。

五项建设：经济建设、政治建设、文化建设、社会建设以及生态文明建设。

三个至上：党的事业至上、人民利益至上、宪法法律至上。

三者统一：政治效果、社会效果和法律效果的统一。

四个在心中：党在心中，法在心中，正义在心中，人民在心中。

一个保障，四个维护：保障经济社会平稳较快发展，维护社会和谐稳定，维护社会公平正义，维护人民利益，维护社会主义法制统一、尊严、权威。

三个坚持：坚持社会主义法治理念，坚持党的事业、人民利益、宪法法律至上，坚持“强化法律监督，维护公平正义”的检察工作主题。

四个维护：维护社会主义法制的统一尊严权威、维护人民权益、维护社会和谐稳定、维护社会公平正义。

三个促进：促进检察工作科学发展、促进检察机关法律监督能力的提高、促进检察机关公正、规范、文明执法水平的提高。

基层院四化建设：指业务规范化、队伍专业化、管理科学化、保障现代化。

一案三卡：指办案告知卡、廉洁自律卡、回访监督卡。

队伍建设六项工程：指加强思想政治、领导班子、作风纪律、素质能力、队伍管理机制和检察文化六项建设。

监外五种人：指被判决或裁定为管制、剥夺政治权利、缓刑、假释和暂予监外执行的犯罪分子。

四个充分反映：充分反映本单位党员干部在贯彻落实科学发展观上形成的共识；充分反映党的十六大以来贯彻落实科学发展观的成绩与问题；充分反映今后科学发展的工作思路、目标要求和主要措施；充分反映按照科学发展观要求加强领导班子自身建设的具体措施。

三个效果：指政治效果、社会效果和法律效果。

四基地一枢纽：根据省委省政府规划设计，努力把湖北省建设成为中部乃至全国重要的先进制造业基地、高新技术产业基地、优质农产品生产加工基地、现代物流基地和综合交通运输枢纽。

三个代表：中国共产党始终代表中国先进生产力的发展要求、中国先进文化的前进方向、中国最广大人民的根本利益。

三位一体机制建设：指最高人民检察院提出的，将检察业务工作、队伍建设和信息化建设相结合，引入质量管理、绩效管理等先进管理方法，通过信息网络手段，对业务工作实行流程控制、动态管理，对办案活动实行跟踪监督、质量预警，对执法绩效进行客观记录、网上考评，实现办公、办案和队伍管理信息化，促进办案流程规范、质量标准科学、监督制约严密、考核客观准确、工作高效便捷的检察管理机制。

“六个严禁”规定：严禁办理关系案、人情案、金钱案；严禁违反职责分工或规定程序干预办案；严禁买官卖官、跑官要官，违反规定任免干部；严禁插手工程招标投标、政府采购等经济活动，谋取私利；严禁接受可能影响公务的宴请、礼物或娱乐活动；严禁利用职权为亲属子女或身边工作人员谋取利益。

“十项承诺”：(1) 不违反政治纪律，与党中央保持高度一致，确保政令、检令畅通，自觉维护党组团结。(2) 严格执行办案纪律，不干预依法办理案件，不利用职权谋取个人利益。(3) 严格遵守干部人事纪律，不封官许愿，不“跑风漏气”。(4) 严格遵守财经纪律，不利用职权报销应由个人支付的费用，不接受可能影响公务活动的馈赠和消费。(5) 严格遵守民主集中制原则，不个人决定人事、经费等重大问题，不利用职权插手和干预工程招投标等市场活动。(6) 坚持正确的政绩观，力戒形式主义和官僚主义，不弄虚作假。(7) 坚持执法为民，对申诉求助群众，不敷衍塞责，不冷硬横推。(8) 坚持严格管理亲友和身边工作人员，不为配偶、子女、亲友经商谋取利益，不准其利用本人影响谋取私利。(9) 坚持积极进取，恪尽职守，工作中不推诿扯皮，不得过且过。(10) 坚持勤俭节约，下基层轻车简从，不接受超标准接待。

两个务必：务必继续保持谦虚、谨慎、不骄、不躁的作风，务必继续保持艰苦奋斗的作风。

三大作风：即理论联系实际、密切联系群众、批评和自我批评。这是毛泽东在1945年4月24日党的第七次全国代表大会上所作的《论联合政府》的政治报告中提出来的。

三座大山：指我国新民主主义革命时期的三大敌人，即帝国主义、封建主义和官僚资本主义。

王进喜“十不精神”：不怕苦、不怕死、不为名、不为利、不讲工作条件、不讲工作时间、不讲工作报酬、不分职务高低、不分分内分外、不分前方后方。

三权分立（checksand balances）：亦称三权分治，是西方资本主义国家的基本政治制度的建制原则。其核心是立法权、行政权和司法权相互独立、互相制衡。三权分立具体到做法上，即为行政、司法、立法三大权力分属三个地位相等的不同政府机构，由三者互相制衡。是当前世界上资本主义民主国家广泛采用的一种民主政治思想。

二、检察改革篇

路径依赖（Path Dependence）：美国经济学家道格拉斯·诺思首先提出“路径依赖”理论，并运用“路径依赖”理论成功地阐释了经济制度的演进规律，从而获得了1993年的诺贝尔经济学奖。诺思认为，路径依赖类似于物理学中的“惯性”，一旦进入某一路径（无论是“好”的还是“坏”的）就可能对这种路径产生依赖。某一路径的既定方向会在以后发展中得到自我强化。人们过去作出的选择决定了他们现在及未来可能的选择。一旦人们作了某种选择，就好比走上了一条不归之路，惯性的力量会使这一选择不断自我强化，并让你不能轻易走出去。

检察工作一体化：检察机关坚持在党委领导和人大监督下，依据宪法和法律的规定，按照检察工作整体性、统一性的要求，实行上下统一、横向协作、内部整合、总体统筹的检察工作机制，强化上级检察院对下级检察院的领导关系，上级服从下级，上级支持下级；加强各地检察机关之间的工作协调，互通情况，加强沟通，相互支持与配合；充分发挥检察机关各内设机构的职能作用与优势，紧密配合，形成合力；促进检察机关结成运转高效、关系协调、规范有序的统一整体，充分发挥法律监督整体效能。

两型社会：指的是“资源节约型、环境友好型社会”。资源节约型社会是指整个社会经济建立在节约资源的基础上，建设节约型社会的核心是节约资源，包含探索集约用地方式、建设循环经济示范区、深化资源价格改革等内容；环境友好型社会是一种人与自然和谐共生的社会形态，其核心内涵是人类的生产和消费活动与自然生态系统协调可持续发展，囊括了建立主体功能区，制定评价指标、生态补偿和环境约束政策和完善排污权有偿转让交易制度等内容。“十七大”之后，武汉城市圈被国家确定为“两型社会”试验区并被赋予先行先试的政策创新权。

边际效用递减理论（规律）：是指一个人连续消费某种物品时，随着所消费的该物品的数量增加，其总效用虽然相应增加，但物品的边际效用（即每消费一个单位的该物品，其所带来的效用的增加量）有递减的趋势。

帕累托最优状态：也称为帕累托效率、帕累托改善，以意大利经济学家维弗雷多·帕雷托的名字命名，是博弈论中的重要概念，并且在经济学、工程学和社会科学中有着广泛的应用。帕累托最优状态是指这样一种状态：在不使其他人境况变糟的情况下，而不可能再使另一部分人的处境变好。如果一种变革能够使没有任何人处境变坏的情况下，至少有一个人处境变得更好，我们就把这个变化称为帕累托改进。一般地说，如果一个社会的现状不是处在帕累托最优状态，就存在着帕累托改进的可能。相应地，如果没有任何帕累托改进余地，就意味着现状已经达到了帕累托最优的状态。

三类案件：是指检察机关自行查办职务犯罪案件中不服逮捕决定、拟撤销案件、拟不起诉的案件。

五种情形：是指检察机关自行查办职务犯罪案件中应当立案而不立案或者不应当立案而立案、超期羁押、违法搜查扣押冻结、应当给予刑事赔偿而不依法予以确认或者不执行刑事赔偿决定、检察人员在办案中有徇私舞弊贪赃枉法等违法违纪情形。

双报备、双审批制度：是指职务犯罪案件撤案、不起诉报批和立案、逮捕报备制度。

权力寻租：是指握有公权者以权力为筹码谋求获取自身经济利益的一种非生产性活动。权力寻租是把权力商品化，或曰以权力为资本，去参与商品交换和市场竞争，谋取金钱和物质利益。即通常所说的权物交易、权钱交易、权权交易、权色交易等等。权力寻租所带来的利益，成为权力腐败的原动力。

六机一箱：即微型摄像机、便携式计算机、录音机、手机、寻呼机、照相机、勘察箱。

三、刑事法律监督篇

马加爵案：2004年2月上旬，马加爵（云南大学学生）在校鼎鑫学生公寓与其同学唐某、邵某、杨某等人为琐事争执，于2004年2月13～15日，马采取用铁锤打击头部的同一犯罪手段，先后将唐某等4名被害人逐一杀害，随后乘坐昆明至广州的火车逃离。2004年3月15日，马加爵在海南三亚市被警方抓获。2004年4月22日，云南省昆明市中级人民法院公开开庭审理马加爵故意杀人一案。2004年4月24日，云南省昆明市中级人民法院一审以故意杀人罪判处被告人马加爵死刑，剥夺政治权利终身。2004年4月28日，云南省昆明市中级人民法院向马加爵送达一审判决书。2004年6月17日，马被执行死刑。

邱兴华案：2006年7月16日，邱兴华在陕西汉阴县平梁镇凤凰山山顶上的铁瓦殿持刀斧砍死9男1女，逃亡35天后，邱兴华返回家时，被守候的民警当场擒获。2006年10月19日，法官当庭宣判以故意杀人罪判处邱兴华死刑。2006年12月28日，陕西省高级人民法院维持原判，邱兴华被执行枪决。

"五保"救助：是指当地政府和民政部门对于农村老年、残疾或者未满16周岁的村民，无劳动能力、无生活来源又无法定赡养、抚养、扶养义务人，或者其法定赡养、抚养、扶养义务人无赡养、抚养、扶养能力的，在吃、穿、住、医、葬方面给予村民生活照顾和物质帮助的制度。

"挤出效应"：最早是由加拿大经济学家迈克尔·帕金在其所著的《经济学》一书中提出来的。所谓"挤进效应"是指政府采用扩张性时，能够诱导民间消费和投资的增加，从而带动产出总量或就业总量增加的效应。比如，政府对公共事业增加投资会改善当地的投资环境，引起私人投资成本的下降，产生企业的外在经济效应，因此，有可能诱导私人投资的增加，进而导致产出增加；再如，政府用财政资金为居民建立养老和医疗保障，可以形成人们对未来的良好预期，打消谨慎消费的念头，从而引起储蓄减少、消费和投资增加等一系列扩张性经济行为。

贝壳放逐法：又称陶片放逐法，是古希腊雅典等城邦实施的一项政治制度，由雅典政治家克里斯提尼于公元前510年左右创立，约公元前487年左右首次付诸实施。是指雅典公民可以在陶片上写上那些不受欢迎人的名字，并通过投票表决将企图威胁雅典民主制度的政治人物予以政治放逐。

佘祥林：湖北省京山县雁门口镇人，原是当地派出所治安巡逻员，1998年因涉嫌杀害妻子被判处有期徒刑15年。2005年3月其"亡妻"突然出现，其被无罪释放。事后，其披露当时因被殴打了10日10夜而认罪的事实，轰动全国。

“一个规定”“两个办法”：是指2003年1月由中国人民银行颁布的《金融机构反洗钱规定》《人民币大额和可疑支付交易报告管理办法》《金融机构大额和可疑外汇资金交易报告管理办法》。

“三定方案”：是指《中国人民银行主要职责内设机构和人员编制规定》。

十恶不赦：是指触犯以下十种犯罪行为的不予赦免，分别指：谋反（企图推翻朝政，这历来都被视为十恶之首）；谋大逆（指毁坏皇室的宗庙、陵墓和宫殿）；谋叛（指背叛朝廷）；恶逆（指殴打和谋杀祖父母、父母、伯叔等尊长）；不道（指杀一家非死罪3人及肢解人）；大不敬（指冒犯帝室尊严，通常为偷盗皇帝祭祀的器具和皇帝的日常用品，伪造御用药品以及误犯食禁）；不孝（指不孝祖父母、父母，或在守孝期间结婚、作乐等）；不睦（即谋杀某些亲属，或女子殴打、控告丈夫等）；不义（指官吏之间互相杀害，士卒杀长官，学生杀老师，女子闻丈夫死而不举哀或立即改嫁等）；内乱（亲属之间通奸或强奸等）。

八议：源于西周的“八辟”，是“刑不上大夫”的礼制原则再刑罚适用上的具体体现。是指法律规定的以下8种人犯罪，一般司法机关无权审判，必须奏请皇帝裁决，由皇帝根据其身份及具体情况减免刑罚的制度。这8种人是：议亲，指皇亲国戚；议故，指皇帝的故旧；议贤，指依封建标准德高望重的人；议能，指统治才能出众的人；议功，指对封建国家有大功勋者；议贵，指上层贵族官僚；议勤，指为国家服务勤劳有大贡献的人；议宾，指前朝的贵族及其后代。魏明帝制定“新律”时，首次正式把“八议”写入法典之中，使封建贵族官僚的司法特权得到公开的、明确的、严格的保护。从此时起至明清，“八议”成为后世历代法典中的一项重要制度，历经一千六百余年而相沿不改。

四、反腐倡廉篇

水门事件（Watergatescandal）：或译水门丑闻，是美国历史上最不光彩的政治丑闻之一。在1972年的总统大选中，为了取得民主党内部竞选策略的情报，1972年6月17日，以美国共和党尼克松竞选班子的首席安全问题顾问詹姆斯·麦科德为首的5人闯入位于华盛顿水门大厦的民主党全国委员会办公室，在安装窃听器并偷拍有关文件时，当场被捕。尼克松于1972年8月8日宣布将于次日辞职，从而成为美国历史上首位辞职的总统。

八个坚持、八个反对：坚持解放思想、实事求是，反对因循守旧、不思进取；坚持理论联系实际，反对照搬照抄、本本主义；坚持密切联系群众，反对形式主义、官僚主义；坚持民主集中制，反对独断专行、软弱涣散；坚持党的纪律，反对自由主义；坚持艰苦奋斗，反对享乐主义；坚持清正廉洁，反对以权谋私；坚持任人唯贤，反对用人上的不正之风。

八荣八耻：以热爱祖国为荣，以危害祖国为耻；以服务人民为荣，以背离人民为耻；以崇尚科学为荣，以愚昧无知为耻；以辛勤劳动为荣，以好逸恶劳为耻；以团结互助为荣，以损人利己为耻；以诚实守信为荣，以见利忘义为耻；以遵纪守法为荣，以违法乱纪为耻；以艰苦奋斗为荣，以骄奢淫逸为耻。

树立六观：强调党员干部要加强修养和作风养成，树立和坚持正确的宗旨观、政绩观、利益观、权力观、纪律观和发展观。

新三民主义：是中国共产党单方面称为孙中山生前对其“三民主义”思想作出的最后一个版本的修正，是孙中山晚年联俄容共、扶助和依靠农工的思想的体现。

胡锦涛同志“三常”要求：常修为政之德，常思贪欲之害，常怀律己之心。

胡锦涛同志“十个结合”：把坚持马克思主义基本原理同推进马克思主义中国化结合起来，把坚持四项基本原则同坚持改革开放结合起来，把尊重人民首创精神同加强和改善党的领导结合起来，把坚持社会主义基本制度同发展市场经济结合起来，把推动经济基础变革同推动上层建筑改革结合起来，把发展社会生产力同提高全民族文明素质结合起来，把提高效率同促进社会公平结合起来，把坚持独立自主同参与经济全球化结合起来，把促进改革发展同保持社会稳定结合起来，把推进中国特色社会主义伟大事业同推进党的建设新的伟大工程结合起来。

六个不允许：内容同高检院“六个严禁”的规定。

十不承诺：内容同省院党组十项承诺。

经营城市：就是利用土地国有制度，征地拆迁，为财政谋取最大利益，同时给开发商分一杯羹。在利益博弈的同时改变城市面貌。经营城市的核心概念是土地出让金，其实质是土地财政，又称第二财政，因其不透明不规范不受人民代表监督而备受争议。

国企领导人员“七项要求”：“七不准”，不准利用职务上的便利通过同业经营或关联交易为本人或特定关系人谋取利益；不准相互为对方及其配偶、子女和其他特定关系人从事营利性经营活动提供便利条件；不准在企业资产整合、引入战略投资者等过程中利用职权谋取私利；不准擅自抵押、担保、委托理财；不准利用企业上市或上市公司并购、重组、定向增发等过程中的内幕信

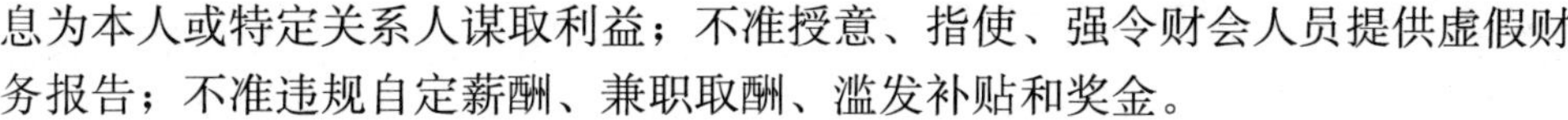

息为本人或特定关系人谋取利益；不准授意、指使、强令财会人员提供虚假财务报告；不准违规自定薪酬、兼职取酬、滥发补贴和奖金。

三个有利于：在处理涉及企业特别是广大中小企业的案件中，坚持从有利于维护企业正常生产经营、有利于维护企业职工利益、有利于促进经济社会秩序稳定出发，规范执法，文明办案。

三类案件：指失职渎职、滥用职权、徇私舞弊。

五、民事行政诉讼监督篇

“一大二公”单一所有物权理论模式：指人民公社第一规模大，第二公有化程度高。所谓大，就是将原来一二百户的合作社合并成四五千户以至一两万户的人民公社。一般是一乡一社。所谓公，就是将几十上百个经济条件、贫富水平不同的合作社合并后，一切财产上交公社，多者不退，少者不补，在全社范围内统一核算，统一分配，实行部分的供给制（包括大办公共食堂、吃饭不要钱，叫做共产主义因素），造成原来的各个合作社（合并后叫大队或小队）之间、社员与社员之间严重的平均主义。同时，社员的自留地、家畜、果树等，也都被收归社有。在各种“大办”中，政府和公社还经常无偿地调用生产队的土地、物资和劳动力，甚至调用社员的房屋、家具。这些实际上都是对农民的剥夺，使农民惊恐和不满，纷纷杀猪宰羊，砍树伐木，造成生产力的很大破坏，给农业生产带来灾难性的后果。

四荒地：指荒山、荒坡、荒滩、荒沟。

六、比较借鉴篇

政党分肥制：该制度始于美国，是指按照党派关系分配政府职务。

布雷顿森林体系（BrettonWoodssystem）：也称布雷顿森林货币体系，是指战后以美元为中心的国际货币体系。《关税总协定》作为1944年布雷顿森林会议的补充，连同布雷顿森林会议通过的各项协定，统称为“布雷顿森林体系”，即以外汇自由化、资本自由化和贸易自由化为主要内容的多边经济制度，构成资本主义集团的核心内容，是按照美国制定的原则，实现美国经济霸权的体制。布雷顿森林体系的实质是建立一种以美元为中心的国际货币体系。其基本内容是美元与黄金挂钩，其他国家的货币与美元挂钩，实行固定汇率制度。

后　　记

《转型社会的法律监督理念、制度与方法》一书终于面世，这是我学习、工作和思考31年递交的一份答卷。

31年前，当铺就青藏铁路锡铁山至格尔木线路最后一颗道钉时，我由铁道兵转业到了湖北省人民检察院，开始了在检察战线学习、工作和思考的历程。感谢中南政法学院的游绍尹教授、朱继良教授、喻特厚教授、郑昌济教授、曾宪信教授、胡新教授、熊小琴教授、肖伯符教授、蔡虹教授，武汉大学的何华辉教授等一代名师的导引，感谢湖北省直属机关业余大学老师们的谆谆教诲，我由此涉足了法学这座研究方兴未艾的知识领域。铭谢导师的不吝教诲，这才有了学生《法人犯罪研究》《奴隶制五刑至封建制五刑演进根本动因研究》等羸拙作业的化茧而成。正是湖北电台沈秀芸同志为我提供担任法律顾问栏目撰稿人，为社会听众解答法律疑难问题这个平台，使我找到了理论与实践相结合的钥匙。其后，得益于武汉大学终身教授李龙先生和马克昌先生、余能斌教授、华中理工大学人文学院肖沫香教授、徐晓林教授、郑友德教授、宋子良教授、张文楚教授，我步入了华中理工大学这所理工与人文并驾齐驱的高等学府，使自己的法学专业知识得以升华，这为我从事法律监督理论研究与实务工作提供了不竭动力与智力支持。1997年3～7月，借助中央党校第28期培训班的课堂，我认真补修了自身“中国化的马克思主义基本理论及其发展模式”知识的缺隙。2000年5月～2003年7月，我甚幸师从一代发展经济学大师张培刚先生和谭崇台先生，徐长生教授、张卫东教授、刘海云教授、张建华教授、宋德福教授，以及湖北省社科院夏振坤教授、陈文科教授等导师的助引，是他们启发了我经济学尤其是制度经济学的全新思维，使我的法学与经济学知识得以互相渗透与交合。从此，我掌握了一门新的分析工具——法制度经济学，这为我在研究现代物权制度与产权制度改革、中国农民土地持有产权制度、中国反洗钱法等论题的同时，解决法学理论研究及检察实务中重难点问题开辟了新的思考路径。恩师们的悉心教诲，弟子铭感不已，希望拙著的出版，可略报恩师们的高情厚谊！

不能忘怀在我一边学习一边工作的那些年间，是张思卿、韩杼滨、贾春旺、田期玉、张耕、蒋祝平、王生铁、罗清泉、黄远志、邓道坤、赵文源、房昭义、钟澍钦、张理清、胡子平、陈式琴等老一辈领导无微不至的关怀，周济、宋育英、邱学强、王振川、朱孝清、杨松、周坚卫、张昌尔、郑少三、李春明、吴永文、高瑞科、蒋大国、任世茂、翁行德、蒙美露、罗辉、赵斌、陈春林、陈柏槐、靳军、敬大力、童建明、张建南、朱玉泉、樊明武、路刚、李培根、丁烈云、吴汉东、黄从新等领导的理解支持，使我能在完成各项工作之余，挤出时间让自己的愚钝写作得以坚持。在此，向各位领导挚诚致谢！

感谢法学界的各位专家同仁，他们是：中国政法大学的终身教授陈光中先生和黄进、刘枚等教授，中国人民大学高铭暄、王利明、刘明祥、谢望原等教授，北京师范大学赵秉志、卢建平、宋英辉、李希慧、黄风等教授和孙平博士，对外经贸大学沈四宝、梅夏英等教授，清华大学张明楷教授，武汉大学周叶中、康均心、赵钢、江春、李仁真、陈岚等教授，华中科技大学冯友梅、冯征、谭术魁、易继明、罗铁建、贾继东、唐永忠等教授，中南财经政法大学齐文远、夏勇、姚莉、刘春梅、伍治良等教授，中南民族大学曾宪义教授，中国地质大学（武汉）田圣斌教授等，他们的高见和渊识给了我学术的益养，使我能够在知识的殿堂里栖居、赏析、弄墨。

30多年里，同事的激励帮助给了我无尽的勇气，使我一次次地克服了困难。他们是：任职于中央有关部门的史正江、鲍遂宪、代汉生、雷东生、谢寿光、郑永红，最高人民检察院的刘佑生、叶峰、王少锋、夏道虎、张智辉、张本才、张建军、石少侠、王洪祥、万春、陈连福、宋寒松、白泉民、王鸿翼、陈国庆、袁其国、李文生、刘吉恩、钱舫、谢鹏程、杨先国、关福金、文盛堂、王光辉、鲜铁可、陈振云、徐建波、张志杰、赵杨、许道敏、侯亚辉、赵信、马韬、张威、代锋、吴旭明等，湖北省委有关部门的吕东升、范兴元、段远明、杨邦国、饶中凯、余兵、周崇堂、胡志强、张自强、鲁志宏、张正新、谭先振等，湖北省纪委的吴琦、乔余堂、吴志峰、刘亚波、张七一、黄亚力、柯文胜，湖北省政府有关厅局的杨泽柱、饶志国、杜云生、张建仁等，湖北省政协的王树华，湖北省公安厅的周厚震、尚武、赵志飞、曹诗权、黄洪、赵飞，湖北省高级人民法院的张坚、张传读、王晨，湖北省司法厅的汪道胜、陈北洋，湖北省法学会的姚仁安等，湖北省检察机关的黄柏权、陈亚林、林伯昌、王铁民、郑青、许发民、许兴明、余顺生、龚举文、王永金、麻爱民、张绿化、汪翠华、赵进、李石柱、张青、李亚非、孙应征、杨武力、白章龙、廖焱清、孙光骏、刘光圣、彭胜坤、吴天宝、鲁尔英、黄六洲、石荣春、罗堂庆、金鑫、雷爱民、冯新华、罗继洲、刘建中、胡所平、吴忠良、徐国华、程华荣、尹晔斌、毕奎明、黄达亮、常本勇、周毅、周理松、杨皓、吝新房、郭清君、陈成雄、刘大举、周忠、徐碧琼、匡茂华、阎利国、项金桥、陈志荣、赵慧、毛婵婵、刘阳、王海滨、王世凯、王磊、蒋剑伟、阮志勇、周泽春等，湖北日报社江作苏、唐源涛、袁新民，湖北电视台的江孔映、景高地、赵征、张家华，《江汉论坛》的李乐刚等。在本书付梓之际，特向各位同事致以诚挚的谢意！

同学俞可平、江京泉、张怀平、周冶陶、张绍明、陈洪波、肖旭明、贾耀斌、涂山峰、胡春华、冯海鹏、陈雨良、夏瑞林、朱东红、朱厚伦、胡俟、王树华、王亚平、童文胜、严明清、鲁文艳、王红、祝欣、方政军、谢和平、刘振强及好友胡玖明、孙来福、徐柏才、刘雁、何高辉等的真诚关切与帮助，我永志不忘，感激之辞实难尽述。

最后特别感谢杨剑波、谭铁军、柏才汉、卢圣勇、王颖和学生张孜仪等帮我校核稿件，字斟句酌，使本书增色不少。知识产权出版社社长白光清、总编欧剑、副总编王润贵和编辑刘睿等为本书悉心编辑，才使本书得以早日面世，在此一并诚递谢忱！

家人高惠芳、徐国庆、徐晶及远在异国他乡的徐跃先、徐跃余经常“唠叨”我注意身体健康，使我的学习、工作得以坚持不懈，特以此书面世作为礼物！

2010年5月10日晚11时

于中国延安干部学院